Eigentümer: ....

Personenkennziffer (PK): ....

Einheit/Dienststelle und deren Anschrift: ....

....

....

....

Unmittelbare Vo..

....

....

....

....

Sonstiges: ....

....

....

....

....

....

Eine Reise in die Vergangenheit

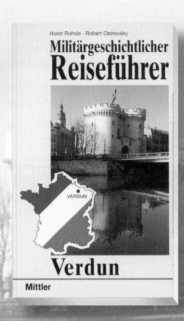

Hervorragend dargestellte Geschichte um das berühmte Schlachtfeld Verdun. Ausgezeichnetes Bildmaterial, Detailpläne, Routenvorschläge.

3., überarb. Auflage, 224 Seiten
29 s/w- und 23 Farb-Abb., 29 Karten
ISBN 3-8132-0748-X

Koehler/Mittler
www.koehler-mittler.de

DER REIBERT

Das Handbuch für den deutschen Soldaten

HEER • LUFTWAFFE • MARINE

NEU: STREITKRÄFTEBASIS • ZENTRALER SANITÄTSDIENST

Bearbeiter:
Kapitän zur See a. D. Dieter Stockfisch

SEIT 1789

Verlag E. S. Mittler & Sohn GmbH
Berlin · Bonn · Hamburg

Quellenangabe

Bundesministerium der Verteidigung (BMVg):
Dienstvorschriften, Erlasse, Schriftenreihe Innere Führung, Information für die Truppe, Europäische Sicherheit, Soldat und Technik, Werbschriften des Streitkräfteamts, Bestandsaufnahme – Die Bundeswehr an der Schwelle zum 21. Jahrhundert, Mai 1999. Material- und Ausrüstungskonzept des Generalinspekteurs der Bundeswehr, März 2001. Verteidigungspolitische Richtlinien v. 21. Mai 2003.

Presse- und Informationsamt der Bundesregierung:
Unter anderem NATO Briefe, „Das Nordatlantische Bündnis – Eine Allianz für den Frieden"; „NATO – Gemeinsam für den Frieden".

Ständige Kultusministerkonferenz: Ferientermine in den Ländern.

Literatur: Die neue Bundeswehr, Wehrtechnischer Report 6/2001, Uniformen und Abzeichen der NATO, Brian L. Davis, Motorbuch-Verlag; TSAE-NATO-AE GTA 30-146; Uniform-Broschüren der NATO-Staaten.

Fotos: G. Kolar, Hammelburg, Zeichnungen: W. Liesenjohann, Köln.
Bilder stellten weiterhin zur Verfügung: BMVg Informationsstab (Bildstelle)/Streitkräfteamt, Grenzschutzdienste Bonn, die Firmen Diehl, Dynamit Nobel, Eltro, Heckler und Koch, Hensoldt, McDonnell Douglas, Overhoff und Co., Rheinmetall, Siemens, Standard Elektrik Lorenz, Walther; Carl Schünemann Verlag Bremen, Süddeutscher Verlag München; Heeresamt.

ISBN 3-8132-0820-6

Alle Rechte vorbehalten, auch die des auszugsweisen Nachdrucks,
der fotomechanischen Wiedergabe, der Übersetzung usw.
Copyright by Verlag E. S. Mittler & Sohn GmbH, Hamburg

Einbandgestaltung
Regina Meinecke, Hamburg

Gesamtherstellung
Hans Kock, Buch- und Offsetdruck GmbH, Bielefeld

Die Nationalhymne

Reichspräsident Friedrich Ebert bestimmte im August 1922 das **Deutschlandlied** zur Nationalhymne. Nach dem Zweiten Weltkrieg erkannte es Bundespräsident Prof. Dr. Theodor Heuss im Mai 1952 auf Antrag des Bundeskanzlers Dr. Konrad Adenauer wieder als Nationalhymne an; bei staatlichen Anlässen sollte die **dritte Strophe** gesungen werden. Bundespräsident Dr. Richard von Weizsäcker bestimmte diese im August 1991 mit Zustimmung von Bundeskanzler Dr. Helmut Kohl zur Nationalhymne:

> **Einigkeit und Recht und Freiheit**
> **für das deutsche Vaterland,**
> **danach lasst uns alle streben**
> **brüderlich mit Herz und Hand.**
>
> **Einigkeit und Recht und Freiheit**
> **sind des Glückes Unterpfand.**
> **Blüh' im Glanze dieses Glückes,**
> **blühe deutsches Vaterland.**

Musik: Franz Joseph Haydn
Text: Hoffmann von Fallersleben

Die Bundespräsidenten

Prof. Dr. Theodor Heuss	1949–1959
Dr. h.c. Heinrich Lübke	1959–1969
Dr. Gustav Heinemann	1969–1974
Walter Scheel	1974–1979
Prof. Dr. Carl Carstens	1979–1984
Dr. Richard von Weizsäcker	1984–1994
Prof. Dr. Roman Herzog	1994–1999
Johannes Rau	seit 1999

Wofür der Soldat dient:
„Niemand weiß auch besser als ein Soldat, dass der Frieden kein kostenloses Geschenk ist, sondern dass man bereit sein muss, etwas für ihn einzusetzen. Das ist es, was der Soldat tut, nicht allein und primär für sich selber, sondern für die Gesellschaft und das Land im ganzen."

Altbundespräsident Dr. Richard von Weizsäcker anlässlich seines Antrittsbesuchs bei der Bundeswehr am 04.10.1984 in Bergen.

Vorbemerkung

1. Das von Oberst a. D. Dr. jur. W. Reibert während seiner Dienstzeit geschaffene Handbuch **„Der Dienstunterricht im Heere"** war von 1929 bis 1945 und ist seit 1959 wieder, zunächst als **„BRANDT/REIBERT"**, später unter dem Titel **„DER REIBERT"** herausgegeben, die bewährte und anerkannte Ausbildungshilfe für den deutschen Soldaten.

Die gesonderten Ausgaben für die einzelnen Teilstreitkräfte wurden 1989 zu einer einheitlichen Ausgabe für alle Soldaten der Bundeswehr zusammengefaßt.

DER REIBERT baut auf dem **aktuellen Stand** der Gesetze, Verordnungen, Erlasse und Dienstvorschriften auf und soll dem Soldaten in gedrängter, leicht lesbarer Form

- das **Grundwissen** über **Staat, Gesellschaft** und **Bundeswehr**,
- das **Rüstzeug** für den **praktischen Dienst** und den **Unterricht** im Rahmen der militärischen Ausbildung,
- einen **Überblick** über **Auftrag** und **Struktur** der **Bundeswehr** und ihrer **Teilstreitkräfte** sowie über die **Ausbildung**

vermitteln und dem **Reservisten** als Nachschlagewerk dienen.

2. **Erläuterungen zur Benutzung:**

Aufzählungen sind wie folgt gekennzeichnet:
- – = **Grundsätze, Stoffaufzählung,**
- ■ = **Sicherheitsbestimmungen, Unfallverhütungsmaßnahmen,**
- • = **Ausführung von Tätigkeiten, Handhabung von Waffen und Gerät.**

Die **Handhabung von Waffen und Gerät** wird für **Rechtshänder/-schützen** erläutert. Sie gilt sinngemäß für **Linkshänder/-schützen**, sofern keine Abweichung beschrieben ist.

Als **„Hinweis für den Ausbilder"** gekennzeichnete Teile von Dienstvorschriften, die nur für den Ausbilder Bedeutung haben, sind meist nicht berücksichtigt, z. B. „Zusammenwirken der Teile" in ZDv für Handwaffen.

Bilder stellen zur Verdeutlichung **Personen und Material** meist **ohne** natürliche und künstliche **Zusatztarnung** dar. Im Anhang sind aus drucktechnischen Gründen **Abweichungen von den Originalfarben** der Bilder möglich.

Gliederungsbilder und **Ausbildungsgänge** können nicht immer exakt den gegenwärtigen Stand darstellen, sie sind daher nur **Anhalt**.

Bearbeiter und Verlag

Gesamtinhaltsverzeichnis

(Jedem Teil ist ein **ausführliches Inhaltsverzeichnis** vorangestellt)

Teil A

Innere Führung und Recht – Staatsbürgerlicher Unterricht/Die freiheitliche demokratische Grundordnung – Humanitäres Völkerrecht in bewaffneten Konflikten – Allgemeine Truppenkunde – Interessenvertretungen.

Teil B

Sicherheitspolitik – Die Bundeswehr – Das Heer – Die Luftwaffe – Die Marine – Die Streitkräftebasis – Der Zentrale Sanitätsdienst der Bundeswehr.

Teil C

Formaldienst – Umgang und Ausbildung mit Handwaffen, Ausbildung mit Handgranaten, Handflammpatronen und der Granatpistole 40 mm – Schießausbildung mit Handwaffen – Ausbildung mit Panzerabwehrhandwaffen und der Leuchtbüchse – Gefechtsdienst aller Truppen (zu Lande) – Der Soldat im Winter – Panzerabwehr aller Truppen-Panzererkennung – Fernmeldedienst aller Truppen – Fliegerabwehr (zu Lande) – ABC-Abwehr aller Truppen und Selbstschutz – Pionierdienst – Sanitätsdienst aller Truppen – Kraftfahrdienst.

Anhang

Farbtafeln: Symbole der Bundesrepublik Deutschland und der Bundeswehr – Flaggen der NATO-Staaten – Kommando- und Erkennungszeichen – Signalflaggen, Stander und Wimpel – Dienstgradgruppen, -bezeichnungen und -abzeichen und Laufbahnabzeichen der Bw – Kragenspiegel Heer und Luftwaffe – Verbandsabzeichen des Heeres – Ausländische, bi- und multinationale Verbands- und Dienststellenabzeichen (Beispiele) – Barettabzeichen – Tätigkeitsabzeichen – Amtsbezeichnungen, Schulterstücke/Ärmelstreifen, Effekten im Bundesgrenzschutz – Dienstgradabzeichen der NATO-Staaten – Kartenzeichen – Taktische Zeichen (Auswahl).
Übersicht: Ferien in den Ländern der Bundesrepublik Deutschland.
Stichwortverzeichnis.

Teil A

Inhaltsverzeichnis

Innere Führung und Recht

Grundlagen der Inneren Führung	8
Ziele und Grundsätze der Inneren Führung	10
Anwendung der Inneren Führung	13
Leitsätze für die Praxis der Inneren Führung	21
Rechte und Pflichten des Soldaten	26
Politische Betätigung von Soldaten	35
Uniformtragen bei politischen Veranstaltungen	36
Wehrbeschwerdeordnung	37
Der Wehrbeauftragte des Deutschen Bundestages	41
Vorgesetzter und Untergebener/Befehl und Gehorsam	42
Gruß und Anrede, militärische Umgangsformen	60
Wachdienst	64
Taschenkarte für Posten und Streifen	69
Leben in der militärischen Gemeinschaft	80
Verhalten außer Dienst und in der Öffentlichkeit	97
Beteiligung der Soldaten durch Vertrauenspersonen	102
Erzieherische Maßnahmen	109
Wehrdisziplinarordnung	113
Wehrstrafgesetz	118
Reservisten	119

Staatsbürgerlicher Unterricht / Die freiheitliche demokratische Grundordnung

Rechte und Pflichten des Staatsbürgers	122
Der Bund und die Länder	125
Der Bundestag	130
Der Bundesrat	130
Der Bundespräsident	131
Die Bundesregierung	131

Humanitäres Völkerrecht in bewaffneten Konflikten

Rechtsgrundlagen	132
Kombattanten-, Nichtkombattanten- und Kriegsgefangenenstatus	133
Völkerstrafgesetzbuch	134
Kampfmittel und Kampfmethoden	136
Schutz von Personengruppen	138

Allgemeine Truppenkunde

Soldatenlaufbahnverordnung und Beförderungsbestimmungen	142
Soldatenurlaubsverordnung	143
Militärische Sicherheit	146
Anzugordnung für die Soldaten der Bundeswehr	149
Truppenausweis und Erkennungsmarke	164
Geschäftsverkehr	165
Abkürzungen	169
Geld- und Sachbezüge, Heilfürsorge, Versorgung	177

Interessenvertretungen

Soldatenhilfswerk der Bundeswehr e. V.	185
Verband der Reservisten der Deutschen Bundeswehr e. V.	188
Deutscher Bundeswehr-Verband e. V.	189
Bundeswehr-Sozialwerk e. V.	190
Arbeitsgemeinschaften für Soldatenbetreuung	191
Volksbund Deutsche Kriegsgräberfürsorge e. V.	193
Deutscher Marinebund (DMB) e. V.	194

Innere Führung und Recht

Grundlagen der Inneren Führung

ZDv 10/1

1. Die **Bundesrepublik Deutschland** ist ein souveräner, freiheitlich demokratisch verfasster Rechtsstaat, in dem das **Grundgesetz** und das **Völkerrecht** alle staatliche Gewalt legitimieren und binden.

Der Staat hat die **grundlegenden Werte unserer Verfassungsordnung** zu erhalten und ist verpflichtet,
- die Würde des Menschen zu wahren und zu schützen,
- die Freiheit der Person nur dann einzuschränken, wenn das Grundgesetz und das darauf basierende Recht dies ausdrücklich zulässt
- die Herrschaft des Rechts sicherzustellen.

Voraussetzung für die Gewährleistung der im Grundgesetz verbürgten Menschenrechte ist die Erhaltung des **Friedens in Freiheit**. Das ist der Zweck und der Auftrag der Streitkräfte und die Grundlage ihrer Legitimation.

2. Das **Grundgesetz** weist dem Bund die Aufgabe zu, **Streitkräfte** zur Verteidigung aufzustellen und ermöglicht die Einordnung Deutschlands in Systeme kollektiver Sicherheit; es verbietet ausdrücklich Handlungen, welche die Führung eines Angriffskrieges vorbereiten sollen.

Kernaufgabe ist und bleibt die **Landes- und Bündnisverteidigung.**
Neu sind die Aufgaben im Zusammenhang mit der **Krisenbewältigung**. Die Bundeswehr wird sich künftig darauf einstellen, ihren Beitrag in der gesamten Bandbreite der Einsatzformen – von friedenserhaltenden Missionen über die Bewältigung von Konflikten unterschiedlicher Stärke bis hin zum heute unwahrscheinlichsten Fall der Abwehr einer großangelegten Aggression – zu leisten.
Struktur, Ausstattung und Ausbildung der Streitkräfte erlauben es außerdem, humanitäre Unterstützung zu leisten, auch im Rahmen internationaler Hilfe.

Streitkräftestruktur siehe „Die Bundeswehr".

3. Der **Auftrag der Bundeswehr** für die Zukunft lautet:
„**Die Bundeswehr**
- **schützt Deutschland und seine Staatsbürger gegen politische Erpressung und äußere Gefahr,**
- **fördert die militärische Stabilität und Integrität Europas,**
- **verteidigt Deutschland und seine Verbündeten,**
- **dient dem Weltfrieden und der internationalen Sicherheit im Einklang mit der Charta der Vereinten Nationen und**
- **hilft bei Katastrophen, rettet aus Notlagen und unterstützt humanitäre Aktionen.**"

4. Dieser Auftrag, zusammengesetzt aus den Komponenten **Schutz, Friedensbewahrung und -gestaltung** sowie **Hilfseinsätze** vielfältiger Art, erfordert die **Fähigkeit der Bundeswehr**
- zur Verteidigung im Bündnis sowie eines Beitrags zum Krisenmanagement,
- zum frühzeitigen Erkennen und Bewerten krisenhafter Entwicklungen,
- zu angemessenen Beiträgen zu Systemen kollektiver Sicherheit, denen die Bundesrepublik Deutschland auch über die NATO hinaus angehört,
- zum Zusammenwirken auf internationaler Ebene und
- zur Vertrauensbildung, Zusammenarbeit und Verifikation.

Auftrag und erforderliche Fähigkeiten bestimmen wesentlich Struktur und Ausbildung der Bundeswehr.
Eine abgestufte Präsenz, gesicherte Aufwuchsfähigkeit und entsprechende Einsatzbereitschaft der Streitkräfte gewährleisten ihre Verfügbarkeit für die Krisen- und Konfliktbewältigung.

5. Die **Bundeswehrverwaltung** nimmt die Aufgaben des Personalwesens und der unmittelbaren Deckung des Sachbedarfs der **Streitkräfte**, mit denen zusammen sie die **Bundeswehr** bildet, wahr. Die Bundeswehr steht unter der einheitlichen politischen Leitung des **Bundesministers der Verteidigung**, der zugleich Inhaber der Befehls- und Kommandogewalt über die Streitkräfte im Frieden ist. Im Verteidigungsfall geht diese Befehls- und Kommandogewalt auf den **Bundeskanzler** über.

6. Im demokratischen Staat trägt der Bürger Mitverantwortung für das Gemeinwesen. Ein Teil dieser Verantwortung ist die **Allgemeine Wehrpflicht.** Mit dem Dienst in den Streitkräften leistet der Bürger seinen persönlichen Beitrag zum Schutz der Freiheit und zur Erhaltung des Friedens.

Ziele und Grundsätze der Inneren Führung

I. ZIELE DER INNEREN FÜHRUNG

1. **Ziele** sind,
- politische und rechtliche Begründungen für den soldatischen Dienst zu vermitteln und den Sinn des militärischen Auftrags zu verdeutlichen,
- die Integration der Bundeswehr und des Soldaten in Staat und Gesellschaft zu fördern sowie Verständnis für die Aufgaben der Bundeswehr im Bündnis und in Systemen gegenseitiger kollektiver Sicherheit zu wecken,
- die Bereitschaft des Soldaten zur gewissenhaften Pflichterfüllung, zur Übernahme von Verantwortung und zur Zusammenarbeit zu stärken und die Disziplin und den Zusammenhalt der Truppe zu bewahren,
- die innere Ordnung der Truppe menschenwürdig, an der Rechtsordnung orientiert und in der Auftragserfüllung wirkungsvoll zu gestalten.

2. Diese Ziele kommen im **Leitbild des Staatsbürgers in Uniform** zum Ausdruck, das die Forderungen an den Soldaten beschreibt:
- eine freie Persönlichkeit zu sein,
- als verantwortungsbewusster Staatsbürger zu handeln,
- sich für den Auftrag einsatzbereit zu halten.

II. GRUNDSÄTZE DER INNEREN FÜHRUNG

1. Die **Grundsätze der inneren Führung** sind Verpflichtung für das Handeln aller Soldaten. Sie sind zugleich Leitlinie für das Handeln der Angehörigen der Bundeswehrverwaltung in den Streitkräften und gegenüber den Soldaten.

2. Die Streitkräfte unterliegen dem **Primat der Politik**, das bedeutet, dass sie von parlamentarisch verantwortlichen Politikern geführt werden, einer besonderen parlamentarischen Kontrolle unterliegen sowie einer durchlaufenden hierarchischen Ordnung und dem Prinzip von Befehl und Gehorsam unterworfen sind.

3. Die Soldaten sind an **Recht und Gesetz** gebunden. Alle Maßnahmen der Bundeswehr müssen also gesetzmäßig sein und können gerichtlich geprüft werden.

Rechte und Pflichten des Soldaten sind im Soldatengesetz niedergelegt und gelten für alle Soldaten gleichermaßen; Vorgesetzten sind jedoch besondere Pflichten auferlegt.

Beim Durchsetzen der Pflichten ist immer zwischen den Anforderungen des Dienstes und berechtigten Ansprüchen der Soldaten abzuwägen. Die innere Ordnung soll von den gesellschaftlichen Normen nur insoweit abweichen, als es der militärische Auftrag erfordert.

Glaubt ein Soldat, in seinen Rechten verletzt zu sein, hat er über allgemeine Rechtsschutzmöglichkeiten hinaus **besondere Rechtsbehelfe**. Außer dem Beschwerderecht hat er das Recht, sich unmittelbar an den Wehrbeauftragten des Deutschen Bundestages zu wenden, wenn er meint, ein Grundrecht sei verletzt oder ein Grundsatz der Inneren Führung sei missachtet worden.

4. Der Soldat ist verpflichtet, der Bundesrepublik Deutschland treu zu dienen und das Recht und die Freiheit des deutschen Volkes tapfer zu verteidigen **(Grundpflicht des Soldaten);** er muß ggf. auch unter Einsatz seines Lebens kämpfen. Der Soldat ist verpflichtet auf die grundlegenden **Prinzipien der freiheitlich-demokratischen Grundordnung:**
– Achtung der durch das Grundgesetz verbürgten Menschenrechte, vor allem des Rechts auf Leben und freie Entfaltung der Person.
– Volkssouveränität.
– Gewaltenteilung.
– Verantwortlichkeit der Regierung gegenüber dem Parlament.
– Gesetzmäßigkeit der Verwaltung.
– Unabhängigkeit der Gerichte.
– Mehrparteienprinzip und Chancengleichheit für alle politischen Parteien mit dem Recht auf verfassungsmäßige Bildung und Ausübung einer Opposition.

Er hat mit seinem gesamten Verhalten für ihre Erhaltung einzutreten.

5. Der Staat ist gegenüber dem Soldaten zur **Betreuung und Fürsorge** verpflichtet, zu Gesundheitsfürsorge, sanitätsdienstlicher Versorgung und seelsorgerischer und sozialer Betreuung. Das schließt die Familien der Soldaten ein.

6. Bei der **Gestaltung der inneren Ordnung** sind abzuwägen:
– die funktionale Wirksamkeit gegenüber den individuellen Rechten oder Ansprüchen der Soldaten,
– die hierarchische Ordnung gegenüber der Beteiligung der Soldaten,
– das Durchsetzen von Disziplin gegenüber der Förderung von Mündigkeit und Eigenverantwortlichkeit der Soldaten,

– die ungeteilte Führungsverantwortung des Vorgesetzten gegenüber kooperativem Verhalten mit entsprechendem Delegieren von Verantwortung.

Dabei ist Ausgewogenheit anzustreben und keinem Ziel einseitig Vorrang einzuräumen.

7. In **konkreten Führungs- und Entscheidungssituationen** ist es aber oft unerlässlich, einem bestimmten Ziel oder mehreren Zielen Vorrang zu geben. Dabei sollen die persönlichen Belange der Soldaten angemessen berücksichtigt werden.

Bei der Entscheidung zwischen mehreren Möglichkeiten ist nach dem **Grundsatz der Verhältnismäßigkeit** die Lösung zu wählen, die – bei Erfüllung des Auftrags für die betroffenen Menschen die wenigsten Nachteile bringt.

8. **Führung und Ausbildung** richten sich an dem Einsatzauftrag des jeweiligen Truppenteils und der Funktion des einzelnen Soldaten aus. Dieser soll vor dem Einsatz funktionstüchtig ausgebildet und zum Zeitpunkt des Einsatzes einsatzfähig und einsatzwillig sein.

Maßstab für die ergänzende **Bildung und Erziehung** sind die Werte des Grundgesetzes und die Pflichten und Rechte des Soldaten. Dabei wird aufgebaut auf Wissen, Einstellungen und **Verhaltungsweisen** der Staatsbürger, die in die Streitkräfte eintreten, mit dem Ziel, sie zum Handeln im Sinne des Staatsbürgers in Uniform zu befähigen.

9. Aufgefordert zur verantwortungsbewussten Mitarbeit, sind die Soldaten an der Planung, Vorbereitung und Durchführung des Dienstes zu beteiligen. Diese direkte **Beteiligung** wird durch die Zusammenarbeit zwischen Vorgesetzten und Vertrauenspersonen oder Personalvertretungen als indirekte Beteiligung ergänzt, die das gegenseitige Verständnis und Vertrauen fördern und dem Interessenausgleich dienen soll.

10. Zielgerichtete **Information** und ständige **Kommunikation** zwischen den Führungsebenen sind ein Erfordernis erfolgreicher Führung. Der Soldat hat Anspruch auf eindeutige und rechtzeitige Information durch seinen Vorgesetzten in allen ihn betreffenden Fragen.

Kommunikation soll auch die Gefühle ansprechen und Vertrauen schaffen.

11. Der Vorgesetzte soll in Haltung und Pflichterfüllung ein Beispiel geben; er bedarf daher vor allem charakterlicher und geistiger Qualifikation. Sie weiter zu entwickeln ist ein wichtiger Teil der **Führerfort- und -weiterbildung** und ebenso persönliche Verpflichtung des Vorgesetzten selbst.

12. Der Soldat soll sich an der öffentlichen Diskussion von Fragen der Sicherheits- und Verteidigungspolitik und der Streitkräfte aktiv beteiligen und seinen Standpunkt sachlich einbringen. **Die Teilnahme am politischen, kulturellen, religiös-kirchlichen und sozialen Leben** ist ihm unter Beachtung der dienstlichen Notwendigkeiten zu ermöglichen.

13. Auch untereinander sollen Soldaten Meinungs- und Interessengegensätze sachlich austragen. Das **Recht der freien Meinungsäußerung** und die politische Betätigung der Soldaten werden durch ihre Dienstpflichten begrenzt.
Vorgesetzte sind bei Meinungsäußerungen in der Öffentlichkeit zu besonderer Zurückhaltung verpflichtet, Sachkunde erwartet nicht nur jeder Untergebene, sondern auch vor allem die Öffentlichkeit.

Anwendung der Inneren Führung

I. ALLGEMEINES

1. Ziele und Grundsätze der inneren Führung gelten im Frieden wie in Krise und Krieg. Die Grundsätze, die große Entscheidungs- und Handlungsspielräume lassen, sind von allen Soldaten zu beachten und stets lagebezogen anzuwenden. Vorgesetzte müssen ihr Führungsverhalten auf die Untergebenen und die jeweilige Situation ausrichten. Untergebene müssen lernen, dass das Führungsverhalten von Vorgesetzten abhängig von ihrer Persönlichkeit und von der Lage ist.

2. Die Soldaten sind auf den Einsatzfall so realistisch wie möglich vorzubereiten. Ihr Einsatzwille wird gestärkt durch ihr während der Ausbildung erworbenes Vertrauen in Charakter, Können und Leistung ihrer Vorgesetzten sowie durch ihr Wissen um die Notwendigkeit des Auftrags. Ausbildung für den Einsatz erfolgt nicht in jedem Fall unter Einsatzbedingungen. Im täglichen Dienst in der Kaserne erlernt der Soldat schulmäßig Kenntnisse und Fertigkeiten und übt teilweise Tätigkeiten aus, die solchen in der Wirtschaft und Verwaltung entsprechen.

3. In der Ausbildung kommt es neben der Vermittlung des Sachwissens auf die geistige Auseinandersetzung mit den Grundfragen des Soldatenberufs

sowie auf das Einüben von Verhaltensweisen an. Das **Beispiel der Vorgesetzten** hat eine überragende Bedeutung. Innere Führung muss gelebt und erlebt werden.

4. Die folgenden **Anwendungsbereiche** stehen in einer engen Wechselbeziehung. Besonders wichtig ist die Menschenführung, die in alle Bereiche hineinwirkt und selbst aus allen Bereichen beeinflusst wird.

II. MENSCHENFÜHRUNG

1. **Vertrauen** zwischen Vorgesetzten und Untergebenen ist eine Voraussetzung für erfolgreiche Menschenführung, vor allem bei Belastungen, Rückschlägen und Enttäuschungen. Der Vorgesetzte – positive Einstellung gegenüber seinen Mitmenschen vorausgesetzt – kann ein Klima des Vertrauens schaffen durch Gesprächsbereitschaft, persönliche Zuwendung, kameradschaftliche Zusammenarbeit, beispielhafte Pflichterfüllung und fachliche Befähigung. Selbstdisziplin, Gelassenheit, Durchsetzungsvermögen einerseits, aber auch Bereitschaft zur Information und Beteiligung andererseits sind Eigenschaften, die das Vertrauen der Soldaten in den Vorgesetzten stärken.

2. Das **Führen mit Auftrag** gibt Handlungsfreiheit; davon ist immer Gebrauch zu machen, wenn es zweckmäßig ist. Der Vorgesetzte soll vor Entscheidungen die Verantwortlichen der Durchführungsebene beteiligen. Die **Mitwirkung** des einzelnen Soldaten und die Anwendung der **Beteiligungsrechte** fördern das Selbstwertgefühl und schaffen Raum für Initiative und Kreativität. Diese unmittelbare und mittelbare Beteiligung an der gemeinsamen Aufgabe trägt wesentlich zur Motivation der Geführten bei.

3. Zu einem **kooperativen Führungsstil** gehört auch die **Zusammenarbeit im Team,** oft zeitlich begrenzt, ggf. abweichend von Gliederungsformen. Vor allem Persönlichkeit und Fachkompetenz des Einzelnen sind maßgebend für die Übertragung von Aufgaben.
Der Vorgesetzte muss sich mit der Persönlichkeit seiner Untergebenen vertraut machen. Durch gemeinsames Tragen und Bewältigen von Belastungen stärkt er den Zusammenhalt, fördert die Kameradschaft, das Selbstvertrauen und den Stolz auf die Einheit.

4. Daueraufgabe des Vorgesetzten ist es, seinen Soldaten **Sinn und Wert ihrer Aufgaben** und die Einordnung in den Gesamtzusammenhang zu erklären. Dies gilt besonders für Informationen zur Vorbereitung fordernder

Einsätze oder über besondere Lagen. Dadurch sieht sich der Untergebene ernstgenommen und in die Lage versetzt, aus innerer Überzeugung im Sinne des Auftrags handeln und auch übergeordnete Absichten berücksichtigen zu können.

5. Alle Vorgesetzten sind verpflichtet, die zivilen Erfahrungen und Qualifikationen lebenserfahrener älterer **Reservisten** zu berücksichtigen und zu nutzen und das Lebensalter zu respektieren.

6. Der Vorgesetzte bemüht sich um **kritische Selbsteinschätzung,** da das Wissen um die eigenen Grenzen ihm den Umgang mit den Stärken und Schwächen der anderen erleichtert. Er vergibt sich nichts, wenn er seine Soldaten um Rat fragt und Fehler eingesteht. Der Vorgesetzte muss wissen, dass er durch seine militärische und zivile Umwelt kritisch beobachtet und auch beeinflusst wird.

III. PERSONALFÜHRUNG

1. **Berufszufriedenheit** und **Einstellung zum Dienst** werden durch Entscheidungen der Personalführung beeinflusst. Diese hat bei Personalentscheidungen unter Beachtung von Eignung, Befähigung und Leistung auch die persönliche Situation und die Wünsche des Soldaten zu berücksichtigen, Ermessensspielräume zu seinen Gunsten auszuschöpfen, zu beachten, dass er und seine Familie Anspruch auf Fürsorge haben und ihn – unter Einbeziehung Familienangehöriger in geeigneter Form – zeitig, umfassend und unmittelbar zu informieren. Personal ist gerecht auszuwählen und zu fördern.

2. Der Vorgesetzte trägt durch **Beurteilung** seiner Untergebenen zur Personalauswahl bei. Dazu strebt er an, seine Soldaten möglichst umfassend kennenzulernen. Stärken und Schwächen stellt er offen dar. Er vermeidet es, den Beurteilten zu verletzen.
Vorgesetzte sind auch **Mittler,** indem sie einerseits ihren Untergebenen die Belange des Dienstherrn verdeutlichen und andererseits deren Interessen gegenüber den personalbearbeitenden Stellen vertreten. Durch persönliches Bemühen und umfassende Weitergabe eindeutiger Informationen wollen sie bei den Beteiligten jeweils Verständnis für die Haltung der anderen Seite erreichen.

3. **Alle Soldaten** sollen den Vorgesetzten und personalbearbeitenden Stellen ihre Vorstellungen offen darlegen, sich im Vergleich zu anderen selbst-

kritisch und realistisch einschätzen und Verständnis für dienstliche Notwendigkeiten aufbringen.

4. Das **Heranziehungsverfahren zum Grundwehrdienst** (Erfassung, Musterung, Eignungs- und Verwendungsprüfung und Einberufung) kann die persönliche Einstellung des wehrpflichtigen Bürgers zur Ableistung des Wehrdienstes und seine Bereitschaft, sich als Soldat auf Zeit zu verpflichten, beeinflussen. Wichtig ist daher eine umfassende Information und Beratung der Wehrpflichtigen.

5. Zwischen dem **Reservisten** und seinem Truppenteil soll regelmäßiger Kontakt bestehen.

IV. RECHT UND SOLDATISCHE ORDNUNG

1. Militärisches Handeln ist immer an **Gesetz und Recht** gebunden; es erfordert aber oft eine **Abwägung zwischen verschiedenen Rechtsgütern**. Im Frieden haben der Schutz von Leben und Gesundheit der Soldaten und Dritter sowie der Umweltschutz Vorrang bei der Ausbildung. Im Einsatz gilt bei der Erfüllung des Auftrags der Grundsatz größtmöglicher Schadensbegrenzung.

2. **Rechtskenntnisse und Rechtsbewußtsein** erlangt der Soldat im Rechtsunterricht und durch das Beispiel der Rechtsanwendung seiner Vorgesetzten, die ihre Kenntnisse auf dem neusten Stand halten müssen. Besonders wichtig ist hier das **humanitäre Völkerrecht in bewaffneten Konflikten.**

3. Die **Regeln für die soldatische Ordnung** sind auf das für das Zusammenleben in der militärischen Gemeinschaft und die Funktionsfähigkeit der Streitkräfte nötige Maß zu beschränken. Sie sind kein Selbstzweck, sondern sollen Einsatzbereitschaft, Leistungswille, Zusammenhalt und Kameradschaft fördern. Sie enthalten einerseits Forderungen des Dienstherrn und Ansprüche der Gemeinschaft an den Einzelnen und garantieren ihm andererseits einen persönlichen Freiraum. Als Richtschnur für das Verhalten in der Öffentlichkeit haben sie auch wesentlichen Anteil am Ansehen der Bundeswehr im In- und Ausland.
Soldatische Ordnung erschöpft sich nicht nur im formalen Befolgen von Anweisungen, sie ist auch Ausdruck der inneren Einstellung, die maßgeblich vom Führungsverhalten und persönlichen Beispiel der Vorgesetzten beeinflusst, gestärkt und gefestigt wird.

V. BETREUUNG UND FÜRSORGE

1. Aufgrund des gegenseitigen Dienst- und Treueverhältnisses hat der Soldat **Anspruch auf Betreuung und Fürsorge** gegenüber dem Bund als Dienstherrn, der wegen seiner **Fürsorgepflicht** für alle Soldaten und ihre Familien zu sorgen hat, bei Berufssoldaten und Soldaten auf Zeit auch nach Ende des Dienstverhältnisses.
Der Vorgesetzte sorgt in Zusammenarbeit mit Truppen- und Bundeswehrverwaltung, insbesondere mit dem Sozialdienst, dafür, dass seine Soldaten ihre Ansprüche auf soziale Leistungen kennen und sachgerecht geltend machen können. Er berät und unterstützt sie, vor allem beim Stellen von Anträgen und weist auf die Hilfe der Verwaltung hin. Hohe Bedeutung kommt auch der Wohnungsfürsorge und der Unterstützung Getrenntlebender zu.
Betreuung und Fürsorge umfassen als wirksame Führungsmittel, über die gesetzlichen Regelungen hinaus, das ständige Bemühen, den Soldaten vor Schaden zu bewahren und ihn zu fördern.

2. Der Vorgesetzte gestaltet die **Betreuung** unter Förderung der Eigeninitiative im Wege von Motivation und Anleitung; unter Wahrung der Rechte der Vertrauenspersonen und Personalvertretungen stellt er Mittel bereit. Familienangehörige der Soldaten und zivile Mitarbeiter seines Bereichs bezieht er möglichst ein.

VI. SANITÄTSDIENSTLICHE VERSORGUNG

1. Im Rahmen der **sanitätsdienstlichen Versorgung** müssen Sanitätsoffiziere zum Wohl der Patienten eng mit dem verantwortlichen Vorgesetzten, dem Sozialdienst und den Militärgeistlichen zusammenarbeiten. Gegenseitige Informationen, die für die Erhaltung oder Wiederherstellung der Gesundheit bedeutend sind, erleichtern die medizinische Versorgung und helfen den Vorgesetzten, entsprechende begleitende Maßnahmen einzuleiten.
Vorgesetzte müssen Untergebene in allen Maßnahmen der Vorsorge, Erhaltung und Wiederherstellung ihrer Gesundheit unterstützen. Den Belangen ihrer Soldaten und der Stellung des Arztes tragen sie Rechnung, indem sie den ärztlichen Empfehlungen folgen.

2. Bei **besonderer Gefährdung** von Soldaten (z. B. Selbstmordgefahr, Alkohol- und Drogenmissbrauch) muss der Arzt, soweit es unter Abwägung mit seiner Schweigepflicht erforderlich ist, auch den zuständigen Vorgesetzten so früh wie möglich Hinweise geben und im Gespräch mit den Betroffenen auf die Hilfe durch den Sozialdienst verweisen.

VII. MILITÄRSEELSORGE

1. Der Soldat hat **Anspruch auf Seelsorge und ungestörte Religionsausübung.** Aufgrund der Religionsfreiheit sind Glaubens- und Bekenntnisfreiheit unverletzlich, auch im Dienst.

2. Die **Militärseelsorge in der Bundeswehr** ist neben den Streitkräften, der Bundeswehrverwaltung und der Rechtspflege ein eigenständiger Organisationsbereich. Sie wird im Auftrag und unter Aufsicht der Kirchen geleistet und ist damit Kirche unter den Soldaten und ihren Familien. Militärgeistliche, mit den militärischen Vorgesetzten auf Zusammenarbeit angewiesen, sind in ihrer seelsorgerischen Tätigkeit ausschließlich kirchlichem Recht unterworfen und von staatlichen Weisungen unabhängig.

3. Der militärische Vorgesetzte muss zur Verwirklichung der Glaubens-, Gewissens- und Bekenntnisfreiheit in der Bundeswehr beitragen, indem er – unabhängig von seiner Einstellung in religiösen Fragen – konkrete Aufgaben in der Militärseelsorge und in der Zusammenarbeit mit den Militärgeistlichen wahrnimmt.

VIII. DIENSTGESTALTUNG UND AUSBILDUNG

1. **Militärischer Dienst** umfasst im wesentlichen Einsatzaufgaben, Einsatz- und Mobilmachungsvorbereitungen, Ausbildung, materielle Versorgung, Innendienst und administrative Aufgaben.
Die **Gestaltung des Dienstes** richtet sich in erster Linie nach den Anforderungen des Einsatzauftrags. Sie muss einsatznah sein und Erlebnisse schaffen. Dies geschieht am besten durch praktischen Dienst, der den Soldaten physisch und psychisch fordert und ihn so kampffähig und kampfbereit macht. Eine qualifizierte Ausbildung soll auch den Erwartungen der wehrpflichtigen Soldaten gemäß ihre Vorkenntnisse berücksichtigen und den Vorstellungen von Parlament und Öffentlichkeit entsprechend sinnvoll, sicher und umweltgerecht sein.

2. **Ausbildung ist die Hauptaufgabe im Frieden.** Die Rolle des Vorgesetzten und seine Aufgaben in der Menschenführung sind vorhergehend schon ausführlich aufgezeigt. Die Anwendung der Ziele und Grundsätze kann durch längere, den Einzelnen und die Gemeinschaft fordernde Übungen in die Praxis umgesetzt werden. **Führungsverhalten und Methoden der Ausbildung** müssen auf die Soldaten abgestimmt sein, ihr Leistungsvermögen und die Grenzen der Einsichtsfähigkeit berücksichtigen.

3. Die sorgfältige und sinnvolle **Nutzung der verfügbaren Zeit** sollen Vorgesetzte durch vernünftige Planung der Zeiten für Ausbildung, Sondervorhaben und -dienste einerseits und Freizeit der Soldaten andererseits gewährleisten. So schaffen sie die Basis für eine wirksame Gestaltung der Ausbildung. Sie müssen auf eine gerechte und gleichmäßige Belastung ihrer Soldaten achten und den Ausbildern ausreichende Zeit für Planung und Vorbereitung geben.

Höhere Vorgesetzte haben erreichbare Ausbildungsziele zu setzen, die nötigen Mittel bereitzustellen und ihre Untergebenen von Aufträgen zu entlasten, die den Ausbildungsaufbau behindern und das Erreichen der Ausbildungsziele erschweren.

4. Die **Verfügbarkeit und Einsatzfähigkeit des Materials** ist ein wichtiges Ziel bei der Erfüllung des Auftrags. Die dazu erforderlichen, weniger beliebten und eintönigeren Dienste sind sorgfältig zu organisieren und auf das notwendige Maß zu beschränken. Der Vorgesetzte soll an ihnen regelmäßig teilnehmen.

Die **materielle Versorgung** ist Grundlage der reibungslosen Gestaltung des Dienstes. Der Vorgesetzte hat dafür zu sorgen, dass die benötigten Mittel rechtzeitig zur Verfügung stehen.

5. **Dienstaufsicht** beeinflusst maßgeblich die Gestaltung des Dienstes. Sie besteht in erster Linie in der persönlichen Anwesenheit und Ansprechbarkeit des Vorgesetzten und erfordert Zeit. Sie ist nicht nur Kontrolle, sondern vor allem Hilfe in Form von Erklärung, Anleitung und Unterstützung.

IX. POLITISCHE BILDUNG

1. **Politische Bildung** steht in enger Wechselbeziehung zur Menschenführung und ist Pflicht aller Vorgesetzten. Sie soll dem Soldaten die Grundwerte, für die er eintritt, verdeutlichen und ihm Sinn und Notwendigkeit seines Dienstes aufzeigen. Dabei soll der Bürger den Dienst in den Streitkräften ohne wesentlichen Bruch zu seiner gewohnten Lebensordnung empfinden.

2. Politische Bildung geht über bloße Wissensvermittlung hinaus, indem sie bei jeder sich bietenden Gelegenheit stattfindet, an konkrete Ereignisse des dienstlichen Alltags anknüpft und Situationen, Erfahrungen und Konflikte behandelt, die sich aus dem täglichen Zusammenleben von Soldaten ergeben. Sie erfordert vom Vorgesetzten neben der Sachkenntnis einen eigenen Standpunkt, Gesprächsbereitschaft und persönliche Glaubwürdigkeit.

3. An Planung und Durchführung des **staatsbürgerlichen Unterrichts** sind die Soldaten zu beteiligen. In Politik und Gesellschaft strittige Themen sind als solche darzustellen und zu diskutieren. Dies stärkt die Urteils- und Kritikfähigkeit der Soldaten und vermindert die Gefahr ihrer einseitigen Information oder parteipolitischen Beeinflussung.

X. INFORMATIONSARBEIT

1. Die **Informationsarbeit der Bundeswehr** zielt durch eine offene Darstellung der Sicherheitspolitik, des Auftrags der Bundeswehr und des militärischen Dienstes vor allem darauf ab, Vertrauen zu begründen, die Bevölkerung zu informieren und ihre Anerkennung zu erhalten, Nachwuchs zu gewinnen sowie das berufliche Selbstverständnis und die Einsicht des Soldaten zu fördern.

2. Teilgebiete der Informationsarbeit sind nach außen die Öffentlichkeitsarbeit, Pressearbeit und die Nachwuchswerbung, nach innen die Truppeninformation.

3. Der Soldat beeinflusst durch sein Urteil über Dienstgestaltung, Ausrüstung und Ausbildung und durch sein Auftreten und Verhalten die öffentliche Meinung, leistet also stets, ob gewollt oder ungewollt, **Öffentlichkeitsarbeit.**

4. Praktizierte innere Führung fördert das Ansehen der Bundeswehr in der Öffentlichkeit und schafft somit die Grundlage für erfolgreiche **Nachwuchswerbung.**

5. Die **Truppeninformation** stellt den Soldaten dienstlich Informationen bereit, damit sie sich eine eigene Meinung bilden können und politisch mündig sowie auftragsgerecht handeln können. Sie dient der Führung zugleich als Mittel, über ihre Absichten und Entscheidungen zu unterrichten.
Nutzung und Weitergabe von Informationsmaterial ist Aufgabe der Vorgesetzten, ergänzt durch Gespräch und Diskussion. Die persönliche Stellungnahme erhöht die Glaubwürdigkeit.

XI. ORGANISATION

1. Die Bundeswehr braucht zur Erfüllung ihrer Aufgaben festgelegte Strukturen und übersichtlich organisierte Abläufe, welche die Zuständigkeiten und Zusammenarbeit regeln, Aufgaben abgrenzen und Rechtssicherheit vermitteln. Bei Eingriffen in diese Aufbau- und Ablauforganisation sind die Grundsätze der inneren Führung zu berücksichtigen. Die organisatorischen Rah-

menbedingungen sind so zu gestalten, dass sich der Vorgesetzte mit der nötigen Zeit und Sorgfalt um seine Soldaten kümmern kann und sich Zeitdruck, ständige Improvisation, Überlastung und Fehl an Mitteln vermeiden lassen. Daraus leiten sich folgende **Anforderungen an die Organisation** in den Streitkräften ab:
- Dezentralen Regelungen ist grundsätzlich der Vorzug zu geben. Voraussetzung dazu sind klare Auftragserteilung und die Zuweisung von Entscheidungsbefugnissen, Personal und Mitteln in angemessenem Umfang.
- Freiräume für Initiative und flexibles Handeln sind auf allen Ebenen einzuräumen und organisatorisch gegen Eingriffe höherer Führungsebenen abzusichern.
- Die Organisation muss einen angemessenen Informationsaustausch ermöglichen.
- Grundsätze der Funktionalität, Wirtschaftlichkeit und Sparsamkeit sowie die Ausübung von Kontrolle richten sich nach dem Auftrag, müssen jedoch die Bedürfnisse der Soldaten berücksichtigen.

XII. TRADITION

Maßstab für Traditionsverständnis und Traditionspflege in der Bundeswehr sind das Grundgesetz und die der Bundeswehr übertragenen Aufgaben und Pflichten. Das Grundgesetz ist Antwort auf die deutsche Geschichte.
Die Darstellung der Wertgebundenheit der Streitkräfte und ihres demokratischen Selbstverständnisses ist die Grundlage der Traditionspflege der Bundeswehr.
(aus: Richtlinien zum Traditionsverständnis und zur Traditionspflege in der Bundeswehr v. 20. Sept. 1982)

Leitsätze für die Praxis der Inneren Führung

I. ALLGEMEINES

1. Die Leitsätze setzen die Ziele und Grundsätze der inneren Führung um in
- allgemeine Forderungen für das Verhalten aller Soldaten,
- spezielle Forderungen an das Führungsverhalten der Vorgesetzten.

2. Die Leitsätze können nicht jede denkbare Situation abdecken. Es kommt in jedem Fall darauf an, dass die Soldaten ihren Pflichten im Rahmen ihrer staatsbürgerlichen Verantwortung nachkommen und dass Vorgesetzte die Würde und Eigenständigkeit ihrer Untergebenen achten. Die Persönlichkeitsentwicklung der Soldaten zu Selbständigkeit und Eigenverantwortung hin ist zu fördern.

3. Die Leitsätze müssen allen Soldaten im Unterricht vermittelt werden. Diese sollen sie kennen und verstehen, dass praktizierte innere Führung von jedem Soldaten einen persönlichen Beitrag erfordert und nicht nur ein Anspruch gegenüber anderen ist.

II. WORTLAUT DER LEITSÄTZE

Leitsatz 1 Soldatisches Berufsverständnis

Der Soldat bejaht die Grundwerte unserer Verfassung, handelt im Sinne des Auftrags und der Grundsätze der inneren Führung und setzt sich mit den Grundfragen des Soldatenberufes auseinander. Auf dieser Grundlage und in der Begegnung mit anderen Soldaten entwickelt er sein Berufsverständnis.
Als Vorgesetzter fordert der Soldat die geistige Auseinandersetzung mit den Grundlagen der soldatischen Aufgabe. Er weckt Verständnis für die Besonderheiten des militärischen Dienstes, bereitet seine Soldaten auf die Möglichkeiten des Einsatzes, vor allem auf den Kampf mit der Waffe, vor und stellt sie auf die besonderen Bedingungen und Gefahren ein, unter denen sie dann handeln müssen.

Leitsatz 2 Soldatische Grundpflicht

Jedem Soldaten ist die Grundpflicht auferlegt, der Bundesrepublik Deutschland treu zu dienen und das Recht und die Freiheit des deutschen Volkes tapfer zu verteidigen. Dies schließt im äußersten Fall den Einsatz seines Lebens ein. Die freiheitlich-demokratische Grundordnung sichert Recht und Freiheit. Der Soldat ist verpflichtet, diese Grundordnung anzuerkennen und durch sein gesamtes Verhalten für ihre Erhaltung einzutreten. Als Vorgesetzter trägt der Soldat die Verantwortung, in seinem Zuständigkeitsbereich die gewissenhafte Erfüllung aller Pflichten und der vom militärischen Auftrag jeweils gestellten Forderungen nach Recht und Gesetz und mit angemessenen Mitteln durchzusetzen.

Leitsatz 3 Disziplin und Autorität

Der Soldat stellt im Dienst persönliche Belange zugunsten der soldatischen Gemeinschaft und der Erfüllung militärischer Aufgaben zurück. Er bemüht sich um Selbstdisziplin.

Als Vorgesetzter erwirbt der Soldat Autorität, indem er in Haltung und Pflichterfüllung ein Beispiel gibt, Härten und Entbehrungen mit seinen Soldaten teilt und ihnen hilft, Belastungen zu ertragen.

Leitsatz 4   Recht und Gerechtigkeit
Der Soldat ist sich der rechtlichen Bindung seines Handelns bewußt. Er achtet das Recht stets, auch wenn es seine Handlungsmöglichkeiten begrenzt oder gar das Erfüllen des Auftrages erschwert.
Als Vorgesetzter setzt der Soldat das Recht durch und trägt bei der Ausübung der Befehls- und Disziplinargewalt dafür Sorge, dass die Grundrechte der ihm unterstellten Soldaten gewahrt bleiben und der Lage des Einzelnen Rechnung getragen wird.

Leitsatz 5   Befehl und Gehorsam
Der Soldat muss seinen Vorgesetzten gehorchen. Er führt ihre Befehle nach besten Kräften vollständig, gewissenhaft und unverzüglich aus und kennt die Grenzen seiner Gehorsamspflicht. Er nutzt seinen Einfluß auf Kameraden dazu, diese vor Fehlverhalten zu bewahren und ein auftragsgerechtes Handeln zu fördern.
Als Vorgesetzter erteilt der Soldat Befehle nur zu dienstlichen Zwecken und nach Recht und Gesetz. Er erläutert Sinnzusammenhänge und setzt Befehle in der den Umständen angemessenen Weise durch. Verletzende Schärfe und distanzierte Kühle vermeidet er. Bei Fehlverhalten hört er den Betroffenen an, erläutert ihm persönliche und sachliche Folgen seines Handelns und fordert für die Zukunft richtiges Verhalten.

Leitsatz 6   Zusammenhalt
Vorgesetzte und Untergebene sind gleichermaßen für den Zusammenhalt der Bundeswehr verantwortlich. Dies setzt Vertrauen voraus, das erworben und gepflegt werden will und das die Achtung der Würde und Freiheit der anderen, Toleranz und gegenseitige Rücksichtnahme verlangt. Zusammenhalt beruht auf Kameradschaft und Disziplin.
Der Soldat fördert den Zusammenhalt, indem er Verantwortung übernimmt, seinen Sachverstand einbringt, im Gespräch Mut und Offenheit zeigt, seine Kameraden im Rahmen seiner Möglichkeiten unterstützt und selbständig im Sinne des Auftrages handelt. Er gibt Fehler zu und weicht Kritik nicht aus.
Als Vorgesetzter beteiligt der Soldat seine Untergebenen an Planung und Gestaltung des Dienstes. Die Beteiligungs- und Mitwirkungsmöglichkeiten werden durch ihn nicht als Hindernis betrachtet, sondern als notwendiger wichtiger Beitrag auf dem Weg zu Entscheidungen. Auch dadurch wird Akzeptanz gefördert.

Er ist bemüht, seine Untergebenen persönlich kennenzulernen, sucht das Gespräch und nimmt sich Zeit für ihre Anliegen. Er fördert ein entspanntes, lebensfrohes Klima, in dem der Dienst Freude macht.
Er informiert rechtzeitig und umfassend auch über langfristige Planungen und grundsätzliche Weisungen und gibt Gelegenheit zur Aussprache. Eigenständigkeit und Initiative stärkt er, indem er Aufgaben und Befugnisse delegiert, den Einzelnen zum Handeln ermutigt und ihm Handlungsspielraum gibt.
Wo immer möglich, führt er mit Aufträgen. Durch gelassene Reaktion auf anfängliche Fehler erreicht er, dass die Soldaten mehr und mehr Selbstvertrauen gewinnen, Schwierigkeiten besser meistern und größere Verantwortung zu übernehmen wagen.

Leitsatz 7   Dienstgestaltung und Ausbildung
Der Soldat bringt seine Berufs- und Lebenserfahrung mit ein und beteiligt sich an der Gestaltung des Dienstes durch Vorschläge und Übernahme von Aufgaben und Verantwortung.
Als Vorgesetzter plant und organisiert er den Dienst und die Ausbildung in enger Zusammenarbeit mit seinen Soldaten abwechslungsreich, fordernd, einsatznah und erlebnisorientiert. Leerlauf vermeidet er. Er verdeutlicht ihnen ihre Funktion im Zusammenhang mit der Gesamtaufgabe und begründet die Notwendigkeit besonderer Belastungen und unangenehmer Tätigkeiten.
Für Dienstaufsicht nimmt sich der Vorgesetzte Zeit. Er bezieht alle dienstlichen Bereiche ein und gibt im Gespräch Erklärung, Anleitung und Hilfe. Er nutzt Lob und Ermutigung als wirksame Führungsmittel und fördert die Persönlichkeitsentwicklung der Soldaten mit dem Ziel, sie zum Handeln im Sinne des Leitbildes vom Staatsbürger in Uniform zu befähigen.

Leitsatz 8   Politische Bildung
Der Soldat informiert sich über das politische Geschehen und dessen Grundlagen, um seinen Standort als Staatsbürger und Soldat bestimmen zu können. In der politischen Auseinandersetzung berücksichtigt er die Regeln der Kameradschaft.
Als Vorgesetzter ist er persönlich zur staatsbürgerlichen Unterrichtung seiner Soldaten verpflichtet. Er geht auf ihre Erfahrungen, Interessen und Meinungen ein, bezieht einen eigenen Standpunkt und ist tolerant gegenüber anderen Auffassungen. Der Grad seiner Glaubwürdigkeit und Aufgeschlossenheit zeigt sich besonders beim Umgang mit umstrittenen Themen.

Leitsatz 9   Betreuung und Fürsorge
Der Soldat macht rechtzeitig deutlich, wenn er, Kameraden oder Angehörige fürsorgliche Hilfe benötigen. Im Rahmen seiner Möglichkeiten hilft er auch

selbst. Mit eigenen Anregungen und Aktivitäten trägt er zur sinnvollen Planung und Gestaltung der Freizeit bei.
Der Vorgesetzte ist für seine Untergebenen verantwortlich, er sorgt persönlich für sie und schützt sie vor Schaden und Nachteilen. Dafür stellt er eigene Bedürfnisse zurück. Zusätzlich notwendige Unterstützung veranlasst er schnell und unabhängig vom sonstigen Wohlverhalten der Soldaten. Er schöpft zu diesem Zweck frühzeitig die Möglichkeiten der Bundeswehr aus und veranlasst umfassende Beratung. Dazu arbeitet er eng mit der Truppen- und Bundeswehrverwaltung, insbesondere dem Sozialdienst, dem Truppenarzt und der Militärseelsorge zusammen.
Bei der Gestaltung der Freizeit unterstützt der Vorgesetzte die Soldaten. Er fördert ihre Eigeninitiative und stellt hierfür Mittel bereit.

Leitsatz 10   Militärseelsorge
Der Soldat hat einen Anspruch auf Seelsorge und ungestörte Religionsausübung.
Der Vorgesetzte muss die religiöse Einstellung seiner Soldaten achten. Die Freiheit und Freiwilligkeit der religiösen Betätigung sind sicherzustellen. Der Vorgesetzte arbeitet eng mit der Militärseelsorge zusammen. Sie bietet in eigener Zuständigkeit Betreuungsmaßnahmen an und vermittelt kirchliche Beratungsstellen.

Leitsatz 11   Öffentlichkeitsarbeit
Der Soldat trägt mit seinem gesamten Verhalten, insbesondere mit seinem äußeren Erscheinungsbild und einer sachlichen und verantwortungsbewussten Darstellung seines Dienstes zum Bild der Bundeswehr in der Öffentlichkeit bei.
Als Vorgesetzter trägt er Verantwortung für die Öffentlichkeitsarbeit. Er informiert im Rahmen seines Auftrages, stellt sich der Diskussion und verdeutlicht das Selbstverständnis der Streitkräfte.

Leitsatz 12   Personalführung
Der Soldat lässt sich in Laufbahnfragen beraten. Er trägt zu einer sachgerechten Personalführung bei, indem er seine Ziele und seine persönlichen Belange, Vorstellungen und Wünsche frühzeitig verdeutlicht. Er macht sich bewusst, dass Personalentscheidungen gleichermaßen den Bedarf des Dienstherrn und die Bedürfnisse von Kameraden berücksichtigen müssen.
Als Vorgesetzter informiert und berät er seine Untergebenen in Laufbahnfragen. Bei allen über allgemeine Informationen hinausgehenden Aussagen, insbesondere im Zusammenhang mit Personalentscheidungen, stimmt er sich mit den personalbearbeitenden Stellen ab.

Er bemüht sich, seine Untergebenen vorurteilsfrei zu sehen und seine Erkenntnisse unvoreingenommen zu werten. Der Vorgesetzte muss wissen, dass Beurteilungen nicht nur den Werdegang seiner Untergebenen entscheidend beeinflussen, sondern auch die Leistungsfähigkeit der Streitkräfte insgesamt. Er bewertet die Fähigkeit zur Menschenführung mit besonderer Sorgfalt, beeinflusst so die Qualität praktizierter innerer Führung in der Bundeswehr und trägt damit maßgeblich zur entsprechenden Führerauswahl bei.

Rechte und Pflichten des Soldaten

ZDv 14/5

I. RECHTE DES SOLDATEN NACH DEM GRUNDGESETZ

1. Der Soldat hat **Grundrechte** (Art. 1–19) und andere Rechte nach dem Grundgesetz: Widerstand (Art. 20), Staatsbürgerliche Gleichstellung der Deutschen (Art. 33), Wahl (Art. 38), Verbot von Ausnahmegerichten (Art. 101), Rechtliches Gehör/Verbot der Doppelbestrafung (Art. 103).

2. Folgende **Grundrechte** sind für den Soldaten **eingeschränkt:**

a. **Freizügigkeit** (Art. 11 GG) durch die Pflicht in einer Gemeinschaftsunterkunft zu wohnen (§ 18 SG);

b. **Petitionsrecht** (Art. 17 GG) hinsichtlich des Vorbringens von Beschwerden in Gemeinschaft mit anderen durch das Verbot gemeinschaftlicher Beschwerden (§ 1 WBO);

c. **Meinungsfreiheit** (Art. 5 GG) durch die
- Pflicht zum treuen Dienen (§ 7 SG),
- Pflicht zum Eintreten für die freiheitliche demokratische Grundordnung (§ 8 SG),
- Pflicht zur Zurückhaltung bei Äußerungen als Vorgesetzter (§ 10 SG),
- Pflicht zur Kameradschaft (§ 12 SG),
- Pflicht zur Verschwiegenheit (§ 14 SG),

- Pflichten bei politischer Betätigung (§ 15 SG),
- Pflicht zur Disziplin und zu achtungswürdigem Verhalten (§ 17 SG),
- Pflicht, sich als Offizier oder Unteroffizier auch nach seinem Ausscheiden aus dem Wehrdienst nicht gegen die freiheitliche demokratische Grundordnung zu betätigen (§ 23 SG);

d. **Versammlungsfreiheit** (Art. 8 GG) durch die
- Pflicht zum treuen Dienen (§ 7 SG),
- Pflicht zum Eintreten für die freiheitliche demokratische Grundordnung (§ 8 SG),
- Pflichten bei politischer Betätigung (§ 15 SG),
- Pflicht zur Disziplin und zu achtungswürdigem Verhalten (§ 17 SG);

e. **Körperliche Unversehrtheit** (Art. 2 GG) durch die Pflicht zur Gesunderhaltung (§ 17 SG);

f. **Freiheit der Person** (Art. 2 GG), indem Freiheitsentzug gemäß WDO und WStG hinzunehmen ist.

3. Folgende **Grundrechte** werden dem Soldaten ausdrücklich **bestätigt**:

a. **Gleichheit vor dem Gesetz** (Art. 3 GG) durch § 3 und § 6 SG;

b. **Staatsbürgerliche Gleichstellung der Deutschen** (Art. 33 GG) durch § 3 und § 6 SG;

c. **Ungestörte Religionsausübung** (Art. 4 GG) durch § 36 SG.

II. PFLICHTEN UND RECHTE DES SOLDATEN NACH DEM SOLDATENGESETZ

Die ZDv 14/5 „Soldatengesetz" enthält das Soldatengesetz mit den Pflichten und Rechten des Soldaten im Wortlaut; die Broschüre „GRUNDGESETZ für die Bundesrepublik Deutschland" gibt das SG im Auszug wieder.
DER REIBERT zitiert nachfolgend einige Paragraphen des SG, teilweise im Auszug, und erläutert sie oder verweist auf Erläuterungen an anderer Stelle.

Pflichten des Soldaten gemäß SG

§ 7 Grundpflicht des Soldaten
Der Soldat hat die Pflicht, der Bundesrepublik Deutschland treu zu dienen und das Recht und die Freiheit des deutschen Volkes tapfer zu verteidigen.

1. Pflicht zum „treuen Dienen" bedeutet nicht nur, die im SG ausdrücklich aufgeführten Pflichten gewissenhaft zu erfüllen, sondern ebenso die vielen ungenannten, die sich aus dem militärischen Dienst ergeben, z. B.: Handeln ohne Befehl, wenn es die Lage erfordert – stetes Bemühen um gute Leistungen – Pflege der anvertrauten Ausrüstung – zuverlässlich zu sein, auch in Kleinigkeiten oder wenn niemand die Aufsicht führt – auch dort gehorsam zu sein, wo Ungehorsam bequemer oder scheinbar ohne Gefahr ist.

2. Der Soldat hat die Pflicht, „tapfer" zu sein; sie verlangt von ihm, sich nicht aus Furcht vor persönlicher Gefahr von seiner Pflichterfüllung abhalten zu lassen. Tapferkeit gilt als soldatische Tugend nicht nur im Verteidigungsfall, sondern auch im Frieden, z. B. bei persönlichem Einsatz in gefährlichen Situationen während der Ausbildung, im Katastropheneinsatz oder durch Wahrhaftigkeit, wenn sie ggf. Nachteile bringt.

3. Verstöße gegen die Grundpflicht können als Dienstvergehen disziplinar geahndet werden. Eine strafrechtliche Verfolgung ist bei schweren Verstößen möglich, z. B.:

Eigenmächtige Abwesenheit (§ 15 WStG), d. h., wenn ein Soldat eigenmächtig seine Truppe verlässt oder ihr fernbleibt und vorsätzlich oder fahrlässig länger als drei volle Kalendertage abwesend ist.

Fahnenflucht (§ 16 WStG), d. h., wer eigenmächtig seine Truppe verlässt oder ihr fernbleibt, um sich dauernd dem Wehrdienst zu entziehen.

Selbstverstümmelung (§ 17 WStG), d. h., wer sich oder einen anderen Soldaten mit dessen Einwilligung zum Wehrdienst untauglich macht.

Dienstentzug durch Täuschung (§ 18 WStG), d. h., wer sich oder einen anderen Soldaten durch arglistige, auf Täuschung berechnete Machenschaften dem Wehrdienst dauernd oder zeitweise entzieht, durch Vortäuschen einer Krankheit bei Familienangehörigen oder Erschwindeln von Urlaub.
Weitere sehr schwere Verstöße sind hochverräterische, staatsgefährdende und landesverräterische Straftaten.

§ 8 Eintreten für die demokratische Grundordnung
Der Soldat muss die freiheitliche demokratische Grundordnung im Sinne des Grundgesetzes anerkennen und durch sein gesamtes Verhalten für ihre Erhaltung eintreten.

Er muss sie nicht nur als für sich verbindlich anerkennen, sondern auch entsprechend handeln. Er darf z. B. nicht hinnehmen, dass sie oder ihre Einrichtungen verächtlich gemacht werden.

Zu § 9 Eid und feierliches Gelöbnis:
(1) Diensteid der BS und SaZ: „Ich schwöre, der Bundesrepublik Deutschland treu zu dienen und das Recht und die Freiheit des deutschen Volkes tapfer zu verteidigen (..., so wahr mir Gott helfe)."

(2) Feierliches Gelöbnis der Soldaten, die auf Grund der Wehrpflicht Wehrdienst leisten: „Ich gelobe, der Bundesrepublik Deutschland treu zu dienen und das Recht und die Freiheit des deutschen Volkes tapfer zu verteidigen."

1. Eid der BS und SaZ sowie Gelöbnis der Wehrpflichtigen sind bezüglich Wirkung, Bindung und Pflichtenumfang gleichbedeutend, binden als Versprechen in feierlicher Form an Volk und Staat und besiegeln die gegenseitige Treue zwischen dem Dienstherrn Bundesrepublik Deutschland und dem Soldaten, die darin besteht, dass
– der Dienstherr die Rechte des Soldaten wahrt, für ihn sorgt und nichts fordert, was gegen Recht, Gesetz und Menschlichkeit verstößt;
– der Soldat seine Grundpflicht gewissenhaft erfüllt.

2. Die Verweigerung des
– Eides führt bei SaZ zur Entlassung aus dem Dienstverhältnis;
– Gelöbnisses entbindet Grundwehrdienstleistende nicht von den Dienstpflichten; sie hat keine Bestrafung zur Folge, wohl aber den Ausschluß von der Beförderung und der Übertragung von Aufgaben mit besonderer Verantwortung.

Zu § 10 Pflichten des Vorgesetzten:

Siehe „Vorgesetzter und Untergebener/Befehl und Gehorsam".

§ 11 Gehorsam
(1) Der Soldat muss seinen Vorgesetzten gehorchen. Er hat ihre Befehle nach besten Kräften vollständig, gewissenhaft und unverzüglich auszuführen. Ungehorsam liegt nicht vor, wenn ein Befehl nicht befolgt wird, der

die Menschenwürde verletzt oder der nicht zu dienstlichen Zwecken erteilt worden ist; die irrige Annahme, es handle sich um einen solchen Befehl, befreit den Soldaten nur dann von der Verantwortung, wenn er den Irrtum nicht vermeiden konnte und ihm nach den ihm bekannten Umständen nicht zuzumuten war, sich mit Rechtsbehelfen gegen den Befehl zu wehren.

(2) Ein Befehl darf nicht befolgt werden, wenn dadurch eine Straftat begangen würde. Befolgt der Untergebene den Befehl trotzdem, so trifft ihn eine Schuld nur, wenn er erkennt oder wenn es nach den ihm bekannten Umständen offensichtlich ist, dass dadurch eine Straftat begangen wird.

Siehe „Vorgesetzter und Untergebener/Befehl und Gehorsam".

§ 12 Kameradschaft
Der Zusammenhalt der Bundeswehr beruht wesentlich auf Kameradschaft. Sie verpflichtet alle Soldaten, die Würde, die Ehre und die Rechte des Kameraden zu achten und ihm in Not und Gefahr beizustehen. Das schließt gegenseitige Anerkennung, Rücksicht und Achtung fremder Anschauungen ein.

1. Kamerad ist jeder Gleichgestellte, Untergebene und auch Vorgesetzte. Die gemeinsame Aufgabe erfordert Kameradschaft auch gegenüber den zivilen Angehörigen der Bw und den Soldaten verbündeter Streitkräfte.

2. Kameradschaft heißt: Sich auf einander verlassen. Dazu sind Gemeinsinn, Opfermut und Hilfsbereitschaft notwendig im Gegensatz zu selbstsüchtigem Verhalten.
Bei Verstößen gegen die Kameradschaft steht der Beschwerdeweg offen.

§ 13 Wahrheitspflicht
(1) Der Soldat muss in dienstlichen Angelegenheiten die Wahrheit sagen.

(2) Eine Meldung darf nur gefordert werden, wenn der Dienst es rechtfertigt.

1. „Dienstliche Angelegenheiten" können auch private Dinge mit Einfluss auf den dienstlichen Bereich sein, z. B. familiäre Probleme im Zusammenhang mit Urlaub aus persönlichen Gründen.

2. Die Wahrheitspflicht verlangt nicht, daß sich der Soldat selbst belastet, z. B. in einem Disziplinarverfahren bei der Vernehmung als Beschuldigter.

Er kann schweigen oder die Aussage verweigern, darf aber nicht falsch aussagen.

3. Verstöße gegen die Wahrheitspflicht sind nach § 42 WStG strafbar. Das trifft auch dann zu, wenn ein Soldat vorsätzlich eine dienstliche Meldung unberichtigt weitergibt oder eine dienstliche Meldung unrichtig übermittelt. Die Wahrheitspflicht bindet auch den Vorgesetzten; Geheimhaltung und Tarnung lassen jedoch Ausnahmen zu.

4. Fordert ein Vorgesetzter eine Meldung über private Angelegenheiten, die keine dienstliche Berechtigung hat, ist das Missbrauch der Befehlsbefugnis und nach § 32 WStG strafbar.

Zu § 14 Verschwiegenheit:

Siehe „Militärische Sicherheit".

§ 15 Politische Betätigung
(1) Im Dienst darf sich der Soldat nicht zugunsten oder zuungunsten einer bestimmten politischen Richtung betätigen. Das Recht des Soldaten, im Gespräch mit Kameraden seine eigene Meinung zu äußern, bleibt unberührt.

(2) Innerhalb der dienstlichen Unterkünfte und Anlagen findet während der Freizeit das Recht der freien Meinungsäußerung seine Schranken an den Grundregeln der Kameradschaft. Der Soldat hat sich so zu verhalten, dass die Gemeinsamkeit des Dienstes nicht ernstlich gestört wird. Der Soldat darf insbesondere nicht als Werber für eine politische Gruppe wirken, indem er Ansprachen hält, Schriften verteilt oder als Vertreter einer politischen Organisation arbeitet. Die gegenseitige Achtung darf nicht gefährdet werden.

(3) Der Soldat darf bei politischen Veranstaltungen keine Uniform tragen.

(4) Ein Soldat darf als Vorgesetzter seine Untergebenen nicht für oder gegen eine politische Meinung beeinflussen.

1. Die Einschränkung von Grundrechten für die Soldaten soll deren Verhältnis untereinander und das Verhältnis zwischen Vorgesetzten und Unter-

gebenen freihalten von den im Bereich der politischen Parteien natürlichen Gegensätze und Spannungen. Das dienstliche Interesse und die Erfüllung der gemeinsamen Aufgabe haben Vorrang und dürfen nicht durch einseitige parteipolitische Beeinflussung gestört werden.

2. Der Austausch von politischen Auffassungen im Gespräch und unter Duldung anderer Ansichten ist zulässig, auferlegt aber besonders Vorgesetzten größte Zurückhaltung bei jeder Gelegenheit.

3. Siehe auch „Politische Betätigung von Soldaten" und „Uniformtragen bei politischen Veranstaltungen".

§ 16 Verhalten in anderen Staaten
Außerhalb des Geltungsbereichs des Grundgesetzes ist dem Soldaten jede Einmischung in die Angelegenheiten des Aufenthaltsstaats versagt.

Das gilt auch für den Aufenthalt aus privatem Anlass (Urlaub).

Zu § 17 **Verhalten im und außer Dienst:**
(1) Der Soldat hat Disziplin zu wahren und die dienstliche Stellung des Vorgesetzten in seiner Person auch außerhalb des Dienstes zu achten.

(2) Sein Verhalten muss dem Ansehen der Bundeswehr sowie der Achtung und dem Vertrauen gerecht werden, die sein Dienst als Soldat erfordert. Außer Dienst hat sich der Soldat außerhalb der dienstlichen Unterkünfte und Anlagen so zu verhalten, dass er das Ansehen der Bundeswehr oder die Achtung und das Vertrauen, die seine dienstliche Stellung erfordert, nicht ernsthaft beeinträchtigt.

... (4) Der Soldat hat alles in seinen Kräften Stehende zu tun, um seine Gesundheit zu erhalten oder wiederherzustellen. Er darf seine Gesundheit nicht vorsätzlich oder grob fahrlässig beeinträchtigen. Der Soldat muss ärztliche Eingriffe in seine körperliche Unversehrtheit nur dann dulden, wenn es sich um Maßnahmen handelt, die der Verhütung und Bekämpfung übertragbarer Krankheiten dienen; ...

(1) Siehe „Vorgesetzter und Untergebener/Befehl und Gehorsam",
(2) Siehe „Verhalten außer Dienst und in der Öffentlichkeit".

Zu § 23 Dienstvergehen:
(1) Der Soldat begeht ein Dienstvergehen, wenn er schuldhaft seine Pflichten verletzt ...

1. Ein Dienstvergehen liegt vor, wenn eine im SG niedergelegte Dienstpflicht verletzt worden ist und der Soldat dabei schuldhaft gehandelt hat (vorsätzlich oder fahrlässig).

Vorsatz: Ein Soldat beschafft sich Papiere und Schlüssel und unternimmt mit einem Dienst-Kfz eine „Schwarzfahrt" zur Freundin.

Fahrlässigkeit: Ein Soldat führt die Überprüfung seines Dienst-Kfz vor der Benutzung unvollständig aus und verursacht dadurch einen Schaden, den er sonst hätte vermeiden können.

2. Verfolgung von Dienstvergehen siehe „Wehrdisziplinarordnung".

Zu § 24 Haftung:
(1) Verletzt ein Soldat vorsätzlich oder grob fahrlässig die ihm obliegenden Pflichten, so hat er dem Dienstherrn, dessen Aufgaben er wahrgenommen hat, den daraus entstehenden Schaden zu ersetzen. Haben mehrere Soldaten gemeinsam den Schaden verursacht, so haften sie als Gesamtschuldner ...

Rechte des Soldaten gemäß SG

Zu § 28 Urlaub:
(1) Dem Soldaten steht alljährlich ein Erholungsurlaub unter Fortgewährung der Geld- und Sachbezüge zu ...

Siehe „Soldatenurlaubsverordnung".

Zu § 29 Personalakten:
(1) Über jeden Soldaten ist eine Personalakte zu führen; sie ist vertraulich zu behandeln und vor unbefugter Einsicht zu schützen ...

(5) Der Soldat ist zu Beschwerden und Behauptungen, die für ihn ungünstig sind oder ihm nachteilig werden können, vor deren Aufnahme in die Personalakte zu hören. Seine Äußerung ist zur Personalakte zu nehmen ...

Zu § 30 Geld- und Sachbezüge, Heilfürsorge, Versorgung:

Siehe „Geld- und Sachbezüge, Heilfürsorge, Versorgung".

Zu § 31 Fürsorge:

Siehe „Betreuung und Fürsorge" sowie „Berufsförderung und Dienstzeitversorgung".

Zu § 32 Dienstzeitbescheinigung und Dienstzeugnis:
(1) Dem Soldaten ist nach Beendigung seines Wehrdienstes eine Dienstzeitbescheinigung auszustellen. Auf Antrag ist ihm bei einer Dienstzeit von mindestens 4 Wochen ein Dienstzeugnis zu erteilen ...

Zu § 33 Staatsbürgerlicher und völkerrechtlicher Unterricht:
(1) Die Soldaten erhalten staatsbürgerlichen und völkerrechtlichen Unterricht ...

(2) Die Soldaten sind über ihre staatsbürgerlichen und völkerrechtlichen Pflichten und Rechte im Frieden und im Kriege zu unterrichten.

Siehe „Staatsbürgerlicher Unterricht/Die freiheitliche demokratische Grundordnung" und „Humanitäres Völkerrecht in bewaffneten Konflikten".

Zu § 34 Beschwerde:
Der Soldat hat das Recht sich zu beschweren ...

Siehe „Wehrbeschwerdeordnung".

Zu § 35 Beteiligungsrechte der Soldaten:

Siehe „Beteiligung der Soldaten durch Vertrauenspersonen".

§ 36 Seelsorge
Der Soldat hat Anspruch auf Seelsorge und ungestörte Religionsausübung. Die Teilnahme am Gottesdienst ist freiwillig.

Siehe „Militärseelsorge".

Politische Betätigung von Soldaten

1. Jeder Soldat hat das Recht, zu wählen und so an der politischen Willensbildung mitzuwirken. Zur Ausübung des Wahlrechts ist dem wahlberechtigten Soldaten
– am Wahltag im Standort durch entsprechende Regelung des Dienstes die persönliche Stimmabgabe zu ermöglichen,
– rechtzeitig Zeit und Gelegenheit zur Briefwahl zu geben, falls der Standort nicht zugleich Wahlort ist,
– auf Antrag Urlaub zu erteilen, falls eine persönliche Stimmabgabe oder Briefwahl nicht möglich ist

Urlaub für die Europa-, Bundestags-, Landtags- und Kommunalwahl darf nur aus zwingenden dienstlichen Gründen (z. B. Manöver, Schiff in See usw.) versagt werden.

Bei Vollstreckung von Ausgangsbeschränkung, Arrest oder Freiheitsstrafe gelten besondere Bestimmungen.

2. Der Soldat hat auch das Recht, sich um ein politisches Mandat zu bewerben. Er unterliegt aber bei einer Beteiligung am Wahlkampf und bei jeder anderen politischen Betätigung den Beschränkungen der staatsbürgerlichen Rechte, die sich aus seinen gesetzlich begründeten Pflichten ergeben; siehe auch „Rechte und Pflichten des Soldaten" und „Uniformtragen bei politischen Veranstaltungen".

3. Bei jeder politischen Betätigung hat der Soldat zu beachten:
– Loyales Verhalten gegenüber der Bundesrepublik Deutschland und den Vorgesetzten, d. h. Zurückhaltung und Takt bei allen politischen Meinungsäußerungen.
– Keine unsachlichen Angriffe, insbesondere Hetze, Gehässigkeiten, und Beleidigungen, gegen die Bundesrepublik, ihre Länder, die verfassungsmäßige Ordnung und ihre Organe, die Grundlagen der Wehrverfassung, die Wehrpolitik sowie Vorgesetzte. Derartigen Angriffen ist stets entgegenzutreten.
– Keine Betätigung zugunsten oder zuungunsten einer politischen Partei während des Dienstes.
  Arbeit und Werbung (Ansprachen, Verbreitung von Material) für politische Parteien oder Gruppen sind innerhalb militärischer Unterkünfte und Anlagen unzulässig, nur außerhalb zulässig.
– Verteilung von politischem Werbematerial nur in Zivil unter Beachtung o. a. Auflagen. In derartigem Werbematerial sind Hinweise auf die Dienststellung und die Stellung als Vorgesetzter sowie Bilder des Soldaten in Uniform unzulässig. Die Angabe des Dienstgrades ist erlaubt.

Uniformtragen bei politischen Veranstaltungen

1. Bei **politischen Veranstaltungen** darf der Soldat **keine Uniform** tragen. Politische Veranstaltungen sind alle Versammlungen und Aktionen politischer Parteien, aber auch von Gruppen, die Einfluß auf den Staat und Parteien anstreben, wenn öffentliche Angelegenheiten Gegenstand der Veranstaltung sind.
Dazu zählt auch das Auftreten einzelner Soldaten in den Medien, sofern es politischen Charakter hat.
Zur politischen Veranstaltung gehört nicht unbedingt eine Diskussion; es genügt bereits eine Ansprache, Filmvorführung, ein Fernsehinterview oder z. B. ein Protestmarsch. Unerheblich ist, ob die Veranstaltung öffentlich oder nur geladenen Gästen, Mitgliedern usw. zugänglich ist.

2. Veranstaltungen von **Berufsorganisationen** (Gewerkschaften, Berufsverbände), die wirtschaftlichen, sozialen, kulturellen und ideellen Belangen ihrer Mitglieder dienen, sind **keine politischen Veranstaltungen.** Werden allgemeine, insbesondere politisch strittige Themen behandelt, sind auch dies Veranstaltungen, die dem Uniformverbot unterliegen.

3. Nimmt eine zunächst unpolitische Veranstaltung **politischen Charakter** an, soll der Soldat in Uniform sie verlassen.

4. Besteht bei einer Einladung **Zweifel,** ob es sich um eine politische Veranstaltung handelt, ist Zivil zu tragen oder der **Einheitsführer** einzuschalten.

5. Ausgenommen vom Uniformtrageverbot ist nur die **dienstliche Teilnahme** von Soldaten an politischen Veranstaltungen im Rahmen der
– offiziellen Vertretung der Bundeswehr,
– Presse- und Öffentlichkeitsarbeit.
Der Soldat ist dabei an das Verbot der politischen Betätigung im Dienst gebunden und hat schon dem Anschein eines unzulässigen Verhaltens entgegenzuwirken.

Wehrbeschwerdeordnung

ZDv 14/3

Die WBO ist die gesetzliche Grundlage für das Führen einer Beschwerde und gewährleistet, dass dem Soldaten, der eine begründete Beschwerde eingelegt hat, zu seinem Recht verholfen wird. Jede begründete Beschwerde trägt dazu bei, einen Missstand abzustellen und Recht und Ordnung zu schaffen.
Niemand ist verpflichtet sich zu beschweren; auf eine begründete Beschwerde zu verzichten, zeugt aber von falsch verstandener Kameradschaft oder Mangel an Zivilcourage.

1. **Beschwerderecht** – Der Soldat kann sich beschweren, wenn er glaubt,
- **von Vorgesetzten oder Dienststellen der Bw unrichtig behandelt zu sein oder**
- **durch pflichtwidriges Verhalten von Kameraden verletzt zu sein oder**
- **wenn auf einen Antrag innerhalb eines Monats kein Bescheid ergangen ist.**

> Lt A. belegt den Gefr B. mit einem Schimpfwort.
> Gefr C. hält eine von seinem KpChef gegen ihn verhängte Disziplinarmaßnahme für ungerechtfertigt.
> Gefr D. hänselt den Gefr. E. ständig wegen eines Körperfehlers.

Mit der Formulierung „glaubt unrichtig behandelt zu sein" wird dem Beschwerdeführer die Möglichkeit des Irrtums zugebilligt. Gerade diese Ausweitung aber **verpflichtet ihn, die Gründe für eine Beschwerde gewissenhaft zu prüfen und nicht leichtfertig vom Beschwerderecht Gebrauch zu machen,** wenn möglicherweise Spannungen auf andere Weise beseitigt werden können.

2. **Unzulässige Beschwerden** – Unzulässig sind gemeinschaftliche Beschwerden, Beschwerden für andere und solche gegen Beurteilungen. Jeder muss für seine Anliegen persönlich einstehen. Das Recht, dass mehrere Soldaten sich einzeln über den gleichen Gegenstand beschweren können, bleibt davon unberührt. Für einen anderen kann ein Soldat eine Meldung erstatten, aber keine Beschwerde einlegen.

3. **Aussprache und Vermittlung** – Vor dem Einlegen der Beschwerde kann der Soldat (Beschwerdeführer) eine Aussprache oder Vermittlung verlangen,

wenn er sich durch einen vorgesetzten oder einen anderen Soldaten persönlich gekränkt fühlt und ihm ein gütlicher Ausgleich möglich erscheint.

Der Beschwerdeführer bittet den Betroffenen, d. h. denjenigen, der den Beschwerdegrund gegeben hat, unmittelbar oder über einen Dritten um Aussprache. Diesem Wunsch muss stattgegeben werden.

Nach einer erfolglosen Aussprache muss sich der Beschwerdeführer entscheiden, ob er einen Vermittler anrufen (innerhalb einer Woche nach Beschwerdeanlass) oder sofort Beschwerde einlegen will. Schaltet er einen Vermittler ein, darf dieser die Aufgabe nicht ohne wichtigen Grund ablehnen, zwischen dem Beschwerdeführer und dem Betroffenen einen Ausgleich herbeizuführen. Vermittler kann jeder Soldat sein, ausgenommen alle an der Sache unmittelbar Beteiligten, unmittelbare Vorgesetzte und die Vertrauenspersonen des Beschwerdeführers und des Betroffenen.

4. **Beschwerdestelle** – Beschwerden sind beim nächsten DiszVorges einzulegen, können aber auch bei nächsthöheren DiszVorges oder Dienststellen der Wehrverwaltung eingelegt werden, wenn diese Stellen zu entscheiden haben. Soldaten in Bundeswehrkrankenhäusern können Beschwerde auch beim leitenden Sanitätsoffizier einlegen.

Alle Stellen leiten Beschwerden der zuständigen Stelle zu, wenn sie nicht selbst darüber entscheiden können.

> Gefr A. will sich über den Uffz B. der eigenen Kompanie beschweren. Die Beschwerde ist beim KpChef einzulegen, der auch entscheidet.
> Fw Q will sich über seinen KpChef beschweren. Die Beschwerde ist beim BtlKdr einzulegen. Sie kann aber auch beim KpChef eingelegt werden, der sie unverzüglich dem BtlKdr vorzulegen hat.
> Uffz D. glaubt bei der Zuweisung einer Wohnung von der Standortverwaltung benachteiligt worden zu sein. Er kann die Beschwerde bei der Wehrbereichsverwaltung einlegen, aber auch bei seinem KpChef, der dieser die Beschwerde umgehend zur Entscheidung zuleitet.

Im Zweifelsfall sind Beschwerden beim KpChef einzulegen, der für die unverzügliche Weiterleitung sorgen muß.

5. **Art** – Beschwerden können **schriftlich** oder **mündlich zur Niederschrift** eingelegt werden.

Schriftliche Beschwerden müssen enthalten: **Gegen wen richten sie sich? Welche Beschwerdegründe liegen vor? Wann ist der Beschwerdeanlass eingetreten, oder seit wann hat der Beschwerdeführer Kenntnis davon?**

Von mündlichen Beschwerden lässt der DiszVorges eine Niederschrift anfertigen, die vom Beschwerdeführer zu unterschreiben ist.

Entlassene Soldaten können eine Beschwerde auch nach dem Entlassungstag vorbringen, jedoch unter Wahrung der Fristen.

6. **Fristen** – Nach Kenntnisnahme vom Beschwerdeanlass darf der Soldat erst nach Ablauf einer Nacht eine Aussprache verlangen, einen Vermittler anrufen oder Beschwerde einlegen. Die Beschwerdefrist läuft zwei Wochen nach Kenntnisnahme des Anlasses ab, ist aber nur gewahrt, wenn die Beschwerde vor dem Ablauf bei der zur Einlegung zuständigen Stelle eingeht.

> Gefr A fühlt sich durch eine erzieherische Maßnahme seines Zugführers während des Dienstes am Montag, 11. März, ungerecht behandelt. Er kann Beschwerde einlegen in der Zeit vom Dienstag, 12. März, ab Wecken, bis Montag 25. März, 24.00 Uhr.

Mit diesen Fristen sollen übereilte Beschwerden vermieden („… erst einmal darüber schlafen …"), aber Beschwerdegründe möglichst bald beseitigt und die Spannungen bereinigt werden.
Kann wegen besonderer Umstände, z. B. Krankheit des Beschwerdeführers, Einsatz bei einer Naturkatastrophe, mehrtägige Übung, die Frist nicht eingehalten werden, läuft sie erst drei Tage nach Beseitigung des Hindernisses ab.

7. **Wirkungen – Die Beschwerde hat keine aufschiebende Wirkung.**
Der Soldat hat einen Befehl, gegen den sich die Beschwerde richtet, auszuführen. § 11 SG bleibt davon unberührt (siehe Pflichten und Rechte des Soldaten). Die für die Entscheidung zuständige Stelle kann jedoch, auch auf Bitte des Beschwerdeführers, die Ausführung des Befehls oder die Vollziehung einer Maßnahme bis zur Entscheidung über die Beschwerde aussetzen.

> Dem Gefr A hat der Zugführer als erzieherische Maßnahme eine zusätzliche schriftliche Ausarbeitung auferlegt, die der Gefr für unzulässig hält. Er kann sich gegen die Maßnahme des Zugführers beschweren, muß aber die zusätzliche schriftliche Ausarbeitung anfertigen.

Eine Beschwerde hat **aufschiebende Wirkung,** wenn sie **vor Beginn der Vollstreckung einer Disziplinarmaßnahme** eingelegt worden ist, jedoch **nicht,** wenn der Richter die **sofortige Vollstreckung** von **Disziplinararrest** angeordnet hat.
Die weitere Beschwerde hat keine aufschiebende Wirkung.

8. **Ein Soldat darf nicht bestraft, dienstlich gemaßregelt oder benachteiligt werden, weil er Beschwerde eingelegt hat.** Das gleiche gilt auch, wenn er die Beschwerde nicht auf dem vorgeschriebenen Weg, nicht innerhalb der Beschwerdefrist eingelegt oder eine unbegründete Beschwerde erhoben hat. Dem Beschwerdeführer können aber die Kosten des Verfahrens vor dem Truppendienstgericht auferlegt werden, wenn das Gericht den Antrag als offensichtlich unzulässig oder als offensichtlich unbegründet erachtet.

9. **Entscheidung** – Der beschwerdeentscheidende Vorgesetzte klärt den Sachverhalt. Damit kann er einen Offizier beauftragen. Bei bestimmten Beschwerdeanlässen muss die Vertrauensperson des Beschwerdeführers und des Betroffenen gehört, in fachdienstlichen Angelegenheiten die Stellungnahme der nächsthöheren Fachdienststelle eingeholt werden.

Die Beschwerde wird sobald wie möglich entschieden; Beschwerden sind Eilvorgänge. Die Entscheidung wird schriftlich mit Begründung dem Beschwerdeführer gegen Unterschrift ausgehändigt. Bei Zurückweisung, auch teilweiser, ergeht zugleich eine schriftliche Belehrung über die weiteren rechtlichen Möglichkeiten, die der Beschwerdeführer hat.

10. **Rücknahme** – Beschwerden, auch weitere, können jederzeit durch schriftliche Erklärung beim nächsten DiszVorges oder bei der für die Entscheidung zuständigen Stelle zurückgenommen werden. Eine zurückgenommene Beschwerde kann innerhalb der ursprünglichen Frist erneut vorgebracht werden. Kein Vorgesetzter darf darauf hinwirken, dass ein Beschwerdeführer eine Beschwerde zurücknimmt.

11. **Weitere Beschwerde** – Glaubt der Soldat, dass die Zurückweisung seiner Beschwerde zu Unrecht erfolgt ist, kann er weitere Beschwerde einlegen. Das gleiche gilt, wenn seit Einlegung der ersten Beschwerde ein Monat verstrichen ist, ohne dass der Soldat einen Zwischenbescheid oder Beschwerdeentscheid erhalten hat.

> Gefr A. beschwert sich bei seinem KpChef über den Uffz B., von dem er sich beleidigt fühlt. Der KpChef weist die Beschwerde zurück. Der Gefr A hält seine Beschwerde dagegen weiterhin für gerechtfertigt. Er kann weitere Beschwerde beim BtlKdr einlegen.

Weitere Beschwerden werden eingelegt und behandelt wie erste Beschwerden. Es gelten die gleichen Fristen. Sie werden in der Regel vom nächsthöheren DiszVorges. entschieden. Über die weitere Beschwerde gegen eine Disziplinarmaßnahme entscheidet das Truppendienstgericht.

Die Disziplin verlangt von allen an einem Beschwerdeverfahren Beteiligten, dass sie eine unanfechtbare Entscheidung anerkennen, auch wenn diese gegen sie ergangen ist. Die Kameradschaft fordert andererseits eine versöhnliche Haltung von dem, zu dessen Gunsten entschieden wurde.

Der Wehrbeauftragte des Deutschen Bundestages

ZDv 14/1

1. Der oder die **Wehrbeauftragte** wird vom **Bundestag** mit der Mehrheit seiner Mitglieder ohne Aussprache in geheimer Wahl für eine Amtszeit von fünf Jahren gewählt; Wiederwahl ist zulässig. Verfassungsrechtliche Stellung, Aufgaben, Berichtspflichten und Amtsbefugnisse regelt das **Gesetz über den Wehrbeauftragten des Deutschen Bundestages.**

2. **Aufgaben und Berichtspflichten** – Der oder die Wehrbeauftragte
- nimmt die Aufgaben als **Hilfsorgan des Bundestags** bei der Ausübung der **parlamentarischen Kontrolle** wahr,
- wird auf **Weisung** des Bundestags oder des Verteidigungsausschusses zur **Prüfung bestimmter Vorgänge** tätig bzw. kann beim Verteidigungsausschuss um eine solche Weisung nachsuchen;
- wird nach **pflichtgemäßem Ermessen** aufgrund **eigener Entscheidung** tätig, wenn ihm Umstände bekannt werden – z. B. bei Besuchen von Dienststellen der Bw, durch Mitteilung von MdB oder durch Eingaben von Soldaten – die auf eine **Verletzung der Grundrechte der Soldaten oder der Grundsätze der Inneren Führung** schließen lassen, soweit nicht der Verteidigungsausschuss selbst den Vorgang berät;
- erstattet für das Kalenderjahr dem Bundestag einen schriftlichen **Gesamtbericht** (Jahresbericht);
- kann jederzeit dem Bundestag oder dem Verteidigungsausschuss **Einzelberichte** vorlegen;
- hat über das Ergebnis einer auf Weisung erfolgten Prüfung auf Verlangen einen Einzelbericht zu erstatten.

3. **Amtsbefugnisse** – Der oder die Wehrbeauftragte kann
- vom BMVg und allen diesem unterstellten Dienststellen und Personen Auskunft und Akteneinsicht verlangen – sofern nicht der BMVg persönlich oder sein ständiger Vertreter im Amt die Entscheidung treffen, diese Rechte aus zwingenden Geheimhaltungsgründen zu verweigern – und ist berechtigt, Beschwerdeführer, Zeugen und Sachverständige anzuhören;
- den zuständigen Stellen Gelegenheit zur Regelung einer Angelegenheit geben;
- einen Vorgang der zur Einleitung des Straf- oder Disziplinarverfahrens zuständigen Stelle zuleiten;

- jederzeit unangemeldet alle Truppenteile und Dienststellen der Bw besuchen;
- über die Ausübung der Disziplinargewalt in den Streitkräften vom BMVg zusammenfassende Berichte und über die Strafrechtspflege, wenn sie die Streitkräfte oder ihre Soldaten berührt, von den zuständigen Bundes- und Landesbehörden statistische Berichte anfordern;
- an Gerichtsverhandlungen in disziplinargerichtlichen Verfahren und Strafverfahren teilnehmen sowie Verhandlungen der Verwaltungsgerichte und, bei Antrags- und Beschwerdeverfahren nach WDO und WBO, der Wehrdienstgerichte beiwohnen.

4. **Eingaben von Soldaten** – Jeder Soldat hat das Recht, sich einzeln ohne Einhaltung des Dienstweges unmittelbar an den Wehrbeauftragten zu wenden.

Anschrift: Der Wehrbeauftragte des Deutschen Bundestages
Platz der Republik 1, 11011 Berlin, Tel. 030/227382 00,
e-mail: wehrbeauftragter@bundestag.de.

DiszVorges und Vertrauenspersonen sind gehalten, auf Wunsch vor Abfassung der Eingabe Rat und Hilfe zu gewähren.

Niemand darf wegen der Anrufung des Wehrbeauftragten dienstlich gemaßregelt oder benachteiligt werden. Eingaben dürfen nicht unterdrückt werden, z.B. durch Befehl, Drohung oder Versprechen. Anonyme Eingaben werden nicht bearbeitet.

Der Wehrbeauftragte kann selber keine Verfahren einleiten oder direkte Abhilfe schaffen. Er ersucht die zuständigen Stellen um Überprüfung; der verantwortliche Vorgesetzte trifft dann die erforderlichen Maßnahmen. Der Wehrbeauftragte erteilt danach dem Einsender auf dem Dienstweg einen abschließenden Bescheid.

Eine Eingabe an den Wehrbeauftragten ersetzt nicht die Beschwerde nach WBO und WDO und wahrt nicht die dort festgelegten Fristen – im Regelfall von 2 Wochen nach Eintritt des Beschwerdegrunds.

Vorgesetzter und Untergebener/Befehl und Gehorsam

ZDv 1/50, ZDv 14/2, ZDv 14/5

Wegen der besonderen Bedeutung von „Befehl und Gehorsam" für den einzelnen Soldaten und für die militärische Ordnung werden die Pflichten und Rechte des Vorgesetzten und des Untergebenen zusammengefaßt und durch

Beispiele erläutert. Jeder Soldat kann durch Beförderung, die Wahrnehmung eines besonderen Aufgabenbereichs oder auf Grund besonderer Anordnung Vorgesetzter werden.

I. VORGESETZTE

1. **Vorgesetzter** ist, wer befugt ist, einem Soldaten Befehle zu erteilen (§ 1 SG). Der höchste militärische Vorgesetzte ist nach dem GG im Frieden der Bundesminister der Verteidigung, im Verteidigungsfall der Bundeskanzler. Die Befehlsbefugnis aller übrigen Vorgesetzten legt die VorgV im einzelnen fest.

1. **Vorgesetzte auf Grund der Dienststellung**

a. **Unmittelbare Vorgesetzte** sind Gruppen- und Zugführer oder Offiziere und Unteroffiziere (auch Gefr UA als Gruppenführer) in vergleichbarer Dienststellung, Kompanie-, Batterie- und Staffelchefs, Btl-, Rgt- und BrigKdr sowie deren Vorgesetzte oder Offiziere in vergleichbarer Dienststellung.
Sie dürfen für jeden dienstlichen Zweck sowie in und außer Dienst an die ihnen unterstellten Soldaten Befehle erteilen.
Ein Offizier, der unmittelbarer Vorgesetzter ist und Disziplinarbefugnis hat, ist Disziplinarvorgesetzter (im allgemeinen vom Einheitsführer an aufwärts).

> Uffz A gibt nach Dienstende dem Gefr B. seiner Gruppe den Befehl, beim Versorgungsdienstfeldwebel Marschverpflegung zu empfangen und an die Gruppe auszugeben.

b. **Fachvorgesetzte haben die Befugnis, im Dienst zu fachdienstlichen Zwecken Befehle an die ihnen im Fachdienst unterstellten Soldaten zu erteilen.**

> HptFw C. ist der Führer der Sanitätsgruppe in einem Panzerbataillon. Sein unmittelbarer Vorgesetzter ist der Chef der 1. Kp. Fachdienstliche Befehle erhält er vom Bataillonsarzt als dem Fachvorgesetzten.

In der Bw gibt es als Fachdienste den Sanitätsdienst, den militärgeografischen Dienst und den Militärmusikdienst sowie in der Laufbahngruppe der Offiziere den militärfachlichen Dienst.

c. **Vorgesetzte mit besonderem Aufgabenbereich** sind z. B. Feldjäger, Kompaniefeldwebel, Kasernenkommandanten, Panzerkommandanten, Flugzeugführer, Fahrlehrer, Fluglehrer, Diensthabende (UvD, OvWa), Wachhabende und Posten.
Diesen Vorgesetzten sind mit der Dienststellung bestimmte Aufgaben übertragen worden. **Im Rahmen dieser Aufgaben haben sie im Dienst Befehlsbefugnis,** wenn nötig auch gegenüber Soldaten außer Dienst.

> Fw D. als OvWa kontrolliert an der Wache die ausfahrenden Dienst-Kfz. Er schickt den Gefr E. eines anderen in der Kaserne untergebrachten Bataillons in die Unterkunft zurück, um den vergessenen Führerschein zu holen.

Zur Erfüllung der Aufgabe können auch an dienstgradhöhere Soldaten Befehle erteilt werden, z. B. vom Fahrlehrer an einen Fahrschüler.

2. **Vorgesetzte auf Grund des Dienstgrades** sind in den Kompanien und entsprechenden Einheiten sowie auch innerhalb der Besatzung eines Schiffes die **Angehörigen einer höheren Dienstgradgruppe** gegenüber allen Angehörigen einer niedrigeren Dienstgradgruppe.

Dienstgradgruppen sind: Generale, Stabsoffiziere, Hauptleute, Leutnante, Unteroffiziere mit Portepee (vom Fw an aufwärts), Unteroffiziere ohne Portepee und Mannschaften.

Befehlsbefugnis steht diesen Vorgesetzten nur im Dienst zu, d. h. der Befehlende und der Untergebene müssen sich im Dienst befinden. An Bord von Schiffen muss mindestens der Befehlende im Dienst sein. **Außerhalb des Dienstes besteht Befehlsbefugnis nur innerhalb umschlossener militärischer Anlagen** (Kaserne, Fliegerhorst, Depot, Übungsplatz) und **Einrichtungen** (Schule, Krankenhaus bzw. Lazarett). **Merkmale: Bewacht und abgegrenzt** durch Zaun, Mauer, Schilder oder Behelfsmittel, also auch beispielsweise ein Biwak.

> Gefr A. der Stabskompanie besucht nach Dienst einen Bekannten, der im Sanitätsbereich eines Bataillons behandelt wird. Als er den Besuch zu lange ausdehnt, gibt ihm der SanUffz B. den Befehl, den Besuch binnen 10 Minuten zu beenden und den Bereich zu verlassen.

3. **Vorgesetzte auf Grund besonderer Anordnung** sind Soldaten, denen Soldaten mit gleichem oder niedrigerem Dienstgrad für eine bestimmte Aufgabe und vorübergehend unterstellt sind.
Zur Erfüllung bestimmter Aufträge, welche die Unterstellung nötig gemacht haben, steht Befehlsbefugnis zu.

> Fw A. teilt vor Beginn des Schulschießens mehrere Mannschaftsdienstgrade als Anzeigerdeckung ein. Er bestimmt den Gefr B. als Aufsichtsführenden, der damit Vorgesetzter auf Grund besonderer Anordnung ist.

Die Unterstellung von dienstgradhöheren Soldaten ist nur in Ausnahmefällen gerechtfertigt.

4. **Vorgesetzte auf Grund eigener Erklärung** sind Offiziere und Unteroffiziere, die sich anderen, dienstgradniedrigeren Soldaten gegenüber sowohl im Dienst als auch außerhalb des Dienstes zu Vorgesetzten erklären. Voraussetzungen:

a. **Die sofortige Hilfeleistung in einer Notlage ist erforderlich.**

> Fw A. hat bei einer Versorgungsfahrt auf einer Nebenstraße einen Unfall erlitten, bei dem der Fahrer verletzt und der Lkw beschädigt wurde. Er hält ein unmittelbar danach vorbeikommendes Bw-Kfz eines anderen Bataillons an und erteilt dem Beifahrer, einem Uffz und dem Kraftfahrer, einem Gefr, Befehle zur Hilfeleistung.

b. **Die Disziplin oder Sicherheit muss sofort wiederhergestellt oder aufrechterhalten werden.**

> Uffz B. begegnet nach Einbruch der Dunkelheit auf dem Wege zur Kaserne zwei Soldaten, die sich selbst „Marscherleichterung" zugestanden haben und die Uniformjacke über dem Arm und die Mütze in der Hand tragen. Der Uffz gibt den Soldaten den Befehl, sofort den ordnungsgemäßen Anzug wiederherzustellen.

c. **Eine kritische Situation lässt sich nur durch einheitliche Befehlsgebung ohne Rücksicht auf die gliederungsmäßige Zugehörigkeit beheben.**

> Bei einer Gefechtsübung hat Lt C. mit seinem Zug nach Marsch über eine Brücke eine Häusergruppe erreicht, als das vorderste Kampffahrzeug seines Zuges Feuer erhält. Lt C. identifiziert Feind, der offensichtlich zur Brücke durchstoßen will und unterstellt sich nach ersten Befehlen an seinen Zug die in der Häusergruppe befindliche Versorgungsteileinheit mit den Worten: „Ich übernehme das Kommando!"

Die Erklärung zum Vorgesetzten ist an keine bestimmte Formel gebunden. Sie ist möglich mit den Worten: „Ich erkläre mich zum Vorgesetzten ...", „ich befehle Ihnen ..." oder „Ich übernehme das Kommando!". Nicht möglich ist es, sich gegenüber unmittelbaren Vorgesetzten, Fachvorgesetzten, Vorgesetzten mit besonderem Aufgabenbereich und solchen auf Grund besonderer Anordnung zum Vorgesetzten zu erklären.

Gegenüber betrunkenen Soldaten ist besondere Zurückhaltung geboten. Zum Einschreiten verpflichtet sind alle Vorgesetzten, dienstgradhöheren Soldaten und diejenigen, die mit dem Betroffenen gezecht haben, unabhängig davon, ob sie Uniform oder Zivil tragen.

Vorgesetzte werden zunächst mit dem Betrunkenen dienstgradgleiche Soldaten veranlassen, kameradschaftlich auf ihn einzuwirken, den Alkoholgenuss einzustellen und sich aus der Öffentlichkeit zu entfernen. Erst danach soll mit Nachdruck vom Befehl und nötigenfalls von der vorläufigen Festnahme Gebrauch gemacht werden; wobei Maßnahmen zu treffen sind, Befehle notfalls unter Anwendung körperlichen Zwangs durchzusetzen.

> Uffz D. bemerkt in einem Lokal, dass zwei Soldaten einer anderen Kompanie anscheinend schon längere Zeit gemeinsam zechen. Der Gefr E. macht sich zum Aufbruch fertig, während der Gefr F. der einen stark angetrunkenen Eindruck macht und anfängt, das „Lokal zu unterhalten", schon wieder

bestellt. Uffz D. fordert den Gefr E. auf, beim Verlassen des Lokals den Gefr F. ohne Aufsehen mitzunehmen. Gefr E. hat Einwände, er sei noch verabredet. Uffz D. erklärt sich daraufhin zum Vorgesetzten des Gefr E.: „ich befehle Ihnen, den Gefr F. aus dem Lokal mitzunehmen und unverzüglich zur Kaserne zu bringen!"

II. PFLICHTEN DES VORGESETZTEN

Der Vorgesetzte hat nicht nur das Recht Befehle zu erteilen. Er hat nach dem SG fest umrissene Pflichten, deren Nichterfüllung oder Vernachlässigung regelmäßig Dienstvergehen oder sogar militärische Straftaten sind.

1. **Der Vorgesetzte soll in seiner Haltung und Pflichterfüllung ein Beispiel geben** (§ 10 SG). Die **beispielhafte Haltung** ist gegeben, wenn er

– im Dienst stets diszipliniert auftritt, sich auf seinen Dienst sorgfältig vorbereitet pünktlich und ordnungsliebend ist und korrekt gekleidet geht, sich persönlich einsetzt, Gerechtigkeit übt, Zivilcourage zeigt und für seine Untergebenen eintritt;
– außerhalb des Dienstes bescheiden, höflich, aufmerksam und hilfsbereit ist maßhält im Alkoholgenuß, in geordneten Verhältnissen lebt, geistig aufgeschlossen für seine Mitmenschen und die Gesellschaft und urteilsfähig zu den Problemen des öffentlichen und politischen Lebens ist.

Seine **Pflichterfüllung ist beispielhaft,** wenn er

– selbst vorbildlich gehorsam ist und rechtmäßige Befehle, auch wenn sie unbequem sind und der eigenen Ansicht entgegenstehen, gewissenhaft und vollständig befolgt,
– den Mut hat, Verantwortung zu übernehmen und eine tadelfreie Dienstauffassung beweist

2. **Er hat die Pflicht zur Dienstaufsicht und ist für die Disziplin seiner Untergebenen verantwortlich** (§ 10 SG und 41 WStG). Diese Dienstaufsicht soll gewährleisten, daß

– Befehle und Dienstverrichtungen den Vorschriften entsprechend und sachgemäß ausgeführt werden,
– die Untergebenen bei der Ausübung ihres Dienstes richtig angeleitet und ausgebildet werden,
– bei der Dienstverrichtung Personen- und Sachschäden verhütet werden,
– im Dienst und außerhalb des Dienstes die militärische Ordnung gewahrt wird.

Dienstaufsicht soll nicht bevormunden. Sie soll zur Selbständigkeit und Verantwortungsfreude erziehen und Selbstvertrauen wecken.

3. **Er hat für seine Untergebenen zu sorgen** (§ 10 SG). Unermüdliche Fürsorge, die sich nicht nur auf den dienstlichen Bereich zu beschränken hat, ist die vornehmste Pflicht jedes Vorgesetzten. Dazu muß er seine Untergebenen kennen. Fürsorge umfasst z. B. die dienstliche Verwendung nach Veranlagung, Vorbild, Beruf und Neigung. Förderung der Weiterbildung, Rat und Hilfe in persönlichen Notlagen, trotz Härte in der Ausbildung keine geistige und körperliche Überforderung, Sorge für Unterbringung, Verpflegung und Bekleidung.

4. **Offiziere und Unteroffiziere haben innerhalb und außerhalb des Dienstes bei ihren Äußerungen die Zurückhaltung zu wahren, die erforderlich ist um das Vertrauen als Vorgesetzte zu erhalten** (§ 10 SG).
Ein Vorgesetzter darf seine Untergebenen nicht für oder gegen eine politische Meinung beeinflussen (§§ 15 und 33 SG).
Damit ist gemeint, dass ein Vorgesetzter seine Worte abwägen muss bei Äußerungen persönlicher Art über öffentlich diskutierte Fragen, z. B. in der Kunst und zu Fragen, die der Entscheidung des Einzelnen unterliegen, z. B. in Glaubensangelegenheiten. Er muss sich ferner bei der Kritik politischer Ansichten und Vorgänge zurückhalten und darf vor allem seine dienstliche Stellung nicht für oder gegen eine politische Meinung zur Geltung bringen.

III. STRAFTATEN GEGEN DIE PFLICHTEN DES VORGESETZTEN

Das WStG stellt die nachfolgenden Verstöße unter Strafe:

1. **Misshandlung** (§ 30) liegt vor, wenn dem Untergebenen vorsätzlich eine Körperverletzung, d. h. eine körperliche Misshandlung oder Gesundheitsschädigung zugefügt wird. Auch die Förderung oder Duldung der Misshandlung ist strafbar.

Grundsatz für jeden Vorgesetzten: Untergebene niemals anfassen!

2. **Entwürdigende Behandlung** (§ 31) und böswillige Diensterschwerung sind auch dann strafbar, wenn sie der Vorgesetzte duldet oder fördert.

> Uffz A. erteilt dem Gefr B. den Auftrag, den Sand in der Streusandkiste mit dem Kochgeschirr aufzufüllen.

3. **Missbrauch der Befehlsbefugnis** zu unzulässigen Zwecken (§ 32) liegt vor, wenn ein Vorgesetzter Befehlsbefugnis und Dienststellung zu Befehlen, Forderungen oder Zumutungen missbraucht, die nicht in Beziehung zum Dienst stehen oder dienstlichen Zwecken zuwiderlaufen.

> StUffz A. befiehlt dem Gefr B. während eines Marsches mit Kfz, aus der Kolonne auszuscheren, da er jetzt eine Pause machen möchte.

4. **Verleiten zu einer rechtswidrigen Tat** (§ 33) liegt vor, wenn ein Vorgesetzter einen Untergebenen zur Tat verleitet hat. Er wird, unter Strafverschärfung, so bestraft, als hätte er die Tat selbst begangen.

5. **Erfolgloses Verleiten zu einer rechtswidrigen Tat** (§ 34) ist auch dann strafbar, wenn der Untergebene die Tat nicht begeht und pflichtgemäß den Gehorsam verweigert. Strafmilderung bzw. Straflosigkeit ist möglich bei Aufgabe des Versuchs oder Tatverhinderung.

6. **Unterdrücken von Beschwerden** (§ 35) liegt vor wenn ein Untergebener durch Befehle, Drohungen und Versprechungen, auch durch „gutes Zureden", oder auf andere pflichtwidrige Weise von Beschwerden, Meldungen, Anzeigen oder Eingaben abgehalten werden soll. Strafbar ist auch die Nichtweitergabe, Unterdrückung oder Vernichtung solcher Vorgänge.

7. **Taten von Soldaten mit höherem Dienstgrad** (§ 36) – Straftaten nach §§ 30–35 sind auch dann strafbar, wenn der Täter zwar kein Vorgesetzter, aber Unteroffizier oder Offizier ist und im Dienst höher steht, oder wenn er nicht zur Tatzeit, aber im Dienst Vorgesetzter des anderen Beteiligten ist.

8. **Beeinflussung der Rechtspflege** (§ 37) liegt vor, wenn unter Missbrauch der Befehlsbefugnis oder Dienststellung auf Soldaten Einfluss genommen wird, die Organe der Rechtspflege sind. Besonders handelt es sich dabei um ehrenamtliche Richter von Wehrdienstgerichten.

9. **Anmaßen von Befehlsbefugnissen** (§ 38) oder Disziplinargewalt oder deren Überschreitung ist strafbar. Die Grenzen der Befehlsbefugnis regelt die VorgV, die der Disziplinargewalt die WDO.

10. **Missbrauch der Disziplinarbefugnis** (§ 39) ist vor allem die Bestrafung eines Unschuldigen, die unzulässige Verfolgung und die Verhängung unerlaubter Maßnahmen.

11. **Unterlassene Mitwirkung bei Strafverfahren** (§ 40) liegt vor, wenn es ein Vorgesetzter pflichtwidrig unterlässt, den Verdacht, dass ein Untergebener eine rechtswidrige Tat begangen hat, zu melden, zu untersuchen oder an die Strafverfolgungsbehörde abzugeben.

12. **Mangelnde Dienstaufsicht** (§ 41), sowohl vorsätzlich als auch fahrlässig, die zu einer schwerwiegenden Folge führt, ist strafgerichtlich verfolgbar.

13. **Pflichtverletzung bei Sonderaufträgen** (§ 45) liegt vor, wenn der Führer eines Kommandos, der einen Sonderauftrag selbstständig durchzuführen hat und auf die erhöhte Verantwortung besonders hingewiesen worden ist, seine Pflichten verletzt.

IV. BEFEHL

1. Mit **dienstlichen Anweisungen** (Befehle und Richtlinien) drückt der militärische Vorgesetzte seinen Willen nach Inhalt, Richtung und Form so aus, dass durch ihre Ausführung seine Absicht erreicht wird. BMVg tut dies in der Regel in Form von Erlassen.

2. **Ein Befehl** (§ 2 WStG) **ist**

– **eine Anweisung zu einem bestimmten Verhalten ...**
  „Verhalten" ist Handeln mit einem bestimmten Ziel oder ein Unterlassen. Die Anweisung kann Weg und Mittel bindend vorschreiben oder dem Untergebenen freie Hand lassen, wie er das Ziel erreicht.

– **die ein militärischer Vorgesetzter einem Untergebenen ...**
  Zum Zeitpunkt der Befehlsgebung muss ein Vorgesetztenverhältnis gegenüber dem Untergebenen vorhanden sein.

– **schriftlich, mündlich oder in anderer Weise ...**
  Ein Befehl kann in anderer Weise z. B. durch Arm- oder Lichtzeichen, Schießen, Pfeifen usw. gegeben werden.

– **allgemein oder für den Einzelfall und ...**
  Mit Dienstvorschriften, -anweisungen, Sicherheitsbestimmungen und dgl. allgemein erteilte Befehle regeln ein bestimmtes Verhalten in gleichbleibenden und wiederkehrenden Lagen, z. B. für den Kraftfahrer oder „Kraftfahrer vom Dienst".

– **mit dem Anspruch auf Gehorsam erteilt.**
  Der Befehl weist den Soldaten an, seine gesetzlich begründete Pflicht zum Gehorsam (§ 11 SG) zu erfüllen.

3. **Die Richtlinie** ist eine Anweisung, die dem Untergebenen Ermessensspielraum lässt. Sie ist kein Befehl, nur Anhalt für die eigene, selbstverantwortliche, dienstliche Tätigkeit und kann auch in Dienstvorschriften, Merkblättern, Erlassen und Bestimmungen enthalten sein.

4. **Befehlsarten** (z. B. Führungs-, Gefechts-, Stabs- und Tagesbefehle) und **Befehlsformen** (Vor-, Einzel-, Gesamt-, Dauerbefehle, Kommandos) nach ZDv 1/50:

Kommando – ist ein Formelbefehl. Lässt dem Untergebenen keinen Ermessensspielraum. Kommandos sind zumeist in Dienstvorschriften für bestimmte Tätigkeiten im Wortlaut festgelegt.

Auftrag – enthält einen Befehl. Bezeichnet ein in einer bestimmten Zeit und/oder in einem bestimmten Raum zu erreichendes Ziel. Lässt dem Empfänger Handlungsfreiheit in der Durchführung und der Wahl der anzuwendenden Mittel. Verlangt Urteils- und Entschlusskraft sowie selbständiges, verantwortungsbewusstes Handeln.

Weisung – enthält einen Befehl. Gibt oft nur die Gesamtabsicht des Vorgesetzten wieder und gilt meist für einen längeren Zeitraum. Ist weithin der Obersten und der Oberen Führung vorbehalten.

Besondere Anweisung – enthält einen Befehl. Regelt die Tätigkeit auf einem Spezial- oder Fachgebiet.

Fachdienstliche Anweisung – enthält einen Befehl. Regelt die Tätigkeit auf bestimmten Fachgebieten.

Dienstanweisung – enthält einen Befehl. Regelt Aufgaben und Befugnisse von Soldaten in bestimmten Dienststellungen (z. B. KpFw) oder für bestimmte Tätigkeiten (z. B. OvWa).

Dienstvorschrift – enthält Befehle, Anordnungen oder Richtlinien für die Ausführung eines bestimmten militärischen Dienstes.

Dienstliche Anordnung – erteilt im militärischen Bereich ein Beamter/Arbeitnehmer, dem Soldaten unterstellt oder ein Soldat, dem Beamte/Arbeitnehmer unterstellt sind. Sie ist kein Befehl; der Untergebene ist jedoch zur Ausführung verpflichtet.

5. **Befehlsgebung** – Der Befehl muss

- **knapp, klar und verständlich** abgefasst, gegliedert und bezeichnet sein, so dass der Untergebene zweifelsfrei erkennen kann, welches Verhalten von ihm verlangt wird;
- **sachlich richtig und ausführbar** sein, da unzweckmäßige Befehle Vertrauen untergraben und ihr Widerruf Unsicherheit erzeugt;

- den **Fähigkeiten des Untergebenen angemessen** sein;
- **Zuständigkeit und Personenkreis** festlegen, damit jeder weiß, welche Aufgabe er zu erfüllen hat;
- bestimmt, aber taktvoll und natürlich formuliert und erteilt werden.

6. **Grenzen der Befehlsbefugnis** (§ 10 und 11 SG) – Das rechtsstaatliche Prinzip gilt auch für die militärische Befehlsbefugnis; diese ist an das Völkerrecht, Grundgesetz, die übrigen Gesetze, an Verordnungen und Dienstvorschriften gebunden.

a. **Befehle dürfen nur gegeben werden**

- **zu dienstlichen Zwecken ...**
  Dienstlichen Zwecken dient der Befehl, wenn er im Aufgabenbereich der Bw liegt. Er darf den Rahmen der Dienstpflichten des Soldaten nicht überschreiten.
- **unter Beachtung des Völkerrechts/Völkervertragsrechts ...**
  Nach Artikel 25 des GG sind die allgemeinen Regeln des Völkerrechts (siehe „Humanitäres Völkerrecht in bewaffneten Konflikten") Bestandteile des Bundesrechts. Sie gehen den anderen Gesetzen vor; jeder Staatsbürger und der Soldat ist verpflichtet, sie einzuhalten.
- **unter Beachtung der Gesetze ...**
  In erster Linie ist das Grundgesetz zu beachten; ein Befehl, der die Menschenwürde verletzt darf nicht gegeben und braucht nicht befolgt zu werden. Ebenso dürfen Vergehen oder Verbrechen nach dem Strafgesetz oder Wehrstrafgesetz nicht befohlen werden. Ein derartiger Befehl darf in keinem Fall befolgt werden.
- **unter Beachtung der Dienstvorschriften.**
  Schreiben Dienstvorschriften ein bestimmtes Verhalten vor, darf nichts anderes befohlen werden.

b. **Der Vorgesetzte trägt für seine Befehle die Verantwortung** (§ 10 SG). Er hat für das, was er befohlen hat, einzustehen. Diese Verantwortlichkeit erstreckt sich auf die Rechtmäßigkeit, Zweckmäßigkeit und Ausführbarkeit eines Befehls.

Die **Rechtmäßigkeit eines Befehls** liegt vor, wenn er innerhalb der Grenzen der Befehlsbefugnis gegeben worden ist, andernfalls ist er rechtswidrig. **Rechtswidrige Befehle** sind aber **nicht immer zugleich auch unverbindlich** für den Untergebenen.

> Uffz A. ist mit einem Lkw 5 t zur Versorgung eines Zuges unterwegs. Er befiehlt dem Kraftfahrer, Gefr B., in einen Waldweg einzufahren, der für die Benutzung mit Kfz über 1,5 t zul. Gesamtgewicht gesperrt ist. Der Kraftfahrer weist den Uffz auf das Verbotsschild hin. Uffz A.: „Reden Sie nicht lange, fahren Sie diesen Weg!"
> Der Befehl ist rechtswidrig, aber nicht unverbindlich, da er vom Gefr B. eine Übertretung, nicht aber die Begehung eines Vergehens oder Verbrechens verlangt. Gefr B. muss diesen Befehl ausführen, hat allerdings das Recht zur Gegenvorstellung oder Beschwerde. Führt die Benutzung des Weges zu einer Anzeige, trägt Uffz A. für die Folgen die Verantwortung.

Die Ausführung des Befehls darf außerdem keine so große Gefahr für Leib und Leben eines Untergebenen mit sich bringen, dass sie in keinem Verhältnis zum dienstlichen Zweck steht.

Zweckmäßig ist ein Befehl, wenn durch seine Ausführung der dienstliche Zweck erreicht oder zumindest gefördert wird, z. B. wenn ein KpChef wegen zu hoher Temperaturen einen Übungsmarsch auf die Abendstunden verlegt.

Die **Ausführbarkeit eines Befehls** liegt vor, wenn z. B.
- der Befehl im Kampf der Lage entspricht,
- der Untergebene die zur Befolgung nötigen körperlichen und geistigen Fähigkeiten besitzt und entsprechend ausgebildet ist,
- die dazu notwendigen Mittel zur Verfügung stehen.

7. **Durchsetzen von Befehlen** (§ 10 SG) – Die vom Gesetz verliehene Autorität erzwingt Gehorsam. Die persönliche Autorität, die Überlegenheit an Wissen, Können und Erfahrung voraussetzt, macht die Unterordnung unter den Willen eines anderen leichter und steigert die Leistung. Beide Arten von Autorität schaffen die Voraussetzung dafür, die Ausführung gegebener Befehle in angemessener Weise durchzusetzen. Der Vorgesetzte ist nicht nur verpflichtet, von ihm selbst erteilte Befehle durchzusetzen, sondern auch die Befehle anderer Vorgesetzter, deren Ausführung er ebenfalls zu überwachen hat.

Meist genügt zur Durchsetzung die Dienstaufsicht, der Vorgesetzte muss aber erforderlichenfalls auch andere angemessene Mittel anwenden:
- Bei mangelhafter Ausführung oder Nichtausführung eines Befehls erzieherische Maßnahmen oder disziplinare Ahndung;
- bei Ungehorsam oder Gehorsamsverweigerung (§§ 19 und 20 WStG) vorläufige Festnahme, Erzwingung des Gehorsams durch Anwendung körperlicher Gewalt und strafrechtliche Verfolgung.

Die Duldung von Ungehorsam untergräbt die Disziplin!

V. GEHORSAM

1. **Der Soldat muss seinen Vorgesetzten gehorchen** (§ 11 SG). Gehorsam ist die Unterordnung des eigenen Willens unter den Willen eines anderen oder unter die Ordnung einer rechtlich begründeten Gemeinschaft. Diese Unterordnung schränkt die Freiheit des einzelnen zwar ein, in ihrer Auswirkung aber dient sie seinem Wohl und schafft die Voraussetzung für das Zusammenleben in der Gemeinschaft.

Der Gehorsam ist unentbehrlich für jeden Staat: Die allgemeine Ordnung und Sicherheit beruht auf dem Gehorsam jedes einzelnen gegenüber Gesetz und Recht.

Besonders hohe Anforderungen müssen an den Gehorsam des Soldaten gestellt werden. Soldatischer Ungehorsam kann die Einsatzfähigkeit und Schlagkraft der Bw und als Folge davon die äußere Sicherheit der Bundesrepublik Deutschland beeinträchtigen. Der soldatischen Gemeinschaft wird fast immer schwerer Schaden zugefügt. Gehorsam in großen oder kleinen Angelegenheiten lässt sich nicht unterscheiden. Ungehorsam auch in scheinbar „kleinen Dingen" kann z. B. Leben oder Gesundheit anderer gefährden.

> Während eines Truppenübungsplatzaufenthalts wird u. a. der Gefr A. mit seinem Kfz zum Transport von Soldaten eingesetzt, die den Gottesdienst in einer nahen Kleinstadt besuchen wollen. Vor der Kirche erhält er vom Uffz B. den Auftrag, bei den Kfz zu bleiben und sie zu bewachen.
> Auf dem Rückmarsch wird das Kfz des Gefr A. aus einer Kurve getragen, vier Soldaten werden schwer verletzt. Die Untersuchung ergibt, dass der Fahrer entgegen dem Befehl während des Gottesdienstes in einem Gasthaus alkoholische Getränke zu sich genommen hat, so dass er bei der Rückfahrt fahruntüchtig war.

2. **Wie muss der Soldat gehorchen?**

a. **Der Soldat hat Befehle nach besten Kräften vollständig, gewissenhaft und unverzüglich auszuführen** (§ 11 SG).

Nach besten Kräften vollständig bedeutet, dass der Soldat alle seelischen, geistigen und körperlichen Kräfte einsetzen muss, um das Befohlene auszuführen, sofern der Befehl überhaupt ausführbar und nicht offensichtlich sinnlos ist. Keinesfalls darf er sich durch unüberwindbar erscheinende Schwierigkeiten oder Angst vor Gefahr von der Ausführung des Befehls abhalten oder zu einer nur teilweisen Ausführung verleiten lassen. Er muss alle den Sinn und Zweck des Befehls umfassenden Einzelheiten, nicht nur dem Wortlaut nach, ausführen, darf nichts außer acht lassen und nichts vergessen.

Bei einer Gefechtsübung erhält der OGefr A. den Auftrag, einem weit abgesetzt sichernden Zug der Kompanie die warme Verpflegung zu bringen. Als er den Zug in der bezeichneten Stellung nicht findet, fragt er sich bei den nächsten Truppenteilen durch, bis er seinen Auftrag, wenn auch mit Verspätung, ausführen kann.
Falsch wäre die Rückkehr und Meldung, er habe den Zug nicht am bezeichneten Ort finden können.

Gewissenhaft ist der Soldat wenn er pünktlich, umsichtig, mit größter Sorgfalt und verantwortungsbewusst handelt. Er darf Befehle nicht absichtlich falsch auslegen und damit ihren Sinngehalt ändern; vielmehr muss er bestrebt sein, den Willen des Vorgesetzten, der ihm durch den Befehl vermittelt wird, genau zu erfüllen.

> Auf dem Standortübungsplatz gibt der KpChef dem Gefr B. den Auftrag, den Fw C. zu holen; dieser befinde sich bei einer Gruppe an der Waldecke 300 m nördlich. Der Gefr findet den Fw dort nicht, sieht ihn aber 400 m weiter entfernt bei einer anderen Gruppe. Gefr B. macht sich auf den Weg dorthin und führt seinen Auftrag aus. Eine Pflichtverletzung wäre es, dem KpChef zu melden, Fw C. wäre nicht an der Waldecke gewesen.

Unverzüglich heißt sofortige Ausführung, wenn keine besondere Zeitangabe vorliegt. Es darf keine schuldhafte Verzögerung eintreten.

b. **Verhalten bei der Ausführung von Befehlen**

Befehle und Aufträge, die mündlich erteilt worden sind, müssen wiederholt werden. Zweckmäßig ist es, dabei die Formulierung: „Ich habe den Auftrag ..." oder „Ich soll ..." anzuwenden.
Durch die Wiederholung will der Vorgesetzte die Gewissheit erlangen, dass der Untergebene den Sinngehalt des Auftrags richtig verstanden hat; es kommt also nicht auf die wörtliche Wiedergabe an.
Die Wiederholung ist nicht erforderlich, wenn der Befehl sofort und in Anwesenheit des Vorgesetzten ausgeführt wird und nur eine einfache Tätigkeit verlangt.

> Beim Unterricht gibt der Uffz D. dem Schtz E. den Befehl: „Kommen Sie nach vorn an die Tafel!"
> Eine Wiederholung wäre Unsinn, jedoch:
> „Schtz F., erklären Sie am Modell den Vorgang in der Waffe beim Schuss!"
> Wiederholung: „Ich soll den Vorgang in der Waffe beim Schuss am Modell erklären".

Lässt sich ein Befehl, aus welchen Gründen auch immer, nicht ausführen, ist dies unverzüglich dem Vorgesetzten zu melden.

Erhält ein Untergebener während der Ausführung eines Befehls einen weiteren Befehl oder werden ihm zwei Befehle in derselben Sache erteilt, meldet er das dem „zweiten" Vorgesetzten. Dieser muss dann entscheiden, was der Untergebene zu tun hat und trägt dafür auch die Verantwortung.

Selbstständiges Abweichen von einem Befehl kann nur eine Ausnahme sein. Befehle sind strikt zu befolgen; es ist nicht die Aufgabe des Untergebenen, die sachliche Richtigkeit und Zweckmäßigkeit von Befehlen zu prüfen. Hat sich die Lage, die dem Befehl zugrunde lag, so geändert, dass die Ausführung unmöglich oder sinnlos geworden ist, ist das dem Vorgesetzten zu melden. Ist dies nicht möglich, aber sofortiges Handeln nötig, muss der Untergebene selbst entscheiden und trägt dafür die Verantwortung.

> OFw G. hat den Auftrag, die Marschstraße des Btl vom Verfügungsraum zum Verteidigungsraum, der beschleunigt erreicht werden muss, zu erkunden. Es ist Sendeverbot befohlen. Im Zuge der Marschstraße stößt OFw G. auf ein ausgedehntes Hindernis und entschließt sich, unter Meldung an das Btl durch Kradmelder, einen anderen Marschweg zu erkunden, da das Btl nur auf diese Weise rechtzeitig im Verteidigungsraum eintreffen kann.

Soweit die Umstände es zulassen und dafür beachtliche Gründe vorliegen, sind Gegenvorstellungen erlaubt. Diese werden dann angebracht, wenn der Untergebene glaubt, dass die Ausführung die Begehung einer strafbaren Handlung, z. B. Verstoß gegen die Straßenverkehrsordnung, beinhaltet, oder dass der Befehl den Bestimmungen von Dienstvorschriften zuwiderläuft. Sie sind in taktvoller Form vorzubringen, dürfen nicht in Widerreden und Besserwisserei ausarten und nicht zur Disziplinlosigkeit führen.

> Bei einer Übungsbesprechung beanstandet der KpChef das Verhalten des Gefr H. in der Gefechtsübung und befiehlt diesem, sich nach der Besprechung bei ihm zu melden. Offensichtlich liegt aber eine Verwechslung mit einem anderen Soldaten vor. Gefr H. will das nicht auf sich sitzen lassen. Er wartet das Ende der Besprechung ab und meldet dem KpChef den Sachverhalt, damit der Irrtum richtiggestellt werden kann. Falsch wäre ein lautstarker Widerspruch aus der angetretenen Formation.

3. **Wann darf der Soldat nicht gehorchen?** (§ 11 SG, § 22 WStG)

a. **Ein Befehl darf nicht befolgt werden, wenn der Soldat weiß oder wenn es offensichtlich ist, dass mit der Ausführung des Befehls eine Straftat begangen wird.** „Offensichtlich" heißt, es liegt für jeden vernünftigen Menschen nach den ihm bekannten Umständen auf der Hand. Die Ausführung eines derartigen Befehls entbindet den Soldaten nicht von seiner persönlichen

Verantwortung: **Rechtsblindheit und eine gewissenlose Einstellung werden nicht geschützt.**

> Eine Gruppe hat während einer Gefechtsübung in einer Scheune übernachtet. Kurz vor dem Abrücken gibt Uffz A. dem Gefr B. folgenden Auftrag: „Sie „organisieren" dort drüben aus der Scheune einen Sack Äpfel. Lassen Sie sich aber nicht dabei erwischen, sonst gibt es Ärger."
> Dieser Befehl ist unzulässig und unverbindlich; er erzeugt keine Gehorsamspflicht: Mit der Ausführung würde sich der Gefr B. eines Vergehens des Diebstahls schuldig machen.

b. **Straflos bleibt, wer den strafbaren Zweck eines Befehls nicht erkannt hat** und den Umständen nach nicht erkennen musste und infolgedessen irrtümlich den strafbaren Befehl als verbindlich ausgeführt hat (§ 22 WStG).

> StUffz C. hat während einer Gefechtsübung mit seiner Gruppe vor Anbruch der Nacht eine Stellung bezogen. Er gibt einem Soldaten den Auftrag: „Gefr D., Sie holen aus der Scheune dort das Stroh für die Gruppe".
> Der Gefr, der den Auftrag ausgeführt hat bleibt straflos, weil er nicht erkennen konnte, daß der Uffz C. das Stroh unberechtigterweise entnehmen ließ und somit eine Straftat (Diebstahl) vorlag.

c. **Straflos bleibt, wer irrtümlich angenommen hat, der Befehl sei strafbar und ihn deshalb nicht ausgeführt hat,** wenn ihm der Irrtum nicht vorzuwerfen ist (§ 22 WStG).

> Eine Gruppe hat während einer Gefechtsübung in einer Scheune übernachtet. Kurz vor dem Abrücken gibt Uffz E. dem Gefr F. den Auftrag, einen in der Scheune abgestellten Sack Äpfel auf das Kfz zu verladen. Der Gefr führt den Befehl nicht aus, in der Annahme, es werde damit ein Diebstahl begangen.
> Der Gefr F. bleibt wegen des nicht ausgeführten Befehls straflos, weil ihm nicht bekannt war, dass dem Uffz E. die Äpfel für die Gruppe geschenkt worden waren.

d. **Ein Befehl, dessen Ausführung eine Ordnungswidrigkeit oder den Verstoß gegen erlassene Bestimmungen**, z. B. in Dienstvorschriften, **verlangt, ist zwar rechtswidrig** (darf nicht gegeben werden), **aber nicht unverbindlich und muss ausgeführt werden.**

> OGefr G. hält als Fahrer eines Lkw 0,5 t vor einer Baustelle an einer Ampel, die auf „Rot" geschaltet ist. Der Beifahrer, Uffz H. befiehlt ihm, weiterzufahren, weil die Baustelle gut zu übersehen ist und kein Fahrzeug entgegenkommt. OGefr G. weist den Uffz darauf hin, dass die Weiterfahrt bei „Rot" verboten ist. Uffz H. besteht aber auf dem erteilten Befehl, den der OGefr nun ausführen muss, und ist für die Folgen verantwortlich.

Der Gesetzgeber erwartet nicht, dass jeder Soldat immer den Unterschied zwischen Ordnungswidrigkeit und Straftat und damit die Grenze zwischen der

Pflicht zum Gehorsam und Nichtgehorsam genau kennt. Es genügt die Wertung eines Laien, dass die Ausführung des Befehls ein schweres Unrecht einschließt. Deshalb:

Nur der Befehl, von dem man weiß oder der offensichtlich erkennen lässt, dass er eine Straftat zum Gegenstand hat, darf nicht befolgt werden!

4. **Wann braucht der Soldat nicht zu gehorchen?** (§ 11 SG, §§ 22 und 31 WStG)

Ein Befehl braucht nicht befolgt zu werden, wenn er **die Menschenwürde verletzt** oder wenn er **nicht zu dienstlichen Zwecken erteilt wird.** Die Ausführung muss aber nicht verweigert werden. Führt ein Soldat einen solchen Befehl aus, darf er deswegen nicht bestraft werden.

> Lt A. befiehlt dem Gefr B., sich selbst vor versammelter Mannschaft mit einem Schimpfwort zu belegen. Der Gefr braucht diesen Befehl nicht auszuführen. Der Lt hat sich wegen entwürdigender Behandlung (§ 31 WStG) strafbar gemacht.
>
> Fw C. gibt dem Gefr D. den Auftrag, einen Kasten Bier aus der Kantine abzuholen und in seine nahegelegene Privatwohnung zu bringen. Gefr D. braucht diesen Befehl nicht zu befolgen, da er nicht zu einem dienstlichen Zweck gegeben worden ist.
>
> StUffz E. bemängelt den ungenügenden Bettenbau beim Schtz F. und gibt ihm den Befehl, das Bettzeug in der Stube auf den Boden zu werfen und anschließend das Bett neu zu bauen. Schtz F. braucht den Befehl nicht auszuführen, da kein dienstlicher Zweck vorliegt. Der ungenügende Bettenbau hätte auch auf andere Weise beseitigt werden können. StUffz E. hat sich der böswilligen Dienstererschwerung (§ 31 WStG) schuldig gemacht.

Ein Befehl, der mit so großer Gefahr für Leib und Leben von Untergebenen verbunden ist, dass diese Gefahr in gar keinem Verhältnis zu seinem dienstlichen Zweck steht, ist rechtswidrig und unverbindlich.

> Während der Gefechtsausbildung auf einem Truppenübungsplatz erreicht die Gruppe einen Geländeteil, der durch Schilder „Vorsicht – Blindgänger! Betreten verboten!" gekennzeichnet ist. Uffz G. befiehlt dem Mann an der Spitze, Gefr H., eine neue Marschrichtung, die in das verbotene, gefährliche Gelände führt. Gefr H. weigert sich, den Befehl auszuführen und bleibt deshalb straflos.

5. **Nichtausführung von Befehlen auf Grund irriger Annahme, der Befehl sei unverbindlich.**

Nimmt ein Untergebener an, ein ihm gegebener Befehl
- verletze die Menschenwürde,
- sei nicht zu dienstlichen Zwecken gegeben oder
- sei mit so großer Gefahr verbunden, dass diese in keinem Verhältnis zum dienstlichen Zweck steht,

und befolgt er ihn nicht, kann er bestraft werden, wenn sich seine Annahme als unrichtig erweist.

> Gefr A. erhält den Befehl, mit seinem Dienst-Kfz am Sonnabendvormittag eine Gruppe Jugendlicher, die in der Nähe der Kaserne zeltet, und deren Betreuung die Bw im Rahmen der Nachwuchswerbung übernommen hat, mit Verpflegung zu versorgen. Er weigert sich, weil er der irrigen Annahme ist, dieser Befehl sei nicht zu dienstlichen Zwecken gegeben und daher unverbindlich. Er hat sich damit der Gehorsamsverweigerung schuldig gemacht.

Es ist davon auszugehen, dass ein erteilter Befehl im Regelfall rechtmäßig und verbindlich ist; daher liegt die Verantwortung für die irrige Nichtbefolgung eines Befehls beim Untergebenen. **Bestehen über die Rechtmäßigkeit Zweifel, sollte nach dem Grundsatz verfahren werden: Erst gehorchen, dann beschweren!** Die Verantwortung trägt der Vorgesetzte.

6. **Bestrafung des Ungehorsams** (§§ 19–21 WStG)
Ein Soldat, der seine Gehorsamspflicht verletzt, begeht in jedem Fall ein Dienstvergehen. Das WStG stellt den militärischen Ungehorsam in drei Formen unter gerichtliche Strafe:

a. **Ungehorsam** (§ 19 WStG) liegt vor, wenn ein Soldat einen Befehl (vorsätzlich) nicht befolgt und damit wenigstens fahrlässig eine schwerwiegende Folge (Gefahr für die Sicherheit der Bundesrepublik Deutschland oder die Schlagkraft der Truppe oder Leib und Leben eines Menschen oder Sachen von bedeutendem Wert) herbeiführt.

b. **Gehorsamsverweigerung** (§ 20 WStG) begeht ein Soldat, der die Befolgung eines Befehls dadurch verweigert, dass er sich mit Wort und Tat dagegen auflehnt oder der darauf beharrt, einen Befehl nicht zu befolgen, nachdem dieser wiederholt worden ist.

c. **Leichtfertiges Nichtbefolgen eines Befehls** (§ 21 WStG) ist ein grob fahrlässiges Verhalten eines Soldaten, mit dem er wenigstens fahrlässig eine schwerwiegende Folge herbeiführt.

VI. ACHTUNG GEGENÜBER VORGESETZTEN UND WAHRUNG DER DISZIPLIN; BESTRAFUNG VON VERSTÖSSEN UND STRAFTATEN

1. In einer soldatischen Gemeinschaft verlangen Dienststellung und Rang des Vorgesetzten, ihn auch in seiner Person zu achten. Die Dienststellung auferlegt ihrem Träger höhere Verantwortung und ist daher von ihm nicht zu

trennen. Dieser Verantwortung gerecht zu werden, ist oft weniger eine Frage des Dienstgrades, als vielmehr der Persönlichkeit, vor allem in kritischen Lagen, wenn der Untergebene eine schnelle und richtige Entscheidung und eine beispielhafte Haltung seines Vorgesetzten erwartet.

Der Untergebene muss außerdem die größere militärische Erfahrung und die meist größere Lebenserfahrung des Vorgesetzten anerkennen. Nicht zuletzt ist die Achtung und Anerkennung des Vorgesetzten ein Gebot der Kameradschaft. Auch der Vorgesetzte hat darauf Anspruch, denn er steht nicht außerhalb der militärischen Gemeinschaft und ist nicht nur Vorgesetzter sondern zugleich auch in einer Person Untergebener.

Die Achtung des Vorgesetzten drückt sich nicht in angstvoller Unterwürfigkeit aus, sondern in einem ungezwungenen, aber taktvollen Verhalten.

2. **Disziplin** ist das Ergebnis der Wechselwirkung von Befehl und Gehorsam. Ein Vorgesetzter, der Ungehorsam duldet, schadet ihr ebenso wie der ungehorsame Untergebene. Sie verlangt vom
- Vorgesetzten, dass er „vernünftige" Befehle gibt, sie durchsetzt und Ungehorsam ahndet
- Untergebenen, dass er die in Gesetzen, Verordnungen, Dienstvorschriften und Befehlen niedergelegten Bestimmungen befolgt und die ihm auferlegten Pflichten gewissenhaft erfüllt.

3. **Bestrafung von Verstößen und Straftaten** – Verstöße gegen die Pflicht zum achtungswürdigen Verhalten gegenüber Vorgesetzten sind Dienstvergehen (§ 17 SG).

Folgende Straftaten werden nach dem WStG strafrechtlich verfolgt:

a. **Bedrohung eines Vorgesetzten** (§ 23 WStG): Sie verübt derjenige, der im Dienst oder in Beziehung auf eine Diensthandlung einen Vorgesetzten mit der Begehung eines Verbrechens oder Vergehens bedroht.

> Gefr A. ist von seinem KpChef gemaßregelt worden. Er droht daraufhin, bei passender Gelegenheit die Fensterscheiben der Wohnung des KpChefs einzuwerfen.

b. **Nötigung eines Vorgesetzten** (§ 24 WStG): Begeht derjenige, der es unternimmt durch Drohung oder Gewalt einen Vorgesetzten zu nötigen, eine Diensthandlung vorzunehmen oder zu unterlassen.

> Gegen den PzSchtz B. wird wegen eines Dienstvergehens ermittelt. Bei der Anhörung droht er dem KpChef, dass er im Falle einer Maßregelung an die „große Glocke hängen" werde, was für ein „Saustall" diese Kompanie ist.

c. **Tätlicher Angriff gegen einen Vorgesetzten** (§ 25 WStG): Aus welchen Gründen der tätliche Angriff, auch der Versuch, erfolgt, ist belanglos.

d. **Meuterei** (§ 27 WStG): tritt ein, wenn sich Soldaten zusammenrotten und mit vereinten Kräften eine Gehorsamsverweigerung, eine Bedrohung, eine Nötigung oder einen tätlichen Angriff begehen. Zusammenrotten ist bereits das äußerliche Zusammentreten zu diesem Zweck, die Durchführung ist nicht erforderlich. Schon zwei Soldaten können eine Meuterei begehen, z. B. Richt- und Ladeschütze gegenüber dem Panzerkommandanten.

e. **Verabredung zur Unbotmäßigkeit** (§ 28 WStG): ist die Verabredung von Soldaten, gemeinschaftlich eine Gehorsamsverweigerung, eine Bedrohung, eine Nötigung, einen tätlichen Angriff oder eine Meuterei zu begehen.

f. **Taten gegen Soldaten mit höherem Dienstgrad** (§ 29 WStG): Die Taten gemäß §§ 23 bis 29 WStG werden entsprechend bestraft, wenn sie sich gegen einen Soldaten richten, der zur Zeit der Tat nicht Vorgesetzter des Täters, aber
– Offizier oder Unteroffizier ist und einen höheren Dienstgrad als der Täter hat oder
– im Dienst dessen Vorgesetzter ist,
und der Täter oder der andere zur Zeit der Tat im Dienst ist oder die Tat sich auf eine Diensthandlung bezieht.

Gruß und Anrede, militärische Umgangsformen

ZDv 10/8

I. GRUSS

1. **Soldaten in Uniform** erweisen den **militärischen Gruß.** Dieser kann durch eine **gebräuchliche Grußformel** erweitert werden, z. B.: „Guten Tag, Herr (Dienstgrad)!". Der grüßende Soldat hat Anspruch auf eine korrekte Grußerwiderung. Der Gruß gegenüber Soldaten verbündeter Streitkräfte ist ein Gebot der Kameradschaft und unterstreicht die Gemeinsamkeit.
Die Ausführung des Grußes richtet sich nach der ZDv 3/2 „Formaldienstordnung" (siehe „Formaldienst").

2. Bei der **ersten Begegnung** am Tage sind zu grüßen:
- die unmittelbaren Vorgesetzten,
- der KpFw (von allen Uffz und Mannschaften seiner Einheit ausgenommen die StFw/OStFw bzw. StBtsm/OStBtsm) und

innerhalb umschlossener militärischer Anlagen
- alle Soldaten einer höheren Dienstgradgruppe in Uniform.

3. Bei **jeder Begegnung** sind zu grüßen:
- Generale und Admirale der Bw und ausländischer Streitkräfte in Uniform,
- der Bundesminister der Verteidigung,
- der Bundeskanzler,
- der Bundespräsident,
- die Staatsoberhäupter und Regierungschefs anderer Staaten.

4. Der **militärische Gruß ist zu erweisen:**
- beim öffentlichen Spielen oder Singen von Nationalhymnen,
- bei Flaggenparaden der Bundesflagge, Bundesdienstflagge, Dienstflagge der Seestreitkräfte der Bundeswehr, der NATO-Flagge, Europaflagge, Flagge der Vereinten Nationen, der Olympiaflagge, CISM-Flagge und Nationalflaggen anderer Staaten,
- vor mitgeführten Truppenfahnen,
- gegenüber der Flagge eines Kriegsschiffes beim An-Bord-Gehen und Von-Bord-Gehen,
- bei Trauer- und Gedenkfeiern: Abschied vom Verstorbenen (vor dem Sarg und dem offenen Grab), beim Lied „Ich hatt' einen Kameraden", beim Senken des Sargs in das Grab, gegenüber einem Trauerzug (in Höhe des Sargs), bei Kranzniederlegungen (Volkstrauertag).

5. **Der militärische Gruß entfällt** in Gemeinschaftsräumen, Speisesälen, Sanitätsbereichen, Wasch-, Dusch- und Toilettenräumen.
In Unterkunftsräume (Stuben) eintretende unmittelbare Vorgesetzte und KpFw werden auf das **Kommando „Achtung!"** durch Einnehmen der Grundstellung mit Front zum Vorgesetzten gegrüßt. Das Kommando gibt der Soldat der den Vorgesetzten zuerst bemerkt. Befindet sich schon ein Vorgesetzter im Raum, ist er auf das Eintreten eines höheren Vorgesetzten aufmerksam zu machen; Kommando und ggf. Meldung sind dann seine Aufgabe.
Das Kommando „Achtung!" entfällt beim Umkleiden, Unterricht und Waffenreinigen.

6. Für Soldaten, die **geschlossen** am Außen-, Gelände- oder Formaldienst oder am Sport teilnehmen, nimmt die Grußpflicht der **jeweilige Führer** wahr, sofern Aufgaben und Art des Dienstes es zulassen. Gegenüber unmittelbaren Vorgesetzten kann mit dem Gruß eine Meldung verbunden werden.
Soldaten, die Pflege-, Wartungs- und Instandsetzungsarbeiten ausführen oder Kfz, Gerät oder Waffen bedienen, grüßen ebenfalls nicht.

7. **Soldaten im Wachdienst** grüßen nicht, ausgenommen Posten. Diese grüßen vor und nach der Personenüberprüfung, wenn nicht der Kasernenkommandant eine andere Regelung befohlen hat. Die besonderen militärischen Fahrzeugführer oder Beifahrer erwidern den Gruß.

8. Der **kameradschaftliche Gruß** zwischen Soldaten in der **Öffentlichkeit** richtet sich bei Veranstaltungen, in Gebäuden und Verkehrsmitteln nach der Situation und den gesellschaftlichen Gepflogenheiten.

II. ANREDE

1. Soldaten wenden im Dienst, in dienstlichen Angelegenheiten, in Uniform und immer (auch außer Dienst) gegenüber DiszVorges die **dienstliche Anrede** an. Vorgesetzte und Untergebene und Soldaten unterschiedlicher Dienstgradgruppen haben gleichen Anspruch auf diese Anrede. Das gilt auch, wenn Vorgesetzte und Untergebene den gleichen Dienstgrad haben.

2. Die dienstliche Anrede lautet: „Frau/Herr" und Dienstgrad, gegenüber Angehörigen der Dienstgradgruppe der Generale/Admirale „Herr General", „Herr Admiral", „Frau/Herr Generalarzt". Die Anrede von Stabsoffizieren der Marine ist „Herr Kapitän", Kapitänleutnante werden umgangssprachlich mit „Herr Kaleu" angesprochen.
Die dienstliche Anrede ist um den Namen zu ergänzen, wenn von mehreren Soldaten gleichen Dienstgrades einer anzusprechen ist.

3. Zwischen **Soldaten der gleichen Dienstgradgruppe** kann die dienstliche Anrede entfallen, ausgenommen gegenüber StFw/OStFw, StBtsm/OStBtsm sowie Obersten/Kapitänen zur See und Stabsoffizieren des Sanitätsdienstes mit entsprechenden Dienstgraden.

4. Soweit in der **Befehls- und Kommandosprache** die dienstliche Anrede entfallen muss, kann sie in verkürzter Form mit der **Funktionsbezeichnung** oder ausnahmsweise auch als Anruf nur mit dem Namen des Soldaten vorge-

nommen werden. Diese besonders für den Gefechts- und Ausbildungsdienst geltenden Anredeformen sind in den einschlägigen Dienstvorschriften und Ausbildungsrichtlinien festgelegt.

> Beispiele für die Anrede mit der Funktionsbezeichnung: "Kradmelder – zu mir! Fahrer – marsch!", "Gruppenführer – sofort zum Zugführer!"

Im **Heer** kann diese Anredeform mit der Funktionsbezeichnung auch vom Untergebenen zum Vorgesetzten angewendet werden. Sie ist kurz und klar, hebt die Funktion des Angesprochenen hervor und entspricht damit besonders den Erfordernissen des Gefechtsdienstes.

> "Kommandant – ich melde ...", "Spähtruppführer – dort links am Waldrand ...", "Schirrmeister – das Fahrzeug ist ...".

5. Besteht zwischen Soldaten eine **verwandtschaftliche oder freundschaftliche Beziehung,** kann auf die militärischen Formen von Gruß und Anrede verzichtet werden, ausgenommen bei Meldungen, militärischen Formen und Feiern.

6. Gruß und Anrede zwischen Soldaten und **zivilen Beschäftigten** der Bw richten sich nach gesellschaftlichen Gepflogenheiten.

III. MILITÄRISCHE UMGANGSFORMEN UND VERHALTENSREGELN

1. **Formen** erleichtern das Zusammenleben von Menschen in einer Gemeinschaft und sind eine Hilfe für den Einzelnen.

2. Neben den **allgemeinen Anstandsregeln,** z. B. Höflichkeit, Pünktlichkeit, die auch für den Soldaten uneingeschränkt gelten, sind zur Bewältigung gewisser Situationen im militärischen Bereich bestimmte militärische Umgangsformen und Verhaltensregeln zweckmäßig und teilweise vorgeschrieben, besonders folgende:
- Soldaten antworten mit **"Jawohl/Nein, Herr (Dienstgrad)".** Fragen sind in ganzen Sätzen, direkt und ohne Umschweife zu beantworten.
- Aus dem zweiten und dritten Glied einer angetretenen Abteilung wird um den Flügel herum nach vorn getreten.
- In **dienstlichen Angelegenheiten** (Ausnahme: Einlegen einer Beschwerde und Eingaben an den Wehrbeauftragten), ist der Dienstweg einzuhalten, d. h. der Sachverhalt ist dem unmittelbaren Vorgesetzten zu melden. Unberührt davon bleibt, dass jeder Soldat seinen DiszVorges zu jeder Zeit sprechen kann; dies sollte aber persönlichen, dringenden oder schwerwiegenden Angelegenheiten vorbehalten bleiben, z. B. wenn der Soldat glaubt, einen Beschwerdegrund zu haben.

Aus folgenden Anlässen hat sich der Soldat beim Gruppenführer, Zugführer, Kompaniefeldwebel und auf dem Geschäftszimmer der Kompanie zu melden: Beförderung, Urlaub, Erkrankung, anlässlich Kommandierung und Versetzung zusätzlich beim KpChef.

> „Gefr A. mit Wirkung vom 15. Januar zu diesem Dienstgrad befördert (mit neuen Dienstgradabzeichen)". – „OGefr B. vom 16. bis 28. Februar nach Hamburg beurlaubt". – „HGefr C. vom …-Lehrgang zurück, Lehrgang bestanden". – „Gefr D. mit Wirkung vom 1. Juli zur 1. Kp PzBtl 184 versetzt".

3. Formen und Regeln werden auch besonders in folgenden Anteilen des Handbuchs behandelt:
- **Vorgesetzter und Untergebener/Befehl und Gehorsam** = Wiederholung und Ausführung von Befehlen; Achtung gegenüber Vorgesetzten; Wahrung der Disziplin;
- **Leben in der militärischen Gemeinschaft** = Verhalten in militärischen Unterkünften, besonders in der Stubengemeinschaft; Ausgangsregelung
- **Verhalten außer Dienst und in der Öffentlichkeit** = Allgemeine Regeln für das Verhalten in der Öffentlichkeit; Verhalten im Urlaub, gegenüber anderen Soldaten und in besonderen Lagen;
- **Formaldienst** = Verhalten bei Gesprächen mit Vorgesetzten und bei Meldungen; Ausführung des Grußes.

Wachdienst

ZDv 10/6; ZDv 14/9

I. ALLGEMEINES

1. Nachfolgend werden die wichtigsten der einheitlichen Regelungen behandelt, die überall in der Bw beim Wachdienst Gültigkeit haben, z. B. Befugnisse der Wachsoldaten.
Einzelheiten richten sich nach den örtlichen Verhältnissen, vor allem den Besonderheiten der jeweiligen Anlage/Einrichtung.

Der Kasernenkommandant ist im Sinne des Wachdienstes jeder Vorgesetzte, der für die Sicherheit und Bewachung einer Anlage/Einrichtung verantwortlich ist. Er erlässt die besondere Wachanweisung und ist Wachvorgesetzter der ihm unterstellten Soldaten. Er regelt die Einzelheiten für jede Wache in der

besonderen Wachanweisung, z. B. Wachauftrag, Stärke und Ausrüstung der Wache, Alarmierung, Dienstanweisung für den Wachhabenden, für Posten und Streifen.

2. Allen Wachsoldaten steht das Recht zur vorläufigen Festnahme nach § 127 Abs. 1 StPO (Jedermann-Paragraph) zu, wenn die Voraussetzungen vorliegen. Die Ausübung dieses Rechts durch Posten und Streifen ist in einem militärischen Sicherheitsbereich nicht erforderlich, da eine auf frischer Tat betroffene Person bis zum Eintreffen der Wache festgehalten oder zur weiteren Personenüberprüfung dorthin gebracht werden kann.

3. **Begriffsbestimmungen:**

Militärische Bereiche = Anlagen, Einrichtungen und Schiffe/Boote der BW und der verbündeten Streitkräfte in der Bundesrepublik Deutschland.
Militärische Sicherheitsbereiche (MSB) = militärische Bereiche, deren unbefugtes Betreten von den zuständigen Dienststellen verboten worden ist und die entsprechend gekennzeichnet sind.
Wachbereich = „Zuständigkeitsbereich" einer Wache, begrenzt räumlich den Wachauftrag.
Vergatterung = Kommando des OvWa, das den Beginn des Wachdienstes bestimmt, die Wachsoldaten aus dem bisherigen Unterstellungsverhältnis herauslöst und sie ausschließlich den Wachvorgesetzten unterstellt,
Gefahr im Verzug = Lage duldet keinen Aufschub, notwendige Maßnahmen müssen unverzüglich getroffen werden.

II. AUFGABEN

1. Der **Wachdienst**
– schützt militärische Bereiche gegen **unberechtigten Zugang,**
– **verhindert** die Ausführung oder Fortsetzung von **Straftaten** gegen Angehörige der Bw, zivile Wachpersonen und Angehörige der verbündeten Streitkräfte, gegen militärische Bereiche oder Gegenstände der Bw oder der verbündeten Streitkräfte sowie gegen die militärische Geheimhaltung.
Er dient damit zugleich dem **Schutz vor Spionage, Sabotage und Zersetzung** (siehe „Militärische Sicherheit").

2. Zur Erhaltung der **soldatischen Ordnung** hat die Wache zu überwachen, dass sich Soldaten innerhalb des Wachdienstes diszipliniert verhalten. Ferner ist der Wachbereich auf seinen allgemeinen Zustand (Sauberkeit und Ordnung)

zu überwachen, soweit der Wachauftrag dies zulässt. Wenn Soldaten die Wache passieren, ist der Anzug zu kontrollieren.

3. Die Aufgaben als Wachsoldat verlangen
- **ständige Aufmerksamkeit und Einsatzbereitschaft**
- **unverzügliches Handeln** bei Wahrnehmungen verdächtiger Art,
- **selbstständige und nachdrückliche, dabei verantwortungsbewusste Anwendung der übertragenen Befugnisse.**

4. **Wachverfehlungen** (§ 44 WStG) können mit **langen Freiheitsstrafen** geahndet werden, z. B. wenn ein Wachsoldat
- sich außerstande setzt, seinen Dienst zu versehen,
- pflichtwidrig seinen Postenbereich oder Streifenweg verlässt,
- in anderen Fällen Befehle nicht befolgt, die für den Wachdienst gelten und dadurch eine schwerwiegende Folge verursacht.

III. WACHVORGESETZTE

1. Wachvorgesetzte sind der **Wachhabende** und der **OvWa** sowie deren **Stellvertreter** und der **Kasernenkommandant.**

2. Weitere Wachvorgesetzte sind die truppendienstlichen Vorgesetzten des Kasernenkommandanten, z. B. BrigKdr gegenüber BtlKdr als Kasernenkommandant.

3. Dem Soldaten im Wachdienst dürfen nur Wachvorgesetzte Befehle erteilen.

IV. ALLGEMEINE WACHANWEISUNG

1. **Wachsoldaten ist verboten,**
- den Wachbereich eigenmächtig zu verlassen,
- den befohlenen Wachanzug zu verändern,
- alkoholische Getränke oder sonstige berauschende Mittel zu sich zu nehmen,
- Geschenke anzunehmen,
- Rundfunk-, Phono-, Fernsehgeräte und dgl. in Betrieb zu nehmen.

2. **Zusätzlich ist den Posten und Streifen verboten,**
- die Waffen abzulegen,
- über den befohlenen Postenbereich hinauszugehen oder ihn vor der Ablösung zu verlassen,

- als Streife vom Streifenauftrag abzuweichen,
- zu essen, zu trinken, zu rauchen, sich zu setzen, zu legen, anzulehnen oder zu schlafen, sich zu unterhalten, es sei denn, dass ein Gespräch im Zusammenhang mit dem Wachauftrag notwendig ist.

V. WACHVORBEREITUNGEN DES EINZELNEN SOLDATEN

Wachsoldaten haben sich wie folgt auf den Wachdienst vorzubereiten:
- Verzicht auf den Genuss alkoholischer Getränke oder sonstiger berauschender Mittel wenigstens 8 Stunden vor der Vergatterung,
- ausreichende Nachtruhe vor dem Wachdienst,
- Bereithalten des zum Wachdienst befohlenen Anzugs und der Ausrüstung.

VI. UMGANG MIT WAFFEN UND MUNITION

- Wachhabender und StvWachhabender übergeben vor der Ruhezeit einander ihre teilgeladenen Waffen zum Verschluss.
- Die **Waffen der Soldaten in Wachbereitschaft** sind im Wachraum entladen und gesichert abzustellen oder abzulegen. Sie müssen dem Zugriff Unbefugter entzogen sein.
- Die **Munition,** die nicht den Posten und Streifen übergeben worden ist, nimmt der Wachhabende unter Verschluss.
- Bei der **Abmeldung zur Ablösung** empfangen Posten und Streifen vom Wachhabenden Munition. Die Anzahl der Patronen und deren brauchbarer Zustand ist vom Wachsoldaten zu überprüfen. Die Waffe ist außerhalb des Wachlokals auf dem dafür vorgesehenen Platz bei Tage teilzuladen, nach Einbruch der Dunkelheit fertigzuladen.
- Posten und Streifen tragen die Waffe tagsüber teilgeladen, während der Dunkelheit fertiggeladen.
- Bei der **Ablösung von Posten und Streifen** dürfen weder Waffen noch Munition übergeben werden, ausgenommen Signalpistole und die dazugehörige Munition.
- Die **abgelösten Posten und Streifen** entladen ihre Waffen auf dem dafür vorgesehenen Platz und übergeben die Munition dem Wachhabenden. Dieser überprüft die entladenen Waffen.
- Posten und Streifen tragen auch bei Tage die Waffe fertiggeladen, wenn es von den Wachvorgesetzten befohlen worden ist.

Sie laden die Waffe selbstständig fertig
- **nach erfolglosem 1. Anruf** bei der Personenüberprüfung **oder**
- wenn einem Festgehaltenen befohlen wird: **„Hände hoch! Umdrehen!"**
- **oder wenn sie sich bedroht fühlen.**

VII. AUSÜBUNG BESONDERER BEFUGNISSE IN MILITÄRISCHEN SICHERHEITSBEREICHEN

Diese sind enthalten in der **Taschenkarte für Posten und Streifen im militärischen Sicherheitsbereich <u>Verhalten von Soldaten im Wachdienst</u>**
Diese TK ist von allen Wachsoldaten ständig am Mann zu tragen; ihren Inhalt muss der Wachsoldat beherrschen.
Die an der Seite durch einen Strich gekennzeichneten Texte sind vom Wachsoldaten auswendig zu lernen.
Die in dieser Taschenkarte aufgeführten Verhaltensregeln sind auf
- den nächsten drei Seiten im Wortlaut aufgeführt und
- den im Anschluss daran folgenden Seiten ergänzt durch Erläuterungen und Beispiele.

Taschenkarte für Posten und Streifen

Als Wachsoldat habe ich den **Auftrag,**
- den militärischen Sicherheitsbereich gegen unberechtigten Zugang **zu schützen** und
- Angriffe **abzuwehren,** die sich gegen Personal und Rechtsgüter der Bundeswehr und der verbündeten Streitkräfte richten.

Im einzelnen habe ich zu beachten:

I. Bei der Personenüberprüfung:
1. a. **Als Posten** halte ich in meinem Wachbereich
    - jede Person an, die den militärischen Sicherheitsbereich betreten will,
    - stichprobenweise solche Personen an, die den militärischen Sicherheitsbereich verlassen wollen.
   b. **Als Streife** halte ich in meinem Wachbereich jede Person an,
    - die ich nicht kenne <u>oder</u>
    - an deren Aufenthaltsberechtigung ich Zweifel habe <u>oder</u>
    - die ich einer Straftat gegen die Bundeswehr für verdächtig halte.

    Erster Anruf
2. **Ich rufe:**
    „HALT! STEHENBLEIBEN!",
    wenn das Anhalten nicht ohne weiteres möglich ist (z. B. Streife bei Nacht; Person entfernt sich).

    Zweiter Anruf oder Warnschuss
3. **Ich rufe:**
    „HALT! ODER ICH SCHIESSE!" <u>oder</u>
    gebe einen Warnschuss ab (steil in die Luft), wenn der Angerufene trotz 1. Anrufs zu fliehen versucht und ich **nur** durch gezielten Schuss die Flucht verhindern kann.
4. **Ich schieße** (gezielt), wenn der Angerufene trotz 2. Anrufs oder Warnschusses nicht stehenbleibt.
5. **Ich überprüfe** den Angehaltenen auf seine Personalien und seine Aufenthaltsberechtigung, wenn dies ohne Gefahr für mich und meinen Auftrag möglich ist.
6. **Ich lasse** den Angehaltenen nur **weitergehen,** wenn
    - ich ihn überprüft habe und mir seine Personalien bekannt sind <u>und</u>
    - seine Aufenthaltsberechtigung feststeht <u>und</u>
    - ich einen dringenden Tatverdacht gegen ihn nicht oder nicht mehr für gegeben halte.

II. Beim Festhalten von unbekannten und verdächtigen Personen:

Erste Maßnahme

7. **Ich alarmiere die Wache** und **halte** den Angehaltenen bis zum Eintreffen der Wache **fest,** wenn
   - mir die Überprüfung zu gefährlich ist oder
   - ich aus anderen Gründen Personalien oder Aufenthaltsberechtigungen nicht sofort feststellen kann oder
   - ich dringenden Tatverdacht für gegeben halte.

Zweite Maßnahme

Ich befehle dem Festgehaltenen:
„HÄNDE HOCH! UMDREHEN!"

Dritte Maßnahme

Ich drohe dem Festgehaltenen mit den Worten:
„BEI FLUCHTVERSUCH SCHIESSE ICH!",
wenn die Flucht nur durch gezielten Schuss verhindert werden kann.

8. **Ich schieße** (gezielt), wenn der Festgehaltene trotz Androhung des Schusswaffengebrauchs zu fliehen versucht.

III. Bei jeder Art von Schusswaffengebrauch:

9. **Ich schieße** aus eigenem Entschluss nur in den Fällen, in denen diese **Taschenkarte** den Schusswaffengebrauch **vorsieht** (Nr. 4, 8, 16, 17 und 18).

10. **Ich schieße nur, wenn die Anwendung milderer Zwangsmittel** (d. h. körperliche Gewalt und ihre Hilfsmittel) **nicht ausreicht.**

11. Ich schieße nicht, um zu töten, sondern nur, um **angriffs- oder fluchtunfähig** zu machen.
    Ich schieße, bevor ich auf den Mann ziele, auf den Gegenstand, mit dessen Hilfe der Mann zu entkommen sucht (z. B. auf Reifen eines Kfz).

12. Ich schieße **nicht,** wenn ich mit hoher Wahrscheinlichkeit **Unbeteiligte gefährden** würde.
    Ich mache davon **nur** eine **Ausnahme,** wenn es beim Einschreiten gegen eine Menschenmenge oder zu meiner persönlichen Rettung nicht zu vermeiden ist.

13. Ich schieße **nicht auf Kinder.**
    Ich schieße auf Jugendliche (14 bis 17 Jahre) und auf Gebrechliche nur bei höchster Gefahr.

14. Ich schieße **nicht** bei **Diebstahl** (auch nicht bei Einbruchdiebstahl).
    Ausnahme: Fälle nach Nr. 17.

IV. Bei der Abwehr von Angriffen:

15. **Ich wende** körperliche **Gewalt** (z. B. Boxhieb) oder Hilfsmittel der körperlichen Gewalt (z. B. Kolbenhieb) an, wenn dies erforderlich ist, um einen **Angriff abzuwehren,** der sich gegen Personal und Rechtsgüter der Bundeswehr und der verbündeten Streitkräfte richtet.

16. **Ich schieße** (gezielt), wenn ich nur dadurch von mir oder einem anderen einen **tätlichen Angriff** gegen Leib oder Leben abwehren kann.

17. **Ich schieße** (gezielt) auf **einzelne Personen** ferner, wenn ich nur dadurch einen **besonders schweren Angriff abwehren** kann, der sich gegen Personal und Rechtsgüter der Bundeswehr und der verbündeten Streitkräfte richtet

    Einen besonders schweren Angriff begeht, wer
    – Anlagen oder Einrichtungen (z. B. Gebäude und Grundstücke der Bundeswehr sowie Stellungen, Sperren und Tarneinrichtungen) zerstört oder unbrauchbar macht,
    – Wehrmittel (z. B. Waffen, scharfe Munition, Land-, Luft- und Wasserfahrzeuge aller Art, Treibstoffe, für den Kampfeinsatz bestimmte Geräte und Instrumente) zerstört, unbrauchbar macht oder beseitigt,
    – einen Brand legt, eine Explosion herbeiführt oder geheimhaltungsbedürftige Gegenstände entwendet.

18. **Ich schieße** (gezielt) auf eine **Menschenmenge,** wenn ich nur dadurch **verhindern** kann, daß aus der Menge heraus rechtswidrige **Gewalttaten** gegen die Bundeswehr und die verbündeten Streitkräfte begangen werden.

19. Ich schieße auch in diesen Fällen (Nr. 10–12) erst, wenn ich den Schusswaffengebrauch durch die Worte:
    „**HALT! ODER ICH SCHIESSE!**" oder
    durch einen **Warnschuss** (steil in die Luft) **angedroht** habe.
    Ich **wiederhole** die Androhung gegenüber einer Menschenmenge.
    Ich darf **ohne Androhung** im allgemeinen nur schießen, wenn ich nur durch sofortiges Handeln in der Lage bin, von mir oder einem anderen **eine Gefahr für Leib oder Leben** abzuwehren.

Erläuterungen/Beispiele

Eine **Straftat gegen die Bw** ist jede mit Strafe bedrohte Handlung gegen
- Angehörige der Bw im Dienst oder in militärischen Bereichen oder Sicherheitsbereichen, wenn die Handlung den Dienst stört, z. B. Behinderungen eines Marsches von Truppenteilen zu Fuß oder mit Dienst-Kfz, oder tätlicher Angriff auf einen Soldaten im Dienst oder in der Kaserne,
- militärische Bereiche oder Gegenstände der Bw, z. B. Hausfriedensbruch, Beschädigung von Zäunen und Gebäuden, Diebstahl, Wehrmitteln.

Angehörige der Bw in diesem Zusammenhang sind ihre Soldaten, Beamten und Arbeitnehmer, die Angehörigen der verbündeten Streitkräfte sowie die für diese oder die Bw eingesetzten Angehörigen gewerblicher Bewachungsunternehmen.

„Dringend verdächtig" ist jeder, der bei einer Straftat gegen die Bw ertappt wird; ferner, wenn nach den im Augenblick bekannten Umständen die große Wahrscheinlichkeit besteht, dass der Angehaltene eine Straftat gegen die Bw begangen hat

> Eine Streife entdeckt bei Nacht eine Zivilperson, die aus einem gewaltsam geöffneten Fenster des Werkstattgebäudes, in dem sich auch die Waffenwerkstatt befindet, aussteigt. Der Streifenführer ruft: „Halt! Stehenbleiben!", die Zivilperson wirft jedoch eine Tragetasche weg und flieht in Richtung Umzäunung. Der Streifenführer gibt einen Warnschuss ab.
> Setzt der Einbrecher die Flucht noch immer fort, schießt die Streife gezielt um ihn fluchtunfähig zu machen.

Unberechtigter Aufenthalt in einem militärischen Sicherheitsbereich muss auch dann angenommen werden, wenn dieser auf unberechtigte Weise, z. B. über den Zaun, betreten oder verlassen werden soll.

> Ein Posten sieht, wie eine Zivilperson an einer unübersichtlichen Stelle in den Kasernenbereich einsteigt; er ruft: „Halt! Stehenbleiben!". Der Eindringling bleibt jedoch nicht stehen. Er versucht, schnell eine größere Buschgruppe zu erreichen. Bleibt der Angerufene nach einem Warnschuss noch nicht stehen, schießt der Posten gezielt. Aber:
>
> In einem ähnlichen Fall hat der Posten beim Annähern einen Soldaten der Nachbarkompanie erkannt, der nach dem Anruf zu seinem Kompaniegebäude rennt.
> Verfolgung scheidet aus, da der Postenbereich nicht verlassen werden darf, Schusswaffengebrauch ist unzulässig, weil der Eindringling dem Posten als in der Kaserne untergebrachter Soldat bekannt ist und eine Straftat gegen die Bw nicht zu befürchten ist. Der Posten meldet den Vorfall nach seiner Ablösung oder alarmiert die Wache, wenn ihm die Sache zweifelhaft scheint.

> Eine Streife entdeckt vor Einbruch der Dunkelheit auf nächste Entfernung einen Unbekannten, der im Begriff ist über die Kasernenmauer nach außen zu steigen. Trotz Anruf und Warnschuss versucht er, über die Mauer zu entkommen. Ein gezielter Schuss erübrigt sich jedoch, weil der zweite Soldat inzwischen so dicht herangekommen ist, dass er den Unbekannten an den Beinen erfassen und festhalten kann.
>
> Bei einem Übungsalarm in der Kaserne werden zwei Zivilpersonen im Kasernenbereich angehalten und kontrolliert. Beide haben einen Besucherschein, in dem die angegebenen Zeiten im richtigen Verhältnis zum Kontrollzeitpunkt stehen. Der Streifenführer lässt die Besucher weiter zum Kasernentor gehen.

Der Wachsoldat hält einen Angehaltenen fest, indem er ihm befiehlt, an einem bestimmten Platz zu bleiben und das Befolgen dieser Anweisung überwacht; Festhalten heißt nicht „anfassen". Zur persönlichen Sicherheit lautet das Gebot: **Weg vom Mann!**

Kommt der Angehaltene dem Befehl allerdings nicht nach, ist er durch angemessene Mittel des unmittelbaren Zwangs (körperliche Gewalt, Hilfsmittel, Waffen) daran zu hindern, sich zu entfernen.

> Nach Einbruch der Dunkelheit stellt ein Posten im Technischen Bereich eine Zivilperson, die sich an einem Dienst-Kfz zu schaffen gemacht hat. Der ihm unbekannte Angerufene behauptet, der Gefr A. eines in der Kaserne ebenfalls untergebrachten Truppenteils zu sein. Er habe als Beifahrer im Führerhaus des Kfz etwas verloren und seinen Truppenausweis nicht bei sich.
> Der Posten befiehlt dem Gefr A.: „Hände hoch!", „Umdrehen!" droht ihm an „Bei Fluchtversuch schieße ich!" und hält ihn auf diese Weise bis zum Eintreffen der gleichzeitig alarmierten Wache fest.

Die Durchsuchung von Personen und mitgeführter Gegenstände z. B. Kfz, Aktentaschen, ist zulässig, wenn sie ein Wachvorgesetzter für den Einzelfall befohlen oder der Kasernenkommandant allgemein angeordnet hat. Der Wachsoldat kann von sich aus unter folgenden Voraussetzungen eine Durchsuchung vornehmen und mit den Mitteln des unmittelbaren Zwangs, außer Schusswaffengebrauch, durchsetzen:
– Die zu durchsuchende Person muss der Personenüberprüfung unterliegen, der Wachsoldat muss sie also anhalten dürfen.
– Gegen die Person muss der Verdacht einer Straftat gegen die Bw bestehen.
– Es muss zu vermuten sein, dass die Durchsuchung zur Auffindung von Beweismitteln, z. B. Einbruchswerkzeug, gestohlene Gegenstände, führt die sonst bis zum Eintreffen der Wache beseitigt oder vernichtet werden können.
– Sofortiges Handeln muss geboten sein (Gefahr im Verzug).

Die Durchsuchung durch **einen** Wachsoldaten ist stets zu unterlassen. Sichergestellte (freiwillig herausgegebene) und vorläufig beschlagnahmte (abgenommene) Gegenstände sind dem Wachhabenden zu übergeben.

Im Regelfall sind Verdächtige, vor allem mehrere, vom Wachhabenden zu untersuchen; dazu ist die Wache zu alarmieren. Die Durchsuchung im Wachlokal oder in Anwesenheit des Wachhabenden und mehrerer Wachsoldaten ist ungefährlicher.

Beispiele für die Abwehr von Angriffen:

> Ein Posten wird bei einer Personenkontrolle von einer Zivilperson plötzlich beschimpft und mit Faustschlägen angegriffen. Er wehrt den Angriff durch einen Stoß mit dem Gewehr gegen die Brust des Mannes ab.
>
> Eine Streife stellt eine Zivilperson, die gerade die Tür eines Munitionsbehälters aufgebrochen hat. Der Täter zieht schnell eine Pistole und schlägt auf den Streifenführer an. Der zweite Soldat der Streife schießt (gezielt) ohne vorherige Androhung.
>
> Eine Streife sieht wie eine Zilvilperson einen Gegenstand über den Kasernenzaun in den Technischen Bereich wirft. Gleich darauf ereignet sich eine Detonation und mehrere Kfz geraten in Brand. Als der Streifenführer eine zweite Person erkennt, die im Begriff ist einen weiteren Sprengkörper zu werfen, schießt er gezielt zur Abwehr des Angriffs.
>
> Der vordere Soldat einer Streife, deren beide Soldaten mit größerem Abstand gehen, wird von einem Unbekannten angesprungen und mit einem Gegenstand geschlagen. Als der zweite Soldat eingreift, flüchtet der Täter. Die Streife darf erst nach erfolglosem zweiten Anruf (Warnschuss) schießen.

VII. UNMITTELBARER ZWANG

Einzelmaßnahmen

Unmittelbarer Zwang ist die Einwirkung auf Personen oder Sachen durch **körperliche Gewalt, ihre Hilfsmittel** und durch **Waffen.**
Körperliche Gewalt (bloße Körperkraft) ist jede unmittelbare körperliche Einwirkung, z. B. gewaltsames Festhalten, Schlagen, Erzwingen des Aufstehens, Entwinden gefährlicher Gegenstände.
Ihre Hilfsmittel sind alle Sachen, die zur Unterstützung der einfachen körperlichen Gewalt eingesetzt werden, z. B. Waffen, die man zum Stoß oder Schlag benutzt, Fesseln, Diensthunde, Sperren, Kfz.
Waffen sind alle dienstlich zugelassenen Hieb- und Schusswaffen, Reizstoffe, z. B. Tränengas, künstlicher Nebel, und Explosivstoffe.

Die Anwendung beschreibt die o. a. TK für Posten und Streifen.

Allgemeine Regeln bei der Anwendung

1. Der Wachsoldat handelt bei der Anwendung unmittelbaren Zwanges rechtmäßig, wenn er **den Umständen nach** davon ausgehen kann, dass die Voraussetzungen zum Einschreiten vorliegen. Darf er nach pflichtgemäßer Prüfung der erkennbaren Umstände annehmen, dass sein Handeln nötig ist, handelt er selbst im Falle eines Irrtums rechtmäßig.

> Ein Unbekannter legt bei Nacht einen Stock wie ein Gewehr an und zielt damit auf einen Wachsoldaten. Der Streifenführer kann nicht erkennen, dass es sich bei der „Waffe" um einen Stock handelt. Gibt er auf den Unbekannten warnungslos einen gezielten Schuss ab, handelt er rechtmäßig.

2. Grundsätzlich sind Maßnahmen des unmittelbaren Zwanges **anzudrohen.** Zwischen Androhung und Durchführung muss eine angemessene Zeitspanne liegen, um dem Betroffenen Gelegenheit zum geforderten Verhalten zu geben. Die Androhungspflicht besteht nur dann nicht wenn die Lage zum sofortigen Handeln zwingt.

3. **Erforderlichkeit und Verhältnismäßigkeit** – Stets ist dasjenige Zwangsmittel nach Art und Dauer anzuwenden, das am wenigsten Schaden verursacht und doch den Erfolg herbeiführt – **Nicht mit Kanonen auf Spatzen schießen!**

> Eine angehaltene Person dringt mit erhobener Faust auf den Streifenführer ein.
> **Richtig:** Abwehr mit einem Fausthieb oder Stoß mit dem Gewehr gegen Arm oder Brust des Angreifers.
> **Falsch:** Schlag mit dem Gewehr auf den Kopf.

4. **Pflicht zur Hilfeleistung für Verletzte** – Wurde bei der Anwendung unmittelbaren Zwangs eine Person verletzt, ist die Wache zu alarmieren und vom Wachsoldaten erste Hilfe zu leisten. Die Pflicht, Hilfe zu leisten, besteht nur dann nicht, wenn die Lage das nicht zulässt.
Wurde bei der Anwendung unmittelbaren Zwangs jemand getötet oder schwer verletzt, sind am Ort des Vorfalls möglichst keine Veränderungen vorzunehmen.

Schusswaffengebrauch, Gebrauch von Explosivmitteln

1. **Schusswaffengebrauch** ist neben der Anwendung von **Explosivmitteln** das **schwerste** und **härteste Zwangsmittel.** Die Verantwortung des Wachsoldaten ist hier besonders groß. Er darf nur dann schießen, wenn er nach sorgfältiger Prüfung alle Voraussetzungen für den Schusswaffengebrauch bejahen

kann. Bestehen ernstliche Zweifel, ob die eine oder andere Voraussetzung tatsächlich gegeben ist, muss der Schusswaffengebrauch unterbleiben.
Sind aber alle Voraussetzungen eindeutig gegeben, darf und muss der Wachsoldat schießen.
In der TK für Posten und Streifen sind die **Anwendungsfälle** (Nr. 4, 8, 16, 17, 18), die **Androhung** des Schusswaffengebrauchs (Nr. 3, 4, 7, 19) und die **besonderen Vorschriften für den Schusswaffengebrauch** (Nr. 9–14) festgelegt.

2. **Explosivmittel dürfen nur auf Befehl des Kasernenkommandanten, bei dessen Abwesenheit vom OvWa eingesetzt werden.**

IX. GRUNDREGELN FÜR DAS VERHALTEN ALS POSTEN UND STREIFE

1. Verhalten bei der **Personenüberprüfung** (Bild 1–3)

Bild 1 Sicherung des überprüfenden Wachsoldaten

Bild 2 Annehmen des Ausweises
Trageweise der Waffe
nach BesWachAnw/je nach Lage

Bild 3 Falsch! Angehaltenen stets beobachten!

- Auf verdächtige Bewegungen achten, z. B. beim Hervorholen des Ausweises.
- Aus unübersichtlichen Geländeteilen heraustreten und Personenüberprüfung auf offenen Stellen vornehmen.
- Keine Gegenstände, die gefährlich werden können, zwischen sich und dem Angehaltenen dulden.

2. **Verhalten bei Dunkelheit** (Bild 4–6)

- Taschenlampe am ausgestreckten Arm seitwärts weg vom Körper halten.
- Der Angerufene muss im Licht stehen.
- Andere verfügbare Lichtquellen ausnutzen; dabei Angehaltenen nicht aus den Augen lassen.
- Aus unbeleuchteten und unübersichtlichen Stellen heraustreten; Überprüfung möglichst an einem sicheren und beleuchteten Ort vornehmen.

Bild 4 Gebrauch der Taschenlampe

Bild 5 Angehaltene Person im Auge behalten!

Bild 6 Falsch! Nicht abwenden!

- Stets mit weiteren verdächtigen Personen rechnen: Rücken frei, der zweite Wachsoldat sichert!

- Größte Vorsicht bei Wahrnehmungen in Gebäuden und zwischen abgestellten Kfz/Geräten: Nicht ungedeckt oder angeleuchtet stehenbleiben! Nicht ohne Sicherung durch den anderen Wachsoldaten handeln! Türen aus der Deckung und mit Sicherung öffnen! Nicht in der Türöffnung stehenbleiben! Kann die Ursache der Wahrnehmung nicht festgestellt werden: Gebäudeausgänge bzw. Abstellplatz sichern und Wache alarmieren!

3. Verhalten bei **Durchsuchung von Personen** (Bild 7 und 8)
(Siehe auch „Erläuterungen/Beispiele" zur TK für Posten und Streifen)
- Festgehaltenen mit dem Gesicht zur Wand, weit gegrätschten Beinen und gespreizten Armen schräg gegen eine Wand lehnen oder Hände verschränkt an den Hinterkopf legen lassen.
- Ein Wachsoldat sichert: Waffe schussbereit, genügender Abstand, Schussfeld ohne Gefährdung des durchsuchenden Wachsoldaten, nicht ablenken lassen.
- Verhalten des durchsuchenden Wachsoldaten: immer von der Seite herantreten, Fußstellung wie Bild 8, beide Körperseiten von oben nach unten gründlich abtasten, ggf. Oberbekleidung hochschlagen, Durchsuchung nach Anfangserfolgen nicht abbrechen, nie zwischen zwei zu durchsuchende Personen treten.
- Immer Kopf- und Beinstellung des Durchsuchten beobachten.

Bild 7 Sicherung des durchsuchenden Wachsoldaten

Bild 8 Durchsuchung: Abtasten

4. Verhalten bei der **Kfz-Überprüfung** (Bild 9)
- Von rechts an das Kfz herantreten.
- Nicht in das Kfz beugen.
- Bei Verdacht: Motor abstellen und Insassen aussteigen lassen.
- Bei Dunkelheit zum Prüfen der Papiere nie vor den Scheinwerfer des Kfz stellen.

Bild 9 Annahme des Ausweises aus dem Kfz

5. **Abführen von Festgehaltenen** (Bild 10 und 11)
- Nochmals Schusswaffengebrauch bei Fluchtversuch androhen.
- Den Festgehaltenen 4 bis 6 Schritte vorausgehen lassen.
- Waffe schussbereit halten.
- Besonders bei Dunkelheit Weg durch offenes und beleuchtetes Gelände wählen.
- Mit dem Festgehaltenen kein Gespräch führen.
- Zwischen Festgehaltenen kein Gespräch zulassen; mit einigen Schritten Abstand voneinander gehen lassen.

Bild 10 Abführen: Richtig!

Bild 11 Abführen: Falsch!

Leben in der militärischen Gemeinschaft

ZDv 10/5; ZDv 70/1

I. GRUNDSÄTZE

1. Die **militärische Gemeinschaft**
- besteht dort, wo Soldaten zur Erfüllung eines **gemeinsamen Auftrags Dienst leisten** oder **zusammenleben,**
- wird getragen durch gegenseitiges Vertrauen und Verständnis, Beteiligung, verantwortliches und fürsorgliches Handeln, Disziplin und Gemeinschaftserlebnisse,
- bildet die Grundlage für **Kameradschaft, Zusammengehörigkeit** und erfolgreiches **Zusammenwirken.**

2. Das **Leben in der militärischen Gemeinschaft** ist geprägt durch das Zusammenleben mit zunächst fremden Personen, durch häufige personelle Veränderungen und den organisierten Dienstablauf. Klare Verantwortlichkeiten und eine verständliche Ordnung erleichtern das Zusammenleben.

3. **Ordnungsregeln** greifen in die persönliche Freiheit und Selbstbestimmung des einzelnen nur soweit ein, wie es die Rechtsgrundlagen erlauben und der militärische Auftrag es erfordert. **Funktionalität und Disziplin** stellen als wesentliche Faktoren des militärischen Dienstes besondere Anforderungen an die Soldaten, prägen ihr Verhalten und Auftreten und somit auch das Bild der Bundeswehr in der Öffentlichkeit.

4. **Aufgabe aller Vorgesetzten** ist es, wo immer möglich, **Verantwortlichkeiten** zu übertragen und **Freiräume** zu gewähren.
Vertrauen in den Vorgesetzten ist die Voraussetzung für bereitwilligen Gehorsam. Die Soldaten sind mit Einfühlungsvermögen an die Regeln der soldatischen Ordnung heranzuführen, so dass diese für sie als Untergebene nachvollziehbar sind. Vorgesetzte leben die Pflichterfüllung vor, begründen sie und fordern sie ein.

5. **Betreuung** ist eine Voraussetzung für die sinnvolle Gestaltung der Freizeit in der Kaserne. **Beteiligung** trägt zum wirkungsvollen Dienstablauf bei und fördert das gegenseitige Vertrauen.
Der Vorgesetzte muss immer zum **offenen, vertrauensvollen Gespräch** bereit sein und soll es von sich aus suchen; es baut Spannungen ab und fördert ein gutes Klima.

6. **Innendienst** ist der Sammelbegriff für periodische Abläufe, Dienste und Maßnahmen, die für ein geordnetes Zusammenleben in der militärischen Gemeinschaft der Einheit unerlässlich sind.

II. VERANTWORTLICHKEITEN FÜR DEN INNENDIENST

1. Der **nächsthöhere DiszVorges** übt die **Dienstaufsicht** über die ihm unterstellten Einheiten aus, nötigenfalls in koordinierender oder korrigierender Weise.

2. **Der nächste DiszVorges** (Einheitsführer) trägt die **Verantwortung** für den Innendienst seiner Dienststelle (Einheit).
Im Rahrnen seiner **Dienstaufsicht** überzeugt er sich vom ordnungsgemäßen Ablauf des Innendienstes und gibt Anleitung sowie Unterstützung. Er überträgt Verantwortung und gewährt die Freiräume, die ein selbstständiges Handeln ermöglichen.
Der Einheitsführer befiehlt den Vertreter des Kompaniefeldwebels und legt die Aufgaben der Teileinheitsführer im Innendienst fest.

3. Der **Kompaniefeldwebel** (gilt auch für Vorgesetzte in vergleichbarer Dienststellung, z. B. Batteriefeldwebel) steht an der Spitze **des Unteroffizierkorps;** er leitet im Auftrag des Einheitsführers den **Innendienst** und den **Geschäftsbetrieb** der Einheit und ist dabei sein wichtigster Mitarbeiter. Er ist
– **Vorgesetzter mit besonderem Aufgabenbereich** gegenüber allen **Unteroffizieren und Mannschaften** seiner Einheit,
– **Teileinheitsführer** und somit **unmittelbarer Vorgesetzter** der ihm direkt unterstellten Soldaten.
Die Aufgaben des KpFw sind im einzelnen in einer **Dienstanweisung** befohlen.
Der KpFw hat als **fürsorglicher Berater** aller Soldaten seiner Einheit ("Mutter der Kompanie") eine Schlüsselfunktion für die Gestaltung der Gemeinschaft. Seine regen Kontakte zu den Vertrauenspersonen, Militärgeistlichen, zum Truppenarzt, zur Verwaltung und zum Sozialdienst sind dabei Voraussetzung für eine erfolgreiche Arbeit. Ton und Klima in der Einheit hängen entscheidend von seinem Einfluss ab.

4. Die **Teileinheitsführer** (Zug-, Gruppen- und Truppführer sowie Vorgesetzte in vergleichbarer Dienststellung) sind die ersten Ansprechpartner ihrer Soldaten, deren Leistungs- und Einsatzwillen vom Klima in der Teileinheit bestimmt wird.

5. Die **Vertrauensperson** gestaltet die militärische Gemeinschaft mit (siehe „Beteiligung der Soldaten durch Vertrauenspersonen").

III. ORGANISATION DES INNENDIENSTES

1. **Dienstpläne** regeln den Dienstablauf, der so zu organisieren ist, dass der Soldat ausreichend Zeit zur Vorbereitung auf die jeweiligen Dienstvorhaben hat.

Der **Tagesdienstplan** enthält den täglich wiederkehrenden zeitlichen Ablauf des Innen-, Ausbildungs-, Fach- und Funktionsdienstes.

Der **Wochendienstplan** legt den Ausbildungsstoff und zeitlichen Ablauf der Ausbildung und des Fach- und Funktionsdienstes fest. Seine Angaben müssen es dem Soldaten ermöglichen, sich gründlich auf den Dienst vorzubereiten. Daneben sind solche Tätigkeiten des Innendienstes aufzunehmen, die der Tagesdienstplan nicht enthält, (z. B. Waffenreinigen, Bettwäschetausch, Wehrsoldzahlung).

Der **Schichtdienstplan** regelt die Personaleinteilung und den zeitlichen Ablauf des Schichtdienstes.

2. **Dienstablauf** – In der **Gemeinschaftsunterkunft** wohnende Soldaten bereiten sich nach dem Aufstehen selbständig auf den Dienst vor. Im Einzelfall kann der DiszVorges ein allgemeines Wecken befehlen.

Die **Befehlsausgabe** bzw. **Musterung** nimmt der KpFw vor, sie ist nach dienstlichen Erfordernissen anzusetzen. Eine Teilnahme von Offizieren befiehlt der DiszVorges.

Zeit und **Ort** der **Esseneinnahme** richten sich nach den örtlichen Verhältnissen. Die Soldaten gehen innerhalb der festgelegten Zeiten selbstständig zum Essen, wenn nicht dienstliche oder organisatorische Gründe eine andere Regelung erfordern. Auf die Sauberkeit des Anzugs ist zu achten.

3. **Ausgangsregelung** – Nach Dienstschluss haben **allgemein dienstfreie** Zeit und damit **freien Ausgang:**
- **Mannschaften in der Allgemeinen Grundausbildung bis zum Zapfenstreich** (23.00 Uhr), wenn sie zum Wohnen in der Gemeinschaftsunterkunft verpflichtet sind.
- **Mannschaften nach der Allgemeinen Grundausbildung und Unteroffiziere ohne Portepee (oP) bis zum Frühstück,** wenn sie zum Wohnen in der Gemeinschaftsunterkunft verpflichtet sind.
- **Offiziere und Unteroffiziere mit Portepee (mP) bis zum Dienstbeginn.**
  Dies gilt auch für Unteroffiziere oP und Mannschaften, wenn sie vom Wohnen in der Gemeinschaftsunterkunft befreit sind.

Unteroffiziere oP mit bestandener Feldwebel-/Bootsmannprüfung können Unteroffizieren mP gleichgestellt werden.

4. Der **freie Ausgang** kann im Rahmen einer Disziplinarmaßnahme oder einer gerichtlichen Freiheitsentziehung beschränkt werden. Der DiszVorges

kann ihn auch vor, während oder nach besonderen dienstlichen Belastungen für die gesamte Einheit oder für einzelne Soldaten beschränken; Beispiele: Einsatz, Ausbildungsvorhaben/Übungen, Truppenübungsplatzaufenthalte.

5. Mit **Beginn der Nachtruhe in der Einheit um 22.00 Uhr** haben Soldaten, die sich noch nicht zur Ruhe begeben, auf bereits schlafende Soldaten Rücksicht zu nehmen.
Soldaten, die dem **Zapfenstreich um 23.00 Uhr** unterliegen, haben sich bis zu diesem Zeitpunkt ins Bett zu begeben.

6. **Nachtausgang** (über den Zapfenstreich hinaus bis spätestens zum Frühstück) für Mannschaften, die dem Zapfenstreich unterliegen, gewährt der DiszVorges unter Berücksichtigung der Erfordernisse der Einsatzbereitschaft und des Ausbildungsauftrags, der dienstlichen Belastung und Leistung des Soldaten sowie der Erfordernisse der Fürsorge.
Gewährter Nachtausgang kann als erzieherische Maßnahme widerrufen werden.

7. Sind Soldaten am Wochenende nicht zum Dienst eingeteilt, haben sie allgemein dienstfreie Zeit und damit freien Ausgang ab Freitag nach Dienst.
Wochenendausgang für Soldaten, die dem Zapfenstreich unterliegen, soll im allgemeinen am Montag um 01.00 Uhr beendet sein. Die Rückkehrzeiten sollen unter Berücksichtigung der dienstlichen Notwendigkeiten, der Fürsorgepflicht und der berechtigten Interessen der Soldaten festgesetzt werden.
Diese Regelung ist bei allgemein dienstfreien Tagen während der Woche entsprechend anzuwenden.

8. Treten während der Abwesenheit eines Soldaten unvorhersehbare äußere Umstände ein, die sein **rechtzeitiges Eintreffen zu Dienstbeginn/zum Dienst** verhindern, hat er das seiner Einheit unverzüglich zu melden. Die Rückreise ist ohne Verzögerung anzutreten bzw. fortzusetzen, wenn die Ursache für die Behinderung nicht mehr besteht.

9. **Sonderdienste** zur Überwachung des Innendienstes und zur Aufrechterhaltung der soldatischen Ordnung der Einheit befiehlt der nächste DiszVorges. Der nächsthöhere DiszVorges kann, sofern örtliche Gegebenheiten und Sicherheitserfordernisse es zulassen, die Genehmigung erteilen, für mehrere ihm unterstellte Einheiten **gemeinsame** Sonderdienste einzurichten.
Sonderdienste im Innendienst (Kennzeichnung der Diensthabenden siehe „Anzugordnung für die Soldaten der Bundeswehr") können sein:
- **Feldwebel vom Wochendienst (FvW)** bzw. **Bootsmann vom Wochendienst (BvW)**
  Überwacht vom Dienstschluss bis zum allgemeinen Dienstbeginn die Einhaltung der soldatischen Ordnung und den Innendienst der Einheit.

Er ist **Vorgesetzter mit besonderem Aufgabenbereich** gegenüber allen Unteroffizieren und Mannschaften der Einheit(en), für die er eingeteilt ist (Ausnahme: Unmittelbare Vorgesetzte, KpFw, OStFw bzw. OStBtsm).
Diesen Dienst versehen Unteroffiziere mP.

- **Unteroffizier vom Dienst (UvD)**
Überwacht die Durchführung der Anordnungen und Maßnahmen für den Innendienst der Einheit. Nimmt grundsätzlich am Dienst teil.
Er ist **Vorgesetzter mit besonderem Aufgabenbereich** gegenüber allen Soldaten der Einheit(en), für die er eingeteilt ist, die der eigenen oder einer niedrigeren Dienstgradgruppe angehören (Ausnahme: Unmittelbare Vorgesetzte).
Diesen Dienst versehen Unteroffiziere oP, Unteroffizieranwärter mit bestandener Unteroffizierprüfung und dienstältere erfahrene Mannschaftsdienstgrade. Ein UvD für mehrere Einheiten wird durch einen Gefreiten vom Dienst bzw. einen Matrosen vom Dienst unterstützt.

- **Gefreiter vom Dienst (GvD)** bzw. **Matrose vom Dienst (MvD)**
Verfährt im **eigenständigen Dienst** nach Dienstanweisung oder wird eingeteilt zur **Unterstützung des UvD**, ist aber nicht sein Vertreter.
Er hat keine **Vorgesetztenfunktion**.

Diese Sonderdienste werden in der Regel ohne Handwaffen versehen.

Der Kasernenkommandant, verantwortlich für **Sicherheit, Ordnung und Disziplin** im Kasernenbereich, kann, wenn es die Sicherheitslage erfordert, im Ausnahmefall dem UvD und dem GvD/MvD Sicherheitsaufgaben gemäß UZwGBw übertragen.

10. Der KpFw genehmigt und überwacht im Auftrag des DiszVorges eine gerechte Einteilung der Soldaten, beteiligt dabei die Vertrauensperson und berücksichtigt möglichst Vorschläge der Betroffenen. Änderungen in der Diensteinteilung oder zeitweise Vertretungen sind nur mit seiner Genehmigung zulässig.

Soldaten im **Truppensanitätsdienst** sind zu diesen Diensten nur mit Zustimmung ihres Fachvorgesetzten heranzuziehen.

Lehrgangsteilnehmer sind unmittelbar vor Prüfungstagen nicht zu diesen Diensten einzuteilen.

11. **Aushang – Befehle von allgemeiner Bedeutung** für die Einheit, wie Dienstpläne, Diensteinteilungen, Kasernenbefehle, Kompaniebefehle usw. sind am schwarzen Brett auszuhängen. Sie müssen die Unterschrift oder den Sichtvermerk des DiszVorges oder des KpFw tragen.
Jeder Soldat hat sich an den Tagen, an denen für ihn Dienst angesetzt ist, selbständig über Neuaushänge oder Änderungen zu unterrichten.

12. Besondere Hinweise sind durch Aushang an den **Informationstafeln** bekanntzugeben, z. B. Erreichbarkeit der Vertrauensperson/des örtlichen Personalrats, der Ansprechstelle für weibliche Soldaten, des Sozialdienstes, der Freizeitbüros, Anschrift des Wehrbeauftragten, Informationen der Militärseelsorge, der Berufsverbände und Gewerkschaften, Angebote des Berufsförderungsdienstes.
Der Aushang weiterer Informationen bedarf der **Genehmigung** des DiszVorges oder der von ihm bestimmten Soldaten.

13. In allen **UvD-Zimmern** ist die **Telefonnummer** des UvD und/oder vom Geschäftszimmer des **zuständigen und durchgehend besetzten Sanitätsbereichs bzw. Sanitätszentrums** deutlich **sichtbar** auszuhängen.
Für räumlich auseinandergezogene, abgesetzte oder aufgeteilte Truppenteile sind darüber hinaus eigene **Notfallpläne** aufgestellt.

IV. ORDNUNG IN MILITÄRISCHEN UNTERKÜNFTEN

1. Der **Unterkunftsbereich** wird den Dienststellen vom **Kasernenkommandanten** zugewiesen. Bauliche Maßnahmen zur **Verschönerung** bedürfen der Zustimmung der Standortverwaltung.
Zu jedem Raum gehören mindestens jeweils ein Gebrauchs- und ein Reserveschlüssel. Die **Schlüsselordnung** legt der zuständige DiszVorges fest.

2. Jeder **Soldat** muß seiner Verantwortung für die **Erhaltung der Umwelt** gerecht werden, vor allem durch Vermeidung von Abfall.
Die **Standortverwaltung berät** und **unterstützt** die Truppe bezüglich des Umweltschutzes in der Liegenschaft, sie übernimmt auch die gärtnerische **Geländebetreuung.** Die Truppe stimmt Vorstellungen zur Gestaltung der **Außenreviere** mit ihr ab.

3. **Verhalten in der Unterkunft** – Das Zusammenleben verpflichtet zu **Toleranz, Rücksichtnahme, Ordnung und Sauberkeit.**
Bundeseigentum ist schonend und pfleglich zu behandeln. Mit Strom, Heizung, Wasser und Reinigungsmitteln ist sparsam und umweltbewusst umzugehen.

4. **Gemeinschaftsräume** sind in **Bereiche für Raucher** und **für Nichtraucher** getrennt; ist das nicht möglich, gilt Rauchverbot. Für schwimmende Einheiten der Marine können abweichende Regelungen festgelegt werden.
Benutzungsordnungen sind zu beachten. Gemeinschaftsräume sind
– Betreuungseinrichtungen (z. B. Kfz-Pflegehallen, Bastelräume, Kegelbahnen, Fotolabors),

- Mannschafts-, Unteroffizier- und Offizierheime,
- behelfsmäßige Betreuungseinrichtungen (Kellerbars),
- sonstige Räume (z. B. Lese-, Fernseh-, Aufenthaltsräume).

Sie darf ein Soldat nicht betreten, wenn gegen ihn eine verschärfte Ausgangsbeschränkung mit der Auflage, keine Gemeinschaftsräume zu betreten, vollstreckt wird.

Sportstätten sind Ausbildungseinrichtungen und keine Gemeinschaftsräume.

5. **Private Besuche** innerhalb der Unterkunft sind zulässig. Die Besuchszeit endet eine halbe Stunde vor Beginn der Nachtruhe, wenn nicht der KpFw eine Ausnahme genehmigt hat.

Gästen kann unter besonderen Voraussetzungen die Erlaubnis zur Übernachtung in der Gemeinschaftsunterkunft erteilt werden.

6. Die **Stube** ist der Wohnbereich des Soldaten. Der DiszVorges kann private Einrichtungs- bzw. Ausstattungsgegenstände zulassen, für die der Bund allerdings nicht haftet. Einzelheiten regelt die **Stubenordnung.** Es ist untersagt, **Bilder und Schriften** aufzuhängen oder auszulegen, die
- sich gegen die Bundesrepublik Deutschland, ihre freiheitliche demokratische Grundordnung oder die Bundeswehr richten,
- allgemein eine Verunglimpfung darstellen oder geeignet sind, andere in ihrem Ansehen herabzusetzen,
- gegen das Verbot, Kennzeichen verfassungswiriger Organisationen zu verwenden, verstoßen,
- für eine politische Gruppe werben,
- das allgemeine Schamgefühl verletzen.

In Zweifelsfällen entscheidet der nächste DiszVorges.

7. Die **Zusammensetzung der Stubengemeinschaft** regelt der KpFw. Teileinheitsführer und Vertrauenspersonen sollen gehört werden. **Raucher** und **Nichtraucher** werden getrennt untergebracht; ist das nicht möglich, gilt für die betreffende Stube Rauchverbot.

Stube und Spind sind aufgeräumt und sauber zu halten und mindestens einmal wöchentlich gründlich zu reinigen. Das Reinigen der Stube regelt die Stubengemeinschaft in eigener Verantwortung. **Kontrollen** der Stube durch Vorgesetzte sind auf das notwendige Maß zu beschränken.

8. Der **Spind** und das **Bett** des Soldaten sind durch **Namensschilder** zu kennzeichnen. Der Spind ist zur Unterbringung der dienstlichen Bekleidung, der persönlichen Ausrüstung und der Privatsachen bestimmt und beim Verlassen der Stube abzuschließen.

Das **Wertfach** ist zusätzlich durch ein Vorhängeschloss zu sichern.

Getränke und Lebensmittel sind unter Beachtung der Haltbarkeitsgrenzen nur im **Essenfach** aufzubewahren, Geschirr und Besteck nach Gebrauch zu reinigen.
Eine Spindordnung (Bild 2) hilft dem Soldaten, den verfügbaren Raum am besten zu nutzen. Das Bett (Bild 1) ist nach Benutzung wieder ordentlich herzurichten (entsprechend der Stubenordnung).

9. Die **Spindkontrolle** hat den Zweck Sauberkeit, Ordnung und Einsatzfähigkeit der Bekleidung und persönlichen Ausrüstung zu überprüfen. Sie ist in Gegenwart des Soldaten vorzunehmen.
Der DiszVorges entscheidet, wer zur Spindkontrolle berechtigt ist; das Wertfach darf nur er selbst einsehen.
Private Gegenstände werden nicht kontrolliert.

10. **Durchsuchung und Beschlagnahme** nach der WDO und der StPO sind keine Spindkontrolle; sie dienen auschließlich der Aufklärung eines Dienstvergehens oder einer Straftat.

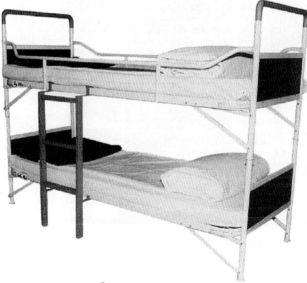

Bild 1 Bettenbau (Anhalt): Übereinander aufgestellte Betten

Bild 2 Spindordnung (Anhalt)

11. Das **Revierreinigen** in der Gemeinschaftsunterkunft richtet sich nach dem **Revierreinigungsplan,** den der KpFw unter Beteiligung der Vertrauenspersonen aufstellt.
An der Reinigung der festgelegten Bereiche sind auch die Soldaten zu beteiligen, die nicht in der Gemeinschaftsunterkunft wohnen.
Räume, für deren Reinigung die Standortverwaltung zuständig ist, sind nach Entscheidung des DiszVorges dann von Soldaten zu reinigen, wenn zivile Arbeitskräfte ausnahmsweise nicht zur Verfügung stehen.

12. Jeder Soldat ist für den ordnungsgemäßen Zustand und die Vollständigkeit seiner **Bekleidung und persönlichen Ausrüstung** verantwortlich. Er hat einfache Erhaltungsarbeiten (Pflege) selbst auszuführen und sich um erforderliche Instandsetzungsarbeiten zu kümmern. Stark verschmutzte Stücke reinigt er außerhalb der Stube in den dafür vorgesehenen Räumen oder im Freien.
Aus dienstlichen Gründen kann dem Soldaten befohlen werden, persönliche Handwaffen und Ausrüstung anderer Soldaten während der Dienstzeit zu reinigen.

13. Besondere **Putz- und Flickstunden** (Zeugdienst) sowie ein **großes Revierreinigen** werden bei besonderem Bedarf befohlen (z. B. anlässlich Übungen/Truppenübungsplatzaufenthalten, bei Versetzungen/Kommandierungen oder zu Entlassungsterminen).

V. HYGIENE, GESUNDERHALTUNG

1. Der Soldat hat alles in seinen Kräften stehende zu tun, um seine **Gesundheit** zu erhalten oder wiederherzustellen; er darf sie nicht vorsätzlich oder grob fahrlässig beeinträchtigen.
Alle Vorgesetzten, besonders DiszVorges, Truppenarzt und -zahnart sorgen dafür, dass die Soldaten die Anweisungen zur Hygiene und Gesunderhaltung einhalten.

2. Das Zusammenleben in der Gemeinschaft und die Art des Dienstes verpflichten den Soldaten zu strenger Beachtung der Gebote der **persönlichen Hygiene:**
– Reinigen des gesamten Körpers mindestens einmal täglich, vor allem nach Gefechtsdienst oder Sport.
– Zahn- und Mundpflege nach allen Mahlzeiten.
– Gründliches Händewaschen, besonders vor allen Mahlzeiten und nach jeder Toilettenbenutzung.
– Tägliche Pflege von Kopf- und Barthaar.

- Finger- und Fußnägel kurz und sauber halten.
- Ausbürsten und Ausklopfen der Oberbekleidung nach Benutzung.
- Tägliches Wechseln von Unterwäsche und Strümpfen.
- Wechseln der Kleidung vor dem Zubettgehen.

3. Die **Haar- und Barttracht** muss sauber und gepflegt sein. Erlaubt sind modische Frisuren, ausgenommen solche, die in Farbe, Schnitt und Form besonders auffällig sind (z. B. Punkerfrisuren, Irokesenschnitt, grelle Haarsträhnen und dergl.).
Das Haar **männlicher Soldaten** muss am Kopf anliegen oder so kurz geschnitten sein, daß Ohren und Augen nicht bedeckt werden. Bei aufrechter Haltung darf es Uniform- und Hemdkragen nicht berühren. Besonders ausgefallene Frisuren sind nicht erlaubt (z. B. Pferdeschwänze, Zöpfe).
Bärte und Koteletten müssen kurz geschnitten sein. Wenn sich der Soldat einen Bart wachsen lassen will, muss er dies im Urlaub tun. Ausnahmen kann der DiszVorges genehmigen, (z. B. bei Schiffsreisen).
Die Haartracht **weiblicher Soldaten** darf den vorschriftsmäßigen Sitz der militärischen Kopfbedeckung nicht behindern. Zur Einhaltung von Sicherheitsbestimmungen bei bestimmten Diensten kann der DiszVorges bei langen Haaren das Tragen eines Haarnetzes befehlen.
Auch die Haar- und Barttracht von **Angehörigen der Reserve,** die **Wehrübungen** leisten, muß sauber und gepflegt sein. Unabhängig davon soll der DiszVorges das Tragen eines Haarnetzes befehlen, wenn die Haarfrisur in Farbe, Schnitt und Form den Anforderungen nicht entspricht.
Sonderregelungen für bestimmte Verwendungen oder Personengruppen können die Inspekteure der Teilstreitkräfte befehlen oder befehlen lassen.

4. Im **Dienst** auch bei Dienstunterbrechungen, ist der **Genuss alkoholischer Getränke grundsätzlich verboten.** Ausnahmen darf nur der DiszVorges genehmigen. Die Vermeidung von Alkoholmissbrauch in der dienstlichen Gemeinschaft ist Aufgabe aller Vorgesetzten.

5. Der **Missbrauch von Betäubungsmitteln,** auch aufputschender und scheinbar leistungsfördernder Drogen wie z. B. Ecstasy, ist eine erhebliche Gefahr für Gesundheit und Einsatzbereitschaft der betroffenen Soldaten.
Der unbefugte Besitz und/oder Konsum von Betäubungsmitteln ist daher Soldaten im und außer Dienst verboten.
Herstellung, Erwerb, Besitz oder Abgabe von Betäubungsmitteln durch Unbefugte sind **Straftaten,** die unter Umständen mit **Freiheitsentzug** bedroht sind.

VI. ÄRZTLICHE UND ZAHNÄRZTLICHE VERSORGUNG

1. Jeder Soldat hat Anspruch auf unentgeltliche truppenärztliche Versorgung; es kann ihm jedoch nicht befohlen werden, sich gegen seinen Willen einer Behandlung zu unterziehen. Er ist verpflichtet, in Notfällen unverzüglich erste Hilfe zu leisten und ärztliche oder sanitätsdienstliche Hilfe herbeizurufen.

2. Der zuständige **Truppenarzt** bzw. **Truppenzahnarzt** führt am Standort die Behandlung durch; jeder Soldat hat das Recht ihn allein zu sprechen, in besonderen Fällen auch außerhalb der Sprechstunden.
Soldaten, die sich krank fühlen, suchen den Truppenarzt/-zahnarzt zu den festgelegten **Sprechstunden** auf, in dringenden Fällen unverzüglich.

3. Hält der Truppenarzt eine **stationäre Behandlung** für nötig, entscheidet er in Abstimmung mit dem Patienten, wann und wo sie erfolgt. **Bettlägerig erkrankte Soldaten** werden im allgemeinen nach den Anordnungen des Arztes stationär im **Sanitätsbereich** behandelt.
Wird eine Untersuchung oder Behandlung durch einen **Facharzt** notwendig, überweist der Truppenarzt den Soldaten an eine dafür geeignete medizinische Einrichtung.

4. Ist ein Soldat aus **gesundheitlichen Gründen** von **einzelnen Dienstverrichtungen** zu befreien, setzt der nächste DiszVorges die truppenärztlichen Empfehlungen im **Krankenmeldeschein** in konkrete Maßnahmen für den Soldaten und seine Teilnahme an den entsprechenden Diensten um. Will er den Empfehlungen nicht folgen, führt er ein Gespräch mit dem Truppenarzt. Führt dieses Gespräch zu keiner Einigung, entscheidet der nächste fachdienstliche Vorgesetzte des Truppenarztes im Benehmen mit dem nächsthöheren DiszVorges. Bis zu dieser verbindlichen Entscheidung gilt zunächst die Empfehlung auf dem Krankenmeldeschein.

5. Für einen aus **gesundheitlichen Gründen** von **allen Dienstverrichtungen** zu befreienden Soldaten kann der Truppenarzt mit Zustimmung des erkrankten Soldaten die Empfehlung **„Krank zu Hause"** geben, wenn dort die Betreuung gewährleistet ist. Der nächste DiszVorges entscheidet dann gemäß dieser Empfehlung und in Kenntnis der persönlichen und familiären Situation des Soldaten über dessen Aufenthaltsort.

6. Braucht er außerhalb des Standorts ärztliche/zahnärztliche Hilfe, hat der Soldat den nächsterreichbaren Truppen-, Standort-, Truppenzahnarzt oder die nächstgelegene Sanitätseinrichtung der Bw aufzusuchen, oder falls er dazu nicht in der Lage ist, zu verständigen. Der behandelnde Arzt benachrichtigt unverzüglich die Einheit und den zuständigen Truppenarzt des Soldaten.

Ist ein Arzt/Zahnarzt oder eine geeignete Sanitätseinrichtung der Bw nicht rechtzeitig erreichbar, kann der Soldat, besonders bei **Notfällen**, andere ärztliche oder zahnärztliche Hilfe in Anspruch nehmen, bis ein Arzt/Zahnarzt der Bw die Betreuung übernimmt. Das **„Merkblatt für Soldaten bei Erkrankung außerhalb des Standorts"** ist zu beachten. Es wird allen Soldaten ausgehändigt und ist von ihnen bei Verlassen des Standorts mitzuführen.

VI. BESTIMMUNGEN ZUR ORDNUNG IN MILITÄRISCHEN UNTERKÜNFTEN

1. Beim **Umgang mit Waffen und Munition** sind die **Sicherheitsbestimmungen** in den Dienstvorschriften (siehe „Ausbildung mit Handwaffen, Handgranaten und Handflammpatronen") zu beachten.

2. Bei Empfang der Waffe aus der Waffenkammer **sofort ihre Sicherheit prüfen;** die nachfolgenden 11 **Sicherheitsregeln** (Bild 3) befolgen.

3. **Munition aller Art** (ausgenommen Exerziermunition) und Kampfmittel dürfen in der **Unterkunft nicht gelagert** werden.

4. **Waffen und Gerät** sind nur in den dafür **vorgesehenen Räumen** aufzubewahren.
Handwaffen dürfen über Nacht **nicht am Mann** bleiben.

5. **Ausgegebene Waffen dürfen niemals unbeaufsichtigt sein.**

6. **Private Waffen** (Handwaffen, auch Schreckschuss-, Reizstoff-, Signalwaffen sowie Hieb- und Stichwaffen) und **private Munition** dürfen nur mit Genehmigung des DiszVorges in den Unterkunftsbereich gebracht werden.
Aufbewahrung und Vollzähligkeitsprüfungen richten sich nach den Bestimmungen für vergleichbares Wehrmaterial.
Im Bereich der **Marine** ist die Anbordnahme privater Waffen und Munition **grundsätzlich nicht gestattet.**

7. Das Anschließen und der Gebrauch **privater Elektrogeräte** ist bis 1200 Watt ohne Kostenerstattung erlaubt; bei Geräten über 1200 Watt muss die Genehmigung der Standortverwaltung vorliegen.
Die Elektrogeräte müssen der VDE-Norm entsprechen und sind ordnungsgemäß anzuschließen. Veränderungen an fest installierten Geräten sind nicht statthaft. Hitze- und Wasserschäden sind durch geeignete Unterlagen auszuschließen.

8. **Private Rundfunk- und Fernsehgeräte** können mit Genehmigung des KpFw auf den Stuben betrieben werden. Sie sind anzumelden, sofern es sich nicht um gebührenfreie Zweitgeräte handelt.

9. Das **Waschen von Privat-Kfz** kann der Kasernenkommandant gestatten, wenn in der Kaserne entsprechende Waschplätze vorhanden sind.

SICHERHEITSREGELN
FÜR DEN UMGANG MIT WAFFEN UND MUNITION

Behandle eine Waffe stets so als sei sie geladen
erst wenn du dich vom Gegenteil überzeugt hast, ist sie ungefährlich!

Gib eine Waffe nie ohne Meldung über ihren Zustand aus der Hand
damit dein Kamerad sie entsprechend behandelt und nicht sich selbst und andere gefährdet!

Richte eine Waffe nie auf einen Menschen
es sei denn, der Auftrag verlangt es. Das gilt auch für ungeladene Waffen!

Tritt nie vor das Rohr einer Waffe
weißt du sicher, ob sie ungeladen ist?

Spiele nie am Abzug einer Waffe
es könnte dein Leben oder das eines Kameraden kosten!

Entsichere erst unmittelbar vor dem Schießen
und sichere danach sofort wieder!

Verlass dich nicht zu sehr auf die Sicherung einer Waffe
wie jedes technische System kann sie versagen!

Missbrauche Munition weder als Bastelobjekt noch als Souvenir oder gar als Werkzeug
wenn dir Augenlicht, gesunde Glieder und dein Leben lieb sind!

Lass Waffen und Munition nie ohne Aufsicht
ihr Missbrauch hat schon viel Unheil angerichtet!

Trage bei der Schießausbildung stets den vorgeschriebenen Gehörschutz
Gehörschäden können dich ein Leben lang behindern!

Halte nach Störungen beim Schießen vorgeschriebene Wartezeiten ein
beispielsweise bei heißgeschossenen MG-Rohren!

Neben diesen SICHERHEITSREGELN
gibt es SICHERHEITSBESTIMMUNGEN. Die Beachtung beider ist Voraussetzung für den sicheren Umgang mit Waffen und Munition

Du *bist verantwortlich!*

Bild 3 Sicherheitsregeln

VIII. ANLEITUNG FÜR DIE BEHANDLUNG UND PFLEGE VON BEKLEIDUNGS- UND AUSRÜSTUNGSSTÜCKEN

Vor dem Waschen grundsätzlich Oberflächenschmutz so weit wie möglich durch Bürsten/Klopfen entfernen.

1. **Tuchbekleidung** nicht waschen (kann verfilzen/einlaufen). Fleckentfernung mit gereinigtem Benzin oder Fleckenentferner.

2. **Wirk- und Strickwaren aus Wolle** (Socken, Pullover, Wollschal) nicht kochen (Einlaufen), wringen oder reiben (Verfilzen). Nur in handwarmer Waschlösung (Feinwaschmittel oder Kernseife) vorsichtig durchdrücken und anschließend im handwarmen und kalten Wasser ausspülen, bis Wasser klar ist. Ausdrücken (nicht wringen), Sonne oder Ofenwärme vermeiden.

3. **Baumwolle:** Buntwäsche (bis 60 °C) und Weißwäsche (bis 90 °C) nicht zusammen behandeln. In kalter Lauge (Einweichmittel oder Kernseife) längere Zeit einweichen, ggf. wiederholen. Heiß waschen, danach einmal heiß und anschließend kalt spülen, bis Wasser klar ist. Glatt aufhängen, möglichst im Freien trocknen.

4. **Synthetische Fasern** nicht kochen. In handwarmer Lauge (Feinwaschmittel oder Kernseife) waschen, leicht durchdrücken, nicht wringen oder reiben. Nach Waschen und Spülen glattziehen, abtropfen und an der Luft trocknen lassen.

5. **Beschichtetes Gewebe** (Schutz- und Sonderbekleidung, Waschzeugbeutel): Mit Wasser und Seife abwaschen und mit klarem Wasser gut nachspülen. Teerartige und ölige Verschmutzungen mit weichem Lappen und Waschbenzin entfernen. An der Luft trocknen (keine Wärme), nicht drücken oder stark falten. Schlafsack nach Gebrauch ausrollen, wenden und 24 Stunden freihängend lüften oder ausgebreitet lagern.

6. **Beikleidungsstücke aus Leder** mit lauwarmem Wasser oder Lauge (Seifen-Feinwaschmittel) reinigen. Öl- und Farbflecken mit Benzin entfernen. Gut trocknen (nicht an Heizung) und mit Lederöl leicht einreiben.

7. **Schuhzeug aus Leder** – Beim Ausziehen Stiefelknecht benutzen, nicht mit dem anderen Schuh an die Ferse treten (Kappen werden eingedrückt und verursachen beim Tragen Beschwerden). Reinigung trocken mit Bürste, ggf. mit kaltem Wasser. Nasses Schuhzeug nicht an Feuer oder Heizkörper trocknen; Schuhspanner einlegen oder mit Papier, Stroh o. ä. ausstopfen, langsam trocknen. Mit Schuhcreme oder Spezialpflegemitteln satt einstreichen.

8. **Ausrüstungsstücke** sind überwiegend aus Textilstoff (imprägniertes, wasserabstoßendes Segeltuch) hergestellt. Bei starker Verschmutzung mit

Lappen oder weicher Bürste und Seifenwasser abwaschen. Metallteile trockenreiben.

9. Am **Stahlhelm** darf die rauhe Oberfläche nicht geglättet bzw. glänzend gemacht, Schmutz nicht mit harten Gegenständen entfernt werden. Mit Waschbürste und Wasser (mildes Waschmittel) reinigen.

10. **Kunststoffhelme** von Ölen, Lösungsmitteln usw. möglichst fernhalten. Reinigung wie Stahlhelm.

11. **Essgeschirr und Feldflasche aus Leichtmetall** nicht durch Schlag oder Stoß verbeulen. Speisereste und salzige Flüssigkeiten nur kurze Zeit darin aufbewahren. Reinigen mit Lappen unter Verwendung von Seife oder Reinigungsmittel im heißen Waschwasser; keine kratzenden Mittel wie Drahtbürsten, Sand oder Stahlwolle verwenden. Gut nachspülen und an der Luft trocknen lassen.

12. **Messer und Feldessbesteck** mit Lappen unter Verwendung von Seife oder mildem Reinigungsmittel im Wasser säubern, keine scheuernden Mittel benutzen. Danach gut abtrocknen.

13. Eine **Kennzeichnung** der Bekleidung und persönlichen Ausrüstung **ist nicht vorgeschrieben – Ausnahme:** persönliche ABC-Schutzausstattung. Zweckmäßig sind jedoch Namensschilder in: **Stahlhelm** (Mitte Kopfboden), **Kampftaschen, Bekleidungssack, Rucksack und Schlafsack** (Innenseite Deckel bzw. Trageband). Am **Bekleidungssack** sollte zusätzlich ein Täfelchen in der Größe von ca. 80 × 50 mm aus Holz oder fester Pappe befestigt werden.

IX. DIENSTZEITAUSGLEICH

1. **Ausgleich** für **besondere zeitliche Belastungen** erhalten Soldaten mit Dienstbezügen (Besoldungsgruppe A) und Wehrsoldempfänger, wenn
– sie auf Befehl oder mit Genehmigung an einem Tag oder mehreren Tagen in der Woche anrechenbaren Dienst zusätzlich zur oder außerhalb der täglichen Rahmendienstzeit leisten und dies zur Überschreitung der wöchentliche Rahmendienstzeit in der Kalenderwoche führt und
– keine den Ausgleich ausschließenden Gründe vorliegen.

2. Die tägliche **Rahmendienstzeit** beträgt einschließlich Pausen: Montag bis Donnerstag 10 Stunden, Freitag 6 Stunden. Wöchentlich ergeben sich daraus 46 Stunden.

3. Der **Anspruch auf Dienstzeitausgleich** ist **ausgeschlossen**
– für Dienste in den ersten 3 Monaten seit Dienstantritt,
– neben Auslandsdienstbezügen (Auslandsverwendungszuschlag einbezogen),

- neben einer Stellenzulage bei obersten Bundesbehörden oder Sicherheitsdiensten,
- für zusätzlichen Dienst als erzieherische Maßnahme und Dienst während der Vollstreckung von gerichtlichen Freiheitsentziehungen, Disziplinararrest und Ausgangsbeschränkung,
- mit Feststellung des Spannungsfalls, des Verteidigungsfalls und bei Anordnung erhöhter Bereitschaft ab Stufe I.

4. Der Ausgleich erfolgt durch **Freistellung vom Dienst,** nur wenn das nicht möglich ist, durch **Vergütung** (BS/SaZ) oder **erhöhten Wehrsold** (Wehrsoldempfänger) – siehe „Geld- und Sachbezüge".

Während des 4. bis einschließlich 10. Dienstmonats seit Dienstantritt erfolgt in der Regel ein finanzieller Ausgleich. In begründeten Einzelfällen kann der nächste DiszVorges vor allem längere Ausbildungsabschnitte, besonders in Verbindungen mit Wochenenden/Feiertagen, durch Freistellung vom Dienst ausgleichen, wenn Ausbildungsstand und Einsatzbereitschaft der Einheit nicht beeinträchtigt werden.

Einzelne mehrgeleistete Dienststunden beründen vom Beginn des 11. Dienstmonats an Anspruch auf Ausgleich im Verhältnis 1:1 (Auf- und Abrunden auf volle Stunden).

5. **Zusammenhängender Dienst** ist Dienst von mehr als 12 Stunden Dauer, bei dem Beginn und Ende festgelegt sind und einzelne Pausen die Dauer von 1 Stunde, Pausen insgesamt ein Sechstel der Zeit nicht überschreiten:

Mehr als 12 bis zu 16 Stunden begründen Anspruch auf 1/2 Tag und mehr als 16 bis 24 Stunden auf 1 Tag Freistellung vom Dienst (1 Tagesrahmendienstzeit) oder entsprechenden finanziellen Ausgleich.

Zusammenhängender Dienst von mehr als 24 Stunden Dauer begründet für jeweils 24 Stunden Anspruch auf 1 Tag Freistellung vom Dienst oder entsprechenden finanziellen Ausgleich.

6. Für Dienst an Samstagen, Sonn- und Feiertagen erfolgt stundenweise Freistellung 1:1 bis höchstens 1 Tag oder entsprechender finanzieller Ausgleich.

7. Über die Art des Ausgleichs und den Zeitpunkt einer Freistellung vom Dienst entscheidet der nächste DiszVorges. Der nächsthöhere DiszVorges kann die Art des Ausgleichs anordnen, um eine ungerechtfertigte unterschiedliche Anwendungspraxis im Verband/Geschwader zu verhindern.

8. Einzelheiten zur Anrechenbarkeit verschiedener Dienstarten können hier nicht aufgeführt werden. Schicht-, Bereitschaftsdienst, Rufbereitschaft und Dienstreisen sind eingeschränkt anrechenbar.

Verhalten außer Dienst und in der Öffentlichkeit

I. ALLGEMEINES

1. **Für den Soldaten gelten in der Öffentlichkeit keine besonderen Formen,** abgesehen vom militärischen Gruß. Auch für ihn sind die allgemeinen Umgangsformen zwischen gut erzogenen Menschen gültig; er steht aber mehr als andere Bürger im Blickfeld.
Der Soldat wird schärfer beobachtet, **man erwartet von ihm ein besonders einwandfreies Verhalten,** aus dem man **Rückschlüsse** auf die Bundeswehr insgesamt zieht.

2. Voraussetzung für einen guten äußeren Eindruck ist immer ein **ordentlicher Anzug** (Uniform oder Zivil). Bei der Uniform sind **Anzug und Trageweise vorgeschrieben** und dürfen nicht willkürlich abgeändert werden. Siehe „Anzugordnung für die Soldaten der Bundeswehr".

3. Das äußere Bild des Soldaten prägen **Körperpflege** sowie **Haar- und Barttracht,** welche er im Rahmen der entsprechenden Bestimmungen selbst erwählen kann. Persönliche Hygiene und Gesunderhaltung siehe „Leben in der militärischen Gemeinschaft". Besonders zu achten ist auf Sauberkeit, Rasur und gepflegte Fingernägel.

4. Bei **Teilnahme am Straßenverkehr und Benutzung von öffentlichen Verkehrsmitteln** erwartet man vom Soldaten neben Selbstsicherheit in besonderer Weise Hilfsbereitschaft, Takt und Rücksichtnahme gegenüber anderen, vor allem Frauen, Kindern, Behinderten und älteren Menschen. Verkehrsregeln sind einzuhalten, Verkehrszeichen zu beachten. Ein undiszipliniertes Verhalten im Straßenverkehr, sei es als Fußgänger oder Kraftfahrer, ist dem Ansehen der Bw besonders abträglich, da häufig zahlreiche Verkehrsteilnehmer Zeuge sind. Auf der Straße die Hände in die Tasche der Uniform zu stecken oder zu rauchen, ist unpassend.

5. Der **Umgangston** im militärischen Bereich ist mitunter rauh. Dafür hat jedermann Verständnis, jedoch nicht dafür, dass allzu **derbe Ausdrücke** in der Öffentlichkeit gebraucht werden. Die Anwendung des verbindlichen **„Bitte"** und **„Danke"** sollte für jeden Soldaten außerhalb des Dienstes selbstverständlich sein.

6. **Besondere Zurückhaltung** ist gegenüber **Betrunkenen** und bei **Zwischenfällen aller Art** geboten. Sehr schnell kann ein unbeteiligter Soldat in

Uniform durch provozierende Äußerungen ungewollt Mittelpunkt eines Auflaufes werden und in Schwierigkeiten geraten, mit denen er allein nicht mehr fertig wird.
Diese Verhaltensmaßregel berührt nicht die Pflicht zur Hilfeleistung für Verletzte und bei Unfällen (Kameradschaftspflicht) sowie zur Unterstützung von Polizeibeamten.

7. **In Uniform hat der Soldat bei der Auswahl von Lokalen besondere Rücksicht zu nehmen.** Für Lokale, in denen „etwas los" ist, ist die Uniform häufig unangebracht. Das gilt durchweg für die in den Großstädten bekannten Vergnügungsviertel.

8. **Bei Alkoholgenuss ist Maß zu halten.** Andere sind nicht zum Trinken zu verführen, und es ist ein Gebot der Kameradschaft, andere Soldaten von übermäßigem Alkoholgenuss und Angetrunkene vom **Führen eines Kraftfahrzeugs** abzuhalten, aus der Öffentlichkeit zu entfernen und in die Kaserne zu bringen.
Will der Soldat das eigene Kfz benutzen, muss er sich rechtzeitig vor Augen führen, daß Alkoholgenuss schwerwiegende Folgen für andere Verkehrsteilnehmer, mitfahrende Kameraden und für ihn selbst haben kann. Sind bei einem Ausgang Lokalbesuche vorgesehen oder wahrscheinlich, sollten von Anfang an **öffentliche Verkehrsmittel** benutzt werden.

9. **Die Anzugordnung ist bei allen Gelegenheiten einzuhalten.** Das gilt für Lokale, auch zu vorgerückter Stunde, ebenso wie für die Fahrt in der Eisenbahn, in anderen Verkehrsmitteln sowie für den Heimweg spät abends auf unbelebten Straßen.

10. Der **Gruß**, der aufgrund der **Grußpflicht** erwiesen wird, und der **freiwillige Gruß** unterscheiden sich voneinander nicht. Beide sind in der vorgeschriebenen Form korrekt auszuführen.

11. Auf die **Pflicht zur Verschwiegenheit** ist besonders zu achten. Damit ist nicht das Gespräch mit Verwandten und Freunden über die Bw und persönliche Erlebnisse ausgeschlossen, aber der Soldat hat über alles Stillschweigen zu wahren, was über allgemein bekannte und jedem zugängliche Tatsachen hinausgeht, die in Presse, Rundfunk und Fernsehen unwidersprochen behandelt werden.
Größte Zurückhaltung ist in Gesprächen mit Unbekannten und gegenüber Bewirtung durch Fremde geboten, vor allem in kasernennahen Lokalen. Verhalten bei Verdacht von Anknüpfungspunkten siehe „Militärische Sicherheit".

12. Das Verhalten bei politischer Betätigung, politischen Veranstaltungen und bei feierlichen Anlässen ist ausführlich dargestellt in

- **"Politische Betätigung von Soldaten",**
- **"Uniformtragen bei politischen Veranstaltungen",**
- **"Gruß und Anrede, militärische Umgangsformen".**

13. Überschreiten des **Zapfenstreichs,** des **Ausgangs** und des **Urlaubs** ist kein Kavaliersdelikt, sondern ein **grober Verstoß** gegen die militärische Ordnung, der dementsprechend geahndet wird.

II. VERHALTEN IM URLAUB

1. Es ist **verboten, in Uniform Kraftfahrzeuge anzuhalten,** um als **Anhalter** zu reisen.

2. Bei Gesprächen in der **Eisenbahn** ist besondere Vorsicht geboten.

3. Auf **Bahnhöfen** steht der Soldat im Blickfeld zahlreicher Zivilpersonen. Er hat deshalb extra auf korrekten Anzug und **einwandfreies Benehmen** zu achten.

4. Verhalten bei **Erkrankung** oder **Unfall im Urlaub** siehe „Geld- und Sachbezüge, Heilfürsorge, Versorgung".

5. Bei **besonderen Vorkommnissen** oder in **Notfällen** hat sich der Soldat an den nächsten Standortältesten oder die nächste Bw-Dienststelle, notfalls auch an Bundesgrenzschutz- oder Polizeidienststellen zu wenden.

6. **Vorkommnisse,** die den dienstlichen Bereich berühren, z. B. Anzeige wegen eines Verkehrsvergehens, sind nach Rückkehr aus dem Urlaub dem **DiszVorges zu melden.**

7. Die **Rückreise** ist so **rechtzeitig** anzutreten, dass die Einheit **vor Ablauf des Urlaubs** erreicht werden kann. Zugverspätungen oder Behinderungen im Straßenverkehr, die zur Überschreitung des Urlaubs führen können, muss sich der Soldat von einer amtlichen Stelle bestätigen lassen.

8. Kann der Soldat zum Urlaubsende wegen **Erkrankung** nicht bei seiner Einheit sein, hat er das rechtzeitig, ggf. telefonisch, zu **melden** und sofort ein

ärztliches Attest zu übersenden. Ist er bei einem Bw-Arzt in Behandlung, verständigt dieser bei Reiseunfähigkeit den Truppenteil des Urlaubers.

9. Glaubt ein Soldat, aus anderen Gründen nicht zum befohlenen Zeitpunkt zur Truppe zurückkehren zu können, z. B. wegen schwerer Erkrankung eines nächsten Angehörigen, **muss er dazu vor Ablauf des Urlaubs die Erlaubnis des DiszVorges einholen.** Andernfalls liegt eine Urlaubsüberschreitung vor, die disziplinar geahndet werden kann, und die nach drei vollen Kalendertagen zur eigenmächtigen Abwesenheit wird, also zu einer Straftat, die eine gerichtliche Aburteilung zur Folge haben kann.

III. VERHALTEN GEGENÜBER ANDEREN SOLDATEN UND IN BESONDEREN LAGEN

1. **Die Verbundenheit aller Soldaten kommt durch kameradschaftliches Verhalten, Hilfeleistung in Notfällen und durch die Erweisung des freiwilligen Grußes zum Ausdruck.**
Seinen **Vorgesetzten** hat der Soldat auch außerhalb des Dienstes die gebührende Achtung entgegenzubringen, u. a. durch Erweisen des Grußes.

2. Der **Soldat der Bw** ist durch die gemeinsame Aufgabe mit den **Soldaten der NATO-Staaten** eng verbunden. Das sollte er auch außer Dienst durch ein kameradschaftliches Verhalten und den Gruß zum Ausdruck bringen. Beim Zusammensein mit Soldaten anderer Nationen hat der Soldat der Bw als
– Angehöriger des Gastlandes oder
– Gast im anderen Land
Verständnis für die Eigentümlichkeiten der anderen zu zeigen.

3. **Einsichtiges Verhalten** wird gegenüber **Soldaten mit besonderem Aufgabenbereich**, z. B. Feldjäger, Standortstreifen, Wachen verlangt. Sie sind zwar Vorgesetzte und haben Befehlsbefugnis, jedoch sollte der Soldat ihnen die Aufgabe durch Wahrung der Disziplin und Ordnung und unverzügliches Befolgen ihrer Anordnungen erleichtern.

4. Die **Polizei** ist bei ihrer Aufgabe, die öffentliche Ordnung und Sicherheit zu gewährleisten, **zu unterstützen.** Dazu hat der Soldat die gesetzlichen Bestimmungen einzuhalten, Anordnungen von Polizeibeamten zu befolgen und diesen notfalls Hilfe zu leisten.

5. Zur **Hilfeleistung bei Verkehrsunfällen** sind – sofern noch nicht die Polizei an der Unfallstelle tätig geworden ist – folgende Maßnahmen zu treffen:

- **Absicherung der Unfallstelle,**
- **Erste Hilfe für Verletzte,**
- **Benachrichtigung von Polizei und Rettungsdienst,**
- **Beseitigung von Hindernissen,** soweit dies nicht die Unfallaufnahme beeinträchtigt,
- **Aussage als Zeuge.**

6. **Jeder Staatsbürger ist bei Notständen und Katastrophenfällen zur Hilfeleistung verpflichtet.** Das gilt in besonderem Maß für jeden Soldaten. Zunächst kommt es immer darauf an, Gefahren für Personen zu beseitigen und dann weitere Maßnahmen zu treffen.

7. **Bei Vorfällen und Ereignissen, in die der Soldat verwickelt ist,** z. B. strafbare Handlungen, Verkehrsunfälle, oder andere Unfälle, Verstöße gegen die Geheimhaltung, Zwischenfälle in der Öffentlichkeit oder mit Zivilpersonen, hat er sich folgendermaßen zu verhalten:
- Es ist **unverzüglich** und **vollständig dem DiszVorges,** dem Standortältesten oder einem Offizier **zu melden.**
- Der **Presse** ist keine Auskunft zu geben, sondern **an den Presseoffizier zu verweisen.**
- Wird er an der **Erfüllung seiner Dienstpflichten gehindert,** z. B. rechtzeitige Rückkehr zur Kaserne, muss er sich den Grund möglichst von einer amtlichen Stelle bescheinigen lassen.

8. Wird ein **Soldat angegriffen** oder will er einem **Angegriffenen Hilfe leisten,** ist die Abwehr des Angriffs mit angemessenen Mitteln zulässig. Zur Notwehr ist jeder Staatsbürger berechtigt, also auch der Soldat.

§ 32 Strafgesetzbuch mit Erläuterung:
Wer eine Tat begeht, die durch Notwehr geboten ist, handelt nicht rechtswidrig. Notwehr ist die Verteidigung, die erforderlich ist, um einen gegenwärtigen, rechtswidrigen Angriff von sich oder einem anderen abzuwenden.

Schreiten Vorgesetzte, Feldjäger oder Polizeibeamte rechtmäßig gegen einen Soldaten ein, kann er sich nicht auf Notwehr berufen.

9. Wie jeder andere Staatsbürger hat auch der Soldat das Recht zur **vorläufigen Festnahme.**

Abgesehen von diesem allgemeinen Festnahmerecht **kann ein Vorgesetzter einen Soldaten wegen eines Dienstvergehens vorläufig festnehmen, wenn es die Aufrechterhaltung der Disziplin gebietet** (siehe zu § 17 „Wehrdisziplinarordnung").

Beteiligung der Soldaten durch Vertrauenspersonen

ZDv 10/2

I. ALLGEMEINE VORSCHRIFTEN

1. Die **Beteiligung der Soldaten** soll zu einer wirkungsvollen Dienstgestaltung und zu einer fürsorglichen Berücksichtigung der Belange des Einzelnen führen; sie erfolgt durch Vertrauenspersonen, Gremien der Vertrauenspersonen und deren Sprecher oder durch Personalvertretungen (Personalräte).
Das Recht des Soldaten, sich in dienstlichen und persönlichen Angelegenheiten an seine Vorgesetzten zu wenden, bleibt unberührt.

2. **Vertrauenspersonen** werden in Einheiten, auf Booten und Schiffen der Marine, in Stäben der Verbände/Dienststellen/Einrichtungen, in integrierten bzw. multinationalen Dienststellen/Einrichtungen, an Lehrgängen über dreißig Kalendertagen/Schulen/vergleichbaren Einrichtungen, sowie in den Wahlbereichen der Studenten der Universitäten der Bw in geheimer und unmittelbarer Wahl gewählt.

3. **Wahlberechtigt** sind alle Soldaten, die der Wählergruppe (Mindestzahl fünf) des Bereichs angehören, für den die Vertrauensperson zu wählen ist, sowie alle Soldaten, die dem für den Wahlbereich zuständigen DiszVorges durch Organisationsbefehl des BMVg truppendienstlich unterstellt sind.
Kommandierte sind in dem Bereich wahlberechtigt, zu dem sie kommandiert sind, wenn die voraussichtliche Dauer der Kommandierung mindestens drei Monate beträgt; dauert diese weniger als drei Monate, sind Lehrgangsteilnehmer im Bereich des Lehrgangs und im bisherigen Bereich wahlberechtigt.

4. **Wählbar** sind die Wahlberechtigten der Wählergruppe mit Ausnahme der Kommandeure und ihrer ständigen Stellvertreter, der Chefs der Stäbe, der Kompaniechefs und -feldwebel und Inhaber entsprechender Dienststellungen sowie derjenigen Soldaten,

- die infolge Richterspruchs die Fähigkeit, Rechte aus öffentlichen Wahlen zu erlangen, nicht besitzen oder
- die innerhalb der letzten zwölf Monate vor dem Tag der Stimmabgabe durch das Truppendienstgericht als Vertrauensperson abberufen worden sind.

In jeder Wählergruppe werden eine Vertrauensperson und zwei Stellvertreter gewählt. Eine Wahl entfällt, wenn die voraussichtliche Amtsdauer weniger als zehn Kalendertage beträgt.

5. **Vorbereitung und Durchführung der Wahl** – Der DiszVorges bestellt spätestens zwei Monate vor Ablauf der Amtszeit der Vertrauensperson auf deren Vorschlag drei wahlberechtigte Soldaten als Wahlvorstand und einen von ihnen zum Vorsitzenden. Ist eine Vertrauensperson erstmals zu wählen oder nicht vorhanden, beruft er eine Versammlung der Wahlberechtigten zur Wahl des Wahlvorstandes ein und bestellt diesen aus den Soldaten, welche die meisten Stimmen erhalten haben. Der Wahlvorstand legt danach entsprechend der gesetzlichen Regelung alle Einzelheiten zur Vorbereitung und Durchführung der Wahl fest und gibt sie bekannt.

Die einzelnen Maßnahmen des DiszVorges und des Wahlvorstands vor, während und nach der Wahl werden hier nicht dargestellt.

6. **Anfechtung der Wahl** – Drei Wahlberechtigte oder der DiszVorges können innerhalb von vierzehn Tagen nach Bekanntgabe des Wahlergebnisses die Wahl beim zuständigen Truppendienstgericht anfechten, wenn gegen wesentliche Vorschriften über das Wahlrecht, die Wählbarkeit oder das Wahlverfahren verstoßen worden ist und eine Berichtigung nicht erfolgte.

7. **Gremien der Vertrauenspersonen**

Die Vertrauenspersonen eines Verbands oder einer vergleichbaren Dienststelle (bei fliegenden Verbänden Geschwader) bilden die **Versammlung der Vertrauenspersonen des Verbands.** Deren Sprecher und Stellvertreter (ausgenommen Schulen) und die Vertrauenspersonen von selbstständigen Einheiten oder vergleichbaren Dienststellen bilden im Kasernenbereich die **Versammlung der Vertrauenspersonen des Kasernenbereichs.** Diese wählt jeweils einen Vertreter (bei mehr als zwei Kasernen) für die **Versammlung der Vertrauenspersonen des Standorts.**

Ein **Gesamtvertrauenspersonenausschuss** (GVPA) wird beim BMVg gebildet. Die Mitglieder der Versammlungen der Vertrauenspersonen wählen jeweils einen **Sprecher** und je einen ersten und zweiten **Stellvertreter.**

8. **Personalvertretungen der Soldaten** nach den Vorschriften des Bundespersonalvertretungsgesetzes wählen Berufssoldaten und Soldaten auf Zeit in anderen als den unter Nr. 1 genannten Dienststellen und Einrichtungen, soweit nichts anderes geregelt ist. Wehrpflichtige Soldaten wählen Vertrauenspersonen.

II. RECHTSSTELLUNG DER VERTRAUENSPERSON

1. Die **Amtszeit** der Vertrauensperson beträgt 2 Jahre. Das Amt endet durch
   - Ablauf der Amtszeit,
   - Niederlegung (schriftliche Erklärung),
   - Beendigung des Wehrdienstverhältnisses,
   - Ausscheiden aus dem Wahlbereich,
   - Verlust der Wählbarkeit,
   - Entscheidung des Truppendienstgerichts,
   - Auflösung des Verbands, der Einheit oder Dienststelle.

2. Die **Abberufung** der Vertrauensperson wegen grober Vernachlässigung ihrer gesetzlichen Befugnisse oder grober Verletzung ihrer Pflichten, z. B. der besonderen **Schweigepflicht,** kann mindestens ein Viertel der Wählergruppe, der DiszVorges oder der nächsthöhere DiszVorges beim Truppendienstgericht beantragen. Der Antrag kann auch wegen eines sonstigen Verhaltens der Vertrauensperson gestellt werden, dass geeignet ist, die verantwortungsvolle Zusammenarbeit zwischen Vorgesetzten und Untergebenen oder das kameradschaftliche Vertrauen innerhalb des Bereichs ernsthaft zu beeinträchtigen.

3. **Ruhen des Amtes** – Das Amt der Vertrauensperson ruht, solange ihr die Ausübung des Dienstes verboten oder sie vorläufig des Dienstes enthoben ist. Auf Antrag kann das Truppendienstgericht bis zur Entscheidung über einen Abberufungsantrag das Ruhen des Amtes anordnen. Das Amt der Vertrauensperson ruht, wenn über ihren Antrag auf Anerkennung als Kriegsdienstverweigerer noch nicht unanfechtbar entschieden worden ist.

4. Der **Eintritt des Stellvertreters** erfolgt, wenn das Amt der Vertrauensperson ruht oder vorzeitig endet. Ist kein Stellvertreter vorhanden, so ist neu zu wählen.
Ein Stellvertreter tritt auch dann ein, wenn die Vertrauensperson an der Ausübung des Amtes verhindert ist.
Sind die Vertrauensperson und ihre beiden Stellvertreter durch eine besondere Auslandsverwendung an der Ausübung ihres Amtes verhindert, ist im vereinfachten Wahlverfahren eine Vertrauensperson mit befristeter Amtszeit zu wählen.

5. **Schutz der Vertrauensperson und des eingetretenen Stellvertreters** – Die Vertrauensperson bzw. ein eingetretener Stellvertreter darf in der Ausübung des Amtes nicht behindert und wegen der amtlichen Tätigkeit nicht benachteiligt oder begünstigt werden.

Der nächsthöhere DiszVorges ist zuständig für die disziplinare Ahndung von Dienstvergehen dieser Personen und für die Entscheidung von Beschwerden gegen sie.

Plant der zuständige DiszVorges besondere erzieherische Maßnahmen ausschließlich gegen die amtierende Vertrauensperson, hat er vorher die Zustimmung seines nächsten DiszVorges einzuholen, es sei denn, dieser ist nicht erreichbar, und die Maßnahme duldet keinen Aufschub.

Der nächste DiszVorges ist regelmäßig für die Beurteilung zuständig. Aus folgenden Gründen erfolgt jedoch auf Antrag (ohne Begründung) der Betroffenen die Beurteilung durch den nächsthöheren DiszVorges:

– Amtsantritt als Vertrauensperson/erstmaliger Eintritt als Stellvertreter,
– Wechsel des nächsten DiszVorges,
– ehemalige Tätigkeit als Vertrauensperson für mindestens ein Viertel seines Beurteilungszeitraums.

6. Die **Versetzung** der Vertrauensperson oder deren **Kommandierung über mehr als drei Monate** gegen ihren Willen ist nur zulässig, wenn es auch unter Berücksichtigung ihrer Stellung als Vertrauensperson aus dienstlichen Gründen unvermeidbar ist. Das gilt auch für die zur Wahl vorgeschlagenen Soldaten bis zum Wahltag. Es gilt nicht bei Versetzungen aus dem Ausland.

III. BETEILIGUNG DER VERTRAUENSPERSON

1. **Grundsätze für die Zusammenarbeit** – Die Vertrauensperson soll zur verantwortungsvollen Zusammenarbeit zwischen Vorgesetzten und Untergebenen sowie zur Festigung des kameradschaftlichen Vertrauens beitragen. In diesem Sinne soll sie im Einvernehmen mit den betroffenen Soldaten den DiszVorges auf persönliche Probleme und Notlagen hinweisen und Lösungsvorschläge unterbreiten.

Vertrauensperson und DiszVorges arbeiten im Interesse der Soldaten des Wahlbereichs und zur Erfüllung des Auftrags der Streitkräfte mit dem Ziel der Verständigung eng zusammen.

2. Der **Disziplinarvorgesetzte** hat die Vertrauensperson bei der Erfüllung ihrer Aufgaben zu unterstützen. Er unterrichtet sie über Angelegenheiten, die ihre Aufgaben betreffen, rechtzeitig und umfassend. Bei der Zusammenarbeit mit Sozialarbeitern, -beratern und Militärpfarrern soll er sie beteiligen, in persönlichen Angelegenheiten jedoch nur im Einvernehmen mit den betroffenen Soldaten. Der Vertrauensperson ist Gelegenheit zu geben, im Dienst Sprechstunden innerhalb dienstlicher Unterkünfte und Anlagen abzuhalten, wenn es

zur Wahrnehmung ihrer Aufgaben nötig ist und dienstliche Gründe nicht entgegenstehen.
Der DiszVorges hat alle Soldaten alsbald nach Dienstantritt über die Rechte und Pflichten der Vertrauensperson zu unterrichten und diese und ihre Stellvertreter unverzüglich nach ihrer Wahl in ihr Amt einzuweisen.
Vertrauenspersonen und ihre Stellvertreter, die erstmalig in ihr Amt gewählt worden sind, werden auf Brigade- oder vergleichbarer Ebene in Seminaren für ihre Aufgaben ausgebildet.
Bataillonskommandeure und DiszVorges in entsprechenden Dienststellungen führen mindestens einmal im Kalendervierteljahr mit den DiszVorges und Vertrauenspersonen ihres Bereichs eine Besprechung über Angelegenheiten von gemeinsamem Interesse durch.
Der Vertrauensperson ist Freistellung vom Dienst zu gewähren, wenn sie durch die Erfüllung ihrer Aufgaben über die Rahmendienstzeit hinaus beansprucht wird.

3. Formen der Beteiligung

Anhörung – Die Vertrauensperson ist über beabsichtigte Maßnahmen und Entscheidungen, zu denen sie anzuhören ist, rechtzeitig und umfassend zu unterrichten. Ihr ist Gelegenheit zur Stellungnahme zu geben; diese ist mit ihr zu erörtern.
Vorschlagsrecht – Soweit der Vertrauensperson ein Vorschlagsrecht zusteht, hat der DiszVorges ihre Vorschläge mit ihr zu erörtern.
Kommt eine Einigung nicht zustande, kann die Vertrauensperson ihr Anliegen dem nächsthöheren DiszVorges vortragen. Er entscheidet im Rahmen seiner Zuständigkeit abschließend und kann die Ausführung eines Befehls bis dahin aussetzen, wenn dem nicht dienstliche Gründe entgegenstehen.
Einen Vorschlag der Vertrauensperson, der über ihren Bereich hinausgeht, hat der DiszVorges mit einer Stellungnahme seinem nächsten DiszVorges vorzulegen.
Entspricht der zuständige DiszVorges einem Vorschlag nicht oder nicht in vollem Umfang, teilt er der Vertrauensperson seine Entscheidung unter Angabe der Gründe mit.
Mitbestimmung – Unterliegt ihr eine Maßnahme oder Entscheidung, hat der zuständige Vorgesetzte die Vertrauensperson rechtzeitig zu unterrichten und ihr Gelegenheit zur Äußerung zu geben; diese ist mit ihr zu erörtern.
Kommt eine Einigung nicht zustande, ist die Maßnahme oder Entscheidung auszusetzen und der nächsthöhere Vorgesetzte anzurufen. Wenn eine Einigung erneut nicht zu erzielen ist, entscheidet ein vom Richter des zuständigen Truppendienstgerichts einzuberufender Schlichtungsausschuss mit Stimmenmehrheit.

4. Aufgabengebiete

Personalangelegenheiten – Anhörung der Vertrauensperson durch den nächsten DiszVorges auf Antrag des betroffenen Soldaten bei Versetzung (nicht nach Grundausbildung und Ausbildungslehrgängen), Kommandierung über drei Monate (außer Lehrgängen), Anträgen auf Statuswechsel, Dienstpostenwechsel, Weiterbildungsmaßnahmen, vorzeitiger Beendigung des Dienstverhältnisses bzw. Verlängerung über die besonderen Altersgrenzen und Anträgen auf Sonderurlaub, Laufbahnwechsel, Unterstützung (SHBw), Erstellung eines Sozialplans, Genehmigung einer Nebentätigkeit oder bei deren Widerruf.

Anhörung ohne Antrag bei Beförderungen (bis A 15).

Dienstbetrieb – Anhörung und Vorschläge zu allen Maßnahmen die im Dienstplan festgelegt werden und den Innen-, Ausbildungs-, Wach- und Bereitschaftsdienst betreffen (außer: Anordnungen zu Einsätzen/Einsatzübungen, Zielen und Inhalten der Ausbildung – ohne politische Bildung, Katastrophen- und Nothilfe), bei Freistellung vom Dienst der Einheit/Teileinheit, Festlegung dienstfreier Werktage und der Einteilung zu Sonder- und Zusatzdiensten. **Vorschlagsrecht** bei individueller Freistellung vom Dienst auf Antrag des betroffenen Soldaten.

Betreuung und Fürsorge – Mitbestimmung in Ausschüssen, die der Dienstherr zur Erfüllung der Fürsorgepflicht eingerichtet hat, bei Entscheidungen über die Verwendung von Mitteln aus Gemeinschaftskassen, Errichtung, Verwaltung und Auflösung von Betreuungseinrichtungen, der außerdienstlichen Betreuung und Freizeitgestaltung sowie dienstlichen Veranstaltungen geselliger Art. In allen anderen Fragen **Anhörung**.

Berufsförderung – Vorschlagsrecht, vor allem zur Zusammenarbeit mit dem Berufsförderungsdienst (besonders zur Erhaltung der Berufsverbundenheit), Beschaffung berufsbildender und -fördernder Literatur, Teilnahme an Kursen und Bildungsveranstaltungen außerhalb der Dienstzeit und Besichtigung von Betrieben.

Ahndung von Dienstvergehen – Anhörung durch den DiszVorges vor der Entscheidung zur Person des Soldaten, zum Sachverhalt und zum Disziplinarmaß. Bei disziplinargerichtlichen Verfahren Anhörung zur Person und zum Sachverhalt.

Vorlage eines Schadensberichts – Vor der Entscheidung **Anhörung** durch den DiszVorges zum Sachverhalt und zur Person des Schädigers (besonders zu seinen wirtschaftlichen Verhältnissen), sofern dieser nicht widerspricht.

Förmliche Anerkennung oder ihr **Widerruf – Anhörung** vorab und **Vorschlagsrecht.**

Auszeichnungen – Anhörung bei beabsichtigter Verleihung eines Bestpreises, des Ehrenzeichens der Bundeswehr oder eines Ordens.

Beschwerdeverfahren – Anhörung der Vertrauensperson des Beschwerdeführers bei Beschwerden über Dienstbetrieb, Fürsorge, Berufsförderung, außerdienstliche Betreuung und Freizeitgestaltung sowie dienstliche Veranstaltungen geselliger Art, über Personalangelegenheiten auf Antrag des Beschwerdeführers. Bei persönlichen Kränkungen **Anhörung** der Vertrauensperson des Beschwerdeführers und des Betroffenen.

Die Vertrauensperson kann vom Beschwerdeführer als **Vermittler** gewählt werden; in diesem Fall wird der Stellvertreter angehört.

IV. VERSAMMLUNGEN DER VERTRAUENSPERSONEN

1. **Versammlungen der Vertrauenspersonen** vertreten die gemeinsamen Interessen der Soldaten ihres Zuständigkeitsbereichs gegenüber dem Führer des Verbandes, dem Kasernenkommandanten oder dem Standortältesten.

2. **Sprecher** – Die Mitglieder der Versammlung der Vertrauenspersonen wählen in gesonderten Wahlgängen aus den Laufbahngruppen einen Sprecher sowie einen ersten und zweiten Stellvertreter. Bei Stimmengleichheit entscheidet das Los. Der Sprecher, der erste und zweite Stellvertreter müssen verschiedenen Laufbahngruppen angehören.

Der Sprecher führt die Geschäfte der Versammlung. Er führt deren Beschlüsse aus, ist Ansprechpartner des zuständigen Führers und nimmt diesem gegenüber die Befugnisse der Versammlung der Vertrauenspersonen wahr.

3. **Sitzungen, Beschlussfähigkeit** – Die Versammlungen der Vertrauenspersonen treten einmal im Kalendervierteljahr zusammen, auf Anregung des zuständigen Führers sowie auf Antrag eines Drittels ihrer Mitglieder auch häufiger. Die Sitzungen finden in der Regel in der Dienstzeit statt.

Ist im Bereich einer Versammlung ein Personalrat gebildet worden, kann zur Behandlung gemeinsamer Angelegenheiten deren Vorsitzender an den Sitzungen der Versammlung stimmberechtigt teilnehmen, soweit Interessen der von ihm Vertretenen berührt werden. Umgekehrtes gilt entsprechend für die Teilnahme des Sprechers der Versammlung an den Sitzungen des Personalrats.

Die Versammlung ist beschlussfähig, wenn mindestens die Hälfte ihrer Mitglieder anwesend ist. Die Beschlüsse werden mit einfacher Stimmenmehrheit der anwesenden Mitglieder gefasst; bei Stimmengleichheit ist ein Antrag abgelehnt.

V. GESAMTVERTRAUENSPERSONENAUSSCHUSS

Soll beim BMVg die Soldaten der verschiedenen Organisationsbereiche nach Laufbahn- und Statusgruppen angemessen vertreten. Tritt einmal im Kalendervierteljahr zusammen, bei Bedarf auf Antrag des BMVg oder eines Drittels seiner Mitglieder auch häufiger. **Beteiligung durch Anhörung bei Grundsatzregelungen** des BMVg im personellen, sozialen und organisatorischen Bereich, der Soldaten betrifft, Beispiel: Erlass der ZDv 10/2.

Erzieherische Maßnahmen

ZDv 14/3

1. **Erzieherische Maßnahmen** sind ein wichtiges Mittel in der Hand des Vorgesetzten, um **gute Leistungen anzuerkennen** und **Mängel in der soldatischen Pflichterfüllung zu beheben.** Sie sollen
– Gutwillige bestätigen,
– Leistungswillige fördern,
– Gleichgültige anspornen,
– Unwillige an ihre Pflichten erinnern
und dadurch die Bereitschaft zu pflichtgemäßem Verhalten, zu Leistung und Selbsterziehung stärken.
Erzieherische Maßnahmen sind kein Ersatz für eine förmliche Anerkennung oder eine Disziplinarmaßnahme nach der WDO. Sie müssen in angemessenem Verhältnis und innerem, zeitlich möglichst engem Zusammenhang zu ihrem Anlass stehen und geeignet sein, den angestrebten Erfolg zu erreichen. Sie dürfen nicht zu einer willkürlichen Erschwerung des Dienstes führen.

2. Bei **Mängeln** finden erzieherische Maßnahmen ihre Grenzen in der
– Wahrung der Menschenwürde und der persönlichen Ehre,
– Befolgung der Gesetze, Dienstvorschriften und Erlasse,
– Gesundheit des Soldaten sowie
– Beachtung der Sicherheitsbestimmungen
und sind nur unter folgenden Voraussetzungen zulässig:
– Der Mangel ist konkret festgestellt worden.
– Gleichgültigkeit oder Unwille ist erkennbar.
– Ein Dienstvergehen, dass eine Disziplinarmaßnahme gebietet, liegt nicht vor.
– Seit dem Mangel dürfen keine 6 Monate vergangen sein.
– Der Vorgesetzte hat dem Soldaten vor ihrer Anordnung Gelegenheit gegeben, sich zu äußern (Ausnahme: Situation ließ dies nicht zu).
– Der Vorgesetzte hat die erzieherische Maßnahme mündlich kurz begründet.
Es ist vom guten Willen auszugehen, solange Gleichgültigkeit und Unwille nicht erkennbar sind. Eine erzieherische Maßnahme ist nicht zulässig, wenn der Soldat trotz besten Willens eine von ihm erwartete Leistung nicht vollbringen kann, weil er dazu nicht befähigt ist. Ein solcher Mangel ist durch zusätzliche Ausbildung zu beheben.

Erzieherische Maßnahmen sind auch gegen mehrere Soldaten als Gesamtheit zulässig, wenn die angestrebte Leistung nur durch das Zusammenwirken aller

erreicht werden kann. Ist die Erziehung eines Einzelnen möglich und ausreichend, darf die Gesamtheit nicht in Mitleidenschaft gezogen werden.
Belehrungen, Zurechtweisungen und Warnungen sowie solche Maßnahmen, die ausschließlich darauf abzielen, einen noch vorhandenen Mangel zu beseitigen, sind auch nach Ablauf von 6 Monaten oder neben einer Disziplinarmaßnahme zulässig.

3. **Aufhebungen** – Wird festgestellt, dass eine erzieherische Maßnahme zu Unrecht oder von einem unzuständigen Vorgesetzten angeordnet worden ist, so ist sie aufzuheben. Ist sie in Gegenwart anderer Soldaten angeordnet worden, so ist die Aufhebung möglichst demselben Personenkreis bekanntzumachen. War die Maßnahme bereits vollzogen, ist auszusprechen, dass sie nicht hätte ergehen dürfen. Hat sie den Soldaten in seiner Freizeit beschränkt, ist ein angemessener Freizeitausgleich zu gewähren.
Die Aufhebung kann auch in Würdigung guter Leistungen erfolgen; ausgenommen sind solche Maßnahmen, die der DiszVorges wegen eines Dienstvergehens angeordnet hat.
Zur Aufhebung befugt und verpflichtet sind der Vorgesetzte, der die erzieherische Maßnahme angeordnet hat, sowie dessen unmittelbare Vorgesetzte.
Für die Aufhebung erzieherischer Maßnahmen, die der DiszVorges als Ergebnis disziplinarer Würdigung angeordnet hat, sind die höheren DiszVorges zuständig.

4. **Allgemeine erzieherische Maßnahmen**
Zu ihrer Anwendung sind **alle Vorgesetzten** befugt.

Bei **guten Leistungen: Lob, Herausstellen** einer **besonders guten Leistung** oder eines **vorbildlichen Verhaltens vor anderen; Übertragung** einzelner Aufgaben mit **höherer Verantwortung; Dienstpausen; Meldung** der besonders guten Leistung oder des vorbildlichen Verhaltens an den **nächsten Vorgesetzten** oder an den **DiszVorges** und deren **Bekanntgabe** an den Soldaten.

> „Herr Pionier, Ihr Schießergebnis ist gut!"
> „Sehen Sie sich die Stellung dieses Panzers an. Seine Besatzung hat ihn hervorragend getarnt."
>
> „Herr Gefreiter, Sie beherrschen das Zerlegen der Pistole am besten. Übernehmen Sie die Hälfte der Gruppe und üben Sie mit ihr die befohlenen Tätigkeiten!"
>
> „Herr Grenadier, Sie handhaben die ABC-Schutzmaske am besten – 10 Minuten Pause!"

> „Herr Obergefreiter, ich habe dem KpChef Ihre besonders vorbildlichen Leistungen bei der Wartung und Pflege Ihres Kfz gemeldet."

Bei **Mängeln: Belehrung; Zurechtweisung; Warnung; Verlängerung** eines **einzelnen Teilabschnitts** des Dienstes/der Ausbildung (nur im Rahmen des befohlenen Dienstes und unter Kürzung des folgenden Teilabschnitts); **Meldung** des Mangels an den **Vorgesetzten** oder an den **DiszVorges** und deren **Bekanntgabe** an den Soldaten.

> „Herr Kanonier, zum Dienstanzug gehört das Barett, setzen Sie es sofort auf!"

> „Herr Hauptgefreiter, Ihr Kfz ist so verschmutzt, dass es nicht mehr verkehrssicher ist. Bringen Sie es sofort in Ordnung und melden Sie mir Vollzug!"

> „Herr Gefreiter, ich warne Sie, wenn sich ihre Unaufmerksamkeit im Unterricht nicht ändert, melde ich Sie dem KpChef!"

> „2. Gruppe, wir wechseln das Ausbildungsthema zunächst nicht, sondern üben das Antreten jetzt weiter, bis Sie den Unwillen überwunden haben und es klappt!"

> „Herr Gefreiter, Sie haben Ihre Waffe schon wieder nicht gesichert, nun melde ich Sie dem Zugführer!"

5. Zusätzliche erzieherische Maßnahmen

Zu ihrer Anwendung sind gegenüber den ihnen unterstellten Soldaten berechtigt:
- **Kompaniefeldwebel** oder Vorgesetzte in entsprechender Dienststellung (nicht gegenüber Stabs-/Oberstabsfeldwebeln bzw. -bootsmännern);
- **Unteroffiziere mit Portepee und Offiziere;**
- **Unteroffiziere ohne Portepee,** soweit sie der DiszVorges mit der Führung eines **Zuges** oder einer vergleichbaren Teileinheit beauftragt hat.

Bei **guten Leistungen: Übertragung oder Erweiterung** von **Führungsverantwortung** für eine bestimmte Zeit; **Befreiung** von bestimmten **Dienstverrichtungen oder Ausbildungsabschnitten** im Einzelfall; **vorzeitige Beendigung** des **Ausbildungs-/Dienstabschnittes,** sofern der Vorgesetzte Leitender und der Ausbildungszweck/Dienstzweck erreicht ist.

> „Herr Obergefreiter, Ihr Gruppenführer ist morgen nicht im Dienst. Aufgrund Ihrer guten Leistungen führen Sie dann die Gruppe!"

> „Herr Gefreiter, wegen Ihrer hervorragenden Leistungen entfällt für Sie morgen nachmittag die Panzerschießausbildung!"

> „II. Zug, wegen Ihres überdurchschnittlichen Einsatzes und vorzeitiger Fertigstellung aller Arbeiten ist der Technische Dienst beendet!"

Bei **Mängeln: Schriftliche Ausarbeitungen,** die täglich nicht mehr als eine Stunde Freizeit in Anspruch nehmen dürfen – das Ergebnis ist mit dem Soldaten zu besprechen.

Wiederholungsdienst bis zu einer Stunde darf der Leitende in dringenden Ausnahmefällen befehlen, obwohl grundsätzlich jede Art des Dienstes nur der DiszVorges anordnen darf. Voraussetzungen: Der DiszVorges ist nicht erreichbar; die Maßnahme duldet keinen Aufschub; dem Soldaten war nicht schon eine zusätzliche erzieherische Maßnahme für denselben Tag befohlen worden; der Vorgesetzte übernimmt die Leitung selbst und meldet dem DiszVorges baldmöglichst.

> „Herr Panzergrenadier, Sie fertigen mir wegen wiederholter Unaufmerksamkeit im Unterricht und fehlender Kenntnisse eine Ausarbeitung zum Thema „Die Aufgaben des Panzergrenadierzugs" an und legen Sie mir morgen zum Dienstbeginn vor! Bearbeitungszeit 1 Stunde."

> Der KpChef ist mit den Offz und Fw seiner Kp bei einer Geländeerkundung außerhalb des Standorts. Der in der Einheit dienstaufsichtführende Oberfeldwebel befiehlt: „Ich habe soeben festgestellt, dass nach drei Stunden Dienst die Kfz des III. Zuges für die morgige Übung immer noch nicht vollständig aufgerüstet sind. Die dafür vorgebrachten Gründe überzeugen mich nicht. III. Zug setzt den Dienst nach dem Abendessen von 19.00 bis 20.00 Uhr unter meiner Leitung fort!"

6. Besondere erzieherische Maßnahmen

Zu diesen Maßnahmen sind nur **DiszVorges** befugt. Diese haben sie mit Namen des betroffenen Soldaten, Datum und Anordnungsgrund in einer geeigneten Unterlage schriftlich festzuhalten. Die Vermerke sind nach einem Jahr zu streichen, bei einer früheren Entlassung mit deren Zeitpunkt.

Bei **guten Leistungen: Vorzeitige Beendigung** des **Dienstes; Förderung** durch Erweiterung des **Verantwortungsbereichs** oder **Weiterbildungsmaßnahmen; Aufhebung von erzieherischen Maßnahmen.**

> „Alle Gruppen Ihres Zuges haben die vorgesehenen Stationen beim (Nacht-)Marsch schnell und mit vorbildlicher Disziplin erreicht und die gestellten Aufgaben gelöst. Marschieren Sie umgehend zurück in die Unterkunft! Nach Waffenabgabe ist vorzeitiger Dienstschluss für den 1. Zug."

> „Herr Feldwebel, als Rettungsschwimmer haben Sie großen Einsatz in der Schwimmausbildung unserer Einheit gezeigt. Ich werde Sie zum Lehrgang ‚Fachsportleiter Schwimmen' melden!"

> „Herr Panzerschütze, den für übermorgen angeordneten Zusatzdienst als Wiederholungsdienst hebe ich auf, da Sie inzwischen doch einsichtig geworden sind und Ihre Haltung und Leistungen stark verbessert haben."

Bei **Mängeln: Zusatzdienst als Wiederholungsdienst** zum Erreichen eines Ausbildungsziels; er darf nur in begründeten Ausnahmefällen 24 Stunden überschreiten. Soweit es die Art des Dienstes erfordert, hat der DiszVorges selbst die Dienstaufsicht auszuüben.

Die Einteilung zum Wachdienst ist als erzieherische Maßnahme nur zulässig gegen Soldaten, die im Wachdienst Verstöße gegen die Wachvorschriften begangen haben.

Versagen von Nachtausgang an Tagen, auf die ein Dienst für den betroffenen Soldaten folgt.

Einschränkung der Befugnisse eines Vorgesetzten zur **selbstständigen Anwendung einzelner erzieherischer Maßnahmen.**

> „Herr Gefreiter, ich befehle Ihnen einen zusätzlichen Wachdienst, weil Sie als Torposten die Personenkontrolle mehrfach unzureichend ausgeführt haben!"

> „Herr Gefreiter, da Sie mir am Montag wegen Übermüdung aufgefallen sind, versage ich Ihnen am kommenden Montag den Nachtausgang!"

> „Herr Stabsunteroffizier, ich habe festgestellt, dass Sie (als eingesetzter Zugführer) wiederholt eine schriftliche Ausarbeitung befohlen haben, ohne das Ergebnis mit dem Soldaten zu besprechen. Bis auf weiteres besprechen Sie diese Maßnahme vor ihrer Anwendung mit mir".

Wehrdisziplinarordnung

ZDv 14/3

Bestimmungen der WDO, die ausschließlich für den DiszVorges gelten oder das Verfahren bei Wehrdienstgerichten behandeln, sind hier nicht dargestellt. Nur auf die für den Soldaten wichtigsten Paragraphen wird nachfolgend hingewiesen.

Zu § 3
Der Soldat hat das Recht, die Disziplinarakten einzusehen, sobald dies ohne Gefährdung des Ermittlungszweckes möglich ist. Unter dieser Voraussetzung darf er sich daraus Abschriften fertigen oder auf seine Kosten anfertigen lassen.

Zu § 11
Vorbildliche Pflichterfüllung oder hervorragende Einzeltaten können durch **förmliche Anerkennungen** gewürdigt werden (Anerkennung im Kompanie-

oder Tagesbefehl, im Minsterialblatt des BMVg). Damit kann **Sonderurlaub** bis zu 14 Tagen verbunden werden. Gute Leistungen können auch durch Auszeichnungen anderer Art gewürdigt werden.

Zu § 12
Der Kompaniechef kann Sonderurlaub bis zu 5 Arbeitstagen, der Bataillonskommandeur bis zu 7 Arbeitstagen in Verbindung mit einer förmlichen Anerkennung gewähren.

Zu § 15
Dienstvergehen können durch einfache Disziplinarmaßnahmen (von DiszVorges oder Wehrdienstgericht verhängt) oder durch gerichtliche Disziplinarmaßnahmen (nur vom Wehrdienstgericht verhängt) geahndet werden.

Zu § 16
Ist der Soldat schon durch ein Strafgericht rechtskräftig bestraft worden oder hat eine Behörde gegen ihn unanfechtbar eine Ordnungsmaßnahme verhängt, darf er wegen desselben Sachverhalts nicht mehr mit einer einfachen Disziplinarmaßnahme – mit Ausnahme Disziplinararrest – gemaßregelt werden.

Zu § 17
Sind seit einem Dienstvergehen 6 Monate verstrichen, darf eine einfache Disziplinarmaßnahme nicht mehr verhängt werden.

Zu § 20
Der Soldat, gegen den sich der Verdacht eines Dienstvergehens richtet, darf nach Anordnung durch den Richter des Truppendienstgerichts **durchsucht** und es dürfen Gegenstände **beschlagnahmt** werden, wenn dies **zur Aufklärung des Dienstvergehens notwendig** ist. Bei Gefahr im Verzug darf der DiszVorges diese Maßnahmen auch ohne richterliche Anordnung treffen. Die Durchsuchung darf grundsätzlich nur von Personen gleichen Geschlechts durchgeführt werden. Die Durchsuchung privater Papiere steht nur dem DisVorges zu.

Zu § 21
Jeder DiszVorges kann Soldaten, die seiner Disziplinarbefugnis unterstehen, **wegen eines Dienstvergehens vorläufig festnehmen**, wenn es die **Aufrechterhaltung der Disziplin** gebietet. Die gleiche Befugnis hat
1. jeder **Angehörige des militärischen Ordnungsdienstes** einschließlich der militärischen Wachen gegenüber jedem Soldaten, dessen DiszVorges nicht auf der Stelle erreichbar sind;

2. a) **jeder Vorgesetzte gegenüber jedem Soldaten, dem er Befehle erteilen kann,**

   b) **jeder Offizier und Unteroffizier gegenüber jedem Soldaten, der im Dienstgrad unter ihm steht,**

wenn der an sich zuständige DiszVorges oder ein Angehöriger des militärischen Ordnungsdienstes einschließlich der militärischen Wachen nicht auf der Stelle erreichbar ist. In den Fällen des Buchstaben b) wird der festnehmende Offizier oder Unteroffizier durch die Erklärung der Festnahme Vorgesetzter des Festgenommenen.

Zu § 22

Die Disziplinarmaßnahmen, die von den DiszVorges verhängt werden können (**einfache Disziplinarmaßnahmen**) sind **Verweis, strenger Verweis, Disziplinarbuße, Ausgangsbeschränkung und Disziplinararrest**.
Neben Disziplinararrest kann Ausgangsbeschränkung, bei unerlaubter Abwesenheit des Soldaten von mehr als 1 Tag neben Ausgangsbeschränkung oder Disziplinararrest auch eine Disziplinarbuße verhängt werden.

Zu § 23

Der **Verweis** ist der förmliche Tadel eines bestimmten pflichtwidrigen Verhaltens des Soldaten.
Der **strenge Verweis** ist der Verweis, der vor der Truppe bekannt gemacht wird. Die Bekanntmachung ist darauf zu beschränken, daß gegen den Soldaten ein strenger Verweis verhängt worden ist.

Zu § 24

Die **Disziplinarbuße** darf den einmonatigen Betrag der Dienstbezüge oder des Wehrsoldes nicht übersteigen.

Zu § 25

Die **Ausgangsbeschränkung** besteht in dem Verbot, die dienstliche Unterkunft ohne Erlaubnis zu verlassen. Sie kann **beim Verhängen** durch das Verbot **verschärft** werden, für die ganze Dauer oder an bestimmten Tagen Gemeinschaftsräume zu betreten und Besuch zu empfangen (verschärfte Ausgangsbeschränkung). Sie dauert mindestens 1 Tag und höchstens 3 Wochen.

Zu § 26

Der Disziplinararrest besteht in einfacher Freiheitsentziehung. Er dauert mindestens 3 Tage und höchstens 3 Wochen. Er darf grundsätzlich nur nach vorheriger richterlicher Zustimmung verhängt werden.

Zu § 28
Der **Kompaniechef** oder ein Offizier in entsprechender Dienststellung kann gegen Unteroffiziere und Mannschaften **alle einfachen Disziplinarmaßnahmen verhängen**, **Disziplinararrest** jedoch nur **bis zu 7 Tagen.**

Zu § 32
Werden Tatsachen bekannt, die den **Verdacht eines Dienstvergehens** rechtfertigen, hat der DiszVorges den Sachverhalt durch die erforderlichen Ermittlungen aufzuklären. Bei der Aufklärung des Sachverhalts sind die belastenden, entlastenden und die für die Art und Höhe der Disziplinarmaßnahme bedeutsamen Umstände zu ermitteln. Der Soldat ist über die Ermittlungen zu unterrichten, sobald dies ohne Gefährdung des Ermittlungszwecks möglich ist. Zu Beginn der ersten Vernehmung ist ihm zu eröffnen, welche Pflichtverletzungen ihm zur Last gelegt werden. Er ist darauf hinzuweisen, daß es ihm **freisteht, sich zur Sache zu äußern oder nicht auszusagen. Sagt er aus, muß er dienstlichen Angelegenheiten die Wahrheit sagen**. Ist der Soldat vor Beginn der Vernehmung nicht oder falsch belehrt worden, darf seine Aussage nicht zu seinem Nachteil verwertet werden.
Vor der Entscheidung ist der Soldat stets zu fragen, ob er etwas zu seiner Entlastung vorbringen will. Das Ergebnis der Anhörung der Vertrauensperson muß ihm zuvor bekannt gegeben werden.

Zu § 33
Ist das Dienstvergehen eine Straftat, gibt der Diszvorges die Sache an die zuständige Strafverfolgungsbehörde ab, wenn dies entweder zur Aufrechterhaltung der militärischen Ordnung oder wegen der Schwere der Tat oder der Schwere des Unrechts oder der Schuld geboten ist.

Zu § 36
Hat der Diszvorges ein Dienstvergehen nicht festgestellt oder hält er eine Disziplinarmaßnahme nicht für zulässig oder angebracht, hat er diese Entscheidung dem Soldaten bekannt zu geben, nachdem er ihn zuvor gehört hat. Der Diszvorges kann den Fall nur dann erneut verfolgen, wenn ihm erhebliche neue Tatsachen oder Beweismittel bekannt werden.

Zu § 37
Eine Disziplinarmaßnahme darf **erst nach Ablauf einer Nacht** verhängt werden, nachdem der Soldat abschließend gehört wurde. Von dem Tag an, an dem er **zum Entlassungsort in Marsch gesetzt wird**, kann die Disziplinarmaßnahme sofort verhängt werden. Sie wird durch die dienstliche Bekanntgabe der Disziplinarverfügung, die dazu **schriftlich festgelegt** sein muß, an den Soldaten verhängt.

Zu § 40

Disziplinararrest darf erst verhängt werden, nachdem der **Richter** des zuständigen, notfalls des nächsterreichbaren Truppendienstgerichts **zugestimmt** hat. Der Richter kann zugleich die **sofortige Vollstreckbarkeit** anordnen, wenn dies zur Aufrechterhaltung der militärischen Ordnung geboten ist. In diesem Fall darf der Disziplinararrest verhängt werden, ohne den Ablauf einer Nacht abwarten zu müssen; er darf auch sofort vollstreckt werden. ohne daß dem Soldaten zuvor Gelegenheit zur Beschwerde gegeben werden muß.

Zu § 42

Auf Beschwerden gegen einfache Disziplinarmaßnahmen findet die WBO (siehe „Wehrbeschwerdeordnung") mit folgender Maßgabe Anwendung:
- Die Beschwerde hemmt die Vollstreckung der Disziplinarmaßnahme, wenn sie der Soldat vor Beginn der Vollstreckung eingelegt hat. Sie wird nicht gehemmt bei Beschwerden gegen **Disziplinararrest,** sofern der Richter die **sofortige Vollstreckbarkeit** angeordnet hat, und bei **weiteren Beschwerden**.
- Über die Beschwerde entscheidet der nächste Diszvorges des verhängenden Diszvorges.
- Gegen die Rücknahme einer förmlichen Anerkennung, gegen Maßnahmen der Durchsuchung und Beschlagnahme und gegen Disziplinararrest ist nur die Beschwerde an das Truppendienstgericht zulässig.
- Über die weitere Beschwerde entscheidet das Truppendienstgericht.
- Mißbilligende Äußerungen, die mit der Feststellung eines Dienstvergehens verbunden sind, können nur zusammen mit dieser Feststellung angefochten werden.

Zu § 44

Der Soldat kann die Aufhebung einer unanfechtbaren Disziplinarmaßnahme beantragen, wenn er neue Tatsachen und Beweismittel beibringt, die zur Aufhebung der Disziplinarmaßnahme führen können.

Zu § 45

Über den Antrag auf Aufhebung einer Disziplinarmaßnahme entscheidet das Truppendienstgericht.

Zu § 51

Disziplinarbußen können auch vom **Entlassungsgeld** abgezogen werden.

Zu § 54

Wird ein **Disziplinararrest** nachträglich ganz oder teilweise aufgehoben, erhält der Soldat für jeden Tag als **Ausgleich** einen Tag Urlaub. Kann dieser nicht mehr gewährt werden, erhält der Soldat eine Entschädigung in Geld.

Wird eine **Ausgangsbeschränkung** nachträglich ganz oder teilweise aufgehoben, erhält der Soldat für jeden dienstfreien Tag im Vollzug, im übrigen für je zwei Tage, die vollzogen worden sind, einen Tag Urlaub. Kann dieser nicht mehr gewährt werden, wird der Soldat mit Geld entschädigt.

Wird **anstelle eines Disziplinararrests oder einer Ausgangsbeschränkung** eine **Disziplinarbuße** verhängt, ist sie insoweit für vollstreckt zu erklären, als dem Soldaten ein Anspruch auf Entschädigung in Geld zusteht.

Wird eine **Disziplinarbuße** nachträglich aufgehoben, ist sie zu erstatten; wird sie herabgesetzt, ist der Unterschiedsbetrag zu erstatten.

Wird ein **strenger Verweis** nachträglich aufgehoben, ist die Aufhebung in derselben Weise bekannt zu machen, in der die Verhängung bekannt gemacht worden ist.

Zu § 56

Eine **Disziplinarbuße** kann auch **nach dem Entlassungstag** vollstreckt werden. Hat der Soldat ein Dienstvergehen noch vor der Inmarschsetzung begangen, kann **Disziplinararrest sofort, ohne die Nachtfrist abzuwarten, vollstreckt werden, sofern der Richter die sofortige Vollstreckbarkeit angeordnet hat**.

Zu § 57

Einfache Disziplinarmaßnahmen dürfen **nach Ablauf von 6 Monaten nicht mehr vollstreckt** werden.

Wehrstrafgesetz

ZDv 14/2

1. Das **Wehrstrafgesetz** bezeichnet bestimmte schwere Verstöße gegen soldatische Pflichten als militärische Straftaten und bedroht sie mit Strafen, die – anders als Disziplinarmaßnahmen – von ordentlichen Gerichten verhängt und in das Strafregister eingetragen werden. Dienstvergehen, die zugleich militärische Straftaten nach dem WStG sind, können unter bestimmten Voraussetzungen ausschließlich disziplinar erledigt werden. Dadurch ist es u. a. möglich, dass ein straffällig gewordener Soldat bei rechtzeitiger Meldung die Folgen seiner Tat in ihrer Auswirkung vermindern oder ganz vermeiden kann.

Soldaten aber, die vorsätzlich militärische Straftaten begehen, müssen unter Umständen mit langen Freiheitsstrafen rechnen.

2. Die **militärischen Straftaten** sind wie folgt dargestellt worden:
- **Straftaten gegen die Pflicht zur militärischen Dienstleistung** unter „Pflichten und Rechte des Soldaten".
- **Straftaten gegen die Pflichten der Vorgesetzten und Straftaten gegen die Pflichten des Untergebenen** unter „Vorgesetzter und Untergebener/Befehl und Gehorsam".

Reservisten

1. Frühere Soldatinnen und Soldaten können nach Beendigung ihres Dienstverhältnisses zu weiterem Wehrdienst nach den Bestimmungen des Wehrpflichtgesetzes oder des Soldatengesetzes herangezogen werden. Unterschieden wird zwischen Wehrübungen nach dem Wehrpflichtgesetz und Dienstleistungen (Übungen) nach dem Soldatengesetz.

Alle männlichen Bundesbürger unterliegen der Wehrpflicht und der Wehrüberwachung. Dabei gibt es folgende Grenzen:

	Wehrüberwachung	Wehrpflicht
Mannschaften und Ungediente	bis zum 32. Lebensjahr	– im Frieden: bis zum Ablauf des Jahres, in dem das 45. Lebensjahr vollendet wird. – im Verteidigungsfall: bis zum Ablauf des Jahres in dem das 60. Lebensjahr vollendet wird.
Unteroffiziere	bis zum 45. Lebensjahr	bis zum Ablauf des Jahres, in dem das 60. Lebensjahr vollendet wird.
Offiziere	bis zum 60. Lebensjahr	bis zum Ablauf des Jahres, in dem das 60. Lebensjahr vollendet wird.

Für frühere Soldatinnen und nicht mehr wehrpflichtige frühere Berufssoldaten besteht Dienstleistungspflicht nach dem Soldatengesetz. Die wichtigsten Grenzen sind:

Personenkreis	Laufbahngruppe	Ende der Dienstleistungspflicht
Frühere Berufssoldatinnen und Berufssoldaten	Offiziere Unteroffiziere	mit Vollendung des 65. Lebensjahres.
Frühere Soldatinnen auf Zeit	Offiziere Unteroffiziere	bis zum Ablauf des Jahres, in dem das 60. Lebensjahr vollendet wird.
	Mannschaften	bis zum Ablauf des Jahres, in dem das 40. Lebensjahr vollendet wird.

2. Vor dem Ausscheiden aus dem aktiven Wehrdienstverhältnis führt das jeweils zuständige Kreiswehrersatzamt Einplanungsgespräche beim Entlassungstruppenteil durch. Dabei werden die Soldatinnen und Soldaten regelmäßig über vorgesehene Mobilmachungsplanungen informiert.

3. Für die Dauer der Beorderung und die Heranziehung zu Wehrübungen/Übungen gibt es verschiedene Grenz- und Richtwerte:

Personenkreis		Beorderungsdauer*	Richtwerte	Gesetzl. festgel. Höchstdauer
Mannschaften	weibl.	4 Jahre	24 Tage	3 Monate
	männl.			9 Monate
Unteroffiziere	weibl.	7 Jahre	45 Tage**	5 Monate
	männl.			15 Monate
Offiziere	weibl.	10 Jahre	84 Tage**	6 Monate
	männl.			18 Monate

* Kann bei Bedarf der Streitkräfte überschritten werden.
** Die Richtwerte gelten jeweils für Uffz o.P./Uffz. m.P. und Offz/StOffz.

4. Die vorstehenden Richt- und Grenzwerte für Wehrübungen und Übungen gelten nicht für:
- Wehrübungen, die als Bereitschaftsdienst von der Bundesregierung angeordnet wurden,
- Wehrübungen zum Herstellen der Einsatzfähigkeit oder zur Sicherung der Operationsfähigkeit der Streitkräfte, die vom Bundesministerium der Verteidigung angeordnet wurden,
- Wehrübungen im Rahmen der Krisenausbildungsprogramme,

– Einsätze im Rahmen der erweiterten Landesverteidigung im Bündnisgebiet und im Rahmen internationaler Vereinbarungen und Verpflichtungen.

5. Über die Richt- und Grenzwerte hinaus, können im Rahmen verfügbarer Wehrübungstage und bei Bedarf der Streitkräfte **freiwillige Wehrübungen/Übungen** geleistet werden.

6. Unterschieden wird zwischen **Einzelwehrübungen** und **Truppenwehrübungen** Einzelwehrübungen sollen die Dauer von 4 Wochen im Kalenderjahr; Truppenwehrübungen dürfen die Dauer von 12 Tagen nicht überschreiten. Zwischen der Beendigung eines Wehrdienstes und dem Beginn einer Wehrübung ist eine **Schutzfrist** von 12 Monaten einzuhalten, die nur mit Zustimmung der betroffenen Reservistinnen/Reservisten möglichst 12 Monate vor deren Beginn angekündigt werden.

7. Rerservistinnen und Reservisten können sich schriftlich für die Teilnahme an **besonderen Auslandsverwendungen** im Rahmen der Einsätze der Bundeswehr im Frieden bereit erklären. Die Einsatzdauer beträgt üblicherweise sechs Monate und darf sieben Monate nicht überschreiten. Vor der besonderen Auslandsverwendung können verschiedene Wehrübungen/Übungen zur Ausbildung vorgeschaltet werden, die insgesamt nicht länger als drei Monate dauern dürfen. Vor Einberufung zu einer besonderen Auslandsverwendung, die die Dauer von drei Monaten überschreiten soll, ist die Zustimmung des Arbeitgebers oder Dienstherrn erforderlich. Weitere Informationen geben die Kreiswehrersatzämter.

8. Beorderte Reservistinnen und Reservisten erhalten ab dem 25. Wehrübungstag zusätzlich zum Wehrsold einen **Leistungszuschlag** von 25,56 € für jeden Wehrübungstag bis zu einer Höchstsumme von 434,60 € im Kalenderjahr. Reservistinnen und Reservisten, die sich verpflichten, wenigstens 72 Tage Wehrübungen/Übungen in drei Jahren zu leisten, erhalten einen erhöhten Leistungszuschlag.
Reservisteninnen und Reservisten, die sich für die Ausbildung zum **Reserveunteroffizier/Reservefeldwebel** verpflichten, erhalten einen Reserveunteroffizierzuschlag von 1022,58 €, der in zwei Teilen gezahlt wird.
Einzelheiten zu den Zuschlägen können Sie bei Ihrem Mobilmachungstruppenteil erfragen.

9. Ansprechpartner für alle Fragen zur Wehrpflicht und Dienstleistungspflicht sind die Kreiswehrersatzämter.

10. Für Betreuung und Maßnahmen der freiwilligen Reservisten können Sie sich an den Verband der Reservisten der Deutschen Bundeswehr wenden.

Staatsbürgerlicher Unterricht/Die freiheitliche demokratische Grundordnung

Rechte und Pflichten des Staatsbürgers

I. RECHTE DES STAATSBÜRGERS

Das Grundgesetz (GG) für die Bundesrepublik Deutschland vom 23. Mai 1949 garantiert jedem Staatsbürger die folgenden Grundrechte:

1 **Menschenwürde** – Sie ist unantastbar gegenüber allen politischen und rechtlichen Zugriffen von Staat und Gesellschaft. Die nachfolgenden Grundrechte binden Gesetzgebung, vollziehende Gewalt und Rechtsprechung als unmittelbar geltendes Recht.

2 **Freiheit der Person** – Gewährleistet werden die freie Entfaltung der Persönlichkeit und das Recht auf Leben und körperliche Unversehrtheit.

3 **Gleichheit aller Menschen** – Vor dem Gesetz sind alle gleich. Männer und Frauen sind gleichberechtigt. Keine Benachteiligung oder Bevorzugung wegen des Geschlechts, der Abstammung, Rasse, Sprache, Heimat und Herkunft, des Glaubens und der religiösen und politischen Anschauungen. Keine Benachteiligung Behinderter.

4 **Glaubens- und Gewissens-/Bekenntnisfreiheit** – Gewährleistet werden die Freiheit des Glaubens, des Gewissens und des religiösen und weltanschaulichen Bekenntnisses, die ungestörte Religionsausübung und das Recht auf Verweigerung des Kriegsdienstes mit der Waffe aus Gewissensgründen.

5 **Meinungsfreiheit** – Jeder darf seine Meinung in Wort, Schrift und Bild frei äußern und verbreiten und sich aus allgemein zugänglichen Quellen ungehindert unterrichten. Die Freiheit der Presse und der Berichterstattung durch Rundfunk und Film werden gewährleistet. Eine Zensur findet nicht statt. Kunst, Wissenschaft, Forschung und Lehre sind frei.

6 **Ehe und Familie, Kinder** – Die staatliche Ordnung schützt Ehe und Familie. Pflege und Erziehung der Kinder obliegen zuerst den Eltern. Uneheliche Kinder sind den ehelichen gleichzustellen.

7 **Schulwesen** – Der Staat übt Aufsicht über das gesamte Schulwesen aus. Private Schulen werden zugelassen. Erziehungsberechtigte bestimmen über die Teilnahme am Religionsunterricht.

8 **Versammlungsfreiheit** – Alle Deutschen haben das Recht sich ohne Anmeldung oder Erlaubnis friedlich und ohne Waffen zu versammeln. Einschränkung durch gesetzliche Regelung (Versammlungsgesetz) für Versammlungen unter freiem Himmel.

9 **Vereinigungsfreiheit** – Alle Deutschen haben das Recht, Vereine und Gesellschaften zu bilden. Deren Zwecke oder Tätigkeiten dürfen nicht den Strafgesetzen, der verfassungsmäßigen Ordnung oder der Völkerverständigung zuwiderlaufen. Das Recht für jeden und für alle Berufe, zur Wahrung und Förderung der Arbeits- und Wirtschaftsbedingungen Vereinigungen zu bilden, z. B. Gewerkschaften und berufsständige Organisationen, ist gewährleistet.

10 **Brief-, Post- und Fernmeldegeheimnis** – Beschränkungen der Unverletzlichkeit dürfen nur aufgrund eines Gesetzes angeordnet werden.

11 **Freizügigkeit** – Alle Deutschen genießen Freizügigkeit im gesamten Bundesgebiet. Das Recht, seinen Aufenthaltsort selbst zu wählen und nach eigenem Ermessen zu wechseln, darf nur gesetzlich eingeschränkt werden.

12 **Berufsfreiheit** – Alle Deutschen haben das Recht, Beruf, Arbeitsplatz und Ausbildungsstätte selbst zu wählen. Zwangsarbeit ist nur bei gerichtlich angeordneter Freiheitsentziehung zulässig. Männer können zum Dienst in der Bw, im BGS oder Zivilschutz – Kriegsdienstverweigerer zum Ersatzdienst – verpflichtet werden.

13 **Unverletzlichkeit der Wohnung** – Wird gewährleistet; Durchsuchungen müssen von einem Richter angeordnet sein.

14 **Eigentum, Erbrecht** – Werden gewährleistet; Enteignung nur zum Nutzen der Allgemeinheit und gegen Entschädigung.

15 **Sozialisierung** – Grund und Boden, Naturschätze und Produktionsmittel können durch Gesetz und gegen Entschädigung in Gemeineigentum überführt werden.

16 **Staatsangehörigkeit, Auslieferung, Asylrecht** – Die deutsche Staatsangehörigkeit darf nicht entzogen, kein Deutscher an das Ausland ausgeliefert werden. Politisch Verfolgte genießen Asyl.

17 **Petitionsrecht** – Bitten und Beschwerden können von Einzelnen oder in Gemeinschaft den zuständigen Stellen oder der Volksvertretung vorgebracht werden.

II. PFLICHTEN DES STAATSBÜRGERS

Die den Rechten der Bürger entsprechenden Pflichten sind im GG nicht immer genannt und ergeben sich z.T. aus den Einschränkungen, denen die Grundrechte unterliegen, um Missbrauch abzuwenden. Außerdem gibt es ungeschriebene Pflichten, deren Übernahme durch die Staatsbürger den Fortbestand der inneren Ordnung und die Weiterentwicklung des demokratischen Staates zum Nutzen aller überhaupt erst ermöglicht. **Staatsbürgerliche Pflichten sind:**

1 **Achtung des rechtmäßigen Staates und Wahrung der verfassungsmäßigen Ordnung.**

2 **Einhaltung der Regeln des Völkerrechts und der Gesetze.**

3 **Achtung der Persönlichkeit und der Rechte des Mitbürgers.**

4 **Duldsamkeit gegenüber politischen Meinungen und religiösen Bekenntnissen.**

5 **Urteilswille und Urteilsfähigkeit gegenüber den Vorgängen im politischen Bereich, Ausübung des Wahlrechts und Teilnahme am öffentlichen Leben.**

6 **Pflicht zum Wehrdienst oder Ersatzdienst.**

7 **Gebrauch des Eigentums auch zum Wohle der Allgemeinheit.**

8 **Pflicht der Eltern zur Pflege und Erziehung der Kinder.**

9 **Übernahme von Ehrenämtern.**

Der Bund und die Länder

I. GRUNDLAGEN STAATLICHER ORDNUNG

1. Das **Grundgesetz,** Verfassung der Bundesrepublik Deutschland, regelt die **innere Ordnung unseres Staates** und legt den **Aufbau und das Zusammenwirken der staatlichen Einrichtungen** fest. Beides zusammen ergibt die **freiheitliche demokratische Grundordnung, „das Recht und die Freiheit",** die zu verteidigen die Grundpflicht jedes Soldaten ist.

2. **Grundsätze der Verfassung** (Artikel 20 GG):
- **Die Bundesrepublik Deutschland ist ein demokratischer und sozialer Bundesstaat.**
- **Alle Staatsgewalt geht vom Volke aus. Sie wird von ihm in Wahlen und Abstimmungen und durch besondere Organe der Gesetzgebung, der vollziehenden Gewalt und der Rechtsprechung ausgeübt.**
- **Die Gesetzgebung ist an die verfassungsmäßige Ordnung, die vollziehende Gewalt und die Rechtsprechung an Gesetz und Recht gebunden.**
- **Gegen jeden, der es unternimmt, diese Ordnung zu beseitigen, haben alle Deutschen das Recht zum Widerstand, wenn andere Abhilfe nicht möglich ist.**

3. Auf dem **GG,** als **oberstem und wichtigstem Gesetz,** müssen alle anderen Gesetze beruhen; kein Gesetz darf ihm widersprechen. Das GG unterliegt einem besonderen Schutz. Änderungen sind nur auf dem von der Verfassung selbst vorgeschriebenen Weg mit **Zweidrittelmehrheit** des Bundestags und des Bundesrats möglich. Ausgeschlossen von jeder **Verfassungsänderung** sind die **Gliederung des Bundes in Länder und ihre grundsätzliche Mitwirkung bei der Gesetzgebung,** die **Unantastbarkeit der Menschenwürde** sowie die in **Artikel 20 niedergelegten Grundsätze.**

II. DIE BUNDESREPUBLIK DEUTSCHLAND IST EIN BUNDESSTAAT

Er besteht aus **16 Bundesländern,** die das Ergebnis einer langen geschichtlichen, politischen und kulturellen Entwicklung sowie der staatlichen Neubildung mit Volksvertretern und Regierungen nach Kriegsende 1945 bzw. der Wiedervereinigung Deutschlands 1990 sind. Die verfassungsmäßige Ordnung der Länder muss dem Sinn des GG entsprechen. **Die Gliederung des Bundes in Länder ist unabänderlich. Gemeinsame Einrichtungen** von Bund und Ländern sind

- der **Bundestag** (Gesamtparlament),
- der **Bundesrat** (Vertretung aller Einzelstaaten),
- die **Bundesregierung** (gemeinsame vollziehende Gewalt),
- das **Bundesverfassungsgericht** (bei Streitfällen zwischen Bundesorganen und zwischen Bund und Ländern Schiedsgericht).

Zwischen Bund und Ländern sind durch das GG die Aufgaben aufgeteilt, z. B. ist der Bund für die Außen- und Verteidigungspolitik zuständig, die Länder sind es z. B. für die Kulturpolitik.

Die Gliederung in Länder ist auch ein zusätzliches Element der Gewaltenteilung und schränkt die Möglichkeit des Missbrauchs der Staatsgewalt noch weiter ein.

III. DIE BUNDESREPUBLIK DEUTSCHLAND IST EIN DEMOKRATISCHER STAAT

Die Bedingungen eines demokratischen Staates werden in der Bundesrepublik Deutschland nicht nur durch den Text des GG, sondern auch in der Praxis, der Verfassungswirklichkeit, erfüllt. **Grundsätze des demokratischen Staates:**

1. Alle Gewalt geht vom Volk aus.
Die Staatsbürger nehmen an der politischen Willensbildung teil, z. B. durch Mitarbeit in den Parteien oder durch Ausübung des Wahlrechts. Sie vollzieht sich somit von „unten nach oben". Die gewählten Abgeordneten handeln stellvertretend für ihre Wähler (repräsentative Demokratie). Die Regierung ist dem Parlament verantwortlich.

2. Die Rechte und Freiheiten des Staatsbürgers sind unantastbar.

3. Alle Staatsbürger werden durch Gesetzgebung, Verwaltung und Rechtsprechung gleich behandelt.

4. Die Rechtsstaatlichkeit ist gewährleistet.

Voraussetzungen zur Verwirklichung dieser Grundsätze:

a. Die Gewaltenteilung – Die drei Gewalten, die die Staatsgewalt ausüben, sind voneinander unabhängig; ihre Teilung verhindert den Missbrauch und ist unabänderlich:
- Die **gesetzgebende Gewalt** (Legislative) = Parlament (Bundestag und Bundesrat; Landtage; Vertretungen der Kreise und Gemeinden).
  Das Parlament beschließt auf dem im GG beschriebenen Weg die Gesetze.

- Die **vollziehende Gewalt** (Exekutive) = Regierung und Verwaltung in Bund und Ländern. Die Bw ist Teil der vollziehenden Gewalt.
  Die Regierung hat mit der Verwaltung die Gesetze auszuführen und ihre Befolgung durchzusetzen.
- Die **richterliche Gewalt** (Judikative) = Gerichte. Diese ahnden Verstöße gegen die Gesetze. Das Bundesverfassungsgericht entscheidet u. a. über Verfassungsbeschwerden, die Vereinbarkeit von Gesetzen und (danach erlassenen) Verordnungen mit dem GG, Streitigkeiten zwischen den staatlichen Organen und die Verfassungswidrigkeit von Parteien.

b. Freie Wahlen – Sie haben regelmäßig stattzufinden und sind daher das wirkungsvollste Mittel zur Kontrolle der Regierung, die stets wiederkehrend mit der Opposition um die Zustimmung der Wähler ringen muss (Wahlvorgänge siehe Bild 1). Das GG verlangt

- **allgemeine** ...
  Männer und Frauen können wählen und kandidieren, ohne Rücksicht auf Beruf, Einkommen und Konfession, sofern die gesetzlichen Voraussetzungen erfüllt sind, z. B. Wahlberechtigung oder Wählbarkeit.
- **unmittelbare** ...
  Der Wähler bestimmt seinen Abgeordneten oder die Partei, die ihn im Parlament vertreten soll, selbst.
- **freie** ...
  Niemand darf zur Wahl gezwungen oder wegen seiner Stimmabgabe benachteiligt werden. Ein Kandidat muss ungehindert Wahlpropaganda betreiben können und muss wegen seiner Kandidatur ohne Nachteile bleiben.
- **gleiche** ...
  Jede Stimme hat den gleichen Wert und darf in ihrem Gewicht nicht von Voraussetzungen, z. B. Steuerleistung, Bildungsstand, abhängig gemacht werden.
- **geheime Wahlen**.
  Der Wähler muss seine Stimme unbeobachtet abgeben können. Auch nach der Wahl darf nicht bekannt werden, wie er gewählt hat.

c. Existenz mehrerer politischer Parteien – Sie sammeln die Vielzahl von Meinungen, Interessen und Wünschen für die zukünftige Entwicklung des Staates und verschmelzen sie zu wenigen umfassenden **Programmen,** zwischen denen die Wähler sich entscheiden können. Sie bilden die **Organisationen,** deren innere Ordnung den **demokratischen Grundsätzen** entsprechen muss und wählen die **Kandidaten** für die politischen Ämter aus.
Parteien, welche die Mehrheit für ihr Programm und für ihre Kandidaten erhalten, bilden allein oder ggf. in Koalition mit einer anderen Partei oder mehreren anderen die **Regierung.**

Die Existenz mehrerer politischer Parteien ist auch die Voraussetzung für die Ausübung des anerkannten Rechts der **Opposition,** deren Aufgabe es ist, die **Regierung zu kontrollieren.** Ihr Ziel muss es sein, bei der nächsten Wahl die Mehrheit zu erringen. Dazu muss sie die uneingeschränkte Chance haben.

Außer den politischen Parteien beeinflussen Verbände, die die Interessen bestimmter Gruppen der Bevölkerung vertreten, die Politik, z. B. Arbeitgeberverbände, Gewerkschaften, Deutscher Bundeswehr-Verband, Deutscher Bauernverband. Ihre Existenz und ihr Wirken sind durch das GG zugelassen.

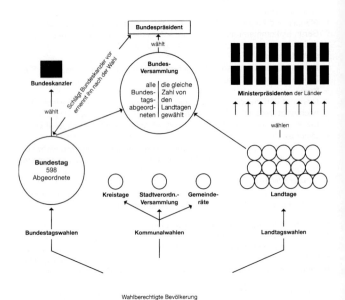

Bild 1 Die wichtigsten Wahlvorgänge

d. Anerkennung des Mehrheitsprinzips – Nicht alle Unterschiede in den Meinungen und Interessen der Parteien und Verbände, der Regierung und der Opposition lassen sich durch einen Kompromiss überbrücken. Das Funktionieren des demokratischen Staates setzt voraus, dass sich in diesen Fällen die **Mehrheit durchsetzt** und die **Minderheit die Entscheidung anerkennt,** auch dann, wenn sie diese für falsch hält. Das schließt
- die Mitarbeit bei den weiteren Maßnahmen ein, die sich aus der Mehrheitsentscheidung ergeben, jedoch
- den Willen zur Änderung nicht aus, wenn bei der nächsten Wahl die Opposition die Mehrheit erhalten sollte.

IV. DIE BUNDESREPUBLIK DEUTSCHLAND IST EIN SOZIALER STAAT

Die **Sozialpolitik** hat zum Ziel, allen Staatsbürgern ein **menschenwürdiges Leben** zu ermöglichen, ohne damit den einzelnen von der **Pflicht zur Vorsorge und Selbsthilfe** zu entbinden. Das gesamte öffentliche Leben unterliegt dem Gebot der sozialen Gerechtigkeit. Die Maßnahmen des Staates zur sozialen Sicherung werden durch Gesetze abgesichert, welche die Rechtsgrundlagen für die Ansprüche des einzelnen Bürgers, aber auch für die Entscheidungen der Sozialgerichte in Streitfällen sind.
Den **sozialen Schutz** gewährleisten Gesetze, z. B. zur Mitbestimmung, zum Kündigungsschutz – aber auch nichtstaatliche Maßnahmen, z. B. Tarifverträge zwischen Arbeitgeberverbänden und Gewerkschaften, die dann geltendes Recht sind. Der **sozialen Sicherung** dient vor allem die Sozialversicherung wie auch die staatlich geförderte Eigentumsbildung. Die **soziale Förderung** soll die soziale Stellung verbessern, z. B. durch Berufsförderung oder Umschulung.

V. DIE BUNDESREPUBLIK DEUTSCHLAND IST EIN RECHTSSTAAT

Zwar nicht gesondert festgelegt, tritt der Rechtsstaat im GG durchweg, vor allem in den **Grundrechten** und sinngemäß **im Art. 20,** hervor. Beispiele:
- Form des Wahlrechts, Dreiteilung der Gewalten.
- Alle Gesetze dürfen nur auf dem im GG vorgeschriebenen Weg zustande kommen, kein Gesetz darf gegen das GG verstoßen.
- Keine Behörde darf eine Anordnung treffen, wenn sie nicht dazu durch ein Gesetz ausdrücklich ermächtigt worden ist.
- Jeder Bürger genießt Rechtsschutz, er kann den Staat vor Gericht verklagen, wenn er sich in seinen Rechten beeinträchtigt fühlt.
- Unabhängige Richter, nur dem Gesetz und ihrem Gewissen unterworfen, entscheiden in ordentlichen Gerichtsverfahren.

Der Bundestag

Der Bundestag wird auf vier Jahre gewählt. Sein Plenum (Vollversammlung) setzt sich z. Z. zusammen aus 344 (mit relativer Mehrheit direkt gewählten Abgeordneten (Erststimme) und 328 nach dem Verhältniswahlrecht gewählten Abgeordneten (Zweitstimme).

Bundestagsmitglieder gleicher Parteien vereinigen sich zu **Fraktionen** (mindestens 5% der MdB). Der **Bundestagspräsident,** seine **Stellvertreter** und die **Schriftführer** werden für eine Wahlperiode vom Plenum gewählt. Präsident, Stellvertreter und Vertreter der Fraktionen bilden den **Ältestenrat,** der den Präsidenten bei der Führung der Geschäfte unterstützt. Der Präsident hat Hausrecht und Polizeigewalt in den seiner Verwaltung unterstehenden Gebäuden. In den Sitzungen bilden der amtierende Präsident und zwei Schriftführer den **Sitzungsvorstand.** Zur Vorbereitung der Verhandlungen setzt der Bundestag ständige **Ausschüsse** ein, in denen Abgeordnete entsprechend der Stärke der Fraktionen vertreten sind.

Die wichtigsten Aufgaben des Bundestags sind die **Wahl des Bundeskanzlers** und die **Kontrolle der Regierung,** das **Einbringen von Gesetzesvorlagen** und deren **Beratung und Verabschiedung als Gesetze** sowie die Mitwirkung bei der Wahl des Bundespräsidenten und der Richter für das Bundesverfassungsgericht.

Der Bundesrat

Der Bundesrat setzt sich aus **69 Vertretern der Länderregierungen** zusammen, die an die Weisung ihrer Regierung gebunden sind:

Baden-Württemberg	6	Niedersachsen	6
Bayern	6	Nordrhein-Westfalen	6
Berlin	4	Rheinland-Pfalz	4
Brandenburg	4	Saarland	3
Bremen	3	Sachsen	4
Hamburg	3	Sachsen-Anhalt	4
Hessen	5	Schleswig-Holstein	4
Mecklenburg-Vorpommern	3	Thüringen	4

Der **Bundesratspräsident** (immer ein Ministerpräsident) wird für ein Jahr gewählt. Er vertritt den Bundespräsidenten.

Über den Bundesrat wirken die Länder bei der Gesetzgebung und der Verwaltung des Bundes mit.

Der Bundespräsident

Der Bundespräsident, **Staatsoberhaupt** der Bundesrepublik Deutschland, wird ohne Aussprache von der **Bundesversammlung** gewählt; diese besteht aus den Mitgliedern des Bundestags und einer gleichen Anzahl von Mitgliedern, welche die Volksvertretungen der Länder nach den Grundsätzen der Verhältniswahl wählen. Das Amt des Bundespräsidenten dauert fünf Jahre. Seine anschließende Wiederwahl ist nur einmal zulässig. Ihn vertritt der **Präsident des Bundesrats.** Die wichtigsten, im GG festgelegten, Aufgaben des Bundespräsidenten:
- Völkerrechtliche Vertretung des Bundes,
- Abschluß von Verträgen mit auswärtigen Staaten,
- Ausfertigung und Verkündung der Gesetze,
- Vorschlag des Bundeskanzlers und Ernennung nach seiner Wahl durch den Bundestag,
- Ernennung und Entlassung der Minister auf Vorschlag des Bundeskanzlers,
- Ausübung des Begnadigungsrechts,
- Verkündung des Gesetzgebungsnotstands,
- Verkündung des Verteidigungsfalls.

Seine Aufgaben lassen dem Träger dieses Amtes nur sehr eng begrenzten politischen Spielraum. Davon unberührt bleibt jedoch die Möglichkeit höchste moralische Autorität des Staates zu sein, und zwar für die Regierenden und die Bürger.

Die Bundesregierung

Die Bundesregierung besteht aus dem vom Bundestag gewählten **Bundeskanzler,** der die **Richtlinien der Politik bestimmt** und den **Bundesministern, die ihre Ministerien verantwortlich leiten.** Ihre wichtigsten Aufgaben sind das **Einbringen von Gesetzesvorlagen,** die **Stellungnahme zu Gesetzesvorlagen des Bundesrats,** der **Erlass von Rechtsverordnungen und Verwaltungsvorschriften,** die **Ausführung der Gesetze** mit Hilfe der Bundesverwaltungen und die **Aufsicht über die Ausführung der Bundesgesetze** durch die Länder. Sie unterliegt der **Kontrolle durch den Bundestag;** ihre Ablösung während der Wahlperiode ist nur möglich, wenn dieser mit absoluter Mehrheit einen Nachfolger des Bundeskanzlers wählt.

Humanitäres Völkerrecht in bewaffneten Konflikten

Rechtsgrundlagen

ZDv 15/1; ZDv 15/2; ZDv 15/3

1. Das **humanitäre Völkerrecht** umfasst die Gesamtheit der Rechtsnormen, die dem **Schutz des Menschen in bewaffneten Konflikten** dienen. Es ist die Bestätigung und Weiterentwicklung des traditionellen **Kriegsvölkerrechts** und gilt heute auch in solchen bewaffneten Konflikten, die von den Parteien nicht als Krieg angesehen werden. Bestimmte Regeln gelten sogar im Verhältnis zwischen dem Staat und seinen eigenen Bürgern.

2. Das humanitäre Völkerrecht setzt der Gewaltanwendung zur Niederwerfung eines Gegners gewisse Grenzen und stellt sie unter Regeln. Die wichtigsten **Rechtsgrundlagen** sind die **Haager Abkommen von 1907** sowie die vier **Genfer Abkommen von 1949** mit ihren beiden **Zusatzprotokollen von 1977.** Nachfolgend können nur die rechtlichen Grundlagen und die für den einzelnen Soldaten wichtigsten Bestimmungen dargestellt werden.

3. Nur diejenige Gewaltanwendung ist erlaubt, die zur **Bekämpfung des Gegners nötig ist.** Kriegshandlungen dürfen nur gegen militärische Ziele gerichtet sein, keine unnötigen Leiden erwarten lassen und nicht heimtückisch sein.
Damit wird sowohl der **militärischen Notwendigkeit** als auch den **Geboten der Menschlichkeit** Rechnung getragen.

4. Die **allgemeinen Regeln des Völkerrechts** sind nach dem Grundgesetz Bestandteil des Bundesrechts, gehen den Gesetzen vor und erzeugen unmittelbar Rechte und Pflichten für alle Einwohner der Bundesrepublik Deutschland. Sie fordern ein Verhalten nach den **Geboten der Menschlichkeit** und des Gewissens. Darüber hinaus sind die Angehörigen der Bw verpflichtet, alle für unseren Staat verbindlichen **Verträge** einzuhalten und durchzusetzen.

5. Der Soldat der Bw hat die **Pflicht,** die Regeln des Völkerrechts zu achten, einzuhalten und seinem Handeln zugrunde zu legen. Bei Zweifeln über die Rechtslage muss er ggf. die Entscheidung seiner Vorgesetzten herbeiführen; ist das nicht möglich, handelt er nach den Grundsätzen der Menschlichkeit und folgt seinem Gewissen.

Der Soldat muß auch **im Kampf Unmenschlichkeit vermeiden** und sich jeder Gewaltanwendung gegen Wehrlose und Schutzbedürftige sowie jeder Heimtücke und Grausamkeit enthalten. Völkerrechtswidrige Befehle darf der Vorgesetzte nicht erteilen, der Untergebene nicht befolgen. Siehe auch „Vorgesetzter und Untergebener/Befehl und Gehorsam". Schwere Verletzungen des humanitären Völkerrechts sind Straftaten und können zur Strafverfolgung durch den eigenen Staat oder fremde Staaten führen.

Kombattanten-, Nichtkombattanten- und Kriegsgefangenenstatus

Die Streitkräfte einer Konfliktpartei bestehen aus **Kombattanten,** die sich unmittelbar an Feindseligkeiten beteiligen dürfen und Personen, die keinen Kampfauftrag haben, den **Nichtkombattanten.**

1. Die **bewaffnete Macht** einer am Konflikt teilnehmenden Partei wird gebildet aus allen ihren organisierten bewaffneten Verbänden, Gruppen und Einheiten einschließlich etwa eingegliederter Milizen und Freiwilligenkorps. Sie müssen einer verantwortlichen Führung unterstehen und einem internen Disziplinarsystem unterliegen, das u. a. die Einhaltung des Völkerrechts gewährleistet.

Der Status von **Frauen** richtet sich nach denselben Grundsätzen wie bei den Männern. Die Konfliktparteien treffen Vorkehrungen gegen die unmittelbare Teilnahme von **Kindern** unter 15 Jahren an Kriegshandlungen und haben davon abzusehen, sie in ihre Streitkräfte einzugliedern.

2. Angehörige regulärer Truppen tragen **Uniform.** Kombattanten nicht uniformierter Streitkräfte müssen ein aus der Ferne erkennbares **Unterscheidungszeichen** tragen und ihre **Waffen offen** führen. Wenn sie sich wegen der Art der Feindseligkeiten nicht von der Zivilbevölkerung (z. B. Guerillakämpfer im besetzten Gebiet), unterscheiden oder wenn diese selbst im noch unbesetzten Gebiet zu den Waffen greift (**levée en masse**), müssen sie während jedes militärischen Einsatzes ihre Waffen offen tragen und vor Beginn eines Angriffs bei jeder Bewegung ihre Waffen so lange offen tragen, wie sie für den Gegner sichtbar sind.

3. Jeder **Kombattant** hat die Regeln des humanitären Völkerrechts in bewaffneten Konflikten einzuhalten. Fällt er in die Hand des Gegners, wird er **Kriegsgefangener** und darf wegen erlaubter Kriegshandlungen nicht bestraft, wegen Völkerrechtsverletzungen jedoch zur Verantwortung gezogen werden.

4. Den Streitkräften angehörende **Nichtkombattanten,** wie Richter, Beamte, Angestellte und Arbeiter, werden, fallen sie in die Hand des Gegners, ebenso wie Kombattanten, **Kriegsgefangene.**
Nichtkombattanten sind auch die **Soldaten des Sanitätsdienstes** und **Seelsorgepersonal** (Militärgeistliche). Sie dürfen, falls sie in die Hand des Gegners fallen, nur zurückgehalten werden, wenn es zur Betreuung der Kriegsgefangenen nötig ist. Sie gelten dann nicht als Kriegsgefangene, genießen aber deren rechtlichen Schutz.
Auch Nichtkombattanten dürfen sich selbst und andere gegen völkerrechtswidrige Angriffe verteidigen. Sanitäts- und Seelsorgepersonal ist es erlaubt, zu diesem Zweck Handwaffen (Pistole, Gewehr, Maschinenpistole) zu tragen und zu benutzen, wenn sie die innerstaatliche Berechtigung (allgemein Sanitätssoldaten der Bw) dazu haben (Militärpfarrer der Bw sind unbewaffnet).
Personen im **Gefolge** von Streitkräften (ohne in sie eingegliedert zu sein) z. B. Berichterstatter, sind ebenfalls keine Kombattanten. Fallen sie in die Hand des Gegners, werden sie Kriegsgefangene.

5. Personen, die ohne Berechtigung an Feindseligkeiten teilnehmen, besonders **Söldner,** sind **Freischärler** und haben, wie **Spione,** die bei der Ausübung ihrer Tätigkeit in die Hand des Gegners fallen, keinen Anspruch auf den Status eines Kriegsgefangenen. Diese Personen werden, vor allem wenn Zweifel bestehen, zunächst wie Kriegsgefangene behandelt, können dann jedoch zur strafrechtlichen Verfolgung in einem ordentlichen Gerichtsverfahren vor ein unparteiisches Gericht gestellt werden. Die Bestrafung darf nur in einem Urteil ausgesprochen und dementsprechend vollstreckt werden.

Völkerstrafgesetzbuch

Das Völkerstrafgesetzbuch (VStGB) ist die Einlösung völkerrechtlicher Verpflichtungen, die Deutschland mit der Ratifizierung des Römischen Status des Internationalen Strafgerichtshofs eingegangen ist. Als selbstständige Kodifikation neben dem Strafgesetzbuch stellt es das spezifische Unrecht der Verbrechen gegen das Völkerrecht unter Strafe, das sich mit den Tatbeständen des allgemeinen Strafrechts nicht oder doch nur mit Schwierigkeiten erfassen lässt; z. B. die Anordnung oder Androhung eines Vorgesetzten, es werde kein Pardon gegeben, d. h. keine Gefangenen gemacht, die Zwangsrekrutierung von Kindersoldaten oder die völkerrechtswidrige Überführung der Zivilbevölkerung einer Besatzungsmacht in ein besetztes Gebiet. Zentraler Regelungsgegenstand des VStGB sind die Verbrechen des Völkermords (§ 6 VStGB), die Verbrechen gegen die Menschlichkeit (§ 7 VStGB) und Kriegsverbrechen (§ 8 bis 12 VStGB). Einbezogen in den Täterkreis des VStGB ist auch der Soldat der Bundeswehr.

Völkermord und die Verbrechen gegen die Menschlichkeit können sowohl in Friedenszeiten als auch in einem internationalen oder nicht-internationalen bewaffneten Konflikt begangen werden. Verbrechen gegen die Menschlichkeit setzen im Übrigen voraus, dass sie im Rahmen eines ausgedehnten oder systematischen Angriffs gegen eine Zivilbevölkerung begangen werden müssen. Kriegsverbrechen stehen schon begrifflich im Zusammenhang mit einem bewaffneten Konflikt. Sie sind in den Tatbeständen der Kriegsverbrechen gegen Personen (§ 8 VStGB), Kriegsverbrechen gegen Eigentum und sonstige Rechte (§ 9 VStGB), Kriegsverbrechen des Einsatzes verbotener Mittel der Kriegsführung (§ 11 VStGB) und Kriegsverbrechen des Einsatzes verbotener Mittel der Kriegsführung (§ 12 VStGB) im Einzelnen systematisch gegliedert. Kriegsverbrechen sind in internationalen und nicht-internationalen Konflikten strafbewehrt, einzelne Tatbestände der Kriegsverbrechen gegen Personen (§ 8 Abs. 3 VStGB), gegen Eigentum und sonstige Rechte (§ 9 Abs. 2 VStGB) und des Einsatzes verbotener Methoden der Kriegsführung (§ 11 Abs. 3 VStGB) sind nur in einem internationalen bewaffneten Konflikt straferheblich.

Als Straftat gegen das Völkerrecht behandelt das VStGB ferner die Vergehen der Verletzung der Aufsichtspflicht durch einen militärischen Vorgesetzten, wenn der Untergebene eine Tat nach dem VStGB begeht, deren Bevorstehen dem Vorgesetzten erkennbar war und die er hätte verhindern können (§ 13 VStGB) und das Unterlassen der Meldung einer Straftat nach dem VStGB durch einen Untergebenen (§ 14 VStGB).

Eine § 5 WStG ähnliche Regelung enthält auch das VStGB; wer eine Straftat gegen das Völkerrecht in Ausführung eines militärischen Befehls begeht, handelt ohne Schuld, sofern er nicht erkennt, dass der Befehl rechtswidrig ist und des Rechtswidrigkeit auch nicht offensichtlich ist (§ 3 VStGB). Eine besondere, dem deutschen Strafrecht bisher fremde

Regelung einer Vorgesetzten-Verantwortlichkeit für Straftaten von Untergebenen enthält das VStGB in seinem § 4. Dieser ordnet die Bestrafung des Vorgesetzten in gleichem Umfang wie diejenige des Untergebenen an. Wegen der besonderen Verantwortung des Vorgesetzten ist eine Strafmilderung ausgeschlossen.
Die Verfolgung von Verbrechen nach dem VStGB und die Vollstreckung der jeweils verhängten Strafen verjähren nicht.

Für die Ahndung schwerster Völkerrechtsverbrechen ist auf der Grundlage des Römischen Status der Internationale Strafgerichtshof in Den Haag eingerichtet worden. Er darf seine Zuständigkeit allerdings nur ausüben, wenn ein Staat nicht fähig oder willens ist, die Strafverfolgung zu betreiben (sog. Grundsatz der Komplementarität). Da Deutschland mit dem VStGB alle völkerrechtlichen Verpflichtungen aus dem Römischen Status abdeckt, besitzt die deutsche Strafgerichtsbarkeit Vorrang vor der Gerichtsbarkeit des Internationalen Gerichtshofs. Zuständiges Strafgericht für die Ahndung aller Strafbestände nach dem VStGB ist schon in erster Instanz das Oberlandesgericht.

Kampfmittel und Kampfmethoden

1. Im bewaffneten Konflikt besteht **kein unbeschränktes Recht in der Wahl von Mitteln und Methoden der Kriegführung.** Vor allem ist es **verboten,**
   - **überflüssige Verletzungen** oder **unnötige Leiden** hervorzurufen,
   - **ausgedehnte, langanhaltende** und **schwere Schäden** der natürlichen **Umwelt** zu verursachen,
   - militärische Ziele und Zivilpersonen oder zivile Objekte **unterschiedslos** zu schädigen.

2. **Angriffe** sind allein auf **militärische Ziele** zu beschränken. Das sind vor allem die Streitkräfte, militärische Luftfahrzeuge und Kriegsschiffe, militärisch genutzte Gebäude und Objekte sowie Wirtschaftsziele, die wirksam zu militärischen Handlungen beitragen (Verkehrseinrichtungen, Industrieanlagen). **Zivilpersonen in militärischen Zielen** sind gegen diese Angriffe nicht geschützt. Beim Angriff auf militärische Ziele ist größtmögliche **Schonung der Zivilbe-**

völkerung erforderlich. Wenn nötig muss eine wirksame **Warnung** vorausgehen, es sei denn, die Umstände lassen es nicht zu.

3. Beschießungen oder Bombardierungen der an Kampfhandlungen nicht teilnehmenden **Zivilbevölkerung** sowie Angriffe auf **zivile Objekte** sind **verboten.**

4. Es ist verboten, den Befehl zu erteilen, niemanden am Leben zu lassen, dies dem Gegner anzudrohen oder Kriegshandlungen in diesem Sinne zu führen.

5. Personen, die aus einem **Luftfahrzeug in Not** mit dem Fallschirm abspringen um sich zu retten, dürfen nicht angegriffen werden, es sei denn, sie begehen eine feindselige Handlung.
Luftlandetruppen dürfen dagegen schon in der Luft bekämpft werden.

6. **Kriegslisten,** wie der Gebrauch gegnerischer Signale, Parolen, Zeichen, sind erlaubt. **Heimtücke,** die vor allem im Missbrauch des Völkerrechts besteht, ist verboten. Beispiele:
Partamentäre, die bevollmächtigt sind, mit dem Gegner zu verhandeln, machen sich mit einer **weißen Flagge** kenntlich. Sie und ihre Begleiter haben Anspruch auf Unverletzlichkeit bis zur sicheren Rückkehr in den eigenen Bereich. Diese **Unverletzlichkeit endet** bei **Missbrauch der Parlamentärflagge,** z. B. Sabotage, Spionage oder Zersetzung oder zur Annäherung unter dem Schutz der Flagge, um dann anzugreifen.
Auch das Vortäuschen von Kampfunfähigkeit ist Heimtücke, fernerhin der Missbrauch **gegnerischer oder neutraler Nationalflaggen, militärischer Abzeichen und Uniformen** sowie der besonderen **international anerkannten Schutzzeichen.**

7. Erlaubt ist politische und militärische **Propaganda** zur Untergrabung des gegnerischen Widerstandswillens und der Disziplin. Verboten ist die **Aufforderung zu Straftaten und Völkerrechtsverletzungen.**

8. **Repressalien** sind an sich völkerrechtswidrige Zwangsmaßnahmen, die eine Konfliktpartei anwendet, um Völkerrechtsverletzungen des Gegners zu beenden. Sie müssen im Verhältnis zum Verstoß des Gegners stehen und in Deutschland wegen ihrer **politischen und militärischen Tragweite** von der **Bundesregierung** angeordnet werden. Repressalien muss eine Warnung vorausgehen.
Kein Soldat ist berechtigt, von sich aus Repressalien zu befehlen.

Ausdrücklich verboten sind Repressalien gegen **geschützte Personen,** Privateigentum, lebensnotwendige Objekte, die natürliche Umwelt, Anlagen und Einrichtungen, die gefährliche Kräfte enthalten und Kulturgut.

Schutz von Personengruppen

Eine **Benachteiligung** von Angehörigen der geschützten Personengruppen wegen Rasse, Farbe, Nationalität, Sprache, Religion, Weltanschauung, der politischen Meinung, sozialen Herkunft oder Stellung usw. ist **unzulässig.**

I. SCHUTZ DER ZIVILBEVÖLKERUNG

1. **Zivilpersonen** (ausgenommen levée en masse) dürfen nicht an Kampfhandlungen teilnehmen. Sie sind zu schonen und zu schützen und haben Anspruch auf **Achtung** ihrer Person, Ehre, Familienrechte, religiösen Anschauungen, Gewohnheiten und Gebräuche; auch ihr Eigentum ist geschützt. Unter besonderem Schutz stehen **Frauen, Kinder und Kranke.** Zivilpersonen dürfen weder angegriffen noch getötet, verwundet oder ohne zwingenden Grund gefangengenommen werden. Sie dürfen von **keiner Partei als Schild benutzt** oder als **Geiseln** genommen werden. **Kollektivstrafen, Einschüchterung, Terrorisierung, Repressalien und Plünderungen sind verboten.**

2. **Zivile Objekte** dürfen von Soldaten geschützt, diese selbst jedoch angegriffen werden. Ein Abwägen der Vor- und Nachteile militärischen Schutzes ist deshalb also immer erforderlich.
Nach gegenseitiger Vereinbarung eingerichtete **Sanitäts- und Sicherheitszonen und -orte** schützen Verwundete, Kranke, Gebrechliche, Greise, Kinder schwangere Frauen und Mütter mit Kindern unter sieben Jahren vor jedem Angriff. Sie dürfen keinen militärischen Zweck erfüllen und nicht verteidigt werden. Ebenso kann die Errichtung **entmilitarisierter (neutralisierter) Zonen** vereinbart werden, in denen keine Tätigkeiten militärischer Art zulässig sind. Sie schützen ebenfalls Verwundete, Kranke und andere am Konflikt nicht beteiligte Personen.

3. Auch **Journalisten** sind als Zivilpersonen geschützt, sofern sie nichts unternehmen, was diesen Status beeinträchtigt.

4. Zivilpersonen können sich jederzeit mit einem **Hilfeersuchen** an eine Schutzmacht (neutraler Staat), das Internationale Kommitee vom Roten Kreuz

(IKRK) oder an eine Hilfsgesellschaft wenden. Vertreter einer Schutzmacht oder des IKRK dürfen geschützte Personen überall aufsuchen.

5. Lassen es Lage, Auftrag und Mittel zu, ist der Zivilbevölkerung zu helfen, vor allem in Notfällen.

II. SCHUTZ DER VERWUNDETEN, KRANKEN UND SCHIFFBRÜCHIGEN

1. **Verwundete, Kranke und Schiffbrüchige** sind unter allen Umständen zu schonen und zu schützen. Jeder Angriff auf ihr Leben oder ihre Person ist verboten. Sie sind zu bergen, mit Menschlichkeit zu behandeln und zu pflegen, und sie sind zu identifizieren. Vor Misshandlung (auch durch Zivilbevölkerung) und Beraubung sind sie zu schützen. Sie können **jeden chirurgischen Eingriff** und andere vergleichbare **Eingriffe in die körperliche Unversehrtheit ablehnen. Repressalien** gegen sie sind **verboten.**

2. **Gefallene** sind zu bergen und zu identifizieren; ihre Ausplünderung ist untersagt. Nach Leichenschau mit Dokumentation sind sie würdig zu bestatten oder (nur aus religiösen oder zwingenden hygienischen Gründen) einzuäschern.

3. **Ortsfeste Einrichtungen, Fahrzeuge und bewegliche Truppenteile des Sanitätsdienstes** dürfen unter keinen Umständen bekämpft werden. Ihre ungestörte Tätigkeit ist jederzeit zu gewährleisten. Sie sollen möglichst in genügender **Entfernung von militärischen Zielen** errichtet bzw. eingesetzt werden.
Fallen Sanitätseinrichtungen bzw. -truppenteile in die Hand des Gegners, muss dieser ihre Tätigkeit so lange zulassen, bis er selbst die **notwendige medizinische Versorgung** sichergestellt hat. Das **Material** der beweglichen Sanitätseinheiten (Kfz, Feldtragen, Gerät, Arznei- und Verbandmittel) muss dem Sanitätspersonal weiter zur Verfügung stehen.
Transporte von Verwundeten, Kranken und Sanitätsmaterial sind zu schonen und zu schützen.

4. Werden **Sanitätseinrichtungen** zweckwidrig zu **Handlungen** verwandt, die den **Gegner schädigen,** verlieren sie nach vorheriger Warnung ihren Schutz. Keine feindseligen Handlungen in diesem Sinne sind der Schutz von Sanitätspersonal und -einrichtungen durch Wachposten oder Geleittrupp, der Waffengebrauch des Sanitätspersonals zum eigenen Schutz und zum Schutz der Verwundeten und Kranken sowie das Aufbewahren des bei diesen sichergestellten Kriegsmaterials.

5. Das zivile und militärische **Sanitätspersonal** steht unter besonderem Schutz und darf weder angegriffen noch in der Wahrnehmung seiner Aufgaben

behindert werden. Die Angehörigen des militärischen Sanitätspersonals sind **militärische Nichtkombattanten.** Das **ständige Sanitätspersonal** übt seine Tätigkeit in Gefangenschaft weiter aus, wenn es für die Betreuung von Kriegsgefangenen zurückgehalten werden muss; sonst wird es heimgeschafft. Mitglieder des **nicht-ständigen militärischen Sanitätspersonals** werden Kriegsgefangene und, soweit ein Bedürfnis besteht, für den Sanitätsdienst verwendet.

6. Das **rote Kreuz** (bzw. der rote Halbmond) auf weißem Grund wird als **Schutzzeichen** vom Sanitäts- und Seelsorgepersonal (Armbinde) sowie für Sanitätseinrichtungen/Hospitalschiffe, Sanitätstransporte, Sanitätszonen und Sanitätsmaterial geführt (Flagge und Zeichen). Heimtückische Benutzung ist eine schwere Völkerrechtsverletzung.

III. SCHUTZ DER KRIEGSGEFANGENEN

1. **Kriegsgefangene** sind keine Strafgefangenen, sondern Sicherungsgefangene. Sie sind **Staatsgefangene** und unterstehen dem **Gewahrsamsstaat,** dessen Soldaten sie gefangen genommen haben, und der für ihre Behandlung verantwortlich ist. Eine unmenschliche oder entwürdigende Behandlung und Repressalien ihnen gegenüber sind **verboten.**

2. Ein Kombattant, der die Waffen streckt, sich ergibt, wehrlos oder sonst kampf- oder verteidigungsunfähig ist, darf nicht mehr bekämpft werden. Er ist **gefangen zu nehmen, wird entwaffnet und durchsucht.** Militärische Ausrüstung (und Schriftstücke) sind ihm **abzunehmen, persönliche Sachen,** Stahlhelm, ABC-Schutzausstattung, Verpflegung, Bekleidung mit Dienstgrad-, Nationalitätsabzeichen und Auszeichnungen **zu belassen.** Geld und Wertgegenstände dürfen ihm nur auf Befehl eines Offiziers gegen Empfangsbestätigung abgenommen werden und sind ihm bei Entlassung zurückzuerstatten.

3. Kriegsgefangene sind **möglichst bald außer Gefahr zu bringen;** können sie unter ungewöhnlichen Kampfbedingungen nicht weggeschafft werden, sind sie **freizulassen,** wobei alle praktisch möglichen Vorkehrungen zu ihrer Sicherheit zu treffen sind.

4. Bei **Vernehmungen** muss der Kriegsgefangene nur seinen Namen, Vornamen, Dienstgrad, sein Geburtsdatum und seine Personenkennziffer angeben. Er darf zu weiteren Aussagen nicht gezwungen werden.

5. Gesunde Mannschaftsdienstgrade darf der Gewahrsamsstaat zu bestimmten, nichtmilitärischen **Arbeiten** heranziehen, Unteroffiziere nur zu Aufsichtsarbeiten, Offiziere zu keiner Arbeit, es sei denn, sie beantragen eine solche.
Kein Kriegsgefangener darf zu erniedrigenden, gesundheitsschädlichen oder gefährlichen Arbeiten (z. B. Räumen von Minen) herangezogen werden.

6. **Fluchtversuche** dürfen (auch im Wiederholungsfall) nur **disziplinar** geahndet werden, wenn der Flüchtige während der Flucht keine Gewalt gegen Personen angewendet hat.

IV. SEELSORGEDIENST

1. **Militärgeistliche** und ihnen gleichgestellte Geistliche üben die geistliche Betreuung der ihnen anvertrauten Personen aus. Sie sind wie das Sanitätspersonal gekennzeichnet und geschützt. **Nebenamtliche Militärgeistliche** sind ihnen völkerrechtlich nicht gleichgestellt, jedoch als Zivilpersonen geschützt.

2. **Hilfskräfte der Militärgeistlichen (Pfarrhelfer, Kraftfahrer)** der Bw erhalten im **Verteidigungsfall** den **Soldatenstatus.** Auch diesen Personen ist nach den Grundsätzen des humanitären Völkerrechts weitgehend Schutz und Achtung zu gewähren.

3. Für die Seelsorge benutzte **Gegenstände** sind, anders als Sanitätsmaterial, nicht extra geschützt, sollen aber entsprechend dem Grundgedanken des humanitären Völkerrechts geschont werden.

4. Militärgeistliche in fremdem Gewahrsam dürfen nicht zu **Arbeit** gezwungen werden, die in keinem Zusammenhang mit ihrer seelsorgerischen Tätigkeit steht. Diese ist ihnen zu **erleichtern,** z. B. durch Bereitstellung von Räumen, Beförderungsmitteln usw.

Allgemeine Truppenkunde

Soldatenlaufbahnverordnung und Beförderungsbestimmungen

ZDv 14/5

1. **Die Soldaten sind nach Eignung, Befähigung und Leistung ohne Rücksicht auf Geschlecht, Abstammung, Rasse, Glauben, religiöse oder politische Anschauungen, Heimat oder Herkunft zu ernennen.** (§ 1 SLV)

2. In den **Laufbahngruppen** der **Mannschaften, Unteroffiziere und Offiziere** bestehen die **Laufbahnen Truppendienst, allgemeiner Fachdienst, Sanitätsdienst, Militärmusikdienst, militärgeographischer Dienst** – bei den Offizieren außerdem die Laufbahn **militärfachlicher Dienst.** (§ 2 SLV)
Dienstgrade, Dienstgradgruppen und -bezeichnungen siehe Anhang.

3. **Beförderung** ist die Verleihung eines höheren Dienstgrades. (§ 4 SLV)

Die Beförderung der **Mannschaften** ist zu nachfolgenden **Dienstgraden** und nach folgenden **Dienstzeiten** in Monaten möglich:
Gefr = 3, **OGefr** = 6, **HptGefr** = 12, **StGefr** = 36, **OStGefr** = 48.

Festgesetzte **Dienstzeiten** in Jahren sind Voraussetzung zur Beförderung zum: HptGefr/StGefr = mindestens 4, OStGefr = mindestens 6.

Die Dienstgrade OGefr, HptGefr, StGefr und OStGefr brauchen nicht durchlaufen zu werden.

Zum HptGefr kann ein Gefr/OGefr in technischer oder entsprechend fachlicher Spezialverwendung mit Abschluß- bzw. Fachprüfung befördert werden.
Unter ähnlichen Voraussetzungen ist auch eine direkte Einstellung als HptGefr nach § 8 SLV möglich. Ein so eingestellter HptGefr kann nach 30 Monaten zum StGefr und nach 54 Monaten zum OStGefr befördert werden.

Die Beförderung zum Unteroffizier setzt eine Dienstzeit von 1 Jahr voraus, davon mindestens 9 Monate in einem Gefreitendienstgrad. Die Beförderung zum **Stabsunteroffizier** ist nach 1 Jahr seit Ernennung zum Unteroffizier zulässig.

4. **Unteroffiziere** aller Laufbahnen können bei Eignung zur Laufbahn der **Offiziere des Truppendienstes** zugelassen werden. Vorbedingung:
- Zum Zeitpunkt der Zulassung muss das 21. Lebensjahr vollendet und darf das 28. noch nicht vollendet sein.
- Bestandene Eignungsprüfung bei der Offizierbewerberprüfzentrale.
- Erfolgreiche Teilnahme am militärischen Auswahllehrgang.
- Verpflichtung als SaZ 15.

5. **Die Bundeswehr ist für den freiwilligen Dienst von Frauen geöffnet. Alle Laufbahngruppen, Laufbahnen und Tätigkeitsbereiche stehen ihnen offen.**

Soldatenurlaubsverordnung

ZDv 14/5

Die Soldatenurlaubsverordnung wird inhaltlich in Verbindung mit den Ausführungsbestimmungen wiedergegeben – nicht im Wortlaut.

I. BEGRIFFSBESTIMMUNGEN

1. **Urlaub** ist die Erlaubnis, einen vollen Tag oder mehr dem Dienst fernzubleiben und sich auch an einem anderen Ort aufzuhalten.

2. **Ausgang** ist das Verlassen der dienstlichen Unterkunft während der Freizeit über den Zapfenstreich hinaus und über das Wochenende. Siehe „Leben der militärischen Gemeinschaft".

3. **Dienstbefreiung** ist die Erlaubnis, für Stunden dem Dienst fernzubleiben, um aus persönlichem Anlass dringende Angelegenheiten zu erledigen. Die Erlaubnis dazu erteilt der nächste DiszVorges.

4. **Freistellung** vom Dienst ist der Ausgleich für besondere zeitliche Belastungen (gemäß „Erlass über den Ausgleich besonderer zeitlicher Belastungen der Soldaten").

5. **Freizeitausgleich für die Inanspruchnahme durch Rufbereitschaft** erfolgt, wenn der Soldat im Monat mehr als 10 Stunden in Anspruch genommen wird.

6. **Freistellung vom militärischen Dienst** ist die Erlaubnis für SaZ, statt am militärischen Dienst an einer Fachausbildung teilzunehmen.

II. AUSFÜHRUNGSBESTIMMUNGEN

a. **Erholungsurlaub der Berufssoldaten und Soldaten auf Zeit.**

1. Das **Urlaubsjahr** beginnt am 1. Januar und endet mit Ablauf des 31. Dezember.

2. **Urlaubsanspruch** besteht erst sechs Monate nach Eintritt in die Bw.

3. Der (mit Vordruck zu beantragende) **Erholungsurlaub** kann (nur schriftlich) **versagt** werden, wenn **zwingende dienstliche Erfordernisse** entgegenstehen. Mit der Versagung soll dem Soldaten ein Zeitraum im laufenden Urlaubsjahr vorgeschlagen werden, in dem er seinen Urlaub nehmen kann. Wird der Urlaub aus **zwingenden** Gründen **in Ausnahmefällen widerrufen,** werden dem Soldaten zudem die dadurch entstehenden Mehraufwendungen nach dem Reisekostenrecht ersetzt.
Urlaub, der im laufenden Urlaubsjahr bereits einmal versagt wurde, darf nur mit Zustimmung des nächsthöheren DiszVorges abgelehnt werden.
Ein Antrag zur Übertragung in das nächste Urlaubsjahr ist nicht nötig.

4. Erholungsurlaub soll möglichst im laufenden Kalenderjahr genommen werden; er **verfällt,** wenn er nicht bis zum 30. September des nächsten Jahres genommen worden ist.

5. **Dauer des Erholungsurlaubs in Arbeitstagen,** das sind alle Kalendertage, an denen der Soldat dienstplanmäßig regelmäßig Dienst zu leisten hat (Bild 1):

Dienstgrad	bis zum vollendeten		über
	30. Lebensjahr	40. Lebensjahr	40 Jahre
Grenadier bis			
Oberstleutnant A 14	26	29	30
ab Oberstleutnant A 15	26	30	30

Bild 1 Dauer des Erholungsurlaubs BS und SaZ in Arbeitstagen

6. Ein BS oder SaZ kann auf Antrag die 20 Arbeitstage übersteigenden Erholungsurlaubstage ansparen, solange ihm für mindestens ein Kind unter 12 Jahren die Personensorge zusteht.

b. Erholungsurlaub der Soldaten, die auf Grund der Wehrpflicht Wehrdienst leisten

Soldaten, die Grundwehrdienst oder freiwilligen zusätzlichen Wehrdienst leisten, haben drei Monate nach Diensteintritt **Anspruch auf Erholungsurlaub:** für jeden vollen Monat ihrer Dienstzeit ein Zwölftel des Jahreserholungsurlaubs der BS und SaZ, anteilig für das Jahr des Diensteintritts und das der Beendigung der Dienstzeit. Bei Einberufung im untersten Mannschaftsdienstgrad und 10 Monaten Wehrdienst beträgt der Erholungsurlaub 22 Arbeitstage.

c. Sonderurlaub – Beispiele für Anlässe:

1. Teilnahme an/**Wahrnehmen** von
- öffentlichen Wahlen/Abstimmungen, wenn Stimmabgabe nicht anders möglich;
- amtlichen, z. B. polizeilichen oder gerichtlichen, Terminen;
- einer ehrenamtlichen Tätigkeit oder eines öffentlichen Ehrenamts, wenn der Soldat zur Übernahme gesetzlich verpflichtet ist;
- Ausbildungsveranstaltungen/Einsatz von Organisationen der zivilen Verteidigung (THW, Feuerwehr usw.);
- Rüstzeiten, Exerzitien, Werkwochen, Wallfahrten, Kirchentagen;
- Betreuung der Kinder- und Jugendfreizeiten des Bw-Sozialwerks;
- freiwilligen Kriegsgräbereinsätzen;
- Sitzungen eines überörtlichen Gewerkschafts- oder Berufsverbandsvorstands, Tagungen oberhalb der Landes- bzw. Bezirksebene (keine Lehrgänge/Schulungskurse);
- förderungswürdigen staatspolitischen Bildungsveranstaltungen;
- Lehrgängen zur Ausbildung von Jugendgruppenleitern.

2. Persönliche oder familiäre Gründe, z. B. festliche Ereignisse oder Todesfälle in der Familie (Ehegatte, Kinder, Eltern des Soldaten).

3. Umzug an einen anderen Ort von BS/SaZ aus dienstlichem Anlass.

4. Vorbereitung eines Zivilberufs.

d. Dienstfreier Werktag (Quartalausgleichstag)

Soldaten in bestimmten Einheiten – mit besonderen Anforderungen hinsichtlich Einsatzbereitschaft und Ausbildung – erhalten von Beginn des Wehrdienstverhältnisses an in jedem Kalendervierteljahr einen **dienstfreien Werktag** (Quartalausgleichstag) unter Belassung der Geld- und Sachbezüge. Die dienstfreien Tage bestimmt der nächste DiszVorges nach pflichtgemäßem Ermessen, kein Sonnabend, keine Anrechnung auf Urlaubstage!

Militärische Sicherheit

ZDv 2/30

Der **Militärische Abschirmdienst** nimmt für die gesamte Bw die Maßnahmen wahr, die zur Herstellung und Erhaltung der militärischen Sicherheit notwendig sind (Abschirmung).

I. ANGRIFF GEGEN DIE MILITÄRISCHE SICHERHEIT; GEHEIMHALTUNG

1. **Militätische Sicherheit** ist der Zustand, der die militärische Geheimhaltung gewährleistet und eine Beeinträchtigung der Bw in der Erfüllung ihrer Aufgaben durch sicherheitsgefährdende Kräfte ausschließt.

2. **Sicherheitsgefährdende Kräfte** sind Organisationen oder Personengruppen, die sich für ihre Aufgabe (Spionage, Sabotage, Zersetzung) geheimdienstlicher Methoden und Mittel bedienen. Sie können von fremden Mächten gesteuert, vor allem Geheimdienste, oder unabhängig in und außerhalb der Bundesrepublik Deutschland tätig werden.

3. Der Bestand und die verfassungsmäßige Ordnung unseres Staates sind ständige Angriffsziele, die **Bundeswehr** ein **bevorzugtes Angriffsziel** sicherheitsgefährdender Kräfte.

4. Geheimdienste setzen **Agenten** ein, die aus Überzeugung, Abenteuerlust oder Gewinnsucht handeln oder aufgrund besonderer persönlicher Verhältnisse oder Schwächen dazu genötigt werden.

5. **Spionage** ist jede Tätigkeit, mit der Gegner Tatsachen, Gegenstände oder Erkenntnisse, die Staats- oder Dienstgeheimnis oder allgemein für ihn von Nutzen sind, ausspäht oder sich verschafft.
Sabotage ist die Zerstörung, Beschädigung oder Beseitigung von Wehrmaterial, Einrichtungen oder Anlagen der Landesverteidigung einschließlich wichtiger ziviler Objekte.
Zersetzung ist die planmäßige Einwirkung auf Bw-Angehörige, um deren pflichtgemäße Bereitschaft zur Erfüllung ihrer Aufgaben zu untergraben.

6. Die **militärische Geheimhaltung** umfaßt alle Maßnahmen, die getroffen worden sind und dazu dienen, bestimmte Tatsachen, Gegenstände und Erkenntnisse vor Unbefugten verborgen zu halten.

7. Alle Angehörigen der Bw haben die Pflicht, durch **Verschwiegenheit**, **Wachsamkeit** und **umsichtiges Handeln** im und außer Dienst zur Wahrung der militärischen Sicherheit beizutragen.

II. GRUNDREGELN FÜR DAS VERHALTEN DES SOLDATEN

Jeder Soldat ist für den nachrichtendienstlichen Gegner interessant, auch wenn er nichts mit Verschlusssachen zu tun hat oder meint, „dass er doch nichts wisse". Dem Gegner geht es allerdings besonders um die **Kontaktaufnahme** und auch um **Nachrichten**, die **allein unbedeutend** scheinen, aus deren Vielzahl sich aber ein („Mosaik-")Bild ergibt. Der **vorbeugende Schutz** ist deshalb das umfangreichste und **wirksamste Mittel**, die **militärische Sicherheit** zu gewährleisten.

1. **Tadelfreies Verhalten im und außer Dienst** – Der Soldat soll keine Ansatzpunkte bieten durch menschliches Fehlverhalten, z. B. übermäßiger Alkoholgenuß, sexuelle Ausschweifungen, Verschuldung, Straftaten.

2. **Verschwiegenheit** – Die Pflicht zur Verschwiegenheit verbietet dem Soldaten, dienstliche Fragen und Vorgänge öffentlich zu erörtern. Das schließt nicht aus, dass er zu Themen der Bw Stellung nimmt, mit denen sich die Öffentlichkeit, angeregt durch Presse, Fernsehen und Rundfunk beschäftigt.

3. **Achtsamkeit auf anvertrautes Gut** – Dienstliches Wissen, Schriftgut, Ausweise, Waffen, Gerät und Ausrüstung sind für den gegnerischen Nachrichtendienst immer hochgeschätzt. Für ihn gibt es auch auf diesem Gebiet **keine unwichtigen Kleinigkeiten.**

4. **Kritische Einstellung** gegenüber **Nachrichten und Schriftgut** aus gegnerischen oder unbekannten Quellen – Es ist nicht verboten, Nachrichten aus solchen Quellen zu lesen, zu hören und zu sehen; falsch ist es, sie arglos zu glauben. Strafbar kann es sein, solche Nachrichten zu verbreiten und Schriftgut weiterzugeben. Zersetzungsmaterial ist vollständig und unverzüglich abzugeben.

5. **Verstöße, Verdachtsfälle, Anbahnungsversuche** und **erkannte Spionage/Sabotage/Zersetzung** sind dem Einheitsführer zu **melden**, ohne den Verdacht augenfällig werden zu lassen. In Zweifelsfällen: **Gegner nicht warnen! Sofort melden!**

6. **Eigene Fehler und nachrichtendienstliche Verstrickung eingestehen.**

III. ANGABE DES DIENSTGRADES UND DES TRUPPENTEILS

1. Offene Anschriften (mit Dienstgrad und Truppenteil) im **privaten Schriftverkehr** sind nur innerhalb der Bundesrepublik Deutschland zulässig. Bei **Schriftverkehr mit dem Ausland** ist die für den Truppenteil festgelegte postalische Anschrift zu verwenden.

2. Schreiben, die in Staaten mit **besonderem Sicherheitsrisiko** gehen, dürfen **keinen Hinweis auf die Zugehörigkeit des Absenders zur Bundeswehr** enthalten.

3. Bei **Behörden** ist als Berufsbezeichnung „Soldat" anzugeben, z. B. bei polizeilicher Anmeldung, Kfz-Zulassung usw.

4. In **Familienanzeigen und Anzeigen zur Wohnungs- oder Stellensuche** kann der Dienstgrad angegeben werden, jedoch ohne Nennung des Truppenteils.

IV. REISEN IN STAATEN MIT BESONDEREM SICHERHEITSRISIKO

Soldaten unterliegen grundsätzlich keinen Beschränkungen bei Reisen in diese Staaten. Der **Sicherheitsbeauftragte der Dienststelle** informiert über die entsprechenden Bestimmungen.
Der Soldat muss bei solchen Reisen beachten:
- Zugehörigkeit zur Bw nicht bekanntgeben (ohne Truppenausweis, Bw-Führerschein, Impfbuch, Fotos, Ausrüstungsgegenstände reisen).
- Angaben: Beruf „Soldat", Arbeitgeber „Bundesministerium der Verteidigung" mit postalischer Anschrift der eigenen Dienststelle (nur Postfach, falls vorhanden), wenn bei Visa-Anträgen oder Anmeldung verlangt; bei Visa-Anträgen Dienstgrad, sofern ausdrücklich verlangt.
- Gesetze und Bestimmungen des Landes genau beachten (rechtzeitig vorher informieren!).
- Keine Druckerzeugnisse politischen Inhalts mitführen. Vorsicht beim Fotografieren. Zurückhaltung bei politischen Gesprächen.
- Alle Vorkommnisse und Wahrnehmungen während der Reise, die eine Gefahr für die militärische Sicherheit sein können, sofort nach Rückkehr melden, z. B. Anbahnungsversuche und dgl.

Anzugordnung für die Soldaten der Bundeswehr

ZDv 37/10

Die **Anzugordnung** ist Teil der soldatischen Ordnung und trägt zur Identität und Verhaltenssicherheit der Soldaten bei. Ihr liegt die **Anordnung des Bundespräsidenten über die Dienstgradbezeichnungen und die Uniform der Soldaten** zugrunde.

Die **Uniform der Bundeswehr** als einheitlicher Anzug dient der Erhaltung der Einsatzfähigkeit und der Repräsentation der Streitkräfte und drückt das Zusammengehörigkeitsgefühl der Soldaten auch äußerlich aus.

I. GRUNDSÄTZE

1. Mannschaften und Unteroffizieren wird die gesamte Bekleidung und Ausrüstung kostenlos gestellt. **Jeder Soldat** erhält bei der Einkleidung den **Nachweis für Bekleidung und Ausrüstung** und ist bis zur Abgabe der übernommenen Gegenstände verantwortlich für deren Vollzähligkeit und Pflege, siehe „Leben in der militärischen Gemeinschaft". Er haftet bei schuldhaftem Verlust.

2. **Im Dienst** ist Uniform zu tragen; den jeweiligen Anzug befiehlt der zuständige DiszVorges oder der Vorgesetzte, der den Dienst ansetzt.
Außer Dienst ist dem Soldaten die Wahl des Anzugs im Rahmen der Anzugordnung innerhalb geschlossener militärischer Anlagen freigestellt; außerhalb ist grundsätzlich der Dienstanzug zu tragen.
Zivilkleidung darf außer Dienst und auf dem Wege zum und vom Dienst getragen werden, im Dienst nur mit Genehmigung des DiszVorges.

3. Der DiszVorges kann bzw. darf
- das **Tragen der Uniform** oder einer bestimmten Anzugart bei bestimmen Gelegenheiten oder an bestimmten Orten **verbieten** oder auch aus dienstlichen Gründen außerhalb des Dienstes **befehlen**,
- **Ausgang in Uniform** erst erlauben, wenn die Soldaten ausreichend über das Verhalten in Uniform in der Öffentlichkeit unterrichtet sind,
- je nach Einsatz oder Wetter zusätzlich, allgemein oder für den Einzelfall das Tragen der nach der STAN vorgesehenen **Schutz- und Sonderbekleidung** (z. B. für Sanitäts-, Küchenpersonal oder Monteurkombination), in der vorgeschriebenen Zusammensetzung befehlen,

- aus Gründen der Sicherheit, Gesundheit oder Zweckmäßigkeit vorübergehende Abweichungen von einer Anzugart anordnen,
- **einheitliche Anzugerleichterungen** befehlen, aus Gründen der Zweckmäßigkeit auch der den Dienst leitende Vorgesetzte für den Einzelfall (z. B. Abnehmen der Kopfbedeckung, Umschlagen der Ärmel),
- Abwandlungen/Ergänzungen der Sportbekleidung oder das Tragen privater Sportbekleidung genehmigen.

Das Tragen von Zivilkleidung im Dienst ist nur mit seiner Genehmigung zulässig.

4. Beim **Mitfliegen in Luftfahrzeugen der Bw** ist Uniform zu tragen, wenn nicht eine schriftliche Ausnahmegenehmigung vorliegt.

5. **Kennzeichnungen, Abzeichen, Orden** und **Ehrenzeichen** an der Uniform müssen der Anzugordnung entsprechen.

6. **Uniform darf nicht getragen werden** bei:
- **Politischen Veranstaltungen**; gilt nicht bei dienstlich angeordneter Teilnahme (siehe „Uniformtragen bei politischen Veranstaltungen").
- Ausübung eines **öffentlichen Ehrenamts**, einer **ehrenamtlichen** oder **hauptamtlichen Tätigkeit** sowie einer Nebentätigkeit bei Einrichtungen außerhalb der Bw.

7. Das Tragen von **Fingerhandschuhen** ist dem Soldaten freigestellt, sofern nicht für geschlossene Formationen befohlen. Zum Dienstanzug ohne Jacke entfallen Handschuhe.

Kopfbedeckungen und Handschuhe sind in **geschlossenen Räumen** (z. B. Wohn- und Diensträumen, Gaststätten, Museen, Kirchen usw.) abzulegen, wenn nichts anderes befohlen ist.

Bei **Fahrten in Dienstfahrzeugen, Privatkraftfahrzeugen** und **öffentlichen Verkehrsmitteln** ist es dem Soldaten in Uniform gestattet, die Kopfbedeckung abzunehmen. Bei Übungen und Kfz-Märschen kann der Leitende das Tragen der Kopfbedeckung befehlen.

8. Alle am Kampfanzug getragenen **Tätigkeits-, Leistungs-, Sonder-, Verbands-** und **internen Verbandsabzeichen** sind im **Einsatzfall** bzw. bei entsprechender Alarmstufe **zu entfernen**. Das Tragen von Ansteckabzeichen ist untersagt.

II. EINZELREGELUNGEN

1. Zur Uniform dürfen sichtbar tragen, wenn der DiszVorges es nicht aus Sicherheitsgründen verbietet (z. B. beim Sport):
- **Männliche Soldaten keinen Schmuck** ausgenommen: zwei dezente Fingerringe, Krawattenspange, Manschettenknöpfe.
- **Frauen** (nicht im Einsatz) **dezenten Schmuck.**

Accessoires dürfen sichtbar gar nicht getragen werden, z. B. Schlüsselanhänger, Walkman usw.

2. Ein **Regenschirm** darf zur Uniform nur dann getragen werden, wenn die Umgangsformen dies zur Begleitung anderer Personen erfordern.

3. **Uniform- und dienstliche Ausrüstungsteile** dürfen **nicht zur Zivilkleidung**, zivile Oberbekleidung darf nicht zur Uniform getragen werden; ausgenommen sind nur **handelsübliche Schutzhelme** bei Benutzung privater Fahr- und Krafträder.

4. Soldaten in **Dienststellen der Bw im Ausland** tragen im Dienst die Uniform wie im Inland; wenn zugelassen, kann der Sommeranzug, sandfarben oder weiß, getragen werden. Uniformtragen außer Dienst unterliegt zwischenstaatlicher Regelung.

Abgesehen von den genannten Bestimmungen und besonderen Auslandsverwendungen tragen alle Soldaten im Ausland Zivil, sofern nicht das BMVg das Uniformtragen befohlen oder im Einzelfall genehmigt hat. Bei Fahrten zum oder vom Dienst durch das benachbarte Ausland darf die Uniform mitgeführt werden.

Bei privaten Reisen in das Ausland ist die Mitnahme und das Tragen der Uniform nicht gestattet, wenn nicht das Tragen auf Antrag genehmigt wurde.

Laufen Schiffe der Marine **ausländische Häfen** an, tragen die Besatzungen auch in der Freizeit Uniform. Der Kommandant oder der dienstälteste Offizier kann das Tragen von Zivilkleidung gestatten.

5. Jedes Tragen **nicht der Anzugordnung entsprechender Uniformteile** (auch ausländischer), das Anlegen nicht genehmigter oder in Form und Farbe abweichender Abzeichen sowie zweckwidrige Verwendung bundeswehreigener Bekleidung ist unzulässig. **Selbstbeschaffte Uniformstücke und Abzeichen** müssen in Form und Farbe den dienstlich gelieferten entsprechen.

6. **Sonderbestimmungen** gelten für das Wachbataillon beim BMVg, die Musikkorps und die Big Band der Bw, für bi-/multinational zusammengesetzte

Verbände und bei Einsätzen im Rahmen der UN, NATO, WEU, EU und ggf. weiterer Organisationen.

7. Darstellungen in den folgenden Abschnitten gelten für **alle TSK**, wenn sie nicht durch Hinweise auf die **einzelnen** gekennzeichnet sind: **Heer** = H, **Luftwaffe** = L, **Marine** = M.

III. ANZUGARTEN

1. Die **Anzugarten** sind in der **Grundforrn** aufgeführt. Bei **Ergänzung** können bestimmte Bekleidungsstücke jeweils zusätzlich zur Grundform getragen werden; bei **Abwandlung** wird die Grundform durch Wegfall oder Austausch einzelner Bekleidungsstücke verändert. Ergänzungen/Abwandlungen können in der Folge nicht behandelt werden.

a. **Kampfanzug**

1. **Feldanzug, Tarndruck, allgemein**
   - Feldmütze, Tarndruck,
   - Feldbluse, Tarndruck,
   - Feldhose, Tarndruck,
   - Hosengürtel, steingrau-oliv,
   - Kampfschuhe,
   - Wollsocken.

2. **Feldanzug, oliv, allgemein**
   - Feldschiffchen,
   - Feldjacke, oliv,
   - Feldhose, oliv,
   - Hosengürtel, steingrau-oliv,
   - Feldhemd,
   - Kampfschuhe,
   - Wollsocken.

Besonderheiten:
H/L bis auf weiteres auch auf dem Weg zum und vom Dienst (Dienstort/Wohnort/Standortbereich) und zwischen Liegenschaften; M nur im Dienst.
Zum Tragen der persönlichen Ausrüstung – siehe „Gefechtsdienst aller Truppen (zu Lande)" – ist bis zur Ausstattung mit Hüftgurt, Trageausrüstung, pers. das Koppel, steingrau-oliv zu verwenden.
Zu 1: Feldbluse grundsätzlich über der Feldhose (Überfallhose), Tragen in der Hose kann befohlen werden; Kragen offen (Unterhemd oliv) oder geschlossen.
Zu 2: Kann bei heißer Witterung ohne Feldhemd getragen werden.

3. **Bord- und Gefechtsanzug** (M)
   - Bordmütze,
   - Bordhemd,
   - Bordhose,
   - Hosengüdel, schwarz,
   - Bordschuhe,
   - Socken, schwarz.

Besonderheiten:
Nur innerhalb umschlossener militärischer Anlagen, bei Fahrten/Märschen von Einheiten, an Bord sowie im Hafen-, Schleusen- oder Werftgelände.

4. **Feldanzug, Tarndruck für Besatzungen gepanzerter Fahrzeuge**
- Feldmütze, Tarndruck,
- Feldbluse, Tarndruck,
- Panzerkombination, Tarndruck
- Kampfschuhe,
- Wollsocken.

5. **Feldanzug, oliv, für Besatzungen gepanzerter Fahrzeuge**
- Feldschiffchen,
- Feldhemd,
- Panzerkombination, oliv,
- Kampfschuhe,
- Wollsocken.

Besonderheiten:
Nur im Dienst und auf dem Weg zum und vom Dienst im Standortbereich.

6. **Feldanzug, oliv, für luftfahrzeugtechnisches Personal**
- Feldschiffchen,
- Monteurkombination, lfztechn Pers,
- Feldhemd,
- Bordschuhe, lfztechn Pers,
- Wollsocken.

7. **Flugdienstanzug**
- Feldschiffchen (H), Schiffchen blau (L), dunkelblau (M),
- Fliegerkombination oliv (H), blaugrau (L), dunkelblau (M),
- Fliegerstiefel,
- Wollsocken.

Besonderheiten:
Nur im Dienst, Ausnahmen H und L: Bei Dienst im Flugdienstanzug auf dem Hin- und Rückweg und bei Rückkehr zum Verband nach Landung auf fremden Plätzen. Der Fliegerhelm darf auf dem Weg zum bzw. vom Luftfahrzeug nicht aufgesetzt werden.

b. **Dienstanzug**

1. **Dienstanzug, grau** (h)

Männer
- Barett/Bergmütze,
- Dienstjacke/Schibluse, grau,
- Hose, grau,
- Diensthemd, langer Armel,
- Langbinder, anthrazit,
- Hosengürtel, schwarz, glatt,
- Halbschuhe, schwarz, glatt
- Socken, schwarz.

Frauen
- Barett,
- Dienstjacke/Schibluse, grau,
- Rock grau,
- Dienstbluse, langer Ärmel,
- Langbinder, anthrazit,
- Gürtel, schwarz, glatt,
- Schuhe, schwarz, glatt,
- Strümpfe oder Strumpfhose, hell/grau.

2. Dienstanzug, blau (L)

Männer
- Schiffchen, blau,
- Dienstjacke, blau,
- Hose, blau,
- Diensthemd, langer Ärmel,
- Langbinder, blau.
- Hosengürtel, schwarz, glatt
- Halbschuhe, schwarz, glatt,
- Socken, schwarz.

Frauen
- Barett, blau,
- Dienstjacke, blau,
- Rock, blau,
- Dienstbluse, langer Ärmel,
- Langbinder, blau,
- Gürtel, schwarz, glatt,
- Schuhe, schwarz, glatt
- Strümpfe oder Strumpfhose, hell/grau.

3. Dienstanzug, dunkelblau (M)

Offz, Uffz, Mannsch. ab 30. Lebensjahr
- Schirmmütze,
- Dienstjacke, dunkelblau,
- Hose, dunkelblau,
- Diensthemd, weiß, langer Ärmel,
- Langbinder, schwarz,
- Hosengürtel, schwarz,
- Halbschuhe, schwarz, glatt,
- Socken, schwarz.

Frauen
- Hut,
- Dienstjacke, dunkelblau,
- Rock dunkelblau,
- Dienstbluse, weiß langer Ärmel,
- Langbinder, schwarz
- Gürtel, schwarz,
- Schuhe, schwarz, glatt,
- Strümpfe, hell, oder Strumpfhose, hell.

Mannschaften bis 30. Lebensjahr
- Mütze, weiß,
- Klapphose, dunkelblau,
- Hemd, dunkelblau,
- Hemdkragen, blau,
- seidenes Tuch, schwarz, mit Fliege,
- Halbschuhe, schwarz, glatt,
- Socken, schwarz

Besonderheiten:

Im und außer Dienst, zum Ausgang die neuwertigere Garnitur.

Bei warmer Witterung oder in geschlossenen Räumen darf die Jacke abgelegt werden (bei H und L nur, wenn kein weißes Oberhemd getragen wird), soweit Brauch und gute Sitte dem nicht entgegenstehen (z. B. bei öffentlichen Veranstaltungen). Das Diensthemd/die Dienstbluse ist dann mit Schulterklappen zu tragen. Die Jacke darf nicht über dem Arm getragen werden.

Bei kaltem Wetter ist das Tragen von privaten Schnürschuhen/Stiefeletten/ Stiefeln (schwarz, glattes Oberleder) gestattet.

Als Abwandlung mit Lederkoppel, schwarz und Kampfschuhen wird zu besonderen Anlässen der **Große Dienstanzug** (HA) befohlen.

Zur Grundform bei 1. GebDiv und Geb/WiKpfS (H) gehört die Bergmütze und, für Mannschaften, die Schibluse, grau; Abwandlung: Keilhose, grau sowie Bergschischuhe oder Bergschuhe und Wollsocken.

Zu 3: Der Knoten des seidenen Tuchs ist so zu binden, daß der blaue Strich – vom Mann aus gesehen – von links unten nach rechts oben verläuft. Die Enden der Bändsel des Hemdkragens sind zu säumen.

4. **Sommeranzug, sandfarben** (H/L/M) und **Sommeranzug, weiß** (M)
Das Tragen ist in der Bundesrepublik Deutschland nicht erlaubt.

c. **Sportanzug**
- Trainingsanzug,
- Badehose/Badeanzug,
- Sporttrikot,
- Sporthose,
- Sportsocken,
- Sportschuhe, Halle und kunststoffbeschichtete Sportanlagen
- Sportschuhe, Gelände.

Sonderbestimmungen: Tragen auch beim außerdienstlichen Sport erlaubt.

IV. ANZÜGE BEI BESTIMMTEN ANLÄSSEN

1. Der **Wachanzug** wird in der „Besonderen Wachanweisung" festgelegt; Grundsatz: H = Feldanzug, L = Feldanzug oder großer Dienstanzug, M = Feldanzug, Dienstanzug oder Bord- und Gefechtsanzug.
Den Anzug für **Diensthabende** bei Sonderdiensten legt der DiszVorges fest.
Soldaten im **Feldjägerdienst** und **Truppenstreifen**: Feldanzug oder Dienstanzug (M).
Besondere Kennzeichnung der Soldaten im Wachdienst, Diensthabenden, Soldaten im Feldjägerdienst und Truppenstreifen siehe Bild 3.

2. Für **dienstliche Veranstaltungen** wird der Anzug befohlen. **Zuschauer** tragen Dienstanzug. **Dienstreisende** tragen bei der An- und Abreise den Dienstanzug.

3. Bei **privaten Anlässen** kann der Dienstanzug getragen werden.

4. Bei der Wahrnehmung **polizeilicher/gerichtlicher Termine**, die den dienstlichen Bereich des Soldaten berühren, ist der Dienstanzug zu tragen, wenn nicht ein Verbot, Uniform zu tragen, ausgesprochen worden ist. In allen anderen Fällen ist Zivilkleidung zu tragen, wenn vorhanden; sonst kann der DiszVorges das Tragen der Uniform befehlen.

5. Beim **Vollzug von Freiheitsentziehung** in Vollzugseinrichtungen der Bw ist Feldanzug, allgemein oder Bord- und Gefechtsanzug zu tragen. Ansonsten ist der nach Dienstplan befohlene oder im Vollzugsplan festgesetzte Anzug zu tragen, in zivilen Vollzugsanstalten wird keine Uniform getragen.

V. KENNZEICHNUNGEN UND ABZEICHEN

1. **Übersicht:**
a. **Kennzeichnungen:**
- Allgemeine auf Kopfbedeckung, Schulterklappen, Kragen (H/L);
- Funktionskennzeichnungen der Soldaten im Wach- und Feldjägerdienst, der Diensthabenden, Truppenstreifen, Kompaniefeldwebel;
- früherer Soldaten,
- Ärmelbänder.

b. **Abzeichen:**
- Teilstreitkraftabzeichen (L),
- Dienstgrad-, Laufbahn-, Verwendungsabzeichen,
- Verbandsabzeichen (H und multinational),
- an Kopfbedeckungen,
- Tätigkeits- und Sonderabzeichen,
- für besondere Leistungen im Truppendienst.

Eine umfassende Darlegung des Stoffs ist nicht möglich; es folgen lediglich einige wichtige Bestimmungen dazu und etliche bildliche Darstellungen (Bild 1–8; Farbtafeln im Anhang).

2. **Angehörige der Reserve** tragen im Dienst Uniform, wenn sie sich in einem Wehrdienstverhältnis befinden. Bei Teilnahme an einer dienstlichen Veranstaltung tragen sie den befohlenen Anzug. Das gilt auch für die An- und Abreise. In diesen Fällen ist die Kennzeichnung für frühere Soldaten abzulegen.

3. **Frühere Soldaten,** denen die Genehmigung zum Tragen der Uniform **außerhalb eines Wehrdienstverhältnisses** erteilt worden ist, können bei besonderen Anlässen und unter bestimmten Voraussetzungen den Dienst- oder Gesellschaftsanzug mit entsprechender Kennzeichnung tragen – auf besondere Anordnung des Kdr im Verteidigungsbezirk (Inland) oder des BMVg (Ausland) auch den Feldanzug, allgemein.

6. Zur **Kampfbekleidung** werden **Dienstgradabzeichen** getragen
- als **Aufschiebeschlaufen** (oliv); auf den Schulterklappen,
- als **Aufschiebeschlaufen** (blau) auf den Schulterklappen der Fliegerkombination (L) und des blauen Pullovers (L/M),
- auf olivfarbenem Grundtuch senkrecht auf den Oberärmeln der Nässeschutzjacke, Tarndruck, Panzerkombination, oliv und Fliegerlederjacke (H, L bei dieser auf Blau) unmittelbar unter dem Nationalitätsabzeichen.

7. Es dürfen zwei **Tätigkeitsabzeichen** getragen werden, davon ein ausländisches unter dem deutschen. Werden **Sonderabzeichen** wie Tätigkeitsabzeichen getragen, sind **insgesamt nur zwei Abzeichen** über der (rechten) Brusttasche zulässig.

8. **Verbands- und Dienststellenabzeichen ausländischer, bi-/multinationaler** Stäbe, Kommandobehörden und Dienststellen dürfen getragen werden, falls sie Ärmelabzeichen sind, auf dem rechten Oberärmel. Die Berechtigung erteilt der betreffende Stab bzw. die Kommandobehörde. **Soldaten des Heeres** tragen weiterhin die **Verbandsabzeichen.**

9. **Orden und Ehrenzeichen** werden normalerweise als **Bandschnalle** über der linken Brusttasche getragen. Am **Sportanzug** darf nur ein Ehrenzeichen in gestickter Form getragen werden, an der Sporthose auf dem linken Hosenbein, an der Trainingsjacke unterhalb des Bundesadlers oder an der Badehose auf der linken Vorderseite.

10. Das metallgeprägte **Leistungsabzeichen** Stufe I (Bronze), II (Silber) III (Gold) wird auf der Falte bzw. Mitte der linken Brusttasche oder an gleicher Stelle bei Bekleidungsstücken ohne aufgesetzte Taschen getragen. Bei dem Abzeichen in Gold gibt eine aufgeprägte Zahl (5, 10, 15 usw.) die Anzahl der mehrfach erbrachten Leistungen an. Die **Trageerlaubnis** wird dem Soldaten, **frühestens nach 4 Monaten Dienstzeit**, mit der Aushändigung des Besitzzeugnisses erteilt. Er erhält es unmittelbar in der Stufe, für die er die Bedingungen erfüllt hat. Die Abnahme der Leistungen muss innerhalb von 12 Monaten geschehen.
Die Altersklasseneinteilung entspricht den Bestimmungen für das deutsche Sportabzeichen.

a) Allgemein-militärische Leistungen

Selbst- und Kameradenhilfe:
Nachweis über praktische und theoretische Kenntnisse gemäß Kurzfassung der ZDv 49/20 (siehe „Sanitätsdienst aller Truppen") innerhalb der letzten 5 Jahre.

Marsch:

Altersklasse	Stufe I	Stufe II	Stufe III
1	20 km	25 km	30 km
2 und 3	18 km	20 km	25 km
4, 5 und 6	15 km	18 km	20 km

Die Zeit von 10 Min. pro km ist im Schnitt nicht zu überschreiten. Feldanzug, allgemein bzw. Bord- und Gefechtsanzug und Gepäck von mindestens 10 kg Gewicht ist zu tragen. Für weibliche Soldaten darf die Marschstrecke um 20% unterschritten werden.

Marineangehörige können stattdessen Kleiderschwimmen nach der Bedingungen der DLRG bzw. der Wasserwacht im DRK wählen:

Altersklasse	Stufe		in höchstens
	I	100 m	4 Min.
	II	300 m	12 Min.
1 und 2	III	300 m	9 Min.
3			9:30 Min.
4			10 Min.
5 und 6			11 Min.

Schießen:
Die Bedingungen gelten als erfüllt, wenn
– eine der für die Schützenschnur mindestens nötigen Wertungsübungen (G, P, MG oder MP) nach ZDv 3/12 „Schießen mit Handwaffen" jeweilig für Bronze, Silber oder Gold erfüllt ist;
– in den letzten 12 Monaten eine Schützenschnur erworben wurde, die mindestens der Stufe des zu erwerbenden Leistungsabzeichens entspricht.

b) Sportliche Leistungen

Sportabzeichenleistungen innerhalb der letzten 12 Monate.

c) Fachliche Leistungen und Gesamteignung

Den beiden Einzelmerkmalen **Einsatzbereitschaft** und **fachliches Können** der letzten planmäßigen Beurteilung oder einer Sonderbeurteilung muß mindestens die Bewertungsstufe „4" zugeordnet sein.
Liegt eine Beurteilung noch nicht vor, kann der DiszVorges dennoch die Bedingungen als erfüllt vermerken, wenn er den Soldaten für diese beiden Einzelmerkmale der Bewertungsstufe „4" zuordnet.

11. Zum Erwerb des **Reservistenleistungsabzeichens** (gilt nicht für Sanitätspersonal) sind die **zusätzlichen Bedingungen** zu erfüllen:

Schießen:
Wertungsübung nach ZDv 3/12 „Schießen mit Handwaffen", Schulschießübung MG-S-3.

Handgranatenzielwurf:

Feldanzug, allgemein (ohne Stahlhelm).
Je 4 Würfe aus Abwurfkreis (3 m Durchmesser) in Ziele (doppelte Wurfkreise = Durchmesser innen 2 m, außen 4 m) auf 20 m, 25 m, 30 m, 35 m.

Wertung aller Treffer im Ziel:

Entfernung	Treffer im Kreis	Punkte
20 m	innen	7
20 m	außen	3
25 m	innen	8
25 m	außen	4
30 m	innen	9
30 m	außen	5
35 m	innen	10
35 m	außen	6

Geforderte Punkte für einzelne Stufen:

Altersklasse	Stufe I	Stufe II	Stufe III	
1	64	66	70	Punkte
2 und 3	60	62	65	Punkte
4, 5 und 6	55	58	60	Punkte

Hindernislauf:

Feldanzug, allgemein.
Laufstrecke 400 m mit 14 Hindernissen in annähernd ebenem Gelände.

Art der Hindernisse und Reihenfolge ihres Aufbaus:
1) **S**tolperstrecke, 1 × zu überwinden (10 m lang, Drähte 35 cm über Erdboden im Abstand von 1,25 m).
2) **K**riechstrecke, 1 × zu überwinden (20 m lang, Drähte 60 cm über Erdboden im Abstand von 1,25 m).
3) **B**alkenhindernisse, 4 × überwinden (3 Balken ca. 12–15 cm stark in 1, 2 und 3 m Höhe).
4) **H**ürde, 4 × zu überwinden (1 Balken 1 m hoch)
5) **G**raben, 4 × zu überwinden (Darstellung durch 2 Trassierbänder, 10 cm über Erdboden im Abstand von 1,2 m).

Sie sind wie folgt zu durchlaufen: **S-K-B-H-G-B-H-G-B-H-G-B-H-G**

Geforderte Zeiten:

Altersklasse	Stufe I	Stufe II	Stufe III
1	3:00 Min.	2:50 Min.	2:40 Min.
2 und 3	3:40 Min.	3:30 Min.	3:20 min.
4, 5 und 6	4:20 Min.	4:10 Min.	4:00 Min

Alternative = Laufstrecke 225 m mit 11 Hindernissen auf einer Hindernisbahn in einer Truppenunterkunft (H) ohne Hindernis 12 (Kampfstand).

Geforderte Zeiten:

Altersklasse	Stufe I	Stufe II	Stufe III
1	2:00 Min.	1:55 Min.	1:50 Min.
2 und 3	2:15 Min.	2:10 Min.	2:05 Min.
4, 5 und 6	2:40 Min.	2:35 Min.	2:30 Min.

Im übrigen gelten die Bestimmungen für das Leistungsabzeichen entsprechend.

Kennzeichnungen

Oberfähnrich
Leutnant bis
Stabshauptmann

(H/L silber-, M goldfarben)

Major
bis
Oberst

Generale/Admirale
(goldfarben)

Bild 1 Mützenschirme Offiziere

Weitere Geschwader:
Boelcke; Immelmann; Mölders

Tragweise: an beiden Unterärmeln

Bild 2 Ärmelbänder (H/L)

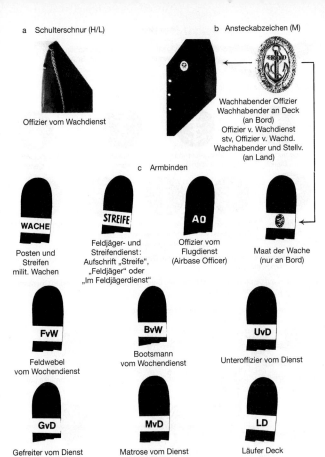

Bild 3 Funktionskennzeichnung der Soldaten im Wachdienst, der Diensthabende und der Truppenstreifen

Abzeichen

Allgemeines Luftwaffenabzeichen (L)
Trageweise: über der rechten Brusttasche

Bild 4   Teilstreitkraftsabzeichen (L)

Seemännischer   Marineführungs-   Marinewaffen-   Marinetechnik-
Dienst   dienst   dienst   dienst

Marineflieger-   Logistik und   Verkehrswesen   Sanitäts-   Militärmusik
dienst   Stabsdienst   und Marine-   dienst
                                sicherungsdienst

Die Embleme sind goldgelb auf dunkelblauem Grundtuch, blau auf weißem Baumwollstoff oder goldfarben metallgeprägt.

Trageweise: auf beiden Unterärmeln über den Dienstgradabzeichen, auf beiden Oberärmeln oder auf den Schulterklappen.

Bild 5   Verwendungsabzeichen Unteroffiziere/Mannschaften (M)

Schirmmütze (H)   Schirmmütze (L)   Schirm-/Bordmütze (M)

Bergmütze   Bergmütze/Barett (H)   Korarde
(Gebirgsjäger)   (Schirmmütze,
                                                Schiffchen, Bergmütze)

Bild 6   Abzeichen an Kopfbedeckungen

Einzelkämpfer

Führer einer auf sich gestellten Gruppe

Sicherungs- truppenführer (L)

Führer im Fallschirmjägerspezialeinsatz

Heeresbergführer (H)

Munitions- fachpersonal

Fallschirmspringer

Kommandant (M)

U-Boot-Personal (M)

Seefahrendes Personal (M)

Tragweise: wie Tätigkeitsabzeichen

Bild 7   Sonderabzeichen

a Leistungsabzeichen

Leistungsabzeichen   Leistungsabzeichen
                       (Wiederholung)

b Reservistenleistungsabzeichen

Reservisten-   Reservistenleistungsabzeichen   leistungsabzeichen
                       (Wiederholung)

c Schützenschnur

Trageweise:
an der rechten Schulter

Tragweise:
auf der Falte der linken Brusttasche

Bild 8   Abzeichen für besondere Leistungen im Truppendienst

Truppenausweis und Erkennungsmarke

I. TRUPPENAUSWEIS

1. Der **Truppenausweis** ist der **Dienstausweis des Soldaten**. Er ist Eigentum der Bundesrepublik Deutschland.
Der Inhaber ist berechtigt, Uniform zu tragen und Schusswaffen im Rahmen der hierzu ergangenen Dienstvorschriften zu führen, soweit er dienstlich tätig wird.

2. **Der Soldat hat den Truppenausweis innerhalb und außerhalb des Dienstes bei sich zu tragen.** Ausnahmen für bestimmte Dienstverrichtungen, z. B. Sport, werden befohlen.

3. Bei **dienstlichen Reisen** in NATO-Staaten ist der Truppenausweis mitzuführen.
Die Mitnahme des Truppenausweises ist bei **außerdienstlichen Reisen**
– in NATO-Staaten, durch Österreich oder durch die Schweiz gestattet,
– in das übrige Ausland untersagt.

4. Der Soldat hat den Truppenausweis als wichtige **Urkunde** pfleglich zu behandeln und vor Verlust zu schützen. **Der Verlust ist dem Einheitsführer sofort zu melden.**

5. Der Inhaber hat dafür zu sorgen, daß der Truppenausweis **ordnungsgemäß** geführt wird. **Eigenmächtige Eintragungen** oder **Änderungen** können zu strafrechtlicher Verfolgung wegen **Urkundenfälschung** führen.

II. ERKENNUNGSMARKE

1. Die Erkennungsmarke wird – zur schnellen und sicheren Identifizierung des Soldaten – bei Dienstantritt ausgehändigt und ist im Dienst an der Metallkette um den Hals zu tragen. Die Mitführung auf außerdienstlichen Reisen in das Ausland ist untersagt.

2. Nach Beendigung des Dienstverhältnisses ist die Erkennungsmarke wie auch der Truppenausweis abzugeben.

Geschäftsverkehr

ZDv 64/1

I. ALLGEMEINES

1. Der **Geschäftsverkehr** einer **Dienststelle** ist wesentlicher Bestandteil des **Stabsdienstes** im Frieden. Er besteht vor allem im Annehmen, Verarbeiten, Erarbeiten und Weiterleiten von **Informationen.**

2. Zur Bearbeitung der Geschäftsvorgänge verfügen die Dienststellen über **Organisationseinrichtungen** unterschiedlicher Art und Zahl, z. B. Geschäftszimmer, Poststelle, Registratur, Kartenstelle, Dienstvorschriftenstelle.

3. Bei der Abwicklung des Geschäftsverkehrs ist grundsätzlich der **Dienstweg** einzuhalten.

Die Abwicklung des Geschäftsverkehrs wird hier nicht im einzelnen behandelt, nur die Form und Art des Schriftverkehrs.

II. SCHRIFTVERKEHR

Dienstschreiben

1. Als **Dienstschreiben** versenden Dienststellen Schriftstücke dienstlichen Inhalts, wie dienstliche Anweisungen, Bescheide, Meldungen und Berichte.

2. **Dienstliche Anweisungen** sind Befehle und Richtlinien.

3. Der **Bescheid** ist die schriftliche Antwort auf einen **Antrag** (z. B. Beihilfeantrag), ein **Gesuch** (z. B. Versetzungsgesuch) oder eine **Anfrage**. Er ist innerhalb von zwei Wochen zu erteilen. Ist das nicht möglich, so ist mit einem Zwischenbescheid der Grund der Verzögerung und der voraussichtliche Zeitpunkt der Erledigung mitzuteilen.

4. Die **Meldung** – formlos oder mit Vordruck – ist eine Mitteilung an Vorgesetzte. Sie soll kurz und klar sein.

5. **Berichte** unterrichten vorgesetzte Dienststellen. Sie sollen eine eindeutige Stellungnahme enthalten.

6. Dienstschreiben gliedern sich in **Kopf-, Text- und Schlussteil.**

a. Kopfteil: Aufbau siehe Muster; einige Ergänzungen dazu:
Unter „Bw" ist die **Leitzahl für den Feldpostbetrieb** anzugeben.
Im **Anschriftenfeld**
– ist bei Dienstschreiben an einen Empfänger **persönlich** (dieser mit „Herrn/Frau, Dienstgrad/Amtsbezeichnung und Namen" zu benennen, ggf. mit dem Zusatz „o. V. i. A." (oder Vertreter im Amt)
– können bei Bedarf **postalische Vermerke, Aushändigungsvermerke** und **Zustellvermerke** eingesetzt werden.

„**Betreff**" kennzeichnet in Kurzform den Inhalt des Schreibens.
„**Bezug**" benennt Vorgänge und Quellen, die dem Empfänger vorliegen.
„**Anlage**" nennt die Zahl der Anlagen und gibt wichtige einzeln an.
„Betr.:" ist meist anzugeben, „Bezug:" und „Anlg.:" nur bei Bedarf.

Der **vereinfachte Briefkopf innerhalb von Dienststellen** enthält die abgekürzte Bezeichnung der bearbeitenden Stelle, Geschäftszeichen, einfache Ortsangabe, Datum und Apparatnummer sowie die abgekürzte Bezeichnung der Empfänger.

b. Textteil:
Anrede und **Grußformel** entfallen im internen Schriftverkehr der Bundeswehr und mit ihren Angehörigen. Sollen solche Personen jedoch persönlich angesprochen werden, sind Höflichkeitsanreden – „Sehr geehrte(r) Frau (Herr), Dienstgrad/Amtsbezeichnung, Name – und Grußformeln – „Hochachtungsvoll", „Mit freundlichen Grüßen" – zulässig; gegenüber Personen und Stellen außerhalb der Bundeswehr sollen derartige Formulierungen gebraucht werden.

Texte sind klar, erschöpfend und so kurz wie möglich abzufassen. Dabei sind die **Rechtschreib- und Stilregeln** der deutschen Sprache (DUDEN) zu beachten.

Übersichtliche Sätze und kurze **Strichaufzählungen** fördern die Verständlichkeit, Schachtelsätze beeinträchtigen sie. **Formulierungen** sind einfach zu fassen, Übertreibungen zu vermeiden.

Die Befehlssprache ist **nur in Befehlen** anzuwenden.

Fremdwörter sind möglichst zu vermeiden – auch **Abkürzungen**, wenn diese nicht allgemein üblich oder angeordnet sind.

Begriffe und **Abkürzungen** sind nur in der vorgeschriebenen Bedeutung und Schreibweise zu verwenden. Ein Wort, das im Text mehrmals erscheint, ist beim ersten Mal auszuschreiben und die **Abkürzung in Klammern** anzufügen, wenn sie nicht allgemein bekannt ist.

Im Schriftverkehr der Bundeswehr ist zu beachten:
- **Vorgesetzte Dienststellen** befehlen, ordnen oder weisen an, teilen mit, bitten und übersenden.
- **Gleichgestellte Dienststellen** teilen mit, bitten, überreichen, übersenden und leiten weiter (auch an Empfänger außerhalb der Bundeswehr).
- **Unterstellte Dienststellen** melden, berichten, beantragen, bitten und legen vor.

c. Schlussteil: Aufbau siehe Muster. Grußformel siehe Textteil.

Als Papier ist grundsätzlich umweltverträgliches oder Recycling Papier zu verwenden. DIN-A4-Bogen nur benutzen, wenn DIN-A5 nicht ausreicht.

Dienstschreiben (Muster)

Panzergrenadierbrigade,
Kommandeur
Az 11-70-00

94315 Straubing, 23. 07. 20..
Bw 741
Hauptstraße 85
AllgFspWNBw 62 14-3 15
Tel (0 94 21) 40 42-3 15
Fax 602

Kommandeur
… Panzergrenadierdivision
Ludwigstraße 20

84028 Landshut

<u>Betr.:</u> Kommandeurtagung am 04. 08. 20..
<u>Bezug:</u> 1. … PzGrenDiv – G 3 – Az 32-03-32 vom 15. 12. 20.. (JAB 9.)
    2. Fschr … Korps – G3/Org – MsgNr 312 – 141805 Z nov..
<u>Anlg.:</u> -1-

TEXT

Müller
Brigadegeneral

Lebenslauf (Anhalt)

2./Panzerbataillon 413
Uffz Horst Schulz

17358 Torgelow, 23. April 20..

Lebenslauf

Am 11. Mai 19.. wurde ich als Sohn des Tischlermeisters Willy Schulz und seiner Ehefrau Berta, geb. Weiß, in Pasewalk geboren. Ich besitze die deutsche Staatsangehörigkeit.

Meine Kindheit verbrachte ich in ... (es folgen Angaben über Erziehung, Konfession, Schulbesuch, Sprachkenntnisse, Berufsausbildung, Abschlußprüfungen, Leistungsnachweise, Mitgliedschaften, z. B. Sportverein).
Diensteintritt, Lehrgänge, Kommandierungen/Verwendungen, Beförderungen, Heirat (wann/wen?), Kinder, Familienwohnsitz. Je nach Zweck auch Reisen, besondere Fähigkeiten/Leistungen, Anerkennungen, wirtschaftliche Verhältnisse, Unglücksfälle, Krankheiten.

Unterschrift

Privatdienstschreiben

Privatdienstschreiben haben einen **persönlichen Charakter.** Sie beschränken sich auf sachlich begründete Einzelfälle in dienstlichen Angelegenheiten und werden wie Dienstschreiben zu den Akten genommen.
Im **Briefkopf** sind unter der Dienststellenbezeichnung der Dienstgrad bzw. die Amtsbezeichnung und der Name des Absenders anzugeben.

Privatschreiben

Privatschreiben, z. B. Gratulationen zu einem besonderen Anlass oder Grüße an einen Vorgesetzten von einem Lehrgang, unterliegen den allgemein üblichen Formen der Höflichkeit und der Achtung gegenüber dem Anderen, die im Inhalt, der Anrede und der Grußformel zum Ausdruck kommt, aber auch in der äußeren Form.
Sie sind eine rein private Angelegenheit zwischen Gleichgestellten oder Vorgesetzten und Untergebenen.

Abkürzungen

ZDv 64/10

Keine Mehrzahl und Beugungsformen; (ggf. ausschreiben oder Artikel vorsetzen); möglichst **ungetrennt** auf eine Zeile setzen; **militärische Abkürzungen** im Allgemeinen **ohne Zwischenraum** und **ohne Punkt** schreiben.

I. DIENSTGRADBEZEICHNUNGEN

(Anwendung: 1 = allgemein, 2 = in personellen Übersichten)

Heer/Luftwaffe

Dienstgrad	1	2	Dienstgrad	1	2
Schütze	Schtz	⎫	Leutnant	Lt	L
Grenadier	Gren	⎬	Oberleutnant	OLt	OL
Jäger	Jg	⎪	Hauptmann	Hptm	H
Panzerschütze	PzSchtz	⎪	Stabshauptmann	StHptm	SH
Panzergrenadier	PzGren	⎪	Stabsarzt	StArzt	SA
Panzerjäger	Pzjg	⎬ S	Stabsveterinär	StVet	SV
Kanonier	Kan	⎪	Stabsapotheker	StAp	SAP
Panzerkanonier	PzKan	⎪	Major	Maj	M
Pionier	Pi	⎪	Oberstabsarzt	OStArzt	OSA
Panzerpionier	PzPi	⎪	Oberstabsveterinär	OStVet	OSV
Funker	Fu	⎪	Oberstabsapotheker	OStAP	OSAP
Panzerfunker	PzFu	⎪	Oberstleutnant	Oberstlt	OTL
Sanitätssoldat	SanSdt	⎭	Oberfeldarzt	OFArzt	OFA
Gefreiter	Gefr	G	Oberstabsveterinär	OStVet	OSV
Obergefreiter	OGefr	OG	Oberfeldveterinär	OFVet	OFV
Hauptgefreiter	HptGefr	HG	Oberfeldapotheker	OFAp	OFAP
Stabsgefreiter	StGefr	SG	Oberst	Oberst	O
Oberstabsgefreiter	OStGefr	OSG	Oberstarzt	Oberstarzt	OTA
Unteroffizier	Uffz	U	Oberstveterinär	OberstVet	OTV
Fahnenjunker	Fhj	FJ	Oberstapotheker	OberstAp	OTAP
Stabsunteroffizier	StUffz	SU	Brigadegeneral	BrigGen	BG
Feldwebel	Fw	F	Generalarzt	GenArzt	GA
Fähnrich	Fähnr	FR	Generalapotheker	GenAp	GAP
Oberfeldwebel	OFw	OF	Generalmajor	GenMaj	GM
Hauptfeldwebel	HptFw	HF	Generalstabsarzt	GenStArzt	GSA
Oberfähnrich	OFähnr	OFR	Generalleutnant	GenLt	GL
Stabsfeldwebel	StFw	SF	Generaloberstabsarzt	GenOStArzt	GOSA
Oberstabsfeldwebel	OStFw	OSF	General	Gen	

Marine

Dienstgrad	1	2	Dienstgrad	1	2
Matrose	Matr		Oberstabsbootmann	OStBtsm	OSB
Gefreiter	Gefr	G	Leutnant zur See	Lt zS	LZS
Obergefreiter	OGefr	OG	Oberleutnant zur See	OLt zS	OLZS
Hauptgefreiter	HptGefr	HG	Kapitänleutnant	KptLt	KL
Stabsgefreiter	StGefr	SG	Stabskapitänleutnant	StKptLt	SKL
Oberstabsgefreiter	OStGefr	OSG	Korvettenkapitän	KKpt	KK
Maat	Maat	MT	Fregattenkapitän	FKpt	FK
Obermaat	OMaat	OMT	Kapitän zur See	Kpt zS	KZS
Bootsmann	Btsm	B	Flottillenadmiral	FltAdm	
Oberbootsmann	OBtsm	OB	Konteradmiral	KAdm	
Hauptbootsmann	HptBtsm	HB	Vizeadmiral	VAdm	
Stabsbootsmann	StBtsm	SB	Admiral	Adm	

II. HIMMELSRICHTUNGEN

Nord	= N
nördlich	= nördl
nordostwärts	= nordostw
nordwestlich	= nordwestl
Ost	= O
ostwärts	= ost
Süd	= S
südlich	= südl
südostwärts	= südostw
südwestlich	= südwestl
West	= W
westlich	= westl

III. MONATSNAMEN

Januar	Jan	jan
Februar	Febr	feb
März	–	mar
April	Apr	apr
Mai	–	may
Juni	–	jun
Juli	–	jul
August	Aug	aug
September	Sept	sep
Oktober	Okt	oct
November	Nov	nov
Dezember	Dez	dec

IV. NATIONALE KENNBUCHSTABEN

- **AL** Albanien
- **AM** Armenien
- **AT** Österreich
- **AZ** Aserbaidschan
- **BE** Belgien
- **BG** Bulgarien
- **BY** Weißrussland
- **CA** Kanada
- **CH** Schweiz
- **CZ** Tschechien
- **DE** Deutschland
- **DK** Dänemark
- **EE** Estland
- **ES** Spanien
- **FI** Finnland
- **FR** Frankreich
- **GB** Großbritannien
- **GE** Georgien
- **GR** Griechenland
- **HU** Ungarn
- **IT** Italien
- **KZ** Kasachstan
- **KG** Kirgisien
- **LT** Litauen
- **LV** Lettland
- **LU** Luxemburg
- **MD** Moldawien
- **NL** Niederlande
- **NO** Norwegen
- **PL** Polen
- **PT** Portugal
- **RO** Rumänien
- **RS** Russland
- **SE** Schweden
- **SK** Slowakische Republik
- **SI** Slowenien
- **TJ** Tadschikistan
- **TM** Turkmenistan
- **TR** Türkei
- **UA** Ukraine
- **US** Vereinigte Staaten von Amerika
- **UZ** Usbekistan

V. NATO-BUCHSTABIERALPHABET

Siehe „Fernmeldedienst aller Truppen".

VI. ALLGEMEINE ABKÜRZUNGEN

A

A	Zeitzonenbuchstabe (Mitteleuropäische Zeit), Amt
A1	Admiralstabs- (Marine), Generalstabsabteilung (Luftwaffe)
AAP	Ausbildung am Arbeitsplatz

A.B.	Auf Befehl
ABC-	atomar, biologisch, chemisch
Abt	Abteilung
Abw	Abwehr
a. D.	außer Dienst
Art	Artikel; Artillerie
ATN	Ausbildungs- und Tätigkeitsnummer
Aufkl	Aufklärung
Ausb	Ausbildung

B

BAB	Bundesautobahn
BGB	Bürgerliches Gesetzbuch
BGH	Bundesgerichtshof
BGS	Bundesgrenzschutz
BK	Bordkanone
Brig	Brigade
B-Stelle	Beobachtungsstelle
BStf	Betriebsstoff
Btl	Bataillon
Bttr	Batterie
BW	Bundeswehr

D

DF	Doppelfernrohr
DIN	Deutsches Institut für Normung e.V.
Div	Division
d. R.	der Reserve
Dst	Dienst
DV	Datenverarbeitung
Dv	Dienstvorschrift
DiszVorges	Disziplinarvorgesetzter

E

Einh	Einheit
EloKa	Elektronische Kampfführung

F

F	Feld-
Fd, fdl	Feind, feindlich
FFsp	Feldfernsprecher
Fhr	Führer
FJg	Feldjäger
FK	Flugkörper

Fl	Flotte(n)
Fla	Flugabwehr
Fm	Fernmelde-
FS	Flugsicherung
FSchJg	Fallschirmjäger
FST	Feuerstellung
Fu	Funk, Funker
Fü	Führung(s)
FüH	Führungsstab des Heeres
FüL	Führungsstab der Luftwaffe
FÜM	Führungsstab der Marine
FüS	Führungsstab der Streitkräfte

G

G1	Generalstabsabteilung (Heer)
GebJg	Gebirgsjäger
Gef	Gefecht
GefStd	Gefechtsstand
geh	geheim
gep	gepanzert
Ger	Gerät
GG	Grundgesetz
G-Karte	Gesundheitskarte
gl	geländegängig
Grp	Gruppe
Gschw	Geschwader (bei zusammengesetzten Abkürzungen auch „G")

H

H	Heer (nur in Abkürzungen)
HFlg	Heeresflieger
HLKO	Haager Landkriegsordnung
HVK	Hauptverteidigungskräfte

I

IA	Im Auftrag
i. G.	im Generalstabsdienst
Inf	Infanterie
Info	Information
InFü	Innere Führung
Insp	Inspekteur
Inspiz	Inspizient
Inst	Instandsetzung
I. V.	In Vertretung

J

Jabo	Jagdbomber
JG	Jagdgeschwader
Jg	Jäger

K

Kdo	Kommando
Kdr	Kommandeur
Kdt	Kommandant
Kf	Kraftfahrer
Kfz	Kraftfahrzeug
kn	Knoten (1,852 km/h)
Kp	Kompanie
KPz	Kampfpanzer
KRK	Krisenreaktionskräfte
KrKw	Krankenkraftwagen
KWEA	Kreiswehrersatzamt

L

leKG	leichtes Kampfgeschwader
LL	Luftlande-
Log	Logistik
Ltdr	Leitender
Ltg	Leitung
Lw	Luftwaffe
LwAusbRgt	Luftwaffenausbildungsregiment

M

MAD	Militärischer Abschirmdienst
Mar	Marine
Mat	Material
MEZ	Mitteleuropäische Zeit
MFlg	Marineflieger
MG	Maschinengewehr
MGO	Militärische Grundorganisation
mil	militärisch
Mob	Mobilmachung(s)
MP	Maschinenpistole; Militärischer Punkt
Mrs	Mörser
Mun	Munition

N

NfD	Nur für den Dienstgebrauch
NN	Normalnull (Höhenangabe)
Nsch	Nachschub

O

OA	Offizieranwärter
Offz	Offizier
Op	Operation
Org	Organisation
OvB	Offizier vom Bereitschaftsdienst
OvD	Offizier vom Dienst
o. V. i. A	oder Vertreter im Amt
OvWa	Offizier vom Wachdienst

P

Pers	Personal
Pi	Pionier
PK	Personenkennziffer
Pz	Panzer
PzAbw	Panzerabwehr
Pzf	Panzerfaust
PzGren	Panzergrenadier

R

Rak	Rakete(n)
Res	Reserve, Reservist
Rgt	Regiment

S

S, s	Schule; schwer (beide nur in Zusammensetzungen)
S1	Spezialstabsoffizier (Stelle)
San	Sanitäts-
SanBer	Sanitätsbereich
SG	Soldatengesetz
SKB	Streitkräftebasis
SLV	Soldatenlaufbahnverordnung
sm	Seemeile (1,852 km)
SprFu	Sprechfunk, -funker
SPz	Schützenpanzer
St	Stab(s) (nur Vor- oder Mittelsilbe, sonst ausschreiben)
STAN	Stärke- und Ausrüstungsnachweisung
Stff	Staffel
StGB	Strafgesetzbuch
StO	Standort
StOÄ	Standortältester
StOV	Standortverwaltung
StPO	Strafprozessordnung

str.geh.	streng geheim
StVO	Straßenverkehrs-Ordnung
StVZO	Straßenverkehrs-Zulassungs-Ordnung
SUV	Soldatenurlaubsverodnung
SVG	Soldatenversorgungsgesetz

T

Terr	Territorial-
Tr	Truppe
Trp	Trupp
Trsp	Transport
Trt	Truppenteil
TSK	Teilstreitkraft

U

U	Unterstützung(s)
UA	Unteroffizieranwärter
ÜB	Übungs-
Uffz	Unteroffizier
USG	Unterhaltssicherungsgesetz
UvD	Unteroffizier vom Dienst

V

VB	Vorgeschobener Beobachter
VBK	Verteidigungsbezirkskommando
Verb	Verbindung
Vers	Versorgung
VorgV	Vorgesetztenverordnung
Vorschr	Vorschrift
Vpfl	Verpflegung
VS	Verschlusssache

W

Wa	Waffen
WBK	Wehrbereichskommando
WBO	Wehrbeschwerdeordnung
WDB	Wehrdienstbeschädigung
WDO	Wehrdisziplinarordnung
WpflG	Wehrpflichtgesetz
WSG	Wehrsoldgesetz
WStG	Wehrstrafgesetz

Z

Z	Zeitzonenbuchstabe (Mittlere Greenwich Zeit, MGZ)

Geld- und Sachbezüge, Heilfürsorge, Versorgung

I. BESTIMMUNGEN FÜR ALLE SOLDATEN

Heilfürsorge

1. Jeder Soldat hat einen gesetzlichen Anspruch auf Heilfürsorge, solange ihm Dienstbezüge oder Wehrsold zustehen. Sie wird als unentgeltliche ärztliche Versorgung gewährt und umfaßt
– stationäre oder ambulante Behandlung in Sanitätseinrichtungen der Bundeswehr,
– Arznei- und Verbandmittel, ggf. andere Heilmittel,
– Kuren und besondere Heilverfahren,
– Krankentransporte und Ersatz von Reiseauslagen, ggf. auch für Begleitpersonen.
Siehe „Leben in der militärischen Gemeinschaft – Ärztliche und zahnärztliche Versorgung". Es ist unerheblich, ob der Behandlungsfall innerhalb oder außerhalb des Dienstes eintritt.

2. Bei Urlaub unter Fortfall der Geld- und Sachbezüge (§ 11 der Soldatenurlaubsverordnung) entfällt auch die freie Heilfürsorge, sofern nicht eine Wehrdienstbeschädigung vorliegt. Der Soldat kann diesen Urlaub aber jederzeit abbrechen, um Heilfürsorge in Anspruch zu nehmen.

Wehrdienstbeschädigung

1. **Wehrdienstbeschädigung** ist eine **gesundheitliche Schädigung**, die durch eine **Dienstverrichtung**, einen während der Ausübung des Wehrdienstes erlittenen **Unfall** oder durch **die dem Wehrdienst eigentümlichen Verhältnisse** herbeigeführt worden ist.
Eine vom Beschädigten absichtlich herbeigeführte Beschädigung ist keine WDB.

2. Zum Dienst gehören auch Dienstreisen und -gänge, die Teilnahme an dienstlichen Veranstaltungen, u. a. Betreuungsfahrten, Rüstzeiten und das Zurücklegen des mit dem Dienst zusammenhängenden Weges nach und von der Dienststelle.

3. Eine bei einer s**portlichen Betätigung im Rahmen des Dienstplans** zugezogene Schädigung ist eine WDB. Das gilt auch für **sportliche Betätigung**

außerhalb des Dienstplans, wenn sie auf einer **dienstlichen Anordnung des zuständigen DiszVorges** beruht. Eine solche Anordnung darf nur ergehen zur Aus- und Fortbildung der Soldaten oder zur Teilnahme von Soldaten an Wettkämpfen als Vertreter der Bw.

3. Als WDB wird auch anerkannt, wenn sich ein Soldat eine gesundheitliche Schädigung bei einer **freiwilligen sportlichen Betätigung** zuzieht, die der **zuständige DiszVorges genehmigt hat**, und die ein von ihm beauftragter Soldat oder von ihm bestellter Zivilbediensteter **verantwortlich leitet**.

4. **Keine WDB** ist eine Schädigung bei anderer sportlicher Betätigung, vor allem in der **Freizeit aus eigenem Entschluss**, auch in Sportvereinen (einschließlich Bw-Sportvereine). Das gilt auch, wenn dieser Sport dienstlich erwünscht ist oder gefördert wird, z. B. bei Benutzung dienstlicher Sportgeräte oder der Sporthalle.

5. Ansprüche aus einer WDB können nur geltend gemacht werden, wenn ein Körperschaden, die Umstände, die dazu geführt haben, und die Zeugen auf einem „WDB-Blatt" festgehalten worden sind und die WDB anerkannt worden ist. Der Truppenarzt legt das WDB-Blatt an, wenn
– eine Wehrdienstbeschädigung wahrscheinlich ist,
– der Soldat das beantragt oder
– eine zuständige Bw-Dienststelle (z. B. Wehrbereichsverwaltung III oder V) es für nötig hält.

BahnCard

1. Der **Berechtigungsausweis** für den Kauf von **Bundeswehrurlauber-Fahrkarten** durch Mannschaften und Unteroffiziere (einschließlich Offizieranwärter) ist ersetzt worden durch den **Zuschuss** beim Kauf einer **BahnCard pur** (ohne Zahlungsfunktion) oder der **DB/Citybank Electron BahnCard** (mit Electron-Zahlungsfunktion) der Deutschen Bahn.

2. Den Zuschuss in Höhe der **Hälfte** des jeweiligen Preises der **BahnCard 2. Klasse** für ein Jahr erhalten
– SaZ bis einschließlich Besoldungsgruppe A 6,
– verheiratete SaZ der Besoldungsgruppe A 7 bei Entfernungen zwischen Dienst- und Wohnort von mindestens 200 km und
– ausländische Soldaten mit entsprechendem Dienstgrad im Rahmen von Ausbildungshilfe

nach Vorlage der auf ihren Namen ausgestellten BahnCard. Der DiszVorges oder sein Beauftragter informiert die Anspruchsberechtigten zu Beginn ihres Wehrdienstes oder bei Bedarf über die entsprechenden Bestimmungen.

Sozialberatung in der Bundeswehr

1. Die **Sozialberatung** nehmen besonders dafür **ausgebildete Beamte** der Bundeswehrverwaltung vor. Sie umfasst die **Beratung**
- aller Soldaten in **sozialen Fragen,**
- der **mit gesundheitlichen Schäden** aus der Bw ausscheidenden oder bereits ausgeschiedenen Soldaten,
- der **Hinterbliebenen** von verstorbenen Soldaten.

2. Sie besteht vor allem in der Beratung über alle **Ansprüche und Rechte,** die als Folge des Ausscheidens entstehen können, besonders über Fragen der **Dienstzeitversorgung, Beschädigtenversorgung, Sozialversicherung** sowie der **Versorgung der Hinterbliebenen.**

II. BESIMMUNGEN FÜR SOLDATEN IM GRUNDWEHRDIENST UND IM FREIWILLIGEN ZUSÄTZLICHEN WEHRDIENST
(W 9 bis 23)

Geld- und Sachbezüge

1. **Die Geld- und Sachbezüge** richten sich nach dem Wehrsoldgesetz. Wehrpflichtige erhalten vom Tag des Diensteintritts bis zur Beendigung des Wehrdienstes **Wehrsold, Verpflegung, Unterkunft, Dienstbekleidung** und **Heilfürsorge,** bei der Entlassung ein **Entlassungsgeld.** Wehrsold, Mobilitätszuschlag, Verpflegungsgeld, Weihnachtszuwendung, Entlassungsgeld, Zuschlag zum Wehrsold und erhöhter Wehrsold siehe Übersicht.

2. Der Anspruch auf Bezüge endet mit dem Entstehen des Anspruchs auf Dienstbezüge eines Berufssoldaten oder Soldaten auf Zeit

3. Bei ungenehmigtem und **schuldhaftem Fernbleiben vom Dienst** und für die Dauer des **Vollzugs von gerichtlichen Freiheitsstrafen außerhalb der Bundeswehr** geht der Anspruch auf die Bezüge verloren. **Bei vorsätzlich verursachter Dienstunfähigkeit** und während des **Vollzugs von gerichtlichen Freiheitsstrafen durch die Bw** wird der Wehrsold um 50% gekürzt.

4. **Gemeinschaftsverpflegung** wird unentgeltlich bereitgesteift. Auszahlung des Verpflegungsgeldes bei Befreiung siehe Übersicht.

5. **Unterkunft** wird unentgeltlich bereitgestellt. Wird sie nicht in Anspruch genommen, so wird kein Entgelt gezahlt.

6. **Dienstbekleidung und Ausrüstung** stehen unentgeltlich bereit, ebenso die **Heilfürsorge.**

7. **Wehrsold** wird dem Soldaten am 15. jedes Monats auf ein Konto überwiesen:

Dienstgrad	Euro/Tag	Dienstgrad	Euro/Tag
Gren	7,41	StFW, OStFw, Lt	12,27
Gefr	8,18	OLt	12,78
OGefr	8,95	Hptm	13,29
HptGefr	9,71	StHptm, Maj, StArzt,	13,80
StGefr, OStGefr,		Oberstlt, OStArzt	
Uffz, StUffz, Fhj	11,25	OFArzt	14,32
Fw, Fähnr, OFw	11,76	Oberst, Oberstarzt	14,83
HptFw, OFähnr,	12,27	General	15,85

Mobilitätszuschlag bei heimatferner Einberufung (nur – W 9):
Einfache Entfernung zwischen Dienst- und Wohnort von mehr als
– 30 km = 0,51 € täglich,
– 50 km = 1,53 € täglich,
– 100 km = 3,07 € täglich.
Verpflegungsgeld: Auszahlung des Tagessatzes (z. Z. 2,99 €) als doppelter Betrag bei Befreiung von der Teilnahme für die Tagesverpflegung, für eine Mahlzeit als entsprechender Teilbetrag.
Weihnachtszuwendung: W 9 = 172,56 €; Zahlung in einem Betrag im Monat Dezember bzw. bei der Entlassung.
Entlassungsgeld: W 9 = 690,24 €; Zahlung in einem Betrag bei der Entlassung.
Zuschlag zum Wehrsold: Bei freiwilliger zusätzlicher Wehrdienstzeit (bis W 23) ab 10. Dienstmonat 20,45 €/Tag; ab 13. Dienstmonat 22,50 €/Tag; ab 19. Dienstmonat 24,54 €/Tag.
Erhöhter Wehrsold: Bei Überschreiten der Rahmendienstzeit (siehe „Leben in der militärischen Gemeinschaft") für 12–16 bzw.16–2 4 Std ab 4. bis 9. Dienstmonat 6,14 € bzw. 11,25 €, danach 8,69 € bzw. 15,85 €.

Fahrkarten bei Familienheimfahrten

Der Soldat im **Grundwehrdienst** oder im **freiwilligen zusätzlichen Wehrdienst** hat Anspruch auf **kostenlose Familienheimfahrten** (Hin- und Rückfahrt) in unbeschränkter Anzahl zu seinem ständigen Wohnort, auch dem der Ehefrau, eines Kindes, Elternteils oder einer ihm sonst nahestehenden Person, wenn er vorgenannte Angehörige nicht hat. Mit einem **Berechtigungsausweis** kann er
– bei gleichzeitiger Vorlage des **Truppenausweises** kostenlose Fahrscheine dem Streckennetz der Eisenbahn und für Busse erhalten, die anstelle des

Schienenverkehrs eine Strecke bedienen (Schienenersatzverkehr); Kostenerstattung gibt es für Zu- und Abfahrt, Reisebeihilfen unter besonderen Voraussetzungen;
- auch **Fahrscheine für beliebige Urlaubs- und sonstige Privatreisen** nach den Tarifbestimmungen für die BahnCard **lösen.**

Berufsförderung

Mit Hilfe des Berufsförderungsdienstes der Bundeswehr (BFD) können Grundwehrdienstleistende (GWDL) während des Grundwehrdienstes den Anschluß an die Entwicklungen auf dem Arbeitsmarkt halten, sich beruflich weiterbilden oder auch neu orientieren. Bereits während der Grundausbildung verhilft der BFD mit einem Informationsvortrag zu einem ersten Überblick über die Förderungsmöglichkeiten. Nach einer **individuellen Beratung** ist die Teilnahme an vielen beruflichen **Bildungsmaßnahmen** in den Bereichen EDV, Elektrotechnik, Fremdsprachen, Steuerrecht, schulische Weiterbildung u.v.m. möglich. Diese Bildungsmaßnahmen können bis zu einer Höhe von 664,68 Euro gefördert werden. Durch spezielle **Eingliederungshilfen** wie z.B. die Anrechnung von Bundeswehrzeiten auf **Studienpraktika** wird der berufliche Einstieg erleichtert. Darüber hinaus unterstützt der BFD die Arbeitsplatzsuche in Zusammenarbeit mit den Arbeitsämtern und durch die **Stellenbörse**, in der Arbeitsplatzangebote geführt werden, die sich speziell an Soldaten richten.

III. BESTIMMUNGEN FÜR SOLDATEN AUF ZEIT/BERUFSSOLDATEN

Besoldung

Die Dienstbezüge der SaZ und BS setzen sich zusammen aus dem **Grundgehalt, Familienzuschlag** und aus **Zulagen.** Siehe Übersicht.
Dienstbezüge werden an Stelle von Wehrsold ab Ernennung zum SaZ gezahlt, wenn die Verpflichtungszeit mindestens zwei Jahre beträgt.
Vergütung bei Überschreiten der Rahmendienstzeit siehe „Leben in der militärischen Gemeinschaft".

Berufsförderung und Dienstzeitversorgung

Neben der **Versorgung** der **Hinterbliebenen** und der **beschädigten Soldaten** regelt das Soldatenversorgungsgesetz die **Berufsförderung** und die **Dienstzeitversorgung.**

1. Bundesbesoldungsordnung A

(Gültig ab 1. August 2004)

Grundgehaltssätze
(Monatsbeiträge in Euro)

Besoldungs-gruppe	2-Jahres-Rhythmus				3-Jahres-Rhythmus				4-Jahres-Rhythmus			
	1	2	3	4	5	6	7	8	9	10	11	12
A 2	1474,59	1510,19	1545,81	1581,42	1617,03	1652,66	1688,28					
A 3	1536,09	1573,98	1611,87	1649,76	1687,67	1725,57	1763,47					
A 4	1570,97	1615,61	1660,20	1704,83	1749,44	1794,06	1838,66					
A 5	1583,67	1640,80	1685,79	1729,56	1773,96	1818,34	1862,73	1907,12				
A 6	1621,17	1669,91	1718,65	1767,33	1816,11	1864,85	1913,60	1962,33	2011,06			
A 7	1692,42	1736,22	1797,55	1858,87	1920,19	1981,52	2042,86	2086,64	2130,44	2174,26		
A 8		1798,45	1850,84	1929,43	2008,02	2086,80	2165,21	2217,60	2269,98	2322,39	2374,77	
A 9		1916,09	1967,65	2051,52	2135,39	2219,27	2303,15	2360,80	2418,48	2476,13	2533,80	
A 10		2064,60	2136,24	2243,69	2351,17	2458,63	2566,10	2637,74	2709,38	2781,01	2852,65	
A 11			2379,94	2490,05	2600,16	2710,28	2820,40	2893,81	2967,21	3040,64	3114,05	3187,45
A 12			2559,52	2690,81	2822,08	2953,37	3084,65	3172,17	3259,68	3347,20	3434,74	3522,25
A 13			2880,96	3022,73	3164,50	3306,26	3448,02	3542,53	3637,04	3731,55	3826,07	3920,58
A 14			2998,41	3182,26	3366,09	3549,92	3733,76	3856,31	3978,87	4101,43	4223,99	4346,55
A 15						3903,77	4105,89	4267,59	4429,28	4590,98	4752,68	4914,37
A 16						4311,59	4545,34	4732,36	4919,38	5106,37	5293,38	5480,39

Hinweis: Bei ledigen Beamten oder Soldaten, die auf Grund dienstlicher Verpflichtung in einer Gemeinschaftsunterkunft wohnen, werden in den Besoldungsgruppen A 1 bis A 8 = 93,18 EUR, in den Besoldungsgruppen A 9 bis A 12 = 98,92 EUR auf das Grundgehalt angerechnet (§ 39 Abs. 2 BBesG). Ostbesoldung: 92,5 Prozent (ab 1. Januar 2004); Familienzuschlag wird in Abhängigkeit der Familienverhältnisse gewährt.

Bild 1 Anspruch auf Berufsförderung der SaZ (Unteroffiziere und Mannschaften)

Gefördert wird	Anspruch auf Förderung beruflicher Bildung **am Ende** der Wehrdienstzeit	Anspruch auf Förderung beruflicher Bildung **nach** der Wehrdienstzeit	Höchstbeträge für berufliche Bildung	Dauer der Zahlung des Ausbildungszuschusses (15 % der DBZ)	Dauer der Zahlung der Übergangsgebührnisse (75 % der DBZ)	Übergangsbeihilfe (x-fache der DBZ)
SaZ 2–3	–	–	–	–	–	2-fach
SaZ 4–5	–	6 Monate	2.760,– Euro	6 Monate	6 Monate	4-fach
SaZ 6–7	–	12 Monate	4.140,– Euro	12 Monate	12 Monate	4-fach
SaZ 8–11	15 Monate*	21 Monate*	6.210,– Euro*	21 Monate*	21 Monate*	6-fach
SaZ 8–11 Tausch	36 Monate*	36 Monate*	8.515,– Euro*	21 Monate*	21 Monate*	6-fach
SaZ 12–20	24 Monate*	36 Monate*	8.515,– Euro*	36 Monate	36 Monate	6-fach
SaZ 12–20 Tausch	60 Monate*	60 Monate*	12.195,– Euro*	36 Monate	36 Monate	6-fach
SaZ 12–20 mit Studium		24 Monate	6.675,– Euro	24 Monate	24 Monate	6-fach
BO 41 ohne Studium		36 Monate	8.515,– Euro	36 Monate	Ruhegehalt	Ruhegehalt
BO 41 mit Studium		24 Monate	6.675,– Euro	24 Monate	Ruhegehalt	Ruhegehalt

Während der Wehrdienstzeit wird vorrangige Ermessensförderung von internen Bildungs- und Eingliederungsmaßnahmen (Kostenübernahme 100 %) und nachrangige Ermessensförderung von externen Bildungs- und Eingliederungsmaßnahmen (Bezuschussung bis 80 %, Prüfungsgebühren 100 %) betrieben. Es existieren folgende Leistungen zur beruflichen Eingliederung: Stellenbörse BFD/BA; Arbeitsplatzvermittlung, Reisekostenvergütung für Vorstellungsreisen, Umzugskostenvergütung, Einarbeitungszuschuss, Bescheinigungen berufsnaher Verwendungen, Übernahme von Kosten für fachberufliche Prüfungen und Umschreibungen militärischer Berechtigungen, Eingliederung in den öffentlichen Dienst (nur für SaZ 12+).

* Ansprüche vermindern sich wenn Sie im Rahmen der militärischen Ausbildung einen zivil anerkannten Aus- oder Fortbildungsabschluß erworben haben oder auf Grund einer vor dem Wehrdienst abgeschlossenen Ausbildung mit einem Unteroffiziersdienstgrad (mindestens mit der Besoldungsgruppe A 6) eingestellt oder zum Unteroffizier, Stabsunteroffizier oder Feldwebel „nachbefördert" worden sind.

1. Die **Berufsförderung** der SaZ umfasst
- während der Wehrdienstzeit den **allgemeinberuflichen Unterricht** (Bundeswehrfachschule) sowie in der dienstfreien Zeit berufliche Beratung und fachberufliche Bildungsmaßnahmen, z. B. Fachkurse;
- nach der Wehrdienstzeit **Fachausbildung** in öffentlichen und privaten Bildungseinrichtungen; (Bild 1) – wobei der Tausch Bundeswehrfachschule/Fachausbildung möglich ist – und außerdem
- die **Eingliederung** in das spätere Berufsleben mit Eingliederungshilfen, z. B. Unterstützung bei der Erlangung eines Arbeitsplatzes, Einarbeitungszschuss, Umschreibung von Berechtigungsscheinen, Ausstellung eines Eingliederungs- oder Zulassungsscheins für den öffentlichen Dienst.

Einzelberatung über berufsfördernde Maßnahmen und Möglichkeiten im Einzelfall nehmen die Dienststellen des **Berufsförderungsdienstes** der Bw vor.

2. Die **Dienstzeitversorgung** (Bild 2) der SaZ besteht vor allem aus
- steuerpflichtigen **Übergangsgebührnissen** (monatliche Auszahlung),
- einer steuerfreien **Übergangsbeihilfe** (eine Summe am Dienstzeitende).

Die Berechnung erfolgt nach den **Dienstbezügen des letzten Monats**, ausgehend von der beim Ausscheiden erreichten **Wehrdienstzeit.**

Wehrdienstzeit	Übergangsgebührnisse 75% für	Übergangsbeihilfe Betrag
weniger als 18 Monate	–	1,5fach
18 Monate und weniger als 2 Jahre	–	1,8fach
2 und weniger als 4 Jahre	–	2fach
4 und weniger als 6 Jahre	6 Monate	4fach
6 und weniger als 8 Jahre	12 Monate	4fach
8 und weniger als 12 Jahre	18 Monate (ggf. 21 Monate)	6fach
12 und mehr Jahre	36 Monate	6fach

Bild 2 Dienstzeitversorgung der SaZ (Unteroffiziere und Mannschaften)

3. Die **Dienstzeitversorgung** der BS wird hier nicht behandelt.

Interessenvertretungen

Soldatenhilfswerk der Bundeswehr e.V.

1. **Zweck** – Das Soldatenhilfswerk (SHWBw) ist eine Organisation zur Leistung kameradschaftlicher Hilfe.
Sein Zweck ist die Verwaltung eines durch freiwillige Spenden von Soldaten der Bw gebildeten Hilfsfonds zur Unterstützung bedürftiger Soldaten der Bw (bei Reservisten für die Dauer der Wehrübung) und ihrer Hinterbliebenen bei Katastrophen und sonstigen Unglücksfällen sowie in Ausnahmefällen bei anderen unverschuldeten Notfällen.

Die Aufgaben im einzelnen sind:
- Spendensammlungen unter den Soldaten der Bundeswehr.
- Verwaltung des Spendenfonds.
- Zuweisung von Spendenmitteln an unterstützungsbedürftige Soldaten der Bw oder deren Hinterbliebene.

2. **Aufbringen der Spendenmittel** – Jährlich findet im Zeitraum zwischen April und Juni eine Hauptspendenaktion statt, zu der jeweils ein Spendenaufruf des Generalinspekteurs der Bw (1. Vorsitzender) an alle Soldaten der Bw ergeht. Auch außerhalb dieser Aktion sind Spenden jederzeit erwünscht.
Der Grundsatz der Freiwilligkeit ist in jedem Fall zu wahren.

3. **Verteilung der Unterstützung** – Die gesammelten Mittel sollen eingesetzt werden, wo gesetzliche Unterstützungs- und Versorgungsleistungen nicht vorgesehen sind oder nicht ausreichen, um Notstände zu beseitigen.

Grundsätzliche **Voraussetzungen** für die Bewilligung einer Kameradschaftshilfe:

a) Eine **unverschuldete Notlage,** aus der sich der Betroffene aus eigener Kraft nicht selbst befreien kann, muss vorhanden sein.

b) **Alle Möglichkeiten** gesetzlicher Beihilfen und Unterstützungsleistungen **müssen ausgeschöpft sein.**

Unverschuldet ist ein Soldat nur dann in eine Notlage geraten, wenn er sie nicht vorsätzlich herbeigeführt hat.

Finanzielle Notlage heißt, daß die verfügbaren Einnahmen nicht ausreichen, die notwendigen Ausgaben zu bestreiten.
Ein Rechtsanspruch auf Unterstützung besteht nicht; Rechtsmittel gegen einen ablehnenden Bescheid können nicht eingelegt werden.

Das SHBw kann grundsätzlich nur aktiven Soldaten (einschließlich Wehrübenden) und Teilnehmern an dienstlichen Veranstaltungen – während ihrer Dienstzeit – und ihren Angehörigen oder Hinterbliebenen helfen. Für Wehrpflichtige können Anträge auf Unterstützung jedoch bis 3 Monate nach dem Ausscheiden gestellt werden, wenn der vorliegende Notstand durch ein Ereignis während der Dienstzeit verursacht wurde.

4. **Antrag auf Kameradschaftshilfe** – kann von allen genannten Soldaten, ihren Angehörigen und Hinterbliebenen gestellt werden.
Jeder Antrag setzt jedoch das Einverständnis des **DiszVorges** voraus; seine Stellungnahme ist in jedem Fall erforderlich.
In langjähriger Praxis hat es sich daher bewährt, daß der **DiszVorges** des Soldaten oder der **Sozialarbeiter** der zuständigen Standortverwaltung den Unterstützungsantrag an das SHBw stellt.

Unterstützungsanträge können gestellt werden
– bei **Tod** des Soldaten, seiner Ehefrau, eines Kindes, eines Elternteils;
– in **Geburtsfällen** (Vaterschaft von Grundwehrdienstleistenden);
– für **Besuchsfahrten** bei stationären Krankenhausaufenthalten von Soldaten oder deren Angehörigen;
– in **sonstigen** Fällen einer finanziellen **Notlage.**

Der Antrag muss
– die Bezeichnung der Dienststelle mit Postanschrift und Fernsprechnummer,
– die persönlichen Daten des Soldaten,
– eine Sachdarstellung des Ereignisses, durch das die Notlage entstanden ist
– die Darstellung der wirtschaftlichen Lage,
– das Einverständnis/die Stellungnahme des DiszVorges
enthalten.

Bei Krankenhausaufenthalten und in sonstigen Fällen einer finanziellen Notlage sollte auch ein Vorschlag zur Höhe der Kameradschaftshilfe beigefügt sein.

In besonders dringenden Fällen kann der DiszVorges einen fernschriftlichen Antrag an das SHWBw unter gleichzeitiger telefonischer Information der Geschäftsstelle richten.

5. **Organisation** – Vereinsorgane sind der Vorstand, die Mitgliederversammlung und der Spendenausschuß.
1. Vorsitzender ist in der Regel der Generalinspekteur der Bundeswehr.
Die Versammlung der etwa 20 Mitglieder (möglichst aus allen Teilstreitkräften) findet jährlich (mindestens) einmal statt.
Dem Spendenausschuss obliegt die Aufgabe, die Unterstützungsfälle zu beraten und zu entscheiden. Er soll aus 5 Mitgliedern bestehen (davon 1 Vorstandsmitglied). An Spendenauschusssitzungen können auch
– Sozialarbeiterinnen, Ehefrauen oder Mütter von aktiven Soldaten,
– wehrpflichtige Soldaten bei Beratung über die Unterstützung von Wehrpflichtigen

mit vollem Stimmrecht teilnehmen, ohne Vereinsmitglied zu sein.

6. **Anschrift:** Soldatenhilfswerk der Bundeswehr e.V.
   Postfach 13 28
   53003 Bonn

   Telefon: 02 28/12 – 6342 oder 4391 oder 5891 (Öffentl. Netz)
   34 00 – 6342 oder 4391 oder 5891 (Bw-Durchwahl)
   Telefax: – 3397

Geschäftszeit: Dienstag bis Donnerstag: 07.30 bis 15.30 Uhr

Verband der Reservisten der Deutschen Bundeswehr e.V.

1. **Zweck** – Der Verband der Reservisten der deutschen Bundeswehr (VdRBw), ein Zusammenschluss von Reservisten und ausgeschiedenen Soldaten, ist unabhängig, überparteilich und überkonfessionell.
Sein Bestreben ist es, den Verteidigungswillen und die Verteidigungskraft zu stärken, die militärische Weiterbildung zu unterstützen und Kontakte zu ausländischen Reservistenorganisationen zu pflegen. Er betreut die Reservisten außerhalb des Wehrdienstes und fördert die Erhaltung der körperlichen Leistungsfähigkeit durch sportliche Übungen und Wettkämpfe (Reservistenleistungsabzeichen). Der Reservistenverband informiert die Reservisten über wehr- und verteidigungspolitische Fragen und hat sich das Ziel gesetzt, die Kameradschaft unter den Reservisten sowie zwischen ihnen und ihren aktiven Kameraden zu pflegen.

2. **Organisation** – Ordentliche Mitglieder können nur Reservisten der Bundeswehr sein. Aktive Soldaten sind nach ihrem Beitritt außerordentliche Mitglieder. Andere Bürger können fördernde Mitglieder werden.
Der Verband gliedert sich in Reservistenkameradschaften (Mitglieder eines Ortes oder mehrerer Orte) sowie in Kreis-, Bezirks- und Landesgruppen.
Die Zusammensetzung der Reservistenkameradschaft ist unabhängig von Dienstgradgruppen und Teilstreitkraftzugehörigkeit.
Die hauptamtliche Struktur des Verbands ist gegliedert in Generalsekretariat, Bereichs-, Bezirks- und Kreisgeschäftsstellen.
Verbandszeitschrift: „loyal – das deutsche Wehrmagazin"

3. **Anschrift:** Verband der Reservisten der Deutschen Bundeswehr e.V.
   Generalsekretariat
   Provinzialstr. 91 (Postfach 140361)
   53127 Bonn (53058 Bonn)
   Telefon: 0228/25909-0
   Telefax: 0228/2590977

Deutscher Bundeswehr-Verband e.V.

1. **Zweck** – Der Deutsche Bundeswehr-Verband (DBwV) vertritt die ideellen, sozialen und beruflichen Interessen der Soldaten, ihrer Familienangehörigen und ihrer Hinterbliebenen gegenüber Bundesregierung, Parlament und Öffentlichkeit.

Der Verband
- ist eine autonome, vom Dienstherrn und von politischen Parteien **unabhängige** soziale **Organisation;**
- wirkt im Rahmen einer auf die **höchstmögliche Einsatzbereitschaft** der Bundeswehr ausgerichteten Verteidigungspolitik und
- innerhalb einer auf den freiheitlichen Grundrechten gegründeten **demokratischen Gesellschaftsordnung.**

Die Satzung des Verbandes, der frei in der Wahl seiner verbandspolitischen Mittel einschließlich außergewöhnlicher Maßnahmen ist, gebietet
- **konfessionelle und parteipolitische Unabhängigkeit;**
- **Nichteinmischung in truppendienstliche Angelegenheiten** und
- **Verzicht auf das Streikrecht** zur Durchsetzung von Verbandsforderungen.

2. **Organisation** – Die Mitgliedschaft ist freiwillig; jeder Soldat kann Mitglied des Verbandes werden.
Die Mitglieder eines Bataillons oder gleichgestellten Verbands, einer Schule, der Besatzung eines Schiffes bilden **Truppenkameradschaften.** Die Truppenkameradschaften eines Standorts bilden jeweils eine **Standortkameradschaft.**
Die **Mitglieder** einer Truppenkameradschaft **wählen** auf die Dauer von zwei Jahren einen **Vorstand.**
Zeitschrift: „DIE BUNDESWEHR"

3. **Anschrift:** Deutscher Bundeswehr-Verband e.V.
Bundesgeschäftsstelle
Südstr. 123
53175 Bonn

Telefon: 0228/3823-0
Telefax: 0228/3823-219

Bundeswehr-Sozialwerk e. V.

1. **Zweck** – Das Bundeswehr-Sozialwerk (BwSW) ist auf dem Gebiet der Sozialarbeit zum Wohle aller Angehörigen der Bundeswehr und ihrer Familien tätig. Es unterstützt die dem Dienstherrn obliegende Fürsorge und dehnt sie auf Bereiche aus, die über den Rahmen von Gesetzen und Verordnungen hinausgehen.
Die Eigenverantwortung des einzelnen, die Opferbereitschaft der Gemeinschaft und die Fürsorge des Dienstherrn verbinden sich im BwSW zu einer Leistungsgemeinschaft. Deren Aufgabengebiet umfasst:
– Kindererholungsmaßnahmen, Jugendfreizeiten und Jugendlager.
– Freizeiten für Mütter/„Mutter und Kind"; Müttergenesungskuren.
– Behindertenmaßnahmen.
– Vorbeugende Gesunderhaltung durch Sonderfreizeiten.
– Freizeiten für Ehemalige.
– Familienerholungsfürsorge in eigenen Erholungseinrichtungen, im Austausch mit befreundeten Sozialwerken im In- und Ausland durch Belegungsverträge.
Internationale Verbindungen über den dienstlichen Bereich hinaus dienen der Völkerverständigung und geben besonders der Jugend Anregungen für die Lösung gemeinsamer, europäischer Aufgaben.

2. **Organisation** – Das BwSW ist eine Selbsthilfeeinrichtung der Soldaten und zivilen Bediensteten der Bundeswehr mit freiwilliger Mitgliedschaft. Grundwehrdienstleistende werden nicht als Mitglied aufgenommen, können aber alle Leistungen des Sozialwerks in Anspruch nehmen.
Die Standorte werden durch die Ortsstellen betreut, die einzelnen Truppenteile oder Dienststellen durch die jeweiligen Betreuer.
In den Wehrbereichen I bis VII und für den Bereich Bonn und Auslandsdienststellen bestehen Bereichsgeschäftsführungen.
Der Dienstherr leistet personelle und materielle Unterstützung.
Zeitschrift: „Unser Bundeswehr-Sozialwerk"

3. **Anschrift:** Bundeswehr-Sozialwerk e.V.
    Bundesgeschäftsführung
    Peter-Hensen-Straße 1–3
    53175 Bonn
    Telefon: 02 28/9 17 74-0 (Öffentliches Netz)
    34 24-8 (Bw-Vermittlung)
    Telefax: 02 28/23 76 09

Geschäftszeit: Montag bis Freitag: 09.00 bis 11.30 Uhr
14.00 bis 15.30 Uhr

Arbeitsgemeinschaften für Soldatenbetreuung

Die Arbeitsgemeinschaften für Soldatenbetreuung unterhalten folgende Heime:

I. EVANGELISCHE ARBEITSGEMEINSCHAFT FÜR SOLDATEN-BETREUUNG IN DER BUNDESREPUBLIK DEUTSCHLAND E.V.

Anschrift: Hausdorffstr.103, 53129 Bonn **Tel.:** 0228/53960-0 **Fax:** 0228/236267

Soldatenheime:

Uns Hus
Kieler Straße 32
24321 Lütjenburg
Tel.: 04381/8078

Albatros
Barbarastraße 2
24376 Ellenberg-Kappeln
Tel.: 04642/81066

Treffpunkt Mürwik
Kielseng 30
24937 Flensburg-Mürwik
Tel.: 0461/13199

Haus an der Treene
Walter-Saxen-Straße 1
24963 Tarp
Tel.: 04638/495

Haus Gieslau
Friedrichstraße 8b
25767 Albersdorf
04835/8532

Achtern Diek
Hafenstraße 19
25992 List/Sylt
Tel.: 04651/877303

Gorch-Fock-Haus
Victoriastraße 15
26382 Wilhelmshaven
Tel.: 04421/41818

Haus am Luhner Forst
Zum Flugplatz 11
27356 Rotenburg
Tel.: 04261/3010

Haus Adelheide
Abernettistraße 43
27755 Delmenhorst
Tel.: 04221/23030

Haus Schwanenberg
Danziger Straße 1
28790 Schwanewede
Tel.: 04209/1547

Am Reiherberg
Am Reiherberg 2
29229 Celle-Scheuen
Tel.: 05086/2434

Haus Schilchternheide
Große Hornstraße 20
29328 Faßberg
Tel.: 05055/477

Zum Oertzetal
Danziger Straße 74–76
29633 Munster
Tel.: 05192/2351

Haus an der Jürse
OT Luttmersen
31535 Neustadt am Rbge.
Tel.: 05072/645

Haus Senne
GFM-Rommelstraße 1
32832 Augustdorf
Tel.: 05237/477

Haus Gasterfeld
Gasterfelder Holz 3
34466 Wolfhagen
Tel.: 05692/2105

Haus an der Eder
Wabener Straße 7
34560 Fritzlar
Tel.: 05622/2659

Haus zur Lichte
Waßmuthshäuser Str. 43 a
34576 Homberg/Efze
Tel.: 05681/3777

Haus Meissnerblick
Husarenallee 106
36205 Sontra
Tel.: 05653/5225

Haus am Eberbach
Linnenkämper Straße 26
37627 Stadtoldendorf
Tel.: 05532/3003

Haus Herrenweide
von-Braun-Straße 1
49356 Diepholz
Tel.: 05441/4235

Berghaus Geißbühl
Geißbühlstraße 44
72469 Meßstetten
Tel.: 07431/62133

Haus am Riedbaum
Binger Straße 7
72488 Sigmaringen
Tel.: 07571/12377

Junge Donau
Am Hattinger Weg 1
78194 Immendingen
Tel.: 07462/6400

Haus Oberallgäu
Richard-Wagner-Straße 14
87527 Sonthofen
Tel.: 08321/4675

Fliegerheim Kaufbeuren
Apfeltranger 15
87600 Kaufbeuren
Tel.: 08341/5311

II. KATHOLISCHE ARBEITSGEMEINSCHAFT FÜR SOLDATEN-BETREUUNG E.V.

Anschrift: Justus-von-Liebigstr. 31, 53113 Bonn, **Telefon:** 0228/988620,
Fax: 0228/9886211

Soldatenfreizeitheime:

Ostfrieslandhaus
Weddigenstraße 5
26603 Aurich
Tel.: 04941/7010

Haus Burgberg
Burgstraße 17
27793 Wildeshausen
Tel.: 04431/4176

Haus Hohenwald
Artilleriestraße 2
35260 Stadtallendorf
Tel.: 06428/3948

Haus Münsterland
Immelmannstraße 37
48157 Münster-Haidort
Tel.: 0251/14138-0

St. Barbara
Kapellenweg 75
48249 Dülmen
Tel.: 02594/2423

Haus Aulenbach und Lagerbistro
Postfach 1134
55771 Baumholder/Nahe
Tel.: 06783/5916

Haus Am Alsberg
Am Löchen
56477 Rennerod/Ww.
Tel.: 02664/7507

Haus im Möhren
Im Möhren 9–13
56727 Mayen/Eifel
Tel.: 02651/3217

Haus Heuberg
Hardtstraße 48
72510 Stetten a. k. M.
Tel.: 07573/9517-3

Haus Hochland
Prälat-Götz-Straße 2
87439 Kempten/Allgäu
Tel.: 0831/28584

Haus der Gebirgsjäger
Kemptener Straße 68
87629 Füssen/Allgäu
Tel.: 08362/7984

Haus Linzgau
Kasernenstraße 14
88630 Pfullendorf
Tel.: 07552/93020

Emil-Kemmer-Haus
Schönseer Straße 14
92526 Oberviechtach
Tel.: 09671/585

Haus Ostmark
Chamer Steig 1
93426 Roding
Tel.: 09461/5777

Haus Thüringen
Ignaz-Reder-Straße 1
97638 Mellrichstadt
Tel.: 09776/1331

Heinrich-Köppler-Haus
Am Sportzentrum 4
97762 Hammelburg
Tel.: 09732/9177-0

Haus Frankenland
Zum Läger 2
97900 Külsheim
Tel.: 09345/422

Caritasverband Koblenz e.V.

Haus Horchheimer Höhe
von-Galen-Straße 1–5
56076 Koblenz
Tel.: 0261/73887

Volksbund Deutsche Kriegsgräberfürsorge e.V.

1. **Zweck** - Hauptaufgabe des 1919 gegründeten Volksbundes ist es, das verpflichtende Gedenken an die Opfer von Krieg und Gewaltherrschaft als Mahnung zum Frieden unter den Völkern und zur Achtung der Würde und der Freiheit des Menschen zu wahren und zu pflegen sowie für die Ruhestätten der deutschen Opfer von Krieg und Gewaltherrschaft im In- und Ausland zu sorgen.
Beispiele für die praktische Arbeit: Ausbau von Friedhöfen, Pflege von Kriegsgräbern, Umbettung und Identifizierung von Kriegstoten, Gräbernachweis, Geltung von Gedenkfeiern am Volkstrauertag (vorletzter Sonntag vor erstem Advent) als Mahnung zum Frieden – Motto: „Versöhnung über den Gräbern/ Arbeit für den Frieden"
Nach dem Ende des Kalten Krieges steht der Volksbund vor der gewaltigen Aufgabe, auch den gefallenen oder in Kriegsgefangenschaft gestorbenen deutschen Soldaten in Ost- und Südosteuropa würdige Ruhestätten zu schaffen.

2. Die **Bundeswehr unterstützt den Volksbund** durch
– Sammlungen für den Volksbund innerhalb ihrer Dienststellen,
– Dienstbefreiung für Soldaten als freiwillige Sammler bei Haus- und Straßensammlungen,
– Sonderurlaub für Soldaten bei freiwilligen Arbeitseinsätzen,
– dienstliche Gestellung von Personal, Kfz und Gerät im In- und Ausland, z. B. bei der Unterstützung von Jugendlagern,
– Teilnahme an Gedenkfeiern und Kranzniederlegungen.
Auch **Soldaten der Reserve** der Bundeswehr tragen durch ihr freiwilliges Engagement zur Arbeit des Volksbundes bei.
In allen Wehrbereichen hat der Volksbund ehemalige Stabsoffiziere als Beauftragte für die Zusammenarbeit mit der Bw; im WB VI nimmt diese Aufgabe der Landesverband Bayern wahr.

3. **Organisation** – Bundesgeschäftsstelle, 16 Landes-, 29 Bezirks-, 338 Kreis- und viele aktive Ortsverbände.
Mitteilungsblatt: „Stimme & Weg"

4. **Anschrift:** Volksbund Deutsche Kriegsgräberfürsorge e.V.
Bundesgeschäftsstelle
Werner-Hilpert-Straße 2
34112 Kassel
Telefon: 05 61/70 09-0
Telefax: 05 61/70 09-211

Deutscher Marinebund e.V.

Der **DMB** ist der Dachverband der in den Marinekameradschaften, Marinevereinen und als Einzelmitglieder zusammengeschlossenen ehemaligen und aktiven Angehörigen der Marine, der Handelsschifffahrt und der Fischerei sowie solcher Personen, die diese Einrichtungen fördern und maritimes Gedankengut bejahen und pflegen.

Der **DMB** versteht sich als Bindeglied zwischen den Angehörigen der Marine und der Handelsschifffahrt.

Der **DMB** will das Verständnis unserer Mitbürger für die Bedeutung der See für Handel, Wirtschaft und Wohlstand, aber auch für die Sicherheit unseres Landes wecken.

Die Beziehungen zu maritimen Verbänden anderer Nationen dienen der Verständigung zwischen den Völkern und der Sicherung des Friedens.

Der **DMB** fördert und pflegt
- die seesportliche Ausbildung von Jugendlichen in der Deutschen Marinejugend e.V.
- die Ausübung des aktiven Segelsports einschließlich des Erwerbs von Segel- und Motorbootführerscheinen im Marine-Regatta-Verein e.V.

Der **DMB** pflegt bewährte Marinetraditionen und unterhält zum Gedenken für die auf See Gebliebenen aller Nationen das weltbekannte Marine-Ehrenmal in Laboe, dem das technische Museum „Unterseeboot 995" angegliedert ist.

Das Sozialwerk e.V. des **DMB** ermöglicht seinen Mitgliedern einen erholsamen Urlaub im eigenen „Scheer-Haus" am Strand von Laboe.

Publikationsorgan des **DMB** ist die monatlich erscheinende Verbandszeitschrift „Leinen los!".

Der **DMB** erhält keine finanzielle Unterstützung durch den Staat und ist in Würdigung seiner Zielsetzung und Arbeitsweise als gemeinnützige Körperschaft anerkannt.

Präsident des DMB: Kapitän zur See a. D. Michael Kämpf
Bundesgeschäftsstelle: Deutscher Marinebund e.V.
Postfach 1352, 26353 Wilhelmshaven
Tel.: 04421/180600, **Fax:** 04421/180606
Internet: http://www.deutscher-marinebund.de
E-mail: vz@deutscher-marinebund.de

Teil B
Inhaltsverzeichnis

Sicherheitspolitik

Die Vereinten Nationen	3
Europäisch-atlantische Sicherheitsordnung	4
Sicherheitspolitische Lage der Bundesrepublik Deutschland	13

Die Bundeswehr

Führungsstruktur	15
Streitkräftestruktur	17

Das Heer

Aufgaben und Fähigkeiten	26
Heeresstruktur	27
Aufgabenbereiche und Truppengattungen	33
Ausbildung	47

Die Luftwaffe

Auftrag	52
Luftwaffenstruktur	53
Waffensysteme	59
Nato-Luftverteidigung	64
Lufttransport	66
Führungsdienste	70
Logistik	72
Ausbildung	74

Die Marine

Auftrag	83
Marinestruktur	84
Schiffe, Boote und Luftfahrzeuge	86
Dienst an Bord	92
Praktische Seemannschaft	99
Rettungsdienst	111
Ausbildung und Laufbahnbestimmungen	115

Die Streitkräftebasis

Auftrag und Aufgaben	127
Struktur Streitkräftebasis	128

Der Zentrale Sanitätsdienst

Auftrag und Aufgaben	129
Struktur des Sanitätsdienstes	129

Sicherheitspolltik

Die Vereinten Nationen

1. Den 1945 gegründeten **Vereinten Nationen** (VN) – United Nations Organization (UNO, auch UN) gehören fast alle Staaten der Erde an; die Bundesrepublik Deutschland ist Mitglied seit 1973. Dieses **kollektive Sicherheitssystem** verbietet seinen Mitgliedern, bei Konflikten militärische Gewalt anzuwenden damit zu drohen und verlangt statt dessen friedliche Lösungen.

2. Ein angegriffener Staat hat jedoch das ausdrücklich bestätigte, naturgegebene Recht zur **individuellen Selbstverteidigung** oder zur **kollektiven Selbstverteidigung** in einem Verteidigungsbündnis (z.B. NATO und EU).

3. Der **Weltsicherheitsrat** der UNO kann bei Streitigkeiten von Mitgliedstaaten, welche die internationale Sicherheit gefährden, **Resolutionen** zur Beilegung des Streits fassen und entsprechende Empfehlungen aussprechen. Bei direkter Bedrohung oder Bruch des Friedens erteilt er eine Aufforderung, seine Beschlüsse zu befolgen. Wird ihnen wiederum nicht gefolgt, kann der Sicherheitsrat, um sie durchzusetzen, zunächst nichtmilitärische **Sanktionen** (z. B. wirtschaftliche) beschließen. Als letzte Maßnahme ist dann der Einsatz von Streitkräften möglich.
Nur der Sicherheitsrat kann derartige – für alle Mitgliedstaaten verbindliche – Beschlüsse fassen. Allerdings sind sie gegen den erklärten Willen mindestens eines der fünf ständigen Mitglieder des Sicherheitsrates nicht möglich aufgrund des **Vetorechts.**

4. Die Maßnahmen zur Wahrung des Weltfriedens und der internationalen Sicherheit werden nach dem Ermessen des Sicherheitsrats von allen oder von einigen Mitgliedern der UNO unmittelbar und durch geeignete internationale Einrichtungen getroffen.
Regionale Abmachungen sind den UNO-Mitgliedern in ihrem Bereich erlaubt, um Einrichtungen und Maßnahmen zur Sicherung des Friedens zu treffen; sie müssen mit den Zielen und Grundsätzen der UNO übereinstimmen. Örtlich begrenzte Streitigkeiten sollen die Mitglieder zunächst im Rahmen derartiger Abmachungen beilegen, bevor sie den Sicherheitsrat einschalten.

Zwangsmaßnahmen sind jedoch nur mit Ermächtigung oder auf Weisung des Sicherheitsrats zulässig.

5. Mit der „Agenda für den Frieden" hat der Generalsekretär der UNO ein Konzept für die Friedenssicherung entworfen:
- **Vorbeugende Diplomatie** soll Streitigkeiten verhüten oder eindämmen, ggf. unter dem dämpfenden Einsatz von Streitkräften.
- **Friedensschaffung** (Peace-Making) soll den Konflikt verfeindeter Parteien mit friedlichen Mitteln beilegen.
- **Friedenserhaltung** (Peace-Keeping) sieht die örtliche Präsenz der UNO mit Zivil-, Polizei- und/oder Streitkräften vor.
- **Friedenserzwingung** (Peace-Enforcement) soll den Frieden auch gegen den Willen verfeindeter Parteien, notfalls unter Einsatz von Gewalt, mit militärischen Mitteln durchsetzen, wenn alle anderen Maßnahmen keinen Erfolg haben.
- **Friedenskonsolidierung** (Peace-Bullding) ist die Ergänzung vorstehender Maßnahmen durch solche, die den Frieden festigen, Vertrauen pflegen und die Grundlagen für ein geregeltes staatliches Leben schaffen.

Die verstärkte Einbindung regionaler Abmachungen ist dazu nötig.

Europäisch-atlantische Sicherheitsordnung

Mitgliedschaft der einzelnen Staaten in den jeweiligen Institutionen siehe Bild 1; Kraftfahrzeugkennzeichen bezeichnen sie im Text.

I. DIE ORGANISATION FÜR SICHERHEIT UND ZUSAMMENARBEIT IN EUROPA

1. Die **Teilnehmerstaaten der Konferenz für Sicherheit und Zusammenarbeit in Europa** (KSZE) haben sich in der Schlussakte von Helsinki 1975 **verpflichtet,** in ihren Beziehungen folgende 10 **Prinzipien** zu achten und in die Praxis umzusetzen: **Souveräne Gleichheit/Achtung der der Souveränität innewohnenden Rechte, Enthaltung von der Androhung oder Anwendung von Gewalt, Unverletzlichkeit der Grenzen, territoriale Integrität der Staaten, friedliche Regelung von Streitfällen, Nichteinmischung in innere Angelegenheiten, Achtung der Menschenrechte und Grundfreiheiten, Gleichberechtigung und Selbstbestimmungsrecht der Völker, Zusammenarbeit zwischen den Staaten und Erfüllung völkerrechtlicher Verpflichtungen nach Treu und Glauben.**

2. Die **Schlussakte** bündelt die Ergebnisse neben den Prinzipien in
- **Korb I:** Sicherheit, Vertrauensbildung, Abrüstung;

- **Korb II:** Zusammenarbeit in Wirtschaft, Handel, Wissenschaft, Technik und Umweltfragen;
- **Korb III:** Menschenrechte, Information, Zusammenarbeit und Austausch, der Kultur und Bildung.

Sie führte zu einer Reihe von Folgekonferenzen und trug noch während des Kalten Krieges entscheidend zur Entspannung bei.

3. Der Sondergipfel der KSZE 1990 bekannte sich dann in der **Pariser Charta** zu einem neuen Zeitalter der Demokratie, des Friedens und der Freiheit, stellte Leitsätze für die Zukunft auf und beschloss neue Strukturen und Institutionen des KSZE-Prozesses.

4. Der Vertrag über **Konventionelle Streitkräfte in Europa** (KSE), 1990 unter dem Dach der KSZE schuf die Grundlage für die
- **Reduzierung, Begrenzung und Nutzungseinschränkung von Großwaffensystemen,** wie Kampfpanzer und gepanzerte Kampffahrzeuge, Artillerie, Kampfflugzeuge und -hubschrauber;
- **Verhinderung von Kräftekonzentrationen** in bestimmten Regionen;
- **Kontrolle** der Rüstung und Abrüstung durch Austausch von Daten und Informationen und durch Inspektionen.

Ihm folgten 1992
- das **Wiener Dokument** (WD 92) über **Vertrauens- und Sicherheitsbildende Maßnahmen** (VSBM);
- das **KSE-Ia-Abkommen** zur **Begrenzung der Personalumfänge** der Land- und Luftstreitkräfte;
- der Vertrag über den **„Offenen Himmel",** der den Luftraum der betroffenen Staaten für die Beobachtung des Territoriums mit Flugzeugen öffnete.

5. Nachdem sich die KSZE inzwischen zur **Regionalen Abmachung** erklärte, wurde sie 1994 auf der Gipfelkonferenz in Budapest ab 1995 in **Organisation für Sicherheit und Zusammenarbeit in Europa** (OSZE) umbenannt. Sie ist der Rahmen für die Entwicklung einer gemeinsamen **Sicherheitsordnung,** die Nordamerika und Europa verbindet. Ihr Ziel ist es, **Sicherheit und Stabilität** zwischen ihren Mitgliedstaaten zu **gewährleisten** und die **Androhung und Anwendung militärischer Gewalt** zwischen ihnen **auszuschließen.** Die OSZE spielt eine führende Rolle bei der Entwicklung von Sicherheitsstrukturen und verpflichtet sich zur Förderung der Demokratie, Rechtsstaatlichkeit, Menschen- und Minderheitenrechte, Demokratisierung der Streitkräfte, Transparenz der Verteidigungshaushalte und der Marktwirtschaft. Dabei ist sie besonders auf die Unterstützung der NATO, EU und GUS angewiesen.

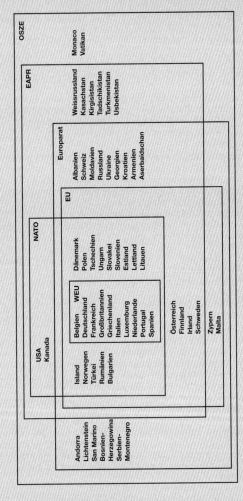

Bild 1 Europäisch-atlantische Sicherheitsorganisation

II. DIE NORDATLANTISCHE ALLIANZ

1. Die Nordatlantische Allianz (North Atlantic Treaty Organization/NATO) wurde 1949 von 12 Staaten als kollektives Verteidigungsbündnis gegründet: Belgien, Dänemark, Frankreich, Großbritannien, Kanada, Island, Italien, Luxemburg, Norwegen, Niederlande, Portugal, USA. 1952 traten hinzu: Griechenland, Türkei; 1955 Deutschland; 1982 Spanien; 1999 im Rahmen der Osterweiterung: Tschechien, Ungarn, Polen; 2004 Estland, Lettland, Litauen, Slowakei, Rumänien, Bulgarien, Slowenien.

2. **Zweck** des Bündnisses war ursprünglich die **gemeinsame Abwehr** der nach dem II. Weltkrieg drohenden Gefahr der
   - Ausweitung des sowjetischen Machtbereichs und
   - Ausbreitung des kommunistischen Unrechtssystems durch politischen und militärischen Druck, Gewaltanwendung und Staatsstreich.

3. **Vertragsinhalt:** Die NATO-Partner bekräftigen die **Ziele und Grundsätze der UNO** und ihren Wunsch, mit allen Völkern und Regierungen in Frieden zu leben. Sie sind entschlossen, Freiheit, Zivilisation, Demokratie, Menschenrechte und Rechtsstaatlichkeit gemeinsam zu gewährleisten und verpflichten sich zur friedlichen Regelung aller nationalen Streitfälle und zum Verzicht auf Gewaltandrohung und -anwendung. Der Bedrohung eines Partners werden die anderen ggf. mit politischen, wirtschaftlichen oder auch militärischen Mitteln entgegentreten; einen bewaffneten Angriff gegen einen werden sie als Angriff gegen alle betrachten und sich im Rahmen des Selbstverteidigungsrechts gegenseitig Beistand leisten.

4. Das Ende der Ost–West-Konfrontation hat die Gefahr eines großen Krieges gebannt, friedlicher ist die Welt jedoch nicht geworden. Neue **Risiken und Gefahren** sind entstanden, die auch die **Sicherheitsinteressen** der **NATO** berühren.

5. Die **Erneuerung der NATO** seit 1990 strebt das Ziel an, eine **neue Sicherheitsordnung** für den euro-atlantischen Raum auf der Grundlage **partnerschaftlicher Zusammenarbeit** mit den ehemaligen Gegnern zu schaffen; eine Sicherheitsordnung, in der es keine neue Trennlinien geben und kein Staat in der Lage sein soll, einen anderen zu bedrohen oder zu beherrschen. Mit ihrem **strategischen Konzept von 1999** und einer neuen, verkleinerten **Kommandostruktur** hat sie sich der veränderten Situation angepasst.

6. Der Weg der NATO von der Konfrontation zu **Dialog und Kooperation** wurde von folgenden Meilensteinen markiert:

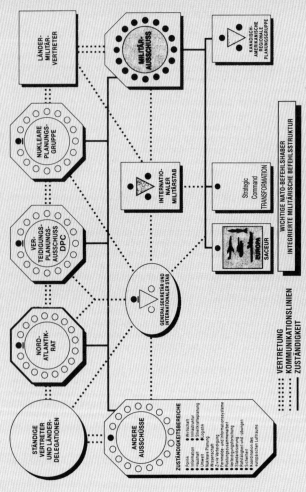

Bild 2 Der zivile und militärische Aufbau der NATO (Anhalt)

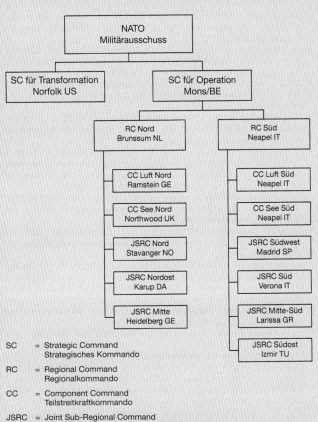

SC = Strategic Command
Strategisches Kommando

RC = Regional Command
Regionalkommando

CC = Component Command
Teilstreitkraftkommando

JSRC = Joint Sub-Regional Command
TSK-übergreifendes subregionales Kommando

Die offiziellen Bezeichnungen der HQ sind noch festzulegen.
Die Wiedergabe beschränkt sich bewusst aud die Kommandostruktur in Europa, das SC Atlantik ist daher nicht dargestellt.

Bild 3   Neue Kommandostruktur der NATO in Europa (Anhalt)

- Die Londoner und Pariser Erklärungen von 1990, mit denen die Allianz den ehemaligen Gegnern des Warschauer Paktes die Hand zur **Versöhnung** und **Zusammenarbeit** anbot.
- Das Strategische Konzept von 1991, in dem die NATO in Rom beschloss, neben der **kollektiven Verteidigung** auch **Dialog und Kooperation** mit den ehemaligen Gegnern zur neuen Kernaufgabe zu machen.
- Die Gründung des **Nordatlantischen Kooperationsrats (NAKR)** 1991, mit dem die **politische Zusammenarbeit** mit dem ehemaligen Gegner einen institutionellen Rahmen erhielt.
- Die Entscheidungen von Oslo und Brüssel 1992, der **OSZE** und den **Vereinten Nationen** die Unterstützung des Bündnisses bei **friedenserhaltenden Maßnahmen** anzubieten.
- Der Gipfel 1994 in Brüssel, auf dem die NATO ihre grundsätzliche Offenheit für neue Mitglieder bekräftigte, das Programm **„Partnerschaft für den Frieden"** beschloss und die Anpassung der **Führungsstrukturen** der **Allianz** an die neuen Erfordernisse des **Krisenmanagements** einleitete.
- Die Entscheidungen von Berlin und Brüssel 1996, den **europäischen Pfeiler** in der Allianz durch Ausgestaltung der **Europäischen Sicherheits- und Verteidigungsidentität (ESVI)** zu stärken.
- Die **NATO-Russland-Grundakte** und die **NATO-Ukraine-Charta 1997,** mit denen die großen Länder in die **euro-atlantische Sicherheitsstruktur** eingebunden werden.
- Die Entscheidung auf dem Gipfel von Madrid 1997, Polen, Tschechien und Ungarn zu Verhandlungen über deren NATO-Beitritt einzuladen.
- Die Einnahme einer **neuen militärischen Kommandostruktur**, welche die effiziente Wahrnehmung der künftigen neuen Bündnisaufgaben sicherstellt sowie die **Führung eigenständiger europäischer Operationen** unter Rückgriff auf Mittel und Kräfte der NATO ermöglicht.
- Die Aufnahme **Polens, Ungarns** und der **Tschechischen Republik** in das Bündnis am 12. März 1999.
- Die **„Erklärung von Washington"** im April 1999 mit den Bekenntnissen für einen dauerhaften Frieden, Sicherheit und Freiheit für alle Menschen in Europa und Nordamerika zu den grundlegenden Zielen des Bündnisses.
- Das **Strategische Konzept von 1999,** das die grundlegenden Sicherheitsaufgaben der Allianz in folgende Kernfunktionen festlegt:

    - **Fundament für ein stabiles euro-atlantisches sicherheitspolitisches Umfeld**
    - **Transatlantisches Konsultationsforum**
    - **Abschreckung und Verteidigung**
    - **Stärkung von Sicherheit und Stabilität des euro-atlantischen Raums durch Konfliktverhütung, Partnerschaft, Kooperation und Dialog.**

III. DIE EUROPÄISCHE UNION UND DIE WESTEUROPÄISCHE UNION

1. Ursprung der **Europäischen Union (EU)** sind die von Belgien, Deutschland, Frankreich, Luxemburg und Niederlande gegründeten Gemeinschaften (Jahreszahl = Datum des Inkrafttretens):
   - 1952 **Europäische Gemeinschaft für Kohle und Stahl** (EGKS) auch Montanunion,
   - 1958 **Europäische Wirtschaftsgemeinschaft** (EWG),
   - 1958 **Europäische Atomgemeinschaft** (EURATOM); sie alle wurden
   - 1967 zur **Europäischen Gemeinschaft** (EG) vereint.

Es folgten:
   - 1973 die „Norderweiterung": Dänemark, Großbritannien und Irland
   - 1981 die „Süderweiterung": Griechenland und 1986 Portugal und Spanien
   - 1990 die Einbeziehung der neuen Bundesländer nach der Wiedervereinigung
   - 1995 erneute Erweiterung: Finnland, Österreich, Schweden
   - 2004 (Estland, Lettland, Litauen, Malta, Polen, Slowakei, Slowenien, Tschechien, Ungarn, Zypern)
   - spätere Erweiterung: Bulgarien, Rumänien (Türkei noch offen)

2. Verfolgten die Gemeinschaften zunächst hauptsächlich **wirtschaftliche** Ziele – Meilensteine auf diesem Wege: Einführung der **Zollunion** 1968, des **Europäischen Währungssystems** (EWS) 1979 und schließlich des **Europäischen Binnenmarktes** 1993 – so entwickelte sich die EG immer mehr zu einem politischen Instrument – 1979 erste **Direktwahl des Europäischen Parlaments,** 1986 Einführung der **Europaflagge** und **Europahymne** – und schließlich 1992 aufgrund des **Vertrags von Maastricht** zur EU. Die meisten Mitgliedsstaaten haben seit Inkrafttreten des **Schengener Abkommens** 1995 die Grenzkontrollen an den Binnengrenzen zwischen ihnen eingestellt.

3. Von besonderer Bedeutung ist die **Gemeinsame Außen- und Sicherheitspolitik** (GASP), zu der die außenpolitische Zusammenarbeit den Verträgen von Maastricht und 1997 Amsterdam entsprechend weiterentwickelt werden soll; ebenso soll eine gemeinsame Verteidigungspolitik auf längere Sicht zu einer **gemeinsamen Verteidigung** führen.
Die WEU wird von der EU ersucht, als integraler Bestandteil der Entwicklung der EU die Entscheidungen und Aktionen der Union mit verteidigungspolitischen Bezügen auszuarbeiten und durchzuführen.

4. Die WEU ist aus dem 1948 vor allem als Schutz gegen einen eventuellen deutschen Angriff geschlossenen **Brüsseler Pakt** (B, F, GB:UK, L, NL) hervorge-

gangen. Mit zunehmender Bedrohung durch die ehemalige Sowjetunion wuchs dann die Notwendigkeit, sich gegen diese Gefahr gemeinsam zu schützen.

Einer geplanten **Europäischen Verteidigungsgemeinschaft** (EVG) sollte auch die Bundesrepublik Deutschland angehören. Als dieser Plan 1954 scheiterte, wurde der Brüsseler Vertrag durch die **Pariser Verträge** geändert; damit entstand 1955 die auf 7 Mitglieder (um D und IT) erweiterte **Westeuropäische Union,** die 1990 (E, P) auf 9 und 1992 (GR) auf 10 **Vollmitglieder** (NATO und EU) mit allen Rechten und Pflichten anwuchs. Die übrigen 8 EU- und europäischen NATO-Mitgliedstaaten sind in der WEU so vertreten:
- **Assoziierte Mitglieder** (NATO: IS, N, TR), Vollmitgliedern fast gleichgestellt;
- Staaten mit **Beobachterstatus** (EU: A, FIN, GB:IR, S; DK auch NATO).

Assoziierte Partner der WEU sind die 3 baltischen (EST, LT, LV) und 7 Staaten Mittelost- und Südosteuropas (BG, CZ, H, PL, RO, SK, SLO) als EU-Beitrittskandidaten.

5. Die **WEU** hat beschlossen, in Ergänzung zur GASP zum **integralen Bestandteil der EU** und zu deren **Verteidigungskomponente** entwickelt zu werden. Sie ist damit der europäische Pfeiler der NATO und stärkt sowohl diese als auch die militärische Handlungsfähigkeit Europas. **Militärische Kräfte unter WEU-Befehlsgewalt** können gemäß Petersberger Erklärung 1992, neben ihrem Beitrag zur Bündnisverteidigung in der NATO, eingesetzt werden für die „Petersberger Aufgaben":
- humanitäre Aufgaben und Rettungseinsätze;
- friedenserhaltende Maßnahmen;
- Kampfeinsätze bei der Krisenbewältigung einschließlich Maßnahmen zur Herbeiführung des Friedens.

Der Einsatz muss vereinbar sein mit der UN-Charta, den Verpflichtungen und militärischen Vorkehrungen der NATO zur kollektiven Verteidigung und mit der Verfassung des jeweiligen Mitgliedstaates, der über seine Teilnahme in jedem Fall souverän entscheidet.

6. **NATO und EU** sind in der internationalen Konfliktverhütung und Krisenbewältigung **Partner von UN und OSZE.** Die EU nutzt für ihre Aufgaben in Abstimmung mit der NATO deren Kommando- und Streitkräftestrukturen, z. B. Alliierte Streitkräftekommandos – Combined Joint Task Force (CJTF). Die EU will bis 2003 eine EU-Eingreiftruppe von 60.000 Soldaten aufstellen.

7. Auf dem Kölner EU-Gipfeltreffen wurde 1999 der Grundstein für eine gemeinsame europäische Sicherheits- und Verteidigungspolitik gelegt und beschlossen, die Petersberg-Aufgaben der WEU bis Ende 2000 in die EU zu übernehmen.

Sicherheitspolitische Lage der Bundesrepublik Deutschland

1. **Deutschland** hat mit Zustimmung seiner Nachbarn und der Weltmächte seine **Einheit und volle Souveränität** zurückgewonnen und ist heute von demokratischen Staaten, Freunden und Partnern umgeben. Seine strategische Lage hat sich also grundlegend verbessert.
Freiheit, Unabhängigkeit und Unversehrtheit der Bundesrepublik Deutschland konnten nur behauptet werden, weil diese nicht auf sich allein gestellt war. Auch künftig ruht unsere Sicherheit auf dem breiten und festen Fundament westlicher Gemeinsamkeit.

2. Die Außen- und Sicherheitspolitik der Bundesrepublik Deutschland wird von folgenden Interessen geleitet:
- Erhaltung von Frieden, Freiheit, Sicherheit und Wohlstand für Deutschland und seine Bürger;
- Förderung der Integration der demokratischen Staaten Europas in der Europäischen Union;
- Festigung des transatlantischen Bündnisses mit den USA;
- Ausbau der Beziehungen zu den Nachbarstaaten in Mittel- und Osteuopa und Gestaltung einer neuen, alle Staaten Europas umfassenden Sicherheitsordnung;
- Achtung des Völkerrechts und der Menschenrechte in der Welt und Stärkung der Vereinten Nationen.

3. Die **deutsche Verteidigungspolitik** basiert auf der Fähigkeit zur **Landesverteidigung** und zur **Verteidigung der Bündnispartner** (erweiterte Landesverteidigung) sowie der Fähigkeit zur **Teilnahme an multinationaler Konfliktverhütung und Krisenbewältigung.**

4. **Deutschlands Sicherheit** ist betroffen:
- unmittelbar von der weiteren Entwicklung in Zentral-, Ost- und Südosteuropa,
- mittelbar durch instabile Verhältnisse im Mittelmeerraum und im Nahen und Mittleren Osten und auch
- indirekt durch krisenhafte Entwicklungen in anderen Kontinenten.

5. Nach **Artikel 24 GG** kann sich die **Bundesrepublik Deutschland** in Übereinstimmung mit der UN-Charta zur Wahrung des Friedens in ein **System kollektiver Sicherheit** einordnen. Dieses muss das Ziel verfolgen, eine friedliche

und dauerhafte Ordnung in Europa und zwischen den Völkern der Welt herbeizuführen und zu sichern.

6. Die Bundesrepublik Deutschland ist Mitglied der UNO, OSZE, NATO und EU. Sie hat alle **Rechte und Pflichten der UN-Charta** übernommen und deshalb aktiv an Aufgaben und Missionen der UN mitzuwirken; ihre militärische Sicherheitsvorsorge kann sich daher nicht mehr allein auf die Landes- und Bündnisverteidigung beschränken.

7. Die Bundesrepublik Deutschland ist verpflichtet, zu den **gemeinsamen Verteidigungsanstrengungen** der NATO, welche die **Sicherheit** des **Bundesgebiets** garantiert, einen **angemessenen Beitrag** zu leisten.

8. Der nationale Beitrag muss schon im Frieden in eine **gemeinsame Verteidigungsorganisation** eingebracht werden, da sich kein europäischer Staat im Ernstfall allein verteidigen kann. Die **Einsatzverbände** von Heer, Luftwaffe und Marine der Bw sind daher der NATO unterstellt und die NATO-Stäbe anteilig mit deutschen Soldaten besetzt.

Die **Stationierung von Truppen der NATO-Partner auf deutschem Gebiet – jedoch nicht in den neuen Bundesländern** – ist für ein angemessenes Kräfteverhältnis in Europa und für eine glaubwürdige Abschreckung unerlässlich.

Die Bundeswehr

Führungsstruktur

Auftrag und Fähigkeiten der Bw siehe „Grundlagen der inneren Führung".

1. Die **Befehls-und Kommandogewalt** über die Streitkräfte hat im
- **Frieden** der **Bundesminister der Verteidigung,**
- **Verteidigungsfall** der **Bundeskanzler.**

Das **Bundesministerium der Verteidigung** (BMVg, Gliederung Bild 1) unterstützt den Minister bei der Erfüllung seiner Aufgaben als Ressortchef. Mit den militärischen Abteilungen nimmt es die Führung der Teilstreitkräfte, der Zentralen Militärischen Dienststellen und der Zentralen Sanitätsdienststellen wahr. Für die Wehrverwaltung ist es die oberste Dienstbehörde.

Der **Generalinspekteur der Bundeswehr** ist der militärische Berater der Bundesregierung

2. Die nationale Führung wird bei Teilnahme an Friedensmissionen unter dem Dach der UNO und bei humanitären Einsätzen durch das **Einsatzführungskommando** unterstützt.

3. An der Spitze der **Teilstreitkräfte** (TSK) **Heer, Luftwaffe, Marine** und der **Streitkräftebasis** sowie der **Zenrale Sanitätsdienst** steht jeweils ein Inspekteur mit eigenem Führungsstab im BMVg. Dazu tritt der Inspekteur des Sanitätsdienstes. Für die Führung der Truppe sind Kommandos und Ämter der TSK zuständig, für die zentrale Unterstützung der Streitkräfte die Streitkräftebasis und für zentrale Aufgaben im Sanitätsdienst der Zentrale Sanitätsdienst der Bundeswehr.

Die Bundeswehr befindet sich zur Zeit in einer Reformphase, die neben der Führungsstruktur und Streitkräftestruktur auch alle Teilstreitkräfte betrifft. Diese Reform erstreckt sich bis 2005. Daher werden in der Übergangsphase die bereits erfolgten Veränderungen in den folgenden Abschnitten kontinuierlich eingearbeitet. Insofern stellen die einzelnen Abschnitte den gegenwärtigen Stand des Jahres 2003/2004 dar.

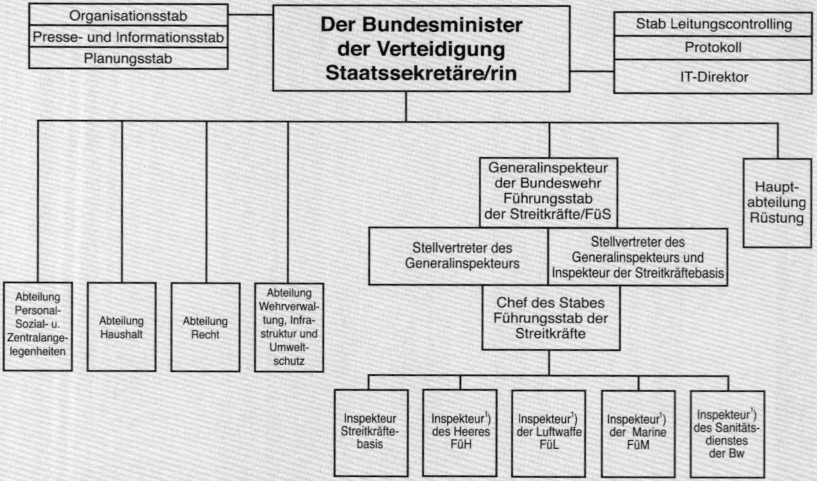

Der Bundesminister der Verteidigung Staatssekretäre/rin

- Stab Leitungscontrolling
- Protokoll
- IT-Direktor

Organisationsstab
Presse- und Informationsstab
Planungsstab

- Abteilung Personal-, Sozial- u. Zentralangelegenheiten
- Abteilung Haushalt
- Abteilung Recht
- Abteilung Wehrverwaltung, Infrastruktur und Umweltschutz

Generalinspekteur der Bundeswehr Führungsstab der Streitkräfte/FüS
- Stellvertreter des Generalinspekteurs
- Stellvertreter des Generalinspekteurs und Inspekteur der Streitkräftebasis
- Chef des Stabes Führungsstab der Streitkräfte

- Inspekteur Streitkräftebasis
- Inspekteur[1] des Heeres FüH
- Inspekteur[1] der Luftwaffe FüL
- Inspekteur[1] der Marine FüM
- Inspekteur[1] des Sanitätsdienstes der Bw

Hauptabteilung Rüstung

[1] In truppendienstlichen Angelegenheiten dem Minister unmittelbar unterstellt, im ministeriellen Aufgabenbereich dem GenInsp.

Bild 1 Bundesministerium der Verteidigung (Anhalt)

Streitkräftestruktur

I. RAHMENBEDINGUNGEN

1. Die **Verteidigung** des Territoriums, des Luftraums und der Küstengewässer der Bundesrepublik Deutschland bleibt die **Hauptaufgabe der Streitkräfte**. Sie kann nur nach **Mobilmachung** und nur im **Zusammenwirken mit unseren Bündnispartnern** der NATO bzw. EU erfüllt werden. Zur Landesverteidigung sind nötig:
- **Aufklärungsfähigkeit,** die es erlaubt, eine Bedrohung rechtzeitig zu erkennen;
- **Landstreitkräfte,** die nach voller Ausnutzung der Warnzeit für die Mobilmachung Deutschland gegen den z. Z. unwahrscheinlichen Fall eines Angriffs schützen;
- **Luftstreitkräfte,** die den Luftraum im Frieden überwachen und in Krise und Krieg nach Mobilmachung verteidigen, den Kampf in der Tiefe des Raumes führen und die anderen Teilstreitkräfte unterstützen;
- **See- und Seeluftstreitkräfte**, die die Seeverbindungslinien offenhalten und Anlandungen an den Küsten verhindern.

2. Die neue geostrategische Lage erlaubt es, die raumdeckende Vorneverteidigung durch eine **flexible, der Bedrohung angemessene Gegenkonzentration der Kräfte** abzulösen. Die Angriffskraft eines Angreifers ist im engen Zusammenwirken von Land-, Luft- und/oder Seestreitkräften möglichst schnell zu brechen und der Konflikt zu beenden.

3. Die wesentlich verlängerte **Warnzeit** für eine größere Aggression lässt eine **Abstufung der Präsenz der Kräfte für die Landes- und Bündnisverteidigung** zu. So brauchen die Kräfte für die kollektive Verteidigung in Zentraleuropa nicht voll aufgefüllt zu werden. Die aufwuchsfähigen Verbände und Einheiten nutzen die Vorbereitungszeit für Mobilmachung, Aufwuchs und intensive Ausbildung für den Einsatz. Danach können Verlegung, Aufmarsch und die Einnahme der Einsatzgliederung folgen.

4. Für bündnisgemeinsame Einsätze zur **Krisenbewältigung** und **Konflktverhinderung** benötigt Deutschland präsente, rasch verfügbare im gesamten Bündnisgebiet schnell einsetzbare und weiträumig führbare Kräfte. Vorrangig ist dabei die Fähigkeit
- der **Landstreitkräfte** zum Einsatz leichter luftbeweglicher und luftmechanisierter Kräfte sowie z. T. mechanisierter Kräfte für die multinationale Konfliktverhütung und die Krisenbewältigung;

- der **Luftstreitkräfte** zur regional begrenzten Projektion multinationaler Luftmacht einschließlich der Herstellung regionaler Luftüberlegenheit und zum Lufttransport;
- der **Seestreitkräfte** zur Projektion militärischer Macht von See aus mit Schwerpunkten Nordatlantik und Mittelmeer sowie zur Minenabwehr,
- der **Streitkräfte insgesamt,** die eigenen Kräfte zur Krisenreaktion bündnisweit zu unterstützen.

Die Kontingente sind so zu bemessen, dass die Bundesrepublik Deutschland ihre Verpflichtungen gegenüber NATO und EU einhalten kann. Sie müssen im Rahmen von NATO und EU wirken, mit Partnern unter dem Dach der UNO zusammenwirken sowie die Aufgaben der Krisenbewältigung, Friedensmissionen und humanitären Hilfe in unterschiedlichen Einsatzgebieten erfüllen können.

5. Diese deutschen Kräfte müssen geeignet sein, mit einzelnen Elementen **Teil oder Kern multinationaler Großverbände** für Einsätze der NATO, EU, OSZE oder UNO zu werden.

6. Die **Wehrdienstzeit von mindestens 9 und höchstens 23 Monaten** ermöglicht eine flexible Ausgestaltung des **Wehrdienstes.** Der Grundwehrdienst kann in einem Stück (W9) oder in Abschnitten (W9A) abgeleistet werden. Der Wehrdienst in Abschnitten gliedert sich in einen sechsmonatigen Wehrdienst und innerhalb von zwei Jahren zwei weiteren Wehrdienstabschnitten von jeweils 1,5 Monaten.

7. **Präsenzumfang der Streitkräfte**

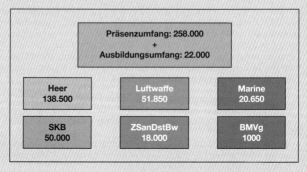

8. Der **Verteidigungsumfang** von 500.000 Soldaten wird gebildet aus **Gesamtstärke in Frieden** und **Alarmreserve.**
Die Alarmreserve umfasst
- alle im Verteidigungsumfang beorderten Reservisten,
- die **Führerreserve,** jeweils zur Hälfte Aktive und Reservisten,
- die **Einsatzreserve** aus Schlüsselpersonal, das sich vertraglich zu einer vermehrten Wehrdienstleistung im Frieden verpflichtet.

Die **Beorderungsreserve** außerhalb des Verteidigungsumfangs bietet zusätzliche Einplanungsmöglichkeiten.
Die **allgemeine Personalreserve** umfasst alle unbeorderten gedienten und die ungedienten Wehrpflichtigen.
Die **Ersatzreserve** umfasst alle unbeorderten gedienten Wehrpflichtigen.

II. ORGANISATION UND STRUKTUREN

1. Die Einsatzkräfte werden künftig durch ca. 110.400 Soldaten der Militärischen Grundorganisation (MGO) ergänzt. Daneben werden ca. 22.000 Dienstposten für die Ausbildung und Qualifikation der Soldaten eingerichtet: Bis 2010 wird der Umfang der Bundeswehr auf 250.000 gesenkt. Die Struktur der Bundeswehr wird in 35.000 Soldaten Eingreif-, 75.000 Soldaten Stabilisie-

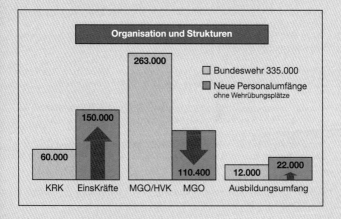

rungs- und 140.000 Soldaten Unterstützungskräfte unterteilt. Das Zivilpersonal wird auf 75.000 Dienstposten reduziert.

2. Im Zuge der Neustrukturierung werden die Querschnittsaufgaben der Führung, Aufklärung, Unterstützung und Ausbildung zusammengefasst und streitkräftegemeinsam in der neuen Streitkräftebasis wahrgenommen. Dabei umfasst die Streitkräftebasis ca. 51.000 Soldaten.
Künftig werden nahezu alle Sanitätskräfte im Zentralen Sanitätsdienst konzentriert. Er wird dann ca. 26.000 Soldaten umfassen.

3. Krisenreaktionskräfte (KRK)/IMMEDIATE REACTION FORCES (IRF)/RAPID REACTION FORCES (RRF) sind präsente und sofort/rasch verfügbare Reaktionskräfte zur Krisenbewältigung im Rahmen von NATO, UNO, EU oder OSZE. Sie tragen auch zur Landes- und Bündnisverteidigung bei.

III. GRUNDBEGRIFFE ZUR MILITÄRISCHEN ORGANISATION

ZDv 1/50

Militärische Gliederungsformen

Militärische Dienststelle: Durch Organisationsbefehl oder -weisung aufgestelltes selbstständiges organisatorisches Element im Geschäftsbereich des BMVg (Bild 1) das einen zugewiesenen Aufgabenbereich im Rahmen erteilter Befugnisse eigenverantwortlich wahrnimmt.

Einrichtung: Zusammenfassung von Personal und Material zum Zweck der Ausbildung, Betreuung, Versorgung oder Unterstützung der Truppe.

Truppe: Sammelbezeichnung für Einheiten, Verbände und Großverbände der Streitkräfte ohne Berücksichtigung der Gliederungsformen.

Truppenteil: Allgemeine Bezeichnung für Einheiten, Verbände oder Großverbände deren Struktur festgelegt ist. Es gibt aktive, teilaktive und nichtaktive T., je nach Personalbestand im Frieden.

Einheit: Unterste militärische Gliederungsform, deren Führer grundsätzlich Disziplinargewalt hat. Grundform ist die Kompanie.

Teileinheit: Unterhalb der Einheit jede Gliederungsform, deren Führer grundsätzlich keine Disziplinargewalt hat.

Verband: Gliederungsmäßige und/oder zeitlich begrenzte Zusammenfassung mehrerer Einheiten in der Stärke eines Bataillons oder Regiments. Er hat einen Stab.

Großverband: Gliederungsmäßige und/oder zeitlich begrenzte Zusammenfassung von verschiedenen Truppenteilen einschließlich Versorgungstruppen von der Stärke einer Brigade an aufwärts.

Kommandobefehle: Militärische Dienststelle, die in der Regel Großverbände auf der Ebene Brigade oder Division führt.

Höhere Kommandobehörde: Militärische Dienststelle vom Korpskommando oder von entsprechenden Dienststellen gemäß Bild 2 – Gliederungsformen auf gleicher Ebene – an aufwärts.

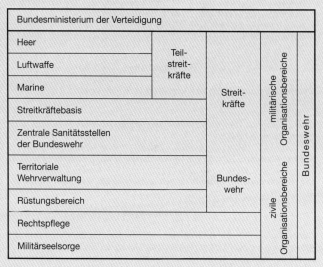

Bild 1   Organisationsbereiche im Geschäftsbereich des BMVg

Amt: Nimmt auf der Ebene Kommandobehörde oder Höhere Kommandobehörde neben Führungsaufgaben überwiegend Fachaufgaben wahr.

Stab: Zusammenfassung der Unterstützungselemente des militärischen Führers zur Führung von unterstellten Einheiten, Verbänden, Großverbänden oder sonstigen Dienststellen der Streitkräfte. Gliedert sich in der Regel den Führungsgrundgebieten (FGG) entsprechend in die Abteilungen/Fachgebiete:
- Personalwesen, innere Führung, Presse- und Öffentlichkeitsarbeit (FGG 1),
- Militärisches Nachrichtenwesen (FGG 2),
- Führung, Organisation und Ausbildung (FGG 3),
- Logistik (FGG 4),
- Führungsdienst (FGG 6).

Weitere Abteilungen/Sachgebiete können hinzutreten, z. B. für Sanitätsdienst Verwaltung.

Befehlsstelle: Örtlich bestimmter Platz der Führung eines Truppenteils, bezeichnet als
- **bewegliche Befehlsstelle** (nicht örtlich bestimmt) aus der ein Führer zu Lande, Wasser oder in der Luft für begrenzte Zeit führt;
- **Hauptquartier** bei der Oberen Führung;
- **Gefechtsstand** im Einsatz einheitlich bei der unteren und mittleren Führung.

Führungsebenen

Oberste Führung: BMVg als höchste nationale Führungsebene für die Streitkräfte.

Obere Führung: Dem BMVg unmittelbar nachgeordnete Führungsebene bis zum Korps einschließlich.

Mittlere Führung: Führung von Großverbänden bis zum Korps einschließlich.

Untere Führung: Führung bis zur Verbandsebene einschließlich.

Dienststellungen

Generalinspekteur der Bundeswehr: Unmittelbar dem Bundesminister der Vedeidigung nachgeordneter ranghöchster Soldat der Bw. Militärischer Berater der Bundesregierung und verantwortlich für die Gesamtkonzeption der militärischen Verteidigung.

Inspekteur: Truppendienstlicher Vorgesetzter einer Teilstreitkraft (TSK: Heer, Luftwaffe, Marine, Streitkräftebasis) bzw. des Sanitätsdienstes der Bw. Dem Bundesminister der Verteidigung verantwortlich für das Herstellen und Erhalten seiner TSK bzw. seines Organisationsbereichs. Gleiches gilt für den stellvertretenden Generalinspekteur hinsichtlich der ihm truppendienstlich unterstellten zentralen Militärischen Bundeswehrdienststellen. Alle genannten gehören mit ihren Stäben organisatorisch zum BMVg.

Befehlshaber: Führt im nationalen Bereich das Heeres- oder Luftwaffenführungs- bzw. das Flotten- oder ein Wehrbereichskommando und die diesen unterstellten Truppenteile. Nationale Befehlshaber bzw. solche im Einsatzgebiet und NATO-Befehlshaber werden hier nicht erläutert.

Kommandierender General: Befehligt einen Großverband des Heeres in der Größenordnung eines Korps mit den diesen unterstellten Truppenteilen oder einen entsprechenden Großverband der Luftwaffe.

Amtschef: Leitet ein Amt, wenn nicht eine gesonderte Bezeichnung festgelegt ist.

Kommandeur: Führt ein Unterstützungskommando oder einen Großverband des Heeres, der Luftwaffe oder der Marine oder eine Schule, in der die Ausbildung militärisch organisiert ist. Im übrigen wird die Bezeichnung Kommandeur von Fall zu Fall festgelegt.

Kommodore: Führt ein fliegendes Geschwader oder ein Flugabwehrraketengeschwader.

Chefarzt: Führt ein Bundeswehrkrankenhaus.

Dienstältester Deutscher Offizier (DDO): Truppendienstlicher Führer der bei einer zwischen- oder überstaatlichen Organisation eingesetzten deutschen Soldaten; Dienstältester Offizier (DO) bei einer Dienststelle der Bundeswehrverwaltung oder einer nationalen zivilen Dienststelle.

Chef: Führt eine Einheit (z. B. KpChef, BttrChef). Chef einer fliegenden Staffel bei der Luftwaffe, Marine und Heeresfliegertruppe ist der Staffelkapitän.

Dienststellenleiter: Leiter einer Dienststelle im allgemeinen.

Leiter im besonderen: Bezeichnung im Fachdienst (z.B. Leitender Sanitätsoffizier) oder eines Dienststellenleiters, für den die vorstehend genannten

Bezeichnungen nicht zutreffen oder im Einzelfall besondere Bezeichnungen nicht festgelegt sind.
Darüber hinaus führen Leiter Abteilungen, Sachgebiete und Fachbereiche (z. B. Abteilungs-, Gruppen-, Dezernatsleiter).

Chef des Stabes: Leitet und koordiniert die Arbeit in Stäben von der Divisionsebene an aufwärts.

Kommandant: Führt ein gepanzertes Fahrzeug des Heeres, Transportflugzeug der Luftwaffe, Schiff oder Boot der Marine, im besonderen Aufgabenbereich auch eine Anlage (z. B. Depotkommandant). Im übrigen wird die Bezeichnung Kommandant von Fall zu Fall festgelegt.

Inspizient: Nimmt, vom stv. Generalinspekteur oder von einem Inspekteur eingesetzt, Inspizierungsaufgaben in speziellen Fach- und Aufgabengebieten der Bw wahr (z.B. für Uffz-Ausbildung im Heer).

Führer: Allgemeine Bezeichnung für unmittelbare militärische Vorgesetzte (z. B. Zugführer), sofern nicht die vorstehend genannten Bezeichnungen anzuwenden sind.

Heer	Luftwaffe	Marine	ZSanDBw	SKB
Heeresführungskommando, Heeresamt	Luftwaffenführungskommando, Luftwaffenamt	Flottenkommando, Marineamt	Sanitätsamt der Bundeswehr SanFüKdo	Streitkräfteunterstützungskommando
Korps	Luftwaffenkommando			
Wehrbereichskommando/ Division, Division, Wehrbereichskommando	Luftwaffendivision, Lufttransportkommando, Luftwaffenführungsdienstkommando			
Brigade, Verteidigungsbezirkskommando		Flottille		
Regiment	Geschwader, Regiment, Bereich	Schiffsgeschwader, Marinefliegergeschwader	BW-Krankenhaus, Institut	
Bataillon, Abteilung, Lehrgruppe	Gruppe, Bataillon, Abteilung, Lehrgruppe	Bootsgeschwader, Schiff, Bataillon, Abschnitt, Gruppe, Lehrgruppe	Lazarett, Lehrgruppe	
Kompanie, Staffel, Batterie, Inspektion	Staffel, Kompanie, Batterie, Inspektion, Sektor	Boot, Kompanie, Staffel, Inspektion, Sektor	Kompanie, Staffel, Inspektion	

Fachämter, Ausbildungseinrichtungen und die meisten Dienststellen des Organisationsbereichs SKB sind nicht aufgeführt, da sie sich nicht eindeutig zuordnen lassen.

Bild 2   Gliederungsformen auf gleicher Ebene (Anhalt)

Das Heer

Aufgaben und Fähigkeiten

Das Heer beteiligt sich mit Landstreitkräften an allen Kernaufgaben der Bundeswehr. Es trägt durch Einsatzbereitschaft und multinationale Integration zur politischen und militärischen Stabilität in und für Europa bei. Auf der Grundlage internationaler Vereinbarungen ist es an allen multinationalen Korps der NATO mit mindestens einer Division beteiligt.

Landes- und Bündnisverteidigung

Die sicherheits- und militärpolitische Lage lässt heute und in absehbarer Zukunft keine bereits im Frieden vorgeplante Operationsführung zu. Vielmehr sind angemessene und bewegliche Kräfte zur rechten Zeit am richtigen Ort sicherzustellen. In einer Krise sichern die Krisenreaktionskräfte (KRK) des Heeres mit den Verbündeten Mobilmachung, Aufwuchs und Aufmarsch der Hauptkräfte. Zugleich unterstützen die territorialen Kommandobehörden eigene Kräfte und Verbündete bei der Herstellung und Wahrung der Einsatzbereitschaft sowie bei der Planung und Durchführung von Bewegungen. Verteidigungsoperationen werden mit hoher Intensität und mit allen einsetzbaren Kräften zu führen sein.

Krisenbewältigung im erweiterten Aufgabenspektrum

Die KRK des Heeres bilden das Kräftepotential für Einsätze zur Krisenbewältigung im erweiterten Aufgabenspektrum. Hierzu werden Kontingente zusammengestellt und für die Anforderungen des Einsatzes zusätzlich ausgebildet. Führung und Einsatz von Großverbänden werden die Ausnahme, Überwachungs- und Kontrolleinsätze mit kleinen Einheiten die Regel sein. Aufklärung und Verbindung, Reaktionsfähigkeit und Beweglichkeit, Transport und Versorgung sowie das präzise Zusammenwirken mit Verbündeten und Partnern über oftmals weite Entfernungen haben hohe Bedeutung. Dem Schutz eigener Kräfte und der Abwehr terroristischer Bedrohung ist besonderes Augenmerk zu widmen.

Rettungs- und Evakuierungseinsätze

Spezialkräfte des Heeres können zur Rettung und Evakuierung von deutschen Bürgern im Ausland eingesetzt werden. Dies schließt die Befreiung von Gefangenen und Geiseln ein, nötigenfalls auch unter Anwendung militärischer Gewalt.

Heeresstruktur

1. Das **„Heer der Zukunft"** wird den Umfang seines Organisationsbereichs auf 134.000 Soldaten reduzieren. Dabei wird die Zahl der schnell verfügbaren Einsatzkräfte auf ca. 60.000 Soldaten ansteigen. Über die 134.000 Soldaten hinaus werden 55.000 Soldaten des Heeres ihren Dienst in der Streitkräftebasis (SKB 36.000) und im Zentralen Sanitätsdienst (ZSanDstBw 19.000) leisten. Insgesamt werden künftig über 190.000 Soldaten des Heeres in den Streitkräften dienen. Das Heer der Zukunft steht auf den Säulen **Heeresführungskommando** und **Heeresamt**. Das Heeresamt steht an der Spitze der militärischen Grundorganisation. Es ist verantwortlich für die Weiterentwicklung des Heeres und die Ausbildung im Heer. Zudem nimmt es Aufgaben im Bereich der Ausrüstung des Heeres wahr. Dem Heeresamt sind alle Schulen des Heeres, das Logistikzentrum Heer und die Stammdienststelle unterstellt. Das Heeresführungskommando führt die Divisionen des Heeres, das **Heerestruppenkommando**, den Stab II. (GE/US) Korps und die deutschen Anteile der multinationalen Großverbände. (Bild 1)

2. Der **Inspekteur des Heeres** ist dessen **oberster truppendienstlicher Vorgesetzter**, zugleich **Abteilungsleiter im BMVg**. Ihn unterstützt der **Führungsstab des Heeres** (FüH). Dem Inspekteur unterstehen unmittelbar das Heeresführungskommando und das Heeresamt.

3. Die 5 Divisionen unterhalb des **Heeresführungskommandos** bleiben oberste nationale Führungsebene. Sie bilden die **Leitdivisionen** für Friedensmissionen. Ihnen sind jeweils zwei deutsche Brigaden unterstellt. Darüber hinaus können die 10. (POL) PzKavBrig der 7. PzDiv und die deutschen Anteile der D/F Brigade der 10. PzDiv zugeordnet werden. Die drei anderen Divisionen verfügen über je eine weitere, mobilmachungsabhängige Brigade. Bei den Divisionstruppen werden nur noch die Stabskompanie, das Fernmeldebataillon, ein Panzeraufklärungsbataillon und ein Heeresmusikkorps vorhanden sein. Kennzeichen der neuen Struktur des Heeres sind:
– der Stab des II. (GE/US) Korps,
– die Division Spezielle Operationen und
– das Heerestruppenkommando.
Der Stab des II. (GE/US) Korps wird auch als Force Headquarter (FHQ) für Petersberg-Aufgaben der EU zur Verfügung stehen. Daneben ist der Korpsstab weiterhin für die deutsch-amerikanische Zusammenarbeit zuständig.

4. Für spezielle Operationen gibt es die **Division Spezielle Operationen (DSO)**. Sie besteht aus dem Kommando Spezialkräfte und den beiden Luft-

landebrigaden des Heeres. Die DSO ist in Regensburg stationiert. Die beiden Luftlandebrigaden mit zwei Fallschirmjägerbataillonen und einem Luftlandeunterstützungsbataillon können mit der Verstärkung aus der Division autark eingesetzt werden. Aus den Kräften einer Brigade kann der Einsatzverband „Schutz" gestellt werden, aus der anderen Brigade der Einsatzverband „Evakuierungsoperationen". (Bild 2)

5. **Mobilität** ist ein weiteres Charakteristikum der neuen Struktur. In der **Division Luftlandebewegliche Operationen (DLO)** werden die luftmechanisierte Brigade und die Heeresfliegerbrigade zusammengefasst. Das Kommando wird künftig nach Rothenburg/Fulda verlegt. (Bild 3)

6. Im **Heerestruppenkommando** werden die Kampf- und Einsatzunterstützung der Divisionen, also Artillerie, Pioniere, ABC-Abwehr, Heeresflugabwehr und Logistik organisatorisch in vier Truppengattungsbrigaden und zwei Logistikbrigaden zusammengefasst. Mit der Zusammenfassung der Kampf- und Einsatzunterstützungstruppen beim Heerestruppenkommando können die Leitdivisionen lageabhängig und auftragsbezogen unterstützt werden. Dieses Prinzip der Modularität ist für Friedensmissionen und für Kampfeinsätze anwendbar. (Bild 4)

7. Nach vorhergehender **nationaler Entscheidung** erfolgen die Operationen meist im **multinationalen Rahmen**. In der Zentralregion Europas gibt es 7 Korps, davon 6 bi- oder multinationale; das deutsche Heer ist im Einsatz an allen beteiligt.

Korps	Hauptquartier (HQ)
1 GE (1., 7. PzDiv)/NL	Münster
1 GE (5., 10. PzDiv, 1. GebDiv)/US	Ulm
1 US/GE (5. PzDiv)	Frankfurt/M
1 GE (14. PzGrenDiv)/DA (UK/US/NL)/PL	Stettin
1 GE (13., 14. PzGrenDiv)	Potsdam

Reaktionskräfte von NATO und EU:
1 **NATO-Reaktionskorps** im Kommandobereich Europa/**A**CE (**A**llied **C**ommand **E**urope) **R**apid **R**eaction **C**orps = **ARRC** (Kräfte aus 12 Nationen), HQ Rheindahlen, verfügt außer den national geführten Div (GE 7.PzDiv) über die multinationalen Div (MND) Zentralregion (C) BE/ GE (LLBrig 31) /NL/UK und Südregion (S) GR/IT/TU.
1 **EU/NATO-Eurokorps** BE/FR/GE (10. PzDiv, DF-Brig) /LU/SP, HO Straßburg.
1 multinationaler mobiler Eingreifverband Kommandobereich Europa **A**CE-**M**obile-**F**orce **L**AND = **AMF (L),** HO Heidelberg (GE LLBrig 26).

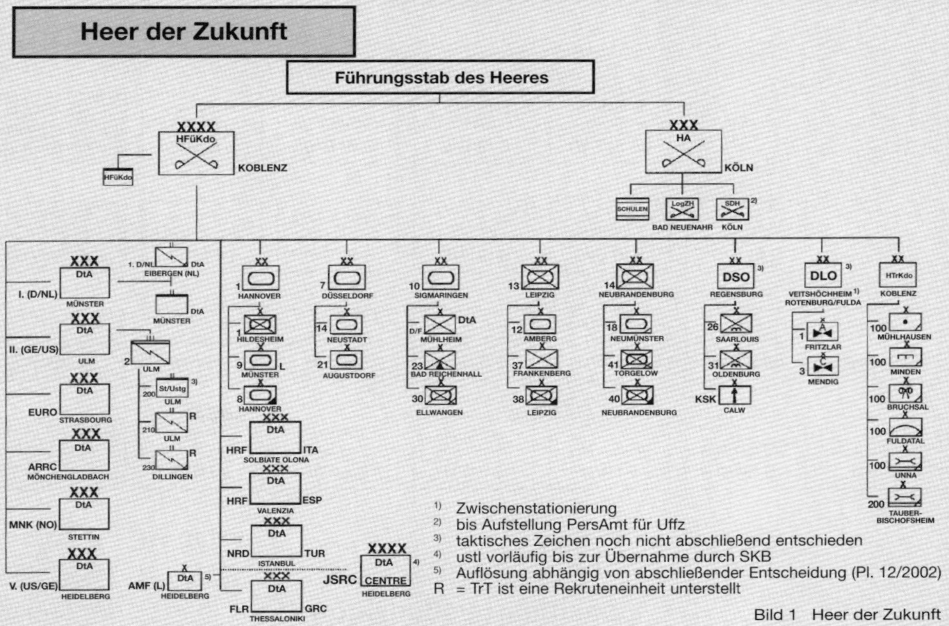

1) Zwischenstationierung
2) bis Aufstellung PersAmt für Uffz
3) taktisches Zeichen noch nicht abschließend entschieden
4) ustl vorläufig bis zur Übernahme durch SKB
5) Auflösung abhängig von abschließender Entscheidung (Pl. 12/2002)
R = TrT ist eine Rekruteneinheit unterstellt

Bild 1 Heer der Zukunft

Abteilungen Heeresamt

HA CB/ZA

Abt I Heeresentwicklung	**Grp I 1** Konz WE Heer	**Grp I 2** WE Fü/FüUstg	**Grp I 3** WE NG&A GeoInfoW	**Grp I 4** WE Kampf	**Grp I 5** WE KpfUstg	**Grp I 6** WE EinsUst
Abt II Ausbildung	**Grp II 1** Grundsatz Truppen-/FhrAusb	**Grp II 2** AusbUstg	**Grp II 3** Int ZusArb/Ausb/ HGenstBespr	**Grp II 4** Dienstvorschriften	**Dez II (5)** Redaktion Heer	**Dez II (6)** AuM ResAngel
Abt III Heeresrüstung	**Grp III 1** Zentrale Aufg Rüstung	**Grp III 2** Fü/FüUstg ZentrAngel IT	**Grp III 3** Kampf	**Grp III 4** KpfUstg NG&A	**Grp III 5** EinsUstg Sim	
Abt IV Organisation	**Grp IV 1** Grdlg/OrgMaßn/ Controlling	**Grp IV 2** PersStruktur	**Grp IV 3** STAN/ OSTAN	**Dez IV (4)** Heeresstrukturen		

Bild 1a Heeresamt

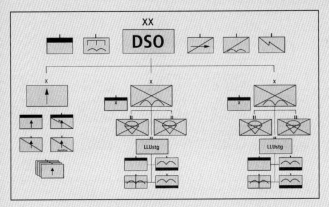

Bild 2   Division Spezielle Operation

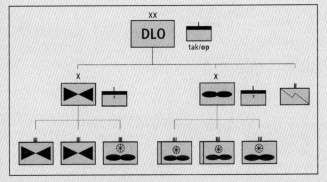

Bild 3   Division Luftbewegliche Operationen

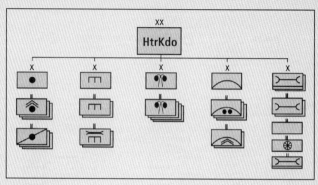

Bild 4 Heerestruppenkommando

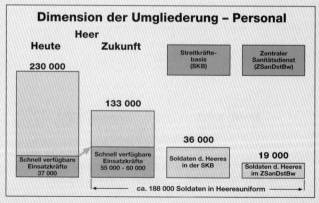

Bild 5 Dimension der Umgliederung – Personal

Aufgabenbereiche und Truppengattungen

I. AUFGABENBEREICHE

Aufgabenbereiche des Heeres sind Führung/Führungsunterstützung, Nachrichtengewinnung und Aufklärung, Kampf, Kampfunterstützung sowie Einsatzunterstützung.
Militärische Führung gewährleistet ihr geordnetes Zusammenwirken – auf allen Führungsebenen in allen Führungsgrundgebieten.
Kampf/Kampfunterstützung sind nur in Kampfeinsätzen Aufgaben, alle anderen sind bei allen Einsätzen wahrzunehmen. Abhängig von Lage und Auftrag, kann jeder Aufgabenbereich zur Hauptaufgabe eines Einsatzes werden.

1. **Führung/Führungsunterstützung** gewährleisten die Erfüllung der Aufgaben und Aufträge im Einsatz.
Führung setzt die Kräfte zweckbestimmt nach Raum und Zeit ein.
Führungsunterstützung gewährleistet die eigene, uneingeschränkte Führungsfähigkeit und beeinträchtigt die des Gegners.

2. **Nachrichtengewinnung und Aufklärung** haben den Zweck, Informationen und Erkenntnisse über andere Länder, Regionen und deren Streitkräfte für die Lagefeststellung zu erlangen.

3. **Kampf** zu Lande, hat das Ziel, feindliche Streitkräfte zu zerschlagen und ihre Angriffskraft zu brechen. Durch Kampf sind Räume zu verteidigen, zu überwachen, zu nehmen und zu halten sowie Objekte zu schützen.

4. **Kampfunterstützung** verstärkt die Wirkung eigener Waffen durch Feuer und Sperren, erhöht die Beweglichkeit zu Lande und in der Luft, schützt gegen Feind aus der Luft und erhöht die Überlebensfähigkeit gegen Feuer sowie gegen eine Bedrohung durch ABC-Kampfmittel.

5. Einsatzunterstützung dient der personellen, materiellen und sanitätsdienstlichen Unterstützung, z. T. auch durch Nutzung ziviler Leistungen. Zu ihr tragen regelmäßig die militärische Verkehrs- und Transportführung sowie Heeresflieger bei.

II. TRUPPENGATTUNGEN

Die Truppen des Heeres werden in Truppengattungen zusammengefasst.

1. Zu den **gepanzerten Kampftruppen** gehören die **Panzertruppe** und die **Panzergrenadiertruppe,** die meist zusammenwirken. Sie zeichnen sich durch ihre Kampfweise im Wechsel von Feuer und Bewegung aus und können so

auch ohne Anlehnung an Nachbarn einen überraschenden Stoß in Flanke, Rücken oder die Tiefe des Feindes führen.

Die **Panzertruppe** kämpft vor allem gegen feindliche Panzerkräfte. Kampfpanzer (Bild 1 und 2) besitzen eine große Feuerkraft, hohe Beweglichkeit und starken Panzerschutz. Sie werden geschlossen eingesetzt. In unübersichtlichem Gelände und bei eingeschränkter Sicht brauchen sie Unterstützung durch Infanterie.

Panzer sind eine Schwerpunktwaffe, die befähigt ist, die Verteidigung und Verzögerung auch gegen weit überlegenen Feind erfolgreich zu führen. Im Angriff bilden sie den Kern der Stoßkräfte, können den Feind zerschlagen und rasch in die Tiefe vordringen.

Bild 1
Kampfpanzer
Leopard 2 A5

Bild 2   Kampfpanzer Leopard 1 A5

Die **Panzergrenadiertruppe** kämpft vor allem gegen Infanterie und leicht gepanzerte Kräfte. Die Schützenpanzer (Bild 3) bewähren sich durch starke Feuerkraft, hohe Beweglichkeit und begrenzten Schutz gegen Waffenwirkung. Der schnelle Wechsel zwischen auf- und abgesessenem Kampf charakterisiert die Kampfweise der PzGren, die auch abgesessen immer vom Feuer ihrer Bordwaffen unterstützt werden. Panzermörser ergänzen mit ihrem Steilfeuer das Flachfeuer.
Panzergrenadiere sind jedoch gegen überlegene Panzerkräfte auf die Unterstützung von Kampfpanzern angewiesen, die sie ihrerseits besonders gegen feindliche Infanterie schützen.

Bild 3
Schützenpanzer
Marder 1 A3

2. Die **Infanterie** kämpft vor allem gegen die feindliche Infanterie. Auf kurze und mittlere Entfernung bekämpft sie auch Panzerabwehrwaffen und gepanzerte Kampffahrzeuge. Mörser ergänzen ihr Flachfeuer. Sie wirkt meist mit gepanzerten Kampf- und Kampfunterstützungstruppen zusammen. Ihre Kräfte kämpfen vorwiegend abgesessen, sind im Lufttransport verlegbar und befähigt zu Kommandounternehmen wie Hinterhalt und Handstreich. Oft erringt sie den Erfolg erst im Nahkampf.
In Friedensmissionen übernimmt die Infanterie überwiegend Schutz- und Sicherungsaufgaben.
Die **Jägertruppe** kämpft aus und um Stellungen überwiegend in stark bedecktem und durchschnittenem Gelände mit Flachfeuer-, Steilfeuer- und Panzerabwehrwaffen vor allem gegen abgesessene feindliche Infanterie und deren gepanzerte und ungepanzerte Kampffahrzeuge.
Die Jägertruppe ist mit Radfahrzeugen und Transportpanzern (Bild 4 und 5) voll beweglich und je nach Ausstattung lufttransportfähig.

Bild 4
Mannschaftstransportwagen M 113

Bild 5
Transportpanzer 1 Fuchs

Bild 6
Waffenträger Wiesel 1 MK/TOW

Die **Gebirgsjägertruppe** kämpft wie die Jägertruppe. Besonders ausgerüstet und ausgebildet ist sie zum Kampf in gebirgigem Gelände und bei extremen Witterungsverhältnissen.

Die **Fallschirmjägertruppe** kämpft ebenfalls wie die Jägertruppe. Sie ist vornehmlich ausgerüstet und ausgebildet für das Gefecht nach Luftlandeoperationen, die meist mit Transporthubschraubern erfolgen, teilweise aber auch im Sprungeinsatz. Ihre Waffen und Führungsmittel, z. T. auch die Fahrzeuge (Bild 6), können mit Flugzeugen und Hubschraubern transportiert werden. Fallschirmjäger sind zum Kampf gegen Panzer geeignet, dabei wirken sie oft mit Panzerabwehrhubschraubern zusammen.

Heimatschutzkräfte kämpfen ebenso wie die Jägertruppe; sie schützen vor allem zivile Objekte militärischer Bedeutung.

3. Die **Aufklärungstruppen** (Panzeraufklärungstruppe, Fernspähtruppe und Feldnachrichtentruppe) haben die Aufgaben der Nachrichtengewinnung und Information wahrzunehmen.

Die **Panzeraufklärungstruppe** klärt den Feind überwiegend durch Beobachtung auf und hält Fühlung mit ihm. Aufklärungsergebnisse erzielt sie durch Spähaufklärung mit ihren gepanzerten Spähtrupps sowie mit technischen Mitteln (Bild 7 und 8). Sie eignet sich aber auch zur Überwachung von Lücken, offenen Flanken und Räumen oder für Sicherungsaufgaben.

Die **Fernspähtruppe** klärt in der Tiefe des feindlich besetzten Raumes auf, vermeidet dabei aber den Kampf. Fernspäher lassen sich im Versteck vom Feind überrollen, sickern ein, werden eingeschleust, aus der Luft abgesetzt oder von See her angelandet. Sie melden mit modernster Kommunikationstechnik.

Bild 7
Spähpanzer Luchs

Bild 8
Panzeraufklärungs-
radar Rasit

Die **Feldnachrichtentruppe** gewinnt Informationen über die Lage, über Absichten, Bewaffnung und Ausrüstung sowie Gliederung und Zustand des Gegners durch Befragungen und in gezielten Gesprächen mit Angehörigen seiner Streitkräfte, ferner durch Auswertung von Dokumenten und Material.

4. Die **Artillerietruppe** ist der Hauptträger der Feuerunterstützung im Gefecht der verbundenen Waffen. Mit Feuer bekämpft sie Ziele in der Tiefe des Feindes sowie unmittelbar vor den Kampftruppen. Durch Aufklärung schafft sie Grundlagen für den Feuerkampf und trägt zur Lagefeststellung bei. Sie kann auch Panzerabwehrminen auf weite Entfernungen verschießen und so größere Geländeabschnitte sperren.

Die **schießende Artillerie** verfügt mit der **Rohrartillerie** über Panzer- und Feldhaubitzen und mit der **Raketenartillerie** über leichte und mittlere Mehrfachraketenwerfer (Bild 9 bis 11).

Bild 9
Panzerhaubitze 2000

Die **aufklärende Artilierie** überwacht mit technischen Aufklärungsmitteln und Aufklärungsflugkörpern Räume und ortet Ziele auch in größerer Tiefe.

Bild 10
Panzerhaubitze M 109
A3 GE A2

Bild 11
Raketenwerfer MARS

5. Die **Heeresflugabwehrtruppe** führt mit weitgehend allwetterfähigen Flugabwehrkanonenpanzern und -raketenpanzern (Bild 12 und 13) den Kampf gegen Luftfahrzeuge in niedrigen und mittleren Flughöhen und schützt Truppen, vor allem Kampftruppen und Artillerie, sowie Einrichtungen und Anlagen gegen Angriffe und Aufklärung aus der Luft. Fliegerfausttrupps ergänzen ihren Feuerkampf.

Bild 12
Flugabwehrkanonenpanzer Gepard

Bild 13
Flugabwehrraketenpanzer Roland

6. Die **Pioniertruppe** hemmt Bewegungen des Feindes mit Sperren, fördert Bewegungen der eigenen Truppe beim Überwinden von Hindernissen und erhöht ihre Überlebensfähigkeit durch den Bau von Feldbefestigungen, Behelfsunterkünften und durch besondere Maßnahmen zur Tarnung und Täuschung (Bild 14 bis 18). Durch Schadensbeseitigung trägt sie zur Aufrechterhaltung der Operationsfreiheit bei.

Bild 14
Pionierpanzer 2 Dachs

Bild 15
Minenräumpanzer
Keiler

Bild 16
Panzerschnellbrücke
Biber

Bild 17
Faltfestbrücke

Bild 18
Amphibie M 3

7. Die **ABC-Abwehrtruppe** betreibt ABC-Aufklärung und -Untersuchung (Bild 19) sowie den ABC-Melde- und Warndienst und stellt den notwendigen Informationsaustausch mit den anderen TSK und zivilen und militärischen Dienststellen sicher. Sie unterstützt alle Truppen bei der Dekontamination, bereitet Trinkwasser auf und nimmt an der Schadensbeseitigung und Brandbekämpfung teil. Besonders eng wirkt sie mit der Sanitätstruppe zusammen.

Bild 19
Spürpanzer Fuchs

Bild 20
Panzerabwehr-
hubschrauber 1 A1
(BO-105 P)

Bild 21
Leichter Transport-
hubschrauber
UH-1 D

Bild 22
Mittlerer Transporthubschrauber
CH 53 G

8. Die **Heeresfliegertruppe** unterstützt mit ihren Hubschraubern (Bild 20 bis 22) alle Truppengattungen und stellt die Luftbeweglichkeit des Heeres sicher. Hauptaufgabe ist die Panzerabwehr aus der Luft und der Transport von Truppen, Material und Verwundeten; weitere Aufgaben sind Aufklärung, Erkundung und Verbindung.

9. Die Fernmeldetruppe erfüllt unterschiedliche Aufgaben der Führung/Führungsunterstützung, Nachrichtengewinnung und Aufklärung sowie Kampfunterstützung.
Die **Fernmeldetruppe Fernmeldeverbindungsdienst** stellt Kommunikationsnetze bereit, sorgt mit Satellitenfunk, Richtfunk, Hochfrequenz- und VHF-Funk für den beschleunigten Datenaustausch, auch bei weltweiten Einsätzen und setzt im mobilen Kommunikationsverbund automatisierte Vermittlungstechnik zur Sprach-, Text-, Bild- und Datenübertragung ein.
Die **Fernmeldetruppe Elektronische Kampfführung** beschafft durch Fernmelde- und Elektronische Aufklärung Informationen über den Feind und stört oder täuscht ihn mit Maßnahmen des Elektronischen Kampfs.

10. Die **Truppe für Operative Information** wirkt durch Information und Argumentation auf die Einstellung und das Verhalten der Streitkräfte fremder oder gegnerischer Staaten ein, wenn nötig auch der Bevölkerung. Nur im Ausnahmefall darf sie, unter engen rechtlichen Voraussetzungen, auf die eigene Bevölkerung einwirken. Bei freier Kapazität kann sie jedoch auch zur Fürsorge und Betreuung eingesetzt werden.
Bei Friedensmissionen leistet sie einen besonderen Beitrag, das Vertrauen und die Unterstützung der Konfliktparteien und der Bevölkerung zu gewinnen und auf sie deeskalierend einzuwirken.

11. Die **Feldjägertruppe** überwacht und regelt als Militärpolizei der Bw den Verkehr im Rahmen des militärischen Verkehrsdienstes und trägt durch den militärischen Ordnungsdienst zur Aufrechterhaltung der Disziplin und Ordnung bei.

Sie wirkt mit bei Maßnahmen für die militärische Sicherheit und bei der Sammlung von Versprengten und Kriegsgefangenen sowie deren Transport. Mit der Militärpolizei verbündeter Streitkräfte und mit der Polizei arbeitet sie eng zusammen.

12. Die **Topographietruppe** versorgt Führung und Truppe mit Informationen Gelände und Raum. Sie stellt militärgeographische Unterlagen, besonders Karten aller Art, her und verteilt sie. Ihre Vermessungsgrundlagen dienen vor allem dem Feuerkampf schwerer Waffen.

13. Die **Nachschubtruppe,** Teil des logistischen Systems des Heeres, stellt mit ihren Transport-, Einsatzverbänden und Heeresdepots die materielle Versorgung aller Truppen des Heeres durch Lagerung, Umschlag, Bereitstellung und Transport von Versorgungsgütern sicher. Schadmaterial, Leergut, Beutematerial und überzähliges Material schiebt sie ab. (Bild 23 bis 25)

Bild 23
LKW 10 t gl W
mit Ladekran 1 t

Bild 24
LKW 15 t gl MULTI

Bild 25
Schwerlasttransporter
(SLT) Elefant

14. Die **Instandsetzungstruppe** unterstützt alle Truppen des Heeres in der Materialerhaltung durch Prüfung und Instandsetzung von Wehrmaterial, Vergabe von Instandsetzungsaufträgen an die gewerbliche Wirtschaft sowie bei Bergung und Abschub von schadhaftem, überzähligem und erbeutetem Großgerät. Eine ihrer weiteren Aufgaben ist die Kampfmittelbeseitigung.
Bild 26 zeigt den von mehreren Truppengattungen verwendeten Bergepanzer 2, Bild 27 den Bergepanzer Büffel (Panzertruppe).

Bild 26
Bergepanzer 2 auf
Fahrgestell Leopard 1

Bild 27
Bergepanzer 3 Büffel

15. Die **Sanitätstruppe** hat die Gesundheit der Soldaten zu schützen, zu erhalten und wiederherzustellen und die Truppe mit Sanitätsmaterial zu versorgen.

Der **Truppensanitätsdienst** bei den Verbänden übernimmt im Anschluss an die Selbst- und Kameradenhilfe die sanitätsdienstliche erste Hilfe, truppenärztliche Behandlung und den Transport der Verwundeten zu Truppen- und Hauptverbandplätzen.

Die **Sanitätstruppen** gewährleisten die erste chirurgische Behandlung und den Folgetransport der Verwundeten zur abschließenden Behandlung in den Lazaretten. Sie sind auch verantwortlich für die Versorgung mit Sanitätsmaterial.

Die Sanitätstruppe darf nicht für andere Aufgaben eingesetzt werden; sie steht, ebenso wie die Verwundeten und das Sanitätsmaterial, unter dem Schutz der Genfer Abkommen.

Ausbildung

I. TRUPPENAUSBILDUNG

1. Das Konzept für die Truppenausbildung im **„Heer der Zukunft"** berücksichtigt die
- Erweiterung der Aufgaben,
- Verkürzung des Grundwehrdienstes auf 9 Monate mit der Möglichkeit der freiwilligen Verlängerung bis zu 23 Monaten.

Es kommt hierbei darauf an, dass die
- Reaktionskräfte bei verwürfelter Auffüllung mit SaZ und freiwillig längerdienenden Wehrdienstleistenden die Fähigkeit zum Einsatz nach kurzer Vorbereitung im gesamten Aufgabenspektrum erhalten;
- Verstärkungskräfte des Heeres, im Frieden ein Mindestmaß an Ausbildungs- und Übungsfähigkeit erreichen und die Voraussetzung dafür schaffen, in einer Krise die volle Einsatzbereitschaft herstellen zu können.

Die Truppenausbildung erfolgt zunächst als **Einzelausbildung,** danach als **Gemeinschaftsausbildung.** (Bild 1)

2. Die **allgemeine Grundausbildung** (AGA) (Dauer 3 Monate) schafft die Grundlagen für die Ausbildung aller Soldaten des Heeres. Ausbildungsziel ist die Vermittlung der **allgemeinmilitärischen Kenntnisse und Fertigkeiten,** die nötig sind für
- das Handeln als Soldat nach den geltenden Gesetzen,
- die Selbstverteidigung und
- das Überleben auf dem Gefechtsfeld.

Schwerpunkte sind Gefechtsdienst aller Truppen (zu Lande) und Schießen mit Handwaffen. Die AGA endet mit der Rekrutenbesichtigung durch den Einheitsführer.

3. In der **Spezialausbildung** (ca. 4 Wochen) wird der Soldat für seinen speziellen Dienstposten ausgebildet, z. B. Richtschütze, Militärkraftfahrer, Stabsdienstsoldat. Die Spezialgrundausbildung endet mit der ATN-Prüfung (ATN = Ausbildungs- und Tätigkeitsnachweis) durch den Einheitsführer.

4. Zu Beginn der **Vollausbildung** werden alle Soldaten in die Lage versetzt die für das Zusammenwirken in der kleinen Kampfgemeinschaft/Besatzung nötigen Grundaufgaben selbstständig wahrzunehmen und gemeinsam mit anderen zu handeln. Die dann folgenden Ausbildungsprogramme erfassen bei den RK deren gesamte Aufgaben, bei den VK nur ausgewählte Einsatzaufgaben.

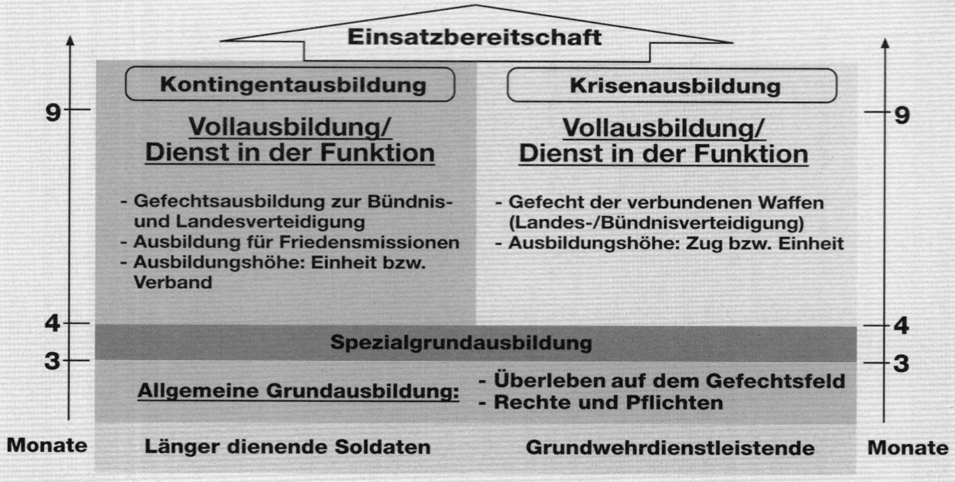

Einsatzbereitschaft

Kontingentausbildung

Vollausbildung/ Dienst in der Funktion

- Gefechtsausbildung zur Bündnis- und Landesverteidigung
- Ausbildung für Friedensmissionen
- Ausbildungshöhe: Einheit bzw. Verband

Krisenausbildung

Vollausbildung/ Dienst in der Funktion

- Gefecht der verbundenen Waffen (Landes-/Bündnisverteidigung)
- Ausbildungshöhe: Zug bzw. Einheit

Spezialgrundausbildung

- Überleben auf dem Gefechtsfeld
- Rechte und Pflichten

Allgemeine Grundausbildung

| Länger dienende Soldaten | Grundwehrdienstleistende |

Monate: 9 — 4 — 3

Bild 1 Truppenausbildung im Heer (Anhalt)

5. Weitere Ausbildung – nach der Vollausbildung:
- Die **Krisenausbildung** hat das Herstellen der vollen Einsatzbereitschaft des Verbandes zum Ziel, sie ist für VK unerlässlich.
- Die **Kontingentausbildung** bereitet jeweils alle für einen Einsatz vorgesehenen Truppenteile auf ihren nach der politischen Entscheidung klar festgelegten Auftrag vor.

II. UNTEROFFIZIERAUSBILDUNG

1. **Neuordnung der Laufbahn** (Bild 2)
- **Führung** (meist einer Besatzung und ihres Waffensystems). Im Einsatz und damit unter extremen Belastungen an Körper, Geist und Gemüt des Menschen sowie an die Leistungsfähigkeit des Materials.
- **Militärischer Fachmann** in der **Ausbildung,** vor allem des einzelnen Soldaten und der **Formung** von Trupps, Gruppen (auch von Zügen) zu **„kleinen Kampfgemeinschaften".** Befähigung zu **selbstständiger Ausbildungsgestaltung** einzelner Ausbildungsabschnitte und zur Mitwirkung am Dienstgeschehen in der Einheit.
- **Menschenkenntnis** und Befähigung zum Umgang mit **Grundwehrdienstleistenden** (GWDL) und **Reservisten.** Befähigung, mit einer kleinen Gruppe von Soldaten Aufgaben zu erfüllen, **Teamgeist** zu entfachen und die Interessen der Gruppe zu wahren.
- **Courage im Auftreten,** Mut zu sachgerechten Forderungen und Bereitschaft **Verantwortung** zu tragen.
- Bereitschaft zum **Vorbild.**
- Befähigung zur Mitwirkung an der Ausbildung und Erziehung von **Führernachwuchs.**
- **Fachmann** in Technik Logistik und Administration – vergleichbar dem Niveau des Meisters im zivilen Bereich.
- Politische und allgemeine **Bildung,** um den kritischen Fragen von GWDL und Reservisten mit größerer Lebens- und Berufserfahrung gewachsen zu sein. Befähigung, den **Sinn militärischer Ausbildung** zu verdeutlichen.
- **Körperliche Widerstandsfähigkeit.**

2. **Abgrenzung Truppendienst/Allg. Fachdienst** (Bild 2)

3. **Anforderungen an den Unteroffizier**

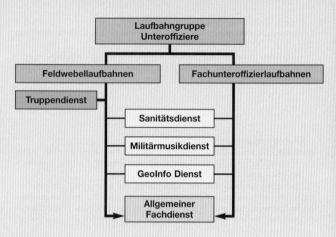

Bild 2 Neuordnung der Laufbahn der Unteroffiziere

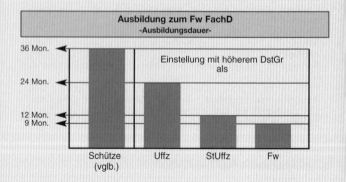

II. OFFIZIERAUSBILDUNG

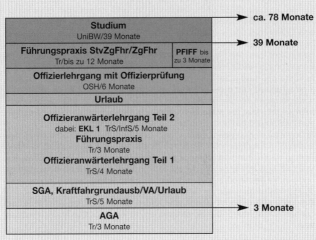

Tr/TrS = Truppe/Truppenschule
OSH = Offizierschule des Heeres
Uni Bw = Universität der Bundeswehr

Die Luftwaffe

Auftrag

Der Auftrag der Luftwaffe leitet sich aus dem Auftrag der Bundeswehr ab. Die daraus resultierenden Einsatzoptionen reichen von humanitärer Hilfeleistung über die Teilnahme an Missionen der Vereinten Nationen und multinationaler Krisenbewältigung bis zur unmittelbaren und erweiterten Landesverteidigung im Bündnis.

Im Frieden leistet die Luftwaffe mit präsenten Kräften und durch gesicherte Aufwuchsfähigkeit im Bündnisrahmen einen Beitrag zur Abschreckung und damit zur Sicherheit und Stabilität in Europa. Wesentliche Aufgaben der präsenten Kräfte sind das Herstellen und Erhalten ihrer personellen und materiellen Einsatzbereitschaft, die Wahrung der Lufthoheit über dem Territorium der Bundesrepublik Deutschland sowie die Teilnahme an Hilfs-, Rettungs- oder Evakuierungseinsätzen im In- und Ausland. Dazu gehört die Teilnahme an Missionen der UNO, OSZE oder anderer von der UNO beauftragten Organisationen sowie die Beteiligung an Kooperationsprojekten mit den Ländern Mittel- und Osteuropas und an Maßnahmen der Rüstungskontrolle und Vertrauensbildung. Die Luftwaffe, als Teilstreitkraft der Bundeswehr, ist integrierter Bestandteil der NATO-Luftstreitkräfte. Ihre Einsatzverbände sind bereits im Frieden in die NATO-Führungsstruktur eingebunden.

In Krisen passt die Luftwaffe ihre Einsatzbereitschaft der Lageentwicklung flexibel an und schützt gegebenenfalls die Mobilmachung und die Verteidigungsvorbereitungen der Streitkräfte gegen Angriffe aus der Luft. Wenn erforderlich, führt sie mit Teilen der präsenten Kräfte im Zusammenwirken mit anderen Teilstreitkräften und Nationen Einsätze zur Krisenbewältigung durch.

In bewaffneten Konflikten und im Krieg leistet die Luftwaffe zusammen mit den anderen Teilstreitkräften und mit den Streitkräften der Bündnispartner einen Beitrag zur Wahrung der Integrität des Hoheitsgebietes, der Hoheitsgewässer und des Luftraumes sowie der politischen Handlungsfreiheit Deutschlands und seiner Bündnispartner, zum Schutz der Bevölkerung und der lebenswichtigen Infrastruktur sowie zur raschen Beendigung von Kampfhandlungen.

Die Luftwaffe befindet sich in der konzeptionellen Neuausrichtung zur Luftwaffenstruktur 5. Die Umstrukturierung wird bis 2006 abgeschlossen sein.

Luftwaffenstruktur

1. Der **Inspekteur der Luftwaffe** führt die Luftwaffe im Auftrag des Bundesministers der Verteidigung und ist ihm für ihre personelle und materielle Einsatzbereitschaft verantwortlich. Er ist **oberster truppendienstlicher Vorgesetzter der Soldaten der Luftwaffe**, zugleich **Abteilungsleiter im BMVg**. Der **Führungsstab der Luftwaffe** (FüL), sein ihm zugeordneter Arbeitsstab, ist zugleich ministerielle Abteilung im BMVg und oberste militärische Kommandobehörde für die Luftwaffe.

2. Dem Inspekteur sind unmittelbar die höheren Kommandobehörden der Luftwaffe mit folgenden Aufgabenbereichen nachgeordnet:
- das **Luftwaffenführungskommando** (LwFüKdo) – Einsatzführung,
- das **Luftwaffenamt** (LwA) – Zentrale Aufgaben.

Kommandostruktur der Luftwaffe siehe Bild 1.

I. DAS LUFTWAFFENFÜHRUNGSKOMMANDO

Im LwFüKdo (Bild 2) sind die fliegenden und bodengestützten Einsatzverbände sowie die entsprechenden Führungsverbände zusammengefasst. Seine Aufgaben sind:
- Herstellen der personellen und materiellen Einsatzbereitschaft/Durchhaltefähigkeit der Einsatzverbände der Luftwaffe,
- Aufstellen von Kontingenten der Luftwaffe für Einsätze (Force-Provider),
- Vorbereitung, Planung und Führung von Einsätzen,
- Führung der unterstellten Kommandos.

Das Kommando Operative Führung Luftstreitkräfte (KdoOpFüLuSK) ist verantwortlich für die nationale Einsatzplanung und -führung von Luftstreitkräften auf taktisch/operativen Ebenen im Rahmen multinationaler Verpflichtungen.

Die Kommandos der Luftwaffendivisionen führen truppendienstlich ihre Verbände und nehmen die Aufgaben des Kontingentführers Luftwaffe im Einsatzgebiet wahr. Das Lufttransportkommando führt die Lufttransportverbände der Luftwaffe.

II. DAS LUFTWAFFENAMT

Das LwA (Bild 3) ist für die Einsatzunterstützung der Luftwaffe, für zentrale Aufgaben und Fachaufgaben sowie Daueraufgaben im Streitkräftebereich verantwortlich.
Das nachgeordnete **Luftwaffenausbildungskommando** (LwAusbKdo) und das **Luftwaffenmaterialkommando** (LwMatKdo) nehmen die Fachaufgaben Ausbildung und Logistik wahr.
Das LwAusbKdo steuert dabei für die gesamte Luftwaffe querschnittlich die Fachaufgabe Ausbildung sowie die allgemeinmilitärische und militärfachliche Ausbildung und es führt die Ausbildungsverbände und Schulen der Luftwaffe.
Das LwMatKdo ist das logistische Fachkommando der Luftwaffe. Es stellt im Rahmen der Materialverantwortung des Inspekteurs der Luftwaffe das Nutzungsmanagement für luftwaffenspezifisches Material sicher und führt die waffensystemspezifischen Instandhaltungs- und Programmierungseinrichtungen.

III. DIE LUFTWAFFE IN ZAHLEN

Einsatzverbände der Lw sind: Taktische Luftwaffenverbände, Luftverteidigungsverbände und Einsatzunterstützungsverbände mit Lufttransportverbänden.

1. **Luftangriffsverbände:**
   - 4 Jagdbombergeschwader (JaboG) TORNADO mit je 2 Staffeln für Gefechtsfeldabriegelung in der Tiefe und Unterstützung der Heeresverbände unmittelbar auf dem Gefechtsfeld,
   - 1 Aufklärungsgeschwader (AG) RECCE-TORNADO mit 2 Staffeln für Luftaufklärung,
   - 1 Jagdbombergeschwader (JaboG) ECR-TORNADO mit 2 Staffeln für die Bekämpfung bodengebundener Luftverteidigungsmittel und für eindringende Luftaufklärung.

Die Verbände für Luftangriff und Aufklärung sind vorgesehen für eine Unterstellung unter ein NATO-Kommando (NATO ASSIGNED FORCES) für den Einsatz, die mit Auslösung einer entsprechenden Alarmstufe im Spannungs- oder Verteidigungsfall wirksam wird.

2. **Luftverteidigungsverbände:**
   - 4 Jagdgeschwader (JG) mit je 2 Staffeln, davon 7 Staffeln mit F-4 F PHANTOM,
   - 6 Flugabwehrraketengeschwader der Waffensysteme PATRIOT, HAWK und ROLAND mit insgesamt 86 Kampfstaffeln.

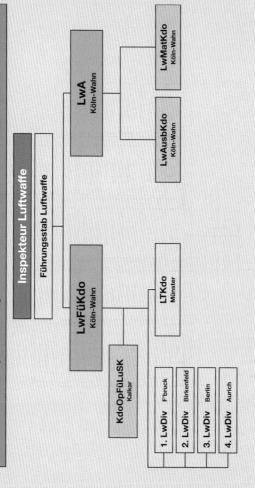

Bild 1   Kommandostruktur der Luftwaffe

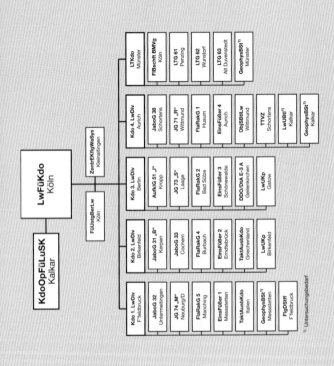

Bild 2   Luftwaffenführungskommando

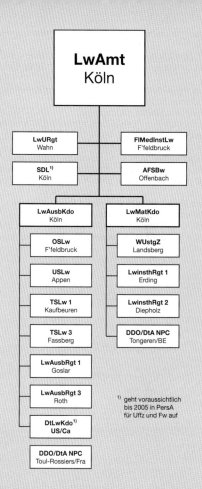

Bild 3 Luftwaffenamt

- 2 Radarführungsregimenter (RaFüRgt) zum Betreiben der Flugmelde- und Leitzentralen.

Luftverteidigungsverbände und Führungsgefechtsstände unterstehen bereits im Frieden NATO Oberbefehl (NATO COMMAND FORCES).

3. **Lufttransportverbände** unterstehen nationalem Kommando und sind im Lufttransportkommando zusammengefasst:
- 3 Lufttransportgeschwader mit insgesamt
+ 3 Lufttransportstaffeln, 1 Ausbildungsstaffel C-1 60 TRANSALL,
+ 3 Hubschraubertransportstaffeln BELL UH-1 D,
- Flugbereitschaft des Bundesministeriums der Verteidigung (FlBschftBMVg) mit 3 Lufttransportstaffeln in Köln, Nörvenich und Berlin-Tegel.

In bestimmten Fällen kann Lufttransportkapazität für begrenzte Zeit einem NATO-Befehlshaber zur Verfügung gestellt werden.

4. **Besondere Regelungen in den neuen Bundesländern:**
Hier ist die Stationierung untersagt von
- Trägermitteln für den Einsatz von nuklearen Kampfmitteln und
- ausländischen Streitkräften und Atomwaffen oder deren Träger.

Waffensysteme

I. DAS WAFFENSYSTEM F-4 F PHANTOM II

1. Das Waffensystem F-4 FPHANTOM II (Bild 1) wird in der Luftwaffe als **Jagdflugzeug** vor allem für Abfangjagdeinsätze gegen einfliegende feindliche Luftangriffskräfte in allen Höhen eingesetzt.

2. An Bewaffnung/Munition stehen zur Verfügung:
– eingebaute Maschinenkanone 20 mm,
– AIM-9L SIDEWINDER (infrarotgesteuerter Luft/Luft-Flugkörper),
– AMRAAM (radargesteuerter Luft/Luft-Flugkörper),
– elektronische Störbehälter/Abwurf von Düppel und Flares.

3. Das WaSys F-4 F PHANTOM II ist in der Lage, den Luftkampf
– unter allen Tages- und Wetterbedingungen,
– außerhalb der eigenen Sichtweite und der des Gegners,
– trotz elektronischer Störmaßnahmen,
– auch gegen tieffliegende Ziele
zu führen.

Technische Daten:

Max. Startgewicht:		24 t
Höchstgeschwindigkeit		
– Bodennähe:		1.400 km/h
– 12.000 m Höhe:		2.600 km/h
Aktionsradius:		bis 550 km

Bild 1   Das Waffensystem PHANTOM II

II. DAS WAFFENSYSTEM TORNADO

Das Waffensystem **TORNADO** (Bild 2) kann als **schwerer Jagdbomber**, in modifizierter Bauweise auch zur speziellen **Bekämpfung radargestützter Ziele** sowie für **Aufklärungsaufgaben** eingesetzt werden.

1. Als **schwerer Jagdbomber** verfügt der TORNADO aufgrund seines modernen Avioniksystems über **Allwetterkampffähigkeit**. Beste **Tiefflugeigenschaften** bei **hoher Geschwindigkeit** und die Fähigkeit zum **automatischen Geländefolgeflug** erhöhen sein Vermögen, sich auf dem Weg zum Ziel durchzusetzen.

Wegen dieser Eigenschaften, seines Eindringvermögens und der erforderlichen Reichweite wird das Waffensystem vorzugsweise für den Kampf gegen Luftstreitkräfte und gegen Landstreitkräfte in der Tiefe des gegnerischen Raums eingesetzt.

Die Bewaffnung/Munition besteht aus 2 Maschinenkanonen 27 mm, der Mehrzweckbombe MW-1, Spreng- und Streubomben und Lenkflugkörpern.

Nukleare Bewaffnung ist ebenfalls möglich.

2. Die spezielle Ausrüstung des **ECR-TORNADO** (Electronic, Combat and Reconnaissance-TORNADO) mit
– Anzeigegerät für gegnerische strahlende Ziele,
– Infrarotabtastgerät,
– elektronischem Übungsgerät und
– Anti-Radar Flugkörper HARM und Lenkflugkörper AIM-9L SIDEWINDER
befähigt ihn zur **Bekämpfung und Störung radargestützter** Systeme einer gegnerischen Luftabwehr, von Führungseinrichtungen sowie zur konventionellen/elektronischen **Aufklärung** von ortsfesten und beweglichen Zielen auch bei Nacht und unter ungünstigen Wetterbedingungen.

Bild 2   Das Waffensystem TORNADO

3. Ein Aufklärungsgeschwader TORNADO verfügt über eine Zusatzausrüstung für Aufklärungsaufgaben (Aufklärungsbehälter mit optischen Kameras und Infrarot-Abtastgeräte).

Technische Daten: Max. Startgewicht: 23,5 t
Max. Waffenzuladung: 7,3 t
Höchstgeschwindigkeit
– Bodennähe: 1.400 km/h
– Höhe: 2.600 km/h
Aktionsradius: 320–1.500 km

4. Gliederung eines Geschwaders siehe Bild 3.

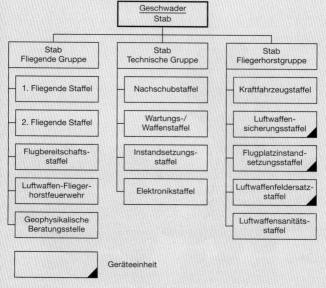

Bild 3 Gliederung eines Geschwaders (Schema)

III. DAS WAFFENSYSTEM PATRIOT

Das FlaRakSystem **PATRIOT** (Bild 4) wird zur **Bekämpfung von Flugzielen in niedrigen bis sehr großen Höhen** eingesetzt. Besondere Merkmale sind seine Fähigkeit, **bei allen Wetterlagen mehrere Ziele gleichzeitig zu bekämpfen,** die große Unempfindlichkeit gegen elektronische Störmaßnahmen und die hohe Beweglichkeit im Einsatz.

2. Aufgabe des Waffensystems ist es, einfliegende feindliche Luftstreitkräfte aus einem möglichst grenznahen Einsatzraum zu bekämpfen – im Verbund mit dem FlaRakSystem HAWK.
Bekämpfungsreichweite bis ca. 80 km.
Die in einem Einsatzraum zusammengefassten Feuereinheiten, je 6 PATRIOT und bis zu 8 Hawk-Einheiten, werden so eingesetzt, dass sie sich gegenseitig unterstützen und sich ihre Wirkungsbereiche überlappen.

Bild 4   Lenkflugkörper PATRIOT auf Startgerät

IV. DAS WAFFENSYSTEM HAWK

1. Das Waffensystem **HAWK** (Bild 5) ist vorrangig für den Einsatz gegen **tieffliegende Luftfahrzeuge** bestimmt. Das auf LKW verlastete Gerät erlaubt schnelle Stellungswechsel. Das WaSys ist allwetterfähig und verfügt gegen elektronische Störmaßnahmen über eine angemessene Störfähigkeit.

2. Das FlaRakSystem HAWK wird im **Raumschutz** so eingesetzt, dass sich die Wirkungsbereiche der Batterien sowohl gegenseitig als auch mit den Wirkungsbereichen der PATRIOT-Batterien überlappen. Bekämpfungsreichweite bis ca. 40 km.

Bild 5 Lenkflugkörper HAWK auf Startgerät

V. DAS WAFFENSYSTEM ROLAND

1. Das FlaRaksystem ROLAND (Rad) ist ein allwetterkampffähiges, voll mobiles Waffensystem für den Schutz wichtiger Einsatzflugplätze vor Angriffen feindlicher Luftstreitkräfte im tiefen und mittleren Höhenbereich (Bild 6).
Die FlaRak-Gruppen ROLAND sind nationale Luftverteidigungskräfte, die auch in Krise und Krieg unter nationalem Kommando bleiben.

2. Die Waffenanlage ist auf dem Trägerfahrzeug LKW 15 t MAN untergebracht.
Zielerfassung, Zielerkennung und Zielverfolgung geschehen mittels Radar. Der Lenkflugkörper wird über einen Kommandosender zum Ziel gelenkt.

Technische Daten: Erfassungsreichweite: 16 km
Bekämpfungsreichweite: 8 km
Höhenreichweite: 3 km

Bild 6
Das Waffensystem
ROLAND (Rad)

NATO-Luftverteidigung

1. Die **NATO-Luftverteidigung** (LV) hat den Auftrag,
- im **Frieden** die Unversehrtheit des Luftraums über dem Gebiet des NATO Kommandobereichs zu wahren und
- im **Krieg** das Territorium gegen Angriffe aus der Luft durch gegnerische fliegende Waffensysteme zu schützen.

Im Bereich Mitteleuropa wird die Luftverteidigung durch amerikanische, britische, niederländische, belgische und deutsche Luftverteidigungskräfte gebildet, die bereits im Frieden dem europäischen NATO-Oberbefehlshaber für den Einsatz unterstellt sind.

2. Die deutsche Luftwaffe ist der Hauptträger der Luftverteidigung in Mitteleuropa und stellt einen erheblichen Anteil des Luftverteidigungspotentials.

3. Die in der Bundesrepublik Deutschland eingesetzten Luftverteidigungskräfte (bodengestützte FlaRakSys HAWK und PATRIOT sowie die Jagdfliegerkräfte) sind so gestaffelt, dass
– eine lückenlose **Luftraumüberwachung** (Radarflugmelde- und Leitzentralen CRC) gewährleistet ist,
– die **Bekämpfung** anfliegender Flugziele in allen Höhenbereichen von der Grenze bis tief in das rückwärtige Gebiet sichergestellt ist.

4. Das luftgestützte **Frühwarn- und Tieffliegererfassungssystem** (AWACS) ergänzt die Luftlagedaten der ortsfesten, gehärteten LV-Einrichtungen. Das System besteht derzeit aus 17 Boeing 707-320 B und wird von der NATO – somit auch von der Luftwaffe – betrieben. Die Haupteinsatzbasis der NATO-E-3A-Flotte liegt auf dem Boden der Bundesrepublik Deutschland in Geilenkirchen. (Bild 1)

Bild 1   Das fliegende Frühwarnsystem der NATO – AWACS

Lufttransport

1. Der Lufttransport dient der Unterstützung der Teilstreitkräfte der Bundeswehr und erlaubt den schnellen, weitreichenden und bodenunabhängigen Transport von Personal und Material.
Folgende Aufgaben werden – je nach Einsatzerfordernissen – mit Flugzeugen oder Hubschraubern (Bild 2 bis 7) erfüllt:
- Transport von Personal und Material, Verlegung von Verbänden,
- Absetzen von Fallschirmspringern und Abwurf von Lasten,
- Transport von Verwundeten und Kranken,
- Sondereinsätze, z. B. Einsätze für den politisch-parlamentarischen Bereich, Hilfseinsätze bei Katastrophen oder im Rahmen der Beteiligung an humanitären Hilfsaktionen.

2. Speziell für den Rettungsdienst ausgerüstete Hubschrauber von Lufttransportverbänden versehen außerdem den militärischen **Such- und Rettungsdienst** (SAR = Search and Rescue). Dieser umfaßt:
- Hilfeleistung und Unterstützung in Luft- und Seenotfällen,
- Such- und Rettungseinsätze über dem Boden der Bundesrepublik Deutschland bei Unfällen und Luftnotfällen,
- Suche und Rettung abgesprungener oder notgelandeter Besatzungen von Luftfahrzeugen im Krieg vor oder hinter den eigenen Linien im Rahmen COMBAT SEARCH AND RESCUE (CSAR).

Bild 1   Lufttransportkommando

3. Die **Flugbereitschaft des BMVg** erfüllt mit Lang-, Mittel- und Kurzstreckenflugzeugen Aufträge aus dem Regierungs- und Parlamentsbereich.

4. Die Führung der Lufttransport- und SAR-Kräfte obliegt dem Lufttransportkommando (Bild 1). Zur Deckung des Lufttransportbedarfs auf der Lang- und Mittelstrecke stehen das Luftfahrzeug C-160 TRANSALL sowie Flugzeuge der Flugbereitschaft zur Verfügung. Für Transporte auf der Kurzstrecke und für SAR-Einsätze verfügt die Luftwaffe über den Hubschrauber BELL UH-1 D.

Transportflugzeuge und Hubschrauber

Bild 2 Transall C-160

Bild 3 CANADAIR CL-601 CHALLENGER

Bild 4   Airbus A 310-304

Bild 5   BELL UH-1 D

Bild 6   LET L 410 UVP TURBOLET (Ex DDR) Verbindungsflugzeug

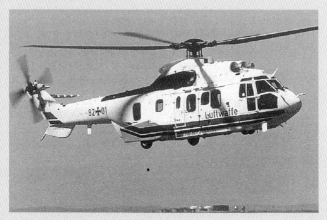

Bild 7   Eurocopter COUGAR MK 2 AS 532

Führungsdienste

1. Unter dem Begriff **Führungsdienste der Luftwaffe** sind folgende **Dienstteilbereiche** zusammengefasst:
- Informationstechnik,
- Elektronische Kampfführung/Fernmelde- und Elektronische Aufklärung,
- Militärische Flugsicherung,
- Radarführungsdienst.

Durch die Entwicklung und Modernisierung von Waffensystemen mit zunehmender Geschwindigkeit, Eindringtiefe und Zerstörungskraft bilden die Führungsdienste eine wesentliche Grundlage für die Führung und den Einsatz der Luftstreitkräfte.

Die Führungsdienste der Luftwaffe haben im einzelnen
- die Fernmeldenetze der Lw herzustellen und zu betreiben,
- Informationen verzugsarm zu übertragen,
- das Lagebild in den Gefechtsständen anschaulich darzustellen,
- Bewegungen der Luftstreitkräfte im Auftrag der Führung zu leiten,
- die Fernmelde- und Elektronische Aufklärung und die Elektronische Kampfführung durchzuführen.

2. Der Dienstteilbereich **Informationstechnik** der Luftwaffe schafft die Fernmeldeverbindungen zur Übermittlung von Informationen, die zur Führungs-, Einsatzsteuerung und Einsatzunterstützung der Luftwaffe notwendig sind. Dafür werden Drahtverbindungen, Funkverbindungen und insbesondere Richtfunkverbindungen sowie Fernmeldezentren betrieben. Das Herstellen und Betreiben dieser Netze und Einrichtungen ist Aufgabe der Fernmelderegimentern 11 und 12.

3. Der Dienstteilbereich **Elektronische Kampfführung/Fernmelde- und Elektronische Aufklärung** umfasst alle Kräfte, Mittel und Verfahren, die notwendig sind, um
- durch Aufklärung der elektromagnetischen Ausstrahlungen des möglichen Gegners Erkenntnisse über dessen Kräfte, Mittel, Fähigkeiten und Absichten zu gewinnen
- durch Bekämpfen (Stören, Täuschen, Zerstören) der elektromagnetischen Ausstrahlungen des Gegners dessen Führungsfähigkeit sowie die Einsatzwirksamkeit seiner Waffensysteme einzuschränken,
- eigene elektromagnetische Ausstrahlungen zu schützen.

Für diese Aufgaben verfügt die Luftwaffe über die Fernmeldebereiche 70 und 72 sowie weitere spezielle Einrichtungen.

4. Der Dienstteilbereich **militärische Flugsicherung** gehört zum Organisationsbereich des Luftwaffenamts und unterstützt die NATO-Luftstreitkräfte im Einsatz- und Ausbildungsbetrieb. Die Durchführung des Flugsicherungsdienstes erfolgt auf den Fliegerhorsten und in zivil-militärisch gemeinsam genutzten Flugsicherungszentralen.

5. Der Dienstteilbereich **Radarführungsdienst** ist zuständig für die Überwachung des Luftraums mittels bodengestützter Gefechtsstände und Einrichtungen und fliegender Frühwarnsysteme, Beobachtung und Identifizierung aller Flugbewegungen und Erarbeitung der Luftlage. Durch verzugslosen Austausch der Luftlagedaten zwischen den Radarstellungen sowie mit anderen Mitteln entsteht ein umfassendes Gesamtluftlagebild. Mittels Radar werden die Abfangjäger der Luftwaffe auf den eingeflogenen Gegner angesetzt bzw. nach dem Einsatz an den Fliegerhorst zurückgeführt. Aus den Gefechtsständen des Radarführungsdienstes wird auch der Einsatz der bodengebundenen Flugabwehrraketensysteme zentral geführt. Die Lw hat dafür 2 Radarführungsregimenter zur Verfügung, die als Einsatzverbände dem Luftwaffenführungskommando unterstehen und deren ortsfeste Gefechtsstände mit Großraum-Radargeräten ausgerüstet sind.

6. Die Einheiten der Führungsdienste der Luftwaffe, die einsatzunterstützende Funktionen haben, unterstehen dem Luftwaffenführungsdienstkommando (Bild 1) bzw. dem Luftwaffenamt (S. 57, Bild 3).

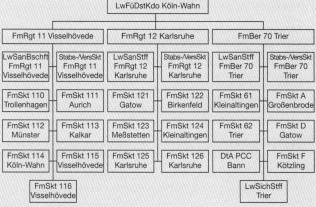

Bild 1   Luftwaffenführungsdienstkommando

Logistik

1. Aufgabe der Logistik der Luftwaffe ist die **Herstellung und Erhaltung der materiellen Einsatzbereitschaft** der Luftangriffs-, Luftverteidigungs- und Einsatzunterstützungsverbände der Lw.
Die Logistik der Luftwaffe unterstützt die Waffensysteme der Luftwaffe und das luftwaffeneigentümliche Gerät der Bundeswehr zum Zeitpunkt der Einführung und während der gesamten Nutzungsphase bis zur Aussonderung. Die Logistik der Luftwaffe befindet sich z. Zt. noch in der Umorganisation.

2. Die Kräfte, Mittel und Verfahren der Logistik der Luftwaffe sind im **logistischen System der Luftwaffe** zusammengefasst. Dazu gehören das **Luftwaffenamt** und das **Materialkommando**.

3. Die **Versorgungsregimenter** der Luftwaffe (Bild 1) verfügen über die nötigen Kräfte, Mittel und Einrichtungen für die Materialbewirtschaftung, Materialerhaltung und Transportaufgaben.

4. Den Versorgungsregimentern unterstehen für die Bewirtschaftung von Wehrmaterial folgende **Depots**:
- **Luftwaffenübernahmedepots**
 (Übernahme von Wehrmaterial aus der gewerblichen Wirtschaft in die Luftwaffe und Steuerung von Schadmaterial in die Instandsetzung),
- **Luftwaffenmaterialdepots**
 (Lagerung und Auslieferung von etwa 700.000 Versorgungsartikeln, 3 Depots befinden sich in unterirdischen Anlagen),
- **Luftwaffenmunitionsdepots**
 (Lagerung von Munition und Versorgung der Einsatzverbände damit; Einlagerung des Verteidigungsvorrats),
- **Luftwaffenbetriebsstoffdepots**
 (Lagerung von Kraftstoffen und Schmiermitteln und Versorgung aller Luftwaffenverbände damit).

5. **Luftwaffenwerften** sind zuständig für die **Instandsetzung** von einsatzwichtigem Wehrmaterial, z. B. Luftfahrzeuge, Triebwerke, Avionik, Fla-Rak-Material.
Da die Instandsetzungskapazität der Luftwaffenwerften bei weitem nicht ausreicht, führt die gewerbliche Wirtschaft den größten Teil der Instandsetzungsarbeiten aus.

6. **Kraftfahrzeugtransportstaffeln** der Luftwaffe sind verantwortlich für den Transport von Material und flüssigen Gütern.
Wesentliche Anteile des Transportbedarfs der Luftwaffe werden aber durch die Deutsche Bahn und die Lufttransportverbände gedeckt.

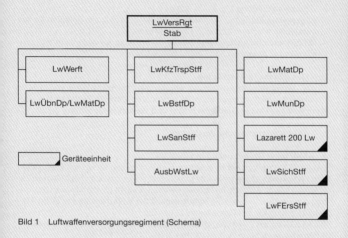

Bild 1 Luftwaffenversorgungsregiment (Schema)

Ausbildung

1. **Allgemeines** – Die Ausbildung in der Luftwaffe besteht aus folgenden, sich ergänzenden Teilen:

a. **Einzelausbildung**
- **Allgemeinmilitärische Ausbildung:** Sie hat zum Ziel, alle Soldaten für ihre truppendienstlichen Aufgaben zu qualifizieren.
- **Militärfachliche Ausbildung:** Sie soll die Soldaten zur Wahrnehmung fachspezifischer Aufgaben und Tätigkeiten befähigen.

b. **Geschlossene Ausbildung**
In der geschlossenen Ausbildung werden allgemeinmilitärische und militärfachliche Ausbildung zusammengeführt, und es wird die Fähigkeit zum Zusammenwirken in der **Gemeinschafts- und Verbandsausbildung** geübt.

2. **Allgemeinmilitärische Ausbildung**

a. **Allgemeine Grundausbildung** (AllgGA)
Die AllgGA vermittelt Kenntnisse und Fertigkeiten und entwickelt Fähigkeiten und Fertigkeiten, die jeder Soldat ungeachtet seiner späteren Fachtätigkeit zur Erfüllung seines Auftrags im Frieden benötigt. Zudem werden Zweck und Auftrag der Streitkräfte sowie die Notwendigkeit des Wehrdienstes als Teil der Mitverantwortung für das Gemeinwohl behandelt.
Die AllgGA dauert 2 Monate; sie wird in den LwAusbRgt 1 und 3 durchgeführt, für Sanitätssoldaten im V./LwAusbRgt 3. (Bild 1)

b. **Allgemeinmilitärische Weiterbildung in der Truppe**
– Für **Mannschaften**
Die allgemeinmilitärische Weiterbildung ist nach Abschluss der Grundausbildung durch die Verbände/Dienststellen der Luftwaffe durchzuführen. Die Ausbildung hat zum Ziel, das in der AllgGA erworbene Wissen und Können der Soldaten zu erhalten, zu festigen und vor allem die Ausbildung im Objektschutz der eigenen Luftwaffenanlage zu vertiefen.
Die Weiterbildung ist – wo immer möglich – mit der militärfachlichen Aus- und Weiterbildung als „Geschlossene Ausbildung" durchzuführen.
– Für **Unteroffiziere**
Die allgemeinmilitärische Weiterbildung soll das im Unteroffizier- bzw. Feldwebellehrgang erworbene Wissen und Können, besonders die Befähigung zum Vorgesetzten, festigen.

Die Ausbildung ist durch die Verbände/Dienststellen der Luftwaffe durchzuführen; dabei sind die unterschiedlichen Verantwortungsbereiche der Dienstgradgruppen zu berücksichtigen.

c. **Allgemeinmilitärische Ausbildung zum Offizier des Truppendienstes**
Die allgemeinmilitärische Ausbildung soll den Offizier befähigen, unterstellte Soldaten zu führen, zu erziehen und auszubilden. Sie gliedert sich in die **Offizierausbildung**
- **Teil I** im II./LwAusbRgt 3 in Bayreuth, Dauer 8 Wochen;
- **Teil II** an der Offizierschule der Lw in Fürstenfeldbruck, Dauer 10 Monate; im Anschluss folgt – je nach künftiger Verwendung und Verpflichtungsdauer – ein **Studium** mit maximaler Dauer von 4 Jahren an den **Universitäten der Bundeswehr** in München oder Hamburg oder unmittelbar die militärfachliche Ausbildung;
- **Teil III** an der Offizierschule der Lw in Fürstenfeldbruck, Dauer 4 Wochen.

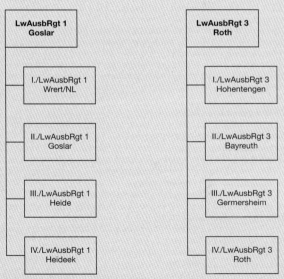

Bild 1   Grundausbildungsorganisation

d. Allgemeinmilitärische Ausbildung zum Unteroffizier

Alle Unteroffizieranwärter (UA) durchlaufen nach der AllgGA den **Unteroffizierlehrgang der Luftwaffe** (ULLw).
- **Ziel** der Ausbildung im ULLw ist es, die UA als künftige Vorgesetzte zu befähigen,
  + im jeweiligen Aufgabenbereich sowie im täglichen Dienst ihre Pflichten als Vorgesetzte verantwortungsbewusst wahrzunehmen,
  + in ihrem Fachgebiet wie auch in der allgemeinmilitärischen Weiterbildung der Mannschaften ihr Wissen und Können methodisch richtig weiterzuvermitteln,
  + im Objektschutz Soldaten zu führen und einzusetzen.
- **Zweck** der Ausbildung im ULLw ist es, den Lehrgangsteilnehmern Handlungssicherheit für ihre künftigen Funktionen als Vorgesetzte und Führer von Teileinheiten zu geben. Deshalb ist die Ausbildung praxisnah gestaltet; Verhaltenstraining steht im Vordergrund. Der ULLw schließt mit der Unteroffizierprüfung ab.
- Am ULLw können grundsätzlich Soldaten auf Zeit mit einer Mindestverpflichtungsdauer von vier Jahren teilnehmen.
  Bei Eignung und Bedarf können auch SaZ mit einer geringeren Verpflichtungsdauer und Wehrpflichtige teilnehmen, wenn sie zur Laufbahngruppe der Unteroffiziere zugelassen sind.
- Der ULLw wird an der Unteroffizierschule der Lw in Appen und in 2 ausgelagerten Inspektionen der USLw in den Standorten Wangerland und Diepholz durchgeführt.

e. Ausbildungsverbände/Schulen

Die mit der allgemeinmilitärischen Ausbildung beauftragten Ausbildungsverbände sind im Luftwaffenamt zusammengefasst:
- **Luftwaffenausbildungsregiment** (LwAusbRgt) 1 und 3
  Hier erfolgt die AllgGA Form A, B und C; Soldaten des Sanitätsdienstes der Lw erhalten ihre AllgGA Form F im V./LwAusbRgt 3.
- **Unteroffizierschule der Luftwaffe** (USLw)
  Ausbildung der Unteroffizier- und Reserveunteroffizieranwärter zum Unteroffizier bzw. Reserveunteroffizier sowie Ausbildung der längerdienenden Unteroffiziere zum Feldwebel. Militärfachliche Ausbildung zum Kompaniefeldwebel/Innendienstbearbeiter, Personalhauptverwalter und Stabsdienstfeldwebel. Weiterbildung der Berufsunteroffiziere; Ausbildung in der Fremdsprache Englisch für Unteroffiziere und Mannschaften der Lw.
- **Offizierschule der Luftwaffe** (OSLW)
  Ausbildung der Offizier- und Reserveoffizieranwärter zum Offizier des Truppendienstes oder militärfachlichen Dienstes bzw. zum Reserveoffizier; Fort-

bildung der Offiziere zum Einheitsführer bzw. Kommandeur B sowie zum Lehroffizier. Ausbildung zum Flugsicherheitspersonal; Ausbildung zum Fliegerleitoffizier zur Luftnahunterstützung. Ausbildung in der Fremdsprache Englisch für Offizieranwärter und Offiziere des fliegerischen Dienstes der Lw. Fachliche Weiterbildung der Berufsoffiziere der Lw im Rahmen der Ausbildung zum Stabsoffizier. Ausbildung von Offizieren und Unteroffizieren im Luftbildwesen.

3. **Militärfachliche Ausbildung**

a. Die militärfachliche Ausbildung schließt an die allgemeinmilitärische Ausbildung an und soll das Personal speziell zur Wahrnehmung von Fachaufgaben befähigen. Sie findet **lehrgangsgebunden** oder als **Ausbildung am Arbeitsplatz** (AAP) an Ausbildungseinrichtungen oder in Verbänden innerhalb oder außerhalb der Lw statt und erstreckt sich auf die Ausbildung des
- fliegenden Personals (z. B. Flugzeugführer, Waffensystemoffiziere, Bordnavigationsfunker),
- Raketenpersonals (z. B. Führungs- Bedienungs- und Wartungspersonal für die Waffensysteme HAWK/PATRIOT/ROLAND),
- Personals des Technischen Dienstes (z. B. Elektroniker, Waffen- und Munitionstechniker, Luftfahrzeug- und Raketengerätetechniker),
- Personals des logistischen Dienstes (z. B. für Materialbewirtschaftung, Verkehrswesen, Transport, Pionier- und Bauwesen, Brandschutz),
- Betriebspersonals der Führungsdienste (Fernsprecher und Fernschreiber, Radarleitpersonal, Flugsicherungspersonal, DV-Programmierer),
- Sanitätspersonals.

b. Für die **lehrgangsgebundene Ausbildung** stehen folgende **Ausbildungseinrichtungen/Verbände** zur Verfügung:
- **Deutsches Luftwaffenkommando US/CA** (DtLwKdoUS/CA)
  Fliegerische Grundausbildung für Besatzungen von Kampfflugzeugen der Luftwaffe und Marine sowie Bordnavigationsfunker und Hubschrauberführer. Im Anschluss an diese Ausbildung durchlaufen die Kampfbesatzungen in der Bundesrepublik Deutschland ein Europäisierungsprogramm (Einweisung in europäische Wetterverhältnisse, Flugvorschriften etc.).
- **Raketenschule der Luftwaffe** USA (RakSLwUSA)
  Aus- und Fortbildung des Führungs- und Bedienungspersonals der Fla-RakVerbände HAWK, PATRIOT und ROLAND; Ausbildung des HAWK-Instandsetzungspersonal in der USA-Army Missile and Munitions Center and School in Huntsville, Alabama.

- **Technische Schule der Luftwaffe 1** (TSLw 1) mit
  + Fachschule der Luftwaffe für Elektronik (FSLwEIT),
  + Fachschule der Luftwaffe für Datenverarbeitung (FSLw13V).

  Ausbildung des Luftfahrzeug-, Waffen- und Munitionstechnischen Personals für die WaSys F-4 F, TORNADO, der Luftfahrzeugelektroniker für alle fliegenden WaSys, des Personals der Führungsdienste für alle ihre WaSys sowie zum staatlich geprüften Elektrotechniker bzw. zum staatlich geprüften Wirtschaftsinformatiker,

- **Technische Schule der Luftwaffe 3** (TSLw 3) mit
  + Fachschule der Luftwaffe für Maschinentechnik (FSLwMaschT),
  + Fachschule der Luftwaffe für Wirtschaft (FSLwWi).

  Ausbildung des Personals für Luftfahrzeugtechnik (C-160 TRANSALL, UH-1D, CH-53, BO 105), Bodengeräte- und Kraftfahrzeugtechnik und der Berufskraftfahrer sowie zum staatlich geprüften Techniker der Fachrichtung Maschinentechnik, des logistischen Personals, zum Nachschubbearbeiter und Verwalter für Bekleidung, Waffen, Gerät, Betriebsstoff und Verpflegung.

- **V./LwAusbRgt 3**
  Ausbildung und Fortbildung der Soldaten des Sanitätsdienstes der Lw.

- **Schule für Wehrgeophysik** (SWGeophys)
  Zentrale Aus- und Fortbildungsstätte des Geophysikalischen Beratungsdienstes der Bundeswehr.

- **Lufttransportgeschwader 62** (LTG 62)
  Ausbildung der Lufttransportbesatzungen (C-160) und der bordtechnischen Offiziere/Bordmechanikermeister

- **Luftwaffenpionierlehrkompanie 2** (LwPiLehrKp 2)
  Ausbildung des Personals für die Instandsetzung von Flugbetriebsflächen auf Einsatzflugplätzen der Luftwaffe nach Bombenangriffen.

c. Ausbildung am Arbeitsplatz

Ein erheblicher Teil der militärischen Ausbildung an WaSys und Geräten erfolgt in den Verbänden/Dienststellen der Luftwaffe als Ausbildung am Arbeitsplatz (AAP). Diese ist besonders geeignet, Soldaten unter Berücksichtigung ihrer zivilberuflichen Qualifikation, ihres Interesses und ihrer Aufnahmefähigkeit zu befähigen, Aufgaben in einer bestimmten Fachtätigkeit wahrzunehmen.

Die Auszubildenden erwerben die nötigen Kenntnisse und Fertigkeiten überwiegend durch Mitarbeit bei praktischer Anleitung und theoretischer Unterweisung.

Der Einheitsführer legt das Fachgebiet und den Ausbildungsplan entsprechend den dienstlichen Erfordernissen fest, bestimmt Ausbilder und Auszubildende und überwacht die Ausbildung. Die AAP schließt mit einer Prüfung ab.

d. **Ausbildung zum Unteroffizier**
Die militärfachliche Ausbildung des UA berücksichtigt Vorbildung und Verpflichtungsdauer und führt bei einer durchschnittlichen Dauer von 5 Monaten zur Fachtätigkeitsstufe 7, vergleichbar der Facharbeiter-, Gesellen- oder Gehilfenebene.
Nach erfolgreichem Abschluss der Ausbildung zum Unteroffizier und nach einer Mindestdienstzeit von 2 Monaten nach Zulassung zum Unteroffizieranwärter ist die Beförderung zum Unteroffizier möglich.
Ein Modell für die Ausbildung der Unteroffiziere und der Offiziere des militärfachlichen Dienstes zeigt Bild 2.

e. **Ausbildungsgang für längerdienende Unteroffiziere** (Bild 3 und 4)
Unteroffizieranwärtern, die sich frühzeitig für eine Verpflichtungsdauer von 8 Jahren entscheiden oder die bereits als SaZ 8+ eingestellt werden und über einen in der Lw nutzbaren Beruf verfügen, wird die Fortbildung zum zivilen Meister angeboten.
Bewerber ohne nutzbaren Beruf, z. B. Schüler mit mittlerer Reife, können grundsätzlich im Rahmen der militärfachlichen Ausbildung einen entsprechenden Ausbildungsberuf erwerben.
Während des Ausbildungsgangs werden die verschiedenen allgemeinmilitärischen und militärfachlichen Ausbildungsabschnitte im Rahmen einer Blockausbildung durchgeführt.

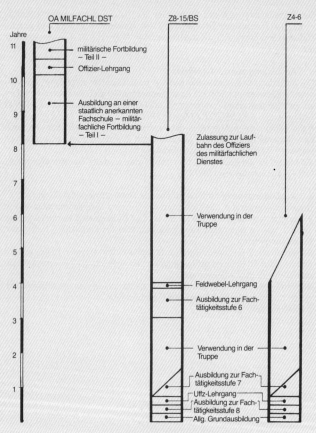

Bild 2 Ausbildung der Unteroffiziere und der Offiziere des militärfachlichen Dienstes (Modell)

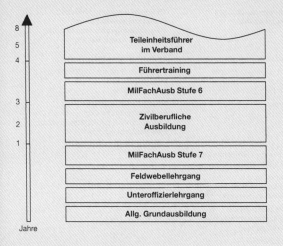

Bild 3 Ausbildungsgang längerdienender Unteroffiziere

14 Ausbildungsabschlüsse (Gesellenausbildung)

Berufskraftfahrer

Beton- und Stahlbetonbauer*

Bürokaufmann

Fluggerätebauer
(zukünftig Fluggerätemechaniker
FR Fertigungstechnik)

Fluggerätemechaniker
(zukünftig Fluggerätemechaniker
FR Instandhaltungstechnik)

Flugtriebwerkmechaniker
(zukünftig Fluggerätemechaniker
FR Triebwerkstechnik)

Industriemechaniker
FR Betriebstechnik

Fotograf

Koch

Kommunikationselektroniker-
FR Funktechnik
FR Informationstechnik

Energieelektroniker
FR Anlagentechnik

Verwaltungsfachangestellter

Kfz-Mechaniker

15 Fortbildungsabschlüsse (Meisterausbildung) und 3 Fortbildungsabschlüsse ohne staatliche Anerkennung

Kraftverkehrsmeister

Meister im Beton- und Stahlbeton bauerhandwerk*
Geprüfter Polier*

Informationsorganisator
Fachkaufmann für Organisation
Fachkaufmann für Vorratswirtschaft
Personalfachkaufmann

Industriemeister-FR Metall

Fotografenmeister

Küchenmeister

Industriemeister-FR Elektrotechnik (NT)

Industriemeister-FR Elektrotechnik (MSR)

Meister im Kfz-Mechanikerhandwerk*

Meister im Straßenbauerhandwerk*

Meister im Zimmererhandwerk*

++ Sportmanager*
++ REFA-Betriebswirt für Organisation*
++ Fachkraft im Umweltschutz*

*   Noch in Vorbereitung
++ Ohne staatliche Anerkennung

Die Marine

Auftrag

1. **Deutschland** zählt zu den führenden Industrie- und Handelsnationen der Welt und wickelt ca. 60% des Imports und ca. 35% des Exports über See ab. Über 10% aller Arbeitsplätze hängen von der freien Nutzung der Weltseeverbindungswege ab. Damit ist die **Freiheit der Meere** eine Existenzbedingung für unser Land. Die Mitgliedschaft in der NATO, ein vorrangig maritim geprägtes Bündnis, bedeutet eine **maritime Orientierung** vor allem in der Verteidigungsfähigkeit.

2. Die Deutsche Marine hat gemeinsam mit den Marinen der NATO folgenden **Auftrag:**
- einen Beitrag zu leisten zur Landes- und Bündnisverteidigung durch Schutz der Küsten und vorgelagerter Seegebiete und durch die Sicherung von Seeräumen und Seeverbindungen,
- beizutragen zur bündnisgemeinsamen und internationalen Krisenbewältigung und
- Unterstützung zu leisten bei Katastropheneinsätzen durch Amtshilfe für den Rettungsdienst, sowie bei der Überwachung der See im Rahmen des maritimen Umweltschutzes.

Zur Auftragserfüllung besitzt die Deutsche Marine See- und Seeluftstreitkräfte, die über Wasser, unter Wasser und aus der Luft operieren können, um folgende Aufgaben wahrzunehmen:
- Führung, Aufklärung und Seeraumüberwachung,
- Flugabwehr, Kampf gegen Überwassereinheiten, U-Boote und Minen,
- logistische und sanitätsdienstliche Einsatzunterstützung,
- Durchführung bzw. Unterstützung im internat. Such- und Rettungsdienst (SAR),
- Überwachung der Umweltbestimmungen auf See.

3. Hierfür ist eine moderne und ausgewogene Flotte zu erhalten und auszubauen, die sich aus vielfältig einsetzbaren Komponenten zusammensetzt:
- Fregatten mit Bordhubschraubern,
- Schnellboote bzw. Korvetten,
- U-Boote,
- Minenabwehrfahrzeuge,
- Seefernaufklärungs- und U-Jagdflugzeuge,
- Marinejagdbomber.

Alle Einheiten der Flotte sind zur Krisenreaktion befähigt. Aus dem Gesamtbereich der Flotte können bis zu 40% der Kräfte gleichzeitig über längere Zeit für Krisenreaktions-Operationen oder zur Verteidigung eingesetzt werden.

4. Die Boote, Schiffe und Flugzeuge/Hubschrauber werden von landgestützten Führungs- und Einsatzstäben und logistisch vom Marineunterstützungskommando unterstützt. Das Personal der Marine erhält seine umfangreiche Ausbildung und Erziehung an den verschiedenen Marineschulen, die dem Marineamt unterstehen.

Marinestruktur

1. Der **Inspekteur der Marine** ist deren **oberster truppendienstlicher Vorgesetzter**, zugleich **Abteilungsleiter im BMVg**. Ihn unterstützt der **Führungsstab der Marine**. Dem Inspekteur sind unmittelbar unterstellt:
- der Befehlshaber der Flotte,
- der Amtschef des Marineamtes.

2. Das **Flottenkommando** ist die höhere Kommandobehörde für die
- schwimmenden und fliegenden Kampfverbände,
- schwimmenden Unterstützungsverbände.

Typgleiche Einheiten der Flotte sind in Flottillen oder in vergleichbaren Organisationseinheiten zusammengefasst. Die einzelnen Flottillen setzen sich jeweils aus mehreren Geschwadern mit überwiegend klassegleichen Einheiten zusammen. Die Flottille der Marineflieger ist die Kommandobehörde für die Marinefliegergeschwader.

3. Das **Marineamt** hat folgende Aufgaben:
- Ausbildung der Soldaten,
- Marine-Logistik (Nutzung, Ausrüstung, Betrieb).

Außerdem sind dem Marineamt das Marinesicherungsregiment und die Marinesicherungsbataillone unterstellt.

4. Kommandostruktur der Marine siehe Bild 1.

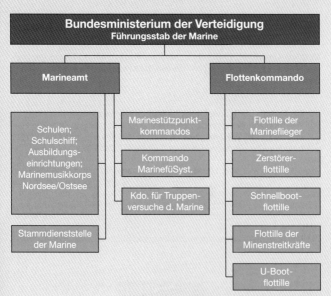

Bild 1 Kommandostruktur der Marine

Schiffe, Boote und Luftfahrzeuge

Nachfolgend wird eine Auswahl an Schiffen, Booten und Luftfahrzeugen dargestellt und ihre Verwendung im Rahmen der Kampf- und Unterstützungsverbände der Marine erläutert.

1. Die **Flottille der Marineflieger** umfasst 3 Geschwader:

Das **Marinefliegergeschwader 2** (MFG 2) ist zur schnellen, weitreichenden Bekämpfung und Aufklärung von Seezielen ausgerüstet mit Marinejagdbombern vom Typ Tornado (Bild siehe"Luftwaffe"). Das MFG 2 wird der Luftwaffe überstellt.

Das **MFG 3** verfügt über U-Jagd- und Seefernaufklärungsflugzeuge Breguet Atlantic (Bild 1), die auch Rettungseinsätze fliegen. Ebenso stehen Sea Lynx MK 88 Bordhubschrauber (Bild 2) zur Verfügung, hauptsächlich zur U-Bootjagd und -bekämpfung. Flugzeuge vom Typ Do 228 werden zum Personentransport und zur Ölüberwachung über Nord- und Ostsee eingesetzt.

Das **MFG 5** versieht vorrangig den militärischen Such- und Rettungsdienst mit

Bild 1
Bréguet 1150 Atlantic

Bild 2
Sea Lynx MK 88

Bild 3
Sea King MK 41

Hubschraubern Sea King MK 41 (Bild 3).
2. Die **Zerstörerflottille** besteht aus: 2. und 4. Fregattengeschwader mit jeweils 4 Fregatten der Bremen-Klasse (Bild 4); dem 6. Fregattengeschwader mit 4 Fregatten der Brandenburg-Klasse (Bild 5) und dem Trossgeschwader mit Versorgungsschiffen (Bild 6), Betriebsstoff- und Munitionstransportern sowie Hochsee- und Bergungsschleppern.
Zum 1. Fregattengeschwader gehören künftig die Fregatten der Klasse 124, die SACHSEN, die HAMBURG und die HESSEN.
Fregatten sind mit ihrer umfangreichen Bewaffnung und Seeausdauer vielseitig einsetzbare Seekriegsmittel. Sie sind durchsetzungsfähig gegenüber Mehrfachbedrohung und werden zur Seeraumüberwachung, U-Jagd, Geleitschutz und im Überwassergefecht eingesetzt.

Bild 4
Fregatte
Klasse 122
(Bremen-Klasse)

Schiffsdaten:
130,00 m lang
14,50 m breit
3.800 t
218 Besatzung

Bild 5
Fregatte Klasse 123
(Brandenburg-Klasse)

Schiffsdaten:
173,00 m lang
24,00 m breit
20.240 t
149 Besatzung

Bild 6   Einsatzgruppenversorger (EGV) Klasse 702 (Berlin-Klasse)

3. Die **Schnellbootflottille** besteht aus zwei Schnellbootgeschwadern mit jeweils 10 Booten und 1 Tender. Mit ihrer Flugkörperbewaffnung, der hohen Geschwindigkeit und ihren modernen Führungssystemen verkörpern Schnellboote kampfstarke Seekriegsmittel, die vor allem im erweiterten Küstenvorfeld in der Aufklärung, Abwehr von Seestreitkräften und Sicherung von Seekriegsoperationen eingesetzt werden. Zu den modernen Einheiten zählen die Boote der Klasse 143 A (Bild 7) des 7. Schnellbootgeschwaders mit ihrem Flugabwehrsystem RAM. Zum 2. Schnellbootgeschwader gehören die Boote der Klasse 143.

4. Die **Flottille der Minenstreitkräfte** besteht aus 3 Minensuchgeschwadern unterschiedlicher Klassen und Zusammensetzung und einer Waffentauchergruppe mit Minentauchern und Kampfschwimmern. Das 1. Minensuchgeschwader besteht aus 9 Minenjagdbooten der Klasse 332 (Bild 8) und 1 Tender. Zum 3. Minensuchgeschwader zählen 3 Minenjagdboote der Klasse 332, 5 Minenjagdboote der Klasse 333, 5 Mehrzwecklandungsboote der Klasse 520 und 1 Tender. Das 5. Minensuchgeschwader besteht aus 5 Hohlstablenkbooten der

Bild 7
Flugkörper-
schnellboot
Klasse 143 A
(Gepard-Klasse)

Bootsdaten:
57,61 m lang
7,76 m breit
390 t
35 Besatzung

Bild 8
Minenjagdboot
Klasse 332
(Frankenthal-
Klasse)

Bootsdaten:
54,40 m lang
9,20 m breit
600 t
44 Besatzung

Bild 9
Hohlstab-
lenkboot
Klasse 352
(Ensdorf-Klasse)

Klasse 352 (Bild 9), 5 Binnenminensuchbooten der Klasse 394 und 1 Tender.
5. Zur **U-Bootflottille** gehören das 1. U-Bootgeschwader mit 4 U-Booten der Klasse 206 A, 2 U-Booten der Klasse 205 und 1 Tender, das 3. U-Bootgeschwader mit 8 U-Booten der Klasse 206 A, 3 Flottendienstboote der Klasse 423

Bild 10
U-Boot
Klasse 206 A

Bootsdaten:
48,60 m lang
4,60 m breit
500 t
22 Besatzung

sowie das Ausbildungszentrum Uboote.
In der Bauphase befinden sich 4 moderne U-Boote der Klasse 212 mit außenluftunabhängigem Antrieb, die zwischen den Jahren 2003–2006 die 4 U-Boote Kl. 206 A des 1. Ubootgeschwaders ablösen werden.
U-Boote stellen sehr wirksame Seekriegsmittel dar, die gegnerische Kräfte binden und zur Aufklärung und Bekämpfung von Überwassereinheiten und U-Booten eingesetzt werden.

Bild 11
Flottendienstboot „Oker"
Klasse 423

Bootsdaten:
83,18 m lang
14,69 m breit
40 Besatzung

6. Der Marineschule Mürwik untersteht das **Segelschulschiff „Gorch Fock"** (Bild 12), auf dem alle Offizier- und die Unteroffizieranwärter des seemännischen Dienstes ihre praktische Seemannschaft erlernen. Als „Botschafter in Blau" fungieren sie auf Auslandsbildungsreisen für Deutschland und für die Völkerverständigung.

Bild 12   Segelschulschiff „Gorch Fock", Schiffsdaten: 81,26 m lang, 12,00 m breit, 1.680 t. ca. 2.000 m Segelfläche

Dienst an Bord

I. BORDFÖRMLICHKEITEN

1. Das **Bordzeremoniell** hat sich bei allen Marinen der Welt aus einer Synthese zwischen soldatischer Ordnung und seemännischer Tradition entwickelt. Die ständige Begegnung der Schiffe aller Länder hat dazu geführt, dass es sich zwischen den Marinen der verschiedenen Nationen nur unwesentlich unterscheidet. Die deutsche Marine hat dieses internationale Brauchtum angenommen und ein Zeremoniell geschaffen, das dem der anderen NATO-Marinen weitgehend gleicht, sich jedoch häufig vom militärischen Zeremoniell an Land unterscheidet. Die Außerachtlassung der international einheitlichen Gepflogenheiten zur See würde bei Begegnungen mit Schiffen anderer Nationen als Missachtung von diesen gedeutet werden können.

2. Der **Gruß der Flagge beim Anbordkommen und Vonbordgehen** auf einem Kriegsschiff ist von jedem Soldaten in Uniform vorzunehmen. In Zivilkleidung geschieht dies durch Einnehmen der Grundstellung. In deutschen Häfen erweisen zum Bordkommando gehörende Soldaten der Flagge nur beim ersten An- und letzten Vonbordgehen im Laufe eines Tages den Gruß.

3. Die **Anbord- und Vonbordmeldung** ist von jedem Soldaten beim zuständigen Soldaten der Deckswache zu erstatten, wenn er an Bord kommt bzw. von Bord geht. Das gilt auch für Zivilbedienstete der Bundeswehr. Der zuständige Soldat der Wache ist

– **für Unteroffiziere o. P. und Mannschaften der Maat der Wache;**
steht der zuständige Soldat nicht am Fallreep, melden sie sich beim nächst jüngeren Soldaten der Wache;

– **für Unteroffiziere m. P. der Wachhabende an Deck;**
in seiner Abwesenheit oder falls er nicht gestellt wird, der Wachhabende Offizier;

– **für Offiziere der Wachhabende Offizier;**
steht dieser nicht am Fallreep, melden sie sich zwischen „Ruhe im Schiff" und dem Wecken beim nächstjüngeren Soldaten der Wache, außerhalb dieser Zeit lassen sie sich beim Wachhabenden Offizier an bzw. von Bord melden.
Wortlaut der Meldung:
„Gefreiter Arend! Ich melde mich an/von Bord!"

4. **Reihenfolge beim Anbordkommen und Vonbordgehen** sowie beim Verlassen eines Beiboots: Der Ranghöhere hat den Vortritt. Ein Beiboot betritt jedoch der Rangniedrigste zuerst, der Ranghöchste zuletzt.

5. **Seite** ist **Ehrenerweisung** und Gruß der Soldaten und Zivilpersonen in der Nähe des Fallreeps beim Anbordkommen und Vonbordgehen
– aller Personen, die eine Standarte führen,
– des Bundespräsidenten, des Bundeskanzlers und des Bundesministers der Verteidigung,
– deutscher und ausländischer Offiziere in Uniform,
– der DiszVorges der Besatzung, auch in Zivil,
– im Ausland der diplomatischen und konsularischen Vertreter der Bundesrepublik Deutschland in amtlicher Eigenschaft,
– aller Militärgeistlichen in ihrer Amtstracht,
– weiterer Personen aufgrund besonderer allgemeiner oder einmaliger Anordnung, im Ausland aufgrund von Vereinbarungen, örtlicher Gepflogenheiten oder des Prinzips der Gegenseitigkeit.

Zur Ehrenerweisung wird auf das Kommando **„Seite!"** durch das Pfeifsignal mit der Bootsmannsmaatenpfeife gerufen. Das Signal soll beginnen, wenn die zu ehrende Person das Fallreep oder die Stellung betritt; es soll enden, wenn sie das Fallreep oder die Stellung verlässt.
Unteroffiziere und Mannschaften in der Nähe des Fallreeps an Bord, auf der Pier oder auf anderen Kriegsschiffen stehen mit Front zum Fallreep still. Offiziere und Portepeeunteroffiziere grüßen.
Die Ehrenerweisung endet mit dem auf das Kommando **„Abpfeifen!"** folgenden Pfeifsignal **„Rührt Euch!"**.

Die Signale zur Ehrenerweisung „Seite" **unterbleiben**
– in der Zeit zwischen „Ruhe im Schiff" und Dienstbeginn,
– in der Werft,
– während eines Gottesdienstes an Bord,
– für die Dauer einer Besatzungsmusterung,
– bei der Munitionsübergabe und -abgabe,
– wenn besondere Umstände es nicht zulassen,
– bei mehrmaligem Anbordkommen und Vonbordgehen.
Unterbleiben die Pfeifsignale oder können sie aus anderen Gründen nicht gegeben werden, ist die Ehrenerweisung dennoch mit den Kommandos **„Seite!"**. und **„Rührt Euch!"** zu befehlen. Bei mehrmaligem An- und Vonbordgehen in kurzer Zeit entfällt die „Seite".

Liegen Kriegsschiffe im Päckchen, wird die Ehrenerweisung „Seite" nur beim Betreten und Verlassen des Päckchens erwiesen.

6. **Front** ist die **Ehrenerweisung des Kriegsschiffs** vor anderen Kriegsschiffen oder bestimmten Personen oder aus bestimmten Anlässen. Deutsche Kriegsschiffe erweisen sie außerdem beim Passieren des Marineehrenmals Laboe.

Zur Ehrenerweisung wird durch das Signal mit dem Horn oder der Batteriepfeife und durch das anschließende Kommando **„Front nach Steuerbord!"** bzw. **„Front nach Backbord!"** gerufen.
Daraufhin stehen alle einzelnen Soldaten an Deck oder auf der Pier in Grundstellung mit Front nach der befohlenen Schiffsseite still. Offiziere und Portepeeunteroffiziere grüßen.
Geschlossene Teile der Besatzung läßt der sie befehligende Offizier mit entsprechender Front stillstehen.
Die Ehrenerweisung endet auf das Signal mit Horn oder Batteriepfeife **„Rührt Euch!"** und das Kommando **„Rührt Euch!"**.

7. Durch Aufstellen von **Fallreepsgasten** wird bestimmten, hochgestellten Personen beim Anbordkommen und Vonbordgehen eine besondere Ehrenerweisung erwiesen. Dabei gibt es vier Stufen:
- 6 Mannschaften oder 4 Unteroffiziere,
- 6 Mannschaften,
- 4 Mannschaften oder
- 2 Mannschaften.

Die Fallreepsgasten halten sich an Oberdeck an der dem Fallreep abgewandten Seite auf Abruf klar. Auf den Ruf: **„6 (4, 2) Fallreeps!"** treten sie zu beiden Seiten des Fallreeps an Deck mit Front zueinander so an, dass die durch sie gebildete, nach binnenbord leicht geöffnete Gasse auf den an Deck stehenden Kommandanten bzw. Wachhabenden Offizier ausgerichtet ist, sofern die baulichen Verhältnisse das gestatten. Bei **„Front!"** stehen sie still. Auf das Kommando **„Seite!"** machen sie gleichzeitig eine Blickwendung zum Anbordkommenden. Ihr Blick folgt ihm bis zum Kommando **„Abpfeifen!"**. Die Fallreepsgasten stehen weiterhin still, bis durch das Kommando „Rührt Euch!" die Ehrenerweisung beendet ist.
Im Zeitraum zwischen Abend- und Morgenflaggenparade wird statt der Fallreepsgasten die gleiche Anzahl Läuferlaternen aufgestellt.

8. **Kleine Flaggenparade** – Auf das Kommando **„Zur Flaggenparade!"** begeben sich die abgeteilten Soldaten auf ihre Stationen an Flagge und Gösch.
Es folgt ein langer Ton mit der Batteriepfeife und das Kommando des Wachhabenden Offiziers: **„An Oberdeck stillgestanden! Front zur Flagge! Heiß Flagge! (Hol nieder Flagge!)"**. Flagge und Gösch werden langsam geheißt (niedergeholt). Der Maat der Wache pfeift das Signal **„Flaggenparade!"**, solange die Flaggen bewegt werden. Alle Soldaten an Deck und, bei landfesten Schiffen, in der Nähe an Land nehmen Front zur Flagge und erweisen den Gruß, angetretene Soldaten auf Befehl ihres Vorgesetzten. Die Flaggenparade endet mit zwei kurzen Tönen auf der Batteriepfeife und dem Kommando **„Rührt Euch!"**.
Liegen mehrere Kriegsschiffe im Hafen oder auf der Reede zusammen, erfolgt die Flaggenparade auf Signal des Wachschiffes oder, wenn ein solches nicht bestimmt ist, des Schiffes des dienstältesten Befehlshabers oder Kommandanten.

9. **Meldungen im Borddienst** – Betreten der Erste Offizier, der Kommandant oder dessen Vorgesetzte, Admirale oder Generale einen Platz oder Raum eines Kriegsschiffes, an oder in dem eine Gruppe der Besatzung ihren Dienst versieht, hat der leitende Vorgesetzte wie folgt zu melden:
- Angetretene Abteilungen (oder Gruppen der Besatzung) mit Blickwendung. Diese ist erneut zu befehlen, wenn die genannten Personen sich wieder entfernen, es sei denn, dass nach der Meldung „Weitermachen!" befohlen worden ist.
- Nichtangetretene Abteilungen (oder Gruppen der Besatzung) mit dem Kommando **„Ordnung!"**. Entfernen sich die oben genannten Personen, ist erneut **„Ordnung!"** zu befehlen. Der Ruf **„Ordnung!"** unterbleibt bei Verzicht der Vorgesetzten („Weitermachen!" oder Abwinken), während der Mahlzeiten, im Kriegsmarsch- oder Gefechtszustand sowie in der Freizeit.

Läßt die Art der Beschäftigung eine der aufgeführten Meldungen nicht zu, meldet nur der leitende Vorgesetzte.

10. **„Brücke Ordnung!"** kommandiert der Wachhabende Offizier, wenn der Kommandant zu Beginn einer Seefahrt die Brücke betritt oder wenn er sie nach ihrer Beendigung verläßt. Die gleiche Meldung erfolgt bei längerem In-Seesein, wenn der Kommandant nach Abwesenheit von der Brücke dorthin zurückkehrt und in der Zwischenzeit ein Wachwechsel stattgefunden hat. Den Vorgesetzten des Kommandanten und allen Offizieren im Admiralsrang ist außerdem der Gruß **„Brücke Ordnung!"** zu erweisen.

II. BEIBOOTSORDNUNG

1. **Verhalten in Beibooten** – Fender und Wielings dürfen erst unmittelbar vor dem Anlegen ausgebracht und müssen sofort nach dem Ablegen eingenommen werden.
Alle Bootsinsassen sollen sitzen, soweit Plätze vorhanden sind. Das Sitzen auf Dollbord oder Schanddeckel sowie das Außenbordhängen von Armen und Beinen ist verboten. Der Anzug muss einheitlich sein. Raucherlaubnis ist beim rangältesten Soldaten im Beiboot zu erbitten.

2. **Betreten von Beibooten** – Siehe Bordförmlichkeiten. Betritt oder verläßt ein Offizier ein Beiboot, kommandiert der Bootssteuerer **„Ordnung!"**. Alle Soldaten stehen oder sitzen still mit Blickwendung zu dem Offizier, soweit die Umstände es zulassen. Der Bootssteuerer kommandiert **„Rührt Euch!"**, wenn der Offizier an Bord ist bzw. das Boot verlassen hat.
Die Ehrenerweisung „Ordnung!" unterbleibt in Beibooten, die an seemännischen Manövern teilnehmen.

3. **Befehlsverhältnisse in Beibooten** – Das Kommando im Boot kann nur von Offizieren und Fähnrichen mit entsprechendem nautischen Befähigungsnachweis, von Unteroffizieren des seemännischen oder nautischen Dienstes und den als Bootssteuerern abgeteilten Mannschaften ausgeübt werden.
Alle Personen im Boot – mit Ausnahme der vorstehend genannten kommandobefugten Soldaten höheren Dienstgrades als der Bootssteuerer – sind **verpflichtet**, den sich auf die Führung des Bootes erstreckenden **Anordnungen des Bootssteuerers Folge zu leisten**.
Befinden sich Vorgesetzte mit Kommandobefugnis im Boot, können sie das Kommando und damit die Verantwortung für die Bootsführung übernehmen. Der dienstälteste Vorgesetzte im Boot hat, unabhängig von der Kommandobefugnis, bei Verstößen gegen die militärische Ordnung einzuschreiten.

III. VERKEHRSREGELUNG AUF KRIEGSSCHIFFEN

Bei **Alarm, Manövern, Rollen- und Gefechtsdienst** gilt an Bord folgende **Verkehrsregelung**:
– **Nach voraus und oben an Steuerbordseite!**
– **Nach achtern und abwärts an Backbordseite!**
Bei **landfest** liegendem Schiff ist der allgemeine Verkehr zwischen Vor- und Achterschiff an der **Wasserseite** abzuwickeln, wenn keine Verkehrswege innerhalb der Aufbauten bestehen. Herumstehen an der Stelling ist nicht erlaubt.

IV. SIGNALDIENST

Morse-Alphabet (Bild 1), **Kommandozeichen** (Bild 2) und **Unterscheidungszeichen** (Bild 3) sind nachfolgend dargestellt, **Signalflaggen** im Anhang.

```
A = • −          J = • − − −      S = • • •
B = − • • •      K = − • −        T = −
C = − • − •      L = • − • •      U = • • −
D = − • •        M = − −          V = • • • −
E = •            N = − •          W = • − −
F = • • − •      O = − − −        X = − • • −
G = − − •        P = • − − •      Y = − • − −
H = • • • •      Q = − − • −      Z = − − • •
I = • •          R = • − •
```

Bild 1 Morse-Alphabet

Bild 2
Kommandozeichen
auf Schiffen und Booten
der Marine
(jeweils im Topp)

Bundeskanzler bzw.
Bundesminister der Verteidigung

Generalinspekteur

Admiral

Vizeadmiral

Konteradmiral

Flottillenadmiral

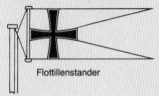
Flottillenstander

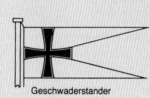
Geschwaderstander

Divisionsstander

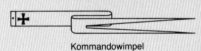
Kommandowimpel

Bild 3 Unterscheidungszeichen (jeweils Steuerbord-Rah)

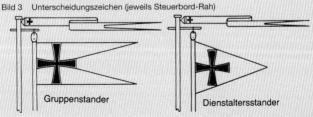
Gruppenstander

Dienstaltersstander

Praktische Seemannschaft

I. GEBRAUCHSKNOTEN

1. **Tauwerk** – In der Seemannssprache heißt ein Tau **„Ende"** oder **„Leine"**. Starke oder schwere Leinen werden **„Trossen"** genannt. Anfang und Ende einer Leine werden als **„Tampen"** bezeichnet, ebenso kurze Leinenstücke. Tauwerk wird aus Kunststoff, Pflanzenfasern oder Draht hergestellt.

2. **Allgemeine Regeln beim Herstellen von Gebrauchsknoten** – Werden zwei oder mehrere Enden so miteinander verschlungen, dass sie sich nicht mehr lösen, erhält man einen **„Knoten"**.
Bei zahlreichen Manövern an Bord werden Soldaten aller Verwendungsreihen eingesetzt. Deshalb muss **jeder Besatzungsangehörige** die **wichtigsten Gebrauchsknoten sicher beherrschen**. Seemännische Knoten müssen oft unter schwierigsten Verhältnissen, z. B. Seegang, Dunkelheit, oder auch in ungünstigen Körperlagen hergestellt und wieder gelöst werden können. Knoten halten infolge der Reibung des Tauwerks; **sie halten um so besser, je stärker sie belastet werden**.

- Beim Arbeiten mit Leinen ist stets mit **genügend langen Tampen** und **vom eigenen Körper weg** zu arbeiten. Die „Törns" (Windungen) der Knoten müssen beim Herstellen **gut durchgeholt** werden. Wird eine Leine stark belastet, dann muss derjenige Teil der Leine, auf den die Kraft wirkt, **den anderen Teil „bekneifen"**.

Wird eine Leine in Haarnadelform gelegt, so entsteht eine „Bucht" (Bild 1); eine geschlossene Bucht ist ein **„Auge"** (Bild 2). Legt man die Leine um einen festen Gegenstand, z. B. Poller, spricht man von einem **„Törn"** (Bild 3). Beschreibt der Törn hierbei einen vollen Kreis, so ist das ein **„Rundtörn"** (Bild 4).

Bild 1 Bucht   Bild 2 Auge   Bild 3 Törn   Bild 4 Rundtörn

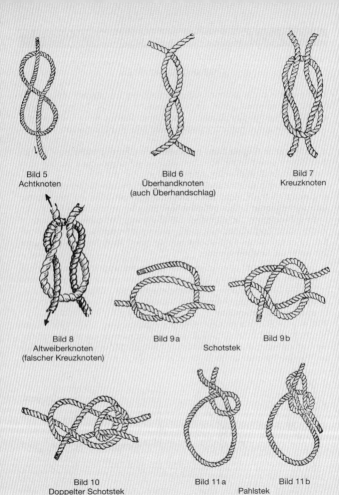

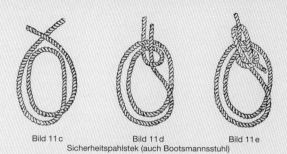

Bild 11c Bild 11d Bild 11e
Sicherheitspahlstek (auch Bootsmannsstuhl)

3. Die wichtigsten Gebrauchsknoten

Achtknoten: Er verhindert das Ausrauschen von Enden aus Blöcken, dient als vorläufiger Ersatz für eine Takling und kann zu einer geringen Verkürzung von Enden benutzt werden (Bild 5).

Überhandknoten (oder Überhandschlag): Er dient zum Zusammenführen von Leinen beim Kurzspleiß oder als Anfang des Kreuzknotens (Bild 6).

Kreuzknoten: Mit ihm werden zwei gleich starke Leinen verbunden.
Läßt sich nach starker Beanspruchung nur schwer lösen (Bild 7). Ein falsch hergestellter Kreuzknoten, bei dem die Parten einer Leine nicht auf der gleichen Seite des Auges der anderen Leine liegen, ist ein **„Altweiberknoten"** (Bild 8).

Schotstek: Er dient zum Zusammenstecken zweier Leinen. Wird zum Verbinden zweier ungleich starker Leinen, zum Anstecken von Flaggen und zum Festmachen von Leinen an einem Auge benutzt (Bild 9a und 9b).

Doppelter Schotstek: Verwendung wie Schotstek, jedoch bei starker Belastung (Bild 10).

Pahlstek: Er wird sehr häufig und für die verschiedensten Zwecke verwendet, z. B. als Festmacher an Pfählen und Pollern oder zum Anstecken einer Wurfleine an einer Festmacherleine (Bild 11a und 11b).

Als **Sicherheitspahlstek** (auch Bootsmannsstuhl genannt) dient er zur Sicherung bei Arbeiten in der Takelage und außenbords (Bild 11c bis 11e). Mit dem **doppelten Pahlstek** wird ein Auge bei doppeltem Tampen mit Bucht hergestellt (Bild 11f bis 11h).

Bild 11f

Bild 11g
Doppelter Pahlstek

Bild 11h

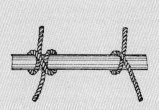
Bild 12
Webleinenstek

Bild 13
Pützenstek

Bild 14
Slippstek

Webleinenstek (oder auch Webleinstek): Er wird zum Festmachen von Leinen an Rundhölzern, an Pollern kleinerer Fahrzeuge und an sonstigen Gegenständen verwendet (Bild 12).

Pützenstek: Er ist nichts anderes als ein Webleinenstek, dem zur Sicherung ein „Halber Schlag" vorgesetzt ist. Er dient zum Anschlagen von Pützen (Wassereimern) u. ä. Gegenständen (Bild 13).

Slippstek: Er gestattet das „Slippen" (schnelles Lösen) befestigter Leinen. Er findet u. a. Anwendung beim Belegen einer Vorleine im Kutter oder beim Befestigen der Hängematte (Bild 14).

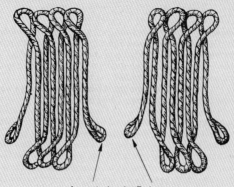

Auszusteckendes Ende
Bild 15 Klargelegte Leine

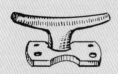

Bild 16
Klampe

Bild 17a
Doppelkreuzpoller

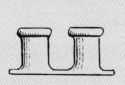

Bild 17b
Doppelpoller

Bild 17c
Belegen einer Leine am Einzelpoller
(2 Kopfschläge; Pollerschlag)

II. AUFSCHIESSEN VON LEINEN

1. **Allgemeines** – Tauwerk wird vor und nach Gebrauch **„aufgeschossen"** (aufgerollt). Geschlagenes Tauwerk wird stets in der Richtung aufgeschossen, in der es geschlagen ist. Ist eine Leine **„belegt"** (festgemacht), so wird an dieser Seite mit dem Aufschießen begonnen. Törns können dann nach dem freien Tampen hin ausgedreht werden.
Vor einem Manöver müssen **benötigte Leinen** so bereitgelegt werden, dass sie frei auslaufen können und **keine Törns bilden.**

2. **Aufschießen von Hanf-, Perlon- u. ä. Leinen** – Zu diesem Zweck werden Hanf-, Perlon- u. ä. Leinen in langen dicht beieinander liegenden Buchten so aufgeschossen, dass die beim Umwerfen der Leine gebildeten Augen nach einer Seite klar ablaufen können. Durch das Werfen der Augen werden beim „Ausstecken" der Leine Törns verhindert. Muss eine bereits klargelegte Leine unerwartet nach der anderen Seite ausgesteckt werden, so braucht sie nicht neu aufgeschossen zu werden. Vielmehr werden nur an jeder Seite die Augen auf die andere Seite geworfen (Bild 15).

3. **Aufschießen von Stahlleinen** – Stahlleinen werden achtförmig aufgeschossen. Damit sich beim Arbeiten keine Törns bilden, darf nur von einer Seite her an der Leine gearbeitet werden. **„Kinken"** (Knicke) müssen in jedem Falle verhindert werden, weil die Leine sonst beschädigt und unbrauchbar wird.
Ist eine Stahlleine durch vorherigen Gebrauch derart vertörnt, dass ein achtförmiges Aufschießen nicht mehr möglich ist, wird sie in **„freien Buchten"** (beliebigen Buchten) so bereitgelegt, dass sie frei auslaufen kann.

III. BELEGEN VON LEINEN AUF KLAMPEN UND POLLERN

1. Zum **„Belegen"** (Festmachen) von Leinen dienen **„Klampen"** (Bild 16) und **Poller** (Bild 17a bis 17c). Müssen mehrere Leinen dicht beieinander belegt werden, so werden sie an den **„Nägeln"** einer **„Nagelbank"** (Bild 18) belegt.

2. **Belegen von Leinen an Klampen** – Zum Belegen wird die Leine zunächst unter den Arm einer Klampe genommen, der der Richtung, aus der die Leine kommt, entgegengesetzt ist. Dann wird die Leine um die Klampe herumgeführt, wieder unter den anderen Klampenarm genommen und anschließend im Wechsel von unten nach oben achtförmig über die Klampe gelegt. Hierdurch wird ein Bekneifen der Leine vermieden und sichergestellt, dass die Leine später – auch unter Last – ohne Schwierigkeiten gelöst werden kann. Mit einem

„Kopfschlag" kann die Leine gegen ein unbeabsichtigtes Lösen gesichert werden (Bild 18 und 19).

3. **Belegen von Leinen an Pollern** – Das Belegen einer Leine an einem Poller erfolgt sinngemäß wie das Belegen an einer Klampe. Jedoch wird sofort mit dem achtförmigen Belegen begonnen. Gegen ein unbeabsichtigtes Lösen werden die obersten Buchten durch ein Bändsel gesichert.

4. **Festmachen einer Leine an einem Poller, der bereits durch eine andere Leine belegt ist** – Festmacherleinen haben im allgemeinen an einem Tampen ein fest eingespleißtes Auge, das zum Festmachen der Leine über den Poller gelegt wird. Es ist darauf zu achten, dass eine Wurfleine, die an dem Auge befestigt ist, nicht zwischen Leine und Poller kommt, weil sonst die Wurfleine nicht mehr gelöst werden kann.

Soll eine Leine an einem Poller festgemacht werden, der bereits mit einer anderen Leine belegt ist, so darf die zweite Leine **nicht über die andere Leine gelegt werden**. Vielmehr ist das Auge der zweiten Leine zunächst von unten durch das Auge der ersten Leine zu stecken und dann erst über den Poller zu legen. Jetzt kann jede Leine unabhängig von der anderen losgenommen werden (Bild 20a und 20b).

Bild 18
Nagelbank
(links mit, rechts ohne Kopfschlag)

Bild 19
Belegen einer Leine
an einer Klampe

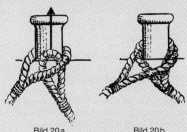

Bild 20a Bild 20b
Festmachen einer Leine an einem Poller,
der bereits durch eine andere Leine belegt ist

IV. HEISSEN UND HOLEN

Kommandos und Handzeichen beim Heißen/Holen und Fieren sind der entsprechenden Übersicht und der Übersicht „Kommandos für das Handhaben der Festmacherleinen" zu entnehmen.

1. **Grundsätze beim Heißen/Holen** – **„Heißen"** bedeutet das Hochziehen von Gegenständen, **„Holen"** das Ziehen an einer Leine. Wie bei jedem Umgang mit Leinen, ist auch hierbei **auf festen Halt zu achten**. Es gilt der Grundsatz: **„Eine Hand für Dich, eine Hand fürs Schiff"**. Die Art des Heißens richtet sich nach der Richtung, in die **„geholt"** (gezogen) wird, nach den Platzverhältnissen an Bord und nach der Schwere der zu heißenden Last, Heißen/Holen mit Kraftübertragung wird als **„Hieven"** bezeichnet.

2. Das **„Hand-über-Hand-Holen"** – Steht wenig Kraft auf einer Leine, so kann **„Hand-über-Hand"** geholt werden. Zu diesem Zweck stellt man sich mit Blickrichtung zur Last auf. Während man nun mit einer Hand die Leine ergreift und sie **„holt"** (zu sich heranzieht), greift die andere Hand über die holende Hand nach vorn, um dann ihrerseits im Wechsel die Leine zu holen.

3. Das **„Pullweise-Holen"** – Bei schweren Lasten muss **„pullweise"** (ruckweise) geholt werden. Man stellt sich genauso wie beim Hand-über-Hand-Holen auf, ergreift aber die Leine gleichzeitig mit beiden Händen. Auf das Kommando **„Zuuuuu – gleich!"** wirft man sich mit dem gesamten **Körpergewicht ruckweise nach hinten**. Anschließend richtet man sich wieder auf, indem man gleichzeitig mit den Händen nacheinander wieder nach vorn greift. Da beim

Aufrichten kein Zug mehr auf der Leine steht, muss diese um einen Poller oder um eine Klampe genommen, die beim Holen entstandene Lose durchgeholt und die Leine beim Aufrichten festgehalten werden.

4. **Das „Einfallen"** – Soll eine Leine besonders **„steif"** (stramm) gesetzt werden, so muss man in diese **„einfallen"**. Hierbei wird der **Tampen der Leine** mit einem halben Törn um einen **Poller** oder um eine **Klampe** genommen und **gut festgehalten**. Die übrigen Leute ergreifen die Leine mit beiden Händen vor dem Poller und werfen sich auf das Kommando **„Zuuuu – gleich!"** mit dem gesamten **Körpergewicht ruckweise**, aber im Gegensatz zum pullweisen Holen nun **im rechten Winkel zur Leine** nach hinten. Beim Aufrichten wird die Leine in Richtung zum Poller beigebracht. Gleichzeitig wird die Lose sofort von den Leuten hinter dem Poller gut durchgeholt.

Man kann auch als Einzelperson in eine Leine einfallen. Hierzu muss man die Leine mit einem halben Törn um eine Klampe nehmen und mit einer Hand festhalten. Mit der anderen Hand ergreift man die zu holende **„Part"** (den zu holenden Teil der Leine), fällt in diese in der beschriebenen Weise ein und holt die entstehende Lose mit der rechten Hand durch.

5. **Das „Längs-Deck-Holen"** – Muss eine Leine waagerecht geholt werden und ist ausreichend Personal und Platz vorhanden, so kann eine Leine auch **„Längs-Deck"** geholt werden. Hierzu werden die Arme nach beiden Seiten ausgestreckt. Dann ergreift man die Leine im Untergriff, dreht den Körper, während die Leine vor der Brust liegt, in Holrichtung und geht möglichst im Gleichschritt bei nicht übermäßigem Kraftaufwand längs Deck. Das Schritttempo soll allmählich gesteigert werden.

6. **Das „Auflaufen"** – Beim Aufheißen eines Kutters wird das Schritttempo beim Längs-Deck-Holen zum Lauftempo gesteigert, wobei der Takt mit der Bootsmannsmaatenpfeife gepfiffen wird. Man spricht dann vom **„Auflaufen"** eines Kutters.

V. DAS FIEREN

1. Vor dem **„Fieren"** (Herablassen/Losegeben) ist das Tauwerk so aufzuschießen, dass es klar ablaufen kann. Dabei muss die oberste Bucht direkt zu der Klampe oder dem Poller führen, an dem die Leine belegt ist.
- **Die Bedienungsmannschaft muss darauf achten, dass sie frei von den auslaufenden Buchten steht.**

2. Eine nicht oder nur wenig belastete Leine kann einfach von der Klampe gelöst und Hand über Hand gefiert werden, umgekehrt wie beim Hand-über-Hand-Holen.

- **Die eine Hand darf die Leine erst loslassen, wenn die andere die Leine fest gepackt hält. Anderenfalls kann die Leine „ausrauschen", d. h. durch die hohlen Hände gleiten und Handverbrennungen verursachen.**

3. Sollen **Leinen, auf denen Zug steht** und die an einem Poller oder an einer Klampe **belegt sind**, gefiert werden, so müssen die **Törns vorsichtig** und unter **ständigem Steifhalten** der Leine hinter dem Poller bis auf den letzten Törn von dem Poller gelöst werden.

- **Damit die Leine nicht vorzeitig Lose bekommt, legt man sich hierbei mit dem ganzen Körpergewicht in die Leine. Je mehr Zug auf der Leine steht, umso größere Vorsicht ist hierbei geboten.**

Nun kann die Leine Hand über Hand gefiert werden. Ein zu schnelles Fieren kann durch Vermehrung der Reibung der Leine am Poller abgefangen werden. Aus dem gleichen Grunde sind Leinen, die nicht belegt sind, vor dem Fieren – je nach Last – mit einem oder mehreren Törns um einen Poller oder um eine Klampe zu nehmen.

VI. DAS SCHRICKEN

Unter **„Schricken"** versteht man das **geringfügige Auffieren** einer Leine bei **starker Belastung**, so dass die Hauptzugkraft von ihr genommen wird, die Leine dabei jedoch **„durchgesetzt"** bleibt.

- Eine Leine ist **stets zu schricken**, wenn die Belastung der Leine so groß wird, dass ein **„Brechen"** (Zerreißen) **der Leine befürchtet werden muss**. Man erkennt diesen Augenblick an einem Brummen und kräftigem Singen der Leine. Während das Schricken ein Manöver kaum beeinträchtigt, kann das Brechen einer Leine Schiff und Besatzung gefährden. **Erkennt man, dass das Brechen einer Leine nicht mehr verhindert werden kann, ist von allen im Bereich der Leine befindlichen Personen sofort in Deckung zu gehen.**

VII. DAS HANDHABEN VON FESTMACHERLEINEN

1. Soll ein Fahrzeug an einer Pier **„festgemacht"** werden, so soll es nicht nur **festgehalten,** sondern auch **jede Bewegung nach vorn oder achtern verhindert** werden. Aus diesem Grunde werden größere Boote im allgemeinen mit mindestens 4 Leinen festgemacht.

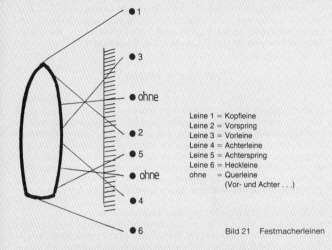

Bild 21 Festmacherleinen

2. Man unterscheidet folgende Festmacherleinen (Bild 21):
- **Querleinen** verlaufen rechtwinklig zur Pier/zum Nachbarboot,
- **Vorleinen** verlaufen in vorlicher Richtung,
- **Achterleinen** nach achteraus,
- **Vorspring** heißt die Achterleine der Back,
- **Achterspring** ist die Vorleine des Achterdecks.

Es ist zulässig, die Leinen auch mit Nummern zu bezeichnen:

3. Bei **An- und Ablegemanövern** werden alle Kommandos durch Bezeichnen der betreffenden Manöverstation eingeleitet. Sind Back **und** Achterdeck angesprochen, kann der Anruf unterbleiben. Die Manöverstationen melden jede Ausführung an die Brücke, z. B. **„... (Leine) wird geschrickt", „Back ist klar zum Loswerfen", „Leinen sind los und ein."** – Kommandos und ihre Ausführung im einzelnen siehe Übersicht.

4. Beim **Anlegen** werden die Leinen auf das Kommando **„Leinen über!"** (oder Trillern mit der Batteriepfeife) übergegeben. Soll das Schiff/Boot nach Übergabe der Leinen noch ein Stück voraus oder achteraus, teilt die Brücke dies den Manöverstationen mit Angabe der Strecke mit. Soll dies mittels Spill oder Winsch erfolgen, befiehlt die Brücke **„... (Leine) hieven!"**

5. Beim **Ablegen** sind auf das Kommando **„Alle Leinen los!"** alle Leinen loszuwerfen. Soll eine Leine zunächst landfest bleiben, wird befohlen, welche Leinen loszuwerfen sind, z. B. **„Achterdeck alle Leinen los!"** – **„Back Querleine und Vorleine los"** bzw. **„Leinen 1, 3, 4, 5 und 6 los"**.

VIII. DIE WURFLEINE

1. Um bei einem Anlegemanöver die Festmacherleinen schon vor dem Festmachen an Land geben zu können, wird, sobald sich das Schiff der Pier auf Wurfnähe genähert hat, eine mit einem Sandsack beschwerte, dünne Leine von Bord auf die Anlegepier geworfen. Der andere Tampen dieser **„Wurfleine"** wird an dem Auge des Festmachers mit einem Pahlstek befestigt. Die Festmacherleine wird mit Hilfe der Wurfleine zur Pier geholt. Um ein Reißen der dünnen Wurfleine beim Überholen besonders schwerer und/oder langer Trossen zu verhindern, wird die Wurfleine zunächst mit einer Arbeitsleine verbunden, die stärker als die Wurfleine, jedoch schwächer als die Trosse ist.

2. Das Werfen der Wurfleine geschieht folgendermaßen:
• Die Wurfleine wird von der an dem Festmacher belegten Seite her (das Festmachen nicht vergessen!) mit der rechten Hand in etwa 50 cm langen Buchten aufgeschossen, die mit der linken Hand gehalten werden. Die letzten 5 oder 6 Buchten werden nur noch etwa 10 bis 15 cm lang gemacht.
• Dann ergreift die rechte Hand die kleinen Buchten mit dem Sandsack der Wurfleine. Die Finger der linken Hand werden gestreckt, damit die Leine beim Wurf frei ablaufen kann.
• Mit dem ausgestreckten rechten Arm wird einigemale Schwung geholt und die Leine geworfen. Der Wurf ist vorher durch den Ruf „Wahrschau! Wurfleine!" anzukündigen.
Sollte die Leine vor Gebrauch zu steif sein, so ist sie vor dem Aufschießen ins Wasser zu werfen. Die nasse Leine ist dann geschmeidig.

3. Ein Zeichen „guter Seemannschaft" ist, dass auch das Festmacherpersonal auf der Pier Wurfleinen mit sich führt, um bei stark ablandigem Wind oder großem Höhenunterschied zwischen Pier und Schiff mit „seinen Wurfleinen" notfalls einspringen zu können.

Rettungsdienst

I. DER MILITÄRISCHE SUCH- UND RETTUNGSDIENST

Gemeinsam mit der Luftwaffe führt die Marine den militärischen Such- und Rettungsdienst in Deutschland durch. Dazu stehen Flugzeuge und Hubschrauber ständig in Bereitschaft, die für SAR-Aufgaben ausgebildet und ausgerüstet sind.
Das Marinefliegergeschwader 5 in Kiel-Holtenau mit SAR-Außenstellen in Helgoland und Warnemünde setzt für den Rettungsdienst Hubschrauber vom Typ „Seaking" ein, die Einsatzleitung hat die SAR-Leitstelle Glücksburg für die Seegebiete in der Nord- und Ostsee, für Schleswig-Holstein und Hamburg. In Seenotfällen arbeitet diese Rettungszentrale eng mit den Seenoteinrichtungen der Deutschen Gesellschaft zur Rettung Schiffbrüchiger (DGzRS) zusammen.
Die SAR-Hubschrauber sind täglich von 07.30 Uhr bis Sonnenuntergang + 30 Min. in 15-Min.-Bereitschaft und danach in 60-Min.-Bereitschaft.

Anforderung: SAR-Hubschrauber im SAR-Bereich Glücksburg,
Ruf: (04631) 666-457.

II. ÜBERLEBEN IN SEENOT

1. **Verhalten im Seenotfall** – Regeln für **jeden** Seenotfall gibt es nicht, da keiner dem anderen gleicht. Das Schicksal der Besatzung hängt entscheidend von der Besonnenheit des Kommandanten, dem Können der Besatzung und der reibungslosen Zusammenarbeit ab. Je klarer Befehle gegeben und je ruhiger sie ausgeführt werden, desto größer ist die Aussicht auf Überleben. **Gefahren, die dem Schiffbrüchigen drohen, sind Seekrankheit, Unterkühlung, Durst, Hunger, Erschöpfung und Schädigung durch Öl.**

2. **Vorbereiten des einzelnen an Bord bei Seenot – Ruhe bewahren! Nicht überstürzt oder unüberlegt handeln! Rettungsschwimmwesten anlegen! So lange wie möglich an Bord bleiben!** Der Befehl zum Verlassen des Schiffes wird grundsätzlich vom Kommandanten gegeben. Er ordnet auch das Ausbringen von Rettungsinseln an. Die Führer der Rettungsinseln sind im Rollenplan festgelegt.
Vor dem Vonbordgehen ist wärmende Kleidung anzuziehen, um einer Unterkühlung vorzubeugen. Die Tragfähigkeit der Schwimmweste wird hier-

durch nicht beeinträchtigt. Nach Möglichkeit vor dem Verlassen des Schiffes noch **reichlich warme Flüssigkeit trinken** und Tabletten gegen Seekrankheit einnehmen.

3. **Der Sprung ins Wasser** – Muss das Schiff verlassen werden und gestatten es die Umstände nicht mehr, von Bord aus die Rettungsinseln zu bemannen, so ist folgendes zu beachten:
Nicht mit aufgeblasener Schwimmweste ins Wasser springen! Nicht mit Kopfsprung ins Wasser springen, sondern möglichst Kletternetze oder Taue benutzen, um Hand über Hand ins Wasser zu gleiten. Überhastetes Herabgleiten an Tauen kann zu Handverletzungen führen. Bleibt keine andere Wahl, als ins Wasser zu springen, so ist mit angezogenen Knien im Schlusssprung zu springen und dabei die Schwimmweste mit beiden Händen festzuhalten.

4. **Gefahren und Verhalten im Wasser** – Schiffbrüchige sollen im Wasser zusammenbleiben und sich, wenn möglich, aneinander festbinden. Bei eingeschränkter Sicht dient die Signalpfeife zum Heranholen abtreibender Schiffbrüchiger. **Möglichst in der Nähe des untergegangenen Schiffes bleiben**, weil dort die Suche nach Überlebenden beginnt. Mit den Kräften haushalten und **unnötiges Schwimmen vermeiden**. Bekleidungsstücke nicht ausziehen. Auch Schuhe und Handschuhe anbehalten (bester Schutz gegen Unterkühlung). Treiben nach dem Schiffsuntergang **Wrackteile** umher, dürfen **Schwimmwesten** nach dem Verlassen des Schiffes **nicht aufgeblasen werden** (Schwimmwesten können beschädigt werden). Erst das mit Wrackteilen bedeckte Seegebiet durchschwimmen, dann Schwimmwesten aufblasen. Gerät man in den Sog des untergehenden Schiffes, so läßt man sich bis in die Spitze des Sogkegels herabziehen, um dann seitlich aus dem Sog herauszuschwimmen.

Ölfelder nach Möglichkeit meiden. Umgibt brennendes Öl das untergehende Schiff, müssen beim Sprung ins Wasser die Augen geschlossen, Mund und Nase dichtgehalten werden. Die Schwimmweste wird dabei nicht aufgeblasen, da das brennende Öl gegen den Wind untertaucht werden muss. Ist die brennende Ölfläche zu groß, um sie in einem Zuge zu untertauchen, so ist bei Luftmangel aufzutauchen. Dabei ist vor Durchbrechen der Wasseroberfläche kräftig mit den Armen zu schlagen. Dadurch wird die brennende Ölfläche so durchbrochen, dass der auftauchende Schiffbrüchige Luft holen, wieder untertauchen und weiterschwimmen kann. Auch beim Durchschwimmen von brennendem Öl sollen die Schiffbrüchigen möglichst zusammenbleiben, da der Effekt des Wasserschlagens dann beim Auftauchen größer und der Erfolg sicherer ist. Nach dem Unterschwimmen des Öles Schwimmwesten aufblasen, das brennende Öl beobachten und in sicherem Abstand bleiben.

5. **Besetzen einer Rettungsinsel** – Wenn irgend möglich, sollen die Rettungsinseln von Bord des Schiffes aus bemannt werden. Das kann über Kletternetz oder Taue geschehen; bei Booten auch durch einfaches Übersteigen vom Deck aus.

Sind diese Möglichkeiten nicht gegeben, so geschieht das Bemannen der Rettungsinseln durch einen **Sprung auf den Bogenschlauch**. Dabei stützt sich der Oberkörper auf dem Bogenschlauch ab. Nach dem Sprung sofort durch die Rettungsinsel auf die andere Seite zum Eingang kriechen und von dort aus die folgenden Springer beobachten. **Nie auf die Dachmitte springen**, da Verletzungsgefahr für die Insassen besteht.

Ist das Freibord zum Sprung in die Rettungsinsel zu hoch, muss der Schiffbrüchige erst ins Wasser springen. **Beim Bemannen aus dem Wasser gilt besonders der Grundsatz: „Ruhe bewahren und Kräfte sparen!"** Während die Hände an Handgriffen den Körper zum Eingang ziehen, finden die Füße an den Hahnepoots unter den Eingängen Halt. Der Schiffbrüchige wird durch eine aufgeblasene Schwimmweste beim Einsteigen stark behindert. Deshalb wird die Schwimmweste entweder entlüftet oder der Einsteigende läßt sich nach dem Hochziehen über Hüfte und Rücken in den Eingang rollen. Der erste Mann hat es beim Einsteigen am schwersten. Deshalb geben die im Wasser Schwimmenden Hilfestellung. Nachfolgende werden unter der Achsel ergriffen und über den Rücken in die Insel gezogen, da die behindernden Schwimmkörper der Schwimmweste auf der Brust liegen. Verletzte oder erschöpfte im Wasser treibende Schiffbrüchige werden mit der zugeworfenen Rettungsleine und dem daran befestigten Rettungsring an die Insel herangezogen.

6. **Verhalten in der Rettungsinsel** – Sollte der nach der Bergerolle bestimmte Verantwortliche nach dem Bemannen der Rettungsinsel fehlen, tritt an seine Stelle sein Vertreter, in weiterer Folge der Dienstälteste.

Beim heutigen Stande der Technik kann damit gerechnet werden, dass Schiffbrüchige schon nach Stunden gefunden werden.

Nachdem man vom Schiff frei ist, ist es ratsam, in der Nähe der Untergangsstelle zu bleiben und nur mit der natürlichen Abtrift zu treiben, denn der Ausgangspunkt aller Suchaktionen ist immer der zuletzt gemeldete Schiffsort.

Auch diejenigen, die an Bord von Schiffen nicht seekrank werden, sind in den kleinen Rettungsinseln anfällig. Beim Erbrechen verliert der Körper wichtige Flüssigkeit. Deshalb ist vom Verantwortlichen sofort das Einnehmen von Seekrankheitstabletten anzuordnen.

Der Verantwortliche soll allen Insassen der Rettungsinsel Aufgaben zuteilen, um die Einsatzbereitschaft und den Lebenswillen aufrecht zu erhalten. Ausguckposten werden im stündlichen Wechsel eingeteilt. Die übrigen Schiffbrüchigen sollen schlafen und sich entspannen. Körperliche Anstrengungen müssen auf ein Mindestmaß beschränkt werden.

Auch die Sauberkeit der Rettungsinsel und der Insassen ist wichtig. Durchnässte Kleidung muss ausgezogen, getrocknet oder zumindest ausgewrungen werden.
Bei kalter Witterung ist der Körper vor Wind zu schützen. Bei schlechtem und kaltem Wetter sind daher die Eingänge zu schließen. Bei starker Sonneneinwirkung dagegen geben die geöffneten Eingänge nicht immer ausreichend Kühlung. Dann soll der Doppelboden entlüftet und das Dach der Rettungsinsel mit Seewasser regelmäßig begossen werden.
Seenotsignale dürfen nur auf Anordnung des Verantwortlichen eingesetzt werden. Mit den Signalen ist sparsam umzugehen. Sie dürfen nur dann eingesetzt werden, wenn das Erkennen durch ein suchendes Schiff oder Flugzeug mit Sicherheit angenommen werden kann. Das ist bei einem Schiff dann der Fall, wenn von der Rettungsinsel die Schiffsaufbauten ganz zu sehen oder nachts die Seitenlaternen deutlich auszumachen sind. Signale werden grundsätzlich in Lee abgebrannt oder abgeschossen und weit aus der Rettungsinsel herausgehalten, da sonst die Gefahr einer Beschädigung der Insel besteht.
Nach Möglichkeit sind mehrere Rettungsinseln miteinander zu verbinden. Das erleichtert das Auffinden und spart Seenotsignale. Die Verbindung darf jedoch nicht zu kurz sein, da auch bei schwerer See und Dünung die Rettungsinseln sich nicht gegenseitig gefährden dürfen. Eine ca. 10 m lange Leine hat sich als günstigste Länge erwiesen. Als Verbindung kann die Bedienungsleine oder die Rettungswurfleine genommen werden.
Über die in einer Rettungsinsel verbrachte Zeit soll ein Logbuch geführt werden, in das alle Einzelheiten des Unfalles, Namen der Schiffbrüchigen, Datum, Zeit und Position, Wetterbedingungen, Moral und körperliche Verfassung, Sichtung von Schiffen und Flugzeugen einzutragen sind.

7. **Verwendung des Trinkwassers und des Notproviants – Wasser ist lebenswichtiger als Nahrung und muss in jedem Falle eingeteilt werden.**
Jede Möglichkeit zum Auffangen von Regenwasser als Trinkwasser ist wahrzunehmen. Eine Einrichtung zum Auffangen von Regenwasser ist auf den Dächern der Rettungsinseln vorhanden. Sie sind daher beim ersten Anzeichen von Regen abzuwaschen und von Salz zu reinigen. Der Verantwortliche bestimmt die Menge und den Zeitpunkt der Wasserausgabe. Er soll die Verteilung selbst vornehmen. Es ist zweckmäßig, am ersten Tag kein Frischwasser und vom zweiten Tag an täglich 1/2 Liter Trinkwasser pro Kopf, in mehrere Portionen verteilt, auszugeben. Ab 4. Tag sind 100 g pro Tag auszugeben.
Beim Trinken sind die Lippen zu benetzen, Mundhöhle und Rachen durch Gurgeln anzufeuchten, bevor das Wasser geschluckt wird. Langsam und schluck-

weise trinken! Auch wenn reichlich Regenwasser aufgefangen wird, ist langsam und bedächtig zu trinken. Übermäßiges, gieriges Trinken kann nach längerem Dursten zum Erbrechen führen. Alkohol und Nikotin sind zu meiden. Sie entziehen dem Körper Flüssigkeit und erhöhen den Durst.

Die Menge der auszugebenden Nahrungsmittelrationen richtet sich nach der vorhandenen Trinkwassermenge, da der Körper zum Verdauen und zum Ausscheiden der Abbaustoffe Wasser benötigt. Steht nur wenig Wasser zur Verfügung, muss auch die Nahrungsmittelration verringert werden.

8. **Trinken von Seewasser – Seewasser darf nicht getrunken werden**, da hierdurch Übelkeit, Erbrechen und schwere gesundheitliche Schäden auftreten können. Die Überlebenschance wird durch Trinken von Seewasser stark herabgesetzt. Auch das Verlängern von Süßwasser mit Seewasser ist gesundheitsschädigend.

9. **Maßnahmen nach der Bergung** – Auch wenn die Schiffbrüchigen glauben, gesichtet worden zu sein, müssen sie weiter Ruhe und klaren Kopf bewahren. Trinkwasser und Verpflegung müssen weiter rationiert bleiben. Die Rettungsinsel darf nicht verlassen werden, um dem Schiff entgegenzuschwimmen. Kommt Land in Sicht, dürfen die Paddel eingesetzt werden.

Ausbildung und Laufbahnbestimmungen

I. AUSBILDUNGSGÄNGE FÜR MANNSCHAFTEN UND UNTEROFFIZIERE

1. Die **Grundausbildung** dauert grundsätzlich 3 Monate. An ihr nehmen alle Rekruten teil. Wehrpflichtige und Soldaten auf Zeit erhalten neben einer **allgemeinmilitärischen Ausbildung** eine auf die spätere Verwendung ausgeweitete **militärfachliche Ausbildung**.

Nach der Ausbildung werden die Mannschaften entsprechend ihrer Verwendungsreihe (Vwdr – siehe II.) an Bord oder auch an Land bis zum Ende ihrer Dienstzeit eingesetzt. (Bild 1)

VwdR11, 23, 24, 26, 28, 31, 42, 43, 44, 4608, 61, 62, 63, 76, 81	VwdR 21, 22, 27, 4609, 66	VwdBer 5 VwdR 73
Verwendung an Bord oder Land	Verwendung an Bord oder Land	Verwendung an Bord oder Land
	2–3 Monate	
	Militärfachliche Ausbildung Gast	
2–3 Monate Grundausbildung	3 Monate	6 Wochen Militärfachliche Ausbildung
	Grundausbildung	6 Wochen Grundausbildung

Bild 1 Ausbildungsgang Mannschaften (W 9)

2. Die **Ausbildung zum Maaten** setzt eine Verpflichtungszeit von mindestens 4 Jahren, die **zum Bootsmann** von 8 Jahren voraus. Die zukünftigen Unteroffiziere werden in ihrer VwdR zum **Spezialisten** und **Ausbilder** sowie zum **Vorgesetzten** und **Führer** der ihnen unterstellten Soldaten ausgebildet.

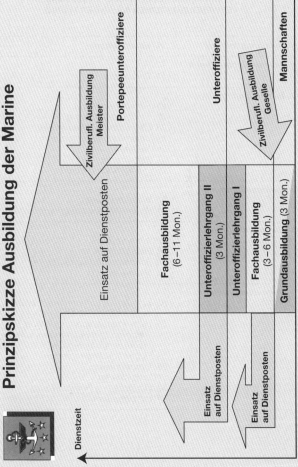

II. VERWENDUNGSBEREICHE (VwdBer) UND VERWENDUNGSREIHEN (VwdR) DER MARINE

Verwendungsbereich	Verwendungsreihe
1 Seemännischer Dienst	
	11 Decksdienst
2 Marineführungsdienst	
	21 Fernmeldebetrieb
	22 Fernmeldeaufklärung
	23 Überwasseroperationsdienst
	24 Unterwasseroperationsdienst
	26 Navigation
	27 Signalbetrieb
	28 Elektronikkampfführung
3 Marinewaffendienst	
	31 Waffenmechanik
	34 Waffen-/Minentaucher/Kampfschwimmer
4 Marinetechnikdienst	
	42 Antriebstechnik
	43 Elektrotechnik
	44 Schiffsbetriebstechnik
	46 Marineelektronik
5 Marinefliegerdienst	
	52 Luftfahrzeugwaffentechnik/Luftfahrzeugmunitionstechnik
	53 Luftfahrzeugausrüstungstechnik
	54 Luftfahrzeugtriebwerktechnik/Luftfahrzeugbodengerätetechnik
	55 Fluggerättechnik
	56 Flugausrüstung
	57 Luftbilddienst
	58 Flugsicherung/Flugabfertigung
	59 Luftfahrzeugelektronik

Verwendungsbereich	Verwendungsreihe
6 Logistik und Stabsdienst	61 Stabsdienst 62 Verpflegungsdienst 63 Materialbewirtschaftung 66 IT und DV-Betriebsdienst
7 Verkehrswesen und Marinesicherungsdienst	73 Kraftfahrbetrieb 76 Marinesicherungsdienst
8 Sanitäts- und Gesundheitswesen/ Militärmusikdienst	81 Sanitätsdienst 85 Militärmusikdienst

III. BERUFSAUSBILDUNG IN DER MARINE

1. Bewerbern ohne Berufsabschluss und Schülern bietet die Marine – besonders für technische und elektronische Verwendungsreihen – eine zivilberufliche Aus- und Weiterbildung (ZAW) an. Die Teilnahme an der Berufsausbildung ist grundsätzlich möglich. Aufgrund der langen Ausbildungszeit ist überwiegend eine Erstverpflichtung von 8 Jahren erforderlich.

2. Bewerber können für eine Ausbildung zum Unteroffizier allgemeiner Fachdienst mit Erstberufsausbildung eingestellt werden, wenn sie bestimmte Bedingungen erfüllen, einen Schulabschluss und keinen Berufsabschluss haben. In Ausnahmefällen ist für Bewerber mit Schul- und Berufsabschluss eine Umschulung für die Berufe möglich, die auch für die zivilberufliche Aus- und Welterbildung (ZAVg) gelten, wie sie in Bild 1 u. 2 dargestellt sind.

3. In der Marine gibt es außerdem Ausbildungsgänge, Prüfungen und Verwendungen, die von den Kultusbehörden der Länder oder von den zuständigen Kommunen in unterschiedlichem Umfang mit ziviler Ausbildung, Prüfung und Berufstätigkeit gleichgesetzt werden.

IV. OFFIZIERAUSBILDUNG

1. Die **Offiziere des militärfachlichen Dienstes** rekrutieren sich aus besonders qualifizierten Bootsleuten. Ihre Ausbildung kann im 8. Dienstjahr beginnen. Sie setzt sich zusammen aus
- neun Monaten Offizierlehrgang an der Marineschule Mürwik,
- bis zu siebenundzwanzig Monaten militärfachlicher Ausbildung.

Nach der Ausbildung wird der Offizier des militärfachlichen Dienstes auf höherer Verantwortungsebene an Bord oder in Landdienststellen der Marine eingesetzt – vorwiegend fachbezogen.

2. Der **Offizier des Truppendienstes ist Führer, Erzieher und Ausbilder.** Der Offizieranwärter als Soldat auf Zeit muss sich auf mindestens 4 Jahre verpflichten; mit einer Verpflichtungszeit von mindestens 12 Jahren kann er ein Studium an einer Universität der Bw in Hamburg oder München absolvieren (Bild 3 und Bild 4).

V. SCHULISCHE UND BERUFLICHE VORAUSSETZUNGEN

1. **Mannschaften:**
- Hauptschulabschluss,
- möglichst Berufsausbildung.

2. **Unteroffiziere:**
- Hauptschulabschluss und Berufsabschluss oder
- Realschulabschluss/gleichwertiger Bildungsstand.

3. **Offiziere des Truppendienstes:**
- Allgemeine oder fachgebundene Hochschulreife (Abitur), Fachhochschulreife,
- Realschulabschluss und Berufsabschluss oder
- gleichwertiger Bildungsstand.

Berufsausbildung	Ziel-VwdgR	Ort	Dauer Monate
Kommunikationselektroniker – Fachrichtung Informationstechnik/Funktechnik	46, 59	MTS Parow	21
Energieelektroniker – Fachrichtung Anlagentechnik	43	MTS Parow	21
Maschinenbaumechaniker – Schwerpunkt Allgemeiner Maschinenbau	42, 44	MTS Parow	21
Fluggerätemechaniker – FR Instandhaltungstechnik	55	Kassel	21
Fluggerätemechaniker – FR Triebwerktechnik	54	TSK Lw Raunheim	21
Fluggeräteelektroniker	59	TSK Heer/Kassel	21
IT-Systemelektroniker	46, 59, 66	MTS Parow	21
Informatikkaufmann	21, 22, 23, 24, 27, 28, 58, 61, 63, 66	MStKdo Eckernförde	21
IT-Systemkaufmann	21, 22, 23, 24, 26, 27, 28	KIT Dresden	21
Fachinformatiker – FR Systemintegration	21, 22, 23, 24, 26, 27, 28, 66	KIT Dresden	21
Mechatroniker	31, 34, 42, 44, 52, 53, 55	WaTGrp Eckernförde Heer (Hof)	22
Reiseverkehrskaufmann	11, 21, 22, 23, 26, 27, 28, 58, 61, 63	TSK Lw	21
Speditionskaufmann	11, 21, 22, 23, 26, 27, 28, 58, 61, 63	TSK Lw	21
Industriekaufmann	11, 21, 22, 23, 26, 27, 28, 58, 61, 63	TSK Lw	21

Berufsausbildung	Ziel-VwdgR	Ort	Dauer Monate
Mediengestalter für Print- und Digitaltechnik	61	TSK Heer Hof	21
Fotograf	57	LbLehrStff Fürstenfeldbruck	9 (ggf. 21)
Berufskraftfahrer – FR Güterverkehr	73	TSK Lw Schwerin (geplant)	18
Vermessungstechniker	26	TSK Heer Idar-Oberst. Mainz	8
Bürokaufmann mit Europäischem Computerführerschein (ECDL)	11, 21, 22, 23, 24, 26, 27, 28, 57, 58, 61, 63, 66, 81	Flensburg	6
Verwaltungsfachangestellter	11, 21, 22, 23, 26, 27, 28, 57, 58, 61, 63, 66, 76, 81	Wilhelmshaven	6
Marineelektronik Elo-Grundlagen (nicht ZAW) (Elektronikpässe Heinz-Piest-Institut)	46, 59	MTS Parow	6

Bild 1   ZAW-Maat/Mannschaft in der Marine – Ausbildungsangebot

Berufsausbildung	Ziel-VwdgR	Ort	Dauer Monate
Feinwerkmechanikermeister (Machinenbaumechanikermeister)	42, 44	Aurich	10
Zentralheizungs- und Lüftungsbauermeister	42, 44	Hamburg	10
Elektrotechnikermeister (Elektroinstallateurmeister)	43	TSK Heer Hannover	10
Industriemeister (gepr.) – FR Elektrotechnik (Nachrichtentechnik)	46, 59	MTS Parow	5
Küchenmeister (gepr.)	62	TSK Heer Regensburg, Unna	9
Industriemeister (gepr.) – FR Metall	31, 34, 52, 54, 55	TSK Heer Wuppertal	9
Industriemeister (gepr.) – FR Elektrotechnik (Mess-, Steuer-, Regeltechnik)	53	TSK Heer Karlsruhe	10
Fotografenmeister	57	TSK Lw München	5
Geprüfter Taucher	11, 34, 43, 44 Schwimmt. Schiffst. AHG	SSich LehrGrp Neustadt	0,5
Bäckermeister	62	Düsseldorf	9
Fleischermeister	62	Düsseldorf	9
Personalfachkaufmann	61	TSK Heer Karlsruhe Regensburg Cuxhaven	6
Fachkaufmann Einkauf und Logistik	63	TSK Heer Unna	6
Fachkaufmann für Organisation	11, 21, 22, 23, 26, 27, 28, 58, 61, 63	TSK Heer Hannover Karlsruhe	6
Informationsorganisator (IHK)	66	TSK Heer Wuppertal	6

Berufsausbildung	Ziel-VwdgR	Ort	Dauer Monate
Kraftfahrzeugtechnikermeister	73	TSK Heer Stadtallendorf	11
Meister im Zimmererhandwerk	11, 76	TSK Heer Bielefeld	9
Industriemeister Luftfahrttechnik	54, 55, 59	TSK Lw	9
Industriemeister – FR Kraftverkehr	73, 76	TSK Lw	9
Technischer Fachwirt (IHK)	11, 21, 23, 31, 56, 73, 76	TSK Heer Hannover	6
Sportfachwirt	11, 21, 22, 23, 24, 26, 27, 28, 56, 58, 73, 76	TSK Heer Karlsruhe	6
Übungsleiter Bw/Sportmanagement	alle	München	3
AdA/EDV (ECDL)	alle	TSK Heer Cuxhaven	3
Fortbildungsmaßnahme Fremdsprache (Cambridge First Certificate) -ECDL-AdA	alle VwdR; Schwerpunkt Angehörige VwdB 2	MOS Bremerhaven	6

Bild 2   ZAW-Bootsmann in der Marine – Fortbildungsangebot

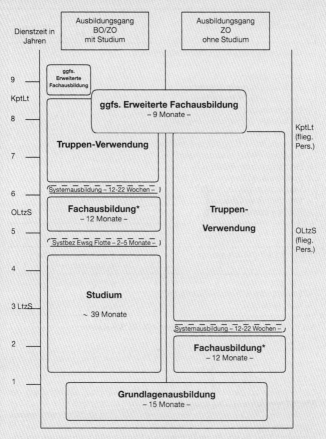

* Fliegerischer Dienst (bis zu 40 Mon. einschl. fliegerischer Grundlagenausbildung)

Bild 3   Ausbildung zum Offizier des Truppendienstes

Universitäre Studiengänge	UniBw	
	München	Hamburg
– Bauingenieurwesen und Vermessungswesen	x	
– Elektrotechnik	x	x
– Informatik/Informationstechnik	x	
– Luft- und Raumfahrttechnik	x	
– Maschinenbau	x	x
– Pädagogik/Sportwissenschaften	x	x
– Sozialwissenschaften	x	
– Wirtschafts- und Organisationswissenschaften/Wirtschaftsinformatik	x	
– Betriebswirtschaftslehre		x
– Volkswirtschaftslehre		x
– Wirtschaftsingenieurwesen		x
– Geschichtswissenschaft		x
– Politikwissenschaften		x

Fachhochschulstudiengänge	(nur UniBw München) (praxisorientiert)
– Betriebswirtschaft	x
– Elektrotechnik/Technische Informatik	x
– Maschinenbau	x

Bild 4   Die Studiengänge an den Universitäten der Bundeswehr

Das Studium an den Universitäten der Bundeswehr ist, einschließlich der Abschlüsse, den entsprechenden Studiengängen an öffentlichen Universitäten gleichwertig. Die Universität der Bundeswehr München ist daher vom Freistaat Bayern als Hochschule mit universitären und Fachhochschulstudiengängen anerkannt. Die Universität der Bundeswehr Hamburg ist nach dem Hamburgischen Hochschulgesetz ausschließlich eine wissenschaftliche Hochschule. Beide Universitäten haben das Promotions- und Habilitationsrecht.
Die Regelstudienzeit beträgt 3 1/4 Jahre.

Die Streitkräftebasis

Auftrag und Aufgaben

Die Streitkräftebasis (SKB) erfüllt die querschnittlichen Unterstützungsaufgaben der Teilstreitkräfte, damit diese sich auf ihre Kern- und Einsatzaufgaben konzentrieren können. Der Personalumfang der SKB wird ca. 50.000 militärische und ca. 20.000 zivile Dienstposten umfassen.

Dem **Inspekteur der Streitkräftebasis** untersteht als eine Säule das **Streitkräfteunterstützungskommando** als Führungskommando der SKB, das die Einsatzkräfte der SKB und die Kräfte zur Unterstützung des Dauerbetriebs im Inland über vier Wehrbereichskommandos führt. Zudem werden dem SKB u.a. das Logistikzentrum der Bundeswehr, das Logistikamt der Bundeswehr, das Zentrum Operative Information sowie truppendienstlich das Kommando Strategische Aufklärung unterstellt.

Die zweite Säule bildet das **Streitkräfteamt**, das streitkräfte- und bundeswehrgemeinsame und streitkräftebasis-spezifische Aufgaben wahrnimmt.

Die Streitkräftebasis nimmt folgende Aufgabenbereiche streitkräftegemeinsam wahr:
- Führung und Führungsunterstützung
- Nationale territoriale Aufgaben
- Militärisches Nachrichtenwesen
- Logistik
- Feldjägerwesen
- Operative Information
- Geoinformationswesen
- Militärmusik
- Zivil-Militärische Zusammenarbeit Inland/Ausland
- Bi- und multinationale Kooperation
- ABC-Abwehr und Schutzaufgaben
- Infrastruktur und Stationierung
- Personelle Unterstützung sowie
- Ausbildung.

Struktur Streitkräftebasis

Kommandostruktur der Streitkräftebasis siehe Bild 1.

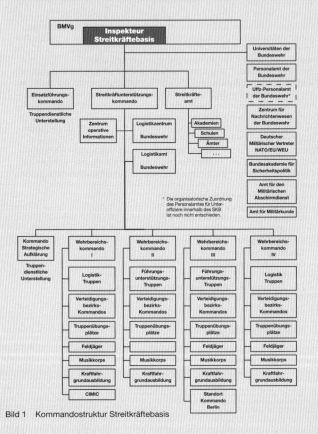

Bild 1 Kommandostruktur Streitkräftebasis

Der Zentrale Sanitätsdienst der Bundeswehr

Auftrag und Aufgaben

Der **Inspekteur des Sanitätsdienstes der Bundeswehr** führt den Zentralen Sanitätsdienst der Bundeswehr truppendienstlich. Ihm sind unmittelbar unterstellt:
- der Befehlshaber der Sanitätsführungskommandos
- der Amtschef des Sanitätsdienstes der Bundeswehr

Die Angehörigen aller Sanitätsdienststellen und -einrichtungen der Bundeswehr unterstehen ihm fachdienstlich.

Im Ministerium der Verteidigung wird die Inspektion des Sanitätsdienstes ihren zukünftigen Aufgaben entsprechend zum Führungsstab des Sanitätsdienstes umgegliedert.

Das Sanitätsführungskommando nimmt die truppen- und fachdienstlichen Führungsaufgaben im Zentralen Sanitätsdienst wahr und wird auch zur Führung von Einsätzen der Streitkräfte mit sanitätsdienstlichem Schwerpunkt als Leitführungskommando befähigt. Neben den Sanitätskommandos, die die sanitätsdienstlichen Kräfte für den Friedensbetrieb und die Versorgung im Einsatz führen, sind dem Sanitätsführungskommando die Schnellen Einsatzkräfte des Sanitätsdienstes „SES" zugeordnet.

Das Sanitätsamt der Bundeswehr nimmt mit seinem unterstellten Bereich die Amts-, Forschungs- und Ausbildungsaufgaben für den Sanitätsdienst wahr.

Struktur des Sanitätsdienstes

Struktur des Sanitätsdienstes siehe Bild 1.

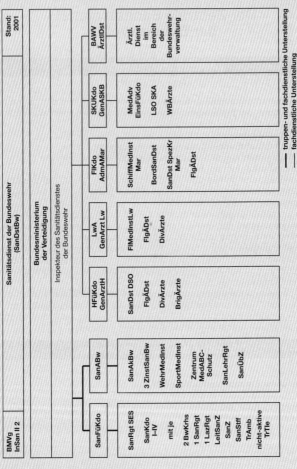

Bild 1 Struktur des Sanitätsdienstes

Teil C

Inhaltsverzeichnis

Formaldienst

Formaldienst des einzelnen Soldaten	4
Formaldienst von Abteilungen	11
Formaldienst bei feierlichen Anlässen	18

Umgang mit Handwaffen * Handhabung, Technische Durchsicht und Pflege

Handhabung	20
Technische Durchsicht und Pflege	22

Ausbildung mit Handwaffen * Gewehr G3, G36 und Maschinengewehr MG3

Gewehr G3	25
Gewehr G36	36
Maschinengewehr MG3	44

Ausbildung mit Handwaffen * Pistole P1, P8 und Maschinenpistole MP2/MP2A1

Pistole P1	59
Pistole P8	68
Maschinenpistole MP2/MP2A1	76

Ausbildung mit Handgranaten, Handflammpatronen und Granatpistole 40 mm

Handgranaten	83
Handflammpatronen	88
Granatpistole 40 mm	92

Schießausbildung mit Handwaffen

Grundlagen	97
Gewehr	107
Maschinengewehr auf Zweibein	114
Maschinenpistole	116
Pistole	117
Schulschießen	118

Ausbildung mit Panzerabwehrhandwaffen und der Leuchtbüchse

Panzerfaust 3	121
Leichte Panzerfaust	132
Leuchtbüchse	144

Gefechtsdienst aller Truppen (zu Lande)

Grundlagen	153
Geländekunde	155
Zurechtfinden im Gelände	166
Skizzen	174
Melden	178
Bewegungen	181
Tarnen und Täuschen	189
Schanzen	196
Leben im Felde	201
Besonderheiten bei eingeschränkter Sicht	207
Waffen und Kampfmittel, Verhalten unter Feuer	214
Beobachten und Zielauffassen	217
Feuerkampf	225
Entfalten und Einsickern	235
Überwinden von Hindernissen	241
Marsch	244
Sicherung und Gefechtsaufklärung	248
Verteidigung	259
Bereitschaftsgrade	265
Anrufen durch Wachen und Posten (Parole)	266
Übermittlungszeichen	268

Der Soldat im Winter

Verhalten des einzelnen Soldaten	278

Panzerabwehr aller Truppen – Panzererkennung

Grundlagen der Panzerabwehr 284
Panzererkennung 286

Führungsunterstützung/Führungsdienst

Grundlagen 289
Telekommunikationsmittel 308

Fliegerabwehr (zu Lande)

Grundlagen 328
Feuerkampf der Fliegerabwehrwaffen 332

ABC-Abwehr aller Truppen und Selbstschutz

Wirkung von ABC-Kampfmitteln 337
Ständige Schutzvorkehrungen 341
Persönliche ABC-Schutzausstattung 341
Warnung und Alarm 349
Verhalten bei und nach dem Einsatz von ABC-Kampfmitteln . . 353
Verhalten bei Kontamination 355
Brandschutz 360

Pionierdienst

Handhaben von Werkzeug 362
Sicherungsminensperren 363
Drahtsperren 364
Sprengen 366

Sanitätsdienst aller Truppen

Erste Hilfe 371
Bergen und Transport von Verletzten und Kranken 382

Kraftfahrdienst

Betrieb und Verkehr von Dienst-Kfz 384

Formaldienst

ZDv 3/2

Allgemeines

1. Der **Formaldienst** dient dem Einüben von Formen des Verhaltens, die für die äußere Ordnung im militärischen Dienst unerlässlich sind, z. B. beim Gruß des einzelnen Soldaten, beim Antreten und bei Bewegungen von Teileinheiten und Einheiten.

2. **Kommandos** sind im Wortlaut festgelegte Befehle, deren Ausführung in allen Einzelheiten vorgeschrieben ist. In besonderen Situationen können sie in anderer Weise gegeben werden (z. B. Übermittlungszeichen).

3. Ein Kommando besteht in der Regel aus einem **Ankündigungskommando** und – nach einer Pause von ca. 2 Sekunden – einem **Ausführungskommando**.

Formaldienst des einzelnen Soldaten

I. GRUNDSTELLUNG UND RÜHREN

1. In der **Grundstellung** steht der Soldat still (Bild 1 und 2) – Ausführung:
- Die **Füße** stehen mit den Hacken aneinander; die Fußspitzen zeigen in einem Winkel von ca. 60° nach außen.
- Das **Körpergewicht** ruht gleichmäßig auf beiden Füßen; die Knie sind durchgedrückt.
- Der **Oberkörper** ist aufgerichtet, die **Brust** vorgewölbt.
- Die **Schultern** sind in gleicher Höhe.
- Der **Kopf** wird aufrecht gehalten. Der Blick ist geradeaus gerichtet, der Mund geschlossen.
- Die **Arme** hängen herab, etwa eine Handbreit zwischen Ellenbogen und Körper.
- Die **Hände** sind geschlossen und liegen mit dem Handrücken nach außen am Oberschenkel.
- Die gekrümmten **Finger** berühren die Handfläche, der Daumen liegt ausgestreckt am gekrümmten Zeigefinger.

2. Auf das Kommando **„Stillgestanden!"** nimmt der Soldat Grundstellung ein. Als Ankündigungskommando ist die Abteilung/der Soldat anzusprechen, z. B. „II. Zug …".

3. Auf das Kommando **„Achtung!"** nimmt der Soldat Grundstellung mit Front zum Vorgesetzten ein. Ein Ankündigungskommando entfällt, kann aber gegeben werden, wenn nur ein Teil einer Abteilung angesprochen werden soll, z. B. „1. Gruppe …".

4. Nach dem Kommando „Stillgestanden!" oder „Achtung!" behält der Soldat die Grundstellung bei, bis das Kommando **„Rührt Euch"** oder **„Wegtreten!"** erfolgt.

5. Auf das Kommando **„Habt – acht!"** – nur für Ehrenposten, Fackelträger und Totenwachen – setzt der Soldat den linken Fuß ca. 20 cm nach links. Das Gewicht ruht gleichmäßig auf beiden Füßen. Körperhaltung und Blickrichtung bleiben im übrigen wie in der Grundstellung. (Bild 3)
Die „Habt – acht!"-Stellung endet mit dem Kommando „Stillgestanden!"

6. Auf das Kommando **„Rührt Euch!"** (Bild 4 und 5)
- setzt der Soldat den linken Fuß etwa 20 cm nach links; sein Körpergewicht ruht gleichmäßig auf beiden Füßen;
- nimmt der Soldat die Hände auf den Rücken, eine Hand umfaßt das Gelenk der anderen.

Ist es beim Tragen von Waffen oder anderen Gegenständen nicht möglich, die Hände auf den Rücken zu nehmen, hängt eine ggf. freie Hand herab. Als Ankündigungskommando ist die Abteilung/der Soldat anzusprechen.

II. WENDUNGEN

1. **Wendungen** werden aus der Grundstellung ausgeführt. Einwandfreie Grundstellung und volle Konzentration sind Voraussetzung für eine saubere Wendung. Kopf-, Körper- und Handhaltung ändern sich nicht.
Kommando **„Links (Rechts) – um!"** – Ausführung:
- Körpergewicht auf den linken Hacken verlagern,
- echten Hacken leicht anheben, mit rechtem Fußballen abstoßen,
- auf dem linken Hacken um 90° nach links (rechts) drehen,
- den rechten Fuß schnell an den linken heranziehen.

2. Kommando **„Abteilung – kehrt!":** – Ausführung wie Wendung nach links, jedoch um 180.

Bild 1 Grundstellung

Bild 2 Grundstellung

Bild 3 Habt acht!

Bild 4 Rührt Euch!

III. MARSCH

1. Außer im Gelände wird zum Marsch aus der Grundstellung und im Gleichschritt (Bild 5) angetreten.

2. Kommando **„Im Gleichschritt – Marsch!"** – Ausführung:
- Mit dem **linken Fuß** antreten.
- **Schrittlänge** vom ersten Schritt an etwa 80 cm; **Schrittgeschwindigkeit** 114 Schritte in der Minute.
- **Arme** zwanglos bis etwa eine Handbreit unterhalb des Koppelschlosses bewegen; **Hände** geöffnet, Finger gestreckt.
- Aufrechte Haltung und geradeausgerichteten Blick bewahren.

3. **„Ohne Tritt – Marsch!"** – Ausführung:
- Antreten mit dem linken Fuß.
- Schrittlänge und -geschwindigkeit sind nicht festgelegt.

4. Der Übergang vom Marsch „Ohne Tritt" in den Gleichschritt erfolgt auf das Kommando **„Im Gleichschritt!"**, der Übergang vom Gleichschritt in den Marsch „Ohne Tritt!" auf das Kommando **„Ohne Tritt!"**.

Bild 5   Gleichschritt

5. Das Kommando **„Abteilung – Halt!"** wird nur gegeben, wenn die Truppe im Gleichschritt marschiert.
Das **Ausführungskommando** wird beim Niedersetzen des **rechten Fußes** gegeben.
Der Soldat macht auf „... Halt!" noch einen Schritt, zieht den rechten Fuß heran und steht still.

6. **„Vorn halten!"** wird befohlen, wenn eine „Ohne Tritt!" marschierende Abteilung halten soll.
Die **erste Rotte** bleibt daraufhin im „Rührt Euch!" stehen, die nachfolgenden schließen bis auf 80 cm auf. Richtung und Gewehrhaltung sind zu verbessern.

IV. GRUSS

1. Der Soldat grüßt in **straffer Haltung**. Der zu Grüßende wird dabei angesehen. Ihm folgt der Blick durch Drehen des Kopfes, wenn erforderlich, bis zur Schulterlinie.

Der **Gruß** (Bild 6) wird durch schnelles Anlegen der rechten Hand an die Kopfbedeckung oder den Kopf erwiesen – Ausführung:
- Die rechte Hand mit ausgestreckten, geschlossenen Fingern – Daumen entlang dem Zeigefinger – in straffer Bewegung dicht über der Schläfe an die Kopfbedeckung bringen. Der Handrücken zeigt nach oben.
- Unterarm und Hand bilden eine Gerade – Ellenbogen etwa in Schulterhöhe. Der Oberarm darf nur leicht vor den Körper gebracht werden.
- Der Gruß endet, wenn der zu Grüßende ihn erwidert hat oder vorbei ist; der Kopf wird geradeaus gerichtet, der rechte Arm schnell herabgenommen.

2. Zum **Grüßen im Stehen** nimmt der Soldat mit Front zum Vorgesetzten Grundstellung ein.

3. **Grüßen im Gehen** – Ausführung:
- Der Gruß beginnt 3 Schritte vor dem zu Grüßenden und endet, wenn dieser ihn erwidert hat oder unmittelbar nach dem Vorbeigehen.
- Der linke Arm wird mit natürlich geöffneter Hand zwanglos weiter bewegt.
- Während des Grußes ist der normale Schritt beizubehalten.

4. **Sitzende Soldaten** erheben sich zum Gruß; sie können jedoch in der Öffentlichkeit und außerhalb des Dienstes sowie im privaten Bereich sitzenbleiben.

Bild 6   Grüßen im Stehen

Beifahrer oder besondere militärische Fahrzeugführer grüßen, soweit es die Platzverhältnisse zulassen.
Fahrer und Besatzungen von Kraftfahrzeugen sowie Soldaten auf Fahrrädern grüßen nicht.

5. Trägt der Soldat **kleinere Gegenstände**, ist die rechte Hand rechtzeitig zum Gruß frei zu machen, trägt oder hält er **größere Gegenstände** oder ist er durch das **Tragen einer Waffe** am Gruß gehindert, grüßt er durch Blickwendung.

6. Soldaten, die wegen einer **Verletzung oder Körperbehinderung** den Gruß nicht mit der rechten Hand erweisen können, grüßen mit der linken Hand.

7. **Außerhalb geschlossener Abteilungen** grüßt jeder Soldat für sich.

V. VERHALTEN BEI GESPRÄCHEN MIT VORGESETZTEN UND BEI MELDUNGEN

1. Der Soldat nimmt mit **Front zum Vorgesetzten Grundstellung** ein, wenn er von einem Vorgesetzten angesprochen wird.

2. **Meldet** ein Soldat einem Vorgesetzten, nimmt er drei Schritte vor ihm Grundstellung ein und grüßt vor Beginn der Meldung. Die Meldung enthält in knapper Form „Dienstgrad, Name, Einheit, Auftrag und/oder ausgeübte Tätigkeit".
Nach Entlassung durch den Vorgesetzten grüßt der Meldende und tritt mit einer Kehrtwendung ab.

VI. TRAGEWEISE DES GEWEHRS UND DER MASCHINENPISTOLE

Die **richtige Länge des Trageriemens** ist eine wesentliche Voraussetzung für die ungehinderte Ausführung der Kommandos und eine bequeme **Trageweise des Gewehrs** auch über längere Zeit. Die Länge des Trageriemens ist dann richtig eingestellt, wenn das Gewehr – mit der Mitte des Trageriemens zwischen den gestreckten Daumen und den Zeigefinger frei hängend – unter dem Ellenbogen des senkrechtstehenden Unterarmes frei durchpendeln kann.

1. Trageweise **innerhalb** von **Gebäuden**:
- Gewehr an der rechten Körperseite tragen, Mündung nach oben.
- Abzugsbügel nach vorn und mit der rechten Hand den Griff umfassen.
- Rohr an die Schulter legen.

Nach dem **Verlassen von Gebäuden** ist das Gewehr selbstständig umzuhängen und wird wie nach dem Kommando „Gewehr umhängen!" getragen.
Vor dem Betreten von Gebäuden ist das Gewehr abzunehmen.

2. **"Gewehr abnehmen!"** – Ausführung:
- Die rechte Hand schwingt das Gewehr vor die Mitte des Körpers.
- Die linke Hand fängt es oberhalb des Magazins auf, dabei ist die Mündung etwa in Augenhöhe.
- Die rechte Hand ergreift das Gewehr über dem Kornschutz und stellt es dicht neben den rechten Fuß.
- Gleichzeitig geht der linke Arm schnell in die vorherige Stellung (Arm locker hängen lassen) zurück.

3. **"Gewehr umhängen!"** (Bild 7) – Ausführung:
- Die rechte Hand am oberen Ende des Handschutzes bringt das Gewehr vor die Körpermitte, Mündung etwa in Augenhöhe.
- Die linke Hand ergreift das Gewehr über dem Magazin.
- Die rechte Hand umfasst den Trageriemen mit dem Daumen von unten und zieht ihn straff zur Brust.
- Die linke Hand wirft das Gewehr – mit einem leichten Schwung nach oben – auf die rechte Schulter.
- Der linke Arm geht schnell in die vorherige Stellung (Arm locker hängen lassen) zurück.

a   b   c   d

Bild 7   "Gewehr umhängen!"

- Das Gewehr hängt senkrecht auf der rechten Schulter und wird durch Anziehen des Trageriemens und Andrücken mit dem rechten Ellenbogen am Körper festgehalten. Die rechte Faust liegt – mit dem gestreckten Daumen und dem Daumenballen unter dem Trageriemen – an der rechten Brustseite, etwa in Höhe der Brusttaschenklappe.

4. Die **Kommandos** „Gewehr abnehmen!" und „Gewehr umhängen!" werden im „Rührt Euch!" ausgeführt.

5. Die **Maschinenpistole** hängt auf der rechten Schulter. Trageweise siehe „Ausbildung mit der Maschinenpistole".

Formaldienst von Abteilungen

I. FORMATIONEN UND BEWEGUNGEN

1. Antrete- und Marschformationen

Die Gruppe

„Reihe"

„Linie zu einem Glied"

Der Zug

„Marschordnung"

2 Schritte

„Linie"

Die Kompanie

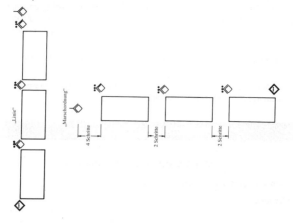

Die Soldaten treten der Größe nach an.

2. Auf das Kommando **„In Linie zu einem Glied – antreten!"**

- tritt der erste Soldat drei Schritte vor dem Vorgesetzten in Grundstellung an,
- treten die anderen Soldaten links vom ersten in Grundstellung an,
- überprüfen sie den Zwischenraum (Bild 8),
- richten sich die Soldaten nach rechts aus (Fußspitzen bilden eine Linie) und nehmen den Kopf wieder geradeaus,
- rühren alle, sobald das Ausrichten beendet ist.

Bild 8   Zwischenraum überprüfen

3. Auf das Kommando **„In Reihe – antreten!"**
- tritt der erste Soldat drei Schritte vor den Vorgesetzten in Grundstellung an,
- treten die anderen Soldaten dahinter mit einem Abstand von jeweils 80 cm an (Anhalt: Hintermann kann Vordermann bei ausgestrecktem Arm die Hand auf die Schulter legen),
- rühren alle, sobald das Antreten beendet ist.

4. Auf das Kommando **„In Linie – antreten!"**
- treten die Soldaten wie in „Linie zu einem Glied" an, jedoch in drei Gliedern hintereinander im Abstand von 80 cm,
- stellen sich die Soldaten „blinder Rotten" in das vordere oder in das vordere und mittlere Glied (Rotte: In der Linie die 3 hintereinander stehendenSoldaten. Blinde Rotte = Rotte mit weniger als 3 Soldaten).

5. Auf das Kommando **„In Marschordnung – antreten!"**
- treten die Soldaten wie „in Reihe" an, bilden jedoch 2 weitere Reihen links von der 1. Reihe,
- richten sich die Soldaten der mittleren und der linken Reihe nach rechts aus, nehmen den Kopf wieder geradeaus und rühren,
- tritt eine „blinde Rotte" mit 2 Soldaten in den beiden äußeren Reihen an bzw.
- bilden sich dementsprechend aus einer blinden Rotte mit 1 Soldaten durch Zurücktreten des letzten oder der beiden letzten Soldaten der mittleren Reihe zwei „blinde Rotten".

6. Auf das Kommando **„Marsch, Marsch!"** läuft der Soldat in die befohlene Richtung, z. B. beim Antreten oder Wegtreten.

7. Auf das Kommando **„Richt Euch!"** bzw. **„Nach links – Richt Euch!"** dreht der Soldat schnell seinen Kopf in die befohlene Richtung, richtet sich nach der Seite und nach vorn aus und verbessert seine Grundstellung. Die rechten (linken) Flügelmänner halten ihren Blick weiterhin geradeaus gerichtet.
„Richt Euch!" wird ohne Ankündigung und nur im „Stillgestanden" befohlen. Das Ausrichten wird auf das Kommando **„Augen gerade – aus!"** beendet.

8. Kommando **„Durchzählen!"** – Ausführung:
- Zur Feststellung der Stärke einer in „Linie" stehenden Abteilung rufen die Soldaten des vorderen Gliedes – vom rechten Flügel beginnend – ihrem Nebenmann unter Kopfwendung nach links die fortlaufende Zahl zu.
- Der letzte Soldat meldet die Endzahl einschl. der Stärke der letzten Rotte, z. B. „neun/zwo" oder „neun/voll".

9. Mit dem Kommando **„Wegtreten!"** wird dem Soldaten die Bewegungsrichtung oder das Ziel befohlen.

- Es wird schnellen Schrittes in die befohlene Richtung weggetreten, wenn nötig nach einer entsprechenden Wendung.
- Das Wegtreten erfolgt immer aus der Grundstellung.

10. Kommando **„Im Gleichschritt – Marsch!"** – Ausführung durch eine Abteilung:
- Diese tritt **gleichzeitig mit dem linken Fuß** und mit gleicher Schrittlänge an.
- Ist nach einer Wendung angetreten worden, sind die Abstände allmählich auf 80 cm zu erweitern.
- **Richtung nach vorn und zur Seite, Abstand und Zwischenraum** sind stets einzuhalten.
- Die Führer sind an ihre Plätze gebunden.
- Sprechen und andere Marscherleichterungen sind nicht erlaubt.

11. Kommandos für **Schwenkungen**
– aus dem Halten:
   „Rechts (Links) schwenkt – im Gleichschritt – Marsch!",
– in der Bewegung:
   „Rechts (Links) schwenkt – Marsch!" (Ankündigungskommando mindestens 3 Doppelschritte vor Ausführungskommando „Marsch!")

Bei Schwenkungen ist zu beachten:
- Die Schrittgeschwindigkeit ist beizubehalten.
- Alle Rotten schwenken nacheinander am „Schwenkungspunkt" („angenommener Drehpunkt" oder auf der Stelle tretender Zugführer).
- Der in der Mitte und der außen marschierende Soldat der ersten Rotte blicken zum Schwenkungspunkt, alle anderen Soldaten sehen geradeaus. Es ist auf „Vordermann" zu achten.
- Bei der Schwenkung außen marschierende Soldaten behalten die vorgeschriebene Schrittlänge bei, die anderen Soldaten verkürzen sie.

12. Kommando **„Gerade – aus!"** – Ausführung:
- Auf „Gerade" marschiert die Abteilung mit verkürztem Schritt in der neuen Richtung weiter.
- Auf „Aus!" ist mit vorgeschriebener Schrittlänge zu marschieren.

Schrittlänge bei der Schwenkung

1. Schritt (linker Fuß)	2. Schritt (rechter Fuß)	3. Schritt (linker Fuß)	4. Schritt (rechter Fuß)

13. Kommando **„Rechts(Links) – ran!"** – Ausführung:
Alle Soldaten wenden sich

- um etwa 45° nach der befohlenen Seite und
- danach, z. B. nach Erreichen des Straßenrandes, selbstständig wieder in die Marschrichtung.

14. Das Kommando **„Abteilung – Halt!"** beendet den Marsch.

15. Befiehlt der Führer der Abteilung **„Rührt Euch – ein Lied!"**, singen die Soldaten – Ausführung:

- Die erste Rotte bestimmt ein der Abteilung bekanntes Marschlied; der rechte Flügelmann ruft laut den Titel. Seine Hintermänner geben den Titel weiter.
- Der rechte Flügelmann der letzten Rotte ruft laut: **„Lied durch"**.
- Die erste Rotte stimmt das Lied an, die Abteilung nimmt den Ton auf.
- Der rechte Flügelmann der ersten Rotte zählt laut: **„Links zwo"**, die beiden ersten Rotten zählen **„Drei – vier"** (jeweils beim Aufsetzen des linken Fußes).
- Die Abteilung beginnt beim erneuten Aufsetzen des linken Fußes mit dem Gesang (bei Liedern mit Auftakt sofort beim Aufsetzen des rechten Fußes, z. B. „Ein Heller und ein Batzen").

16. Mit dem Kommando **„Lied aus!"** beendet der Führer den Gesang.

17. Auf das Kommando **„Ohne Tritt – Marsch!"**

- sind die Führer an keinen festen Platz gebunden,
- bestimmt der Soldat Schrittlänge und Schrittgeschwindigkeit selbst,
- werden Schwenkungen mit **„Rechts (Links) – Schwenken!"** veranlaßt,
- können **Marscherleichterungen** erlaubt werden, z. B. Essen, Trinken und Rauchen außerhalb geschlossener Ortschaften sowie Anzugerleichterungen und einheitliche Änderung der Trageweise der Waffen.

Das Kommando **„Marschordnung!"** hebt die Marscherleichterungen auf, ausgenommen Anzugerleichterungen. Der Gleichschritt ist auf das Kommando **„Im – Gleichschritt!"** wieder aufzunehmen.

18. Nach dem Kommando **„Selbstständig Richtung ... marschieren!"** marschiert die Abteilung ohne weitere Kommandos für Richtungsänderungen zum befohlenen Ziel.

19. Auf das Kommando **„Vorne halten!"** bleibt die erste Rotte im „Rührt Euch" stehen, die nachfolgenden Rotten schließen jeweils auf 80 cm auf und richten sich aus.

20. Übergang von der Marschordnung in die Reihe

a) Reihenweise
- aus dem Halten auf das Kommando
  „Reihe rechts (die Reihe links) – ohne Tritt – Marsch!"
- aus der Bewegung auf das Kommando **„Ohne Tritt – Reihe rechts (die Reihe links)!"**

Ausführung:

- Soldaten der rechten (linken) Reihe treten (aus dem Halten) mit normaler Schrittlänge an bzw. marschieren (aus der Bewegung) geradeaus weiter.
- Soldaten der übrigen beiden Reihen marschieren zunächst mit verkürzter Schrittlänge und schließen sich jeweils am Ende der Nachbarreihe an.
- Nach Einnahme der Formation marschieren alle Soldaten mit normaler Schrittlänge.

b) Rottenweise
- aus dem Halten auf das Kommando
  „Rottenweise – Reihe rechts (die Reihe links) – ohne Tritt – Marsch!"
- aus der Bewegung auf das Kommando
  „Ohne Tritt – rottenweise – Reihe rechts (die Reihe links)!"

Ausführung:

- Der rechte (linke) Flügelmann der ersten Rotte tritt (aus dem Halten) mit normaler Schrittlänge an bzw. marschiert (aus der Bewegung) geradeaus weiter.
- Die übrigen Soldaten der ersten Rotte wenden sich etwa 45° nach rechts (links) und folgen dem Flügelmann.
- Alle anderen Soldaten marschieren mit verkürzter Schrittlänge.
- Die folgenden Rotten verhalten sich entsprechend.
- Bereits in Reihe marschierende Soldaten nehmen die normale Schrittlänge auf.

21. Übergang von der Reihe zur Marschordnung
(aus dem Halten oder aus der Bewegung)

a) Reihenweise auf das Kommando
  „Zur Marschordnung links (rechts) marschiert auf – ohne Tritt – Marsch!"

Ausführung:

- Soldaten der mittleren und linken (rechten) Reihe marschieren neben der rechten (linken) Reihe auf.
- Soldaten der rechten (linken) und danach auch der mittleren Reihe verkürzen die Schrittlänge, bis die Marschordnung hergestellt ist.

- Nach Einnahme der Formation marschieren alle Soldaten mit normaler Schrittlänge.

b) Rottenweise auf das Kommando
„Zur Marschordnung – rottenweise links (rechts) marschiert auf!"

Ausführung:

- Soldaten der einzelnen Rotten marschieren links (rechts) nebeneinander auf.
- Der rechte (linke) Flügelmann und danach alle aufmarschierten Soldaten verkürzen ihre Schrittlänge.
- Nach Einnahme der Formation marschieren alle Soldaten mit normaler Schrittlänge.

22. Jede Formationsänderung wird mit dem Kommando **„Im Gleichschritt!"** beendet.

II. GRUSS UND MELDUNG

1. Die Abteilung grüßt **geschlossen** auf Kommando ihres Führers.

2. Vorgesetzten ab Unteroffizier mit Portepee ist mit **Blickwendung** zu melden.

3. Offiziere, als Zugführer eingetretene Unteroffiziere und der Kompaniefeldwebel grüßen durch Anlegen der Hand an die Kopfbedeckung.

4. Auf das Kommando **„Augen – rechts!"** oder **„Die Augen – links!"** wenden die Soldaten den Kopf, falls nötig bis zur Schulter, in Richtung des zu Grüßenden und sehen ihn an.

5. Beim **Abschreiten der Front** ist dem Vorgesetzten mit dem Blick zu folgen, bis er auf der Höhe des Soldaten angekommen ist, dann bleibt der Blick geradeaus gerichtet.

6. Blickwendung und Gruß enden auf das Kommando **„Augen gerade – aus!"**.

7. Den Gruß eines Vorgesetzten, z.B. „Guten Morgen 3. Kompanie!" beantworten die Soldaten der Abteilung entsprechend, z.B. mit „Guten Morgen, Herr Hauptmann!".

8. Der geschlossene Gruß marschierender Abteilungen erfolgt nur bei Vorbeimärschen und Feldparaden; sonst tritt der Führer der Abteilung heraus und meldet dem Vorgesetzten.

9. Hat eine Abteilung keine in der Formaldienstordnung vorgesehene Formation eingenommen, erfolgt die Meldung nach dem Kommando **„Achtung!"**.

10. **Abteilungen zu Fuß** grüßen bei **Vorbeimärschen** und **Feldparaden** auf das Kommando **„Augen rechts (die Augen links)!"** – Ausführung:

- Der Gruß beginnt **rottenweise** 3 Schritt vor dem zu Grüßenden oder beim 1. Richtungsposten (wenn vorgesehen).
- Jeder Soldat, außer dem rechten (linken) Flügelmann der ersten Rotte, richtet den Blick auf den zu Grüßenden.
- Marschgeschwindigkeit, Schrittlänge und Armbewegung – auch der Soldaten, die durch Anlegen der Hand an die Kopfbedeckung grüßen – bleiben unverändert.

Der Gruß endet **rottenweise** auf das Kommando **„Augen gerade – aus!"** unmittelbar nach Passieren des zu Grüßenden oder beim 2. Richtungsposten (wenn vorgesehen).

11. **Aufgesessene Abteilungen** grüßen bei **Vorbeimärschen** und **Feldparaden** auf das Übermittlungszeichen „Achtung!" (mit Handzeichen in Richtung des zu Grüßenden) – Ausführung:

- Der Gruß beginnt **fahrzeugweise** 2 Fahrzeuglängen vor dem zu Grüßenden oder beim 1. Richtungsposten (wenn vorgesehen).
- Es grüßen nur die besonderen militärischen Fahrzeugführer, alle anderen Soldaten – ausgenommen Kraftfahrer – sitzen oder stehen still.
- Befindet sich das mitgeführte Gewehr nicht in einer Halterung, wird es mit beiden Händen senkrecht vor den Körper gehalten; die Schulterstütze steht zwischen den Füßen, das Magazin zeigt vom Körper weg.
- Soldaten ohne Waffen legen die Hände mit ausgestreckten Fingern auf die Oberschenkel.

Der Gruß endet **fahrzeugweise** unmittelbar nach Passieren des zu Grüßenden oder beim 2. Richtungspunkt (wenn vorgesehen).

Alle Sicherheitsbestimmungen für den Betrieb von Kraftfahrzeugen gelten uneingeschränkt. Die Anschnallpflicht bleibt bestehen.

Formaldienst bei feierlichen Anlässen

1. Zu feierlichen Anlässen tritt die Abteilung in Linie an und bildet die **„Paradeaufstellung"**. Ausstattung: Zugweise einheitlich mit Gewehr oder Maschinenpistole; Offiziere, Kompaniefeldwebel und als Zugführer eingetretene Unteroffiziere tragen Pistole.

2. Auf das Kommando **„Achtung – Präsentiert!"** führen Soldaten, die Gewehr oder Maschinenpistole tragen, die linke Hand schnell und straff vor den Oberkörper, so dass

- die gestreckte Hand und der Unterarm eine Waagerechte bilden,
- die Handinnenkante und der Daumen an der Klappe der rechten Brusttasche anliegen,
- der Zeigefinger den Trageriemen der Waffe berührt,
- die Schultern in gleicher Höhe bleiben.

(Bild 9) Pistolenträger grüßen.

3. Kommando **„Hand – ab!"** – Ausführung:
- Der präsentierende Soldat nimmt die linke Hand schnell herab.
- Pistolenträger beenden den Gruß.

4. **Reihenfolge der Kommandos** für Blickwendung und Präsentieren:
- „Paradeaufstellung – Stillgestanden!"
- „Richt Euch!"   ⎱ soweit
- „Augen gerade – aus" ⎰ erforderlich
- „Achtung – Präsentiert!"
- „Augen – rechts (Die Augen – links)!"
- „Augen gerade – aus!"
- „Hand – ab!"
- „Paradeaufstellung – Rührt Euch!"

a   b

Bild 9   Präsentieren

Umgang mit Handwaffen
Handhabung, Technische Durchsicht und Pflege

Der Sammelbegriff **Handwaffen** umfasst Gewehr (G), Maschinengewehr (MG), Maschinenpistole (MP), Pistole (P) und Granatpistole (GP).
Allgemeine Bestimmungen für den **Umgang mit allen Handwaffen** sind nachfolgend dargestellt.
Besonderheiten sind bei der Ausbildung mit der jeweiligen Waffe beschrieben; Granatpistole siehe „Handgranaten, Handflammpatronen und die Granatpistole 40 mm".

Handhabung

1. **Grundregeln für den sicheren Umgang mit Handwaffen**
- Die Waffe ist stets so zu handhaben und zu bedienen, daß **Treffgenauigkeit und Funktionssicherheit erhalten** bleiben und **niemand gefährdet** wird. **Nie darf Gewalt angewendet** oder eine Waffe geworfen werden; Waffe nicht hart aufsetzen, anschlagen oder stoßen. Vor allem Mündung und Verschlussteile vor **Verschmutzung** schützen.
- Ist der **Ladezustand einer Waffe unbekannt**, so ist sie zu handhaben, als sei sie **geladen**.
- Sicherungen sollen verhindern, dass sich unbeabsichtigt ein Schuss löst. **Deshalb bleiben Waffen bei allen Tätigkeiten und Bewegungen außer dem Schießen selbst gesichert.**
- Es ist erst **unmittelbar vor dem Anschlag zu entsichern**. Die Waffe muss aus der Deckung gebracht worden sein und die Mündung grob in Zielrichtung zeigen.
- Stets bleibt der **Zeigefinger außerhalb des Abzugsbügels**, bis der Schießrhythmus beginnt.
- **Nach dem Absetzen ist sofort**, Mündung in Zielrichtung, **wieder zu sichern**.
- Bei Bewegungen, Ladetätigkeiten und zur Sicherheitsüberprüfung die **Mündung in eine Richtung halten**, welche die **Gefährdung** von Personen und Sachen **ausschließt**.
- Eine geladene Waffe darf nur mit **Meldung des Ladezustands** übergeben werden:
„ ... (Waffe) entladen, Patronenlager frei, entspannt und gesichert!" oder
„ ... (Waffe) teilgeladen und gesichert!" oder „ ... (Waffe) fertiggeladen und gesichert!" (MG kann nur im fertiggeladenen Zustand gesichert werden).

Der Übernehmende hat sich von der **Richtigkeit der Meldung** sofort zu **überzeugen**.

Zum Überprüfen des Ladezustands sind die Tätigkeiten wie beim Entladen durchzuführen.

- Eine (selbst mit Exerzierpatronen) **teil- oder fertiggeladene Waffe** darf bei der Schieß- und Gefechtsausbildung, z. B. zum Handgranatenwerfen, **nicht aus der Hand** gelegt werden, **Ausnahmen** (nicht bei Pistolen):
  - In der Ausbildung auf Befehl des Ausbilders,
  - im Gefecht, wenn ein bestimmter Auftrag dazu zwingt.
- **Spielerischer Umgang mit der Waffe** kann andere gefährden und auch zu Schäden an ihr führen. Deshalb ist **verboten**:
  - Jeder Umgang mit der Waffe ohne Ausbildungszweck oder Auftrag,
  - das Zielen auf Personen, **ausgenommen** Ausbildung/Übungen mit Manövermunition unter Beachtung der Sicherheitsbestimmungen (**Mindestschussentfernung 10 m**) und Einsatz,
  - das Spielen an Abzug und Sicherung,
- Ein **heißgeschossenes Rohr** muss vor dem Weiterschießen auf Handwärme abkühlen.
- Bei der **Sicherheitsüberprüfung** wird festgestellt, ob die Waffe frei von Munition ist. Sie erfolgt
  - vor jeder Handhabung,
  - bei Störungen,
  - nach jedem Schießen,
  - vor dem Zerlegen,
  - vor dem Waffenreinigen und
  - bei der Übergabe der Waffe.
- Verschmutzte, oxydierte oder beschädigte **Munition** und solche mit lose sitzenden Geschossen darf nicht verwendet, sondern muss zurückgeliefert werden. Der Soldat darf **immer nur eine Sorte Munition** (Gefechts-, Kleinkaliber-, Übungs-, Manöver- oder Exerziermunition) mitführen.
- Jede Belastung des **Anzündhütchens** durch Stoß, Schlag usw., z. B. beim Gurten oder Füllen eines Magazins, kann zur Anzündung und Explosion einer Patrone führen und ist daher zu vermeiden.
- Beim **Zerlegen und Zusammensetzen** einer Waffe beachten:
  - Ohne Werkzeug zerlegen und zusammensetzen, keine Gewaltanwendung!
  - Nur soweit zerlegen, wie die Dienstvorschrift es erlaubt.
  - Waffenteile nicht vertauschen, ggf. Kennzeichnungen beachten!

2. **Hinweise auf Fundstellen:**
- **Anschläge** siehe „Schießausbildung mit Handwaffen";
- **Behandlung und Gebrauch von Waffen und Gerät bei großer Kälte** siehe „Der Soldat im Winter";

- **Handhabung** des **Gewehrs** und des **Maschinengewehrs** als **Fliegerabwehrwaffen** siehe „Fliegerabwehr (zu Lande)";
- **Kampfentfernung** siehe „Schießausbildung mit Handwaffen";
- **Trageweise von Handwaffen**: bei **Bewegungen im Gelände** siehe „Gefechtsdienst aller Truppen (zu Lande)", in der **Unterkunft** und in der **geschlossenen Ordnung** siehe „Formaldienst".

3. **Manöverpatronengeräte**
- Manöverpatronengeräte dürfen nur zum Schießen mit Manöverpatronen mitgeführt werden.

Zum **Schießen**
- Waffe entladen und auf Sicherheit überprüfen,
• Rohr mit sauberem Docht entölen,
• festen Sitz des aufgeschraubten Manöverpatronengeräts überprüfen,
- **Mindestschußentfernung von 10 m** einhalten.

Technische Durchsicht und Pflege

ZDv 3/13; ZDv 3/14; ZDv 3/15; ZDv 3/17; ZDv 3/136

I. ALLGEMEINES

1. Jeder Soldat ist für den **einsatzfähigen Zustand,** die **Pflege** seiner Waffe und die **Vollzähligkeit** des Zubehörs **verantwortlich.**

2. Die Technische Durchsicht umfasst das Prüfen der Waffe auf Mängel und Schäden, die der Soldat, wenn er sie nicht selbst beheben muss, sofort seinem nächsten Vorgesetzten zu melden hat. **Bei der Technischen Durchsicht und Pflege gelten folgende Grundsätze:**
- **nach der Benutzung** hat der Soldat die nötigen Prüfungen, Pflegearbeiten und Meldungen vorzunehmen, bevor er die Waffe abgibt;
- **vor jeder Benutzung** erfolgen im wesentlichen Sicht- und Funktionsprüfungen;
- **während der Benutzung** führt der Soldat die dazu erforderlichen Tätigkeiten während Gefechtspausen und Schießunterbrechungen durch.

3. **Sachgemäßes Reinigen zur richtigen Zeit** ist wirksamer als möglichst häufige Reinigung.

II. REINIGUNGSMITTEL

1. Für das Reinigen der Waffen mit einem Kaliber von 7,62 mm bis 9 mm steht jedem Soldaten das Reinigungsgerät (Bild 1) zur Verfügung.

Die Reinigungskette ist so zu verwenden, dass keine Drahtglieder aufgebogen sind. Sie ist vom Patronenlager in Richtung Rohrmündung durchzuziehen (Bild 2). Beim Gewehr muss zur Schonung der Rohrmündung der Mündungsfeuerdämpfer aufgesetzt bleiben. Die Reinigungskette ist so zu führen, dass sie, in mehreren Windungen um die Hand gelegt, in einem Zuge durch das Rohr gezogen wird, ohne dabei an der Rohrmündung zu scheuern.

Bild 1   Reinigungsgerät

Der Reinigungsdocht ist bis zur Mitte in die Öse einzuführen, dann werden die beiden Enden straff nach unten gezogen, ohne den Docht mit den Händen abzustreifen. Die Ölbürste (Haarborsten) darf nur zum Einölen des gereinigten Rohrinnern verwendet werden.

2. Für die Pflege der **Metallteile** (ölen der gleitenden Teile und des Rohrinnern sowie zum Schutz gegen Witterungseinflüsse) darf nur das gelieferte Waffenöl, zum Reinigen stark verschmutzter Teile, z. B. Griffstück des Gewehrs, kann Petroleum verwendet werden.

3. **Holz- und Lederteile** sind nur mit Firnis bzw. Lederöl zu pflegen.

4. **Pulverrückstände** sind mit Petroleum zu entfernen.

5. Es ist **verboten, scharfe Putzmittel**, z. B. Schmirgelleinen, zu verwenden, **Metallgegenstände** zur Pflege zu benutzen und **steckengebliebene Dochte oder Reinigungsketten selbst zu entfernen.**

a   b

Bild 2   Handhabung der Reinigungskette

III. SICHERHEITSÜBERPRÜFUNG UND REINIGUNGSARTEN

1. Vor jedem Waffenreinigen ist die **Sicherheitsüberprüfung** vorzunehmen. Bei allen Waffen muss das **Patronenlager frei**, Magazin entnommen und die Waffe **gesichert** (Ausnahme MG) sein.

2. Die gewöhnliche Reinigung ist nach jedem Gebrauch vorzunehmen, auch wenn nicht geschossen wurde. Waffe nur dem Verschmutzungsgrad entsprechend zerlegen, Teile mit Pinsel und Lappen reinigen, anschließend leicht einölen. Rohrinneres mit Docht reinigen und danach mit der mit Waffenöl getränkten Ölbürste einölen.

3. Die Hauptreinigung ist nach jedem Schießen und nach jeder Feuchtigkeitseinwirkung durchzuführen. Hierzu wird die Waffe in die Haupt- und Einzelteile zerlegt. Das Rohrinnere, das unmittelbar nach dem Schießen mit der mit Waffenöl getränkten Reinigungsbürste (Messingdrahtseil) eingeölt worden ist, wird zunächst nochmals mit der Reinigungsbürste und anschließend mit Dochten gereinigt. Das Rohr ist sauber, wenn der Reinigungsdocht nach mehrmaligem Durchziehen sauber bleibt. Dann wird das Rohrinnere mit der mit Waffenöl getränkten Ölbürste eingeölt. Bei der Reinigung muss darauf geachtet werden. daß im Patronenlager keine Rückstände bleiben. Notfalls ist für das Gewehr zur Reinigung der Entlastungsrillen die Stangenbürste zu benutzen, über die jede Waffenkammer verfügt. Die übrigen Teile werden mit einem Lappen, bei starker Verschmutzung mit Petroleum gereinigt, abgerieben und leicht eingeölt.

4. **Vor jedem Schießen** auch mit Manöver- und Übungspatronen, ist das Rohr mit einem sauberen Docht zu **entölen**.
Unmittelbar nach dem Schießen ist das Rohr, möglichst noch warm, **mit der mit Waffenöl getränkten Reinigungsbürste einzuölen**. Dadurch, wird verhindert, daß sich die Pulverrückstände verhärten und festsetzen.
Da das Rohrinnere nach dem Schießen nachschlägt, muss an den **drei folgenden Tagen** nach dem Schießen das Reinigen wiederholt werden. Können feste Rückstände, z. B. nach dem Schießen mit Leuchtspurmunition, nicht entfernt werden, ist das dem nächsten Vorgesetzten zu melden.

IV. FELDMÄSSIGE PFLEGE

1. Diese ist der besonderen **Verantwortung des einzelnen Soldaten** überlassen, da wenig und nur unregelmäßig Zeit zur Verfügung steht, größeres Ruhebedürfnis vorhanden ist und Kontrollen durch Vorgesetzte selten möglich sind.

2. Die Waffen sind deshalb **bei jeder sich bietenden Gelegenheit** zu reinigen, wobei nicht immer die ganze Waffe gereinigt werden muss. Falsch ist ein Aufschieben, da niemand eine Lageveränderung voraussehen kann.

3. Reicht die Zeit, ist die gewöhnliche Reinigung oder die Hauptreinigung durchzuführen, dabei vorrangig die Pflege der **beweglichen Teile**. Schmutz und Sand sind **sofort** zu entfernen.

4. Bei **Nässe** ist die Waffe außen **stark einzuölen** und sind besonders die **gleitenden Teile** und die **Rohrmündung** mit Behelfsmitteln abzudecken.

Ausbildung mit Handwaffen
Gewehr G3, G36 und Maschinengewehr MG3

Gewehr G3

ZDv 3/13

I. BEZEICHNUNG UND VERWENDUNGSZWECK

1. Das **Gewehr G3, Kaliber 7,62 mm x 51** (Bild 1) ist eine automatische Handwaffe mit Magazinzuführung für **Einzelfeuer** und **kurze Feuerstöße**. Die Waffe ist ein Rückstoßlader mit halbstarrem Rollenverschluss und wiegt mit gefülltem Magazin (20 Patronen) etwa 5 kg. Das Geschoss erreicht eine Anfangsgeschwindigkeit von fast 800 m/s. Die **Kampfentfernung** beträgt **300 m**.

2. Mit dem G3 können verschossen werden:
- Gefechtspatronen,
- **Übungspatronen** bei Verwendung des Übungsverschlusses Gewehr G3 für Übungspatronen 7,62 mm x 51,
- **Kleinkaliberpatronen** mit dem Übungsschießgerät Einsteckrohr Gewehr G3 für Patronen 5,6 mm x 16,
- **Manöverpatronen** unter Austausch des Mündungsfeuerdämpfers gegen das Manöverpatronengerät.

II. BAUGRUPPEN UND ZUBEHÖR

Baugruppen sind das **Rohr mit Gehäuse und Anbauteilen, Verschluss, Griffstück mit Abzugseinrichtung und Sicherung, Bodenstück mit Schulterstütze, Handschutz** und **Magazin**.

Bild 1   Gewehr G3 (Standardausführung)

Zum **Zubehör** gehören **Tragriemen, Mündungskappe** und **Waffenreinigungsgerät für Kaliber 7,62 mm bis 9 mm**.

Beschreibung der Baugruppen

1. Das **Gehäuse** (Bild 2) verbindet Rohr, Lade- und Visiereinrichtung miteinander und nimmt den Verschluss auf. Am vorderen Teil des Gehäuses ist der Magazinschacht mit Magazinhalter, an der rechten Seite die Öffnung für den Hülsenauswurf mit Hülsenabweiser. Im Durchladerohr gleitet der Spannhebel, mit dem der Verschluss zurückgezogen und in der hinteren Stellung festgelegt werden kann. Im **Rohr** wird die **Patrone gezündet** und dem **Geschoss Bewegung, Richtung und Drall** gegeben. Das Rohrinnere hat einen gezogenen Teil mit vier von links nach rechts verlaufenden **Zügen** und einen glatten Teil, das **Patronenlager**. Der auf die Rohrmündung aufgeschraubte Mündungsfeuerdämpfer dämpft das Mündungsfeuer und schützt die Rohrmündung vor Beschädigung. Die Visiereinrichtung besteht aus dem feststehenden Korn und dem auf 1–4 einstellbaren Drehvisier. Die Zahlen 2–4 entsprechen den Entfernungen 200–400 m; bei Entfernungen unter 200 m ist die Einstellung „2" zu wählen, soweit nicht mit der Einstellung „1" (V-Kimme, Grobvisier) geschossen wird. Dies ist der Fall beim Deut-, Sturmabwehrschießen, Schießen
– vom Schützenpanzer,
– auf nahe, sich schnell bewegende Ziele,
– bei eingeschränkter Sicht oder
– auf Flugziele.

2. Der **Verschluss** (Bild 3 und 4) besteht aus dem Verschlussträger mit Schließfederrohr und Sperrhebel, dem Verschlusskopf mit Verriegelungsrollen und Auszieher, dem Steuerstück, dem Schlagbolzen und der Schlagbolzenfeder. Er hat die Aufgabe, die Patrone zuzuführen, beim Schießen in Verbindung mit der Patronenhülse das Patronenlager nach hinten abzuschließen, die

Patrone zu zünden, das Rohr nach dem Schuss zu entriegeln (Bild 6), die Hülse auszuziehen und auszuwerfen sowie den Schlaghebel und die Schließfeder zu spannen.

3. Das **Griffstück** (Bild 5) nimmt das **Abzugsgehäuse** auf und ist durch den Haltebolzen mit dem Gehäuse verbunden. Die **Sicherung** hält das in das Griffstück eingesetzte Abzugsgehäuse fest. An der **linken** Seite des Griffstücks ist der **Sicherungshebel** wahlweise einstellbar auf „**S**" = Sicher (weiß), „**E**" = Einzelfeuer (rot) und „**F**" = Feuerstoß (rot); auf der **rechten** Seite zeigt ein weißer Markierungsstrich die Stellung des Sicherungshebels an.

4. Das **Bodenstück** (Bild 6) nimmt den Verschlusspuffer, der nach dem Schuss den Rücklauf des Verschlusses bremst, und das Federführungsrohr mit Schließfeder auf. Die **Schulterstütze** ermöglicht die Handhabung der Waffe, ihr Einziehen in die Schulter und das Befestigen des Trageriemens.

5. Der **Handschutz** umschließt das Rohr von unten und schützt vor Verbrennungen.

6. Das **Magazin** nimmt 20 Patronen auf und besteht aus Magazingehäuse, Zubringer mit Zubringerfeder und Magazinboden.

1 = Gehäuse neben „1":
    Magazinschacht und
    Magazinhalter
2 = Rohr
3 = Mündungsfeuer-
    dämpfer
4 = Spannhebel
5 = Durchladerohr
6 = Kornhalter
7 = Drehvisier
8 = Visiereinrichtung

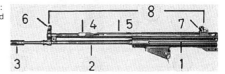

Bild 2   Rohr mit Gehäuse und Anbauteilen

1 = Verschlussträger
2 = Schließfederrohr
3 = Sperrhebel
4 = Verschlusskopf
5 = Steuerstück
6 = Schlagbolzen
7 = Schlagbolzenfeder

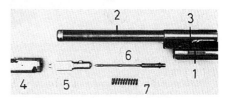

Bild 3   Verschluss

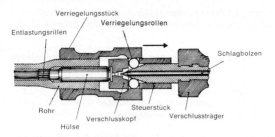

Bild 4 Verschluss entriegelt im Rücklauf

1 = Griffschale
2 = Abzug
3 = Auslösehebel
4 = Sicherung
5 = Griffstück
6 = Haltebolzen
7 = Schlaghebel

Bild 5 Griffstück mit Abzugseinrichtung und Sicherung

1 = Bodenstück
2 = Schulterstütze
3 = Haltebolzen
4 = Schließfeder
5 = Federführungsrohr
6 = Halter für Trageriemen

Bild 6 Bodenstück mit Schulterstütze

III. BEDIENUNG

1. **Grundsätze** siehe „Umgang mit Handwaffen".
Neben den **Grundregeln für den sicheren Umgang mit Handwaffen** sind die Besonderheiten für das **Gewehr G3** zu beachten:

- Nach dem Verschießen von 100 Gefechtspatronen oder 60 Übungs-/Manöverpatronen im schnellen Einzelfeuer oder in kurzen Feuerstößen muss das Rohr auf Handwärme abkühlen, bevor weitergeschossen werden darf.

2. **Trageweise** siehe „Umgang mit Handwaffen".

3. **Zerlegen und Zusammensetzen**
Zerlegen
- Waffe sichern, Magazin entnehmen, Spannhebel zurückziehen und prüfen, ob Patronenlager frei ist.
- Spannhebel nach vorn schnellen lassen, Gewehr entsichern und Abzug betätigen, sichern.
- Trageriemen am Ösenbolzen aushaken, beide Haltebolzen am Bodenstück herausziehen, in die Hohlnieten der Schulterstütze stecken, Bodenstück mit Schulterstütze gradlinig zurückziehen und abnehmen.
- Haltebolzen zum Griffstück herausziehen, Griffstück abnehmen und Haltebolzen zurückstecken.
- Verschluss mit dem Spannhebel zurückziehen und entnehmen; Spannhebel nach vorn schieben.
- Mündungsfeuerdämpfer bzw. Manöverpatronengerät abschrauben.
- Haltebolzen zum Handschutz herausziehen, Handschutz abnehmen und Haltebolzen zurückstecken.

Zusammensetzen sinngemäß in umgekehrter Reihenfolge.
- Beim Einschieben des Verschlusses darauf achten, dass die Verschlussrollen ganz im Verschlusskopf liegen.

Funktionsprüfung der Waffe nach dem Zusammensetzen – Ausführung:
- Mehrfach spannen und entspannen in den Stellungen „E" und „F".
- Abzug darf sich in Stellung „S" nicht zurückziehen lassen.
- Verschluss muss vollständig verriegeln, d. h. beim Entspannen ganz in vorderste Stellung gleiten (Blick in Auswurföffnung).
- Mündungsfeuerdämpfer muss festsitzen und das Magazin sicher einrasten.
- Nach der Prüfung Waffe entspannen und sichern!

Nur zur Hauptreinigung:
Zerlegen des Verschlusses (Bild 7 und 8) – Ausführung:
- Verschlusskopf vom -träger drehen und vom Steuerstück jeweils mit den letzten drei Ziffern der Waffennummer gekennzeichnet) abziehen.
- Steuerstück drehen (Schlagbolzen wird frei) und mit Schlagbolzen und Schlagbolzenfeder dem Verschlussträger entnehmen.

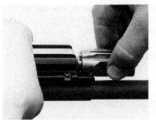
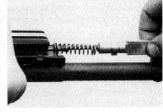

Bild 7 Verschlusskopf abziehen

Bild 8 Steuerstück mit Schlagbolzen entnehmen

Zusammensetzen des Verschlusses (Bild 9 und 10) – Ausführung:
- Schlagbolzen zusammen mit der Schlagbolzenfeder und dem Steuerstück in den Verschlussträger einschieben und so drehen, daß das Steuerstück schräg aufwärts zum Körper zeigt.
- Verschlusskopf auf das Steuerstück so aufschieben, daß die abgeschrägte Fläche des Verschlusskopfes vor die Nase des Sperrhebels zu liegen kommt und über den Sperrhebel bis zum Anschlag drücken.
- Verschlusskopf wieder geringfügig (ca. 5 mm) zurückziehen oder mit dem linken Daumen zurückdrücken, bis er sich so weit drehen läßt, daß seine Unterseite mit der des Verschlussträgers eine Ebene bildet.

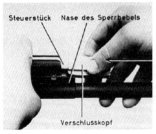

Bild 9 Verschlusskopf aufschieben

Bild 10 Verschlusskopf drehen

Zerlegen des Griffstücks – Ausführung:
- Sicherung senkrecht nach oben stellen und herausziehen.
- Abzugsgehäuse dem Griffstück entnehmen, aber nicht weiter zerlegen.

- Zusammensetzen sinngemäß in umgekehrter Reihenfolge. Sicherung wird auf **„S"** gestellt.

4. Ladetätigkeiten, Schussabgabe und Magazinwechsel
- Vor jedem Schießen Funktion prüfen (wie nach dem Zusammensetzen).
- Mit sauberem Docht Rohr entölen.

Teilladen (Bild 11) – Ausführung:

- Das Gewehr ist gesichert, Verschluss in vorderster Stellung.
- Gewehr mit der rechten Hand am Griffstück halten.
- Ausgestreckten Zeigefinger entlang Abzugbügel legen.
- Schulterstütze gegen rechte Körperseite stützen, Mündung muss nach links oben zeigen.
- Gefülltes Magazin mit einer leichten Drehbewegung zum Körper in den Magazinschacht schieben und hörbar einrasten lassen. Nicht auf den Magazinboden nachschlagen.

Bild 11 Teilladen des Gewehrs

Gewehr ist teilgeladen und gesichert, d.h. Magazin eingeführt, schnelle Feuerbereitschaft gewährleistet und größtmögliche Sicherheit gegeben, weil der Verschluss in vorderster Stellung und noch keine Patrone im Patronenlager ist.

Fertigladen erfolgt auf dem Gefechtsfeld auf Befehl und je nach Lage vom Schützen selbstständig, bei Ziel- und Schießübungen auf das Kommando „Feuer" oder „Schuss" – Ausführung:
- Gesichertes Gewehr wie beim Teilladen halten.
- Mit der linken Hand den Spannhebel vollständig zurückziehen und wieder vorschnellen lassen.

Gewehr ist fertiggeladen und gesichert, d.h. eine Patrone im Patronenlager, Verschluss gespannt in vorderster Stellung.

Laden im Liegen
- Gewehr mit der rechten Hand und ausgestrecktem Arm vorn am Handschutz erfassen, Mündung zeigt in Zielrichtung.

Laden hinter einer hoher Deckung oder Deckung im Kampfstand
- Gewehr am Handschutz erfassen, mit der Schulterstütze auf den Boden aufsetzen, Mündung zeigt nach oben.

Laden bei Gewehrauflage
- Gewehr bleibt beim Laden mit dem Handschutz aufgelegt, Mündung zeigt schräg nach oben in Ziel- oder Feindrichtung. Soldat bleibt in Deckung.

Schussabgabe
- Gewehr in Schussrichtung bringen und entsichern.
- Feuerart einstellen.
- Abzug mit dem Zeigefinger zurückziehen.

Entladen (Bild 12) – Ausführung:
- Gewehr wie beim Laden erfassen und halten.
- Mit linker Hand Magazin umfassen und mit Daumen Ausrücker drücken.
- Magazin mit leichter Drehbewegung nach vorn herausziehen und wegstecken.
- Mit rechtem Daumen oder Handballen Auswurföffnung, mit übrigen Fingern Magazinschacht abdecken und, während linke Hand Spannhebel zurückzieht, Patrone auffangen.
- Prüfen, ob Patronenlager frei ist.
- Mit rechter Hand Griffstück umfassen, mit linker Spannhebel ganz nach hinten ziehen (nicht schlagen), nach links umlegen und vorschnellen lassen.
- Gewehr entsichern, Abzug zurückziehen und wieder sichern; ein Magazin kann eingeführt werden.

Gewehr ist entladen, entspannt und gesichert.

Bild 12 Entladen des Gewehrs

Magazinwechsel – Grundsätze:
- Magazine mit dem Magazinboden oben so in den Magazintaschen tragen, dass die Geschossspitzen nach rechts zeigen.
- Zum Herausziehen das Magazin mit Daumen von links und vier Fingern von rechts ergreifen: kein Umgreifen erforderlich! Linke Hand mit Handrücken, rechte mit Handteller zum Körper zufassen.
- Bei genügend Zeit für Magazinwechsel zuerst die Magazine in den rechten Taschen verwenden, die in den linken alsbald ergänzen.

- Beim Füllen und Entleeren des Magazins Anzündhütchen nicht belasten – Explosionsgefahr!

Magazinwechsel (Bild 13) – Ausführung:
- Gewehr je nach Körperstellung oder Anschlag wie beim Laden erfassen.
- Mit der linken Hand volles Magazin aus der Magazintasche nehmen, an das leergeschossene anlegen, wobei der Daumen den Ausrücker, die vier anderen Finger beide Magazine im unteren Teil erfassen.
- Ausrücker betätigen, leeres Magazin nach vorn unten abkippen und das volle Magazin einsetzen.
- Leeres Magazin in die Magazintasche stecken und diese schließen.
- Spannhebel bis zum Anschlag zurückziehen und wieder nach vorn schnellen lassen. Dies entfällt, wenn noch eine Patrone aus dem entnommenen Magazin im Patronenlager ist.

Bild 13   Volles Magazin einsetzen

Magazinwechsel im Liegen (Bild 14)
- Bei Entnahme eines Magazins aus einer rechten Tasche das Gewehr mit der linken Hand am Handschutz ergreifen.
- So auf die linke Körperseite rollen, daß der linke Arm fast gestreckt ist und die linke Schulter flach auf dem Boden liegt,
- Magazin mit rechter Hand wechseln.

Bild 14   Magazinwechsel im Liegen

5. **Beseitigung von Störungen** ist meist schnell möglich: **Sichern, einmal durchladen, entsichern und weiterschießen!** Ansonsten Fehlerquelle beseitigen. Beim folgenden Überblick über die wichtigsten Störungen ist deren häufigste Ursache, die Verschmutzung, nicht in jedem Einzelfall erwähnt.

Störungen	Ursache	Abhilfen
Patrone wird nicht zu- und eingeführt	Zubringer oder Zubringerfeder schadhaft Magazinlippen verbogen Magazin verschmutzt Magazin nicht richtig eingesetzt	Magazinwechsel Magazinwechsel Reinigen Richtig einsetzen
Waffe wird nicht verriegelt	Beschädigte Patrone Gleitbahn, Verschlussträger oder Patronenlager verschmutzt Schließfeder lahm oder gebrochen	Durchladen und weiterschießen Reinigen Instandsetzung
Patrone wird nicht gezündet	Munitionsfehler Verriegelung nicht vollständig Schlagbolzen gebrochen oder Fehler in Abzugseinrichtung	Durchladen und weiterschießen Instandsetzung
Schuss bricht nicht, nur Hülsenauswurf beim Durchladen	Munitionsfehler (Geschoss steckt im Rohr)	Sofort stopfen Instandsetzung
Patronenhülse wird nicht ausgezogen, nicht oder nicht rechts/vorwärts ausgeworfen	Patronenlager verschmutzt Verschluss, Auszieher, Auswerfer oder Gehäuse beschädigt	Reinigen, Gefechtspatronen leicht einölen Instandsetzung

IV. ÜBUNGSGERÄTE

1. Manöverpatronengerät

Neben den allgemeinen Bestimmungen (siehe „Umgang mit Handwaffen") sind die Besonderheiten für **Gewehr G3** zu beachten:

Zum Schießen mit Manöverpatronen

■ Mündungsfeuerdämpfer abschrauben und Manöverpatronengerät bis zum Anschlag aufschrauben.

Mit dem Schraubenschlitz lässt sich der Düsenbolzen drehen und der Gasdurchlass regulieren. Schraubenschlitz zur Schussrichtung quer = höchster, längs = geringster Gasdruck im Rohr. Einstellung ist optimal, wenn Verschluss in hinterste Stellung gleitet und Treibladungshülse 3 bis maximal 8 m ausgeworfen wird. Vor jedem Verstellen des Düsenbolzens ist das Gewehr zu entladen.

2. Übungsverschluss Gewehr G3 für Übungspatronen (Bild 15)

Gefechts- und Manöverpatronen können mit dem Übungsverschluss nicht verschossen werden; das Manöverpatronengerät darf nicht aufgesetzt sein.
Visierstellung beim Schießen mit Übungspatronen:

Zielentfernung	bis 50 m	**Visierstellung**	200 m,
	bis 75 m		300 m,
	bis 100 m		400 m.

- **Die Übungspatrone ist wie eine Gefechtspatrone zu behandeln.** Im **Gefahrenbereich von 400 m** kann sie schwerste Verletzungen verursachen und sogar tödlich wirken.
- **Die Mindestschussentfernung beträgt 10 m!**

Einsetzen des Übungsverschlusses:
- Gewehr entladen und Sicherheit überprüfen.
- Verschluss entnehmen, Übungsverschluss in das Gewehr einsetzen.
- Bei zusammengesetztem Gewehr durch mehrfaches Durchladen die Funktion prüfen.

Mündungsfeuerdämpfer muss aufgeschraubt sein. Rohr mit sauberem Docht entölen.

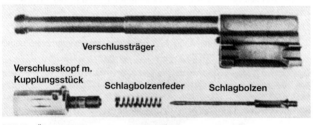

Bild 15 Übungsverschluss Gewehr G3 für Übungspatronen 7,62 mm × 51

Nur zur Hauptreinigung:
Zerlegen des Übungsverschlusses – Ausführung:
- Verschlusskopf vom -träger durch Drehen nach links trennen.
- Schlagbolzen und -feder dem Verschlusskopf entnehmen,
- Zusammensetzung sinngemäß in umgekehrter Reihenfolge.

3. **Übungsschießgerät Einsteckrohr** Gewehr G3 für Patronen 5,6 mm × 16 und **Lichtpunktgewehr** sind hier nicht behandelt.

Gewehr G36

ZDv 3/136

I. BEZEICHNUNG UND VERWENDUNGSZWECK

1. Das **Gewehr G36, Kaliber 5,56 mm x 45** (Bild 1) ist eine automatische Handwaffe mit Magazinzuführung für **Einzelfeuer** und **kurze Feuerstöße**, Die Waffe ist ein Gasdrucklader mit Drehverschluss und wiegt mit gefülltem Magazin (30 Patronen) etwas über 4 kg. Das Geschoss erreicht eine Anfangsgeschwindigkeit von ca. 920 m/s. Die **Kampfentfernung** beträgt bis **500 m**.

2. Mit dem G36 können verschossen werden:
- **Gefechtspatronen**,
- **Manöverpatronen** unter Austausch des Mündungsfeuerdämpfers gegen das Manöverpatronengerät.

Bild 1   Gewehr G36

II. BAUGRUPPEN UND ZUBEHÖR

Baugruppen (Bild 2) sind: **Gehäuse mit Rohr und Anbauteilen, Verschluss, Griffstück, Bodenstück mit Schließfeder, Schulterstütze, Handschutz, Tragebügel mit Visiereinrichtung, Magazin, Trageriemen** und als Sonderzubehör **Zweibein**.
Die wichtigen Teile der Waffe, Rohr ausgenommen, bestehen aus Kunststoff; Vorteile: Korrosionsbeständigkeit, geringes Gewicht, gute Handhabung bei sehr niedriger bzw. hoher Temperatur.
Zum **Zubehör** gehören **Reservemagazin, Magazintasche, Mündungskappe** und **Waffenreinigungsgerät für Kaliber 5,6 mm**.

Beschreibung der Baugruppen

1. Das **Gehäuse mit Rohr und Anbauteilen** besteht aus Gehäuse, Magazinschacht, Magazinhalter, Gasantrieb, Mündungsfeuerdämpfer, Rohr, vollständig, mit Gasabnahme und Gewehrgranatführung mit Bajonetthalterung.

Das **Gehäuse** ist der tragende Teil. Daran sind Griffstück, Schulterstütze, Handschutz, Tragebügel mit Visiereinrichtung und Magazinschacht befestigt. Vorn sind die Öffnungen für Rohr und Antriebstange, hinten wird es durch das Bodenstück abgeschlossen. Innen sind die Führungsbahnen für den Verschluss. Das Verriegelungsstück ist fest integriert.

Oben ist der Tragebügel auf zwei Schwalbenschwanzführungen aufgeschoben und befestigt.

Unten nimmt der Magazinschacht, in Verbindung mit dem Magazinhalter, das Magazin auf.

Rechts liegt die Hülsenauswurföffnung, dahinter der Hülsenabweiser, zugleich Halterung für die abgeklappte Schulterstütze. Die Schulterstützenaufnahme als Scharnier ist ganz hinten.

Links hinten befindet sich die Öse zum Einhängen des Trageriemens.

Der **Gasantrieb** gibt mit dem in die Gasabnahme eingesetzten Gaskolben und der Antriebstange dem Verschluss den Impuls zum Rücklauf.

Der auf die Rohrmündung aufgeschraubte **Mündungsfeuerdämpfer** unterdrückt das Mündungsfeuer und schützt die Rohrmündung vor Beschädigung.

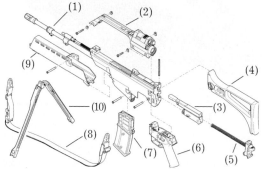

Bild 2   Baugruppen
(1) Gehäuse mit Rohr und Anbauteilen, (2) Tragebügel mit Visiereinrichtung, (3) Verschluss, (4) Schulterstütze, vollständig, (5) Bodenstück mit Schließfeder, (6) Griffstück, vollständig, (7) Magazin, (8) Trageriemen, (9) Handschutz, vollständig
Zusatzausstattung: (10) Zweibein, Trommelmagazin (nicht abgebildet)

Im vorn ins Gehäuse eingesetzten und mit einer Rohrmutter verschraubten Rohr, wird die **Patrone gezündet** und dem **Geschoss Bewegung, Richtung und Drall** gegeben. Das Rohrinnere hat einen gezogenen Teil mit sechs von links nach rechts verlaufenden **Zügen** und einen glatten Teil, das **Patronenlager**.

2. Der **Verschluss** besteht aus dem
– Verschlussträger, vollständig, der Spannhebel, Gabel, Verschlusskopf und Schlagbolzen aufnimmt;
– Schlagbolzen und
– Verschlusskopf, vollständig, mit Auszieher und Ausstoßer.

Der beidseitig schwenkbare Spannhebel (Bild 3) kehrt nach dem Schwenken wieder selbständig in die Ausgangsstellung zurück, wenn er nicht durch einen kurzen Druck nach innen in Querstellung fixiert wird.

Der Verschluss wird über Führungsnuten im Gehäuse geführt, schiebt die Patrone aus dem Magazin ins Patronenlager, verriegelt beim Schuss im Verriegelungsstück und dichtet so in Verbindung mit der Patronenhülse das Patronenlager nach hinten ab. Er zündet die Patrone, entriegelt das Rohr nach dem Schuss, zieht und wirft die Hülse aus und spannt den Hahn.

Bild 3 Spannhebel, beidseitig schwenkbar

3. Das mit dem Gehäuse verbundene **Griffstück** enthält die Abzugseinrichtung sowie die Sicherung. Die **Sicherung** hält das in das Griffstück eingesetzte Abzugsgehäuse fest. Der beidseitig bedienbare **Sicherungshebel** ist wahlweise einstellbar auf „**S**" = **Sicher** (weiß), „**E**" = **Einzelfeuer** (rot) und „**F**" = **Feuerstoß** (rot).

4. Das **Bodenstück** nimmt den Puffer, der nach dem Schuss den Rücklauf des Verschlusses bremst, und die Schließfeder, vollständig, auf.

5. Die **Schulterstütze** ermöglicht die Handhabung der Waffe, ihr Einziehen in die Schulter und das Befestigen des Trageriemens. Sie ist nach rechts an das Gehäuse anklappbar (Bild 4).

Bild 4 Schulterstütze angeklappt   aus „Soldat und Technik" Nr. 3/96

6. Der **Handschutz** umschließt das Rohr und den Gasantrieb rundum und schützt vor Verbrennungen. Das Zweibein kann in seine Aufnahme eingesetzt und mit dem Ösenbolzen befestigt werden, der auch zur Befestigung des Trageriemens dient.

7. Der **Tragebügel mit Visiereinrichtung** (Bild 5) nimmt Reflexvisier und Zielfernrohr auf.

Das aufgeschobene **Reflexvisier** dient als Schnellvisier auf Entfernungen bis 200 m. In seiner Optik (Vergrößerung 1-fach) ist ein roter Lichtpunkt sichtbar, der die Lichtzufuhr durch das Tageslicht erhält, bei schwachem Licht durch die eingebaute Beleuchtung. Ist diese durch Drehen des Schalters eingeschaltet, kann die Leuchtkraft des Lichtpunktes für 30 s durch Drücken des Schalters verstärkt werden.

Bild 5 Visiereinrichtung (unten Zielfernrohr, oben Reflexvisier)
         aus „Soldat und Technik" Nr. 3/96

Das **Strichbild** (Bild 6) des im Tragebügel integrierten Zielfernrohrs (Vergrößerung 3-fach) enthält
- Visiermarken von 200 bis 800 m in 200-m-Schritten,
- Vorhaltemarken für seitliche Zielbewegungen (Entfernung 200 m, Geschwindigkeit 15 km/h),
- Markierungen zum Schätzen der Zielentfernung von 200 bis 800 m (Mannhöhe 1,75 m).

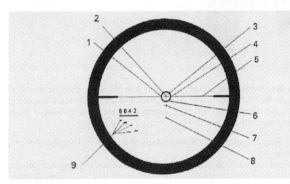

1 Vorhaltemarke links
2 Visiermarke 200 m
3 Zielkreis
4 Vorhaltemarke rechts
5 Querlinie zur Verkantungserkennung

6 Visiermarke 400 m
7 Visiermarke 600 m
8 Visiermarke 800 m
9 Markierungen Entfernungsschätzen

Bild 6   Strichbild Zielfernrohr   aus „Soldat und Technik" Nr. 3/96

8. Das **Magazin** nimmt 30 Patronen auf und besteht aus Magazingehäuse, Zubringer, Magazinfederfeder und Magazinboden. Das durchsichtige Magazingehäuse lässt die Anzahl der Patronen im Magazin erkennen.

9. Der **Trageriemen** wird mit dem vorderen Karabinerhaken in den Ösenbolzen am Handschutz eingehängt, mit dem hinteren beim Anbringen des Trageriemens an der Waffenseite
- links in die Öse am Gehäuse,
- rechts in eine Bohrung an der Schulterstütze.

Hinten kann man bei ausgeklappter Schulterstütze auch deren Öse nutzen.

Zum Tragen der Waffe vor dem Körper läßt sich die Kupplung des in der Länge verstellbaren Gurts lösen.

10. Das anklappbare **Zweibein** dient zur Vorderunterstützung der Waffe.

III. BEDIENUNG

1. **Grundsätze** siehe „Umgang mit Handwaffen".

2. **Trageweise** siehe „Umgang mit Handwaffen".
Die verschiedenen zusätzlichen Tragemöglichkeiten, die der spezielle Trageriemen der Waffe zuläßt, werden hier nicht behandelt.

3. **Zerlegen und Zusammensetzen**

Zerlegen – Ausführung:
- Waffe sichern, Magazin entnehmen, Spannhebel zurückziehen, Fangstollen nach oben drücken (Verschluss wird in hinterer Stellung gehalten) und prüfen, ob Patronenlager frei ist.
- Spannhebel etwas zurückziehen und Verschluss nach vorn gleiten lassen, Gewehr entsichern und Abzug betätigen, sichern.
- Trageriemen aushaken und abnehmen.
- Schulterstütze ausklappen.
- Beide Haltebolzen am Griffstück nach links drücken, herausziehen und in Bohrungen an der Schulterstütze stecken.
- Griffstück nach unten abnehmen.
- Schulterstütze anklappen.
- Bodenstück mit Schließfeder nach unten drücken (Lagerzapfen rastet aus Bohrung am Gehäuse aus), nach hinten herausziehen.
- Verschluss am Spannhebel nach hinten drücken und entnehmen.
- Schulterstütze ausklappen.
- Magazinhalter drücken, Magazinschacht nach unten schwenken und abnehmen.
- Zweibein ggf. abbauen.
- Haltebolzen am Handschutz nach links drücken, herausziehen und in Bohrung an der Schulterstütze stecken.
- Handschutz nach vorn abziehen.
- Antriebsstange gegen Federdruck bis zum Anschlag nach hinten ziehen, zur Seite schwenken und nach vorn abnehmen.
- Gaskolben nach hinten aus Gasabnahme herausziehen.

Zusammensetzen sinngemäß in umgekehrter Reihenfolge. Dabei beachten:
- Einbaulage der Antriebsstange.
- Beim Einhaken des Trageriemens Kupplung vorn.

Funktionsprüfung der Waffe nach dem Zusammensetzen – Ausführung:

- Mehrfach spannen und entspannen in den Stellungen „E" und „F".
- Abzug darf sich in Stellung „S" nicht zurückziehen lassen.
- Verschluss muss vollständig verriegeln, d. h. beim Entspannen ganz in vorderste Stellung gleiten (Blick in Auswurföffnung).
- Mündungsfeuerdämpfer muss festsitzen und das Magazin sicher einrasten.
- Nach der Prüfung Waffe entspannen und sichern!

Nur zur Hauptreinigung:
Zerlegen des Verschlusses – Ausführung:

- Sicherungsbolzen nach links herausdrücken, Schlagbolzen nach hinten entnehmen.
- Verschlusskopf nach vorn ziehen, bis Steuerbolzen waagerecht steht, Steuerbolzen nach links herausnehmen.
- Verschlusskopf nach vorn entnehmen.

Zusammensetzen des Verschlusses – Ausführung:

- Verschlusskopf mit Auszieher nach rechts in Verschlussträger einführen.
- Steuerbolzen mit Flächen parallel zur Schussrichtung einstecken.
- Sicherungsbolzen mit O-Ring von links so in Verschlussträger eindrücken, dass er bündig abschließt.

4. **Ladetätigkeiten und Schussabgabe**
- Vor jedem Schießen Funktion prüfen (wie nach dem Zusammensetzen).
- Mit sauberem Docht Rohr entölen.

Teilladen – Ausführung:

- Das Gewehr ist gesichert, Verschluss in vorderster Stellung.
- Gewehr mit der rechten Hand am Griffstück halten.
- Ausgestreckten Zeigefinger entlang Abzugbügel legen.
- Schulterstütze gegen rechte Körperseite stützen, Mündung muss nach links oben zeigen.
- Gefülltes Magazin in den Magazinschacht schieben und hörbar einrasten lassen. Nicht auf den Magazinboden nachschlagen.

Gewehr ist teilgeladen und gesichert, d.h. Magazin eingeführt, schnelle Feuerbereitschaft gewährleistet und größtmögliche Sicherheit gegeben, weil der Verschluss in vorderster Stellung und noch keine Patrone im Patronenlager ist.

Fertigladen erfolgt auf dem Gefechtsfeld auf Befehl und je nach Lage vom Schützen selbstständig, bei Ziel- und Schießübungen auf das Kommando „Feuer" oder „Schuss". – Ausführung:

- Gesichertes Gewehr wie beim Teilladen halten.
- Spannhebel seitlich ausschwenken, Verschluss vollständig zurückziehen und vorschnellen lassen.

Schließhilfe, wenn der Verschluss beim Loslassen des Spannhebels nicht verriegelt:
- Spannhebel (links oder rechts) ausschwenken und nach innen drücken, bis er einrastet.
- Ausgeschwenkten Spannhebel nach vorn drücken, bis Verschluss in vorderster Stellung ist (verriegelt).
- Spannhebel nach außen ziehen und in Ausgangsstellung zurückschwenken lassen: Nie mit ausgeschwenktem Spannhebel schießen!

Gewehr ist fertiggeladen und gesichert, d.h. eine Patrone im Patronenlager, Verschluss gespannt in vorderster Stellung.

Laden hinter einer hohen Deckung oder Deckung im Kampfstand
- Gewehr am Handschutz erfassen, mit der Schulterstütze auf den Boden aufsetzen, Mündung zeigt nach oben.

Laden bei Gewehrauflage
- Gewehr bleibt beim Laden mit dem Handschutz aufgelegt, Mündung zeigt schräg nach oben in Ziel- oder Feindrichtung. Soldat bleibt in Deckung.

Schussabgabe
- Gewehr in Schussrichtung bringen, mit Daumen der Schießhand entsichern, Feuerart einstellen.
- Abzug mit Zeigefinger zurückziehen.

Entladen – Ausführung:
- Gewehr wie beim Laden erfassen und halten.
- Magazin umfassen, mit Daumen Magazinhalter nach vorn drücken, Magazin herausziehen und wegstecken.
- Spannhebel zurückziehen, mit anderer Hand Auswurföffnung und Magazinschacht abdecken und Patrone auffangen.
- Prüfen, ob Patronenlager frei ist.
- Spannhebel loslassen und Verschluss vorschnellen lassen.
- Gewehr entsichern, Abzug zurückziehen und wieder sichern; ein Magazin kann eingeführt werden.

Gewehr ist entladen, entspannt und gesichert.

5. **Beseitigung von Störungen** ist meist schnell möglich: **Sichern, einmal durchladen, entsichern und weiterschießen!** Ansonsten Fehlerquelle beseitigen.

IV. ÜBUNGSGERÄT

Manöverpatronengerät
- Darf nur zum Schießen mit Manöverpatronen mitgeführt werden.

Zum **Schießen mit Manöverpatronen**
- Gewehr entladen und auf Sicherheit überprüfen,
- Rohr mit sauberem Docht entölen,
- Mündungsfeuerdämpfer abschrauben und Manöverpatronengerät bis zum Anschlag aufschrauben.

Mit dem Schraubenschlitz lässt sich der Düsenbolzen drehen und der Gasdurchlass regulieren. Schraubenschlitz zur Schussrichtung quer = höchster, längs = geringster Gasdruck im Rohr. Einstellung ist optimal, wenn Verschluss in hinterste Stellung gleitet und Treibladungshülse ohne Störung ausgeworfen wird. Vor jedem Verstellen des Düsenbolzens ist das Gewehr zu entladen.

Maschinengewehr MG3

ZDv 3/14

I. BEZEICHNUNG UND VERWENDUNGSZWECK

1. **Das Maschinengewehr MG3, Kaliber 7,62 mm x 51** (Bild 1) ist eine offene, vollautomatische Handwaffe mit Gurtzuführung für **Feuerstöße**. Die Waffe ist ein Rückstoßlader mit starr verriegeltem Verschluss und beweglichem Rohr, bei dem nach dem ersten Schuss alle Bewegungsvorgänge durch den Rückstoßimpuls bewirkt werden. Das MG wiegt etwa 12 kg. Das Geschoss erreicht eine Anfangsgeschwindigkeit von 820 m/s.

2. **Kampfentfernung bis**
- **600 m** bei Zweibeinunterstützung: **kurze Feuerstöße** (3–5 Schuss),
- **1200 m** von der Lafette: meist **längere Feuerstöße**.

Das Visier ist verstellbar um jeweils 100 m von 200–1200 m. Das MG eignet sich besonders zum flankierenden Einsatz.

Flugziele werden mit Hilfe des Fliegerabwehrvisiers **bis 600 m** bekämpft siehe „Fliegerabwehr (zu Lande)".

Bild 1 Maschinengewehr auf Zweibein

3. Außer **Gefechtspatronen** können mit dem MG auch **Manöverpatronen** nach Austausch des Rückstoßverstärkers gegen ein Manöverpatronengerät sowie **Übungspatronen** unter Verwendung des Übungsgeräts verschossen werden.

II. BAUGRUPPEN UND ZUBEHÖR

Baugruppen des MG3 (Bild 2) sind **Gehäuse mit Rohrwechselklappe und Visiereinrichtung, Rückstoßverstärker, Rohrführungshülse, Rohr, Ver-**

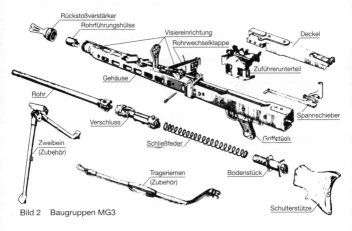

Bild 2 Baugruppen MG3

schluss, **Schließfeder, Bodenstück, Schulterstütze, Spannschieber, Gurtzuführer** (Deckel mit Zuführeroberteil, -unterteil), **Griffstück**.
Zubehör: Zweibein, Trageriemen, Rohrschützer, Tragetasche mit Inhalt (Ersatzverschluss, Handschutzlappen, Ölkanne, Mündungskappe, Kombinationswerkzeug), **Patronenkasten, Patronengurt, Einführstück**. Je nach Ausstattung: Übungsgerät-MG (Rückstoßverstärker und Verschlusskopf).

Beschreibung der Baugruppen

1. **Im Gehäuse** (Bild 2) **lagern Rohr, Verschluss und Schließfeder**. Der vordere Teil des Gehäuses ist zur Kühlung des Rohrs mit Durchbrüchen versehen. Der lange Durchbruch auf der rechten Seite und die **Rohrwechselklappe** ermöglichen den raschen Rohrwechsel. Im vorderen Teil des Gehäuses ist die **Rohrführungshülse** eingesetzt. Der **Rückstoßverstärker** mit Rückstoßverstärkerdüse ist aufgeschraubt.

2. Auf dem Gehäuse befindet sich die **Visiereinrichtung**, bestehend aus dem abklappbaren Korn, dem Visier und dem Fliegerabwehrvisier.

3. Der hintere Teil des Gehäuses dient zur Führung des Verschlusses. Unten ist das **Griffstück** angebracht. Vor dem Griffstück ist eine Aussparung für den Hülsenauswurf, die von dem Schutzdeckel abgedeckt wird. Die Aussparung auf der rechten Seite dient zur Aufnahme des **Spannschiebers**.

4. Im **Rohr** wird die **Patrone gezündet** und dem **Geschoss Bewegung, Richtung und Drall** gegeben. Das Rohrinnere hat einen gezogenen Teil mit vier von links nach rechts verlaufenden Zügen und einen glatten Teil, das Patronenlager.
Das **Verriegelungsstück** ist auf das Rohr aufgeschraubt und verriegelt es in Verbindung mit dem Verschluss.

5. Der **Verschluss** (Bild 3) **stößt die Patrone** aus dem Patronengurt, **führt sie in das Patronenlager** ein, **verriegelt** das Rohr, **zündet** die Patrone, **zieht und wirft die Patronenhülse aus** und **betätigt den Zuführer** (Bild 3 zeigt nicht den Auszieher am Verschlusskopf).

6. Die **Schließfeder** fängt den zurückgleitenden Verschluss auf und wirft ihn wieder nach vorn.

7. Das **Griffstück** ist an der Unterseite des Gehäuses befestigt und nimmt

1 = Verschlussgehäuse mit
2 = Transportbolzen mit
3 = Auswerferbuchse
4 = Verschlusskopf mit
5 = Verriegelungsrollen
6 = Schlagbolzen
7 = Schlagbolzenhalter
8 = Auswerfer
9 = Auswerferstange
10 = Verschlusssperre

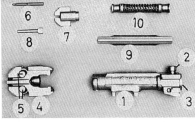

Bild 3 Verschluss

Abzugseinrichtung und **Sicherungseinrichtung** auf. Der Abzug drückt beim Zurückziehen den Abzugshebel nach unten und gibt den Verschluss frei.
Eine Öse am Griffstück dient zur Befestigung des Trageriemens.

8. Das **Bodenstück** schließt das Gehäuse nach hinten ab. Der **Puffer** begrenzt die Rücklaufbewegung des Verschlusses und dient als Widerlager für die Schließfeder.

9. Die **Schulterstütze** wird auf das Bodenstück gesteckt, durch Drehung um 45° nach rechts verriegelt und durch eine Sperre gesichert.

10. Der **Deckel** (Bild 4) schließt das Gehäuse nach oben ab und nimmt den Zuführer auf. Er ist mit dem **Zuführerunterteil** durch den Deckelbolzen drehbar am **Kurvenstück** gelagert. Der Zuführer wird beim Rücklauf des Verschlusses durch den Transportbolzen am Verschlussgehäuse betätigt. Die Druckplatte lenkt die Patrone in das Patronenlager. Das Zuführerunterteil führt und begrenzt den Patronengurt.

1 = Gurtschieber (Zuführeroberteil)
2 = Druckplatte
3 = Verbindungshebel mit Feder
4 = Transporthebel

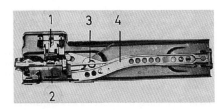

Bild 4 Deckel (Innenseite)

Beschreibung des Zubehörs

11. Das **Zweibein** kann als Vorder- oder Mittelunterstützung verwendet werden.

12. Im **Rohrschützer** wird das Ersatzrohr mitgeführt. Der aufgeklappte Rohrschützer dient als Auflage für heißgeschossene Rohre.

13. Ein **Patronengurt** nimmt **50 Patronen** auf; mehrere Gurte lassen sich zusammensetzen.
Die Gurte sind beim **Aufmunitionieren** grundsätzlich **vom Ende her** zu füllen. Beim Gurten und Entgurten ist immer besondere Vorsicht erforderlich. Belastungen des Anzündhütchens, z. B. durch Schlag, können zur Anzündung der Patrone führen, die außerhalb der verriegelten Waffe eine explosionsartige Zerlegung bewirken.

14. Das Kombinationswerkzeug dient zum Beseitigen von Störungen und zum Auswechseln des Ausziehers am Verschluss.

III. BEDIENUNG

1. **Grundsätze** siehe „Umgang mit Handwaffen".
Neben den **Grundregeln für den sicheren Umgang mit Handwaffen** sind die Besonderheiten für **Maschinengewehr MG3** zu beachten:
- Sind 150 Gefechtspatronen oder 100 Übungs- oder Manöverpatronen ohne längere Unterbrechung verschossen worden, ist das Rohr zu wechseln und erst nach Abkühlung auf Handwärme (dabei kann die ungeschützte Hand es 30 Sekunden fest umfassen) wiederzuverwenden.

2. **Trageweise**
Innerhalb von **Gebäuden** (Bild 5) darf ein Soldat nur ein MG tragen, außerhalb höchstens zwei; sie dürfen sich nicht berühren.

In der **geschlossenen Ordnung** wird das MG **umgehängt** (Bild 6). Bei längeren Märschen (z. B. auf das Kommando „Ohne Tritt!") kann es auch **untergehängt** (Bild 7) oder **geschultert** (Bild 8) werden (links oder rechts).

In der **geöffneten Ordnung** kann der Soldat das MG geschultert tragen, solange er nicht mit Feindberührung rechnen muss. Ist Feindberührung zu erwarten, trägt er das MG am Trageriemen in der Hand – siehe „Gefechtsdienst aller Truppen (zu Lande) – Bewegungen".

MG in Pirschhaltung – Findet nur ausnahmsweise zum Feuerkampf auf kurze Entfernung Anwendung, siehe „Schießausbildung mit dem MG auf Zweibein".

Bild 5 Trageweise des MG in Gebäuden

Bild 6 MG umgehängt

Bild 7 MG untergehängt

Bild 8 MG geschultert

3. Zerlegen und Zusammensetzen

Zerlegen

- Vor dem **Zerlegen** ist das MG zu entladen. Bei entladenem MG ist zu prüfen, ob Patronenlager und Verschlussbahn frei sind.
- **Deckel öffnen und abnehmen:** Deckelriegel nach vorn drücken; Deckel hochstellen; Zuführerunterteil anheben und an Deckel anlegen (90° zur Rohrachse); Deckelbolzen nach links herausziehen und Deckel und Zuführerunterteil abheben.
- **Abnehmen der Schulterstütze mit Bodenstück und Schließfeder:** Bodenstücksperre drücken; Schulterstütze um 90° nach links drehen und nach hinten abziehen. Hierbei muss leichter Druck gegen die zurückdrückende Schließfeder ausgeübt werden.
- **Herausnehmen des Verschlusses:** Spannschieber ruckartig zurückziehen; Verschluss auffangen und herausnehmen.
- **Herausnehmen des Spannschiebers:** Spannschieber bis zum Anschlag zurückziehen; Spanngriff nach vorn umlegen, bis die Sperrklinke ausrastet; Spannschieber vorsichtig weiter zurückziehen, nach unten abkippen und herausnehmen.
- **Herausnehmen des Rohrs:** Rohrwechselklappe mit dem Ballen der rechten Hand nach vorn auswärts schieben; Rohr herausnehmen.
- **Abschrauben des Rückstoßverstärkers:** Sperre des Rückstoßverstärkers anheben; Rückstoßverstärker abschrauben.
- **Entfernen der Rohrführungshülse:** Sperre des Rückstoßverstärkers anheben; Rohrführungshülse mit dem Finger innen fassen, bis zur Rohrwechselklappe zurückführen und herausnehmen.
- **Zerlegen des Deckels mit Zuführeroberteil:** Deckel auf die Oberseite legen; Transporthebel nach Eindrücken der Sperrfeder anheben und herausnehmen; Druckplatte nach unten drücken, zurückschieben und loslassen, Verbindungshebel und Gurtschieber unter gleichzeitigem Anheben herausnehmen.
- **Abnehmen der Schulterstütze vom Bodenstück:** Schulterstützensperre eindrücken und Bodenstück nach einer Achteldrehung nach links oder rechts herausziehen.
- **Zerlegen des Verschlusses:** Beide Verriegelungsrollen nach außen ziehen; Verschlussgehäuse nach links drehen, bis sich der Verschlusskopf abnehmen läßt; Auswerferstange mit Verschlusssperre herausnehmen, dann Schlagbolzenhalter mit Schlagbolzen und Auswerfer.

Zusammensetzen

- **Verschluss zusammensetzen:** Verriegelungsrollen nach außen drücken (Ausstoßer nach oben); Schlagbolzenhalter so einsetzen, dass seine flache Seite zum Ausstoßer zeigt; Auswerfer einsetzen; Auswerferstange mit der

Innenseite auf die Fläche des Schlagbolzenhalters auflegen und festhalten; Verschlusssperre mit dem starken Ende nach vorn in die Auswerferstange einlegen und festhalten; Verschlussgehäuse über beide Teile führen und nach rechts drehen; Verriegelungsrollen nach innen drücken.
- Das **Zusammensetzen** der **Schulterstütze** mit dem **Bodenstück** und des **Deckels** mit dem **Zuführer**, das **Einsetzen** der **Rohrführungshülse** und des Rohrs sowie das Aufschrauben des **Rückstoßverstärkers** erfolgen sinngemäß in **umgekehrter Reihenfolge** wie beim Zerlegen.
- **Spannschieber einsetzen:** Spannschieber schräg von der Seite in die Öffnung des Gehäuses einführen; Spanngriff mit Schieber in die richtige Lage drücken, danach nach hinten schwenken und Spannschieber nach vorn schieben.
- **Verschluss einsetzen:** Griffstück fassen und Abzug zurückziehen; Verschluss in die Verschlussbahn schieben und am Transportbolzen oben mit einem Ruck nach vorn schieben. Abzug bleibt dabei zurückgezogen.
- **Schulterstütze mit Bodenstück und Schließfeder einsetzen:** Schließfeder über die Pufferfeder in das Bodenstück stecken; Schulterstütze mit Bodenstück um 90° nach links gedreht in das Gehäuse einführen und wieder nach rechts drehen, bis die Bodenstücksperre einrastet.
- **Deckel und Zuführerunterteil aufsetzen:** Gemeinsam senkrecht zur Rohrachse einsetzen und Deckelbolzen von links einführen; Deckel schließen.
Nach dem Zusammensetzen des MG ist seine Funktion zu prüfen.

4. **Ladetätigkeiten und Vorbereitung zum Schießen**
- Vor jedem Schießen Funktion prüfen (wie nach dem Zusammensetzen).
- Mit sauberem Docht Rohr entölen.

Teilladen – Ausführung:

- **Vor dem Laden stets** zuerst das Korn und dann den Kimmenhebel (ggf. die Visierscheibe des Fliegerabwehrvisiers) hochklappen.
- Patronengurt **mit Einführstück**: Dieses von links in den Gurtzuführer einschieben und mit der rechten Hand soweit nach rechts ziehen, dass die erste Patrone hinter dem Gurthaltehebel liegt.
- Patronengurt **ohne Einführstück**: Mit der linken Hand den Deckel öffnen und hochstellen, mit der rechten Hand den Patronengurt so einlegen und festhalten, dass
– die erste Patrone hinter dem Gurthaltehebel liegt und die leeren Gurttaschen unter das Führungsblech am Patronenanschlag geschoben werden,
– eine leere Gurttasche sich in die Haltenase rechts am Zuführerunterteil einhakt.
- Deckel mit der linken Hand schließen.

MG ist teilgeladen (läßt sich teilgeladen nicht sichern).

Fertigladen

Nach vorherigem Teilladen – Ausführung:

- Mit der rechten Hand den Verschluss mit dem Spannschieber kräftig und in einem Zug in die hinterste Stellung zurückziehen, bis er vom Abzugshebel gehalten wird.
- Spannschieber nach vorn schieben, bis er hörbar einrastet.
- MG mit dem rechten Daumen sichern.
- Mit der rechten Hand Patronengurt mit einem kräftigen Ruck nach rechts zum Anschlag ziehen.

MG ist fertiggeladen und gesichert.

Ohne vorheriges Teilladen – Ausführung:

- Mit der rechten Hand den Verschluss mit dem Spannschieber kräftig und in einem Zug in die hinterste Stellung zurückziehen, bis er vom Abzugshebel gehalten wird.
- Spannschieber nach vorn schieben, bis er hörbar einrastet.
- MG mit dem rechten Daumen sichern.
- Mit der linken Hand den Deckel öffnen.
- Mit der rechten Hand Patronengurt so einlegen, dass die erste Patrone am Anschlag liegt, Gurt festhalten.
- Mit der linken Hand den Deckel schließen.

MG ist fertiggeladen und gesichert. Es kann nur bei gespanntem Verschluss gesichert werden (Sicherungsschieber nach links – weißes **„S"** voll sichtbar).

Entladen des fertiggeladenen MG – Ausführung:

- Prüfen, ob das MG gesichert ist.
- Mit der linken Hand den Deckel öffnen und mit der rechten Hand den Patronengurt entfernen.
- Mit der rechten Hand Zuführerunterteil hochklappen, Rohrwechselklappe öffnen und prüfen, ob Patronenlager und Verschlussbahn frei sind.
- Zuführerunterteil abklappen, Deckel und Rohrwechselklappe schließen.
- Mit der rechten Hand Spannschieber zurückziehen und in hinterer Stellung festhalten.
- Mit der linken Hand entsichern, Abzug betätigen, Verschluss langsam nach vorn gleiten lassen und Spanngriff anklappen.
- Korn und Visier abklappen, Staubschutzdeckel schließen.

MG ist entladen, Patronenlager frei, entspannt.

Entladen des teilgeladenen MG – Ausführung:

- Mit der linken Hand den Deckel öffnen und mit der rechten Hand Patronengurt entfernen.
- Mit der linken Hand Griffstück erfassen.

- Mit der rechten Hand den Verschluss mit dem Spannschieber kräftig und in einem Zug in die hinterste Stellung zurückziehen, bis er vom Abzugshebel gehalten wird.
- Spannschieber nach vorn schieben, bis er hörbar einrastet.
- MG sichern.
- Mit der rechten Hand Zuführerunterteil hochklappen, Rohrwechselklappe öffnen und prüfen, ob Patronenlager und Verschlussbahn frei sind.
- Zuführerunterteil abklappen, Deckel und Rohrwechselklappe schließen.
- Mit der rechten Hand Spannschieber zurückziehen und in hinterer Stellung festhalten.
- Mit der linken Hand entsichern, Abzug betätigen, Verschluss langsam nach vorn gleiten lassen und Spanngriff anklappen.
- Korn und Visier abklappen, Staubschutzdeckel schließen.

MG ist entladen, Patronenlager frei, entspannt.

Rohrwechsel – Ist nötig nach 150 schnell hintereinander abgefeuerten Gefechtspatronen oder 100 Übungs- bzw. Manöverpatronen. Ein heißgeschossenes Rohr erst wieder verwenden, wenn es auf Handwärme abgekühlt ist. Für den Rohrwechsel Rohrschützer aufgeklappt bereitlegen. Ausführung:

- Verschluss mit Spannschieber in hinterste Stellung ziehen, Spannschieber wieder nach vorn bringen und sichern.
- Handschutzlappen über die rechte Hand streifen.
- Rohrwechselklappe mit rechter Hand öffnen; prüfen, ob Rohr frei, Rohrwechselklappe schließen. Wenn Rohr nicht frei, siehe „Beseitigen von Störungen".
- Verriegelungsstück erfassen, MG leicht nach rechts verkanten, Rohr entnehmen, in den Rohrschützer ablegen, neues Rohr prüfen, ob es frei ist, einführen und Rohrwechselklappe schließen.

Verschlusswechsel – Die zum MG gehörenden Verschlüsse sind gleichmäßig zu belasten und sollen im Einsatz täglich, mindestens aber nach etwa 1000 Schuss gewechselt werden.

Zum Verschlusswechsel muss das Rohr in der Waffe sein. – Ausführung, beim MG auf Zweibein stets in Deckung:

- MG entladen und Deckel öffnen. Visiereinrichtung jedoch nicht abklappen, Staubschutzdeckel nicht schließen.
- Mit der linken Hand MG am Griffstück erfassen, mit der rechten die Bodenstücksperre betätigen und die Schulterstütze mit Bodenstück eine Vierteldrehung nach links drehen.
- Schulterstütze mit Bodenstück und Schließfeder langsam nach rückwärts abziehen und zwischen die Oberschenkel klemmen (im Kampfstand vor Verschmutzung geschützt ablegen).

- Die linke Hand zum Auffangen des Verschlusses an das untere Ende des Gehäuses anlegen.
- Mit der rechten Hand den Spannschieber kräftig in einem Zug zurückziehen und sofort wieder nach vorn schieben, während die linke Hand den aus dem Gehäuse gleitenden Verschluss auffängt.
- Verschluss an zugeteilten Schützen übergeben und neuen Verschluss der Werkzeugtasche entnehmen.
- Mit der linken Hand vorn und der rechten hinten den neuen Verschluss so erfassen, dass der Transportbolzen nach oben zeigt.
- Mit der linken Hand das MG am Griffstück anheben, den Abzug durchziehen und mit der rechten Hand den Verschluss in die vorderste Stellung schieben.
- Mit der rechten Hand Schulterstütze mit Schließfeder ergreifen und, mit der linken Hand zur Unterstützung am Gehäuse, in das Gehäuse einführen.
- Die um eine Vierteldrehung nach links versetzte Schulterstütze mit Bodenstück und Schließfeder in das Gehäuse einsetzen und nach rechts drehen, bis die Bodenstücksperre einrastet.
- MG je nach Auftrag teil- oder fertigladen.

MG ist teilgeladen (fertiggeladen und gesichert).

Unterstützungswechsel – Zur Erweiterung des Schwenkbereichs kann es auf kurze Entfernung zweckmäßig sein, mit Mittelunterstützung zu schießen. Dazu ist der Unterstützungswechsel rechtzeitig vorzunehmen. – Ausführung:

- MG mit der Schulterstütze auf den Boden stellen, Mündung nach links oben feindwärts (im Liegen: Schulterstütze zwischen die leicht angezogenen Knie nehmen, Griffstück zeigt vom Körper weg).
- Mit der linken Hand Gehäuse umfassen, der Zeigefinger drückt die Sperre am Gelenkknopf ein.
- Mit der rechten Hand das Zweibein (Schenkel zusammengedrückt) nach unten schieben und aushängen.

Einsetzen und erneuter Unterstützungswechsel erfolgen sinngemäß.

5. **Vorbereiten der Waffe zum Schießen** – MG mit Zubehör und Munition sind vor jedem Schießen auf ordnungsgemäßen Zustand zu überprüfen. Danach sind die gleitenden Teile mit **Waffenöl** einzuölen. Wichtige Punkte der **Überprüfung:**

- Das **Rohrinnere** und alle Teile, die mit den Pulvergasen in Berührung kommen, entölen, **Patronenlager** muss frei von Fremdkörpern, die **Verriegelungsnuten** müssen sauber sein.
- **Rohrführungshülse, Rückstoßdüse** und **Rückstoßverstärker** auf Pulverrückstände überprüfen.

- Zur Überprüfung des **Rohrvorholers** und der Führung des Rohrs das gespannte und gesicherte MG, bei dem der Rückstoßverstärker mit der Rückstoßverstärkerdüse entfernt worden ist, mit der Rohrführungshülse senkrecht auf eine feste Fläche stellen, bis zum Gehäuse eindrücken und loslassen: es dürfen bei der Rohrbewegung keine fühlbaren Widerstände auftreten.
- Die **Gängigkeit des Verschlusses** im Gehäuse und Verriegelungsstück ist durch mehrmaliges Zurückziehen und Vorgleiten zu überprüfen.
- **Gängigkeit des Abzugs** durch mehrmaliges Abziehen überprüfen.
- Die Schließfeder darf nicht kürzer sein, als die Strecke vom Gehäuseende bis zum Deckelbolzen.
- **Munition und Patronengurte:** Die Kralle der Gurtzunge muss in die Rille für den Auszieher am Patronenboden eingerastet sei. In den Patronenkasten sind 250 gegurtete Patronen so einzulegen, dass die Geschossspitzen in Schussrichtung zeigen, wenn der Deckel des Patronenkastens nach rechts geöffnet ist; sind 300 Patronen unterzubringen, werden die unteren drei Patronengurte mit den Geschossspitzen zum Schützen eingelegt.

IV. BESEITIGUNG VON STÖRUNGEN

1. Treten Störungen beim 1. Schuss oder während des Schießens auf, deren Ursache der Schütze nicht sofort erkennt,
- **Anschlag beibehalten,**
- **Abzug loslassen,**
- ■ bei **heißgeschossenem Rohr** – vor Öffnen des Deckels oder der Rohrwechselklappe – wegen der möglichen Selbstzündung der Patrone eine **Wartezeit von 5 Min.** einhalten (Verschluss in vorderster Stellung!),
- ■ Rohr erst nach Abkühlung auf Handwärme wiederverwenden,
- mit der linken Hand unter die Hülsenauswurföffnung fassen,
- **Verschluss mit Spannschieber zurückziehen** und **Spannschieber nach vorn schieben.**
- Wird eine Patrone oder Patronenhülse ausgeworfen, ist der Patronengurt anzuziehen und weiterzuschießen, anderenfalls
- MG sichern und absetzen,
- Deckel öffnen, Gurt herausnehmen, Zuführerunterteil hochklappen, Rohrwechselklappe öffnen und prüfen, ob Patronenlager und Verschlussbahn frei sind.

Befindet sich eine Patrone im Rohr,
- **Rohrwechselklappe schließen,**
- **Deckel ohne eingelegten Patronengurt schließen,**

Waffe grob auf das Ziel richten, entsichern und abfeuern.

Löst sich der Schuss nicht, ist die im Rohr steckengebliebene Patrone oder Patronenhülse mit dem Kombinationswerkzeug zu entfernen. Im Wiederholungsfall danach zuerst den Verschluss und dann das Rohr wechseln.

2. Läßt sich bei einer Störung der Verschluss nicht in die hintere Stellung zurückziehen oder wird er in hinterer Stellung vom Abzugshebel nicht gefangen bzw. läßt sich die Waffe nicht sichern, muss der Verschluss mit dem Spannschieber festgehalten werden.
Erst dann wird der Deckel geöffnet und der Patronengurt entnommen. Weiterschießen ist erst zulässig, wenn die Ursache der Störung erkannt und beseitigt worden ist.

3. Beim folgenden Überblick über die wichtigsten Störungen ist deren häufigste Ursache, die Verschmutzung, nicht in jedem Einzelfall erwähnt.

Beginn des Schießens:

Störungen	Ursachen	Abhilfen
Beim Fertigladen bleibt Verschluss nicht hinten Abzug lässt sich nicht zurückziehen	Verbogener Spannschieber Nicht entsichert	Instandsetzung Entsichern
Verschluss läuft ohne Patronenzuführung vor	Patronengurt falsch eingelegt	Patronengurt richtig einlegen
Verschluss stößt gegen Verbindungslasche des Patronengurts	Verbindungslasche ist in Ausschnitt des Zuführeruntersteils gefallen	Erste fünf Gurttaschen freimachen, Patronengurt einlegen
Verschluss stößt Patrone nicht aus dem Patronengurt	Patrone sitzt zu fest im Patronengurt Verschmutzter oder beschädigter Patronengurt	Patrone in Gurttasche weiter nach vorn schieben Patronengurt reinigen oder wechseln
Patrone zündet nicht	Munitionsfehler Spannschieber nicht nach vorn geschoben Schlagbolzen schadhaft	Durchladen Durchladen Verschlusswechsel
Es fällt nur ein Schuss, Patronenhülse wird nicht ausgeworfen, nächste Patrone nicht zugeführt	Munition falsch gegurtet	Patronengurte überprüfen
Es fällt nur ein Schuss, Patronenhülse wird nicht ausgeworfen, nächste Patrone nur teilweise zugeführt	Staubschutzdeckel öffnet sich nicht Auswerfer-/-stange/-buchse schadhaft	Staubschutzdeckel mit der Hand öffnen Verschlusswechsel

Verlauf des Schießens:

Störungen	Ursachen	Abhilfen
Verschluss im Vorlauf steckengeblieben. Patronenhülse steckt im Patronenlager; zugeführte Patrone ist auf die Patronenhülse gestoßen	Auszieher, Auswerfer oder Verschlusskopf schadhaft	Verschlusswechsel, Instandsetzung
Beim Schuss schlagen Pulvergase nach hinten heraus	Anzündhütchen durchgeschlagen	Bei Wiederholung Verschlusswechsel
Beim Schuss schlagen Pulvergase nach hinten heraus und die Rohrwechselklappe springt auf	Zündung ist bei nicht einwandfrei verriegelter Waffe erfolgt Verschlusssperre nicht eingesetzt	Verschluss zurück, sichern, Rohrwechsel und Verschlusswechsel Verschlusssperre einsetzen
MG schießt nach loslassen des Abzugs weiter	Abzugseinrichtung verschmutzt oder Teile schadhaft	Feuer durch Verdrehen des Patronengurts unterbrechen, Instandsetzung

V. AUSBILDUNGSGERÄTE

1. Die beiden verschiedenen Typen **Übungsgerät-MG für Übungspatronen 7,62 mm x 51** (alt und neu) bestehen jeweils aus
 - dem **Übungsverschlusskopf**, im Aufbau und Aussehen in etwa dem Verschlusskopf gleich und auf der Oberseite gekennzeichnet mit „Zu Üb-Gerät MG" („neu" zusätzlich mit „x") sowie
 - dem **Übungsrückstoßverstärker** (Bild 9), die an Stelle der entsprechenden Teile in das MG einzubauen sind.

Beim Aufsetzen des Übungsrückstoßverstärkers darauf achten, dass der Rückstoßverstärkerdeckel nicht zu fest aufgeschraubt wird: Bei fühlbarem Anschlag an die Rohrführungshülse bis zur nächsten Arretierungsnut zurückdrehen und Rückstoßverstärkerhebel bzw. Sperre des Rückstoßverstärkers einlegen; ein Rohrwechsel muss in jedem Fall möglich sein.

a alt   b neu

Bild 9 Übungsrückstoßverstärker auf MG-Gehäuse aufgeschraubt

Für das Schießen mit Übungspatronen befiehlt der Ausbilder die Visierstellung besonders:

Zielentfernung		**Visierstellung**
bis	50 m	200 m,
bis	75 m	300 m,
bis	100 m	400 m.

- **Die Übungspatrone ist wie eine Gefechtspatrone zu behandeln.** Im **Gefahrenbereich von 400 m** kann sie schwerste Verletzungen verursachen und sogar tödlich wirken.
- **Die Mindestschussentfernung beträgt 10 m!**

2. Manöverpatronengerät

Neben den allgemeinen Bestimmungen (siehe „Umgang mit Handwaffen") sind die Besonderheiten für **Maschinengewehr MG3** zu beachten:

Zum **Schießen mit Manöverpatronen**

- Rückstoßverstärker abschrauben, Manöverpatronengerät bis zum Anschlag auf das MG-Gehäuse aufschrauben und dann um eine Raste zurückdrehen.

Ausbildung mit Handwaffen
Pistole P1, P8 und Maschinenpistole MP2/MP2A1

Pistole P1

ZDv 3/15

I. BEZEICHNUNG UND VERWENDUNGSZWECK

Die **Pistole P1, Kaliber 9 mm x 19** (Bild 1) dient zur **Selbstverteidigung im Nahkampf**. Sie ist eine geschlossene, halbautomatische Handwaffe mit Magazinzuführung für **Einzelfeuer**. Die Waffe ist ein Rückstoßlader mit starr verriegeltem Verschluss und wiegt mit gefülltem Magazin (8 Patronen) etwa 900 g. Das Geschoss erreicht eine Anfangsgeschwindigkeit von 345 m/s. Die **Kampfentfernung** beträgt bis **50 m**.

Bild 1
Pistole P1

II. BAUGRUPPEN UND ZUBEHÖR

Baugruppen sind das **Rohr**, der **Verschluss**, das **Griffstück** und das **Magazin**. Zum **Zubehör** gehören das **Reservemagazin**, die **Pistolentasche** und das **Waffenreinigungsgerät für Kaliber 7,62 mm bis 9 mm**.

Beschreibung der Baugruppen

1. Im **Rohr** (Bild 2) wird die **Patrone gezündet** und dem **Geschoss Bewegung, Richtung und Drall** gegeben. Das Rohrinnere hat einen gezogenen Teil mit sechs von links nach rechts verlaufenden **Zügen** und einen glatten Teil, das **Patronenlager**.
Das Rohr ist im Verschluss und auf dem Griffstück beweglich gelagert. Am mittleren und hinteren Teil des Rohrs befinden sich **Führungsleisten**, zwischen denen der Riegel schwenkbar gelagert und durch eine Feder gegen Herausfallen gesichert ist.
Die Aussparung an der unteren vorderen Führungsleiste begrenzt in Verbindung mit dem **Rohrhaltehebel** am Griffstück die Vor- und Rückwärtsbewegung des Rohrs beim Schuss.
Das **Korn** ist über der bundartig verstärkten Mündung eingeschoben.

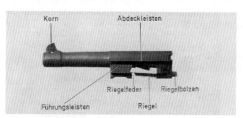

Bild 2   Rohr

2. Der **Verschluss** (Bild 3) nimmt das **Rohr** auf, verschließt es nach hinten, führt die Patrone zu, zündet sie mit dem **Schlagbolzen** und zieht die Hülse mit dem **Auszieher** aus dem Patronenlager wieder aus. Verschluss, Rohr und Griffstück haben Führungen und Führungsleisten, durch die sie beweglich miteinander verbunden sind.
In den Verschluss sind Sicherungseinrichtung, Schlagbolzen, Auszieher, Signalstift und Verschlussdeckel eingebaut. Auf dem Verschluss ist die Kimme angebracht.

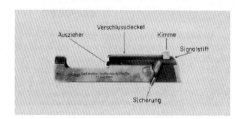

Bild 3 Verschluss

3. Das **Griffstück** (Bild 4) dient zur Handhabung der Waffe und nimmt das Magazin auf, außerdem gleitet der Verschluss mit dem Rohr auf seinen Führungsleisten.
In das Griffstück sind die Abzugseinrichtung mit Hahn und Abzug, ferner Auswerfer, Rohrhaltehebel, Verschlussfanghebel, zwei Schließfedern sowie Magazinhalter und Riemenbügel eingebaut.

4. Das **Magazin** besteht aus Magazingehäuse, Zubringer, Zubringerfeder, Magazinboden und Bodenhalter.

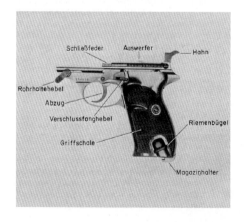

Bild 4 Griffstück

III. BEDIENUNG

1. **Grundsätze** siehe „Umgang mit Handwaffen".
Neben den **Grundregeln für den sicheren Umgang mit Handwaffen** sind die Besonderheiten für **Pistole P1** zu beachten:
- Die fertiggeladene Pistole (Patrone im Rohr) ist am Signalstift zu erkennen, der über dem Hahn aus dem Verschluss herausragt.
- Die Stellung des Sicherungshebels zeigt an, ob die Waffe gesichert – sichtbarer Buchstabe = „**S**" (Bild 3) oder feuerbereit = „**F**" ist.
- Der Abzug lässt sich bei entsicherter Pistole mit gespanntem oder auch nicht gespanntem Hahn zurückziehen.
- Ist die Pistole fertiggeladen und **gespannt** (Abzug und Hahn in ihrer hinteren Raste), **genügt ein leichter Druck** auf den Abzug, um den Schuss zu lösen; ist sie **nicht gespannt** (Abzug und Hahn in vorderer Stellung), kann der Abzug zurückgezogen und der Hahn damit soweit gespannt werden, dass er aus seiner hinteren Stellung selbstständig wieder nach vorn schlägt und den Schuss auslöst.

- **Grundhaltung der Pistole:**
  - Rechte Hand umfasst fest das Griffstück Zeigefinger liegt gestreckt am Abzugsbügel.
  - Alle Bedienungsgriffe sind mit Daumen und Zeigefinger bzw. nur dem Daumen der linken Hand auszuführen.
  - Waffe am ausgestreckten Arm so nach vorn abwärts halten, dass Rohrmündung einen Meter vor dem stehenden Schützen in Zielrichtung auf den Boden zeigt; in anderer Körperlage sinngemäß verfahren.

- Pistole nur **gesichert** und **formell übergeben** (Bild 5) – Ausführung:
  - Übergebender erfasst mit der linken Hand von oben her den Verschluss.
  - Übernehmender tritt von rechts heran, erfasst mit der rechten Hand das Griffstück
  - Rohrmündung bleibt unverändert einen Meter nach vorn abwärts gerichtet.
  - Dabei Zustand melden.
  - Der Übernehmende muss sich vom Lade- und Sicherungszustand der Waffe sofort überzeugen.

Bild 5
Übergabe der Pistole

- Eine teil- oder fertiggeladene Pistole (selbst mit Exerzierpatronen) darf nicht aus der Hand gelegt werden, ausgenommen im Gefecht, wenn der Auftrag dazu zwingt oder in der Ausbildung auf Befehl des Ausbilders.
- Pistolen dürfen in folgenden Ladezuständen in der Pistolentasche getragen werden:

– Je nach den geltenden Befehlen entsprechend den Bestimmungen in Dienstvorschriften teil- oder fertiggeladen und gesichert.
– Zur schnellen Feuerbereitschaft im Kampf oder beim Schulschießen auf besonderen Befehl fertiggeladen, entspannt und entsichert.
– Auf besonderen Befehl des Wachvorgesetzten fertiggeladen und gesichert griffbereit in der geöffneten Tasche.

■ In entsichertem Zustand mit gespanntem Hahn darf die Waffe weder in der Pistolentasche, noch im Gehen oder Laufen in der Hand getragen werden.

2. Trageweise und Freimachen

Die Pistole wird in der Pistolentasche vorn rechts am Koppel getragen; das gewährleistet ein schnelles Ziehen der Waffe.

Freimachen (Bild 6) – Ausführung:

- Mit rechter Hand Verschlussriemen der Pistolentasche erfassen und aufreißen.
- So abwärts ziehen, dass die Tasche in ihrer Halterung am Koppel nach unten gleitet.
- Mit rechter Hand Pistole am Griff erfassen, Zeigefinger gestreckt am Abzugsbügel,
- Waffe aus der Pistolentasche ziehen.
- Pistole für weitere Tätigkeiten bis zum Anschlag in Grundhaltung haften.

3. Zerlegen und Zusammensetzen

Zerlegen

- Pistole sichern, rechte Hand umfasst das Griffstück, Magazin entnehmen.
- Linke Hand zieht Verschluss zurück; mit Daumen rechter Hand Verschlussfanghebel einrasten und Verschluss feststellen.

Bild 6 Pistole freimachen

- Prüfen, ob Rohr frei ist.
- Mit Daumen der linken Hand Rohrhaltehebel bis zum hörbaren Anschlag nach vorn drehen.
- Mit linker Hand Verschluss kurz zurückziehen, damit Verschlussfanghebel ausrastet, und Verschluss langsam nach vorn gleiten lassen.
- Mit linker Hand Rohr mit Verschluss vom Griffstück abziehen und Griffstück ablegen.
- Rohr und Verschluss mit der linken Hand so drehen, dass Riegel nach oben und Riegelbolzen zum Körper zeigt.

- Mit rechtem Daumen Riegelbolzen eindrücken und Rohr nach vorn abziehen. (Bild 7a)

Zusammensetzen sinngemäß in umgekehrter Reihenfolge, dabei:
- Rohr und Verschluss so erfassen, dass der Daumen beim Einschieben den Riegel nach oben drücken kann.
- Rohr und Verschluss langsam auf das Griffstück so aufschieben, dass das Verschlussende nicht gegen das Gehäuse des Griffstücks stößt: leicht anheben!
- Mit rechtem Zeigefinger Auswerfer niederdrücken, damit Rohr und Verschluss bis zu den Anschlägen nach hinten geschoben werden können. (Bild 7b)

a Trennen b Aufschieben auf das Griffstück und Niederdrücken des Auswerfers

Bild 7   Rohr und Verschluss

Funktionsprüfung der Waffe nach dem Zusammensetzen – Ausführung:
- Magazin entnehmen, Verschluss mehrmals zurückziehen und vorgleiten lassen.

4. Ladetätigkeiten, Schussabgabe und Magazinwechsel
- Vor jedem Schießen Funktion prüfen (wie nach dem Zusammensetzen).
- Mit sauberem Docht Rohr entölen.

Teilladen – Ausführung:
- Die gesicherte Pistole in Stellung „Pistole freigemacht" halten.
- Griffstück mit Magazinschacht nach links schwenken, ohne die Richtung des Rohrs zu ändern, und mit der linken Hand gefülltes Magazin (einschieben, bis es hörbar einrastet.
- Griffstück zurückschwenken, Verschluss bleibt in vorderster Stellung, Hahn ist nicht gespannt.
- Pistole ist teilgeladen und gesichert.

Fertigladen (Bild 8) – Ausführung:
- Gesicherte Waffe in der Stellung „Pistole freigemacht" halten und leicht einwärts drehen.
- Mit linker Hand (Daumen und Zeigefinger) Verschluss am geriffelten Ende erfassen, bis zum Anschlag zurückziehen und nach vorn schnellen lassen.

Pistole ist fertiggeladen und gesichert (Patrone im Rohr, Signalstift ragt am hinteren Ende des Verschlusses heraus), aber nicht gespannt.

Bild 8   Pistole fertigladen

Entsichern (Bild 9) – Ausführung:
- Es ist erst unmittelbar vor dem Anschlag zu entsichern!
- Gesicherte Waffe in der Stellung „Pistole freigemacht" halten.
- Mit Daumen der rechten Hand oder Daumen und Zeigefinger der linken Hand Sicherung in waagerechte Stellung schwenken, so dass Buchstabe **„F"** = Feuer (rot) sichtbar ist.

Bild 9   Pistole entsichert

Schießen – Ausführung:
- **Mit Normalabzug** (Single Action): Mit Daumen der rechten oder linken Hand Hahn nach unten drücken und spannen (nur im entsicherten Zustand möglich); Abzug betätigen, dabei wird der gespannte Hahn freigegeben und die Patrone im Patronenlager durch den Schlagbolzen gezündet.
- **Mit Spannabzug** (Double Action): Die entsicherte Pistole kann auch ohne vorhergegangenes Spannen durch kräftiges Zurückziehen des Abzugs in einem Zuge gespannt und der Schuss gelöst werden. Nachteil: Das Überwinden des größeren Abzugswiderstands beeinträchtigt die Treffsicherheit.
- **Solange Patronen zugeführt werden, ist die Pistole nach jedem Schuss sofort wieder feuerbereit.**
- Der Verschluss bleibt in hinterster Stellung offen stehen, wenn sich keine Patrone mehr im Magazin und Patronenlager befindet. Trotz entnommenen Magazins bleibt der Verschluss hinten, bis der Verschlussfanghebel nach unten gedrückt worden ist.

- Soll weitergeschossen werden, ist ein gefülltes Magazin einzuführen und der Verschlussfanghebel nach unten zu drücken: Verschluss schnellt nach vorn und führt eine Patrone ins Patronenlager ein.

Sichern (Bild 10) – Ausführung:
- Es ist sofort nach Feuereinstellen zu sichern!
- Haltung der Pistole wie beim Entsichern, jedoch Sicherung in untere Stellung schwenken, so dass Buchstabe **„S"** = Sicher (weiß) sichtbar ist.

Bild 10 Pistole gesichert

Entspannen – Ausführung:
- Wird nach dem Spannen nicht geschossen oder das Schießen beendet, so wird die Pistole durch Sichern entspannt, dadurch schnellt der Hahn nach vorn, wobei die Schlagbolzensperre verhindert, dass sich ein Schuss löst.

Die Pistole ist jetzt fertiggeladen, entspannt und gesichert.

Entladen (Bild 11) – Ausführung:
- Gesicherte Pistole in der Stellung „Pistole freigemacht" halten,
- Mit der linken Hand Magazin entnehmen und wegstecken.
- War die Waffe fertiggeladen, linke Hand über Hülsenauswurf legen, Pistole um ca. 90° nach links drehen und Verschluss zurückziehen: Auszieher befördert Patrone in die linke Hand.
- Durch Hineinsehen (bei Dunkelheit Hineinfassen) prüfen, ob Patronenlager frei ist, Verschluss wieder nach vorn gleiten lassen (Signalstift darf nicht aus dem hinteren Ende herausragen).
- Zum Entspannen des Abzugs Pistole entsichern und sofort wieder sichern.

a b

Bild 11 Pistole entladen

Magazinwechsel – Ausführung:
- Verschluss offen, von Verschlussfanghebel gehalten.
- Sichern; linke Hand hält Reservemagazin mit dem Zeigefinger, drückt mit dem Daumen Magazinhalter nach hinten und zieht mit Daumen und Mittelfinger das Magazin heraus.
- Gefülltes Magazin einschieben, Verschlussfanghebel nach unten drücken: oberste Patrone wird in das Patronenlager geschoben.

5. **Vorzeigen der Pistole** – Ausführung:
- Verschluss der gesicherten Waffe nach hinten ziehen, Magazin entnehmen.
- Pistole mit der rechten Hand so mit der Mündung nach unten vor den Körper halten, dass der Überprüfende in das Patronenlager sehen kann.
- Beide Magazine mit der linken Hand so halten, dass alle Schaulöcher und die Zubringer sichtbar sind.

6. **Beseitigung von Störungen** ist meist schnell möglich: **Sichern, einmal durchladen, entsichern und weiterschießen!** Ansonsten Fehlerquelle beseitigen. Beim folgenden Überblick über die wichtigsten Störungen ist deren häufigste Ursache, die Verschmutzung, nicht in jedem Einzelfall erwähnt.

Störungen	Ursachen	Abhilfen
Patrone wird nicht zu- und eingeführt	Patronenlager oder Patrone verschmutzt Patrone verbeult Zubringerfeder oder Magazinlippen schadhaft	Patronenlager und Patrone reinigen Patrone herausnehmen Magazin wechseln, Instandsetzung
Patrone wird nach Durchladen nicht gezündet	Schlagbolzen, Schlagstange oder Feder schadhaft	Instandsetzung
Hülse bleibt im Patronenlager stecken	Patronenlager verschmutzt Auszieher schadhaft	Reinigen Instandsetzung
Patronenhülse wird nicht ausgeworfen	Auswerfer schadhaft	Instandsetzung

Pistole P8

ZDv 3/15

I. BEZEICHNUNG UND VERWENDUNGSZWECK

Die **Pistole P8, Kaliber 9 mm x 19** (Bild 1) dient zur **Selbstverteidigung im Nahkampf**. Sie ist eine geschlossene, halbautomatische Handwaffe mit Magazinzuführung für **Einzelfeuer**. Die Waffe ist ein Rückstoßlader mit starr verriegeltem Verschluss und wiegt mit gefülltem Magazin (15 Patronen) etwa 985 g. Das Geschoss erreicht eine Anfangsgeschwindigkeit von 360 m/s. Die **Kampfentfernung** beträgt bis **50 m**.

Bild 1   Pistole P8

II. BAUGRUPPEN UND ZUBEHÖR

Baugruppen (Bild 2) sind der **Verschluss, vollständig**, das **Griffstück, vollständig** und das **Magazin**.
Zum **Zubehör** gehören das **Reservemagazin mit Magazintasche**, die **Pistolentasche** und das **Waffenreinigungsgerät für Kaliber 7,62 mm bis 9 mm**.

Beschreibung der Baugruppen

1. Der **Verschluss** (Bild 3) nimmt das **Rohr** auf, verschließt es nach hinten, führt die Patrone zu, zündet sie mit dem **Schlagbolzen** und zieht die Hülse mit dem **Auszieher** aus dem Patronenlager wieder aus. Durch ausgefräste Führungen sind Verschluss und Griffstück mit dem Rohr über dessen Führungsleisten beweglich miteinander verbunden.
Der Verschluss, vollständig, mit Rohr und Pufferstange, besteht aus Verschluss, Visiereinrichtung (Visier und Korn), Rohr, Pufferstange, vollständig, Auszieher mit Spannstift und Feder, Schlagbolzen, -feder, -sicherung und Druckfeder.

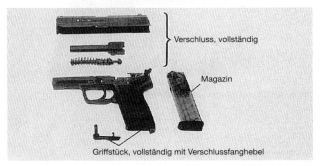

Bild 2 Baugruppen

Bild 3 Verschluss und Rohr und Pufferstange, vollständig

2. Das **Griffstück** (Bild 4) dient zur Handhabung der Waffe und nimmt das Magazin auf; außerdem gleitet der Verschluss mit dem Rohr auf seinen Führungsleisten.
In das Griffstückgehäuse (Hauptteil) sind u. a. die Abzugseinrichtung mit Hahn, Abzugstange, Fangklinke, Stange mit Druckfeder und Sicherungshebel eingebaut, ferner Verschlussfanghebel sowie Magazinhalter.

3. Das **Magazin** (Stangenmagazin) besteht aus Magazingehäuse, Zubringer, Magazinfeder, Einsatz und Magazinboden. Das durchsichtige Magazingehäuse lässt die Anzahl der Patronen im Magazin erkennen.

Bild 4   Griffstück mit Verschlussfanghebel

III. BEDIENUNG

1. **Grundsätze** siehe „Umgang mit Handwaffen".
Neben den **Grundregeln für den sicheren Umgang mit Handwaffen** sind die Besonderheiten für **Pistole P8** zu beachten:
- Der Sicherungshebel zeigt mit seiner Spitze auf den Buchstaben „**S**" = Sicher oder „**F**" = Feuer und damit an, ob die Waffe gesichert (Bild 3) oder feuerbereit ist. Wird der Hebel über „**S**" hinaus nach unten gedrückt, so wird ein gespannter Hahn entspannt, ohne dass eine Patrone gezündet wird.
- Der Abzug lässt sich bei entsicherter Pistole mit gespanntem oder auch nicht gespanntem Hahn zurückziehen.
- Ist die Pistole fertiggeladen, **gespannt** (Abzug und Hahn in ihrer hinteren Raste) und entsichert, **genügt ein leichter Druck** auf den Abzug, um den Schuss zu lösen; ist sie **nicht gespannt** (Abzug und Hahn in vorderer Stellung), kann der Abzug zurückgezogen und der Hahn damit soweit gespannt werden, dass er aus seiner hinteren Stellung selbstständig wieder nach vor schlägt und den Schuss auslöst.
- **Grundhaltung der Pistole:**
  - Rechte Hand umfasst fest das Griffstück, Zeigefinger liegt gestreckt am Abzugsbügel.

- Die Bedienungsgriffe zum Laden sind mit Daumen und Zeigefinger, das Sichern, Entsichern, Spannen des Hahns und Betätigen des Verschlussfanghebels mit dem Daumen der linken oder rechten Hand auszuführen.
- Waffe am ausgestreckten Arm so nach vorn abwärts halten, dass Rohrmündung einen Meter vor dem stehenden Schützen in Zielrichtung auf den Boden zeigt; in anderer Körperlage sinngemäß verfahren.

■ Vor allen Bedienungsgriffen die Waffe stets sichern.
■ Pistole nur **gesichert** und **formell übergeben** – Ausführung:
  • Übergebender erfasst mit der linken Hand von oben her den Verschluss.
  • Übernehmender tritt von rechts heran, erfasst mit der rechten Hand das Griffstück.
  • Rohrmündung bleibt unverändert einen Meter nach vorn abwärts gerichtet. (Vgl. „Ausbildung mit der P1", Bild 5 und 6). Dabei Zustand melden.
  • Der Übernehmende muss sich vom Lade- und Sicherungszustand der Waffe sofort überzeugen.
■ Pistolen dürfen in folgenden Ladezuständen in der Pistolentasche getragen werden:
  – Je nach den geltenden Befehlen entsprechend den Bestimmungen in Dienstvorschriften teil- oder fertiggeladen und gesichert.
  – Zur **schnellen Feuerbereitschaft** im Kampf oder beim Schulschießen auf Befehl fertiggeladen, entspannt und entsichert.
  – Auf **besonderen Befehl des Wachvorgesetzten** fertiggeladen und gesichert griffbereit in der geöffneten Tasche.
■ In gesichertem Zustand mit gespanntem Hahn darf die Waffe weder in der Pistolentasche, noch im Gehen oder Laufen in der Hand getragen werden.

2. **Trageweise und Freimachen**

Die Pistole wird in der Pistolentasche vorn rechts/links am Koppel getragen das gewährleistet ein schnelles Ziehen der Waffe. Freimachen – Ausführung:
• Mit rechtem/linkem Daumen und Zeigefinger Klettverschluss der Sicherungslasche erfassen und öffnen.
• Mit Innenseite des Daumens Druckknopfverschluss der Verschlusslasche öffnen, indem das verstärkte Stück der Lasche vom Körper weggedrückt wird.
• Mit rechter/linker Hand Pistole am Griff erfassen, Zeigefinger gestreckt am Abzugsbügel.
• Waffe aus Pistolentasche herausziehen.

Pistole für weitere Tätigkeiten bis zum Anschlag in Grundhaltung halten.

3. Zerlegen und Zusammensetzen
Zerlegen
- Pistole sichern, Magazin entnehmen.
- Verschluss bis zum Anschlag zurückziehen und prüfen, ob Patronenlager frei ist.
- Verschluss wieder nach vorne gleiten lassen.
- Waffe entspannen.
- Pistole so in die Hand nehmen, dass der Daumen die Griffstückhinterseite umfasst und die restlichen Finger auf der Verschlussoberseite liegen.
- Verschluss ca. 10 mm nach hinten ziehen, bis die Aussparung für den Verschlussfanghebel (links am Verschluss) mit dem vorderen runden Ende des Verschlussfanghebels übereinstimmt.
- Mit anderer Hand Achse des Verschlussfanghebels von rechts andrücken und diesen nach links herausziehen.
- Verschluss nach vorn vom Griffstück abziehen (Bild 5).
- Puffereinrichtung gegen Federdruck nach unten herausnehmen.
- Rohr etwas nach vorn schieben, anheben und nach hinten entnehmen.

Zusammensetzen sinngemäß in umgekehrter Reihenfolge, dabei:
- Rohr in Verschluss einlegen und nach hinten schieben, bis es im Verschluss verriegelt.
- Schließfeder mit Pufferstange und Puffereinrichtung in den Verschluss über das Rohr einlegen. Dabei das vordere Ende der Pufferstange gegen den Druck der Schließfeder durch die Bohrung an der Vorderseite des Verschlusses schieben.
- Scheibe des Puffers an der Vorderseite der Steuernase des Rohrs abstützen.
- Puffereinrichtung mit Daumen festhalten und Griffstück von hinten in die Führungsnuten des Verschlusses schieben, bis die Aussparung für den Verschlussfanghebel mit der Achsenbohrung übereinstimmt (Bild 6).
- Verschlussfanghebel von der linken Griffstückseite her eindrücken.

Bild 5   Verschluss abnehmen

Bild 6   Griffstück einschieben

Funktionsprüfung der Waffe nach dem Zusammensetzen – Ausführung:
- Magazin entnehmen, Verschluss und Rohr mehrmals zurückziehen und vorgleiten lassen.

Der Soldat überzeugt sich, dass
- Verschluss und Rohr leichtgängig auf dem Griffstück laufen,
- der Abzug in hinterster Rast bleibt und erst nach dem Entspannen nach vorn geht,
- der Abzug sich bei gesicherter Waffe nicht betätigen lässt,
- der Verschlussfanghebel den geöffneten Verschluss festhält, wenn er nach oben gedrückt wird,
- Abzug und Hahn in gespanntem Zustand in der hinteren Rast bleiben,
- die Wiederspannvorrichtung funktioniert.

4. Ladetätigkeiten, Schussabgabe und Magazinwechsel
- Vor jedem Schießen Funktion prüfen (wie nach dem Zusammensetzen).
- Mit sauberem Docht Rohr entölen.

Teilladen – Ausführung:
- Die gesicherte Pistole in Stellung „Pistole freigemacht" halten.
- Griffstück mit Magazinschacht nach links schwenken, ohne die Richtung des Rohrs zu ändern, und mit der linken Hand gefülltes Magazin einschieben, bis es hörbar einrastet,
- Griffstück zurückschwenken. Verschluss bleibt in vorderster Stellung, Hahn ist nicht gespannt.

Pistole ist teilgeladen und gesichert.

Fertigladen – Ausführung:
- Gesicherte Waffe in der Stellung „Pistole freigemacht" halten und leicht einwärts drehen.
- Mit linker Hand (Daumen und Zeigefinger) Verschluss am geriffelten Ende erfassen, bis zum Anschlag zurückziehen und nach vorn schnellen lassen.

Pistole ist fertiggeladen (Patrone im Rohr), gesichert und gespannt.

Entsichern – Ausführung:
- Es darf erst unmittelbar vor dem Anschlag entsichert werden.
- Gesicherte Waffe in der Stellung „Pistole freigemacht" halten.
- Mit Daumen der Schießhand Sicherungshebel nach oben auf Buchstaben „**F**" = Feuer (rot) in waagerechte Stellung schwenken (Bild 7a).

a　　　　　　　　　　　　b

Bild 7　Pistole gesichert (a entsichern – b entspannen)

Schießen – Ausführung:
- **Mit Normalabzug** (Single Action): Abzug betätigen, dabei wird der gespannte Hahn freigegeben und die Patrone im Patronenlager durch den Schlagbolzen gezündet.
- **Mit Spannabzug** (Double Action): Die entsicherte Pistole kann auch ohne vorhergegangenes Spannen durch kräftiges Zurückziehen des Abzugs in einem Zuge gespannt und der Schuss gelöst werden. Nachteil: Das Überwinden des größeren Abzugswiderstands beeinträchtigt die Treffsicherheit.
- **Solange Patronen zugeführt werden, ist die Pistole nach jedem Schuss sofort wieder feuerbereit.**
- Der Verschluss bleibt in hinterer Stellung offen stehen, wenn sich keine Patrone mehr im Magazin und Patronenlager befindet. Trotz entnommenen Magazins bleibt der Verschluss hinten, bis der Verschlussfanghebel nach unten gedrückt worden ist.
- Soll weitergeschossen werden, ist ein gefülltes Magazin einzuführen und der Verschlussfanghebel nach unten zu drücken oder der Verschluss etwas zurückzuziehen: Verschluss schnellt nach vorn und führt eine Patrone ins Patronenlager ein.

Sichern – Sofort nach Feuereinstellen! – Ausführung:
- Haltung der Pistole wie beim Entsichern, jedoch Sicherungshebel nach unten auf Buchstaben „**S**" = Sicher (weiß) schwenken.

Entspannen (Bild 7b) – Ausführung:
Wird nach dem Fertigladen nicht geschossen oder wird das Schießen beendet, so wird die Pistole durch Drücken des Sicherungshebels nach unten über die Stellung „**S**" hinaus entspannt, dadurch schnellt der Hahn nach vorn, wobei eine Fangrast verhindert, dass sich ein Schuss löst.
Pistole ist fertiggeladen, entspannt und gesichert.

Entladen – Ausführung:
- Gesicherte Pistole in der Stellung „Pistole freigemacht" halten.
- Magazinhalter nach unten drücken, Magazin entnehmen und wegstecken.
- Verschluss bis zum Anschlag zurückziehen: Dabei wird eine im Patronenlager befindliche Patrone ausgeworfen.
- Durch Hineinsehen (bei Dunkelheit Hineinfassen) prüfen, ob Patronenlager frei ist, Verschluss durch Niederdrücken des Verschlussfanghebels oder leichtes Zurückziehen wieder nach vorn gleiten lassen.
- Entspannen.

Magazinwechsel – Ausführung:
– Verschluss offen, von Verschlussfanghebel gehalten.
- Sichern; linke Hand hält Reservemagazin mit dem Zeigefinger, drückt mit dem Daumen Magazinhalter nach unten und zieht mit Daumen und Mittelfinger das Magazin heraus.
- Gefülltes Magazin einschieben, Verschlussfanghebel nach unten drücken: oberste Patrone wird in das Patronenlager geschoben.

5. **Vorzeigen der Pistole** – Ausführung:
- Verschluss der gesicherten Waffe nach hinten ziehen, Magazin entnehmen.
- Pistole mit der rechten Hand so mit der Mündung nach unten vor den Körper halten, dass der Überprüfende in das Patronenlager sehen kann.
- Beide Magazine mit der linken Hand so halten, dass durch den durchsichtigen Magazinmantel der Füllstand erkennbar ist.

6. **Beseitigung von Störungen** ist meist schnell möglich: **Sichern, einmal durchladen, entsichern und weiterschießen!** Ansonsten Fehlerquelle beseitigen. Beim folgenden Überblick über die wichtigsten Störungen ist deren häufigste Ursache, die Verschmutzung, nicht in jedem Einzelfall erwähnt:

Störungen	Ursachen	Abhilfen
Patrone wird nicht zu- und eingeführt	Patronenlager oder Patrone verschmutzt Patrone verbeult Zubringerfeder oder Magazinlippen schadhaft	Patronenlager und Patrone reinigen Patrone herausnehmen Magazin wechseln, Instandsetzung
Patrone wird nach Durchladen nicht gezündet	Schlagbolzen, Schlagstange oder Feder schadhaft	Instandsetzung
Hülse bleibt im Patronenlager stecken	Patronenlager verschmutzt Auszieher schadhaft	Reinigen Instandsetzung
Patronenhülse wird nicht ausgeworfen	Auswerfer schadhaft	Instandsetzung

Maschinenpistole MP2 und MP2A1

ZDv 3/15

I. BEZEICHNUNG UND VERWENDUNGSZWECK

1. Die **Maschinenpistole MP2 bzw. MP2A1, Kaliber 9 mm x 19** (Bild 1) wird als **Nahkampfwaffe** eingesetzt. Sie ist eine offene, automatische Handwaffe mit Magazinzuführung für **Einzelfeuer** und **kurze Feuerstöße**. Die Waffe ist ein Rückstoßlader mit feststehendem Rohr und Massenverschluss und wiegt mit gefülltem Magazin (bis 32 Patronen) etwa 4,2 kg. Das Geschoss erreicht eine Anfangsgeschwindigkeit von knapp 400 m/s. Die **Kampfentfernung** beträgt bis **100 m**.
Das **Visier** ist verstellbar auf 100 und 200 m.

2. Die MP2 hat eine Schulterstütze aus Holz, die MP2A1 eine zusammenklappbare Schulterstütze. Beide Modelle sind in der Funktion gleich.

Bild 1
Maschinenpistole MP2

II. BAUGRUPPEN UND ZUBEHÖR

Baugruppen sind das **Rohr mit Rohrhaltemutter, Gehäuse, Gehäusedeckel, Verschluss mit Schließvorrichtung, Griffstück mit Abzugsvorrichtung, Schulterstütze** und **Stangenmagazin**.
Zum **Zubehör** gehören 6 Stangenmagazine (Reserve), **Mündungskappe, Waffenreinigungsgerät für Kaliber 7,62 mm bis 9 mm**, 2 Magazintaschen, **Trageriemen**.

Beschreibung der Baugruppen

1. Im **Rohr** (Bild 2) wird die **Patrone gezündet** und dem **Geschoss Bewegung, Richtung und Drall** gegeben. Das Rohrinnere hat einen **gezogenen Teil** mit vier von links nach rechts verlaufenden **Zügen** und einen glatten Teil das **Patronenlager**. Das Rohr lagert im Rohrlager des Gehäuses und in der Rohrbuchse. Die **Rohrhaltemutter** hält es fest.

2. Das **Gehäuse** (Bild 3) nimmt **Rohr** und **Verschluss** auf. Es dient als Gleitlager für den Verschluss und als Gegenlager für die **Schließvorrichtung**. Im vorderen Teil ist die Rohrbuchse für die Rohrhaltemutter eingeschweißt. Auf dem Gehäuse ist die **Visiereinrichtung** (Korn und Dioptervisier). In der Mitte

1 = Patronenlager   2 = Rohrhaltemutter
Bild 2   Rohr mit Rohrhaltemutter

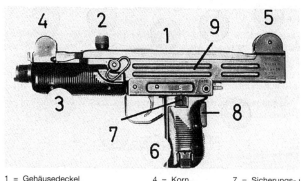

1 = Gehäusedeckel   4 = Korn   7 = Sicherungs- und
2 = Spannschieberknopf   5 = Dioptervisier   Stellvorrichtung
3 = Handschutz, davor Rohrbuchse   6 = Griffstück   8 = Griffsicherung
                                                     9 = Gehäuse

Bild 3   Gehäuse; Gehäusedeckel; Griffstück mit Abzugsvorrichtung

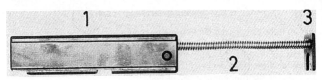

1 = Verschluss   2 = Federstange und Schließfeder   3 = Pufferplatte

Bild 4   Verschluss mit Schließvorrichtung

der rechten Gehäusewand ist der **Hülsenauswurf** eingeschnitten. Im Innern des Gehäusebodens, unmittelbar hinter dem Durchbruch für das Magazin, ist der **Auswerter** angebracht.

3. Der **Gehäusedeckel** (Bild 3) schützt Verschluss und das Innere des Gehäuses vor Verschmutzung. Mit Hilfe des im Gehäusedeckel geführten **Spannschiebers** wird der **Verschluss gespannt**.

4. Der **Verschluss** (Bild 4) verschließt das Rohr nach hinten, führt die Patrone zu, zündet sie, zieht die Hülse aus dem Patronenlager und wirft sie aus.
Der Schlagbolzen ist feststehend in den Verschluss eingearbeitet, der Auszieher ist eingesetzt. In einer Längsbohrung des Verschlusses lagert beweglich die Schließfederstange mit Schließfeder, an der die Pufferplatte befestigt ist. Sie liegt an der rückwärtigen Gehäusewand an. Die offene Seite muss nach unten zeigen.

5. Das **Griffstück** (Bild 3) nimmt Abzugsvorrichtung, Sicherungs- und Stellvorrichtung, Griffsicherung, Vorlaufsicherung im Griffstück, Magazinhalter und Magazin auf.

6. Die **Holzschulterstütze** wird auf das Gehäuse aufgeschoben. Die **klappbare Schulterstütze** ist am hinteren Ende des Gehäuses befestigt.

7. Das **Magazin** besteht aus Magazingehäuse, Zubringerfeder, Zubringer, Bodenblech und Magazinboden.

III. BEDIENUNG

1. **Grundsätze** siehe „Umgang mit Handwaffen".
Neben den **Grundregeln für den sicheren Umgang mit Handwaffen** sind die Besonderheiten für **Maschinenpistole MP2/MP2A1** zu beachten:
Nach dem Verschießen von 100 Gefechtspatronen oder 60 Übungs-/Manöverpatronen im schnellen Einzelfeuer oder in kurzen Feuerstößen muss das Rohr abkühlen, bevor weitergeschossen werden darf.

2. **Trageweise** siehe „Umgang mit Handwaffen".

Im **Wach- und Sicherungsdienst**:
- MP über der rechten Schulter tragen, Schulterstütze unter dem rechten Oberarm, rechte Hand umfasst das Griffstück, ohne die Griffsicherung einzudrücken; Zeigefinger ausgestreckt an Außenseite des Abzugsbügels, Mündung zeigt schräg vorwärts auf den Boden (Bild 5).
- Müssen beide Hände frei bleiben, z. B. bei Kontrollen, Waffe lose auf der rechten Schulter hängen lassen.

MP auf dem Rücken, z. B. Kradmelder:
- Mündung zeigt nach rechts unten.

MP um den Hals:
- Waffe auf der rechten Körperseite, Mündung zeigt nach oben.

Beim **Vorzeigen:**
- MP mit der linken Hand am Handschutz und der rechten an der Schulterstütze erfassen; mit der Mündung nach links oben vor der Mitte des Körpers halten.

Zur **Sicherheitsüberprüfung**:
- MP entladen, Verschluss in hinterste Stellung bringen. Waffe so halten, dass der Überprüfende durch die Auswurföffnung in das Patronenlager sehen kann. Sollen Magazine vorgezeigt werden, MP um den Hals hängen.

Bild 5 Trageweise im Wach- und Streifendienst

3. **Zerlegen und Zusammensetzen**

Zerlegen
- Waffe entladen, Steilschieber auf **„D"** = Dauerfeuer (rot) stellen, MP entspannen, Stellschieber wieder auf **„S"** = Sicher (weiß) stellen.
- Mit rechtem Zeigefinger Deckelriegel zurückdrücken, dabei gleichzeitig mit dem rechten Daumen und Mittelfinger den Gehäusedeckel anheben und herausnehmen.
- Mit rechtem Zeigefinger Verschluss von oben zurückdrücken, zusammen mit Schließvorrichtung herausheben und diese aus dem Verschluss herausziehen.
- Zum Herausnehmen des Rohrs mit der rechten Hand die Waffe am Vorderteil des Gehäuses von unten erfassen, Schulterstütze dabei gegen die Hüfte drücken.

- Mit rechtem Zeigefinger Sperrstück zurückdrücken und mit der linken Hand Rohrhaltemutter abschrauben.
- Rohr nach vorn herausziehen.
- Schulterstützenhalter eindrücken und Holzschulterstütze abnehmen.

Zusammensetzen sinngemäß in umgekehrter Reihenfolge, Ausnahme: Holzschaft wird zuletzt aufgeschoben.

Funktionsprüfung der Waffe nach dem Zusammensetzen – Ausführung:
- MP mehrfach spannen und entspannen bei eingedrückter Griffsicherung und Betätigung des Abzugs.

Der Soldat überzeugt sich, dass
- Verschluss in Stellung „**D**" leicht gängig ist, in Stellung „**E**" in gespanntem Zustand festgehalten wird und erst nach Loslassen des Abzugs und erneuter Betätigung vorläuft,
- der Abzug in Stellung „**S**" blockiert ist,
- sich Spannschieber und Abzug bei nicht ganz eingedrückter Griffsicherung **nicht** zurückziehen lassen,
- der Stellschieber in den Stellungen „**S**", „**E**" und „**D**" sicher einrastet (Bild 6),
- das Magazin sicher einrastet,
- Rohrhaltemutter und Deckel festsitzen,
- die Vorlaufsicherung im Gehäusedeckel den Verschluss auffängt.

Bild 6   MP gesichert

- Nach der Prüfung Waffe entspannen und sichern!

4. Ladetätigkeiten, Schussabgabe und Magazinwechsel
- Vor dem Schießen Funktion prüfen (wie nach dem Zusammensetzen).
- Mit sauberem Docht Rohr entölen.

Teilladen – Ausführung:
- Mit rechter Hand gesicherte MP am Griffstück erfassen, dabei Zeigefinger außen gestreckt am Abzugsbügel.
- Schulterstütze gegen die Hüfte drücken, Mündung zeigt schräg abwärts etwa 1 m vor den Schützen.
- Griffstück mit Magazinschacht nach links schwenken.
- Mit linker Hand Magazin einschieben, bis es hörbar einrastet.
- Nicht auf den Magazinboden nachschlagen.

MP ist teilgeladen und gesichert.

Fertigladen
- Griffstück zurückschwenken und Griffsicherung einrücken.
- Mit der linken Hand Spannschieber bis zum Anschlag zurückziehen und wieder nach vorn gleiten lassen.

- Linke Hand an den Handschutz, rechte beendet Druck auf die Griffsicherung.

MP ist fertiggeladen und gesichert.

Schussabgabe
- MP in Schussrichtung bringen.
- Stellschieber mit linkem Daumen auf Feuerart einstellen.
- Mit rechter Hand Griffsicherung eindrücken,
- Abzug mit dem Zeigefinger zurückziehen – bei **„E" ganz** und **nicht zu langsam**.

Entladen (Bild 7) – Ausführung:
- MP wie beim Laden erfassen.
- Mit linker Hand Magazin umfassen und mit Daumen auf Magazinhalter drücken, Magazin herausziehen und wegstecken,
- Mit rechter Hand Griffsicherung eindrücken und außer Funktion setzen.
- Mit linker Hand Spannschieberknopf erfassen und Verschluss in die hinterste Stellung ziehen.
- Prüfen, ob Patronenlager frei ist.

Bild 7 Entladen der MP

Entspannen
- Stellschieber auf **„D"** stellen.
- Mit linker Hand Spannschieberknopf erfassen, Spannschieber nach hinten ziehen und festhalten.
- Mit rechter Hand – unter gleichzeitigem Drücken der Griffsicherung – Abzug zurückziehen und Spannschieber langsam nach vorn gleiten lassen.
- MP sichern.

MP ist entladen, entspannt und gesichert.

Magazinwechsel – Ausführung:
- MP wie beim Laden erfassen.
- Mit der linken Hand volles Magazin aus der Magazintasche nehmen, schräg an das leergeschossene anlegen (Daumen am Magazinhalter, die vier anderen Finger halten beide Magazine).
- Linke Hand drehen, gefülltes Magazin einsetzen, leeres wegstecken und Magazintasche schließen.
- Spannschieber bis zum Anschlag zurückziehen, wieder vorschnellen lassen und durch Blick oder Tasten prüfen, ob das Patronenlager frei ist.
- Zum Weiterschießen MP entsichern.

Störungen	Ursachen	Abhilfen
Patrone wird nicht gezündet	Munitionsfehler	Waffe nicht absetzen, Spannschieber zurückziehen, weiterschießen
Auch die nächste Patrone wird nicht gezündet	Rohr lose	Entladen, Rohrhaltemutter nachziehen
	Verschluss oder Teile davon schadhaft	Entladen, Instandsetzung
Patrone wird nicht zugeführt	Magazin/Patronen verbeult oder verschmutzt	Austauschen bzw. reinigen
	Verschluss schwergängig	Entladen, reinigen bzw. Instandsetzung
Patronenhülse wird nicht ausgezogen/ ausgeworfen	Patronenhülse klemmt im Patronenlager	Entladen, Spannschieber zurückziehen, Patronenlager reinigen
	Auszieher/Auswerfer schadhaft	Entladen, Instandsetzung
	Verschluss nicht ganz zurückgelaufen, da schwergängig	Entladen, Gängigkeit des Verschlusses überprüfen

5. **Beseitigung von Störungen** ist meist schnell möglich: **Sichern, einmal durchladen entsichern und weiterschießen!** Ansonsten Fehlerquelle beseitigen. Beim folgenden Überblick über die wichtigsten Störungen ist deren häufigste Ursache, die Verschmutzung, nicht in jedem Einzelfall erwähnt.

IV. ÜBUNGSGERÄT

Manöverpatronengerät
Neben den allgemeinen Bestimmungen (siehe „Umgang mit Handwaffen" sind die Besonderheiten für **Maschinenpistole M122/2A1** zu beachten:
Zum **Schießen mit Manöverpatronen**
- Rohrhaltemutter abschrauben und Manöverpatronengerät auf die Rohrbuchse aufschrauben.

Ausbildung mit Handgranaten, Handflammpatronen und der Granatpistole 40 mm

Handgranaten

ZDv 3/17

I. BESCHREIBUNG UND VERWENDUNGSZWECK

1. **Handgranaten** (HGr) ergänzen als wichtiges **Kampfmittel für den Nahkampf** die Handwaffe. Sie werden vor allem beim Kampf um Feldbefestigungen und im Orts- und Waldkampf verwendet, um Feind in oder hinter Deckungen niederzukämpfen oder zum Verlassen der Deckung zu zwingen. Arten von Handgranaten siehe Bild 1.

2. **Gefechtshandgranaten** (GefHGr) bestehen aus **Sprengkörper, HGrZünder** und – nur bei der DM51/51A1 – aus einem abnehmbaren **Splitterkörper**. Die Sprengkörperhülsen (Metall, Pappe und Kunststoff umschließen die Sprengladung. Gezündet wird mit dem aus einem Stück bestehenden HGrZünder. Das nach der Zündung entstehende Gas zerreißt den Handgranatenkörper.

3. Die **Übungshandgranate** (ÜbHGr) besteht aus dem ÜbHGrKörper, ÜbHGrZünderoberteil und der ÜbHGrLadung. Der Körper ist wiederverwendbar, während Zünderoberteil und Ladung nach jedem Wurf erneuert werden müssen.
Durch Knall und Rauchentwicklung wird die Detonation der GefHGr dargestellt. **Der ÜbHGrKörper wird nicht zerlegt.**

4. **Wirkungsweise des HGrZünders** – In der Transportstellung liegt der Sperrbügel dicht am HGrKörper und wird in dieser Stellung vom Sicherungssplint gehalten.
Beim Herausziehen des Sicherungssplints muss der Sperrbügel gegen den HGrKörper gedrückt und in dieser Lage von der Wurfhand festgehalten werden.

Beim Öffnen der Wurfhand **(nur zum Wurf)** wird der Sperrbügel freigegeben. Dadurch kann das gespannte Schlagstück herumschnellen, den Sperrbügel abwerfen und auf das Anzündhütchen schlagen. Durch den Aufschlag des Schlagstücks auf das Anzündhütchen wird der Verzögerungssatz gezündet, Dieser brennt ab und bringt nach der Verzögerungszeit beim
– HGrZünder der GefHGr den Detonator und Sprengstoff,
– ÜbHGrZünder der ÜbHGr den Knallsatz der ÜbHGrLadung
zur Wirkung.

Handgranaten haben eine Verzögerungszeit von 3 bis 5 Sekunden!

a Übungshandgranate DM58
Mit den Teilen Spreng- und Splitterkörpernachbildung.
Farbanstrich: lichtblau.
Schutzkappen lichtblau oder gelboliv.
Beschriftung: erhaben geprägt.
Muss wurffertig gemacht werden.
Wiederverwendung möglich.

b Splitterhandgranate DM41A1
Farbanstrich: narzissengelb.
Beschriftung: chromgelb.
Wurffertig verpackt.
Splitterwirkung bis 20 m Umkreis.
Stahlspirale mit Sollbruchstellen unter dem Blechmantel des HGrKörpers.

c Handgranate DM51/DM51A1
Als SplitterHGr geliefert.
Farbanstrich: gelboliv.
Beschriftung: chromgelb.
Wurffertig verpackt.
Der tonnenförmige Splitterkörper, der den sechskantigen Sprengkörper der SprengHGr umhüllt, kann abgenommen werden.

Bild 1   Handgranaten

II. HANDHABUNG

1. **GefHGr** werden im Frieden nur einzeln zum Wurf ausgegeben und **dürfen nicht in Beuteln, Rucksäcken, Anzugtaschen oder am Tragegestell getragen werden.**

2. **Abnehmen des Splitterkörpers** – Ausführung (Bild 2):
- DM51/DM51A1 mit Splitterboden gegen Handfläche der Wurfhand drücken und um 120° nach links drehen.
- Mit Wurfhand Splitterkörper abnehmen und ablegen.
- SprengHGr in die Wurfhand nehmen.

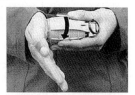

Bild 2   Abnehmen/Aufsetzen Splitterkörper (Wurfhand rechts)

3. **Aufsetzen des Splitterkörpers** auf die SprengHGr sinngemäß umgekehrt.

4. **Entsichern:** – Ausführung:
- HGr mit Wurfhand so umfassen, dass Sperrbügel zwischen Daumen und Zeigefinger liegt.
- HGr mit Wurfhand gegen Oberschenkel halten.
- Nur bei DM51/51A1: Abzugsring muss mit dem Zeigefinger der freien Hand aus den Klemmbacken herausgehoben werden (Bild 3).
- Zeigefinger der freien Hand (Bild 4 und 5) in Abzugsring des Sicherungssplints haken.
- Zünderbügel leicht gegen HGrKörper drücken (Sicherungssplint wird nicht mehr geklemmt, kann leichter herausgezogen werden).
- Mit kurzer Drehbewegung der freien Hand Sicherungssplint herausziehen.
- ■ Es ist verboten, die Splintenden zusammenzudrücken.
- ■ Sperrbügel muss nach Herausziehen des Sicherungssplints ohne Unterbrechung

Bild 3   Herausheben des Abzugsrings (Wurfhand rechts)

Bild 4   Entsichern (Wurfhand rechts)

Bild 5   Entsichern (Wurfhand links)

bis zum Wurf fest gegen HGrKörper gedrückt bleiben, Griff der Wurfhand darf bis dahin nicht gelockert werden.
- Sofort nach dem Entsichern ist die HGr auf das Ziel zu werfen.

III. WURFTECHNIK

Die folgenden Beispiele für Rechtshänder führen Linkshänder sinngemäß aus und achten dabei besonders auf die richtige Handhabung (Bild 2 bis 5).

1. HGr können im **Bogenwurf** oder **Schleuderwurf** (Bild 6 und 7) und, unter Anwendung beider Wurfarten, im Stehen, Knien oder Liegen geworfen werden. Entsprechend der Lage, der vorhandenen Deckung und seiner Leistungsfähigkeit im Werfen wählt der Soldat die zweckmäßigste Wurfart und Körperlage selbst.

2. Bei der **Ausführung des Wurfs** ist zu beachten:
- Beide Hände müssen frei sein; Handwaffen griffbereit ablegen oder abstellen.
- Entsichern möglichst in oder hinter einer Deckung.
- Nach dem Bogenwurf, und wenn Lage und Deckung es erlauben, auch nach dem Schleuderwurf, HGr bis zum Aufschlag im Ziel beobachten, jedoch **in der Ausbildung** mit **GefHGr** nach **abgeschlossenem Wurf** (Loslassen der HGr) **sofort in Deckung gehen.**

3. **Wurfarten**
Bogenwurf (Bild 6), auf große Weiten – Ausführung:

Bild 6   Bogenwurf

- Mit Wurfarm weit ausholen.
- Körpergewicht auf das hintere Bein verlagern.
- Freie Hand zeigt in Zielrichtung.
- Schwung aus der Schulter unter Drehung des Oberkörpers in der Hüfte.
- HGr über die Finger rollen lassen.
- Hinteres Bein nach vorn ziehen.
- Freien Arm zurückschwingen.

Schleuderwurf (Bild 7), auf kürzere Entfernung, im Orts- und Waldkampf – Ausführung:

Bild 7   Schleuderwurf

- Kurze Schleuderbewegung aus dem Unterarm von unten, der Seite oder oben.
- HGr über die Finger abrollen lassen.

4. **Wurf im Stehen** – Ausführung:
- In Deckung halb dem Ziel zuwenden.
- HGr mit Wurfhand auf Oberschenkel des hinteren Beines legen.
- Entsichern.
- **Bogenwurf** (Bild 8) bzw. **Schleuderwurf** vornehmen.

5. **Wurf im Knien**
Bogenwurf (Bild 9) – Ausführung:
- In Deckung seitlich hinlegen.
- Wurfarm nach oben.
- Entsichern.
- Kniend dem Ziel halb zuwenden, Bogenwurf vornehmen, dabei Körpergewicht auf das rechte Knie verlagern,
- Fußspitzen gegen den Boden stemmen und, freie Hand in Zielrichtung, HGr loslassen,
- nach vorn fallen lassen, mit den Händen abfangen und Deckung nehmen.

6. **Wurf im Liegen** – Ausführung:
- Entsichern.
- Oberkörper aufrichten, mit linker Hand abstützen, rechten Fuß gegen den Boden stemmen und Bogenwurf (Bild 10) vornehmen.
- Ohne Aufrichten nur Schleuderwurf vornehmen.

Bild 8
Schleuderwurf im Stehen

Bild 9a Entsichern

Bild 9b Bogenwurf im Knien

Bild 10 Wurf im Liegen

IV. ZUSÄTZLICHE SICHERHEITSBESTIMMUNGEN

- Handgranaten dürfen erst unmittelbar vor dem Wurf, nachdem der Werfer das Ziel erkannt hat, entsichert werden. Ein **Hinauszögern des Wurfs** nach dem Entsichern **ist verboten**. Bis zum Wurf darf der Griff der Wurfhand nicht mehr gelockert werden.
- Es ist **verboten, Teile von HGr** nach dem Werfen **anzufassen, aufzunehmen oder mitzuführen.**
- Es ist **verboten**, ÜbHGr durch **zusätzliche Pulvermengen** und/oder **zusätzliche Verdämmung** zu verstärken.
- ÜbHGr, die nicht detoniert sind, dürfen erst nach 5 Min. aufgenommen werden. Diese Blindgänger sind so zu halten, dass der ÜbHGrBoden vom Körper des sie tragenden Soldaten wegzeigt.

Wurfordnung und damit verbundene Sicherheitsbestimmungen sind hier nicht aufgeführt; darüber wird vor jedem Werfen eingehend belehrt.

Handflammpatronen

ZDv 3/17

I. BESCHREIBUNG UND VERWENDUNGSZWECK

1. Handflammpatronen erzeugen **Blend- und Brandwirkung**; ihre Brandkörperladung flammt nach dem Aufschlag blitzartig auf und entwickelt starke Hitze und Nebel.
Der Einsatz erfolgt vor allem im **Ortskampf** und im Kampf um **ausgebaute Stellungen.**
Besatzungen **gepanzerter Kampffahrzeuge** werden geblendet; unter günstigen Bedingungen geraten gepanzerte Kampffahrzeuge in Brand.
Die **Kampfentfernung** beträgt etwa **90 m.**

2. Die **Handflammpatrone** (Bild 1 bis 3) besteht aus der Patronenhülse und der Abzugseinrichtung, die fest miteinander verbunden sind.

Die Patronenhülse ist gelboliv gefärbt, erdbeerrot beschriftet und hat einen rehbraunen Farbring. Die Abzugseinrichtung ist rehbraun.

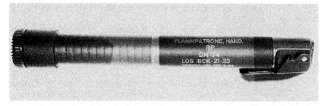

Bild 1   Handflammpatrone DM34

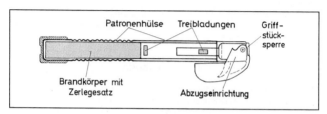

Bild 2   Baugruppen Handflammpatrone DM34

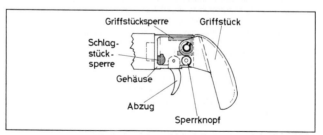

Bild 3   Abzugseinrichtung, schussbereit

3.   Zum **Schießen** ist die Griffstücksperre einzudrücken und das Griffstück so weit nach hinten zu klappen, bis die beiden Sperrknöpfe nach außen treten; danach ist der Abzug zurückzuziehen. Daraufhin wird der Brandkörper ohne Verzögerung ausgestoßen. Schlägt er nach einer Flugstrecke von mindestens

8 m auf einen harten Gegenstand, zerplatzt er und gibt den Brandstoff frei, der sofort die Brandwirkung erzeugt.

Der Brandkörper wird nach 1,3 bis 2,5 s durch einen Zerlegesatz gezündet, wenn er beim Aufschlag nicht geplatzt ist oder wenn er eine Flugstrecke von 50 bis 90 m zurückgelegt hat. Der Brandstoff wird dann über eine Fläche von etwa 15 m Breite und 50 m Länge verteilt.

4. Die **Übungshandflammpatrone** (Bild 3) gleicht in der Bauart der Handflammpatrone; die Patronenhülse enthält jedoch statt des Brandkörpers einen Darstellungskörper mit Kalkfüllung. Dieser zerplatzt am Ziel, erzeugt einen weißen Fleck und eine Staubwolke und ermöglicht dadurch die Trefferbeobachtung.

Auch der Darstellungskörper hat einen Zerlegesatz.

Die Patronenhülse ist lichtblau gefärbt und rehbraun beschriftet. Die Abzugseinrichtung ist rehbraun.

II. HANDHABUNG

1. **Trageweise** – Der Soldat trägt die Handflammpatronen in der Kunststoff-Tragetasche zu je 3 Stück oder in das Koppel gesteckt.

2. **Schießen:**
- Mit einer Hand Patronenhülse, mit der anderen Griffstück fassen, mit dem Daumen die Griffstücksperre eindrücken.
- Griffstück nach hinten klappen, bis Sperrknöpfe nach außen treten (Bild 4).
- In Anschlag gehen, dabei Handflammpatrone mit beiden Händen festhalten (Bild 5).
- Grob über die Patronenhülse zielen.
- Abzug zurückziehen.
- Wirkung des Brandkörpers im Ziel beobachten.

Bei Kurzschüssen und bei starkem Gegenwind ist zum Schutz vor zurückfliegenden Phosphorteilchen Deckung zu nehmen.

Bild 4   Entsicherte Handflammpatrone

Bild 5   Festhalten der Handflammpatrone beim Inanschlaggehen (Hüftanschlag)

3. **Sichern** – Wurde die zum **Schießen fertiggemachte Handflammpatrone nicht verschossen**, ist sie zu sichern (Bild 6):
- Mit einer Hand Patronenhülse, mit der anderen Griffstück fassen.
- Handflammpatrone grob in Zielrichtung halten und Abzug nach vorn drücken.
- Mit Daumen und Zeigefinger einer Hand beide Sperrknöpfe nach innen drücken.
- Mit der anderen Hand das Griffstück gegen die Patronenhülse klappen.

Bild 6 Sichern der Handflammpatrone

4. **Anschläge** – Der Soldat schießt stehend (Bild 7), kniend (Bild 8), liegend oder im Hüftanschlag (Bild 5). Dabei muss er immer darauf achten, dass
- er den Rückstoß der Handflammpatrone mit beiden Händen abfängt,

- die nach hinten verlängerte Mittellinie der Patronenhülse nicht auf sein Gesicht zeigt bzw. die Handflammpatrone nicht an der Wange anliegt (Verletzungsgefahr).

Bild 7 Anschlag stehend, im Kampfstand

Bild 8 Anschlag kniend, angelehnt an einer Mauer

Granatpistole 40 mm

ZDv 3/17

I. BESCHREIBUNG UND VERWENDUNGSZWECK

1. **Die Granatpistole 40 mm** (Bild 1) ist eine Handwaffe. Sie dient zum Bekämpfen ungepanzerter Ziele bis zu einer **Kampfentfernung von 350 m**, auch in oder hinter Deckungen.
Der Schütze bekämpft **kleine Einzelziele** bis **100 m** (Klappvisier 50 und 100 m), **größere Einzelziele** (z. B. LKW) bis **150 m** und **Flächenziele** bis **350 m** (Leitervisier 150 bis 350 m) Entfernung.
Die Waffe ist ein Einzellader mit Kipprohrverschluss, gezogenem Rohr und ausziehbarer Schulterstütze.

Bild 1
Die Granatpistole 40 mm
(Schulterschütze ausgezogen)

2. **Munition** – Die **Gefechtspatrone 40 mm x 46** ist eine Spreng-/Splitterpatrone. Die Detonation der Munition wird durch den Aufschlagzünder oder die Selbstzerlegeeinrichtung ausgelöst und setzt 600 schrotförmige Splitter in einem Wirkungsradius von etwa 4 bis 5 m frei. Durch die Sprengwirkung können Verbarrikadierungen und Verstärkungen beseitigt sowie z. B. geschlossene Türen und Fensterläden geöffnet werden.
Die **Übungspatrone 40 mm x 46** hat die gleichen ballistischen Eigenschaften und dient zur Ausbildung; sie ist zu handhaben wie die Gefechtspatrone.
Die Leuchtspur erlaubt es dem Schützen, die Flugbahn und die Treffpunktlage im Ziel zu beobachten.

II. BEDIENUNG

1. **Grundsätze** siehe „Umgang mit Handwaffen".
Neben den **Grundregeln für den sicheren Umgang mit Handwaffen** sind die Besonderheiten für die **Granatpistole 40 mm** zu beachten:
Die Mitführung bei Bewegungen zu Fuß oder auf dem Kfz ist nur im entladenen, entspannten und gesicherten Zustand zulässig.

2. **Trageweise** – Entspricht **innerhalb von Gebäuden** der des Gewehrs.
Zur **Sicherheitsüberprüfung** hält der Soldat die Waffe nach links oben vor die Mitte des Oberkörpers, linke Hand am Rohr, rechte Hand am Griffstück. Das Rohr ist entriegelt, damit der Überprüfende hineinsehen (bei Dunkelheit hineinfassen) kann.
Die Trageweise wird vom Schützen **im Gefecht** meist selbständig gewählt. In der **geschlossenen Ordnung** befohlen.
Steht der **unmittelbare Einsatz nicht bevor,** ist die Waffe so auf dem Rücken zu tragen, dass sie bei Bedarf schnell eingesetzt werden kann. **Im Einsatz**

oder unmittelbar davor ist die Granatpistole in der Hand zu tragen (STAN-Waffe dann auf dem Rücken).

Die Trageweise in der **Bewegung** ist die des Gewehrs; es ist jedoch ganz besonders darauf zu achten, dass Mündung, Rohr (großes Kaliber!) und Verriegelungsstück sauber bleiben.

Im **Kfz** ist die Waffe in der Tragetasche aufzubewahren.

Die Munition ist in Tragegurten zu je 6 Patronen verpackt. Der Tragegurt wird schräg über dem Oberkörper getragen.

3. **Ladetätigkeiten und Schießen** – Möglich bei eingeschobener oder ausgezogener Schulterstütze (wird vor dem Einschieben/Ausziehen um 90° gedreht und dann durch nochmaliges Drehen um 90° arretiert).

Alle Ladetätigkeiten nur bei gesicherter Granatpistole vornehmen (Sicherungshebel auf Stellung „S")!

Laden – (Bild 2) Ausführung:
- **Gesicherte** Waffe mit rechter Hand am Griffstück umfassen (gestreckten Zeigefinger entlang Abzugsbügel).
- Mit der linken Hand den Verriegelungshebel zurückziehen, bis das Rohr in die Ladestellung kippt.
- Patrone bis zum Anschlag in das Patronenlager einführen.
- Rohr nach unten drücken, bis es einrastet.

Schießen – Ausführung:
- Die der Zielentfernung entsprechende Zieleinrichtung aufklappen.
- Schlaghahn nach unten drücken und somit Waffe spannen (Bild 3).
- Entsichern, in Anschlag gehen, schießen und wieder sichern.
- Verriegelungshebel zurückziehen, bis Rohr in Ladestellung kippt.
- Patrone aus dem Patronenlager ziehen.
- Rohr verriegeln, ggf. neu laden.

Erfolgte keine Schussabgabe, Waffe entladen und entspannen.

Entladen – (Bild 2) Ausführung:
- Verriegelungshebel zurückziehen, bis Rohr in Ladestellung kippt
- Patrone aus dem Patronenlager ziehen.

a. Bei **entspanntem Schlaghahn:**
- Rohr nach unten drücken, bis es einrastet.

b. Bei **gespanntem Schlaghahn:**
- Waffe entsichern.
- Schlaghahn mit dem Daumen festhalten.
- Abzug betätigen und dabei den Schlaghahn langsam in Ruhestellung bringen

- Waffe wieder sichern.
- Rohr nach unten drücken, bis es einrastet.

Die Schulterstütze ist ggf. einzuschieben.

Bild 2 Einführen der Patrone beim Laden

Bild 3 Granatpistole spannen

4. **Beseitigen von Störungen** – Zündet eine Patrone nicht, bleibt der Schütze mindestens eine Minute im Anschlag und feuert dann erneut ab. Zündet die Patrone wiederum nicht, kann nach einer weiteren Minute Wartezeit die Waffe entladen werden. Die Patrone ist als Versager zu behandeln.

5. Zur **Technischen Durchsicht und Pflege** ist die Granatpistole **nicht zu zerlegen.** Zum Reinigen wird das Reinigungsgerät der leichten Panzerfaust verwendet.

III. SCHIESSAUSBILDUNG

1. Die **Anschläge** mit der Granatpistole entsprechen denen mit Gewehr. Die Granatpistole muss immer mit dem Gehäuse aufliegen und nicht mit dem Rohr. Bei Entfernungen über 150 m Rohr schräg nach oben richten (Schulterstütze passt nicht mehr genau in die Schulterbeuge) und Oberkörper zurücknehmen.

2. Die **Schießtechnik** (Zielen, Atemtechnik, Abkrümmen) gleicht der mit anderen Handwaffen.
Der fehlende Mündungsknall und der ziemlich geringe Rückstoß dieser Waffe gewährleisten eine hohe Treffsicherheit.
Dem Einfluss des Windes auf die Flugbahn ist durch Wahl eines entsprechenden Haltepunkts entgegenzuwirken.

Schießausbildung mit Handwaffen

ZDv 3/12

Grundlagen

I. ALLGEMEINES

1. **Ziel der Schießausbildung** – Der Soldat soll das Schießen mit Handwaffen so erlernen, dass er den Feind bei Tag und Nacht mit **treffsicherem Schuss** vernichten kann. Als **Voraussetzung** dazu muss er
– die Waffe, die dazugehörenden Geräte und die Schießtechnik beherrschen,
– das Gelände ausnutzen und Ziele schnell auffassen,
– körperlich gewandt und ausdauernd sein und
– entschlossen handeln.

2. **Kampfentfernung:** Entfernung, auf die der Soldat seine Waffe mit Erfolg einsetzen kann. Kampfentfernungen gegen Erdziele bei Tag und ausreichender Sicht:

– Maschinengewehr auf Lafette (MG Laf)	bis 1200 m,
– Maschinengewehr auf Zweibein (MG)	bis 600 m,
– Gewehr (G)	bis 500 m,
– Maschinenpistole (MP)	bis 100 m,
– Pistole (P)	bis 50 m,
– Granatpistole (GP)	bis 350 m.

3. Die Schießausbildung umfasst
– die **Schießlehre**, die dem Soldaten die theoretischen Grundlagen vermittelt,
– die **Schießtechnik**, in der er die Anschläge, das Zielen und den Schießrhythmus erlernt,
– das **Schulschießen**, bei dem er im allgemeinen das Erlernte im scharfen Schuss mit Gefechtsmunition übt und
– das **Gefechtsschießen**, bei dem er die Kenntnisse und Fähigkeiten anwendet, die er in der Waffen- und Schießausbildung und im Gefechtsdienst erworben hat.

II. SCHIESSLEHRE

Voraussetzung für das Erlernen der Schießtechnik sind Grundkenntnisse der **Schießlehre für Handwaffen: Lehre vom Schuss, Zieleinrichtungen und Zielen sowie Streuung, Treffbereich und Geschosswirkung.**

Lehre vom Schuss

1. **Geschossbewegung im Rohr:** Bewegung, die das Geschoss nach Zündung der Treibladung vom Patronenlager bis zur Rohrmündung ausführt:
- Der Schlagbolzen trifft bei allen Handwaffen auf das Anzündhütchen und entzündet über den Anzündsatz die Treibladung.
- Die bei deren Verbrennung entstehenden Gase treiben das Geschoss unter starkem Druck durch das Rohr.
- Das Geschoss bewegt sich mit rasch zunehmender Geschwindigkeit vorwärts.

Die gewindeartig in das Rohr eingeschnittenen Züge und dadurch vorstehenden Felder geben dem Geschoss eine Drehung nach rechts um seine Längsachse, den Drall (Bild 1).

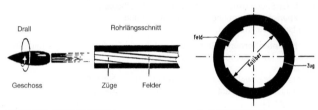

a Rohrlängsschnitt und Drall b Rohrquerschnitt

Bild 1   Züge und Felder

2. Die **Geschossflugbahn** (Bild 2) wird beeinflusst durch:
- **Abgangsrichtung:** Flugrichtung beim Verlassen des Rohrs (Rohrmittellinie).
- **Anfangsgeschwindigkeit des Geschosses (v_0):** Geschwindigkeit beim Austritt aus dem Rohr in m/s, u. a. abhängig von Treibladung, Rohrlänge. Je höher ist, desto gestreckter die Flugbahn.
- **Schwerkraft:** Zieht das Geschoss nach unten.
- **Drall:** Stabilisiert das Geschoss während des Flugs, verhindert ein Überschlagen.
- **Luftwiderstand:** Bremst fortwährend die Fluggeschwindigkeit, wirkt auf stumpfe Geschosse stärker, auf spitze schwächer ein. Schwerkraft und Luftwiderstand lenken das Geschoss von der Abgangsrichtung ab und geben der Flugbahn die Form einer Kurve.
- **Wettereinflüsse:** Starke Niederschläge bremsen Geschosse ab, Seitenwind verursacht Seitenabweichung, Gegenwind verkürzt Flugbahn, Rückenwind verlängert sie.

3. **Nebenwirkungen bei der Schussabgabe:**
- **Mündungsfeuer:** Restliche, noch brennende Pulvergase.
- **Mündungsknall:** Hinter dem Geschoss an der Rohrmündung stoßartig austretende Pulvergase. Danach lassen sich Richtung und Entfernung eines Abschusses beurteilen.
- **Geschossknall:** Kopfwelle bei Geschossen, deren Geschwindigkeit über der Schallgeschwindigkeit liegt. Meist heller Knall, den man bei Beschuss durch den Feind vor dem dumpferen Mündungsknall hört. Hinter und seitlich rückwärts einer Waffe hört man stets nur einen aus Mündungs- und Geschossknall zusammengesetzten Knall.
- **Rückstoß:** Gasdruck, der Rücklauf des Geschosses bewirkt; hält während der Geschossbewegung im Rohr an. Den dadurch möglichen Abweichungen vom Ziel ist durch festes Einziehen der Waffe bei Schussabgabe entgegenzutreten.

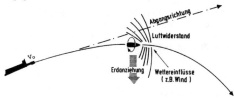

Bild 2 Geschossflugbahn

Zieleinrichtungen und Zielen

4. **Zieleinrichtungen** (Bild 3): Visiereinrichtungen bestehend aus dem meist verstellbaren Visier mit Kimme und dem Korn (Bild 4), Zielfernrohre sowie Infrarot- und Bildverstärker-Zielfernrohre haben den Zweck den Unterschied zwischen Abgangsrichtung und Geschossflugbahn auszugleichen.

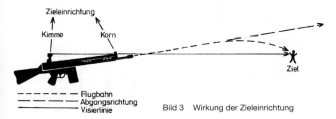

Bild 3 Wirkung der Zieleinrichtung

Lochkimme	V-Kimme	U-Kimme	Balkenkorn	Dachkorn
(G; MP)	(G 100 m; MG)	(P)	(G; P)	(MG; MP)

Bild 4   Visiereinrichtungen der Handwaffen (ohne Zielfernrohre)

5. **Definitionen**

Zielen: Waffe mit der Zieleinrichtung auf ein Ziel richten.
Visierlinie: Gedachte Linie vom Auge des Schützen über die Zieleinrichtung zum Haltepunkt.
Haltepunkt: Punkt, auf den die Visierlinie gerichtet sein muss, um das Ziel zu treffen.
Treffpunkt: Punkt, in dem das Geschoss einschlägt.
Zielentfernung: Entfernung von der Waffe zum Ziel.
Visierentfernung: An der Zieleinrichtung der Waffe eingestellte Entfernung
Abkommen: Punkt auf den die Visierlinie tatsächlich zeigt, wenn der Schuss bricht. Schütze muss bei Schussabgabe „durch das Feuer sehen", um sein Abkommen zu erkennen und ggf. beim nächsten Schuss den Haltepunkt zu verlegen.

6. **Zielen** – Ausführung:
- Vor dem Zielen die geschätzte oder befohlene Entfernung an der Zieleinrichtung einstellen.
- Haltepunkt wählen.
- Über
  - Kimme und Korn (G, MP, P, MG),
  - Zielstachel (Zielfernrohr) oder
  - Visiermarken (IR-Zielfernrohr, BV-Zielfernrohr) blicken und die Visierlinie so auf den Haltepunkt richten.

Gleichzeitig bei einer Visiereinrichtung mit
- V- oder U-Kimme den oberen Rand der Kimme waagerecht halten und das Korn so in die Mitte des Kimmenausschnitts bringen, dass es oben mit dem oberen Kimmenrand abschneidet (Bild 5).
- Lochkimme die Oberkante des senkrecht stehenden Korns in die Mitte der Lochkimme bringen (Bild 6).

Bild 5
Gestrichen Korn

Bild 6
Richtige Stellung des Korns in einer Lochkimme (G, MP)

7. Der **Haltepunkt** kann liegen
- am **unteren** Zielrand = „**Ziel aufsitzen lassen**" (Bild 7),
- am **oberen** Zielrand   = „**Ziel verschwinden lassen**" (Bild 8),
- **im Ziel**   = „**Ins Ziel gehen**" (Bild 9).

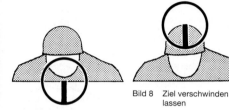

Bild 8 Ziel verschwinden lassen

Bild 7 Ziel aufsitzen lassen

Haltepunkt bei
- kleinen, stehenden Zielen: „Ziel aufsitzen lassen",
- Zielen in Zubewegung: „Ziel aufsitzen lassen",
- Zielen in Fortbewegung: „Ziel verschwinden lassen",
- großen Zielen: „Ins Ziel gehen" (Zielmitte).

Bei der **Wahl des Haltepunkts** sind zu berücksichtigen:
- der Unterschied zwischen Ziel- und Visierentfernung,
- die Bewegung eines Ziels,
- Wettereinflüsse,
- Abweichungen der Waffe (Streuung),
- Größe, Verwundbarkeit und Empfindlichkeit des Ziels.

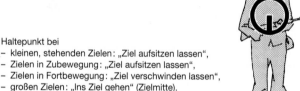

Bild 9 Ins Ziel gehen

Ausgleich des Unterschieds zwischen Ziel- und Visierentfernung:
- Bei Zielentfernung 100 m und Visierentfernung 200 m Haltepunkt etwa 8 cm unter Zielmitte wählen.
- Bei Zwischenentfernungen, für die das Visier, sich nicht einstellen lässt, Visierentfernung größer wählen als die Zielentfernung und mit Haltepunkt „Ziel aufsitzen lassen" schießen.

Bei Zielen in **Querbewegung vorhalten:**
- Mit Haltepunkt „Ins Ziel gehen" anrichten, Ziel mit Visierlinie folgen,
- Haltepunkt je nach Zielgeschwindigkeit vorverlegen = **vorhalten.**

8. **Zielfehler** (Bild 10 und 11), unbewusst gemacht, ergeben oft Fehlschüsse; deshalb muss der Schütze sie kennen, um sie beim Schießen zu vermeiden.

Bezeichnung	Wie sieht es der Schütze?	Auswirkung
Feinkorn	Korn (G) erscheint unterhalb der Mitte der Lochkimme, der obere Rand des Kornschutzes wird in der Lockimme (oben) sichtbar.	**Tief- bzw. Kurzschuss**
	Korn (MP) erscheint unterhalb der Mitte der Lochkimme.	
	Korn (MG und P) erscheint unterhalb des oberen Kimmenrands der V- bzw. U-Kimme.	

Feinkorn kann die Folge einer Beleuchtung des Korns von rückwärts sein, z. B. bei Sonne im Rücken des Schützen.

Vollkorn		**Hoch- bzw. Weitschuss**
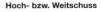	Korn (G) erscheint oberhalb der Mitte der Lochkimme, der untere Rand des Kornschutzes wird in der Lochkimme (unten) sichtbar.	
	Korn (MP) erscheint oberhalb der Mitte der Lochkimme.	
	Korn (MG und P) erscheint unterhalb des oberen Kimmenrands der V- bzw. U-Kimme.	

Vollkorn kann die Folge von trüber Witterung, Dämmerung oder schlechter Lichtverhältnisse im dichten Wald sein.

Bild 10 Zielfehler Feinkorn und Vollkorn

Bezeichnung	Wie sicht es der Schütze?	Auswirkung
Korn links geklemmt	Korn (MG) ist innerhalb der Kimme nach links verschoben. Der rechte Rand des Kornschutzes (G) wird in der Lochkimme (links) sichtbar.	**Linksschuss** 
Korn rechts geklemmt	Korn (MG) ist innerhalb der Kimme nach rechts verschoben. Der linke Rand des Kornschutzes (G) wird in der Lochkimme (links) sichtbar.	**Rechtsschuss** 
Ein geklemmtes Korn kann die Folge starker Beleuchtung von der Seite sein.		
Verkantete Waffe (hier rechts)	Korn (G und MP) steht nicht senkrecht in der Lochkimme. Oberer Kimmenrand der V- bzw. U-Kimme (MG und P) steht nicht waagerecht	**Seitlicher Tiefschuss** (hier Tiefschuss rechts) 
Eine links verkantete Waffe ergibt einen Tiefschuss links.		

Bild 11 Zielfehler links/rechts geklemmtes Korn und verkantete Waffe

Streuung, Treffbereich und Geschosswirkung

9. Streuung: Erscheinung beim Abfeuern mehrerer Schüsse mit derselben Visierentfernung und demselben Haltepunkt aus einer Waffe, wobei sich mehrere Treffpunkte ergeben und die Einschläge sich über eine bestimmte Fläche verteilen. Ursachen können bei der Waffe, Munition, dem Schützen (Waffen-, Munitions-, Schützenstreuung) oder dem Wetter liegen.

Treffbild: Verteilung aller Treffer nach Höhe und Breite auf einer senkrechten Fläche und nach Länge und Breite auf einer waagerechten Fläche.

10. **Treffbereich** (Bild 12): Strecke, auf der ein mit gleicher Visierentfernung und gleichem Haltepunkt angerichtetes Ziel schon oder noch getroffen wird, abhängig von der
- Krümmung der Geschossflugbahn und
- Höhe des Ziels.

Bei Handwaffen hängt der Treffbereich wegen der gestreckten Flugbahn auf kurze Entfernung fast nur von der Zielhöhe ab. Mit steigender Zielentfernung wird er wegen der stärker gekrümmten Flugbahn kleiner; um so wichtiger wird dann die richtige Visiereinstellung.

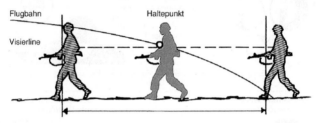

Bild 12 Treffbereich

11. Der **bestrichene Raum:** Entsteht, wenn mehrere Schüsse als schnelles Einzelfeuer oder als Feuerstoß (Geschossgarbe) abgefeuert werden. Wegen der Form der Geschossflugbahnen und des Geländes kann der Schütze darin auch Ziele treffen, die er nicht anvisiert hat. Bietet ein Geländeteil im bestrichenen Raum Schutz gegen Feuer aus Handwaffen, bezeichnet man ihn als **gedeckten Raum**.

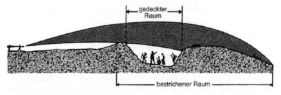

Bild 13 Bestrichener Raum (schwarz) und gedeckter Raum (weiß)

12. Die Geschosswirkung ist, außer von der Widerstandsfähigkeit des Ziels, abhängig von Geschossdurchmesser (Kaliber), -form, -material und der Auftreffwucht (durch Geschossgewicht und Auftreffgeschwindigkeit).

III. SCHIESSTECHNIK

Zur Abgabe eines treffsicheren Schusses muss der Schütze die **Schießtechnik – Anschläge mit Handwaffen**, das **Zielen** und den **Schießrhythmus** – beherrschen.
Sicherheitsbestimmungen und **Übergabemeldungen** siehe „Ausbildung mit Handwaffen, Handgranaten und Handflammpatronen".
Die **Anschläge** sind jeweils bei der Schießausbildung mit der einzelnen Waffe beschrieben, das **Zielen** und der **Schießrhythmus** hier nur begrenzt dargestellt.

Zielen

Bei eingeschränkter Sicht ist ohne Nachtsehgeräte über Kimme und Korn zu zielen, wenn das Sehvermögen ausreicht. Oft kann bei zunehmender Dunkelheit noch der Kornschutz durch die Kimme mit dem Ziel in Deckung gebracht werden. Kann die Zieleinrichtung bei Dunkelheit – ohne künstliche Beleuchtung – nicht mehr benutzt werden, wie folgt verfahren:
- Augen an die Dunkelheit gewöhnen (Anpassungszeit ca. 20 Min.).
- Beide Augen offenhalten.
- Ziel mit dem Blick beider Augen umkreisen.
- Mündung der Waffe in Linie Augen – Ziel bringen.
- Mit beiden Augen über das Oberteil der Waffe zielen (Korn steht dabei zu weit links und hoch).
- Mündung entgegen eigenem Eindruck nach tief rechts (etwa 50 cm vom Ziel) drücken.

Damit sind gute Trefferergebnisse bei Zielentfernung bis 50 m möglich.

Schießrhythmus

Der **Schießrhythmus** besteht aus der **Atemtechnik** und dem **Abkrümmen**.

1. Mit der richtigen **Atemtechnik** hält der Schütze seine Waffe und seinen Körper während des Zielens weitgehend ruhig. Dabei sind alle nötigen Tätigkeiten wie folgt in den natürlichen Atemvorgang einzuordnen:
- **Beim Einatmen** Waffe in **Anschlag** bringen und **entsichern**.
- **Beim Ausatmen** Waffe **einziehen, zielen, Druckpunkt nehmen, zur Hälfte einatmen** und **Luft anhalten**.

- **Unmittelbar nach dem Anhalten der Luft** (auch 1 bis 2 Sekunden später), der Körper muss völlig ruhig sein, die Visierlinie zeigt auf das Ziel, **abkrümmen: der Schuss muss brechen.**

2. Zum Abkrümmen
- Mit rechter Hand (ohne sie zu verdrehen) fest den Griff der entsicherten Waffe umfassen, Daumen von hinten, drei Finger von vorn, Zeigefinger liegt an der äußeren Kante des Abzugsbügels (Bild 14).

Bild 14   Umfassen des Griffs

- Dann mit dem Zeigefinger durch Krümmen der ersten beiden Glieder den Abzug am unteren Ende erfassen und bis zum Druckpunkt nach hinten ziehen (Bild 15)
- Zeigefinger gleichmäßig in einem Zuge weiterkrümmen, dabei volle Aufmerksamkeit dem Zielen widmen, bis der Schuss bricht (vom Schuss „überraschen" lassen). „Durchreißen" (ruckartiges Durchziehen) und „Mucken" (Schließen des Zielauges) vermeiden.
- Nach der Schussabgabe Auge öffnen, Zeigefinger strecken, sichern, Waffe langsam absetzen.

Bild 15   Abkrümmen

Der Schütze erzielt einen ungenauen Schuss, wenn er aus
- **Angst** den Haltepunkt bei der Schussabgabe zu verlieren, **„durchreißt"** ohne vorher Druckpunkt zu nehmen und ohne die richtige Atemtechnik anzuwenden;
- **Angst** vor Mündungsknall und Rückstoß **„muckt"**, indem er vor Überwinden des Druckpunkts das Zielauge schließt, den Kopf vorneigt und die Schulter vorfallen lässt und außerdem dann nicht „durch das Feuer" sehen und sein Abkommen feststellen kann.

Gewehr

FEUERARTEN, SCHIESSARTEN UND PIRSCHHALTUNG

Feuerart	Schießart	Zielvorgang	Anschlag/ Anschlagtechnik	Bemerkungen
Einzelfeuer	Präzisionsschuss	Mit Zieleinrichtung	In Schulter eingezogen/aufgelegt	Sorgfältig gezielt
Einzelfeuer	Schnell-Schuss	Mit Zieleinrichtung	In Schulter eingezogen	Schnell gezielt
Einzelfeuer	Sturmschießen	Grob über das Rohr	Hüftanschlag	Rasches Gehen/ Laufen
Einzelfeuer	Deutschießen	Grob über das Rohr	Hüftanschlag	Plötzlicher Feind
Feuerstöße	Sturmabwehrschießen	Mit Zieleinrichtung	In Schulter eingezogen/aufgelegt	Konzentriert schießen
Feuerstöße	Deutschießen	Grob über das Rohr	Hüftanschlag	Plötzlicher/überlegener Feind
Feuerstöße	Schießen auf Flugziele	Zieleinrichtung (V-Kimme)	In Schulter eingezogen	Im An-/Über-/ Vorbeiflug

1. **Feuerarten**
– **Einzelfeuer** ist die häufigste Feuerart mit der größten Treffaussicht.
– **Feuerstöße** (mit Gewehr) sind nur gegen plötzlich auftretenden, zahlenmäßig überlegenen Feind im Nahkampf zu schießen, außerdem gegen Flugziele.

2. **Schießarten**
Zum **Präzisionsschuss** (bis 300 m) geht der Soldat möglichst im Kampfstand aufgelegt in Anschlag, um den Feind mit sorgsam gezieltem Einzelfeuer auszuschalten, wenn möglich überfallartig.
Beim **Schnellschuss** (bis 150 m) kämpft der Soldat aus der Stellung, aus der Bewegung haltend oder in Stellung gehend auf kurze Entfernung überraschend auftretenden Feind mit Einzelfeuer nieder, bevor dieser zum Schuss kommt. Zielauffassen (über V-Kimme), Zielen und Schussabgabe gehen dabei zügig ineinander über.
Beim **Sturmschießen** gibt der Soldat im Rhythmus des raschen Gehens oder Laufens Einzelschüsse aus dem Hüftanschlag ab und korrigiert dabei den Haltepunkt nach der Lage der Geschosseinschläge.

Das **Sturmabwehrschießen** (bis 50 m) ist eine schnelle Folge von kurzen Feuerstößen, meist im Anschlag aufgelegt, gegen stürmenden Feind. Jeder Feuerstoß soll mit einem gezielten Schuss beginnen.

Das **Deutschießen** (bis 30 m) ist ein reaktionsschnelles Schießen von schnellem Einzelfeuer oder kurzen Feuerstößen im Hüftanschlag gegen überraschend auftretenden, überlegenen Feind.

Schießen auf Flugziele siehe „Fliegerabwehr (zu Lande)".

3. **Pirschhaltung** (Bild 1) – Muss der Soldat damit rechnen, dass er plötzlich auf Feind stößt, geht er in **Pirschhaltung** – Ausführung:

- **Waffe fertiggeladen und im Einsatz entsichert; sonst immer gesichert, dann: Stellung des Sicherungshebels von Zeit zu Zeit überprüfen (kann sich durch Bekleidung/Ausrüstung unbeabsichtigt auf „E" oder „F" verstellen).**
- Schulterstütze an der Hüfte, rechte Hand am Griff.
- Zeigefinger ausgestreckt außen am Abzugsbügel.
- Linke Hand am Handschutz mit Daumen von oben und vier Fingern von unten.
- Rohrmündung folgt der Blickrichtung.
- **Entsichern unmittelbar vor Feuereröffnung.**

Bild 1   Pirschhaltung

II. ANSCHLÄGE

1. **Allgemeines**
- Bei allen Anschlägen bleibt der Blick auf das Ziel gerichtet auch bei Magazinwechsel und Ladegriffen.
- Die Körperhaltung ist entspannt und ungezwungen. Übertriebener Kraftaufwand, z. B. beim Einziehen, stört die ruhige Lage der Waffe.
- Die Schulterstütze ist in die Vertiefung zwischen dem Muskelwulst des Oberarms und dem Schlüsselbein einzuziehen.
- Schlecht angepasste Bekleidungs- und Ausrüstungsstücke behindern den Anschlag.

2. **Anschlag sitzend aufgelegt am Anschusstisch** (Bild 2) – Ausführung:
- Linke Körperseite fest gegen den Tisch lehnen.

- Linken Fuß vorsetzen, den rechten zurücksetzen.
- Mit rechter Hand Griffstück umfassen, Gewehr fest in die Schulter einziehen, und mit der linken Hand die Waffe am hinteren Ende der Schulterstütze unterstützen.
- Oberkörper mit den Ellenbogen fest auf dem Tisch abstützen.

Bild 2 Anschlag sitzend aufgelegt am Anschusstisch

3. **Anschlag liegend aufgelegt** (Bild 3) – Ausführung:
- Körper in sich gerade, ohne Biegung in den Hüften, schräg zum Ziel legen.
- Die nach rückwärts verlängerte Visierlinie und der Körper sollen einen Winkel von etwa 30° bilden.
- Beine leicht spreizen und, mit den Innenseiten der Füße am Boden, ausstrecken.

a b

Bild 3 Anschlag liegend aufgelegt

- Die Waffe liegt mit dem Handschutz oder dem Magazin auf einer Auflage, die der Körperhöhe angepasst sein muss.
- Mit rechter Hand Griffstück umfassen, Gewehr fest in die Schulter einziehen, und mit linker Hand die Waffe fest am hinteren Ende der Schulterstütze unterstützen.
- Ellenbogen fest auf den Boden stützen.

4. **Anschlag liegend freihändig** (Bild 4) – Ausführung:
- Waffe mit dem Handschutz auf den linken Unterarm legen, Magazin und Griffstück zeigen nach rechts, die rechte Hand umfasst das Griffstück.
- Die gleiche Körperlage wie zum Anschlag liegend aufgelegt einnehmen.
- Mit der rechten Hand – mit einer Rechtsdrehung – Gewehr nach vorn bringen und kräftig in die Schulter einziehen.
- Mit der vollen Handfläche der linken Hand am Handschutz unterstützen, Daumen am Handschutz ausstrecken, die übrigen Finger lose um den Handschutz krümmen.
- Linken Ellenbogen möglichst senkrecht unter das Gewehr stellen.
- Linke Hand kann auch am Magazinschacht unterstützen.
- Durch Anziehen des rechten Beins verdreht der Schütze etwas den Oberkörper, kann besser ein- und ausatmen und liegt – vor allem nach körperlicher Belastung – ruhiger bei der Schussabgabe.

a b

Bild 4 Anschlag liegend freihändig

Bild 5 Anschlag stehend aufgelegt

5. **Anschlag stehend aufgelegt** (Bild 5) im Kampfstand oder hinter einer Deckung – Ausführung:
- Mit linker Körperseite eng an die vordere Deckungswand anlehnen.

- Für Füße festen Halt schaffen.
- Waffe liegt mit Handschutz oder Magazin auf einer Auflage.
- Anschlag und Einziehen wie liegend aufgelegt.
- Zum Schnellschuss unterstützt die linke Hand wie stehend freihändig

6. **Anschlag stehend freihändig** (Bild 6) – Ausführung:
- Nach halbrechts wenden, linken Fuß einen halben Schritt nach vorn setzen.
- Körpergewicht ruht gleichmäßig auf beiden Füßen.
- Gewehr mit rechter Hand am Griffstück mit linker am Handschutz oder Magazinschacht erfassen.
- Waffe mit beiden Händen auf das Ziel richten.
- Gewehr mit rechter Hand fest in die Schulter einziehen, rechten Ellenbogen nicht ganz in Schulterhöhe heben, und mit linkem Arm unterstützen, Ellenbogen möglichst senkrecht unter dem Gewehr.
- Kopf leicht nach vorn neigen und an die Schulterstütze legen.
- Rechte Schulter nach vorn bringen, Halsmuskeln und Schulter nicht verkrampfen.

Bild 6   Anschlag stehend freihändig

7. **Anschlag kniend** (Bild 7) – Ausführung:
- Nach halbrechts wenden, linken Fuß einen Schritt nach vorn setzen.
- Auf rechtes Knie niederlassen, Gesäß auf rechten Hacken (Fuß ausstrecken, anwinkeln oder seitlich flach legen) herunternehmen.
- Körpergewicht durch Vor- und Zurücksetzen des linken Fußes verteilen,
- Mit rechter Hand Griffstück umfassen, linke erfaßt Handschutz oder Magazinschacht Schulterstütze an der rechten Magazintasche, rechten Arm an die äußere Seite der Schulterstütze legen, Rohrmündung in Zielrichtung in Augenhöhe.

Bild 7   Anschlag kniend

- Linken Arm auf linkes Knie stützen, dabei Ellenbogen nicht auf Kniegelenk aufsetzen (nicht „Knochen auf Knochen").
- Gewehr in Zielrichtung vorbringen und mit rechter Hand in die Schulter einziehen, ohne dabei den rechten Ellenbogen über Schulterhöhe zu heben.
- Kopf leicht nach vorn neigen und an die Schulterstütze legen, dabei Halsmuskeln und Schulter nicht verkrampfen.
- Zur Höhenrichtung rechte Fußspitze anziehen oder ausstrecken, oder linken Fuß vor- und zurückschieben, oder die Lage des Arms auf dem linken Bein verändern.
- Linke Fußspitze und die Ferse nicht anheben.

Der Anschlag **kniend freihändig** wird angewendet gegen Ziele in Querbewegung. Der Schütze muss anschlagen, ohne den Arm aufzustützen; das Gesäß kann er anheben.

Beim Anschlag **kniend aufgelegt** unterstützt die linke Hand am hinteren Ende die Schulterstütze.

8. Der **Hüftanschlag** wird benutzt zum **Sturmschießen** und zum **Deutschießen**.

Sturmschießen (Bild 8) – Ausführung:
- Gewehr auf Einzelfeuer stellen.
- Rechte Hand umfasst Griffstück, Zeigefinger am Abzug
- Linke Hand umfasst von oben den Handschutz so weit vorn wie möglich, dabei vier Finger links und Daumen rechts, und drückt die Rohrmündung mit gestrecktem Arm nach unten.
- Schulterstütze, etwas über Hüfthöhe, ohne Druck am Körper halten.
- Waffe möglichst ruhig halten, vorstürmen und beim Aufsetzen des linken Fußes Einzelfeuer schießen.
- Beim Einbruch müssen noch mindestens 4–5 Patronen im Magazin sein.

Bild 8 Hüftanschlag zum Sturmschießen

Deutschießen (Bild 9) – Ausführung:
- Gewehr auf „Feuerstoß" einstellen.
- Rechte Hand umfasst Griff, Zeigefinger am Abzug.
- Linke Hand umfasst von oben den Handschutz so weit vorn wie möglich, dabei vier Finger links und Daumen rechts, und drückt die Rohrmündung mit gestrecktem Arm nach unten.
- Schulterstütze, etwas über Hüfthöhe, mit dem rechten Arm an den Körper drücken.
- Linken Fuß einen halben Schritt vorsetzen, Gewicht auf das linke Bein legen und mit dem rechten gestreckten Bein nach hinten abstützen.
- Sofort Feuerstoß geben.

Bild 9 Hüftanschlag zum Deutschießen

9. Anschläge im Gelände

Anzustreben ist immer ein Anschlag aufgelegt z. B. auf Rasenstücken, Erdaufwürfen, Astgabeln, Mauerwerk oder ein Anschlag angelehnt (Bild 10), beispielsweise an Bäumen oder Hausecken.

Bild 10 Anschlag kniend angelehnt

Maschinengewehr auf Zweibein

I. ALLGEMEINES

1. Beim **Schießen mit dem MG auf Zweibein** kommt es darauf an, bei jedem Feuerstoß die **Geschossgarbe** um den ersten, treffsicheren Schuss **zusammenzuhalten**. Zu jedem Feuerstoß ist sie neu anzurichten, die Zeit bis zum nächsten darf nur so lang sein, wie es zum erneuten Anrichten nötig ist.
Bekämpft werden **Einzelziele** oder **einzelne Zielgruppen** mit 1–2 Feuerstößen. Auf Flächenziele oder nahe beieinander liegende Zielgruppen ist Feuerstoß an Feuerstoß zu reihen.

2. Das **Abkrümmen** hat besondere Bedeutung: Nachdem der **Druckpunkt** überwunden worden ist, muss der Abzug sofort wieder losgelassen werden Dabei ist der Zeigefinger jedoch nur so weit zu strecken, wie es zum Unterbrechen des Feuers notwendig ist. Der **Abzug** ist also **immer am Druckpunkt** zu halten. Nur so ist es möglich, mehrere Feuerstöße in ganz kurzer Zeit abzugeben.

3. Bei der **Auswahl der Stellung** ist darauf zu achten, dass in **bequemer Körperlage** angeschlagen und der **Rückstoß mit dem Körper aufgefangen** werden kann, so dass ein Auswandern der Waffe verhindert wird. Beide Ellenbogen müssen feste Auflage haben.

4. Das Beobachten der Geschossgarbe im Ziel ist Voraussetzung für wirkungsvolles Feuer; nur wenn die Lage der Geschossgarbe erkannt wird, kann die Trefferlage durch Neuanrichten beim folgenden Feuerstoß verbessert

II. ANSCHLÄGE

Meist schießt der Schütze mit **Vorderunterstützung**, auf nahe Entfernung in einem **großen Schwenkbereich** aber mit **Mittelunterstützung**.

1. **Anschlag liegend** (Bild 1) – Ausführung:
- So hinter das MG legen, dass sich die Mittellinie des Körpers mit der nach rückwärts verlängerten Visierlinie deckt: Nicht in den Hüften einknicken; die nach rückwärts verlängerte Visierlinie darf nicht am Körper vorbei zeigen
- Zum Anschlag – mit der rechten Hand am Griffstück Zeigefinger außerhalb der Abzugseinrichtung ausgestreckt – MG so weit nach vorn schieben, bis das in Schussrichtung geneigte Zweibein im Gelenk anschlägt.

- Körper nachschieben, Schulterstütze mit linker Hand von unten erfassen (Daumen links, vier Finger rechts vor Nase der Schulterstütze) und Waffe in die Schulter einziehen.
- Mit Daumen der rechten Hand entsichern.
- Mit beiden Händen MG waagerecht halten und verhindern, dass es verkantet.
- Schulter mit dem ganzen Körper gegen die Schulterstütze drücken, so dass das Zweibein beim Schießen nach vorn geneigt bleibt.
- Zum Schießen an den Boden pressen, dabei Beine spreizen und Füße möglichst gegen Widerlager stemmen.
- Ellenbogen fest aufstützen.
- Nach Schussabgabe sichern und Waffe absetzen.

Bild 1   Anschlag liegend

2. **Anschlag stehend im Kampfstand** (Bild 2) – Ausführung:
- Körper fest gegen Deckung lehnen, Füße benötigen sicheren Stand.
- Beinstellung verändern und Anschlaghöhe korrigieren.
- Ellenbogen fest auflegen.
- Handhabung MG wie Anschlag liegend.

Bild 2   Anschlag stehend im Kampfstand

3. **Anschlag kniend hinter einer Deckung** – Ausführung:
- Linken Ellenbogen möglichst auf linken Oberschenkel stützen.
- Lässt sich Zweibein nicht fest aufsetzen, vorderen Gehäuseteil auf weiche Unterlage legen.
- Auflegen des MG auf die Schulter eines zweiten Soldaten ist erlaubt, ebenfalls beim Anschlag stehend.

4. **Pirschhaltung** (Trageriemen am Griffstück aushaken, um Hals hängen, rechte Hand am Griffstück, linke erfasst Zweibein) und **Hüftanschlag** (Bewegung unterbrechen, festen Stand suchen, Schulterstütze gegen Hüfte drücken, sofort kurze Feuerstöße abgeben) werden nur in Ausnahmefällen angewandt.

Maschinenpistole

I. ALLGEMEINES

1. Die Maschinenpistole erlaubt das **reaktionsschnelle und treffsichere Schießen** auf überraschend auftretenden Feind **bis 100 m**. Auf Entfernungen über 50 m werden **Einzelschüsse**, darunter hauptsächlich **Feuerstöße (2–4 Schuss)** abgegeben, die schnell aufeinander folgen. Es kann nötig sein, mit einem längeren Feuerstoß (4–10 Schuss) mehrere gleichzeitig und nebeneinander erscheinende Ziele zu bekämpfen.

2. Beim Umgang mit der Maschinenpistole sind die Sicherheitsbestimmungen immer besonders zu beachten; falsche Handhabung gefährdet stets den Schützen selbst und seine Umgebung im höchsten Maß.

II. ANSCHLÄGE

1. Die Anschläge mit MP entsprechen denen mit Gewehr.
Abweichungen: im Hüftanschlag ist zusätzlich der Trageriemen um den Hals zu legen (gilt auch für die Pirschhaltung), der linke Arm bleibt leicht angewinkelt.

2. Beispiele für Anschläge und Pirschhaltung siehe Bild 1

a

b

c

Bild 1
Anschläge (a und b)
und Pirschhaltung (c)

Pistole

I. ALLGEMEINES

1. Die **Pistole** dient zur **Selbstverteidigung im Nahkampf**. Der Schütze muss in der Lage sein, in kürzester Zeit einen oder mehrere Treffer anzubringen und damit einen **Feind**, der auf Entfernungen **bis 25 m** überraschend auftritt, **kampfunfähig zu machen, bevor dieser zum Schuss kommt.**
Bei ausreichender Zeit für einen ruhigen Anschlag und konzentrierten Schuss kann Feind bis 50 m bekämpft werden.

2. Beim Umgang mit der Pistole sind die Sicherheitsbestimmungen immer besonders zu beachten; falsche Handhabung gefährdet stets den Schützen selbst und seine Umgebung im höchsten Maß.
Grundhaltung der Pistole, „Pistole freimachen" und schnelle Feuerbereitschaft siehe „Ausbildung mit der Pistole P1".

3. Der Schütze schießt meist mit Haltepunkt Zielmitte freihändig einhändig; alle Anschläge kann er aber auch beidhändig ausführen. Es kommt darauf an, dass er das Griffstück fest umfasst, kurz zielt und dann abkrümmt. Beim Abkrümmen darf er die Waffe nicht nach unten ziehen.

II. ANSCHLÄGE

1. **Anschlag stehend** – Ausführung:

Stehend einhändig (Bild 1)
- In Schussrichtung stehen, auf linkem Hacken Vierteldrehung nach links machen rechten Fuß eine Fußlänge in Schussrichtung setzen.
- Pistole freimachen.
- Körpergewicht gleichmäßig auf beide Füße verteilen, Knie durchdrücken, Oberkörper aufrichten, Gesicht voll zum Ziel, nicht verkrampfen.
- Mit linker Hand auf dem Rücken fest ins Koppel fassen oder Hand in die Hüfte stützen.
- Rechten Arm mit Waffe ausstrecken, Ellenbogen durchdrücken.

Bild 1 Anschlag stehend freihändig

- Mit der Waffe ins Ziel gehen, dabei Abzug möglichst mit Zeigefinger bis zum Druckpunkt zurückziehen und gleichmäßig weiter durchkrümmen.

Stehend beidhändig (Bild 2)
- Schütze steht gleichmäßig auf beiden Beinen.
- Die unterstützende Hand umfasst die Schießhand stabilisierend von vorn.

2. **Anschlag liegend** – Ausführung:
- Hinlegen wie zum Anschlag liegend mit MG; Pistole freimachen.

Liegend freihändig (Bild 3)
- Mit linker Hand am Handgelenk unterstützen.

Liegend beidhändig (Bild 2)
- Beidhändig schießen, Hände liegen auf einer Unterlage.

a   b   Bild 3 Anschlag liegend freihändig
Bild 2 Anschlag beidhändig

3. Anschlag kniend – Ausführung:
- Auf rechtes Knie niederlassen oder auf rechten Hacken setzen, Pistole freimachen.
- In dieser Position beidhändig, einhändig oder aufgestützt schießen.
- Kniend aufgestützt mit linkem Arm unterstützen: Hand am rechten Handgelenk, Oberarm auf das hochgestellte Knie legen.

Schulschießen

I. VERHALTEN DES SCHÜTZEN

Der **Schütze**
- nimmt zu jedem Schießen sein Schießbuch mit,
- entnimmt nach Eintreffen auf dem Schießstand auf Befehl das Magazin seiner Waffe, überprüft, ob Rohr und Patronenlager frei sind, und ist dafür verantwortlich, dass die Waffe außerhalb der Stellung entladen, entspannt und (außer MG) gesichert ist,

- entölt auf Befehl das Rohr seiner Waffe,
- meldet sich auf Befehl beim Schreiber und empfängt vom Munitionsausgeber die Munition,
- füllt sein Magazin und steckt es in die linke Magazintasche,
- schießt nach Anweisung der Aufsicht beim Schützen die Schulschießübung, meldet die Sicherheit seiner Waffe und räumt die Stellung,
- meldet dem Leitenden das Schießergebnis, z. B. „Panzerschütze..., Schulschießübung ... durchgeschossen, drei Figurentreffer, Bedingung erfüllt",
- ölt das Rohr ein.

II. SICHERHEITSBESTIMMUNGEN
FÜR DAS SCHIESSEN MIT HANDWAFFEN
AUF STANDORTSCHIESSANLAGEN UND KLEINSCHIESSPLÄTZEN

Die Bestimmungen unten gelten sinngemäß auch für Schießkinostände. Stets sind die „Grundregeln für den Umgang mit Handwaffen" (siehe „Umgang mit Handwaffen") zu beachten.

- Verboten
  - **ist die Mitnahme von Exerzier- und Manöverpatronen auf die Schießanlage,**
  - **sind Anschlag- und Zielübungen mit der Waffe innerhalb der Schießanlage**, ausgenommen Probeanschläge in der Stellung.
- **Zum Teil- und Fertigladen und danach ist die Mündung der Waffe auf den Geschossfangwall zu richten.** Pistolen sind bei diesen Tätigkeiten in der Haltung „Pistole freigemacht" zu handhaben.
- Während des Schießens ist **Gehörschutz** zu tragen.

Verhalten bei Versagern (Patrone zündet nicht):
- **Gewehr, MP, Pistole:** Durchladen und weiterschießen.
- **MG:** Durchladen und weiterschießen, wenn Patrone oder Patronenhülse ausgeworfen worden ist.
  Befindet sich eine Patrone im Rohr, Deckel ohne eingelegten Patronengurt schließen, entsichern und Abzug bei grob auf das Ziel gerichteter Waffe zurückziehen.
  Löst sich der Schuss nicht, und ist das Rohr heißgeschossen, den Verschluss **5 Min.** in vorderster Stellung belassen.
- Bei **Unterbrechung** und nach **Beendigung des Schießens** hat der Schütze die Waffe zu entladen. Er darf die Stellung nur verlassen, wenn er sich überzeugt hat, dass das **Patronenlager frei**, die **Waffe entspannt** und, soweit technisch möglich, **gesichert** ist und er dies der **Aufsicht beim Schützen** zur Überprüfung **gemeldet** hat.

- Beim Überprüfen der Waffen auf Sicherheit überzeugt sich der Überprüfende durch Hineinsehen, bei Dunkelheit durch Hineinfassen, davon, dass das **Patronenlager frei** ist. Beim MG ist dazu das Zuführerunterteil hochzuklappen und die Verschlussbahn in gleicher Weise zu überprüfen
- **Während der Trefferaufnahme** darf sich **niemand an den Waffen** in der Stellung befinden.
- Nicht verschossene oder beschädigte Patronen sowie die Patronenhülsen sind **unaufgefordert** dem Munitionsausgeber zu übergeben.
- **Vor dem Abrücken vom Schießstand** stellt der Leitende durch Befragung sicher, dass sich keine Munition oder Munitionsteile mehr am Mann befinden. **Munitionsteile** sind alle Teile von Munition (jeder Art), auch wenn sie offensichtlich ungefährlich sind oder scheinen, weil sie von verschossener zerlegter Munition stammen.

III. SICHERHEITSBESTIMMUNGEN FÜR ÜBUNGSMUNITION

- **Übungsmunition ist wie Gefechtsmunition zu behandeln.** Im **Gefahrenbereich von 400 m** kann sie schwerste Verletzungen verursachen und sogar tödlich wirken.
- **Die Mindestschussentfernung beträgt 10 m!**
- **Es darf nur eine Munitionssorte am Mann sein.**
- Verschuss ist nur mit Übungsverschluss Gewehr G3 bzw. Übungsgerät-MG für Übungspatronen 7,62 mm x 51 zulässig

Ausbildung mit Panzerabwehrhandwaffen und der Leuchtbüchse

Panzerfaust 3

ZDv 3/160

I. BEZEICHNUNG UND VERWENDUNGSZWECK

1. Die **Panzerfaust 3** (Pzf 3) (Bild 1) ist eine rückstoßfreie, zweiteilige **Panzerabwehrhandwaffe**, mit der **jeder Soldat gepanzerte und ungepanzerte Fahrzeuge vernichten** soll. Ihr Geschoss durchschlägt ferner Deckungen und Mauerwerk.

2. Die Pzf 3 gestattet auch das Schießen aus **geschlossenen Räumen**.
Gewicht der schussbereiten Panzerfaust 3: 12,9 kg.
Kampfentfernung gegen:
– stehende Ziele (auch niedrig schwebende Hubschrauber) bis **400 m**,
– fahrende Ziele bis **300 m**.

Bild 1   Panzerfaust 3

II. BAUGRUPPEN

1. Die PZf 3 (Mengenverbrauchsgut) besteht aus **Patrone** und **Griffstück** (Bild 2), dazu gehören die Verpackung der Patronen und die Tragetasche für das Griffstück.

2. Die **Patrone** (Bild 3) besteht aus Abschussrohr und Geschoss.
Im **Abschussrohr** aus glasfaserverstärktem Aluminium befinden sich der Geschossschaft und die Treibladung mit Verdämmung. Nach vorn ragt der Geschosskopf heraus, geschützt durch eine Schutzkappe; hinten sitzt eine

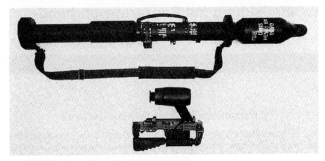

Bild 2 Patrone und Griffstück

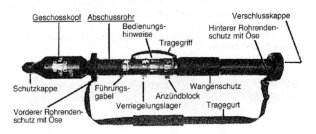

Bild 3 Patrone

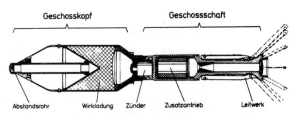

Bild 4 Geschoss (Abstandsrohr eingeschoben)

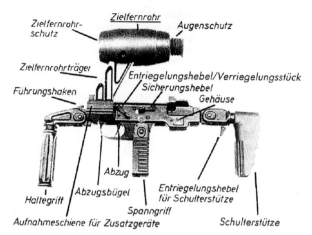

Bild 5 Griffstück

Verschlusskappe. Der Anzündblock mit zwei Treibladungsanzündern besitzt ebenfalls eine Schutzkappe.

Das **Geschoss** (Bild 4) besteht aus Geschosskopf und Geschossschaft. Das Abstandsrohr lässt sich einschieben oder ausziehen.

3. Das **Griffstück** (Bild 5) mit der **Zieleinrichtung** wird in einer Tragetasche mitgeführt und an die Patrone angeklinkt.

Zur Zieleinrichtung gehören Zielfernrohr (zweieinhalbfache Vergrößerung) mit Zielfernrohr- und Augenschutz sowie Zielfernrohrträger.

4. Im **Strichbild** (Bild 6) des **Zielfernrohrs** ist die **Justiermarke** für den Schützen unbedeutend. Die **Messrahmen** zur Entfernungsermittlung entsprechen in Form und Größe den Standardmaßen eines mittleren Kampfpanzers gemäß den Enffernungsangaben rechts. Die **Visier-** und **Vorhaltemarken** dienen zum Anrichten, auch zum Schätzen von Zwischenentfernungen.

Bei **eingeschränkter Sicht** lassen sich Ziele nur bekämpfen, solange sie im Strichbild eindeutig zu erkennen sind. In der **Dunkelheit** ist der Feuerkampf nur mit **Gefechtsfeldbeleuchtung** möglich.

5. Durch Betätigen des Abzugs werden zwei gespannte Schlagbolzen frei, schlagen auf die Treibladungsanzünder im Anzündblock und zünden damit die

Patrone an. Die Pulvergase treiben das Geschoss aus dem Abschussrohr. Zugleich wird die Verdämmung nach hinten ausgestoßen.

Das Geschoss wird durch einen Zusatzantrieb nachbeschleunigt. Nach einem Flugweg von 5 m ist der eingebaute Zünder entsichert. Er bringt beim Auftreffen die Wirkladung im Geschosskopf zur Detonation.

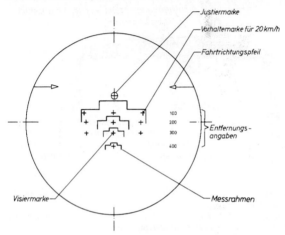

Bild 6   Strichbild

III. MUNITION

1. Je 2 Patronen in Munitionsbehältern mit Tragegurt und in der Regel eine Tragetasche mit 1 Griffstück werden in einer Munitionskiste transportiert und gelagert.

Im Einsatz werden die Patronen in den Munitionsbehältern und das Griffstück in der Tragetasche mitgeführt. Sie sind vor starker Sonneneinstrahlung und vor extremer Kälte zu schützen.

2. Die **Gefechtspatrone** hat einen **tiefschwarzen** Geschosskopf mit **chromgelber** Beschriftung.

Die Wirkung der Hohlladung im Geschosskopf gegen gepanzerte Ziele lässt sich durch Herausziehen des Abstandsrohrs verstärken.

3. Mit **ausgezogenem Abstandsrohr** durchschlägt das Geschoss eine Panzerung von mehr als 700 mm. Bei einem Aufschlagwinkel von 90° ist die Wirkung am größten; bei kleineren Aufschlagwinkeln nimmt sie ab. Ist der Aufschlagwinkel flacher als 15°, kann das Geschoss abrutschen.
Gegen Mauern ist die Durchschlagsleistung hoch, die Sprengwirkung aber geringer.

4. Mit **eingeschobenem Abstandsrohr** wird bei geringerer Durchschlagsleistung die Sprengwirkung im Ziel verstärkt. Ein solcher Einsatz ist zweckmäßig gegen ungepanzerte und leicht gepanzerte Ziele und zum Durchbrechen von Mauern.

5. Die **Übungspatrone** hat einen **lichtblauen** Geschosskopf mit **cremeweißer** Beschriftung. Sonst baugleich mit der Gefechtspatrone, enthält ihr Geschosskopf jedoch weder Wirkladung noch Zünder.

IV. BEDIENUNG

1. Eine zweckmäßige **Trageweise** wählt der Soldat selbständig der Lage entsprechend, z. B. Munitionsbehälter untergehängt, Panzerfaust am langen Arm, untergehängt, auf dem Rücken oder auf der Schulter.

2. **Ladetätigkeiten und Schussabgabe:**
- Zur Vorbereitung Patrone dem Munitionsbehälter und Griffstück der Tragetasche entnehmen.

Teilladen (Bild 7) – Ausführung:
- Schutzkappe vom Anzündblock abziehen.
- Griffstück mit Führungshaken in Führungsgabel anklinken, andrücken und hörbar einrasten lassen.
- Meldung: „Panzerfaust teilgeladen!"

Fertigladen (Bild 8) – Ausführung:
- Schutzkappe vom Abstandsrohr abziehen und aufbewahren.
- Abstandsrohr ggf. ausziehen, nach **links** festdrehen.
- Haltegriff und Schulterstütze abklappen.
- Spanngriff abklappen.

Beim Fertigladen im **Liegen**
- Oberkörper abstützen.
- Unterkörper und Beine aus der Rückstrahlzone nehmen.

Bild 7 Teilladen

Bild 8 Fertigladen

Schussabgabe – Ausführung:
- Ziel auffassen, Anschlagart wählen, Rückstrahlzone prüfen.
- In Anschlag gehen, entsichern, zielen.
- Warnruf: „Achtung – ich schieße!"
- Abfeuern.
- Schussbeobachtung (im Frieden bei Verschuss von Gefechtspatronen verboten).
- Deckung nehmen.

Danach:
- Spanngriff anklappen.
- Haltegriff mit leichtem Schlag anklappen.
- Schulterstütze nach Betätigen des Entriegelungshebels anklappen.
- Griffstück abklinken, dazu Entriegelungshebel vordrücken und Führungshaken aus Führungsgabel nehmen.
- Abschussrohr ablegen.
- Griffstück an neuer Patrone anklinken oder in Tragetasche verpacken.

Teilladen aus fertiggeladenem Zustand – Ausführung:
- Spanngriff, Haltegriff und Schulterstütze anklappen.
- Abstandsrohr ggf. durch Rechtsdrehung lösen und einschieben.
- Schutzkappe aufsetzen.
- Meldung: „Panzerfaust teilgeladen!"

Nach dem **Bereitschaftsgrad** richtet sich die Mitführung
- der Patronen und des Griffstücks in der Verpackung oder
- der teilgeladenen Panzerfaust.

Bei „Gefechtsbereitschaft" oder „Klar zum Gefecht" ist die Panzerfaust 3 teilzuladen. Sie ist erst unmittelbar vor der Schussabgabe fertigzuladen und zu entsichern.

Bei **Bewegungen** darf die Panzerfaust nur teilgeladen sein. Der Soldat muss darauf achten, dass sie nicht verschmutzt oder beschädigt wird und dass sie gesichert ist.

V. Anschläge

1. Zum **Schießen** ist die Pzf 3 nach Möglichkeit fest auf den Haltegriff aufzulegen. Es ist mit aufgelegten Unterarmen oder aufgestützten Ellenbogen in Anschlag zu gehen.
Freihändige Anschläge schränken die Treffaussicht ein und sind nur in Ausnahmefällen anzuwenden.
Beim Anschlag hat der Schütze immer darauf zu achten, dass

- sich der **Geschosskopf etwa zwei handbreit frei** über dem Boden, der Deckung oder einem Hindernis befindet, damit sich das Leitwerk frei entfalten kann;
- die **Rückstrahlzone** (Kreissektor von 120° mit Radius von 40 m, Spitze am Rohrende) **frei** ist von Personen, Material und Hindernissen;
- beim Schießen aus **geschlossenen Räumen** (Bild 9) der Raum mindestens **12 m² Grundfläche und 2,40 m Raumhöhe** hat und der **Mindestabstand** vom Rohrende zur Rückwand **2 m** beträgt;
- aus einem Raum der **Geschosskopf herausragt** damit die vorn am Rohr austretenden Treibladungsgase frei entweichen können.

2. **Anschlagarten**

a. **Liegend** (Bild 10) – Ausführung:
Der Schütze liegt in sich gerade, jedoch in einem Winkel von 60° schräg zum Ziel, das rechte Bein in Verlängerung des Körpers ausgestreckt, das linke abgespreizt.
Die Füße liegen mit den Innenseiten auf dem Boden.
Die Ellenbogen sind auf dem Boden aufgestützt.
Die linke Hand hält die Waffe am aufgelegten Haftegriff, die Schulterstütze ist eingezogen, die rechte Hand hält den Spanngriff.
Im **Frieden** darf der Rückstrahl nicht in weniger als 3 m hinter dem Schützen auf den Boden treffen.

b. Kniend (Bild 11) – Ausführung:
Der Schütze kniet auf dem rechten Knie und sitzt auf dem rechten Hacken, den Oberkörper aufgerichtet.

Bild 9   Schießen aus einem geschlossenen Raum

Bild 10   Anschlag liegend

Bild 11   Anschlag kniend aufgelegt

Die Pzf ist mit der linken Hand am Haltegriff auf die Deckung aufzulegen. Ist der Anschlag aufgelegt nicht möglich, so ist der linke Ellenbogen oder Unterarm auf dem linken Oberschenkel abzustützen.

c. **Stehend** – Ausführung:
Stehend im Kampfstand (Bild 12) mit dem Oberkörper gegen die vordere Wand gelehnt, stützt sich der Schütze auf beide Ellenbogen ab. Die Pzf ist mit der linken Hand am Haltegriff aufzulegen.

Bild 12 Anschlag stehend im Kampfstand

Die gedachte Verlängerung des Rohrs nach hinten muss **mindestens 20 cm oberhalb** des offenen Kampfstands verlaufen.
Dieser Anschlag bietet bei großer Treffaussicht den besten Schutz.
Stehend angelehnt lehnt der Schütze seinen Oberkörper mit dem linken Arm an einer Deckung, z. B. Hausecke, an. Die ruhige Lage der Waffe ergibt eine hohe Treffaussicht.
Stehend freihändig stützt der Schütze zum besseren Halt der Waffe seinen linken Ellenbogen seitlich am Oberkörper ab. Anschlag nur ausnahmsweise und nur bei geringer Entfernung zum Ziel anwenden.

d. Anschlag beim **Schießen von gepanzerten Fahrzeugen** wie Anschlag „stehend im Kampfstand". Der Schütze sucht sich für seine Auflage eine zweckmäßige Unterlage. Alle übrigen Luken müssen geschlossen sein. Besondere Achtung auf die Rückstrahlzone ist erforderlich.

VI. VERHALTEN BEI STÖRUNGEN

1. **Anzündversager der Treibladungsanzünder:** Keiner der beiden Treibladungsanzünder wird angezündet – Verhalten des Schützen:
- Beim **ersten** Anzündversager in Anschlag bleiben, Spanngriff an- und aufklappen, erneut schießen.
- Bei **erneutem** Anzündversager drei Minuten in Anschlag bleiben, Spanngriff anklappen, Griffstück wechseln, fertigladen und schießen.

- Bei **nochmaligem** Anzündversager drei Minuten in Anschlag bleiben, Spanngriff anklappen, Griffstück abklinken, Schutzkappen aufsetzen, Patrone als Anzündversager zurückgeben.

2. **Anzündversager der Treibladung:** Die Treibladungsanzünder werden zwar mit mäßigem Knall angezündet, nicht aber die Treibladung. Verhalten des Schützen:
- Drei Minuten in Anschlag bleiben, Spanngriff anklappen, Griffstück abklinken, Patrone außerhalb des Gefahrenbereichs ablegen und als Anzündversager melden.

3. **Blindgänger:** Der Zusatzantrieb oder die Wirkladung zündet nicht. Verhalten des Schützen:
- Zunächst in Deckung bleiben, Befehle abwarten.

VII. TECHNISCHE DURCHSICHT UND PFLEGE

1. Beim **Mitführen** in der **Verpackung** ist die Panzerfaust 3 genügend vor Verschmutzung, Witterungseinflüssen und Beschädigung geschützt. Bei der **Entnahme** darauf achten, dass
– der Patrone Geschosskopf, Führungsgabel und Anzündblock,
– im Griffstück das Verriegelungsstück und
– die justierte Optik
nicht beschädigt werden oder verschmutzen.

2. **Nach Gebrauch** Oberflächen des Griffstücks mit einem Lappen säubern; die Glasflächen des Zielfernrohrs dürfen nur mit einem **weichen** und sauberen Lappen gereinigt werden.
Danach ist eine **Funktionsprüfung** des Griffstücks nötig – Ausführung:
- Haltegriff, Schulterstütze und Spanngriff abklappen.
- Entsichern und Abzug betätigen.
- Prüfen, ob Hahn und Schlagbolzen entspannt sind.
- Kontrollblick durch das Zielfernrohr.
- Spanngriff, Haltegriff und Schulterstütze wieder anklappen.

Anschließend Griffstück in die Tragetasche verpacken.

VIII. AUSBILDUNGSGERÄTE

1. Die **Exerzier-Panzerfaust 3** dient der vorbereitenden Schießausbildung und ersetzt die Panzerfaust 3 im Gefechtsdienst und bei Gefechtsübungen. Sie besteht aus:

- **Griffstück-EX** (Aufschrift „Griffstück-EX") und
- **Patrone-EX** (**bronzegrün** mit Aufschrift „EX").

2. Das **Schießgerät Panzerfaust 3** (Bild 13) gleicht der Panzerfaust. Es besteht aus Geschossnachbildung (18 mm), Abschussrohr (44 mm), Griffstück-SG (Aufschrift „Griffstück-SG"), Reinigungsgerät und Verpackung mit Waffenbegleitheft.

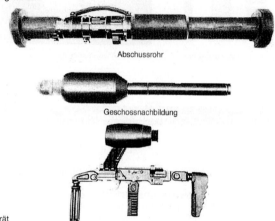

Bild 13
Schießgerät
Panzerfaust 3

3. Die **Geschossnachbildung** besteht aus dem Geschosskopf und aus dem Geschossschaft mit Mantelrohr (Kaliber 44 mm), Einschraubrohr (Kaliber 18 mm) und dem Patronenlager mit Gewinde zum Einschrauben der Übungspatrone.
Die lichtblaue **Übungspatrone** (Bild 14) ist tiefschwarz beschriftet.
Das Abschussrohr hat einen aufklappbaren Anzündblock (Bild 15), in den, im Gegensatz zur Panzerfaust 3, ein Treibladungsanzünder eingesetzt wird.

4. Der **Ausbilder** bereitet das Schießgerät zum Schießen vor. Der **Schütze** soll mit dem geladenen Schießgerät alle Tätigkeiten wie beim Schießen mit der Panzerfaust 3 (Gefechtsmunition) vornehmen.
Er beobachtet nach dem Abschuss die Wirkung im Ziel (Leuchtspur), geht in Deckung, klinkt das Griffstück-SG ab und übergibt das Schießgerät dem Ausbilder.

Bild 14 Übungspatrone

Bild 15 Anzündblock mit Treibladungsanzünder

Leichte Panzerfaust

ZDv 3/16

I. BEZEICHNUNG UND VERWENDUNGSZWECK

1. Die **leichte Panzerfaust** (lePzf) (Bild 1) ist eine rückstoßfreie **Panzerabwehrhandwaffe**, die ein Panzerfaustschütze trägt und handhabt. Sie wird in nicht-/teilaktiven Verbänden verwendet.

2. **Gewicht** der Waffe mit Munition: ca. 10 kg.
Durchschlag des Panzerfaustgeschosses: ca. 375 mm.
Kampfentfernung gegen
– stehende Ziele bis **300 m**,
– fahrende Ziele bis **200 m**.

Bild 1 Leichte Panzerfaust

II. BAUGRUPPEN

1. **Baugruppen** siehe Bild 2; zur Waffe gehört außerdem das **Zubehör** (Tragegurt, Zielfernrohrtasche mit Kleingerät, Reinigungsgerät).

2. Im innen glatten **Rohr** (Bild 3) wird die Panzerfausttreibladung gezündet und dem Geschoss Geschwindigkeit und Richtung gegeben.

3. **Griffstück** (Bild 4) – Im Griffstückgehäuse sind Verschlusshülse mit Verschluss, Abzugseinrichtung und die Sicherungen untergebracht.
In die Magazinführung ist der Auswerfer eingearbeitet und im vorderen Teil ist das Lager für den Treibladungsanzünder.

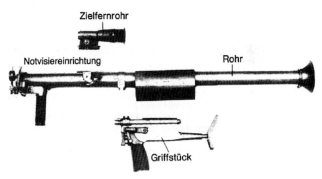

Bild 2 Baugruppen

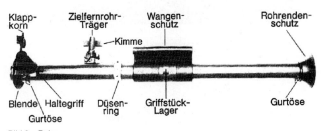

Bild 3 Rohr

133

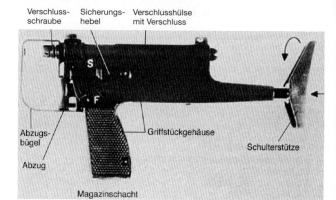

Bild 4   Griffstück

Der **Verschluss** (Bild 5) führt den Treibladungsanzünder in sein Lager, verriegelt die Verschlusshülse und zieht beim Entriegeln und Zurückziehen die Hülse aus. Bei vorgespanntem Schlagbolzen tritt hinten der **Signalstift** aus.
- Die **Hebelsicherung** sperrt die Abzugsvorrichtung, wenn der Sicherungshebel auf „S" (sicher) steht.
- Die **Schulterstützensicherung** sichert die Waffe, solange die Schulterstütze nicht eingedrückt oder festgelegt ist.

Bild 5   Verschluss

– Die **automatische Sicherung** tritt bei Stoß oder Schlag auf das Rohrende in Funktion, indem sie den Abzug blockiert.

Die **Schulterstütze** lässt sich in eingedrücktem Zustand durch eine Drehung nach rechts festlegen.

Das Magazin nimmt bis zu 5 Treibladungsanzünder auf.

4. Im **Strichbild** (Bild 6) des **Zielfernrohrs** (zweifache Vergrößerung) ist die Justiermarke für den Schützen bedeutungslos.

Visiermarken dienen zum Anrichten stehender, zufahrender oder wegfahrender und langsam schrägfahrender Ziele.

Mit den **Vorhaltemarken** richtet man querfahrende und schnell schrägfahrende Ziele an, langsam (ca. 18 km/h) querfahrende Ziele = innere Marken, schnell (ca. 36 km/h) querfahrende = äußere.

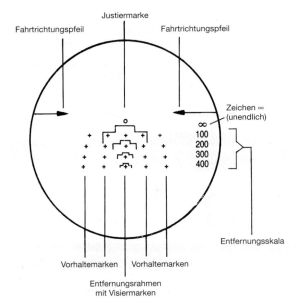

Bild 6 Strichbild im Zielfernrohr

Der **Entfernungsrahmen** entspricht nach Größe und Gestalt den Abmessungen eines mittleren Kampfpanzers. Die Zielentfernung ist ermittelt, wenn das Ziel vollständig oder teilweise, z. B. mit dem Turm, in einen Entfernungsrahmen passt.

Der **Fahrtrichtungspfeil,** welcher der Fahrtrichtung eines Ziels entspricht erleichtert jeweils die Wahl der richtigen Vorhaltemarke, z. B. ist ein nach rechts fahrendes Ziel über eine rechte Vorhaltemarke anzurichten.

5. Die **Notvisiereinrichtung** besteht aus der Kimme im Zielfernrohrträger und dem Klappkorn – Zielen:
- bis 200 m über Kimme und Kornspitze,
- auf 250 m über Kimme und Kreuzspitze.

III. MUNITION

1. Die Munition besteht aus dem **Panzerfaustgeschoss** (Bild 7), der **Panzerfausttreibladung** und dem **Treibladungsanzünder** (Bild 8).
Das Geschoss ist **schwarz** angestrichen, die Schrift **chromgelb**.

2. Die **Exerzierpatrone** besteht aus dem Exerziergeschoss (**gelboliv** gestrichen, **cremeweiß** beschriftet – Aufschrift „FX"), Exerziertreibladung sowie Exerziertreibladungsanzünder und gleicht nach Form und Gewicht der Gefechtspatrone.

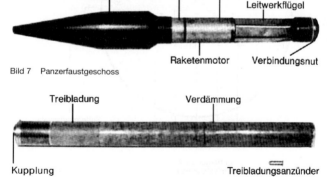

Bild 7   Panzerfaustgeschoss

Bild 8   Panzerfausttreibladung und Treibladungsanzünder

IV. BEDIENUNG

1. Grundsätze:
- Die lePzf darf in der Ausbildung nur **entladen** oder **teilgeladen** und durch **beide Sicherungen gesichert getragen und nur zum Schießen fertiggeladen werden. Im Gefecht** kann sie auch **fertiggeladen und gesichert** getragen werden.
- Die **teil- oder fertiggeladene lePzf darf nicht aus der Hand gegeben werden. Ausnahmen:**
  – In der Ausbildung auf Befehl des Ausbilders.
  – Im Gefecht, wenn ein bestimmter Auftrag dazu zwingt.
- Die Waffe darf nur mit **Meldung des Ladezustands** übergeben werden: „Panzerfaust entladen und gesichert!" oder „Panzerfaust teil-/fertiggeladen und gesichert!"
  Der Übernehmende hat sich von der **Richtigkeit der Meldung** sofort zu überzeugen.
- Die **Rückstrahlzone** (Kreisausschnitt von 120° mit der Spitze hinten am Rohr und einem Radius von 25 m) ist stets von Personal und Material **freizuhalten**.
- Mit der lePzf darf nur in der dafür vorgesehenen Ausbildung und im Gefecht gezielt werden. **Jedes unbefugte Betätigen des Abzugs ist zu unterlassen.**
- Wird das Griffstück umfasst, muss der **Zeigefinger** bis zur Schussabgabe **gestreckt am Gehäuse** liegen.
- Geschosse, Schießgeräte, Treibladungen oder Treibladungsanzünder dürfen nicht verwendet werden, wenn sie verschmutzt, oxydiert oder beschädigt sind.
- Bei der Handhabung der Waffe darf **keine Gewalt** angewendet werden.

2. Trageweise:
Der PzfSchütze trägt die Waffe, die Zielfernrohrtasche und eine Patrone (in der Packhülse oder der Waffe). Das Reinigungsgerät führt er mit, wenn mit längerer Abwesenheit vom Kfz zu rechnen ist.
In der **geschlossenen Ordnung** befiehlt der Teileinheitsführer für die entladene Waffe eine der folgenden Trageweisen:
- Wie Gewehr mit **Rohrmündung nach oben** und Tragegurt über der rechten Schulter.
- **Umgehängt vor der Brust** so dass der Tragegurt über der linken Schulter liegt und die Hand des durchgestreckten Arms das Griffstück erfasst.
- **Rohrmündung nach rückwärts** und Griffstück nach außen auf die Schulter legen. Die Hand umfasst das Rohr.

In der **geöffneten Ordnung** ist die Waffe meist teilgeladen. Der PzfSchütze wählt selbständig eine zweckmäßige Trageweise entsprechend der Lage. Beispiele:

- In **gebückter Haltung** Pzf an der Hüfte tragen, linke Hand am Haltegriff, rechte am Griffstück.
- Beim **Kriechen** Kopf und rechten Arm zwischen Tragegurt und Rohr durchstecken. Rohrmündung vor dem linken Oberarm.
- Beim **Gleiten** Rohr waagerecht vor dem Körper halten. Rohrmündung nach links, Griffstück zum Körper, Zieleinrichtung oben.

3. **Ladetätigkeiten und Schussabgabe:**

Die lePzf wird so **gefechtsbereit** gemacht: Rohr entölen, Zielfernrohr anbringen (oder Korn aufklappen), sofort teilladen.

Teilladen im Knien und Stehen – Ausführung:
- Magazin rechtzeitig herausnehmen, füllen und wieder einführen.
- Prüfen, ob Hebel- und Schulterstützensicherung gesichert sind.
- Waffe mit linker Hand am Haltegriff erfassen, mit Rohrende auf linken Fuß stellen und gegen linke Schulter lehnen.
- Mit beiden Händen Spannverschlüsse des Munitionsbehälters öffnen und Deckel abziehen.
- Panzerfausttreibladung herausnehmen und mit rechter Hand bis zum Anschlag der Verriegelungskugeln ins Rohr einführen (Bild 9).
- Waffe wieder gegen Schulter lehnen.
- Panzerfaustgeschoss herausnehmen, Schutzhülse abziehen.
- Geschoss auf Treibladung setzen und bis zum Anschlag ins Rohr schieben
- Bei der Ausbildung melden: „Panzerfaust teilgeladen und gesichert!"

Fertigladen im Knien und Stehen – Ausführung:
- Waffe mit linker Hand am Haltegriff, mit rechter am Griffstück erfassen und hinteren Teil des Rohrs auf die rechte Schulter legen (Rohrmündung und -ende über Deckung), Schulterstütze nicht einziehen, damit Waffe gesichert bleibt.
- Waffe mit linker Hand so um die Längsachse drehen, dass das Griffstück nach außen zeigt
- Verschluss mit rechter Hand öffnen und schließen, dabei Zuführung des Treibladungsanzünders beobachten (Bild 10).
- Mit rechter Hand wieder Griffstück erfassen und Waffe so drehen, dass das Griffstück nach unten zeigt.
- Bei der Ausbildung mit Exerziermunition melden: „Panzerfaust fertiggeladen und gesichert!"

Bild 9   Teilladen im Stehen   Bild 10   Fertigladen

Schussabgabe im Knien und Stehen – Ausführung:
- Waffe mit hinterem Teil des Rohrs auf die rechte Schulter legen.
- Hebelsicherung mit Daumen der linken oder rechten Hand nach unten auf „F" drücken.
- Waffe in Schulter einziehen und dadurch Schulterstützensicherung entsichern.
- Zielen und abfeuern.

Entladen im Knien und Stehen (bei Einstellen des Feuerkampfs) – Ausführung:
- Fertiggeladene und gesicherte Waffe mit linker Hand am Haltegriff und rechter am Griffstück nach vorn schieben, bis Schulterstützensicherung gesichert ist.
- Mit linker Hand Magazin entnehmen und wegstecken.
- Verschluss öffnen (dabei im Anschlag bleiben).
- Waffe mit linker Hand am Haltegriff um die Längsachse nach links drehen, bis Griffstück nach rechts zeigt.
- Überprüfen, ob Treibladungsanzünderlager frei ist, danach Verschluss schließen.
- Waffe mit linker Hand am Haltegriff und rechter am Griffstück erfassen und Rohrende auf linken Fuß setzen.
- Mit rechter Hand Panzerfaustgeschoss und -treibladung nacheinander aus dem Rohr ziehen und ablegen.
- Waffe auf die rechte Schulter legen.
- Hebelsicherung mit Daumen der linken oder rechten Hand nach unten auf „F" drücken.
- Waffe zum Entsichern der Schulterstützensicherung in die Schulter einziehen, zum Entspannen Abzug betätigen und Hebelsicherung auf „S" stellen.

- Waffe ablegen.
- Magazin entleeren und in Griffstück stecken.
- Bei der Ausbildung melden: „Panzerfaust entladen, entspannt und gesichert!"
- Panzerfaustgeschoss, -treibladung und Treibladungsanzünder verpacken.

Soll die Waffe **teilgeladen** bleiben, Magazin nur bis zur ersten Raste aus Griffstück ziehen und, nachdem der Treibladungsanzünder ausgeworfen worden ist, wieder einführen.

- Bei der Ausbildung melden: „Panzerfaust entladen, entspannt und gesichert!"

Teilladen im Liegen (Bild 11) – Ausführung:
- Magazin herausnehmen, füllen und wieder einführen.
- Prüfen, ob Hebel- und Schulterstützensicherung gesichert sind.
- Auf die linke Körperseite drehen, Waffe mit beiden Händen so zwischen die Oberschenkel legen, dass der Wangenschutz auf dem linken Oberschenkel ruht, dabei Waffe mit linker Hand von unten am Haftegriff halten.
- Panzerfausttreibladung mit rechter Hand bis zum Anschlag der Verriegelungskugeln ins Rohr einführen.
- Panzerfaustgeschoss auf die Kupplung der Treibladung setzen und bis zum Anschlag ins Rohr schieben.
- Bei der Ausbildung melden: „Panzerfaust teilgeladen und gesichert!"

Fertigladen im Liegen – Ausführung:
- Auf die linke Schulter drehen; Waffe mit linker Hand am Haltegriff, so auf den rechten Oberarm legen, dass das Rohrende nach rückwärts über den Körper hinausragt.
- Verschluss mit rechter Hand öffnen und schließen, dabei Zuführung des Treibladungsanzünders beobachten.
- Körper in alte Lage bringen, Waffe auf den linken Unterarm legen.
- Bei der Ausbildung melden: „Panzerfaust fertiggeladen und gesichert!"

Schussabgabe im Liegen – Ausführung:
- Zum Entsichern der Schulterstützensicherung die Schulterstütze mit rechter Hand eindrücken und um 90° nach links drehen.
- Waffe mit hinterem Teil des Rohrs auf die rechte Schulter legen und in Anschlag gehen.
- Hebelsicherung mit Daumen der linken oder rechten Hand nach unten auf „F" drücken.
- Zielen und abfeuern.

Bild 11 Teilladen im Liegen

Entladen im Liegen – Ausführung:
- Auf die linke Körperseite legen.
- Fertiggeladene und gesicherte Waffe mit linker Hand am Haltegriff und rechter am Griffstück nach vorn schieben, bis Schulterstützensicherung gesichert ist.
- Mit rechter Hand Magazin entnehmen und wegstecken.
- Waffe mit linker Hand am Haltegriff um die Längsachse nach links drehen, bis Griffstück nach rechts zeigt.
- Verschluss öffnen (dabei im Anschlag bleiben).
- Waffe so zwischen die Oberschenkel legen, dass der Wangenschutz auf dem linken Oberschenkel ruht, dabei Waffe mit linker Hand von unten am Haltegriff halten.
- Mit rechter Hand Panzerfaustgeschoss und -treibladung nacheinander aus dem Rohr ziehen und ablegen.
- Auf den Bauch legen, grob in Anschlag gehen.
- Hebelsicherung mit Daumen der linken oder rechten Hand nach unten auf „F" drücken.
- Waffe zum Entsichern der Schulterstützensicherung in die Schulter einziehen, zum Entspannen Abzug betätigen und Hebelsicherung auf „S" stellen.
- Waffe ablegen.
- Magazin entleeren und in Griffstück stecken.
- Bei der Ausbildung melden: „Panzerfaust entladen, entspannt und gesichert!"
- Panzerfaustgeschoss, -treibladung und Treibladungsanzünder verpacken.

Soll die Waffe **teilgeladen** bleiben, Magazin nur bis zur ersten Raste aus Griffstück ziehen und, nachdem der Treibladungsanzünder ausgeworfen worden ist, wieder einführen.
- Bei der Ausbildung melden: „Panzerfaust entladen, entspannt und gesichert!"

V. ANSCHLÄGE

1. **Anschlag liegend** – Ausführung:
- Der Schütze liegt in sich gerade, jedoch schräg zum Ziel (Winkel von mindestens 60° zur gedachten Verlängerung der Waffe); rechtes Bein gerade ausgestreckt, linkes abgespreizt, Ellenbogen aufgestützt.
- Waffe mit linker Hand unterstützen oder mit Haltegriff oder Griffstück auflegen.

2. **Anschlag kniend** (Bild 12) – Ausführung:
- Mit Front in Zielrichtung auf rechtes Knie niederlassen, auf den rechten Hacken setzen und Oberkörper aufrichten.
- Linken Arm auf linkes Knie stützen, dabei Ellenbogen nicht auf Kniegelenk aufsetzen (nicht „Knochen auf Knochen").
- Waffe mit linker Hand am Haltegriff, mit rechter am Griffstück erfassen, hinteren Teil des Rohrs auf die rechte Schulter legen (Rohrmündung und -ende über Deckung), Schulterstütze fest einziehen; bei Deckungen über 70 cm Höhe lässt sich der linke Arm nicht mehr aufstützen, dann möglichst Haltegriff auf die Deckung setzen.

Bild 12 Anschlag kniend

3. **Anschlag stehend im Kampfstand** – Ausführung:
- Mit dem Oberkörper gegen die Wand lehnen und auf beide Ellenbogen stützen.
- Die Waffe liegt mit dem Haltegriff auf einer ca. 20 cm hohen Aufschüttung. Die gedachte Verlängerung des Rohrs nach hinten muss in mindestens 20 cm Höhe über den hinteren Rand des Kampfstands zeigen.
- Lässt sich außerhalb eines Kampfstands die Waffe nicht auflegen, stehend angelehnt anschlagen.

VI. TECHNISCHE DURCHSICHT UND PFLEGE

1. **Grundsätze** siehe „Technische Durchsicht und Pflege der Handwaffen", denen auch die Reinigung entspricht.

2. **Zerlegen der Waffe zur Hauptreinigung** – Ausführung:

Verschluss herausnehmen:
- Magazin entfernen.
- Schulterstütze eindrücken und festlegen.
- Hebelsicherung auf „F" stellen.
- Verschluss mit rechter Hand öffnen und nach hinten herausziehen, während die linke den Abzug betätigt.

Der Schlagbolzen muss gespannt bleiben. Beim Wiedereinsetzen Abzug betätigen.

Verschlussschraube abschrauben:
- Dorn der kleinen Reinigungsbürste in Bohrung der Verschlussschraube stecken und als Hebel zum Lösen bzw. Festziehen benutzen.

3. **Handhabung des Reinigungsgeräts**
- Zum Reinigen des Rohrs Schlaufe der Reinigungsschnur durch Ring der Reinigungs- oder Ölbürste stecken, und Bürste bis an die Kugel der Reinigungsschnur ziehen.
- Zwei Grundpackungen Reinigungsdochte in Schlaufe der Reinigungsschnur einhängen.
- Reinigungsschnur immer von hinten ins Rohr einführen.
- Ein- und Ausblick des Zielfernrohrs nur mit Optikreinigungstuch abwischen. Tuch zu nichts anderem verwenden.
- Tragegurt und Zielfernrohrtasche mit Bürste reinigen.
- Rückstände im Treibladungsanzünderlager mit Holzspan ausschaben.

VII. SCHIESSGERÄT 18 MM FÜR LEICHTE PANZERFAUST

1. Beschreibung

Aus dem Schießgerät 18 mm wird die **Übungspatrone 18 mm x 96** (Bild 13) zum Schul- und Gefechtsschießen verschossen. Die Flugbahn ihres Geschosses gleicht der des Panzerfaustgeschosses (Änderung der Justierung ist somit nicht nötig).

Das Schießgerät entspricht in der äußeren Form dem Panzerfaustgeschoss (ohne Leitwerkflügel) und besteht aus Kopf (Körper), Mantelrohr, Einschraubrohr (Kal. 18 mm) und Patronenlager mit Gewinde.

Bild 13 Übungspatrone 18 mm x 96 (Mitte Hülse, rechts Geschoss)

2. Bedienung – Ausführung:

Die normale Bedienung der lePzf ist bei Verwendung des Schießgeräts folgendermaßen abzuwandeln:

- **Vor dem Laden** prüfen, ob die Gewindegänge frei sind; ÜbPatrone bis zum Anschlag ins Schießgerät einschrauben.
- **Teilladen:** Schießgerät mit eingeschraubter ÜbPatrone bis zum Anschlag ins Rohr stecken.
- **Entladen:** Das Schießgerät bleibt bei der Schussabgabe im Rohr der lePzf. Zum Nachladen oder Entladen Schießgerät aus dem Rohr herausziehen.
- **Nach dem Entladen** die Patronenhülse aus dem Schießgerät schrauben.
- Übungspatronen mit **beschädigtem Gewinde** dürfen **nicht verschossen** werden.

Leuchtbüchse

AnwFE 215/720

I. BEZEICHNUNG UND VERWENDUNGSZWECK

1. Die **Leuchtbüchse** (Bild 1) ist eine von zwei Soldaten, in Ausnahmefällen von einem, bediente rückstoßfreie Waffe zur **Gefechtsfeldbeleuchtung**.

2. Mit der **Leuchtpatrone 84 mm** kann das **Gefechtsfeld von 300 bis 2000 m** Entfernung **beleuchtet** werden, besonders zur Unterstützung von Maschinenkanonen und -gewehren und Panzerabwehrlenkflugkörpern – unabhängig von der Gefechtsfeldbeleuchtung durch Artillerie und Mörser.

II. BAUGRUPPEN UND ZUBEHÖR

Beschreibung der Baugruppen

1. Im **Rohr** (Bild 1) wird die Treibladung angezündet Das Geschoss erhält Geschwindigkeit und Richtung und, durch den gezogenen vorderen Teil des Rohrs, einen Rechtsdrall. Der hintere glatte Teil ist das Patronenlager (Bild 2), an dessen Unterseite als dreieckiger Ansatz das Führungsstück angebracht ist. Es gewährleistet den richtigen Sitz der Patrone.

2. Die **Schulterstütze** (Bild 1) dient zum Einziehen der Waffe, das **Zweibein** zum Absetzen. Die Zweibeinsperre hält das Zweibein in der Schulterstütze und ermöglicht sein Verstellen nach Höhe und Seite.

3. Die **Abfeuerungseinrichtung** (Bild 1) bewirkt das Anzünden der Treibladung. Das Gehäuse mit Abzugsbügel, an dem das Griffstück befestigt ist, nimmt die Einzelteile der Abfeuerungseinrichtung in und an sich auf; an seinem unteren Teil befindet sich der Abzug und die Sicherung, die auf die

Bild 1 Rohr mit den daran angebrachten Teilen

1 = Führungsstück
2 = Aussparung für den Auszieher
3 = Auszieher
4 = Verriegelungsnocken
5 = Bohrung für den Schlagbolzen

Bild 2 Patronenlager

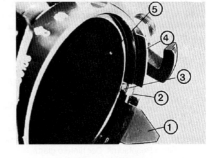

1 = Begrenzungsnocken
2 = Verriegelungsklaue
3 = Düsengriff
4 = Verriegelungsnocken

Bild 3 Düse

Markierungen **„F"** (Feuer) und **„S"** (Sicher) gestellt werden kann. Der obere rohrartige Teil nimmt die Schlagfeder, die Abfeuerungsstange sowie den Schlagbolzen und weitere Teile auf.

4. Die **Düse** (Bild 3) mit **Verriegelung** hält die Patrone im Rohr und lässt Raum für den Rückstrahl. Die Düse ist drehbar am Rohr gelagert. Der beweglich am Rohr befestigte Verriegelungsbügel dient zum Verriegeln der Düse mit dem Rohr sowie zum Entriegeln. Er sperrt die Abfeuerungseinrichtung bei geöffneter Düse und betätigt den Auszieher. Am Verriegelungsbügel befinden sich der Kugelgriff, (Bügelgriff), der Verriegelungsansatz, der die geschlossene

Düse verriegelt, der Sperransatz, welcher den Verriegelungsbügel bei geöffneter Düse in vorderer Stellung hält, und der Sicherungsansatz, der das Abfeuern bei nicht geöffneter Düse verhindert.

5. Die **Zieleinrichtung** (Bild 1) setzt sich zusammen aus der optischen Zieleinrichtung mit der Zielfernrohraufnahme, dem Zielfernrohrträger mit Zielfernrohr und Augenschutz sowie der Notvisiereinrichtung, bestehend aus Korn und Notvisier.

Beschreibung des Zubehörs

Inhaft der
- **Zielfernrohrtasche:** Zielfernrohr, Linsenreinigungstuch, Staubpinsel, Notvisierschlüssel, Drehstift, Justierschlüssel, zwei Justiereinsätze;
- **Reinigungsgerätetasche:** Reinigungs-, ölbürste, zusammenschraubbare Wischerstange, Wischerkopf, Ölkanne, Schraubendreher, Reinigungsdochte, Ersatzteiltasche.

III. MUNITION

1. Die **Leuchtpatrone 84 mm** besteht aus dem cremeweißen **Leuchtgeschoss** (Beschriftung tiefschwarz) mit 5-fach rastbarem Einstellring und der schwarz eloxierten **Treibladungshülse** (Beschriftung cremeweiß) mit **Treibladung**. Je zwei Leuchtpatronen sind in einem **Munitionsbehälter** mit Tragegurt verpackt.

2. Die **Ausstoßentfernung** ist am **Zeitzünder** vor dem Laden einzustellen. Dazu sind fünf Entfernungen mit fühlbaren **Stellnocken** am Unterteil des Zünders markiert; dessen Oberteil als Drehring mit einem **Kontrollnocken** über die gewünschte Ausstoßentfernung stellen (Bild 4):

Stellnocken	Ausstoßentfernung	Geschossflugzeit
1	500 m	2,3 s
2	800 m	3,8 s
3	1100 m	5,6 s
4	1400 m	7,5 s
5	1700 m	9,0 s

Ausstoßpunkt: Höhe ca. 200 m
Brenndauer: 25 bis 30 s
Beleuchteter Bereich: ca. 400 m Durchmesser

Bild 4   Zeitzünder mit eingestellter Ausstoßentfernung 1100 m

VI. BEDIENUNG

1. **Grundsätze:**
- Die Waffe darf nur **entladen und entspannt** oder **entladen, gespannt und gesichert** getragen werden.
- Ist der Ladezustand unbekannt, so ist die Waffe zu handhaben, als sei sie **geladen**.
- Der **Haltegriff** muss mindestens **5 cm von der Rohrmündung** entfernt bleiben, wenn der Schütze ihn nach seinen Körpermaßen einstellt.
- Die **Rückstrahlzone** (Kreissektor von 120° mit einem Radius von 10 m, Spitze am Rohrende) muss **frei** sein von Personen, Material und Hindernissen.
- Zielen mit der Waffe ist nur in den dafür bestimmten Ausbildungsstunden und im Gefecht erlaubt. **Jedes unbefugte Betätigen des Abzugs ist untersagt.**
- Der **Zeigefinger** muss bis zur Schussabgabe gestreckt am Gehäuse liegen. Entsichern im Anschlag.
- Die Waffe darf nur entladen und mit **Meldung des Zustands** übergeben werden. Der Übernehmende hat den **Zustand der Waffe sofort zu überprüfen**. **Übergabemeldung:** „Leuchtbüchse entladen und entspannt" oder „Leuchtbüchse entladen, gespannt und gesichert".
- Patronen, die **verschmutzt, oxydiert** oder **beschädigt** sind, und Patronen mit **losen Geschossen** dürfen nicht geladen werden.
- Bei der Handhabung darf keine Gewalt angewendet werden.

2. **Trageweise:**
In der **geöffneten Ordnung** wählt der Soldat selbständig der Lage entsprechend eine zweckmäßige Trageweise, z. B. Leuchtbüchse waagerecht untergehängt oder am langen Arm mit verkürztem Tragegurt.
Bei Bewegungen zu Fuß **trägt** der
- **Leuchtbüchsenschütze** die Waffe und die Zielfernrohrtasche,
- **Ladeschütze** die Reinigungsgerätetasche und die Munition (bis zu vier Patronen).

Beim Wechsel des Schützen muss die Schulterstütze, u. U. auch der Haltegriff, entsprechend den Körpermaßen eingestellt werden.
Die Trageweise in der **geschlossenen Ordnung** wird befohlen.

3. Beim **Anschlag kniend** oder **stehend** hat der Ladeschütze seinen Platz rechts vom Leuchtbüchsenschützen, Front zur Waffe. **Im Frieden** ist nur der Anschlag stehend mit Rohrerhöhung 20° und adaptiertem Pendelvisier erlaubt. In der **Ausbildung** ist nur im Anschlag zu laden, vor Bewegungen ist immer zu entladen.

4. Ladetätigkeiten und Schussabgabe

Laden:

Leuchtbüchsenschütze:
- Zustand der Waffe prüfen.
- Spannschieber mit Beuge zwischen Daumen und Zeigefinger nach vorn schieben.
- Sichern (Sicherungshebel mit Daumen auf „S").
- „Laden!" befehlen.

Ladeschütze (hat inzwischen eine Patrone aus dem Munitionsbehälter genommen und griffbereit so hingelegt, dass die Führungsnut zum Boden und das Abstandsrohr in Schussrichtung zeigt):
- Ausstoßentfernung am Zeitzünder einstellen.
- Düsengriff zwischen Zeige- und Mittelfinger der linken Hand fassen; Kugelgriff mit dem Daumen nach vorn drücken und Düse bis zum Anschlag öffnen (Bild 5).
- Patrone mit der linken Hand fassen, hinter das Patronenlager bringen, mit der rechten Hand unterstützen und halb in das Patronenlager einführen.
- Patronenboden so mit der linken Hand fassen, dass der Mittelfinger in der Führungsnut liegt (Bild 6).
- Patrone bis zum Anschlag so ins Patronenlager einführen, dass sich die Nut über das Führungsstück schiebt (Bild 7).
- Düse mit der linken Hand schließen.
- Verriegelung prüfen, dazu Düsengriff mit Mittel- und Zeigefinger nach oben und den Kugelgriff nach hinten drücken.
- „Geladen" melden (bei Gefechtslärm durch leichten Schlag auf den Arm des Leuchtbüchsenschützen) und Deckung nehmen.

Leuchtbüchsenschütze meldet bei Ausbildung:
- „Leuchtbüchse geladen, gespannt und gesichert".

Laden nach einem Schuss:
Leuchtbüchsenschütze:
- Waffe spannen und sichern.
- „Nachladen!" befehlen.

Ladeschütze:
- Düse öffnen.
- Verriegelungsbügel zum Ausziehen der Treibladungshülse mit linker Hand nach vorn schlagen, die

Bild 5 Laden: Erfassen der Griffe

Bild 6 linke Hand am Patronenboden (Mittelfinger in der Nut)

Bild 7 Einführen der Patrone (Nut über Führungsstück geschoben)

Treibladungshülse mit der linken Hand vollständig herausziehen und seitlich nach hinten werfen.
- Prüfen, ob das Patronenlager frei ist und erneut laden.

Entladen:

Leuchtbüchsenschütze:
- Waffe spannen (entfällt, wenn die Abfeuerungseinrichtung nicht betätigt wurde und die Waffe noch gespannt ist, z. B. bei nicht abgeschossener Patrone) und sichern.
- „Entladen!" befehlen.

Ladeschütze
- Düse öffnen.
- Verriegelungsbügel mit der linken Hand nach vorn schlagen, **Treibladungshülse** mit der linken Hand herausziehen und nach hinten werfen; **oder** die **nicht abgeschossene Patrone** mit beiden Händen herausziehen, Zeitzünder wieder auf Stellung „0" bringen, Leuchtpatrone in den Munitionsbehälter zurückstecken.
- Düse mit der linken Hand schließen, Verriegelung prüfen.
- „Entladen!" melden.

Leuchtbüchsenschütze:
- Waffe entsichern und Abfeuerungseinrichtung entspannen.
- In der Ausbildung melden: „Leuchtbüchse entladen und entspannt".

Bedienung der Waffe durch den Leuchtbüchsenschützen allein:
- Patronen rechts von der Waffe bereitlegen, Waffe nach dem Spannen und Sichern auf das Zweibein absetzen.
- Griffstück mit der linken Hand so fassen, dass der Zeigefinger entlang dem Abzugsbügel liegt, und Waffe waagerecht halten.
- Alle anderen Ladegriffe (Düse öffnen, Treibladungshülse entfernen, neue Patrone in das Patronenlager einführen, Düse schließen) mit der rechten Hand ausführen.

Das **Pendelvisier** ist ein Richtmittel, mit dem der Leuchtbüchsenschütze die Waffe aus Sicherheitsgründen und wegen der nötigen Ausstoßhöhe in eine Rohrerhöhung von 20° bringt.
Im Pendelvisier befindet sich zwischen zwei fest angebrachten Leuchtmarken eine weitere, bewegliche. Der Leuchtbüchsenschütze geht im Anschlag mit dem Rohr so weit nach oben, bis alle drei reflektierenden Marken eine waagerechte Linie bilden (Bild 8); vorher ist es zweckmäßig, sie in Deckung mit einer Taschenlampe anzustrahlen, um die Reflektierung zu aktivieren.

Bild 8 Pendelvisier – Anzeige der Rohrerhöhung 20°

Schießen – Der **Leuchtbüchsenschütze** entsichert mit dem rechten Daumen, zielt und betätigt mit dem rechten Zeigefinger den Abzug.
Waffe liegt mit der Schulterstütze gegen seine rechte Schulter. Die linke Hand stützt die Waffe am Haltegriff und richtet sie nach Seite und Höhe. Schießen ohne Pendelvisier ist verboten.
Nach der Schussbeobachtung spannt und sichert er die Waffe und befiehlt:
„Nachladen!"

5. **Bei der Handhabung der Leuchtbüchse ist besonders zu beachten:**
- Nach jedem Laden hat der Ladeschütze die Verriegelung zu prüfen; erst danach darf er „Geladen" melden.
- Der Ladeschütze muss jede Stellung und jede unnötige Bewegung vermeiden, die ihn mit einem Körperteil hinter die Düse bringt.
- Zieht der Leuchtbüchsenschütze ab und löst sich der Schuss nicht, ist die Abfeuerungseinrichtung zu spannen und erneut abzufeuern. Bricht der Schuss wiederum nicht, ist abermals zu spannen und zu sichern. Die Düse darf dann erst nach einer Wartezeit von 3 Minuten geöffnet werden; die Waffe bleibt solange in Zielrichtung. Das gilt bei jedem Verdacht auf einen Versager. Erst danach ist die Waffe zu entladen und die Ursache der Störung festzustellen.
- Beim Schießen mit der Leuchtpatrone 84 mm ist im Frieden nur der Anschlag stehend freihändig – außerhalb von Kampfständen – mit Rohrerhöhung 20° erlaubt.
- Schießen mit der Leuchtpatrone 84 mm ohne Pendelvisier ist verboten.
- Die Ausstoßentfernung am Zünder der Leuchtpatrone 84 mm ist erst kurz vor dem Laden einzustellen; sie ist nach dem Entladen einer nicht verschossenen Patrone wieder auf „0" zu stellen.

V. TECHNISCHE DURCHSICHT UND PFLEGE

1. **Grundsätze** siehe „Technische Durchsicht und Pflege der Handwaffen" denen auch die Reinigung entspricht.
Zur Reinigung des Rohrs ist die Düse zu öffnen und der Rohrwischer durch das Patronenlager einzuführen.

2. **Zerlegen und Zusammensetzen der Abfeuerungseinrichtung:**
- Prüfen, ob das Rohr frei ist. Waffe entspannen und auf eine Unterlage legen, das Gehäuse der Abfeuerungseinrichtung muss zugänglich sein.
- Vordere Abschlusskappe abschrauben, Schlagfeder herausziehen.
- Schrauben des Spannschiebers mit Schraubendreher lösen und Spannschieber abnehmen.
- Abzug zurückziehen und Abfeuerungsstange herausnehmen.
- Hintere Abschlusskappe abschrauben, Schlagbolzen mit Schraubendreher herausnehmen.
- Zusammensetzen sinngemäß in umgekehrter Reihenfolge.
- Beim **Zerlegen und Zusammensetzen** beachten:
– Ohne weiteres Werkzeug zerlegen und zusammensetzen, keine Gewaltanwendung!
– Nur soweit zerlegen, wie die Dienstvorschrift es erlaubt.

Gefechtsdienst aller Truppen (zu Lande)
Grundkenntnisse und Grundtätigkeiten des Einzelschützen

Grundlagen

1. **Jeder Soldat muss fähig und bereit sein,**
- zu kämpfen,
- durchzuhalten,
- Aufträge zuverlässig auszuführen und
- als Kamerad zu bestehen.

2. Der Soldat muss die Fertigkeiten und Kenntnisse, die er in der Waffen-, Geräte- und Schießausbildung erworben hat, im Kampf anwenden können und muss lernen,
- sich gefechtsmäßig zu verhalten,
- den Feuerkampf erfolgreich zu führen und
- zu überleben.

Ist er auf sich allein gestellt, muss er im Sinne des Auftrags selbstständig handeln können. Er muss damit rechnen, dass er die Aufgaben des Führers seiner Teileinheit übernehmen muss, wenn dieser ausgefallen ist.

II. AUSSTATTUNG DES SOLDATEN

1. Die **Ausstattung der Teileinheit** ist durch die **Stärke- und Ausrüstungsnachweisung (STAN)** festgelegt. Die Soldaten verfügen vor allem über Handwaffen, Panzerabwehrhandwaffen, Signalpistole, Doppelfernrohr, Marschkompass, Nachtsehgeräte und persönliche ABC-Schutzausstattung.

2. **Persönliche Ausrüstung des Soldaten** – Bild 1 und 2.
Bemerkungen dazu:
1. Ob die kleine Kampftasche oder der Rucksack (klein)/große Kampftasche getragen wird, hängt ab von der Truppengattung, Art des Fahrzeuges, aber auch von Lage und Auftrag im Einzelfall. Zweckmäßig ist die Mitnahme von einem Paar Strümpfe (Kälteschäden!) und der Zeltbahn.
2. Die ABC-Schutzmaske kann auch, z. B. von Kraftfahrern, am verkürzten Band vor der Brust getragen werden. Keinesfalls an Rucksack oder Kampftaschen befestigen!

Brusttasche
Schutz- und
Sonnenbrille
Pers. Bedarf

Taschentuch

Taschenkarten
Messer
Handschuhe
Schiffchen/
Feldmütze/Barett

Brusttasche
Ausrüst. GrpFhr
(Trillerpfeife,
Kompass usw.)
TK ABC-Abw a Tr
Nr 1

Innentasche
Personal-
unterlagen:

Truppenausweis
BwFührerschein
Impfbuch

Gehörschutz
Mückenschleier

Verbandpäckchen
Verbandpäckchen-
Brandwunden
Autoinjektoren
Pyridostigmin-Tabl.
Halstuch

Bild 1   Feldanzug, Tarndruck, allgemein

Ausstattung am Körper
- Kampfanzug mit ABC-Schutz
- modulare Schutzweste
- Trageweste
- Trinksystem
- Integration von Zielerkennung Freund/Feind, Gesundheitsüberwachung, Minenwarnung etc.

Ausrüstung am Kopf
- modularer Helm
- Schutzbrille
- Gehörschutz
- BiV-Brille
- Sprechsatz

Waffenoptronik
- Nachtsichtaufsatz,-vorsatz
- Wärmebildgerät, BiV-Fernrohr
- Laserlichtmodul
- kabellose Übertragung

Bewaffnung, Munition
- Nahbereichsverteidigungswaffe
- Abschussgerät 40mm AG 36
- Gewehr G 36
- leichtes MG
- Gewehr große Reichweite
- leistungsgesteigerte Munition
- erhöhte Treffergenauigkeit

Führungsmittel
- Gruppenfunk mit GPS, digit. Kompass/Karte,
- Laserentfernungsmesser, Digitalkamera
- Integriertes Führungs- und Waffeneinsatzsystem
- Sensoren, Messfühler

Bild 2   Infanterist der Zukunft

Geländekunde

ZDv 3/11

I. ALLGEMEINES UND GRUNDBEGRIFFE

1. Das **Gelände** ist ein Teil der Landoberfläche mit **Geländeformen, Gewässern, Geländebedeckungen und Bodenarten**. Geländeform, Gewässer und Geländebedeckungen können natürlich entstanden oder künstlich geschaffen sein und unterliegen Veränderungen.

Die **Eigenschaften des Geländes** können für die Ausführung eines Auftrages **günstig** oder **ungünstig** sein. Der Soldat muss deshalb die Eigenschaften des Geländes schnell und sicher erkennen und beurteilen, um es zu seinem Vorteil **ausnutzen** zu können.

2. Die Verwendung von **einheitlichen Begriffen** ist die Voraussetzung für die Geländebeurteilung, eine eindeutige Zielansprache, für Meldungen und Befehle.

II. GELÄNDEFORMEN

1. Die **Geländeformen** prägen das Gelände. Ein Geländeabschnitt ist

– eben	mit	0 bis 5 m	
– wellig	mit	5 bis 20 m	Höhenunterschied zwischen
– hügelig	mit	20 bis 100 m	jeweils höchstem und tiefstem
– bergig	mit	100 bis 1000 m	Punkt des Geländes.
– alpin	mit	über 1000 m	

2. **Geländeerhebungen** (Bild 1) unterscheidet man nach ihren Umrissen, z. B. Kegel, Kuppe.

Die Bezeichnung „Höhe" wird häufig in Verbindung mit einer Höhenzahl und mit dem Zusatz „Punkt" benutzt, z. B. „Höhe Punkt (Pkt) 303".

Der Ansatz einer Erhebung ist der **Fuß,** der höchste Punkt die Spitze. Zusammenhängende Geländeerhebungen bilden eine **Gebirgs-, Berg- oder Hügelkette** oder einen **Gebirgs- oder Höhenzug**.

3. Geländevertiefungen zeigt Bild 2.

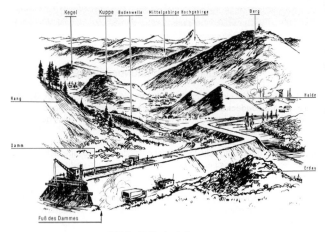

Bild 1   Geländeerhebungen

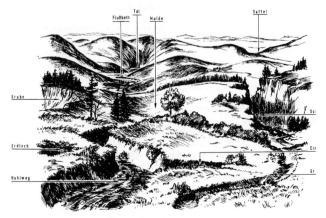

Bild 2   Geländevertiefungen

4. Die **Seitenflächen** der Geländeformen sind **Hänge** oder – künstlich geschaffene – **Böschungen**. Hänge können ihrer Form nach hohl, gewölbt, stufenförmig oder gerade sein.

Geländesteigungen (Bild 3):

sanft	bis etwa 10%
steil	10 bis 30%
sehr steil	30 bis 60%
übersteil	60 bis 175%
schroff	über 175%

Eine Steigung von 45° entspricht 100%

Rad- und Kettenfahrzeuge können, je nach Bauart, Hänge bis zu einer Steigung von ca. 60% überwinden.

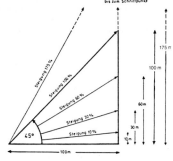

Bild 3 Steigungen

5. Ein Geländeabschnitt mit Gräben, Rinnen, Schluchten, Hohlwegen, Mulden oder Gruben gilt als **durchschnittenes Gelände**. Ist er von diesen Geländeformen häufig geprägt, bezeichnet man ihn als **stark durchschnitten**.

III. GEWÄSSER

1. Man unterscheidet **fließende Gewässer**, z. B. Fluss, Bach, Kanal und stehende Gewässer, z. B. See, Teich, Tümpel.

2. **Uferformen** (Binnengewässer) sind Steil-, Flachufer, Verlandungszone (Schilfgürtel), Deich.
Küstenformen (Meer) sind Steil-, Flachküste, Strand, Watt (z. B. Nordsee), Düne, Deich.

3. Je nach **Tiefe** ist ein Gewässer seicht (bis 0,35 m), mäßig tief (bis 1,20 m), tief (bis 2,30 m) oder sehr tief (über 2,30 m).

4. Die **Stromgeschwindigkeit** läßt Rückschlüsse auf den **Gewässergrund** zu: Schwache Strömung kann auf verschlammten Gewässergrund hindeuten, eine mittlere Strömung auf Sand oder feinen Kies, starke und sehr starke Strömung meist auf Kies oder Fels.

5. Bei **fließenden Gewässern** sind für Orts- und Richtungsangaben die Bezeichnungen
- **unterstrom** (in Stromrichtung) und
- **oberstrom** (entgegen der Stromrichtung)

zu verwenden.

Die Angaben **„rechtes" und „linkes" Ufer** verstehen sich stets mit Blick **in Stromrichtung**.

6. Gewässer können sich in ihrem Verlauf nach Breite und Tiefe ändern, auch die Beschaffenheit des Gewässergrundes und der Ufer sowie die Stromgeschwindigkeit können wechseln. Gewitterregen, Schneeschmelze oder anhaltende Trockenheit führen zu weiteren Veränderungen.

IV. GELÄNDEBEDECKUNGEN

1. Zu den **Geländebedeckungen** gehören
- der Bewuchs (Bild 4),
- die Siedlungen,
- das Verkehrsnetz,
- die topographischen und
- die sonstigen Einzelgegenstände.

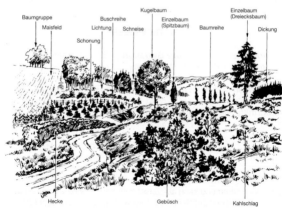

Bild 4   Bewuchs

2. Beim **Bewuchs** unterscheidet man Wald, je nach
- Zusammensetzung als Laub-, Nadel- oder Mischwald,
- Baumart, z. B. Buchen-, Eichen-, Fichten-, Kiefern- oder Birkenwald,
- Bestand und Alter als Schonung, Dickung, Stangenholz, Baumholz oder Altholz,
- Dichte als lichten Wald, dichten Wald oder Dickicht (baumfreie Flächen im Wald sind Lichtungen, Kahlschläge oder Schneisen),
- Baum, Gebüsch, Heide, Feld (Getreide-, Saat-, Stoppel- oder Kartoffelfeld), Wiese, Weide, Garten, Weinberg, Ödland und Schilf.

3. Zu den **Siedlungen** zählen Wohnanlagen, z. B. Stadt, Dorf, Einzelhof, industrielle Anlagen, z. B. Fabrik, Lagerhaus, Kraftwerk und Verkehrsanlagen, z. B. Bahnhof, Flugplatz, Hafen. Städte und Dörfer werden zusammenfassend als Ortschaften bezeichnet.

4. Das **Verkehrsnetz** bilden Straßen und Wege, Schienenwege und Wasserwege. Krümmungen und Schnittpunkte im Verlauf von Straßen und Wegen zeigt Bild 5.

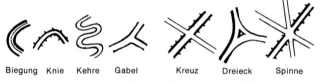

Biegung   Knie   Kehre   Gabel   Kreuz   Dreieck   Spinne

Bild 5   Krümmungen/Schnittpunkte von Straßen und Wegen

5. **Topographische Einzelgegenstände** sind künstlich angelegt, z. B. Brücke, Tunnel, Turm, Kirche, Schloß, Denkmal, Masten aller Art und Einzelgebäude, und als **auffallende Teile der Geländebedeckung** meist ein guter Anhalt, um sich zurechtzufinden oder Ziele anzusprechen. Sie sind meist in den Karten dargestellt.

6. **Sonstige Einzelgegenstände**, z. B. Strohschober, Mieten, Holzstapel, Stapel von Baumaterial erleichtern ebenfalls die Zielansprache, die Geländetaufe und das Zurechtfinden auf dem Gefechtsfeld. Sie sind häufig Veränderungen unterworfen und nur im Einzelfall in Karten aufgenommen; wenn nötig, werden sie in Skizzen eingezeichnet. Einzelgegenstände ziehen als markante Punkte feinliches Feuer an.

V. BODENARTEN

Man unterscheidet
- Stichboden, z. B. loser Sand, Kies, Moor,
- leichten Hackboden, z. B. lehmiger Sand, Lehm,
- schweren Hackboden, z. B. steifer Ton, festgelagerte Schlacke,
- Hackfels oder Sprengfels, auch in loser Form (z. B. Geröll oder Steinschutt).

Häufig sind die Bodenarten vermischt. Regen und Trockenheit, Schnee und Frost können ihre Eigenschaften, z. B. ihre Tragfähigkeit, Standfestigkeit und die Möglichkeit, den Boden zu bearbeiten, erheblich verändern.

VI. ÜBERSICHTLICHKEIT DES GELÄNDES

Die **Übersichtlichkeit** eines Geländeabschnittes, wird vor allem von Geländeformen und -bedeckungen bestimmt. Daneben ist sie vom Standort des Beobachters abhängig.

Je nach den Geländebedeckungen, vor allem dem Bewuchs, der die Beobachtung beeinflusst, spricht man von offenem Gelände, bedecktem Gelände oder stark bedecktem Gelände.

VII. GELÄNDEBEURTEILUNG UND AUSNUTZUNG DES GELÄNDES

1. Der Soldat muss die Eigenschaften des **Geländes** erkennen und **beurteilen**, damit er feststellen kann, welche Geländeteile die Ausführung seines Auftrags begünstigen und welche sie behindern. Er beurteilt auch die Möglichkeiten, die das Gelände dem Feind bietet.

Dann fasst er einen Entschluss, wie er das Gelände für die Erfüllung seines Auftrags **ausnutzt** (Bild 6).

Er meldet unaufgefordert, wenn ein ihm befohlener Geländeteil die Ausführung seines Auftrags behindert oder wenn er besser geeignetes Gelände findet.

2. Nach der **Erteilung des Auftrags** und einem **Überblick** über das Gelände wird der Soldat Geländeteil nach Geländeteil gedanklich ansprechen, den **Einfluss** auf **Sicht, Deckung** und **Begehbarkeit/Befahrbarkeit** untersuchen und **Folgerungen** für sein **eigenes Verhalten** und das **vermutliche Verhalten des Feindes** daraus ableiten. Dabei beginnt er z. B.
- als Beobachter oder Alarmposten, einer möglichen Annäherung des Feindes folgend, mit dem entfernteren Gelände
- als Melder, im Angriff oder auf Spähtrupp dagegen mit dem in der eigenen Bewegungsrichtung nächst gelegenen Geländeteil.

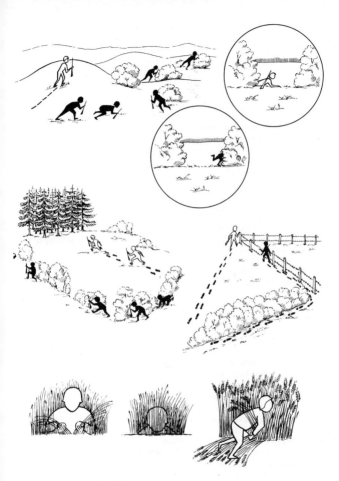

Bild 6 Geländebeurteilung/-ausnutzung

3. Durch die Geländebeurteilung sollen folgende Fragen – je nach Lage und Auftrag – vom Soldaten gedanklich beantwortet werden können:
- Welche Sicht bietet das Gelände mir oder dem Feind?
- Von wo kann ich mit meiner Waffe am günstigsten wohin wirken?
- Wo finde ich Deckung gegen feindliche Waffenwirkung und wo Tarnschutz?
- Welche Geländeteile bieten dem Feind Deckung gegen die eigene Waffenwirkung?
- Welche Möglichkeiten bietet das Gelände zur Auflockerung?
- Wo kann ich mich, gedeckt gegen Feindsicht und Feuer, bewegen?
- Welche Möglichkeiten hat der Feind, sich gedeckt zu bewegen?
- Wo ist das Gelände begehbar oder mit Kfz zu befahren?

Neben dem Feind auf der Erde ist immer der Feind aus der Luft zu berücksichtigen! Zu beachten ist, dass das **Wetter**, z.B. Regen, Frost, Schnee den Zustand des Geländes in kurzer Zeit verändern kann.

4. Mit **Feindpanzern** ist stets zu rechnen, auch wenn ihre Anzahl in schwierigem Gelände eingeschränkt sein kann.

Panzerhemmend sind Wälder, Ortschaften, Hänge, Böschungen, Wälle, Gewässer, weicher Boden.

Panzerhindernisse sind dichte Wälder, steile Hänge und Böschungen, tiefe und breite Gewässer und Gräben sowie Sümpfe und Moore.

5. **Anhalt** für die **Durchführung** einer Geländebeurteilung:
- **Auftrag vor Augen führen.**
    „Ich soll eine Meldung zum II. Zug in das Waldstück – halbrechts – 800 – überbringen ...
- **Geländeteil gedanklich ansprechen.**
    ... Die langgestreckte, in Richtung auf das Waldstück verlaufende Höhe ...
- **Einfluss** dieses Geländeteiles auf Deckung gegen Sicht und Waffenwirkung des Feindes sowie auf Gangbarkeit untersuchen (**Beurteilung**).
    ... bietet auf der feindabgewandten Seite Deckung gegen Sicht und Waffenwirkung, jedoch ist das Unterholz schwer gangbar ...
- **Folgerung** für das eigene Verhalten.
    ... aber trotz des größeren Zeitbedarfes durch die eingeschränkte Gangbarkeit ist der Hinterhang für das Vorgehen in Richtung Waldstück günstig.
- **Geländeteil gedanklich ansprechen.**
    ... Die an die Höhe anschließende freie Fläche...
- **Einfluss** dieses Geländeteiles (**Beurteilung**).
    ... ist zwar der kürzeste Weg zum II. Zug, jedoch ohne Deckung und vom Feinde einzusehen.

- **Folgerung** für das eigene Verhalten.
   > Sie ist deshalb als Meldeweg ungünstig, und ich muss sie umgehen …"

Die Reihenfolge des Gedankenganges ist unerheblich. **Maßgebend** ist, dass der Soldat die **Möglichkeit** des Geländes **erkennt** und diese für die **Durchführung seines Auftrages richtig beurteilt**.

> „Ich soll eine Meldung zum II. Zug in das Waldstück – halbrechts – 800 – überbringen.
>
> Ich gehe zunächst am Hinterhang der Höhe entlang. Dort bin ich gegen Sicht und Waffenwirkung des Feindes geschützt. Dass ich wegen des Unterholzes etwas langsamer vorwärtskomme, muss ich in Kauf nehmen.
>
> Die anschließende freie Fläche muss ich umgehen. Zwar ist es der kürzeste Weg zum II. Zug, aber ich wäre der Sicht und Waffenwirkung des Feindes ausgesetzt…"

6. Einfluss der Geländeformen

Geländeerhebungen
- gewähren Übersicht und Einblick in das umliegende Gelände,
- bieten Schutz gegen Sicht und Waffenwirkung von der Erde,
- behindern in Feindrichtung eigene Sicht und das Schussfeld,
- ziehen Feindfeuer auf sich, wenn die höchsten Punkte und Kammlinien als Stellung gewählt werden.

Geländevertiefungen
- schützen je nach ihrer Tiefe vor Sicht sowie je nach Form und Größe des Böschungswinkels vor der Waffenwirkung des Feindes,
- bieten meist geeignete Stellungen für die eigenen Waffen,
- liegen meist unter Feindfeuer, wenn sie in Feindrichtung verlaufen (nicht auf der Sohle, sondern an den Seitenhängen überwinden),
- erleichtern Querbewegungen, wenn sie Feind nicht einsehen kann.

Folgerungen aus der Gesamtform des Geländes:

Ebenes, wenig durchschnittenes Gelände
- ist der **Sicht und Waffenwirkung des Feindes ausgesetzt** und soll stets **umgangen** werden. Ist das nicht möglich, so kann es nur unter ausreichendem **Feuerschutz** überwunden werden.

Welliges/hügeliges und durchschnittenes Gelände
- erschwert den Zusammenhalt, behindert die Übersicht, schränkt das Schussfeld ein und begünstigt Überraschungen,

- **bietet aber Schutz gegen Sicht und Waffenwirkung** des Feindes und ist daher möglichst immer für **Bewegungen auszunutzen**, auch wenn damit ein höherer Zeitaufwand verbunden ist.

7. Einfluß der Geländebedeckungen

Der Bewuchs der **Felder, Wiesen** und **Gärten** bietet Deckung gegen Sicht von der Erde, wenn der Soldat
- seine Körperhaltung dem Bewuchs in der Höhe anpasst,
- sich nicht durch Bewegen von Büschen und Getreide verrät,
- den Kopf nicht über den Bewuchs hinaushebt und
- sich dem vorderen Rand der Deckung nur so weit nähert, wie es zur Beobachtung oder zum Einsatz seiner Waffe notwendig ist.

Deckung gegen Sicht aus der Luft bietet nur hoher Bewuchs der Gärten.

Wald bietet gute Deckung gegen Sicht von der Erde und aus der Luft, wenn Wege, Schneisen und Lichtungen gemieden werden. **Waldränder** ziehen Beobachtung und Feuer des Feindes auf sich (bis zu 100 m im Innern bleiben!). Je nach Dichte des Baumbestandes und dem Vorhandensein von Unterholz werden Sicht und Schussfeld eingeschränkt, die Verbindung und das Zurechtfinden erschwert und Hinterhalte erleichtert. Ausgedehntes **Buschgelände** hat die gleichen, **Hecken** und **Buschreihen**, haben ähnliche Eigenschaften wie Wald.

Straßen, Wege, Eisenbahnlinien erleichtern Bewegungen und das Zurechtfinden. Vor allem **Kreuzungen, Einmündungen** und **Übergänge** sind der **Waffenwirkung des Feindes** bei Tag und Nacht vermehrt ausgesetzt. **Straßen- und Bahndämme** schützen vor der Wirkung feindlicher Flachfeuerwaffen und sind gut geeignet zum Bau von Deckungen zum Schutz gegen Steilfeuer. Sie bieten Überblick, jedoch sind die Beobachter durch den **Mangel an Tarnmöglichkeiten** besonders gefährdet. – Schienen und Schotter der Bahndämme führen bei Beschuss zu zahlreichen Querschlägern und Splittern.

Ortschaften, Industrieanlagen, Verkehrsanlagen und **Häusergruppen** bieten Deckung gegen Sicht von der Erde und aus der Luft. Keller bieten Schutz gegen die Wirkung von Steilfeuerwaffen. – Gelände, Ruinen, Trümmer und Vorgärten schaffen für beide Seiten Verstecke und die Möglichkeit für Hinterhalte und Überraschung.

Nachteile:
- Besonders die **Ortsausgänge, herausragende Gebäude, Plätze** und **Verkehrsknotenpunkte** ziehen das **Feuer** und **Luftangriffe** auf sich.
- Die **Sicht** und das Schussfeld sind **eingeschränkt**.

- **Bewegungen** werden durch Gebäude, Umfassungsmauern und Zäune behindert, Verbindung und Zusammenhalt **erschwert**.

Folgerungen aus den Vor- und Nachteilen der **Geländebedeckungen**:
- Die Geländebedeckungen **bieten** – richtig ausgenutzt – dem Soldaten **Deckung** gegen Sicht auf der Erde und fast immer auch aus der Luft.
- Gegen Waffenwirkung schützen Geländebedeckungen nur im Ausnahmefall.
- **Einzelne Geländebedeckungen bilden auffallende Geländepunkte.** Der Soldat ist dort besonders gefährdet!
- **Als Richtungspunkte erleichtern sie das Einhalten der Marschrichtung.**

8. **Gewässer** hindern die Bewegung, sofern sie nicht auf Brücken oder Stegen überquert, mit einem Sprung überwunden oder offensichtlich ohne Gefährdung durchwatet werden können. – Jede andere Möglichkeit, Gewässer zu überwinden (Durchschwimmen und Übersetzen) muss erkundet und vorbereitet werden.

Brücken, Stege und sonstige **Übergangsstellen** sind bevorzugte **Ziele** der **Artillerie** und für **Luftangriffe** (keine Ansammlungen!).

9. Die **Bodenarten**, deren Eigenschaften sich durch die Witterung schnell ändern können, beeinflussen vorwiegend das **Schanzen** und die **Bewegungen**.
- **Sandboden** erleichtert das Schanzen. Das zur Deckung aufgeworfene Material schützt nur wenig. Der Boden ist nicht standfest.
- **Lehmboden** wird bei Nässe rutschig und erschwert Bewegungen. Der Boden ist für das Schanzen günstig.
- **Stein- und Felsboden** erschwert die Schanzarbeiten und führt zu Splitterwirkung bei Beschuss.
- **Sumpf- und Moorboden** erschwert Bewegungen und Schanzarbeiten gleichermaßen. Beides ist häufig nur unter Verwendung von Hilfsmitteln, z. B. Bretter, Knüppel, Reisig, möglich.

Zurechtfinden im Gelände

Der Soldat kann seinen Auftrag nur erfüllen, wenn er sich jederzeit im Gelände sicher zurechtfindet.

Zum **Zurechtfinden** muss der Soldat
- den eigenen Standort und die Himmelsrichtung feststellen,
- eine Richtung bestimmen und halten,
- wichtige Geländemerkmale erkennen und sich einprägen.

Geländekenntnisse sind besonders in unübersichtlichen Abschnitten oder bei eingeschränkter Sicht wichtig. Noch bei klarer Sicht soll der Soldat sich einen Überblick über das Gelände verschaffen, in dem er bei eingeschränkter Sicht eingesetzt ist.

Umsichtiger Gebrauch der **natürlichen und der technischen Hilfsmittel** spart Wege, Zeit und Kräfte.

I. BENUTZUNG NATÜRLICHER UND KÜNSTLICHER HILFSMITTEL, FESTSTELLEN DER HIMMELSRICHTUNG UND DES STANDORTES

1. **Himmelsrichtungen** (Bild 1)

Haupthimmelsrichtungen
Norden (nördlich, nördl) Süden (südlich, südl) Westen (westlich, westl) Osten (ostwärts, ostw) und

Nebenhimmelsrichtungen
Die Bezeichnung durch große Buchstaben, z. B. NO für Nordosten, ist nur auf Skizzen erlaubt.

2. Den **Sonnenstand** zum Frühlings- und Herbstanfang und die Himmelsrichtung nach der Tageszeit zeigt Bild 2. Zum Sommer und Winter ändern sich die Zeiten, können aber als Anhalt

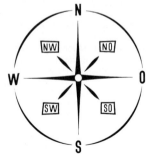

Bild 1   Himmelsrichtungen

benutzt werden. Ausnahme: Um 12 Uhr steht die Sonne **immer** im Süden.

3. Bei **bedecktem Himmel** kann der **Sonnenstand** folgendermaßen festgstellt werden (Bild 3):
- Bleistift auf weißer Fläche senkrecht aufstellen
- Schatten zeigt morgens etwa nach Westen, mittags nach Norden und abends nach Osten.

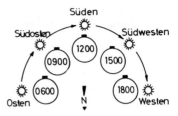

Bild 2 Sonnenstand

4. Nach dem **Sonnenstand** und mit Hilfe der **Uhr** kann die Himmelsrichtung wie folgt ermittelt werden (Bild 4):
- Uhr waagerecht vor den Körper halten und so drehen, dass der kleine Zeiger (Stundenzeiger) auf die Sonne zeigt.
- Winkel zwischen kleinem Zeiger und der „12" halbieren. Die Winkelhalbierende zeigt nach **Süden**.

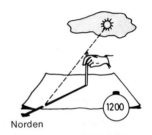

Bild 3 Feststellen der Himmelsrichtungen bei bedecktem Himmel

- Vormittags ist der Winkel vor, nachmittags hinter dem kleinen Zeiger und der „12" zu halbieren.

Bei Vollmond (steht der Sonne stets gegenüber) verfahren in gleicher Weise.

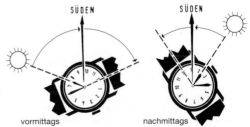

Bild 4
Bestimmen der Himmelsrichtung nach dem Sonnenstand mit Hilfe der Uhr

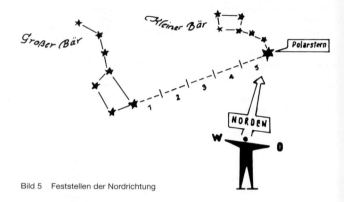

Bild 5   Feststellen der Nordrichtung

5. Der **Polarstern** (Nordstern) steht fast genau im Norden (Bild 5).

6. Bei **Trigonometrischen Punkten** zeigt die Seite mit „TP" nach Süden.

7. Zur **Bestimmung des eigenen Standortes** dienen vor allem
– die Himmelsrichtung zu bekannten Punkten im Gelände,
– die bekannte Richtung eines zurückgelegten Weges,
– die geschätzte Entfernung zu bekannten Punkten und
– die Geländeformen, Gewässer und Geländebedeckungen.
Bei **Veränderung seines Standortes** muss sich der Soldat das Gelände mit seinen hervortretenden Einzelheiten so einprägen, dass er sich jederzeit wieder leicht zurechtfinden kann.

II. GEBRAUCH DER KARTE

1. Mit der **Karte** lassen sich in geeignetem Gelände und bei ausreichender Sicht die **Himmelsrichtungen feststellen** und der **eigene Standort bestimmen** (Kartenzeichen siehe Anhang).

2. **Einnorden der Karte** (Bild 6) – Ausführung:
- Einen oder mehrere gut sichtbare Geländepunkte, z. B. Kirchen, Gehöfte, Waldecken, suchen, die auf der Karte verzeichnet sind.

- Karte so drehen, bis die Richtung zu den Kartenpunkten mit der Richtung zu den Geländepunkten übereinstimmt.

Der obere Kartenrand zeigt nun nach Norden.

- Parallelrichten: Karteneinzeichnung von gradlinig verlaufenden Straßen, Eisenbahnen, Kanälen oder Waldrändern mit ihrem Verlauf im Gelände in Übereinstimmung bringen.

Bild 6 Einordnen der Karte

3. **Bestimmen des eigenen Standortes mit der Karte** (Bild 7) –

Ausführung:
- Karte einnorden.
- Zwei Punkte im Gelände Suchen, die vom eigenen Standort aus hintereinander liegen, möglichst weit voneinander entfernt sind und auf der Karte bestimmt werden können.
- Diese Punkte auf der Karte durch eine Linie verbinden und in Richtung auf den eigenen Standort verlängern.
- Verfahren mit zwei anderen Punkten, die möglichst großen seitlichen Abstand zu den vorherigen Punkten haben, wiederholen.
- Der **Schnittpunkt** beider **Bestimmungslinien** bezeichnet den eigenen Standort.

Bild 7 Bestimmen des eigenen Standortes durch Vergleich von Karte und Gelände

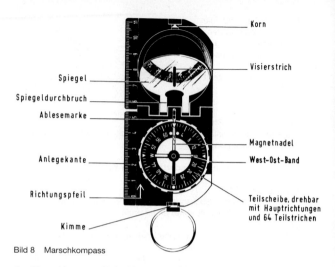

Bild 8 Marschkompass

4. **Marschieren nach der Karte:**
- Karte auch in der Bewegung **grob eingenordet halten**; Weg auf der Karte oder Skizze ständig verfolgen und mit dem Gelände vergleichen.
- Ist das nicht möglich, in nicht zu großen Abständen Vergleich an Geländepunkten mit ausreichender Übersicht vornehmen.
- **Größere Marschstrecken** mit Bleistift in die Karte eintragen, einen in der Marschrichtung liegenden, gut sichtbaren und nach der Karte eindeutig zu bestimmenden Hilfspunkt als **Richtungspunkt** wählen. Ist dieser erreicht, neuen Richtungspunkt wählen.
- Beim **Marsch mit Kraftfahrzeug** zurückgelegte Teilstrecken mit den Entfernungsangaben der Karte/Skizze vergleichen.
- An Straßen oder Eisenbahnlinien kann man die zurückgelegte Entfernung oft an Kilometersteinen ablesen.

III. GEBRAUCH DES MARSCHKOMPASSES

1. Der **Marschkompass** (Bild 8) wird benötigt, um die **Himmelsrichtungen festzustellen**, die **Karte einzuorden** und **Richtungen zu bestimmen** und **einzuhalten**.

2. **Die Spitze der Magnetnadel** (mit Leuchtfarbe markiert) zeigt die **magnetische Nordrichtung** an, die von der geographischen Nordrichtung und der Gitternordrichtung abweicht. Die Abweichungen zwischen den beiden erstgenannten Richtungen ist die **Missweisung**. Sie kann für die Aufgaben im Zusammenhang mit dem Zurechtfinden **unbeachtet bleiben**.

3. Die **64-Stricheinteilung** ermöglicht die Richtungsbestimmung:
64 = Norden, 32 = Süden, 48 = Westen, 16 = Osten.

4. Grundsätze für die Benutzung:
- Die Magnetnadel zeigt nur genau an, wenn Hochspannungsleitungen, Bauwerke aus Eisen/Eisenbeton, Kraftfahrzeuge und Geschütze, Bahngleise, Maschinen und sonstige große Gegenstände aus Eisen mindestens 50 m, Stahlhelm und Handwaffe beeinträchtigen die Messgenauigkeit gering (ca. um 1 Kompasszahl).
- Wird der Marschkompass nicht benutzt, darf er nur zugeklappt mitgeführt werden. Zum **Öffnen und Schließen** ist **nur der Deckel** auf und zu zu klappen, der Spiegel schwenkt automatisch in die richtige Stellung. Einzelnes Aufschlagen des Spiegels führt zur Beschädigung.
- Störungen, die die Verwendung ausschließen, sind daran zu erkennen, dass die **Magnetnadel auffallend träge oder unruhig** bleibt.
- Bei einem Durchmesser der Luftblase im Gehäuse von mehr als 5 mm ist der Marschkompass unbrauchbar.

Beispiele für die Anwendung (Teilscheibe ohne West–Ost-Band):

5. **Festellen der Himmelsrichtung mit dem Marschkompass** – Ausführung:
- Marschkompass aufgeklappt waagerecht vor die Brust halten.
- Das „N" der Teilscheibe auf die Ablesemarke einstellen und Magnetnadel einpendeln lassen.
- Marschkompass und Körper so lange drehen, bis die Magnetnadel auf das „N" der Teilscheibe zeigt. Die Visierlinie zeigt jetzt nach Norden.

6. **Einordnen der Karte mit dem Marschkompass** – Ausführung:
- Das „N" der Teilscheibe auf die Ablesemarke einstellen.
- Marschkompass mit Anlegekarte rechts so an eine Nord–Süd-Gitterlinie legen, dass Visierlinie und Richtungspfeil zum oberen Kartenrand zeigen.
- Karte mit angelegtem Marschkompass so lange drehen, bis die Magnetnadel auf das „N" zeigt. Der Kartenrand zeigt jetzt nach Norden.

7. Mit dem **Marschkompass** kann **jede Richtung** eindeutig und für alle Zwecke **festgelegt** und bei Bewegungen **eingehalten** werden.

Die Abweichung um eine Kompasszahl bedeutet im Gelände auf **1000 m** Entfernung eine seitliche Abweichung von **100 m**.

a) **Ermitteln einer Kompasszahl nach Geländepunkten** – Ausführung:
- Geländepunkt über Kimme und Korn anvisieren; dabei die Magnetnadel im Auge behalten.
- Teilscheibe drehen, bis die Magnetnadel auf das „N" zeigt.
- Die Ablesemarke zeigt die gesuchte Kompasszahl.

b) **Ermitteln einer Kompasszahl nach der Karte** (Bild 9) – Ausführung:
- Kartenpunkt, von dem aus die Richtung bestimmt werden soll, z. B. eigener Standort, mit dem Richtungspunkt durch eine Hilfslinie verbinden.
- Karte einnorden.
- Marschkompass mit der Anlegekante rechts so an die Hilfslinie anlegen, dass Visierlinie und Richtungspfeil zu dem Richtungspunkt zeigen.
- Marschkompass in seiner Lage auf der Karte festhalten und Teilscheibe so lange drehen, bis die Magnetnadel auf das „N" zeigt.
- Die Ablesemarke zeigt die Kompasszahl.

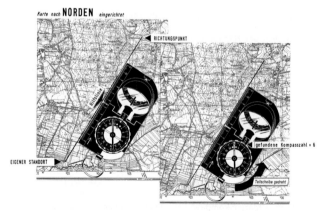

Bild 9   Ermitteln einer Kompasszahl nach der Karte

c) **Übertragen einer Kompasszahl in das Gelände** – Ausführung:
- Angegebene Kompasszahl an der Ablesemarke einstellen.
- Körper mit Marschkompass so lange drehen, bis die Magnetnadel auf das „N" zeigt.
- Die Visierlinie zeigt in Richtung der Kompasszahl.
- Auffällige Geländepunkte als Richtungspunkte einprägen.
- Bei Bewegungen das Verfahren an einem genau in Marschrichtung liegenden Punkt wiederholen, wenn weitere Richtungspunkte erforderlich werden.

d) **Übertragen einer Kompasszahl in die Karte** – Ausführung:
- Karte nach Norden einrichten.
- Angegebene Kompasszahl an der Ablesemarke einstellen.
- Den Marschkompass mit der Null-Marke der Anlegekante an denjenigen Kartenpunkt anlegen, von dem aus die Kompasszahl gilt (z. B. Ausgangspunkt für Bewegungen).
- Den Marschkompass um die Null-Marke der Anlegekante drehen, bis die Magnetnadel auf „N" (Norden) einspielt.
- An der Anlegekante entlang einen Bleistiftstrich ziehen.

IV. ZURECHTFINDEN BEI EINGESCHRÄNKTER SICHT

Bei **eingeschränkter Sicht** sind markante Punkte oft nur in der näheren Umgebung zu erkennen. Oft ist die Verwendung künstlicher Mittel erforderlich:
- **Leuchtmittel,** z. B. Taschenleuchte (rot), pyrotechnische Munition,
- **Farbzeichen**, wie Leuchttrassierbänder, Zeichen mit Leuchtfarbe, helle Markierungen, Farbflecke, Tücher usw.
- **Hilfsmittel,** z. B. Feldkabel, Spuren, Pfade.

Skizzen

ZDv 3/11

1. ALLGEMEINES

1. **Skizzen** sind eine **einfache zeichnerische Wiedergabe des Geländes**. Sie ergänzen, erläutern oder ersetzen Befehle, Meldungen, Karten und Nachrichten.

2. Nach Art der zeichnerischen Darstellung wird nach **Grundrissskizzen** und **Ansichtsskizzen** unterschieden.

3. Grundsätze für die Anfertigung von Skizzen jeder Art:
- Sie sollen nur die für den Zweck und das Verständnis unbedingt notwendigen Angaben (Geländemerkmale) enthalten.
- Diese Angaben sind **einfach, übersichtlich** und **deutlich** darzustellen.
- Die Skizze mit **wenigen, festen Strichen** zeichnen, „sparsam" mit der Anzahl der Zeichen, z. B. Baumzeichen für Wald, Höhenlinien, umgehen.
- Jede Skizze muss enthalten, soweit nicht z. B. im Kopf der Meldung zu ersehen:
  Bezeichnung, z. B. Einsatzskizze 3. Gruppe,
  eigenen Standort (durch × gekennzeichnet),
  Nordrichtung (Nordpfeil),
  Maßstab oder **Entfernungsangaben**,
  Datum und **Uhrzeit** der Fertigstellung,
  Name, Dienstgrad, Einheit oder Deckname des für die Skizze Verantwortlichen.
- Für die Beschriftung sind **Druckbuchstaben,** für Einzeichnungen **Taktische Zeichen** zu verwenden (eigene Truppe = Einzelstrich; Feind = Doppelstrich).
- Alle Angaben, die zeichnerisch nicht zweifelsfrei dargestellt werden können, sind in einer **Legende** zu erläutern.
- Das Hilfsgitter auf der Rückseite des Meldeformulars ermöglicht es, die Geländemerkmale in einem **ungefähr richtigen Maßstab** wiederzugeben.
- Strecken und Größenverhältnisse nicht zu sehr verzerren. Auf die Angabe eines Maßstabes kann verzichtet werden. Dafür sind eine oder mehrere **Entfernungen** in Zahlen anzugeben.

II. GRUNDRISSSKIZZEN

1. Grundrissskizzen sind Geländeskizzen oder Wegeskizzen, die ein vereinfachtes und vergröbertes Kartenbild eines Geländeausschnittes wiedergeben. Vereinfachte Kartenzeichen zeigt Bild 1.

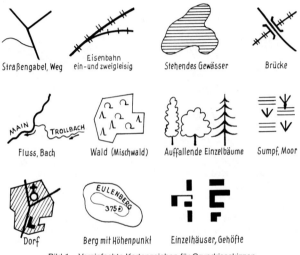

Bild 1   Vereinfachte Kartenzeichen für Grundrissskizzen

2. Die **Geländeskizze** (Bild 2) ist verwendbar für die unterschiedlichsten Zwecke, z. B. Zurechtfinden, Ergänzung von Meldungen. Bei der Anfertigung ist **folgende Reihenfolge** zweckmäßig:
- Verkehrswege, Gewässer, Umrisse von Ortschaften und Wäldern,
- Geländeformen, Bodenbewuchs, topographische Einzelgegenstände,
- eigener Standort, taktische Zeichen, Beschriftung, Maßstab, Nordpfeil.

3. Je nach dem Zweck, z. B. Stellungsskizze, können u. a. Richtungspfeile, Entfernungsangaben und Wirkungsbereiche eingetragen werden.

4. Die **Wegeskizze** (Bild 3) ist eine vereinfachte Darstellung des Marschweges. – Ausführung:
- Ortschaften, Abzweigungen, Kreuzungen, Wälder, Brücken, Gewässer usw. entlang des Marschweges darstellen, soweit für das Zurechtfinden erforderlich (und vom Marschweg aus einzusehen)
- Längen der Teilstrecken (ohne Bezeichnung „m") eines Marschweges eintragen.

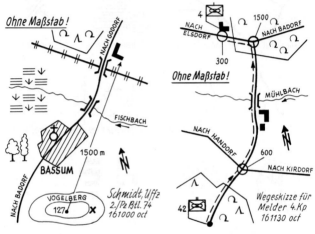

Bild 2 Geländeskizze

Bild 3 Wegeskizze

III. ANSICHTSSKIZZEN

Ansichtsskizzen (Bild 4) stellen das Gelände so dar, wie es der Soldat von seinem Standort aus sieht.

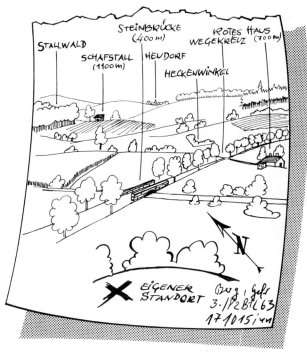

Bild 4 Ansichtsskizze

Melden

ZDv 3/11; ZDv 3/101

I. MELDUNGEN

1. **Meldungen** sind eine wichtige, oft die einzige **Grundlage** für die Beurteilung der Lage und den Entschluss.

2. Alle **Beobachtungen, Feststellungen** und **Vorkommnisse**, die für das Gefecht oder den Auftrag Bedeutung haben können, sind daher dem zuständigen Führer **unaufgefordert, unverzüglich, vollständig** und **eindeutig** zu **melden**.

3. Meldungen müssen **zuverlässig** sein. Falschmeldungen und Übertreibungen verursachen falsche Entscheidungen und können unnötige Verluste zur Folge haben.
Angaben anderer und **Vermutungen** sind als solche zu bezeichnen und getrennt vom eigenen Ermittlungsergebnis anzugeben.

4. Es muss **schnell** gemeldet werden. Die beste Meldung ist unnütz, wenn sie zu spät kommt.

5. **Jede Meldung** – ob mündlich oder schriftlich – hat **kurz** und **klar** folgende Fragen zu beantworten:
   Wo wurde der Beobachtete festgestellt?
   Wann wurde die Beobachtung gemacht?
   Wer oder **was** wurde festgestellt?
   Wie hat sich der Beobachtete verhalten?
   Was tut der Meldende weiter?
Diese Reihenfolge ist stets einzuhalten!

II. ÜBERMITTELN VON MELDUNGEN

1. Meldungen können **mündlich**
– unmittelbar,
– durch Melder,
– mit Fernmeldegeräten,
oder **schriftlich**
– durch Melder,
– mit Fernmeldegeräten
oder durch **Zuruf, Zeichen und Signale** übermittelt werden.

2. Der Meldende wählt die je nach Lage und Auftrag sicherste, schnellste und zuverlässigste **Übermittlungsart**. Mündliche Meldungen durch Melder oder mit Fernmeldemitteln sollen kurz sein.

III. VERHALTEN ALS MELDER

1. Jeder Soldat kann als **Melder, d. h. zum Überbringen von Meldungen und Befehlen**, eingesetzt werden.

2. Ein Melder muss zuverlässig, findig und zäh sein, muss sich im Gelände sowie nach Karte oder Skizze, auch bei eingeschränkter Sicht, zurechtfinden können und muss in der Lage sein, überlegt und selbstständig zu handeln.

3. **Der Melder muss wissen,**
– wer der **Empfänger** ist, wo sich dieser befindet und wie der **Gefechtsstand** gekennzeichnet ist,
– welchen **Meldeweg** er einschlagen soll,
– welchen **Inhalt** die Meldung hat,
– **was er tun muss**, nachdem er den Auftrag ausgeführt hat.

4. **Verhalten des Soldaten als Melder:**
- Bei Abstellung zur Kompanie, zum Bataillon oder zu einem anderen Truppenteil bei dem betreffenden Führer/Stellvertreter mit Dienstgrad, Name, abstellende Teileinheit/Einheit und Auftrag melden.

  „Gefreiter Schulz, Melder der 2. Kompanie, zum Bataillonsgefechtsstand abgestellt!"

- Am zugewiesenen Platz, z. B. Meldekopf, KpTrp, aufhalten und diesen nicht ohne Abmeldung verlassen.
- **Mündliche Meldungen** unaufgefordert **wiederholen**, notfalls in Stichworten notieren; wichtige Punkte des Inhalts schriftlicher (unverschlossener) Meldungen einprägen, ggf Unklarheiten des Auftrages klären und abmelden.

  „Melder 2. Kompanie, Gefreiter Schulz, meldet sich ab zur 2. Kompanie!"

- Wird der **Meldeweg** nicht befohlen, so hat der Melder ihn so zu wählen, dass er den Auftrag sicher und zuverlässig erfüllen kann. Der kürzeste Weg ist nicht immer der beste!
- **Zwei Soldaten** als Melder mit **gleichem Auftrag** müssen mit so großem Abstand gehen, dass sie sich gegenseitig sichern, aber nicht gleichzeitig in einem Hinterhalt geraten können.

- **Feindberührung** ist zu vermeiden, auch auf Umwegen ausweichen.
- Droht **Gefangennahme**, sind schriftliche Meldungen, Aufzeichnungen und Skizzen rechtzeitig zu vernichten. Bei Gefangennahme nichts über den Auftrag und den Inhalt der Meldung aussagen.
- **Verirrt sich der Melder** und kann die Meldung dem Empfänger nicht mehr in angemessener Zeit überbracht werden, so ist der nächstliegende Gefechtsstand aufzusuchen und der Sachverhalt zu melden.
- Hat der **Empfänger den Gefechtsstand gewechselt**, so muss sich der Melder durchfragen. Ist der Empfänger für ihn offensichtlich unerreichbar, den nächst erreichbaren Gefechtsstand aufsuchen und von dort der entsendenden Stelle den Sachverhalt melden.
- Die **Annäherung** des Melders darf den **Gefechtsstand** nicht verraten: Gefechtsständen nahe der vorderen Linie vorsichtig nähern, durch Zuruf bemerkbar machen und einweisen lassen.
- **Kraftfahrzeuge** rechtzeitig vor Gefechtsständen getarnt abstellen (gekennzeichnete Plätze).
- Mündliche Meldungen im Wortlaut oder dem Sinne nach übermitteln. Der Empfänger ist verpflichtet, die überbrachte Meldung zur Bestätigung zu wiederholen. Notfalls darum bitten! Den Empfang **schriftlicher Meldungen quittieren** lassen.
- Den Empfänger über Beobachtungen und Vorfälle auf dem Meldeweg unterrichten.
- Vor **Abmeldung** beim Empfänger erfragen, ob Befehle oder Meldungen vorliegen, die er mitnehmen kann.
- Nach **Rückkehr** dem Absender die Ausführung des Auftrages – dabei überbrachte Meldung wiederholen oder Quittung abgeben – und Beobachtungen und Vorfälle während des Rückweges melden.

Bewegungen

ZDv 3/11; ZDv 3/13

1. ALLGEMEINES

1. Durch die **richtige Bewegungsart** soll der Soldat sein Ziel
- **unbeobachtet vom Feind und unversehrt,**
- **schnell und kräftesparend**

erreichen. Die Bewegungsart wird entweder befohlen oder dem Auftrag und der Lage entsprechend selbstständig gewählt.

2. Die häufigsten Bewegungsarten sind **Gehen, Kriechen** und **Gleiten, Hinlegen** und **Aufstehen** sowie der **Sprung.**

3. Außer den nachfolgenden Beispielen für die **Trageweise der Waffen** sind weitere unter „Ausbildung mit Handwaffen180, „Schießausbildung mit Handwaffen" und Ausbildung mit Panzerabwehrhandwaffen und der Leuchtbüchse" erläutert.
Trageweisen für Gewehr gelten sinngemäß auch für die Maschinenpistole, jedoch ist in der Pirschhaltung der Trageriemen der Maschinenpistole um den Hals zu legen.

II. GEHEN

1. Solange es Lage und Gelände erlauben, geht der Soldat **aufrecht**. Wird in Feindnähe die Deckung niedriger, geht er **gebückt**.
Trageweise des Gewehrs: Über eine Schulter gehängt, am langen Arm oder mit beiden Händen (Beispiele Bild 1 und 2).
Hat der Soldat damit zu rechnen, dass er plötzlich auf Feind stößt, geht er in **Pirschhaltung** – siehe „Schießausbildung".
Das Maschinengewehr kann der Soldat beim aufrechten und gebückten Gehen beliebig tragen. Die zweckmäßigste Trageweise zeigt Bild 3.
Pirschhaltung mit MG siehe"Schießausbildung".
In Feindnähe setzt der Soldat den Fuß vorsichtig auf, wie bei **eingeschränkter Sicht**.

Bild 1 Trageweise des Gewehrs im Gehen (Beispiel)

Bild 2 Trageweise des Gewehrs beim Gebücktgehen (Beispiel)

Bild 3 Trageweise des MG und des Patronenkastens

III. KRIECHEN UND GLEITEN

1. Bei **flachen Deckungen** muss der Soldat **kriechen** oder **gleiten**.

2. **Kriechen** (Bild 4) – Ausführung:
- Gewehr, mit der Mündung nach links, um den Hals hängen.

Bild 4 Gewehr beim Kriechen (über den Nacken gehängt)

Bild 5 Gleiten

- Mit rechtem Arm über das Gewehr greifen.
- Auf Knie und Handflächen stützen, Blick nach vorn richten.

3. **Gleiten** (Bild 5) – Ausführung:
- Mit rechter Hand den Trageriemen kurz vor der oberen Befestigung erfassen.
- Gewehr so auf den Unterarm legen, dass das Magazin vom Körper weg zeigt.
- Körper an den Boden schmiegen.
- Unterarme an den Boden pressen, mit den Händen am Bewuchs Körper nach vorn ziehen.

Gleiten kann auch mit Hilfe der **Ellenbogen** geschehen: – Ausführung:
- Gewehr mit beiden Händen quer vor dem Körper halten, Schulterstütze nach rechts, Magazin zeigt waagerecht vom Körper weg.
- Beine wechselseitig kräftig anwinkeln, auf den Ellenbogen und Fußspitzen Körper nach vorn schieben:

4. Zum **Rückwärtsgleiten** ist sinngemäß zu verfahren. Der Blick bleibt zum Feind gerichtet.

IV. HINLEGEN UND AUFSTEHEN

1. Bei Feindfeuer, zur Vermeidung von Geräuschen, bei Dunkelheit oder bedingt durch das Gelände, die Art der Deckung oder Traglasten, muss sich der Soldat manchmal anders als beschriebenen hinlegen oder aufstehen. Dabei darf die Waffe nicht verschmutzen!

2. Die Bewegungen sollen ineinander übergehen.

3. **Hinlegen mit Gewehr** (Bild 6) – Ausführung:
- Mit dem linken Bein weiten Ausfallschritt nach vorn ausführen.

Bild 6 Hinlegen

- Gleichzeitig das Gewehr mit der linken Hand im Schwerpunkt ergreifen, Mündung etwas anheben ...
- Oberkörper nach vorn beugen, auf das rechte Knie niederlassen ...
- nach vorn flach auf den Boden legen und dabei den Körper ...
- mit dem linken Knie, dann ...
- mit der rechten Hand und zuletzt ...
- mit dem linken Ellenbogen abstützen.
- Im Liegen Kopf anheben; Beine leicht spreizen, Absätze am Boden.

4. **Aufstehen mit Gewehr** (Bild 7) – Ausführung:

Bild 7 Aufstehen

- Gewehr mit Schwerpunkt in die linke Hand legen, Mündung etwas anheben.
- Auf die rechte Hand (Fingerspitzen zum Körper!) stützen, rechtes Bein nahe an den Leib heranziehen, ohne den Oberkörper zu heben.
- Mit der rechten Fußspitze festen Halt schaffen.
- Mit rechter Hand und rechtem Fuß vom Boden abdrücken, das linke Bein zu einem Ausfallschritt nach vorn schnellen,

aufrichten und gleichzeitig mit der rechten Hand das Gewehr am Handschutz übernehmen.

5. **Hinlegen mit MG, schwerer Panzerfaust oder Gerät** – Ausführung:
- Auf das rechte Knie niederlassen, Waffe/Gerät nach vorn absetzen.
- Hände auf den Boden stützen und Körper flach nach hinten schnellen.

6. **Aufstehen mit MG, schwerer Panzerfaust oder Gerät** – Ausführung:
- Ohne Waffe/Gerät nach vorn aufrichten und knien auf dem rechten Knie.
- Waffe/Gerät erfassen und aufstehen, ohne sich darauf zu stützen.

V. SPRUNG

1. Der **Sprung** wird angewendet, um **eigene Feuerunterstützung** und **Feuerpausen des Feindes auszunutzen** sowie **deckungsarmes Gelände zu überwinden**. Er besteht aus Aufstehen, Lauf und Hinlegen.

2. Im Sprung bietet der Soldat ein **großes Ziel**: Schnelligkeit und begrenzte Länge der Sprünge müssen es dem Feind erschweren, das Ziel aufzufassen. Deshalb:
- Je näher am Feind, desto kürzer die Sprünge.
- Feuerunterstützung jedoch voll für Sprünge ausnutzen.
- Kein Sprung darf länger als 5 Sekunden dauern.

3. Vorbereitung und Ausführung des Sprunges:
- Fertiggeladene Waffe sichern, Anzug und Ausrüstung auf Vollzähligkeit und festen Sitz überprüfen.
- Rasch aufstehen, unter Einsatz aller Kräfte auf die neue Deckung zulaufen und hinlegen.
- **Bei der Vorbereitung des Sprunges: Keine unvorsichtigen Bewegungen!** Vermutet der Soldat, dass er erkannt worden ist, seitlich in der bisherigen Deckung verschieben, dann den Sprung an unvermuteter Stelle beginnen.
- Ist anzunehmen, dass der Feind das Hinlegen beobachtet hat, dann in der neuen Deckung einige Schritte seitwärts verschieben.

4. Der **geschlossene Sprung** (mehrere oder alle Soldaten einer Teileinheit springen gemeinsam auf Befehl) wird angewendet, um
- deckungsarme Geländestreifen, z. B. Straßen, Bahndämme, Schneisen, schnell und nach Möglichkeit überraschend für den Feind zu überwinden, vor allem, wenn beim Überqueren mit flankierendem Feuer gerechnet werden muss.
- eigene Feuerunterstützung und Feuerpausen des Feindes auszunutzen.

Es wird in **breiter, aufgelockerter Form**, meist im Schützenrudel, **gesprungen**.

Beispiel:

Befehl	Tätigkeiten
„Gruppe Schuster – Sprung über die Schneise – 20 m im Wald Deckung – Fertigmachen zum Sprung!	• Auf Gruppenführer achten. • Waffe sichern, Magazintasche schließen. • Anzug und Ausrüstung überprüfen. • Mit dem Auge Ziel und Weg des Sprunges suchen; sprungbereit machen. • „Fertig!" melden oder Handzeichen geben.
Sprung – auf – marsch – marsch!"	• Gesamte Gruppe springt auf, läuft schnell über die Schneise etwa 20 m in den Wald und nimmt Deckung. • Blickverbindung zum Gruppenführer aufnehmen, auf weiteren Befehl warten.

5. Ist für den geschlossenen Sprung kein Ziel befohlen, so nimmt der Soldat etwa in Höhe des Teileinheitsführers auf dessen Befehl oder selbstständig Deckung.

Bei den Bewegungsarten werden Fehler vermieden durch:

Gehen: Immer Kopf hoch, beobachten – rechtzeitig gebückt gehen – auf die oft wechselnde Höhe der Deckung achten. – Pirschhaltung: Rohrmündung dem Blick folgen lassen – Hinlegen: Mit großem Ausfallschritt nach vorn hinlegen – Waffe rechtzeitig übernehmen – Mündung nicht in den Boden stoßen – Schulterstütze nicht hart aufschlagen lassen – Reihenfolge des Abstützens einhalten – Füße nicht hochwerfen – flach liegen – Kopf hochnehmen. – Aufstehen und Sprung: Waffe und Ausrüstung überprüfen – fest auf die ganze rechte Handfläche stützen – für rechte Fußspitze sicheres Widerlager schaffen – im Aufspringen Mündung hoch genug halten. – Kriechen und Gleiten: Je nach Deckung die Bewegungsart rechtzeitig wechseln – Waffe darf Bewegung nicht hindern, darf nicht verschmutzen.

VI. BEWEGUNGEN BEI EINGESCHRÄNKTER SICHT

1. **Technische Mittel,** z.B. IR-Geräte, befähigen den **Feind** auch bei Dunkelheit oder anders eingeschränkter Sicht zu **guter Beobachtung** und **gezieltem Feuer**. Daher sind alle Bewegungen so auszuführen wie bei klarer Sicht.

2. **Bewegungen bei Dunkelheit werden wie folgt ausgeführt:**
- Beim Gehen das Knie höher als sonst heben, Schwergewicht mit leicht zurückgebeugtem Oberkörper auf das rückwärtige Standbein verlagern.
- Den Fuß bei weichem Boden mit dem Absatz, bei hartem Boden mit der Fußspitze und im Gras mit der ganzen Fläche aufsetzen (Bild 3). Im Wald mit der Fußspitze den Boden erst räumen, beim Durchschreiten von Gewässern die Fußspitze nach unten vorsichtig eintauchen und bei Eis und Schneeglätte den Fuß mit der ganzen Fläche aufsetzen.
- Gewicht erst dann auf das vordere Bein verlegen, wenn der Fuß festen Halt gefunden hat.
- Kleine Schritte machen (Bild 8).

Bild 8   Aufsetzen des Fußes

... bei weichem Boden   ... bei hartem Boden   ... im Gras
                         ... im Wasser   ... bei Eis und Schnee-
                                                 glätte

- Waffe in einer Hand tragen, Mündung schräg nach unten.
- Mit der anderen Hand Zweige beiseitedrücken (nicht zurückschnellen lassen!) und beim Stolpern Körper abfangen.
- Beim Kriechen vor dem Aufsetzen der Hände den Boden abtasten.
- Beim Gleiten mit Händen und Fußspitzen vor jeder Bewegung den Boden sorgfältig abtasten, Hindernisse vorsichtig zur Seite schieben, den Körper nur zentimeterweise bewegen und die Waffe Zug um Zug griffbereit vor sich hinlegen.

- Beim Kriechen und Gleiten Beobachtungs- und Horchhalte einlegen. Beim Hinlegen und Aufstehen alle Bewegungen langsam und vorsichtig ausführen.
- Verbindung halten bei tiefer Dunkelheit: am Vordermann einhaken oder festhalten, durchgehende Leine anfassen, helle Markierung (weißen Lappen) auf dem Rücken des Vordermannes anbringen.

3. Wird der Soldat in der Bewegung durch **Gefechtsfeldbeleuchtung überrascht**, so lässt er sich **blitzschnell zu Boden fallen**, bevor das Gefechtsfeld voll beleuchtet ist. Ist das nicht möglich, so **erstarrt er – regungslos**, Gesicht nach unten.
Wird er erkannt: sofort Feuer eröffnen und in die nächstgelegene Deckung springen.

4. **Berührungszeichen** siehe „Übermittlungszeichen".

Tarnen und Täuschen

ZDv 3/11; ZDv 3/710

Tarnen im schneebedeckten Gelände siehe „Der Soldat im Winter".

I. TARNEN

1. Jeder Soldat muss zu **jeder Zeit**, in **jeder Lage** und überall mit **Beobachtung** und **Aufklärung durch den Feind** rechnen, dem dazu zahlreiche Hilfsmittel, z. B. Doppelfernrohre, IR-Geräte, Luftbilder, Radargeräte, zur Verfügung stehen. Deshalb muss jeder Soldat sich selbst, seine Waffe, sein Fahrzeug und seine Stellung ohne Befehl rechtzeitig tarnen. Das **Schutzzeichen** von **Sanitätseinrichtungen und -personal** (rotes Kreuz auf weißem Grund) **wird grundsätzlich nicht getarnt**.

2. **Tarnen heißt,**
- sich unauffällig verhalten durch Wahren der **Tarndisziplin**,
- sich gegen Sicht decken durch **Ausnutzen** des im Gelände vorhandenen, durch Tageszeit und Wetter gegebenen **Tarnschutzes**,
- sich der **Umgebung anpassen** durch **Verwenden von Tarnmitteln** und **Beseitigen von Spuren**.

3. Einige **Grundregeln der Tarndisziplin** sind:
- Unauffällig bewegen, besonders bei Bewegungen quer zum Feind.
- Festgelegte Trampelpfade, Wege oder Fahrspuren einhalten.
- Schlagschatten bei Soldaten, Geräten, Fahrzeugen oder Zelten sowie Lochschatten von nicht abgedeckten Kampfständen, Gräben und Öffnungen an Zelten und Fahrzeugen vermeiden.
- Waffen und Ausrüstung innerhalb Geländebedeckungen, Kampfständen, Erdlöchern oder Gruben ablegen.
- Frischen Erdaushub immer wieder während des Schanzens abdecken oder fortschaffen.
- Bekleidung/Ausrüstung nur innerhalb von Geländebedeckungen aufhängen; Verpflegung nur dort ausgeben.
- Leise sprechen; Material beim Be- und Entladen von Kfz möglichst geräuschlos anheben und absetzen; Schlagwerkzeuge umwickeln.
- Lichtquellen abschirmen (Taschenleuchte mit rotem Filter, Zigaretten mit der hohlen Hand, Lichtschleusen).

4. Für das Tarnen gelten stets folgende Regeln:
- Die **Tarnung** muss **fortlaufend verbessert** und **ergänzt** oder, haben sich die Voraussetzungen geändert, durch eine andere **ersetzt** werden.
- **Tarnung darf die eigene Beweglichkeit, Sicht und den eigenen Waffengebrauch nicht behindern.**
- Richtige **Platzwahl**, d. h. Ausnutzen der schützenden Wirkung des Geländes, kann im günstigen Fall schon ausreichende Tarnung bedeuten. Bei falscher Platzwahl, z. B. auffallende Geländepunkte, unbedecktes Gelände, schattenlose Stellen, führen häufig auch aufwendige Tarnmaßnahmen nicht zum Erfolg.
- Auch der Feind nimmt Ziele durch deren **Erkennungsmerkmale** wahr. Erkennungsmerkmale sind die Beschaffenheit des Zieles, z. B. Umriß, Form, Schatten, Licht, Oberfläche, Farbe und das **Verhalten (Tätigkeit) des Zieles**, z. B. Bewegungen, Spuren, Geräusche, Rauch, Staub. **Die Tarnung** durch richtige Platzwahl muss der Soldat dadurch ergänzen, dass er seine Erkennungsmerkmale unsichtbar macht oder verwischt.
- Bei eingeschränkter Sicht durchgeführte **Tarnmaßnahmen**, besonders im Zusammenhang mit dem Schanzen, müssen bei klarer Sicht überprüft werden.
- Für das Tarnen bei eingeschränkter Sicht gelten mit Rücksicht auf die technischen Hilfsmittel im Grundsatz die gleichen Regeln wie für das Tarnen bei klarer Sicht.
- Jede **Nachlässigkeit** eines einzigen Soldaten bei der Durchführung des **ständigen Auftrages „Tarnen"** kann die Tarnmaßnahmen vieler anderer zunichte machen und alle gefährden.

5. Zum Tarnen werden **natürliche Tarnmittel**, z. B. lebende und abgeschnittene Pflanzen, Grassoden, **künstliche Tarnmittel**, z. B. Tarnnetze, und **behelfsmäßige Tarnmittel**, z. B. Tarngirlanden, Tarnfächer, verwendet.

Natürliche Tarnmittel:
- Das **Umsetzen lebender Pflanzen** erfordert viel Zeit und Kräfte und lohnt sich nur im Zusammenhang mit dem Bau von Feldbefestigungen. Es erspart jedoch später das Auswechseln abgeschnittener, verwelkender Pflanzen. Junge Sträucher und Bäume unter 1,50 m Höhe können ohne Erdballen um die Wurzeln verpflanzt werden, ausgenommen Nadelhölzer.
- Die Grube für die umzusetzende Pflanze muss so groß sein, dass die Wurzeln nicht geknickt werden. Die Grube ist mit einer Schicht Humus auszustreuen, vor dem vollen Auffüllen ist die Pflanze kurz anzuheben, damit die Wurzeln gestreckt werden, und nach dem Auffüllen der Grube mit Erdreich ist die umgesetzte Pflanze einzuschwemmen.

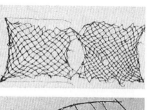

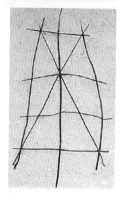

Bild 1 Behelfsmäßige Tarnmittel

Oben links: Tarngirlanden
Mitte links: Tarnfächer
Unten links: Tarnhaube

Oben rechts: Oberkörpertarnnetz
Mitte rechts: Tarnschirm
Unten rechts: Tarnschild

- **Grassoden** werden mit geraden Kanten von etwa 0,40 m × 0,40 m Länge und 0,15 m Dicke ausgestochen. Sie sind Erde auf Erde und Gras auf Gras zu stapeln und dürfen nicht zu lange so liegen. Beim Verlegen sind sie eng aneinanderzudrücken und gegeneinander zu versetzen.
- **Abgeschnittene Pflanzen** müssen in die Nähe des Tarnobjektes passen und dürfen nicht in dessen Nähe geschnitten werden. Äste müssen stets mit der Wuchsrichtung der anderen Pflanzen übereinstimmen, die meist hellere Blattunterseite darf nicht nach außen zeigen. Helle Schnitt- und Bruchstellen sind mit Erde zu beschmieren. Tarnungen mit abgeschnittenen Pflanzen müssen laufend überprüft werden.
- **Erde allein** ist als Tarnmittel wenig geeignet, da aufgetragener Boden austrocknet und dadurch immer heller wird als vorher. Sie kann zum Verschmieren heller Stellen und glänzender Teile, z. B. Bruchstellen an Bäumen nach Entnahme von Tarnmaterial, Gerät, verwendet werden.

Künstliche Tarnmittel sind das Stahlhelmtarnnetz, Schneehemden und Schneetarnanzüge sowie Tarnnetze, mit denen Kraftfahrzeuge und anderes Großgerät getarnt werden können, und Nebelmittel.

Behelfsmäßige Tarnmittel werden überall dort verwendet, wo natürliche und künstliche Tarnmittel nicht ausreichen. Es sind Materialien aller Art, z. B. Bretter, Stroh, Geflechte, Farben, die entweder allein zur Tarnung verwendet werden oder aus denen sich der Soldat geeignete Tarnmittel anfertigt.

- **Streifen** zur behelfsmäßigen Tarnung (Garniermaterial) werden aus Jute, Textilien oder Kunststoff hergestellt, z. B. aufgetrennten Kartoffelsack fest zusammenrollen und mit Beil o. ä. in 5–8 cm breite Rollen zerkleinern, und in Maschendraht, selbstgefertigte kleine Tarnnetze oder das Stahlhelmtarnnetz eingeflochten. Das Garniermaterial ist unregelmäßig und locker einzuflechten, damit keine gleichmäßigen Flächen entstehen und große und kleine Stücke sowie Farben sich abwechseln. Die Enden sind zu verknoten und sollen 5 cm frei überstehen.
- Mit **Tarngirlanden** (Bild 1) kann der Soldat sich selbst sowie Waffen und Gerät tarnen und die Umrisse verwischen. 20 cm lange Streifen Garniermaterial, Gras oder kleine Äste werden in unregelmäßigen Abständen auf eine Schnur verknotet.
- Ein **Oberkörpertarnnetz** (Bild 1) kann aus zwei Netzstücken von je 1,00 × 0,50 m Größe angefertigt werden. Die beiden Netze werden mit je einer Schmalseite so zusammengefügt, daß ein Durchschlupf für den Kopf bleibt. Es wird mit natürlichen oder künstlichen Tarnmitteln versehen und mit Bindfaden am Körper befestigt.

- Tarnfächer (Bild 1) werden in den Boden gesteckt und geben dem liegenden Soldaten Deckung gegen Sicht, während **Tarnschirme** (Bild 1) beide Soldaten in einem Kampfstand gegen Sicht schützen. Mit einer **Tarnhaube** (Bild 1) kann der Kampfstand nach oben abgedeckt werden. Der **Tarnschild** (Bild 1) schützt einen stehenden oder knienden Soldaten gegen Feindsicht (Länge der senkrechten Mittelstrebe: 1,70–1,90 m).

Die Rahmen für diese Tarnmittel werden meist aus Holz, aber auch aus Draht oder schwachem Rundeisen hergestellt und mit Schnur, leichtem Netzgewebe oder feinem Maschendraht bespannt. Eingeflochten werden natürliche Tarnmittel und teilweise künstliches Garniermaterial, um nicht zu häufig die Tarnung erneuern zu müssen. Außerdem dürfen die Einflechtungen nicht zu dicht sein, da sonst das Tarnmittel auffällt und die eigene Beobachtung und ggf. der Einsatz der Waffe erschwert werden.

6. **Tarnen des einzelnen Soldaten, der Waffe und der Stellung** – Ausführung:

- **Gesicht und Hände** unregelmäßig nach Form und Farbton mit Tarnschminkstift färben, ausnahmsweise mit Behelfsmitteln (z. B. Holzkohle) einreiben (Bild 2). Erde kann Infektionen verursachen.

- Zur **Tarnung des Stahlhelms** natürliche Tarnmittel unter das Stahlhelmtarnnetz bringen. Gras oder andere kleine Pflanzen danach leicht aus den Netzmaschen herauszupfen, damit der Umriss verwischt ist. Oder: Etwa 30 cm lange Streifen Garniermaterial in groben Knoten in das Stahlhelmtarnnetz einflechten, so dass die freien Enden abstehen und Teile der Streifen über den Helmrand herabhängen (Bild siehe „Der Soldat im Winter").

- Den Körper mit einem **Oberkörpertarnnetz** tarnen oder Tarngirlanden an einer Schulter befestigen und um den Körper und einen Oberschenkel schlingen.

- Die **Waffe** mit Garnierstreifen oder einer Tarngirlande umwickeln (zugleich Geräuschtarnung), jedoch so, dass die gleitenden Teile, Magazin und Visier frei sind.

Stellungen, in denen sich der Soldat nur vorübergehend aufhält und die nicht durch Schanzen hergerichtet werden müssen, werden mit natürlichen Tarnmitteln oder mit dem Tarnfächer getarnt.

Beim **Herrichten der Stellung** für den Feuerkampf oder dem Bau einer Schützenmulde muss das **Tarnen vor dem ersten Spatenstich beginnen**, da frische Erdaufwürfe weithin sichtbar sind und nachträgliches Tarnen zumeist zu spät kommt. Es ist wie folgt zu verfahren:

Bild 2 Tarnung des Stahlhelms und des Gesichts

- Wird der **Erdaushub** als Deckung gegen Waffenwirkung benötigt und ist kein anderes Tarnmaterial vorhanden, so muss vorher die zum Tarnen erforderliche Bodenschicht, z. B. Grassoden, dunkler Mutterboden, abgehoben und gelagert werden.
- **Während des Schanzens ist Tarnmaterial bereitzuhalten**, damit der frische Erdaushub z. B, bei Fliegeralarm, sofort abgedeckt werden kann.
- Für Erdaushub, der nicht benötigt wird, ist vor Beginn des Schanzens eine Möglichkeit zur **getarnten Ablagerung** zu erkunden, z. B. unter Büschen, Ausbreiten über Äcker.
- Kann der Erdaushub nicht weggeschafft werden, so ist er mit Grassoden, Gras oder Laub abzudecken.

Verbleib des Erdaushubes beim Bau eines Kampfstandes für 2 Mann siehe „Schanzen".

7. **Tarnen von Krattfahrzeugen** – Ausführung:
- **Windschutzscheibe** und **Scheinwerfer** abdecken; notfalls mit nassem Lehm verschmieren.
- Das Kraftfahrzeug möglichst auf **dunklem Untergrund** abstellen.
- Schlagschatten von Bäumen, Hecken und Häusern **ausnutzen**. Der Schlagschatten gibt jedoch keine ständige Tarnung, da er mit der Sonne wandert.
- Abdecken des Kraftfahrzeuges mit natürlichen Tarnmitteln möglichst so, dass das Tarnmaterial wenigstens zum Teil **während des Weitermarsches** am Kraftfahrzeug bleiben kann. Anderenfalls Tarnung mit dem Tarnnetz.

- **Lochschatten** an Kraftfahrzeug, z. B. offenes Fahrzeugheck Radkästen, offene Türen, abdecken.
- **Auffällige Spuren** dadurch **vermeiden**, dass Straßen und Wege benutzt, rechtwinkelig abgebogen und außerhalb von Straßen und Wegen Spur gefahren wird. Niemals querfeldeinfahren, wenn dies im Spurenplan nicht vorgesehen ist.
- Vor allem Spuren tarnen, die vom Wege abzweigen, z. B. niedergefahrene Bewachsungen mit Zweigen oder Rechen wiederaufrichten, Spuren im Ackerboden einplanieren oder im bedeckten Gelände mit kleinen Zweigen oder Buschwerk bestecken.
- Lassen sich Spuren nicht beseitigen, kann man den Feind durch zusätzlich angelegte Spuren ablenken oder verwirren.
- **Die Tarnungen dürfen weder die schnelle Marschbereitschaft verzögern** (Kühler in Fahrtrichtung!) **noch die Verkehrssicherheit beeinträchtigen** (Rückspiegel frei! Kein weit überstehendes Tarnmaterial!).

Es ist besonders zu beachten:

Tarnen ist ständiger Auftrag für jeden Soldaten – Stets hat der Soldat sich selbst, die Waffe und die Stellung, der Kraftfahrer sein Fahrzeug zu tarnen – Der Erfolg hängt vor allem von der Geländeausnutzung, der Platzwahl, und dem unauffälligen Verhalten, der **Tarndisziplin**, ab – Bestes Hilfsmittel sind natürliche Tarnmittel, künstliche und behelfsmäßige können sie nahezu vollkommen ergänzen – Beim Schanzen beginnt das Tarnen vor dem ersten Spatenstich: was geschieht mit dem Erdaushub? – Tarnen des Kraftfahrzeuges: glänzende Teile abdecken, Umriss durch natürliches Tarnmaterial verwischen, jeden Schatten ausnutzen und Spur fahren.

II. TÄUSCHEN UND SCHUTZ GEGEN LISTEN

1. Täuschungen und Listen dürfen nicht gegen das Kriegsvölkerrecht verstoßen, z. B. Verwenden der Uniformen des Gegners, Missbrauch des Roten Kreuzes (siehe „Kriegsvölkerrecht").

2. Durch **Täuschen** kann sich der Soldat/die kleine Kampfgemeinschaft der feindlichen **Waffenwirkung entziehen**, **Feuer herauslocken** oder den Feind zu **falschen Maßnahmen verleiten**.
Im allgemeinen werden Täuschungsmaßnahmen und Listen befohlen.

3. Ebenso kann der Feind täuschen und Listen anwenden. Dagegen helfen Wachsamkeit und Auswerten auch scheinbar nebensächlicher Kleinigkeiten.

Schanzen

ZDv 3/11; ZDv 3/760

I. ALLGEMEINES

1. Der Soldat muss sich **in allen Lagen gegen feindliches Feuer schützen**. Er nutzt dazu das Gelände aus, muss es aber oft durch **Schanzen** verstärken. Der Gebrauch des Schanzzeuges ist für das Überleben und den Erfolg so wichtig, wie der der Waffen und Kampfmittel. (Bild 1)
Auch nach großen Anstrengungen und im feindlichen Feuer muss Schanzen selbstverständlich sein.

2. Jede Gelegenheit ist zu nutzen, eine Feldbefestigung weiter **auszubauen** und zu **verbessern.** Stellungen des Feindes sind für eigene Zwecke herzurichten. Schanzarbeiten dürfen jedoch nicht den Vorwärtsdrang hemmen.

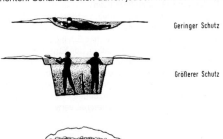

Bild 1
Schutz durch Schanzen

II. FELDBEFESTIGUNGEN

1. **Feldbefestigungen** sind Geländeverstärkungen; ihr Bau ist **Aufgabe aller Truppen.** Sie
– **mindern** die **Waffenwirkung des Feindes,**
– bieten **günstige Bedingungen** für den **Einsatz der eigenen Waffen,**

- **erhöhen** die **Kampfkraft**,
- **erleichtern** das **Leben im Felde**.

Tarnung erhöht ihren Wert; siehe Tarnen und Täuschen".

Man unterscheidet **Kampfstände und Kampfgräben, ausgebaute Deckungen, Beobachtungsstände und Sandsackwälle**.

Kampfstände und Kampfgräben

2. Aus dem **Kampfstand für Handwaffen (offen)** (Bild 2) können zwei Soldaten mit ihren Handwaffen in eine oder mehrere Richtungen wirken. Er bietet Schutz gegen Flachfeuer und im Unterschlupf weitgehend gegen die Wirkung von Artillerie- und Mörserfeuer. Der Soldat baut zuerst den Kampfstand, den Unterschlupf bei Zeitmangel später. Für das Maschinengewehr ist zusätzlich zur Ellenbogenauflage eine Fläche von 60 × 60 cm in einer Tiefe von 20 cm auszuheben, für die Feldlafette beträgt die Tiefe 30 cm.

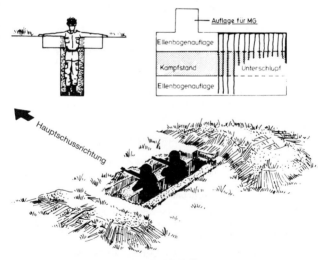

Bild 2   Kampfstand für Handwaffen (offen) (Anhalt)

3. Der **Kampfstand für Handwaffen (überdeckt)** (Bild 3) ermöglicht die Beobachtung auch bei feindlichem Artillerie- und Mörserfeuer. Er kann nach einer oder mehreren Seiten offen sein.

Überdeckungen sollen mindestens 40 cm stark sein (Trägermaterial und Erde), damit sie ausreichenden Schutz gegen Splitterwirkung, Brandkampfstoffe, chemische Kampfstoffe sowie thermische Strahlung und Kernstrahlung gewähren. Sie sollen 50 cm über die Ränder des ausgehobenen Kampfstands hinausgehen und die Ellenbogenauflage mit einschließen.

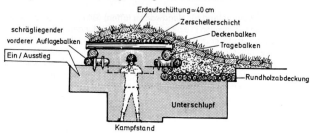

Bild 3   Kampfstand für Handwaffen (überdeckt) (Schnitt)

4. Der **Kampfstand für Panzerfaust** hat keine eingelassene Ellenbogenauflage. Der Panzerfaustschütze muss so erhöht stehen, dass die **Rückstrahlzone frei** ist.

5. Ein **Kampfgraben** (Bild 4) kann bestehen aus:
- offenen und überdeckten Kampfständen mit Wechselstellungen,
- offenen und abgedeckten Grabenabschnitten und
- einem kleinen Unterstand.

Er erleichtert die Verbindung, das Zusammenwirken der Gruppe und die Versorgung.

Eine Gruppe baut den Kampfgraben dann, wenn Erdbaumaschinen, genügend Zeit und Material zur Verfügung stehen.

Ausgebaute Deckungen

6. **Ausgebaute Deckungen** schützen Soldaten und Material gegen Beobachtung, Waffenwirkung und Wetter. Man unterscheidet **Unterschlupfe, Unterstände, Verbindungsgräben und Deckungsgruben**.

7. Ein **Unterschlupf** ergänzt den Kampfstand oder Teile des Kampfgrabens Er bietet einem oder zwei Soldaten Deckung.

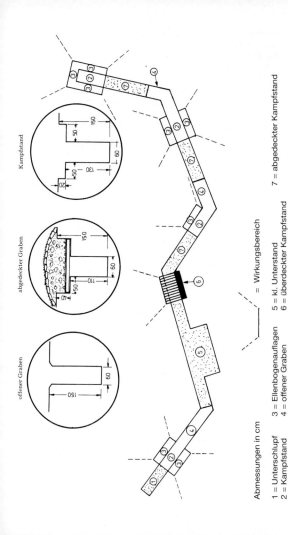

Bild 4 Kampfgraben mit kleinem Unterstand (Anhalt, Beispiel: Gruppe)

8. Der **Unterstand** ist eine stark abgedeckte, mit Holz oder anderem Material ausgebaute, meist unterirdische Anlage oder – in Gebäuden – ein verstärkter Keller. Er bietet erhöhten Schutz gegen Waffenwirkung und wird als Feldunterkunft oder Gefechtsstand benutzt.

9. Der **Verbindungsgraben**, offen oder abgedeckt verbindet Kampfstände, -gräben, Unterstände und Deckungsgruben miteinander.

10. Die **Deckungsgrube** ist eine Ausschachtung zum Schutz von Material und Einrichtungen, z. B. Fernsprechvermittlung. Ihre Abmessung richtet sich nach dem Verwendungszweck. Bei Kfz müssen mindestens Motor und Reifen geschützt sein.

11. Mindeststärken von **Abdeckungen** einschließlich Trägermaterial:
– auf Unterschlupfen und Gräben 80 cm und
– auf Unterständen 100 cm.

12. **Entwässerung** – Oberflächenwasser muss von den Feldbefestigungen abfließen können. Regen- und Schmelzwasser ist durch kleine Dämme oder Rinnen aufzufangen und abzuleiten. Innen ist Wasser in kleinen Schächten oder Gruben zu sammeln, wo es versickern oder herausgeschöpft werden kann. Grundwasser lässt sich nicht ableiten; die Sohle der Feldbefestigung soll daher über dem höchsten Grundwasserstand liegen. Es kann zweckmäßig sein, Feldbefestigungen auf die Erdoberfläche aufzusetzen oder Gräben mit Gefälle anzulegen, z. B. bei langanhaltendem Regen- oder Tauwetter.

Beobachtungsstände und Sandsackwälle

13. Der **Beobachtungsstand** soll wenigstens zwei Soldaten Beobachtungs- und Wirkungsmöglichkeiten nach allen Seiten und Deckung gegen Sicht bieten. Zum Schutz gegen Waffenwirkung und Wetter ist er mit einer Überdeckung zu bauen.
Beobachtungsstände werden mit Sandsäcken oder mit Holz und Sandsackumwallung gebaut.

14. **Sandsackwälle**, freistehend oder angelehnt, schützen Soldaten oder Material gegen Beobachtung und Waffenwirkung besser als die Deckung, die Gelände und Bebauung bieten.

Leben im Felde

ZDv 3/11

Der Soldat muss im Felde auch bei widrigen Umweltverhältnissen leistungsfähig und einsatzbereit bleiben. Dazu muss er die **Grundregeln der Hygiene** beachten, sich gegen Wetterunbilden schützen, zeitweise Nahrungsmittel selbst zubereiten und seine Bekleidung, Ausrüstung und Waffen sachgemäß pflegen und instandsetzen.

I. GESUNDERHALTUNG UND PFLEGE DER AUSSTATTUNG

1. Einzelheiten zur Gesunderhaltung enthalten „Innendienstordnung für die „Bw" und „Der Soldat im Winter". Pflege und Instandhaltung von Bekleidung und Ausrüstung sind dort ebenfalls behandelt; siehe ferner „Technische Durchsicht und Pflege der Handwaffen".

2. Als Grundsatz gilt: **jede Gelegenheit zur Körperpflege und zur Pflege, Reinigung und Instandhaltung von Bekleidung, Ausrüstung und Waffen ist zu nutzen**, insbesondere bei Rasten und Unterbringung in Ortschaften.

3. Der Soldat hat folgende Regeln zu beachten:
- Ist Waschwasser nur in begrenzten Mengen verfügbar, dann **täglich** wenigstens die Körperstellen **waschen**, die besonders stark verschmutzt oder verschwitzt sind (Hände, Füße, Hals, Achselhöhlen, Schritt).
- **Zahnpflege** auch im Felde betreiben. Zum Mundspülen nur Trinkwasser benutzen. Stehen Zahnpflegemittel nicht zur Verfügung, dann nach jeder Mahlzeit den Mund kräftig mit Trinkwasser spülen, um die Speisereste zwischen den Zähnen zu entfernen.
- Nicht mit stumpfer Klinge **rasieren**. Das verursacht Hautschäden, die zu Entzündungen führen können.
- Zum **Schlafen** mindestens Koppel öffnen, wenn möglich ablegen, ebenso **Fußbekleidung, Feldjacke** und auch andere Stücke der Oberbekleidung.
- Schweißfeuchte oder durchnässte Kleidung an der frischen Luft trocknen.
- **Vorbeugend gegen Ungezieferbefall** wirkt regelmäßiges und gründliches Waschen (Körperbehaarung), Wechseln oder Waschen (möglichst Kochen) der Unterwäsche und Reinigung der Oberbekleidung (Nähte und Taschen ausbürsten).

- Stehen bei Ungezieferbefall chemische Mittel nicht zur Verfügung, mehrmals täglich die Bekleidung sorgfältig absuchen und vor allem die Körperbehaarung absuchen und waschen.
- **Essbesteck, Kochgeschirr und Feldflasche** stets sauber halten und nur mit Trinkwasser reinigen.
- Auf den **Zustand der Kaltverpflegung** achten. Verdorbene Lebensmittel sind nicht immer am Aussehen, Geruch oder Geschmack erkennbar. Den Inhalt aufgetriebener Dosen nicht genießen. Lebensmittel möglichst nicht in Bodennähe aufbewahren. In Tüten oder Plastikmaterial vor Ungeziefer schützen.
- **Trinkwasser** nur an den freigegebenen und gekennzeichneten Stellen entnehmen. Muss Wasser an anderen Stellen entnommen werden, ist es 20 Minuten lang zu kochen oder mit Tabletten aus der Einsatzverpflegung nach der Gebrauchsanweisung zu entkeimen.
- Speisereste und sonstige **Abfälle** in die dafür vorgesehenen Behälter oder Abfallgruben werfen.
- In **Marschpausen** und bei **Übungen** für Stuhl und Abfälle einige Spatenstiche Erde ausheben und anschließend zuwerfen.
- **Hände waschen und Fingernägel säubern**, wann immer es geht.
- **Waffen, Munition und Gerät** zum Schutz vor Schmutz, Staub und Niederschlägen in Bezügen, Behältern oder Taschen lassen, notfalls mit Behelfsmitteln abdecken (Zeitbahn, Tücher, Reisig) und Waffen mit Mündungskappen versehen. Natürliche und künstliche Deckungen (Nischen in Kampfständen) für die Lagerung von unverpacktem Material ausnutzen.

II. FELDUNTERKÜNFTE

1. Feldunterkünfte sollen
- **Schutz gegen Wetterunbilden** bieten, dem Soldaten Gelegenheit zur **Ruhe** geben, der **Erd- und Luftbeobachtung** des Feindes entzogen und gegen **Überraschungen** zu **sichern** sein,
- weitgehend **Deckung** gegen die Wirkung von **Flachfeuerwaffen** bieten (Geländevertiefungen ausnutzen, Zeltgrube – 60 bis 80 cm tief – ausheben) oder unmittelbar neben einer solchen Deckung liegen,
- beim **Bau** nicht einen unverhältnismäßig hohen Aufwand an Zeit, Kräften und Mitteln beanspruchen.

Feldbefestigungen entsprechen weitgehend diesen Forderungen, jedoch kostet ihr Bau viel Zeit. Deshalb müssen oft **Bauten aus Zeltbahnen** oder aus **Zweigen und Ästen** ausreichen.

2. Unabhängig von der Bauform und dem verwendeten Material ist zu beachten:
- Schon bei der **Platzwahl** an Tarnung denken.
- Eine **flache** oder nur **wenig geneigte Stelle** mit ebener Oberfläche auswählen.
- Der Eingang soll der **Wetterseite abgewandt** liegen.
- **Eingang nicht zu groß** anlegen. Gegen Lichtaustritt und Wärmeverlust muss er mit Zeltbahn oder Reisigmatte abgedeckt werden.
- Bei großen Unterkünften Windfang vorbauen, der zugleich Lichtschleuse ist.
- Anlage eines **Sickergrabens** und Verbleib des Erdaushubes siehe Bild 1. **Abfluss hangabwärts** oder **Sickerloch** schaffen.
- Zum Schutz gegen Bodenfeuchtigkeit und -kälte **Lagerstätte** herrichten (20–30 cm Stroh, Laub, Zweige). Sie soll höher liegen als der Eingang.

Gut abgedichtete feldmäßige Unterkünfte können schon von kleinen Wärmequellen ausreichend **erwärmt** werden. Dabei ist zu beachten:

- In beheizten feldmäßigen Unterkünften besteht die Gefahr der **Rauch- und Kohlenmonoxidvergiftung**. Kohlenmonoxid ist ein sehr giftiges, geruchloses und unsichtbares Gas, das durch ungenügende Verbrennung entsteht.
- **Wärmequellen verbrauchen den zum Atmen notwendigen Sauerstoff.**
- Werden feldmäßige Unterkünfte, insbesondere dann, wenn sie gut abgedichtet sind, beheizt, so muss eine **ausreichende Be- und Entlüftung** (Rauchabzug) sichergestellt sein. Die Lagerstätte muss höher als die Feuerstelle liegen.
- Wird mit einem Ofen beheizt, so muss der **Rauchabzug** des Ofens **geöffnet** werden.
- **Es ist verboten, Esbit in geschlossenen Räumen abzubrennen.**

3. Das **Zwei-Mann-Zelt** (Bild 1) ist die zweckmäßigste behelfsmäßige Unterkunft: es ist schnell und einfach zu bauen und bietet auch für längere Zeit ausreichenden Schutz. – Ausführung:
- Zwei Zeltbahnen am Boden auslegen und zusammenknöpfen.
- Die Zeltstöcke in die Mittelösen der Knopfleiste einführen und das Zelt aufrichten.
- Außenränder der Zeltbahnen straff nach außen ziehen und die Schlingen mit den Heringen am Boden befestigen.
- Zeltleinen von den Giebeln her schräg nach außen spannen, so dass die Zeltbahnen faltenlos straff gespannt sind, und die Zeltleinen am Boden befestigen.

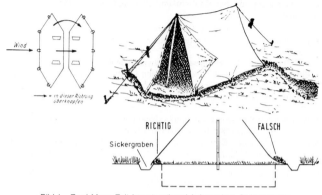

Bild 1   Zwei-Mann-Zelt (ungetarnt) und Anlage eines Sickergrabens

- Zeltleinen mit Zweigen, Papier oder Tuch kenntlich machen, ohne die Tarnung zu beeinträchtigen.
- Sickergraben und Abfluß anlegen; Lagerstätte herrichten; tarnen.

Das Zelt kann auch ohne Zeltstöcke gebaut werden. Die Zeitleinen werden dann straff nach außen gezogen und an Bäumen befestigt

4. Mit nur **einer Zeltausrüstung** kann als Wind- und Regenschutz ein **Schrägdach** gebaut werden (Bild 2). – Ausführung:
- Die Enden der Zeltleine in gleicher Höhe zwischen zwei Bäumen spannen.
- Die Zeltbahn von der Zeltleine schräg zum Boden spannen und befestigen.
- Sickergraben und Abfluss anlegen; Lagerstätte herrichten; tarnen.

Ein **Schrägdach** lässt sich auch **aus Stangen und Zweigen** errichten: in Schulterhöhe zwischen zwei Bäumen Querstange befestigen; zur Windseite hin schräg nach unten Stangengerüst mit Abständen von etwa 50 cm herstellen und Längsstangen in den Boden eingraben; dichte Nadelholzzweige von unten beginnend so einflechten, dass die obere Lage die untere wie bei Schindeln überdeckt; Oberseite der Zweige nach außen, Spitzen zur Erde zeigend; mit Moos und Grasbüscheln abdichten; Seiten des Schrägdaches in gleicher Weise anfertigen.

Bild 2 Schrägdach

III. ANLEGEN UND UNTERHALTEN VON FEUERN

1. **Jeder Soldat muss ein Feuer anlegen und unterhalten können.** Es ist wie folgt zu verfahren:
- **Feuerstelle herrichten** – Das Feuer muss ausreichend Luftzufuhr haben, sonst ergibt es keine ausreichende Wärme und entwickelt starken Rauch. Es muss vor scharfem Wind geschützt (Funkenflug), der Feuerschein muss abgeschirmt werden. Dazu Windfang und Feuerblenden aufstellen, Wälle aus Erde oder Steinen aufrichten. Hohe Bäume mit dichter Krone verteilen den Rauch. Bei Dunkelheit eingegrabene oder verdeckte Feuer anlegen.
- **Brennmaterial in ausreichender Menge herbeischaffen und aufbereiten** – Hartes Holz (Buche, Eiche) erzeugt starke, langanhaltende Glut. Nadelholz brennt schnell ab und hält keine Glut. Birkenholz brennt auch in feuchtem Zustand gut, entwickelt wenig Rauch, hält aber nicht lange vor.
- **Anzündmaterial bereithalten** – Es eignen sich Nadelholzzweige, Baumrinde, harzige, aufgeschnittene Späne, Wachspapier, Kerzenstummel und Esbit. Bei Feuchtigkeit kann das Anzündmaterial leicht mit Benzin oder Öl getränkt werden; keinesfalls darf Benzin oder Öl in das Feuer oder die Glut geschüttet werden.

2. Mit Hilfe verschiedener Feuerarten und entsprechendem Brennmaterial kann das Feuer vor allem als **Wärmefeuer** (Wärme strahlt nach allen Seiten aus) oder als **Kochfeuer** (Hitzeentwicklung zusammengefasst) angelegt werden.

- Das **Sternfeuer** (Bild 3) eignet sich vor allem als Kochfeuer.
- Das **Balkenfeuer** (Bild 4) entwickelt bei kleiner Flamme und wenig Rauch ausreichende Wärme. Zwei Stämme von 25 cm Durchmesser brennen bis zu 10 Stunden.

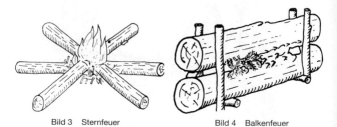

Bild 3 Sternfeuer   Bild 4 Balkenfeuer

- Das **Jägerfeuer** (Bild 5) brennt langsam und erzeugt ausreichende Wärme.
- Das **Grubenfeuer** (Bild 6) ist besonders geeignet als Kochfeuer. Bei geringem Holzverbrauch entsteht viel Glut. Durchmesser und Tiefe der Grube etwa 50 cm. Der Feuerschein wird nahezu ganz abgedeckt.

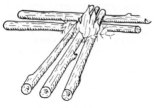

Bild 5 Jägerfeuer   Bild 6 Grubenfeuer

3. Unterhalten mehrere Soldaten ein Feuer, ist eine **Feuerwache** einzuteilen, die dafür zu sorgen hat, dass das Feuer in erforderlicher Größe brennt, Brände vermieden sowie Bekleidung und Ausrüstung nicht durch Hitzeeinwirkung beschädigt werden. Es muss Wasser oder Erde zum Löschen oder Abdecken des Feuers bereitstehen. Werden in abgedichteten feldmäßigen Unterkünften Feuer unterhalten, so hat die Feuerwache die **Belüftung** und **Entlüftung** zu **überwachen**.

Besonderheiten bei eingeschränkter Sicht

ZDv 3/11; ZDv 3/12; ZDv 3/20; ZDv 3/21

I. ALLGEMEINES

1. Der Soldat muss auch bei **eingeschränkter Sicht** seinen **Auftrag** so zuverlässig und sicher ausführen wie bei klarer Sicht.
Die **Sicht** kann für das menschliche Auge **eingeschränkt** werden durch **Dunkelheit, natürlichen Nebel und starken Dunst, künstlichen Nebel, Niederschläge (Regen, Schnee), Staub und Rauchwolken**.
Helles Mondlicht und Schnee können andererseits die bei Dunkelheit herrschenden Sichtverhältnisse **verbessern**.
Aus dem Zusammentreffen dieser Faktoren ergibt sich der Grad der Sichteinschränkung.

2. **Nachtseh-, Radar- und Geländeüberwachungsgeräte** können in unterschiedlicher Weise die Sichteinschränkungen vermindern oder gar aufheben.

3. Eingeschränkte Sicht **begünstigt** Überraschung, Tarnung und Täuschung, die Wirksamkeit von Geländehindernissen und Sperren, den Schutz gegen Beobachtung ohne technische Geräte.
Sie **behindert** Beobachtung, Zurechtfinden im Gelände, Bewegungen, Verbindunghalten, Zusammenwirken und Feuerkampf. Viele Tätigkeiten beanspruchen mehr Zeit. Verwechslungen und Verwirrung entstehen leichter als bei klarer Sicht.
Die sich daraus ergebende Anspannung lässt den Soldaten schneller ermüden als sonst.

4. **Grundregeln** für das Verhalten bei eingeschränkter Sicht:
- Tarnung wie bei klarer Sicht (z. B. persönliche Tarnung, Tarnung der Stellung)!
- Ruhe! Nur mit gedämpfter Stimme sprechen! Nicht scharf betont flüstern! Keine lauten Kommandos!
- Geräusche vermeiden; Ausrüstungsgegenstände befestigen oder umwickeln! Vorsichtig auftreten!
- Licht nur auf Befehl! Rauchen nur, wenn ausdrücklich erlaubt und dann in Deckung gegen Sicht!
- Mütze tragen, wenn nichts anderes befohlen ist!

II. SEHEN BEI DUNKELHEIT

1. Bei **Dunkelheit** erscheinen
– Gegenstände größer,
– Entfernungen weiter,
– plötzlich aufleuchtendes Licht heller und dadurch näher.

Beobachtet man bei Dunkelheit über längere Zeit einen Gegenstand, scheint es, als ob er sich bewegt. Gegenstände verändern scheinbar ihre Form und Farbe.

2. Das **Auge** braucht bis zu 30 Minuten, um sich auf die Dunkelheit einzustellen. Diese **Anpassung** wird sofort aufgehoben, wenn die an die Dunkelheit gewöhnten Augen plötzlich hellem Licht ausgesetzt werden, z. B. beim Anzünden einer Zigarette, Gebrauch der Taschenleuchte ohne Rotfilter.

3. Sehen die Augen angestrengt auf einen Punkt, so wird das Zielerkennen erschwert. In Blickrichtung tanzt dann scheinbar ein schwarzer Fleck vor den Augen. Deshalb ist das **Ziel** mit dem Blick zu **umkreisen** (Bild 1).

4. **Maßnahmen zur Erhaltung und Verbesserung der Sehfähigkeit:**
- Rechtzeitig vor Ausführung eines Auftrages die Augen an die Dunkelheit gewöhnen.
- Einwirkung von hellem Licht vermeiden.
- Bei Blendgefahr mindestens ein Auge schließen oder mit der Hand, ohne Druck auszuüben, bedecken.
- Nur Taschenleuchten mit Rotfilter verwenden.
- Augen hin und wieder einige Sekunden schließen oder in andere Richtung sehen.
- Werden die Hände trichterförmig vor die Augen gehalten, erhöht sich die Sehfähigkeit.
- Möglichst von tiefer gelegenen Stellen gegen den Horizont beobachten.

Bild 1 Ziel mit dem Blick umkreisen

III. HÖREN BEI EINGESCHRÄNKTER SICHT

1. Der Soldat muss sich bei eingeschränkter Sicht vermehrt auf sein **Gehör** verlassen und damit Geräusche wahrnehmen und unterscheiden, die Richtung der Geräuschquelle feststellen und Entfernungen dorthin schätzen können. Dazu ist notwendig,
- den Platz so zuwählen, dass Wind und andere Geräusche nicht stören,
- bewegungslos zu verharren,
- aufmerksam auf jedes Geräusch zu achten,
- sich der Richtung zuzuwenden, aus der das Geräusch kommt,
- die gewölbten Hände hinter die Ohrmuscheln zu legen,
- den Mund zu öffnen und den Atem anzuhalten,
- den Stahlhelm abzusetzen.

Bei leichtem Wind sind in offenem Gelände Geräusche bis auf folgende Entfernungen zu hören (Anhalt):
- 70 m   Schritte eines Menschen mit Stiefeln auf Grasboden,
- 100 m bis
- 150 m   Flüstersprache
- 130 m   Knacken von Zweigen,
- 150 m   Schritte eines Menschen mit Stiefeln auf einem Feldweg,
- 150 m   Unterhaltung mehrerer Personen ohne Vorsicht,
- 300 m   marschierende Soldaten,
- 600 m   Einschlagen von Pfählen,
- 1000 m Auftreffen des Spatens auf Steine beim Schanzen,
- 3000 m Motoren- und Kettengeräusche von LKW und Panzern.

Geräusche können oft nur wahrgenommen werden, wenn der Soldat das Ohr auf den Boden legt.

2. Das Hören und Sehen wird ergänzt durch den Geruchsinn und den Tastsinn. Eigenartiger und auffälliger **Geruch** kann – vom Winde getragen – über weite Entfernungen wahrnehmbar sein.

Oft ist der Soldat gezwungen, seinen **Tastsinn** vermehrt zu gebrauchen, damit er
- sich lautlos bewegen,
- Gegenstände erkennen,
- Waffen, Kampfmittel und Geräte handhaben,
- bei Bewegungen Verbindung halten,
- Selbst- und Kameradenhilfe leisten

kann.

IV. GEBRAUCH VON TECHNISCHEN MITTELN

Gefechtsfeldbeleuchtung, Nachtseh-, Radar- und Geländeüberwachungsgeräte erleichtern Aufklärung und Sicherung. Sie helfen dem Soldaten, seinen Auftrag bei eingeschränkter Sicht auszuführen.

Gefechtsfeldbeleuchtung

1. Zweck der **Gefechtsbeleuchtung** ist es, zeitlich und räumlich begrenzt Sichtverhältnisse wie bei Heiligkeit zu schaffen. Ihr Einsatz soll den Feind überraschen.
Die Mittel dürfen nur für den Zweck und für die Dauer des Feuerkampfes verwendet werden. Der Einsatz **wird dem Soldaten befohlen**. Das Licht darf die eigene Truppe weder enttarnen noch blenden.
Der Soldat muss jede Gefechtsfeldbeleuchtung zum Beobachten und zum Feuerkampf ausnutzen.

2. Mit **Weißlichtscheinwerfern** leuchtet man entweder unmittelbar auf ein Ziel (direkte Beleuchtung) oder auf eine reflektierende, schräg zur Abstrahlrichtung stehende Fläche, z. B. auf eine Hauswand, ausnahmsweise auch auf tief hängende Wolken (indirekte Beleuchtung). Damit wird die Helligkeit für den Einsatz von BiV-Geräten erhöht.

3. **Infrarot-/Weißlicht-Zielscheinwerfer** eignen sich nur zur Zielaufklärung und -beleuchtung beim Feuerkampf gegen **Einzelziele** (Leuchtdauer wegen der feindlichen Aufklärung und Waffenwirkung nur bis zu 10 Sekunden).

4. Zu den **pyrotechnischen Mitteln** gehören Leuchtpatronen mit (Leuchtdauer 20 s) oder ohne (Leuchtdauer 10 s) Fallschirm, Bodenleuchtkörper, Leuchtgeschosse (Artillerie) und Leuchtpatronen (Mörser, schwere Panzerfaust) sowie Leuchtbomben und Leuchtgeschosse aus Luftfahrzeugen.
Damit ist eine wirkungsvolle und weiträumige Beleuchtung möglich.
Die Gefechtsfeldbeleuchtung kann räumlich ausgedehnt werden, wenn mehrere Geschosse schnell hintereinander auf die gesamte Fläche verteilt werden, oder zeitlich ausgedehnt, wenn mehrere Geschosse so nacheinander verschossen werden, dass sich ihre Leuchtdauer überlappt.

5. Der Soldat schießt die **Leuchtpatrone** mit oder ohne Fallschirm in die Richtung zum Feind mit einem Winkel von ungefähr 60°. Er bleibt dann außerhalb des Leuchtbereichs. Bei Leuchtpatronen mit Fallschirm muss er die Windrichtung beachten.

Unter günstigen Bedingungen kann man in 100 m Entfernung noch Einzelheiten erkennen.

6. Der **Bodenleuchtkörper** (Leuchtdauer bis zu 40 s) wird vor allem in der Sicherung, in der Verteidigung und beim Schutz von Objekten verwendet. Er beleuchtet das Gelände in einem Umkreis von etwa 100 m und alarmiert zugleich.
Auslösung erfolgt mit Hilfe einer Abzugsvorrichtung (Leine, Zugdraht) oder bei Berührung eines Spann- oder Stolperdrahts durch den Feind.

7. **Leuchtpatronen der Mörser und Leuchtgeschosse der Artillerie** (Leuchtdauer etwa 1 min) haben Leuchtkörper mit einem Fallschirm. Der Leuchtradius ist verschieden.
Leuchtpatronen der schweren Panzerfaust (Leuchtdauer ca. 30 s) haben eine Ausstoßhöhe von 200 m. Der Leuchtradius beträgt 200 m, die Reichweite bis zu 1700 m.

8. **Leuchtbomben oder Leuchtgeschosse**, von Luftfahrzeugen abgeworfen oder abgeschossen, sind mit einem Fallschirm versehen. Leuchtbomben haben einen besonders großen Leuchtradius und eine lange Leuchtdauer.

9. **Blitzlichtbomben** erzeugen einen Augenblick lang taghelles Licht. Aufklärungsflugzeuge verwenden sie für Luftaufnahmen bei Dunkelheit.

10. Auch Beleuchtung mit **Bränden im Zielgelände**, entfacht durch
- Schießen mit Leuchtspurmunition, Brand-, Nebel- oder Sprenggeschossen, z. B. auf Gebäude, Strohmieten, Heuschober oder
- Anzünden von Holz, Benzin, Öl usw.

reicht für den Soldaten dazu aus, Ziele vor der Brandstelle zu erkennen und zu bekämpfen (Schlagschatten beachten). Windrichtung und Leuchtwirkung auf die eigene Truppe sind zu berücksichtigen.

Nachtsehgeräte

1. Zu den **Nachtsehgeräten** gehören: Grobvisiere, z. B. bei Gewehr G3 (erlauben Feuerkampf bei Dämmerung, nicht bei Dunkelheit), Infrarot-Geräte (IR-Geräte), Bildverstärkergeräte (BiV-Geräte), Wärmeortungsgeräte und Wärmebildgeräte (WO- und WB-Geräte). Tagesoptiken mit hoher Dämmerungsleistung (Nachtgläser) verbessern das Sehen.

2. **Infrarot-Geräte** bestehen aus
- Infrarot-Scheinwerfer/-Zielscheinwerfer und
- Infrarot-Fernrohr/-Fahrgerät/-Zielscheinwerfer

Der IR-Scheinwerfer sendet Infrarotlicht aus. Angestrahlte Gegenstände werden mit Hilfe des Infrarot-Fernrohrs/-Fahrgeräts/-Zielscheinwerfers sichtbar. Das Infrarot-Zielfernrohr vergrößert das Ziel und ermöglicht ein gezieltes Schießen.
Vor allem gepanzerte Kampffahrzeuge besitzen Infrarot-Zielgeräte, deren **Scheinwerfer** wahlweise Infrarotlicht oder Weißlicht ausstrahlen können.

3. Das **Infrarot-Zielgerät für Handwaffen** kann mit dem Gewehr, dem Maschinengewehr auf Feldlafette und der Panzerfaust verwendet werden (Reichweite bis 300 m).

4. **Infrarot-Fahrgeräte** haben keine Optik, die vergrößert (Reichweite bis 25/30 m).

5. **Infrarot-Fernrohre** werden zur Beobachtung des Gefechtsfeldes verwendet (Reichweite bis zu 1000 m), beim Einsatz von IR-/Weißlicht-Zielscheinwerfern mit entsprechender Reichweite nur beim Aufklären von IR-Quellen.

6. **Infrarotlicht**
– ist für das bloße Auge unsichtbar;
– erfordert eine Gewöhnung des Auges an den Infrarot-Bildwandler (Sehen muss geübt werden);
– lässt angestrahlte Gegenstände anders erscheinen als im Weißlicht (einfarbig hellgrün, keine Farbunterschiede, veränderte Kontrastwirkung);
– wirft bei seitlich angestrahlten Zielen Schlagschatten, die man leicht mit dem wirklichen Ziel verwechseln kann,
– durchdringt starken natürlichen und künstlichen Nebel nicht, Niederschläge und Dunst verkürzen die Reichweite.
Blickt der Soldat mit dem Infrarot-Beobachtungsgerät direkt in die Lichtquelle, wird er geblendet.

7. **Bildverstärkergeräte** verstärken das natürliche Licht (Restlicht). Sie brauchen meist keine zusätzliche Beleuchtung.
Auf dem Gefechtsfeld kommen sie zur Anwendung als Bildverstärker-Zielfernrohre/-Fahrgeräte und -Beobachtungsgeräte (BiV-Fernrohr, BiVBrille). Starker Dunst, Regen und Schneefall vermindern ihre Reichweite; starker Nebel schließt ihre Verwendung aus.

8. Das **Bildverstärker-Zielfernrohr für Handwaffen** kann mit dem Gewehr dem Maschinengewehr auf Feldlafette und mit der Panzerfaust verwendet werden. Seine Reichweite entspricht bei günstigen Bedingungen etwa der des IR-Zielgeräts für Handwaffen.

9. **Bildverstärker-Fahrgeräte** sind in fast alle gepanzerten Fahrzeuge eingebaut. Ihre Reichweite beträgt bis zu 150 m. Lichtquellen kann man in einer Entfernung von bis zu 7 km auffassen. Mit der Hilfsleuchte kann man das Restlicht, z. B. im Wald, verstärken.

10. Das **Bildverstärker-Fernrohr** hat eine Reichweite bis zu 600 m. Lichtquellen kann man in einer Entfernung von bis zu 7 km auffassen.

11. Reichweiten der **Bildverstärker-Brille** (BiV-Brille):
- ca. 100 m bei Mondsichel
- ca. 80 m bei Neumond, sternklar und
- ca. 65 m bei Neumond, bewölkt.

12. **Wärmeortungsgeräte** und **Wärmebildgeräte** sind passive Geräte zum Auffassen von Zielen bei eingeschränkter Sicht ohne (künstliche oder natürliche) Lichtquelle. Sie reagieren auf die Eigenstrahlung jeder Oberfläche aufgrund ihrer Temperatur und sprechen selbst auf kleine Temperaturunterschiede zwischen Ziel und Umgebung an. Ziele sind deshalb deutlich zu erkennen.
Die **Reichweite** beträgt unter günstigen Umständen mehrere Kilometer. Regen, Schnee und natürlicher Nebel reduzieren die Reichweite von Wärmebildgeräten, künstlicher Nebel dagegen kaum.

Gefechtsfeldradargeräte

1. **Radargeräte zur Gefechtsfeldüberwachung** erfassen nur Ziele, die sich bewegen, und zwar nach
- Richtung und Entfernung,
- Bewegungsrichtung und Geschwindigkeit,
- ihrer Art, z. B. Ketten- oder Radfahrzeuge, Soldaten zu Fuß.

Gefechtsfeld-Radargeräte lassen sich mit einem **Radar-Such- und Warnempfänger** der Richtung nach aufklären.

2. **Radarstrahlen** durchdringen Nebel und Dunst ohne Verminderung der Reichweite. Starker Regen und Schneefall schränken die Reichweite ein. Radarstrahlen erfassen in begrenztem Umfang auch Ziele in lichtem Wald und aufgelockertem Gebüsch.

3. Die Radaraufklärung des Feindes kann man **täuschen**, indem man – abgesetzt von der eigenen Stellung – z. B. Stanniolpapier, Luftballons oder Papierstreifen an Büschen und Bäumen so aufhängt, dass sie sich frei im Winde bewegen können. So kann man das Erkennungsmerkmal „Bewegung" vortäuschen.

Geländeüberwachungsgeräte

Geländeüberwachungsgeräte sind Hilfsmittel zur Sicherung, besonders beim Objektschutz. Mit ihnen kann man unbesetzte, nicht einzusehende Geländeteile oder Lücken zwischen Stellungen und Sperren überwachen.

Waffen und Kampfmittel, Verhalten unter Feuer

ZDv 3/11

Der Soldat muss die Wirkung der eigenen Waffen und Kampfmittel kennen und ihre Wirkung für seinen Auftrag ausnutzen. Er muss auch die Wirkung der Waffen und Kampfmittel des Feindes kennen und ihr sein Verhalten so anpassen (Geländeausnutzung und Bewegungsarten!), dass er sich ihr ganz oder wenigstens teilweise entziehen kann.

I. WAFFEN

1. Zu den Waffen zählen:
- **Handwaffen**, z. B. Gewehr, MG (gestreckte Flugbahn);
- **Panzerabwehrhandwaffen**, z. B. Panzerfaust (hohe Durchschlagsleistung);
- **Bord- und Bordmaschinenkanonen** (gestreckte Flugbahn);
- **Panzerabwehrwaffen mit Lenkflugkörpern** (große Reichweite, hohe Durchschlagsleistung gegen gepanzerte Ziele);
- **Geschütze, Mörser** (können hinter Deckungen wirken).

Hinzu kommen die Bordwaffen der Luftfahrzeuge.

2. Waffen mit **gestreckter Flugbahn** werden als **Flachfeuerwaffen** bezeichnet. Durch das direkte Richten und die gestreckte Flugbahn wird eine hohe **Treffgenauigkeit** erzielt.

3. Waffen mit **gekrümmter Flugbahn**, z. B. Geschütze der Artillerie, oder Mörser sind **Steilfeuerwaffen**. Sie können **Ziele hinter und in Deckungen bekämpfen**.

4. Die **Wirkung im Ziel** hängt vor allem von der **Munition** ab. Die Geschosse mit einem Kaliber von weniger als 20 mm sind im allgemeinen **Vollgeschosse**, die nur dann Wirkung erzielen, wenn sie das Ziel treffen.

5. Geschosse ab 20 mm sind meist **Sprenggeschosse**. Sie wirken durch Sprengstücke (Splitter), Druck und Detonationsknall. **Panzerbrechende Geschosse** sind Hohlladungsgeschosse, Panzervollgeschosse und Treibspiegelgeschosse.

II. KAMPFMITTEL

1. Kampfmittel sind u. a. **Handgranaten, Handflammpatronen, Minen** (z. B. Panzerabwehrminen), **Sprengmittel, pyrotechnische Munition, Nebelmittel** und **ABC-Kampfmittel**.

2. Zu den Kampfmitteln zählen ferner **Bomben** und **Raketen** der Luftfahrzeuge. Bei **Sprengbomben** besteht die Wirkung in der starken Druckwirkung der Sprengladung. **Splitterbomben** ähneln in der Wirkung großkalibrigen Sprenggeschossen. Bomben mit **Napalm** als Füllung haben großflächige Hitze- und Brandwirkung.

III. MERKMALE DES FEUERS

1. Beim Abschuss entstehen unmittelbar vor der Mündung das **Mündungsfeuer** und der **Mündungsknall**, ggf. eine Rauch- und Staubwolke. Sie können Aufschluss geben über die Stellung der Waffe. Ferner entsteht der **Geschossknall** (siehe „Schießausbildung mit Handwaffen"). Das **Geschossgeräusch** entsteht bei Geschossen mit stark gekrümmter Flugbahn (unter Schallgeschwindigkeit); bei kurzem, scharf fauchendem Ton folgt der Aufschlag unmittelbar in nächster Nähe.

2. Der **Geschossaufschlag** ist bei festem Boden durch kleine Fontänen oder Spritzer zu erkennen, in feuchtem oder bewachsenem Boden jedoch meistens nicht.
Der **Detonationsknall** ist ein scharfes Krachen. Mit ihm entsteht zugleich eine nach verbranntem Pulver riechende Sprengwolke; außerdem meist Bildung von Trichtern.

IV. VERHALTEN UNTER FEINDFEUER

- Der Soldat muss sich der **Sicht** des Feindes **entziehen,** um kein beobachtetes Feuer auf sich zu lenken.
- In einer Feldbefestigung oder Deckung, die das Gelände bietet, nimmt er **Deckung,** wenn der Auftrag dies zulässt. Soll er beobachten oder schießen, bezieht er – wenn möglich – eine **Wechselstellung** (siehe „Feuerkampf"). In der **Sturmabwehr:** aus der bisherigen Stellung unbeirrt weiterkämpfen! **Wirkung geht vor Deckung!**

- Befindet er sich **außerhalb einer Deckung**, springt er in die nächste Deckung und gräbt sich – wenn nötig – weiter ein.
- Ist eine Deckung nicht mit einem Sprung erreichbar, **wirft er sich flach auf den Boden** und kriecht, gleitet oder springt **aus dem Wirkungsbereich** des Feuers.
- Liegt er im Feuer **schwerer Waffen**, nutzt er die **Pausen** zwischen den Aufschlägen **zum Sprung** aus.
- Überrascht ihn der Feind mit Feuer aus Handwaffen, so ist **schnelle Feuereröffnung** oft die richtige Verhaltensweise.
- In jeder Feuerpause ist die vorhandene **Deckung** durch **Schanzen** zu **verbessern**.
- **Geländeteile**, die unter Feuer liegen, sind zu **umgehen**.
- Wirft der Feind Handgranaten, dann **beobachtet** der Soldat die **Anflugrichtung** und **nimmt Deckung**, Kopf möglichst Richtung Aufschlagstelle. Fällt eine Handgranate in seine Stellung, wirft er sie nach Möglichkeit hinaus, sonst wälzt er sich oder springt aus der Stellung, möglichst **ohne sich dabei der Wirkung von Handwaffen auszusetzen.**
- Wird er durch **Flammöl- oder Phosphorspritzer** getroffen, so muss er die brennenden Bekleidungsstücke vom Körper reißen oder sich am Boden wälzen, um die Flammen zu ersticken. Spritzer auf der Haut sind mit feuchter Erde zu bedecken und unter Wasser mit Holzspan oder Messer abzukratzen.
- Bei **Luftangriffen** nimmt der Soldat – möglichst aus einer Deckung – den Feuerkampf gegen Flugziele auf. **Flugzielbekämpfung geht vor Deckung!** Verfügt er über keine Fliegerabwehrwaffe oder kann er sie nicht wirksam einsetzen, bieten **schmale Gräben** und **Löcher** den besten Schutz.
- Nach dem Einsatz von **ABC-Kampfmitteln durch den Feind** muss jeder noch kampffähige Soldat – neben den Maßnahmen zum persönlichen Schutz – **selbstständig seinen Auftrag fortführen.**

IV. AUSNUTZEN DES EIGENEN FEUERS

- Die **Wirkung des eigenen Feuers** beim Feind muss der Soldat, soweit er sie beobachten kann, **sofort** für seinen Auftrag **ausnutzen**.
- Ist der **Feind** an der **Beobachtung gehindert** oder in **Deckung gezwungen** und schießt er daher nicht oder nicht gezielt, setzt der Soldat seine **Bewegungen** unverzüglich fort.
- Muss der Feind seine Annäherung unterbrechen, so nutzt der Soldat die Zeit, z. B. für Magazinwechsel, Überprüfen seiner Waffe, Verbesserung der Stellung oder Beziehen einer Wechselstellung.

- Bei allen Bewegungen auf dem Gefechtsfeld hat der Soldat darauf zu achten, dass er den **Feuerkampf unterstützender Flachfeuerwaffen nicht behindert** und nicht selbst in das Feuer dieser Waffen gerät.
- Jede Gefechtsfeldbeleuchtung ist zur Beobachtung und zum Feuerkampf zu nutzen.

Beobachten und Zielauffassen

ZDv 3/11

I. BEOBACHTEN

1. **Beobachten** heißt, mit Auge, Ohr und Geruchssinn Veränderungen in der Umgebung festzustellen. Solche Veränderungen müssen nicht immer nur den Feind betreffen. Sind zwei Soldaten eingesetzt, beobachten sie gemeinsam, sprechen die Beobachtungsbereiche ab und tauschen die Beobachtungsergebnisse aus.
Beobachtung schützt vor Überraschung und schafft Unterlagen für die Führung und den Feuerkampf.

2. Stets gültige Regeln sind:
- **Jeder Soldat** hat zu **beobachten**, auch wenn er nicht ausdrücklich hierzu eingeteilt ist.
- **Wahrnehmungen** sind zu **melden**.
- **Viel wahrnehmen, ohne selbst erkannt zu werden.**

3. Der **Platz** des Beobachters muss
- **dauernd Wahrnehmungen mit Auge, Ohr und Geruchssinn** ermöglichen,
- **gedeckt erreichbar** sein,
- **Deckung gegen Sicht** und **Waffenwirkung** bieten,
- **unauffällig** sein (siehe „Geländeausnutzung").

4. Im einzelnen ist zu beachten:
- Meist wird aus einem **Kampfstand** beobachtet, der den oben genannten Bedingungen entspricht.
- Kampfstände, aus denen beobachtet wird, müssen so hergerichtet werden, dass der Beobachter, ohne sich bewegen zu müssen, **längere Zeit in bequemer Körperhaltung**, z. B. Armauflage für die Beobachtung mit dem

Doppelfernrohr, Tiefe des Kampfstandes genau auf die Körpergröße abgestimmt (Roste), beobachten kann.
- Beobachtungsplatz gegen **Sicht aus der Luft** so tarnen, dass der Beobachter bei Fliegeralarm seine Körperlage nicht verändern muss, z. B. mit Tarnnetz abdecken.
- **Beobachtungsplatz in Gebäuden:** einzelne Gebäude meiden; nicht nahe der Fensteröffnung beobachten, sondern dunklen Hintergrund in der Tiefe des Raumes suchen oder schaffen; keine für den Feind sichtbaren Veränderungen vornehmen, z. B. Fenster oder Tür öffnen, Dachziegel entfernen (allenfalls leicht anheben). Platz nicht höher, als es der Auftrag erfordert.
- **Beobachtungsplatz auf Bäumen:** keine Einzelbäume auswählen; Waldecken meiden; der Baum muss stark genug und die Krone muss dicht sein; Zweige, die die Sicht behindern, unauffällig zur Seite binden; Steigsprossen annageln oder große Nägel als Kletterhilfe einschlagen; Kletterseile verspannen; einfachen Auftritt oder Sitzbrett anbringen; unter dem Baum Deckung vorbereiten.

Der Beobachter wechselt seinen Platz, wenn er annehmen muss, dass er erkannt wurde, oder wenn eingeschränkte Sicht es notwendig macht. Ein Platz hierfür ist **vorsorglich** zu **erkunden**.

5. Der Beobachter kann neben seiner **Handwaffe ausgestattet** sein mit **Doppelfernrohr, Marschkompass, Signalpistole, Fernmeldemitteln, Taschenleuchte** und einem **Nachtsehgerät. Er hat die Schutz- und Sonnenbrille** bei sich und trägt **Feldmütze**, soweit nicht Feindfeuer zum Tragen des Stahlhelms zwingt.

6. Der **Befehl an den Beobachter** enthält, soweit notwendig:
(1) **Lage** (Feind; eigene Truppe, Nachbarn, Bevölkerung)
(2) **Auftrag** (Bezeichnung und Platz des Beobachters; Beobachtungsbereich mit linker und rechter Grenze; Aufgabe; Schwerpunkt)
(3) **Durchführung** (besondere Ausrüstung; Ausbau der Stellung, Alarmvorrichtungen; benachbarte Beobachter oder Alarmposten, Teile der eigenen Truppe im Beobachtungsbereich, z. B. Streifen oder Spähtrupps; Verhalten bei Feindannäherung, z. B. „Alarmieren durch Schüsse, dann ausweichen nach…"; Ablösung)
(4) **Versorgung und Personal** (Warmverpflegung nach Ablösung).
(5) **Führung und Fm-Wesen** (Verbindungen Übermittlungsart, Zeitpunkt und Empfänger der Beobachtungsmeldungen; Meldezeiten; Parole, Erkennungszeichen; Platz des Führers, an den zu melden ist).
Häufig geht dem Befehl eine Geländetaufe voraus.

7. **Beobachtungsbereiche** müssen sich überlappen. Der Beobachter muss wissen, wer in Räume beobachtet, die von ihm nicht einzusehen sind.

8. Der Beobachter wird oft zugleich Alarmposten, Horchposten, ABC-Warnposten oder Luftraumspäher sein. Der Befehl an den Beobachter wird dann entsprechend ergänzt oder die Beobachtung in einem anderen Befehl, z. B. „Befehl an den Alarmposten", geregelt.

9. **Durchführung des Beobachtungsauftrages:**
- **Planmäßig** den Beobachtungsbereich mit den Augen absuchen: links im Vordergrund beginnen, nach rechts in die Tiefe beobachten und den Blick weiter nach links hinten wandern lassen (Bild 1). Auf diese Weise den Beobachtungsbereich lückenlos erfassen.

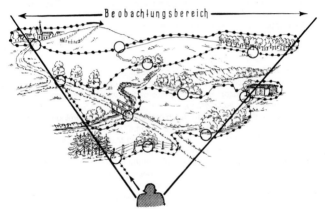

Bild 1   Lückenloses Beobachten

- An Stellen, die dem Feind für die Annäherung Deckung bieten, insbesondere zum Sickern, oder als Stellung für Beobachter und Waffen geeignet sind, **Augenbewegung unterbrechen** (auf Bild 1 mit Kreis gekennzeichnet). Dabei darf der Gesamtüberblick nicht verloren gehen.
- **Nicht zu lange die gleiche Stelle beobachten:** das Hinsehen unterbrechen und dann die verdächtige Stelle erneut beobachten.
- Auch auf **geringfügige Veränderungen** im Gelände, z. B. kleine Bodenerhebungen, Verfärben von Bewuchs, Fahrzeugspuren, und scheinbar **unver-**

dächtige Vorgänge und Erscheinungen achten, z. B. auffliegende Vögel, flüchtiges Wild, anhaltendes Hundegebell, veränderte Stellung von Türen und Fensterflügeln.
- Mit dem **Doppelfernrohr nur aus dem Schatten** beobachten: das von den Linsen reflektierte Licht ist weit sichtbar und kann den bestgetarnten Beobachter verraten.
- Die Augenbeobachtung muss ergänzt werden durch die **Wahrnehmung von Geräuschen**, die auf Feind schließen lassen, z. B. Abschüsse, Detonationen, Motoren-, Ketten- und Arbeitsgeräusche.
- In die Beobachtung muss das **Verhalten** von **Zivilpersonen** und **eigener Truppe** im Beobachtungsbereich eingeschlossen werden.
- Besonders aufmerksam müssen **Leuchtzeichen** und ggf der **Kampfverlauf** beobachtet werden.
- Es ist auf **ortsfremde Gerüche** zu achten, die bei günstigem Wind auf mehrere hundert Meter wahrgenommen werden können.
- Die Beobachtung fordert **Selbstbeherrschung**: Jede unkontrollierte Körperbewegung kann dazu führen, dass der Beobachter vom Feind erkannt wird.

10. Die **Ablösung** ist wie folgt durchzuführen:
- Der ablösende Soldat muss sich so vorbereiten, dass während des Dienstes als Beobachter keine Bewegung erforderlich wird (Verpflegung, Bedürfnisse, Bekleidung, Ausrüstung).
- Der Beobachtungsstand darf durch die Ablösung für den Feind nicht wahrnehmbar werden, u. U. Ablösung bei Nacht.
- Einweisung in den Beobachtungsauftrag und Mitteilung der Wahrnehmungen, ggf Übergabe einer Beobachtungsskizze. Dabei weiter beobachten.
- Übergabe der Ausrüstung für die Beobachtung.
- Meldung des abgelösten Beobachters beim Teileinheitsführer.

Sind zwei Soldaten gemeinsam zur Beobachtung eingesetzt, so werden sie nacheinander mit einem größeren zeitlichen Abstand abgelöst.

Es ist besonders zu beachten:

Die Beobachtung ist ein Teil der Gefechtsaufklärung und wesentlichster Bestandteil jeder Sicherung – Erfolgreiche Beobachtung hat zur Voraussetzung: richtige Platzwahl, vollkommene Tarnung, konzentrierte Aufmerksamkeit und Selbstbeherrschung des Beobachters, planmäßige Augenbeobachtung und Unterstützung durch Hilfsmittel, Ausnutzung des Gehörs und des Geruchssinnes – Durch die Ablösung darf der Beobachter nicht verraten und die Beobachtung nicht unterbrochen werden – Es gibt im Beobachtungsbereich keine unwichtigen

Wahrnehmungen, solange nicht erwiesen ist, dass sie „unwichtig" sind: ihre Weitergabe an die Ablösung schafft möglicherweise die Grundlage für spätere Beobachtungsergebnisse.

II. ZIELAUFFASSEN

1. Um ein Ziel bekämpfen oder andere Soldaten und Beobachter der Unterstützungswaffen auf das Ziel aufmerksam machen zu können, muss der Soldat in der Lage sein,
– ein Ziel frühzeitig zu **entdecken**, zu **erkennen** und dann zu **identifizieren**,
– die Entfernung dorthin zu ermitteln und
– das Ziel eindeutig anzusprechen.
Mit Hilfe der Zielansprache können auch andere Beobachtungen angesprochen und Geländeeinweisungen vorgenommen werden.

2. Der Soldat **entdeckt** ein Ziel vor allem an folgenden Merkmalen: Bewegungen, Schatten, Licht, Blinken und Glanz, Oberflächenstruktur und Farbe, Spuren, besonders im Schnee, Feuer, Rauch, Staub, Geräusche. Er **erkennt** ein Ziel vor allem an den Formen und Umrissen (z. B. KPz/ RadKfz) und kann es auf nähere Entfernung anhand der Erkennungsmerkmale, Nationalitätszeichen, Uniform und oft auch an seinem Verhalten **identifizieren.**

3. Entfernungen im Gelände ermittelt der Soldat durch **Entfernungsmessen, behelfsmäßige Entfernungsermittlung** oder **Entfernungsschätzen**.

4. Zum **Messen** der Entfernungen sind besondere Geräte erforderlich, z. B. Entfernungsmeßgeräte in gepanzerten Fahrzeugen, Radargeräte. **Behelfsmäßig ermittelt** der Soldat die Entfernung durch Abgreifen auf der Karte oder mit optischen Geräten, z. B. mit dem Doppelfernrohr (DF). 1 Strich (1⁻) im Strichbild des rechten Fernrohrs entspricht auf 1000 m einem Meter (1 m).

Die Entfernung ermittelt er nach folgender Formel:

$$\frac{\text{Breite in m} \times 1000}{\text{Breite in Strich}} = \textbf{Entfernung in m}$$

Beispiel: Die Breite eines Feindpanzers (Bug) wird auf 3,5 m geschätzt und im Doppelfernrohr mit der Strichzahl 5 gemessen,

$$\frac{3{,}5 \times 1000}{5} = \frac{3500}{5} = \textbf{700 m Entfernung}$$

Umgekehrt kann man bei bekannter Entfernung eines Ziels mit dem Strichbild die Breite feststellen. Sie errechnet sich nach folgender Formel:

$$\frac{\text{Breite in Strich} \times \text{Entfernung in m}}{1000} = \textbf{Breite in m}$$

Beispiel: Schanzarbeiten des Feindes sind in einer Entfernung von 800 m erkannt. Die seitliche Ausdehnung (Breite) ist mit 40 Strich gemessen.

$$\frac{40 \times 800}{1000} = \frac{32000}{1000} = \textbf{32 m Breite}$$

5. Im Feuerkampf muss der Soldat die Entfernung zum Ziel meist schätzen. Vom möglichst genauen **Entfernungsschätzen** hängt es unter anderem ab, ob er mit seiner Waffe das Ziel trifft.
Das gilt vor allem für nahe (bis 300 m) und mittlere Entfernungen (bis 600 m; darüber: weite Entfernungen).

Beim Entfernungsschätzen können folgende **Verfahren** angewendet werden:
– **Entfernungen, die dem Soldaten geläufig sind**, z. B. Entfernung zwischen Telefonmasten = 50 m, Länge eines Fußballfeldes = ca. 100 m, werden **als Teilstrecken** in die Gesamtstrecke zum Ziel **„eingepasst"** und zusammengezählt. Dabei ist zu beachten, dass gleich lange Strecken kürzer erscheinen, je weiter sie vom Auge entfernt sind.
– **Schätzen** der **Höchstentfernung** und der **Mindestentfernung** zum Ziel: Der Mittelwert ist die annähernd richtige Entfernung, z. B. Höchstentfernung 600 m, Mindestentfernung 400 m, Mittelwert = 500 m.
– **Übertragen der Schätzstrecke** aus einem welligen oder stark durchschnittenen Gelände oder einer weiten, gleichförmigen Fläche auf eine seitliche, gut erfassbare Strecke, z. B. Straße, Waldrand, Baumreihe. Diese Strecke wird dann geschätzt (Bild 2).
– Die ganze **Schätzstrecke** wird **halbiert** und die beiden Teilstrecken werden geschätzt. Jede der Teilstrecken kann nochmals unterteilt und wiederum in Teilen geschätzt werden. Auch hierbei ist zu beachten, dass gleich lange Strecken kürzer erscheinen, je weiter sie vom Auge entfernt sind.
– **Schätzen der Entfernung nach erkennbaren Einzelheiten des Zieles.** Bei normaler Sicht sind mit bloßem Auge zu erkennen:

Auf 250 m = das Gesicht als heller Fleck,
    300 m = die einzelnen Gliedmaßen,
    500 m = die Umrisse der Figur.

6. Soll die **Seitenausdehnung** eines Zieles festgestellt werden, so sind entweder bekannte Strecken zum Vergleich heranzuziehen, z. B. Telefonmasten, Baumreihen entlang von Straßen, oder es ist die Strichplatte des Doppelfernrohres zu Hilfe zu nehmen. Ein weiteres Hilfsmittel sind Daumen- und Handbreiten. Dazu muss bekannt sein, welche Strichzahl die Breite des Daumens oder der Hand bei ausgestrecktem Arm im Gelände abdeckt.

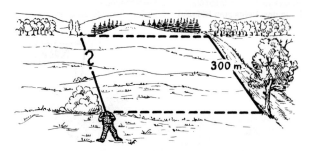

Bild 2   Übertragen der Schätzstrecke nach der Seite

7. **Zu kurz** wird geschätzt bei gut sichtbaren Zielen, bei klarer Luft, mit der Sonne im Rücken, über Täler, über Einschnitte und in nicht ganz einzusehendem Gelände, über gleichförmige Flächen und unter dem Kampfeindruck.
Zu weit wird geschätzt bei schlecht sichtbaren Zielen, im Liegen, bei flimmernder Luft, gegen die Sonne, bei trübem oder nebeligem Wetter, in der Dämmerung, bei Dunkelheit sowie im Wald.

8. Für bestimmte Aufgaben, z. B. Anlegen von Sperren, kann die Entfernung durch **Abschreiten** fast genau ermittelt werden: die Schritte oder Doppelschritte sind zu zählen und umzurechnen (1 Schritt etwa 75 cm).

9. Durch die **Zielansprache** soll ein anderer **schnell** das Ziel erkennen. Sie soll **knapp** und **zweifelsfrei** sein.
Bei **großen, auffälligen Zielen** und auf nahe Entfernung besteht die Zielansprache aus der **Richtungsangabe** und der **Bezeichnung** des Zieles, z. B. „Halbrechts – Feindpanzer!"

10. Für **weiter entfernte, kleine und unauffällige Ziele** muss die Zielansprache eingehender sein. Meist muss das Auge des anderen über **gut sichtbare Hilfsziele** an das Ziel herangeführt werden. Eine solche Zielansprache enthält (Bild 3):

- **Richtung**   „Geradeaus –
- **Entfernung in Metern**   …300 –
- **Hilfsziele** (falls erforderlich)   …Feldscheune –
- **Lage des Zieles zum Hilfsziel**   …im Busch rechts daneben –
- **Ziel**   …MG!"

Bild 3   Skizze zu den Beispielen „Zielansprache"

11. Die **Richtung zum Ziel** kann angegeben werden mit dem **ausgestreckten Arm** und **gleichzeitigem Zuruf**, z. B. „Geradeaus", „Halbrechts".
Sie kann auch durch die Benennung eines auffallenden Geländepunktes (Hilfsziel), durch einen Richtungsschuss, die Himmelsrichtung oder mit dem Uhrzeigerverfahren („12 Uhr" = über Bug) angegeben werden

12. **Hilfsziele** erleichtern die Zielansprache. Oft sind mehrere Hilfsziele für eine Zielansprache erforderlich (Bild 6):

>   „Geradeaus – 300 – Feldscheune – rechts davon drei Einzelbüsche –
>   über dem dritten Busch im Waldrand – Beobachter!"

13. Die Entfernung vom Hilfsziel zum Ziel kann auch in **Daumen-, Finger- oder Handbreite(n)** angegeben werden (Bild 6; siehe auch „Geländekunde"):

> „Halbrechts – 400 – Waldecke – vier Fingerbreiten links im Busch vor dem Waldrand – Beobachter!"

Der Abstand nach oben oder unten zum Ziel kann auf die gleiche Weise mit waagerecht gehaltenen Fingern angegeben werden.

14. Der Soldat, dem das Ziel angesprochen wird, hat **unaufgefordert** nach Bezeichnung des Zieles zu **bestätigen**, dass er das Ziel erkannt hat. Dazu gibt er ein **auffälliges Merkmal des Hilfszieles oder Zieles** oder er muss ein **weiteres Hilfsziel** nennen (Bild 3):
- **Auffälliges Merkmal**   „Busch gelbbraun verfärbt!"
  oder
- **weiteres Hilfsziel**   „Über dem Busch Waldschneise!"

Anderenfalls meldet er **„Nicht erkannt!"**. Die Zielansprache ist dann zu wiederholen, meist zu ergänzen.

Feuerkampf

ZDv 3/11

Handhabung der Handwaffen und Panzerabwehrhandwaffen, Anschläge und Kampfentfernungen siehe „Ausbildung mit Handwaffen" und „Schießausbildung mit Handwaffen" sowie „Panzerabwehr aller Truppern".
Handhabung der Fliegerabwehrwaffen, Anschläge und Kampfentfernungen für den Flugzielbeschuss sowie Feuerkampf siehe „Fliegerabwehr (zu Lande)".

I. ALLGEMEINES

1. Der Soldat muss jederzeit in der Lage sein, mit seiner Handwaffe/Panzerabwehrhandwaffe den **Feuerkampf** zu führen, um den Feind mit gezieltem Feuer niederzukämpfen. Er führt den Feuerkampf innerhalb der **Kampfentfernung**.

2. Der Soldat soll den Feind mit seinem Feuer überraschen. Kommt ihm der Feind mit der Feuereröffnung zuvor, erwidert er das Feuer blitzschnell.
Der erste Schuss soll treffen! Den Feuerkampf gewinnt, wer schneller schießt und besser trifft!

3. Der Soldat kämpft aus einer **Stellung**. Sie wird zugewiesen oder er muss sie selbst erkunden. Zur Stellung soll eine **Wechselstellung** gehören.

4. Folgende Stellungen werden unterschieden:

Bild 1   Teilgedeckte Stellung

a) **Teilgedeckte Stellungen** (Bild 1) sind Kampfstände, natürliche und künstliche Deckungen, die Schutz gegen die Wirkung von Flachfeuer, teilweise gegen Splitter und Sicht bieten. Gegen Erd- und Luftsicht hat sich der Soldat zu tarnen und alle **Vorbereitungen** (Ausnahmen: siehe „Panzerabwehr aller Truppen") **in der Deckung** zu treffen.

Bild 2   Versteckte Stellung

b) Die **versteckte Stellung** (Bild 2) bietet nur Schutz gegen Sicht. Die Vorbereitungen für den Feuerkampf müssen so getroffen werden, dass der Soldat vor der Feuereröffnung keinesfalls erkannt werden kann.

Bild 3 Offene Stellung

c) Die **offene Stellung** (Bild 3) bietet weder Schutz gegen Waffenwirkung noch gegen Sicht. Aus einer solchen Stellung wird der Feuerkampf nur dann geführt, wenn der Auftrag anders nicht zu erfüllen ist oder das Verhalten des Feindes dazu zwingt. Stets ist anzustreben, möglichst schnell unter Aufrechterhaltung des Feuers eine teilgedeckte Stellung oder Deckung zu erreichen.

5. In einer **teilgedeckten Stellung** befindet sich die **Waffe** meist **griffbereit,** möglichst **geschützt** gegen feindliche Waffenwirkung und Witterungseinflüsse, in der Deckung. Ist mit überraschendem Auftauchen des Feindes zu rechnen, kann die Waffe **gut getarnt auf dem Rand der Deckung** bereitgelegt werden.

6. Einzelheiten der **Feuerarten (und Schießarten)**
– **Einzelfeuer** (Präzisions-, Schnellschuss, Sturm- und Deutschießen)
und
– **Feuerstöße** (Sturmabwehr-, Deutschießen, Schießen auf Flugziele)
siehe „Schießausbildung mit Handwaffen".

7. Die Vorbereitungen für den Feuerkampf sind in Deckung zu treffen.
Das **Feuer** soll den Feind **überraschen**. Besondere Bedeutung gewinnt dies beim Schießen mit Panzerabwehrhandwaffen. Der Soldat eröffnet das Feuer meist erst auf eine Entfernung, die ein sicheres Treffen zulässt. Unterlegenen Feind lässt er – möglichst – auflaufen und kämpft ihn auf nächste Entfernung nieder.

8. Die Feuereröffnung befiehlt der Gruppenführer, je nach Lage und Gelände, durch
– „Feuervorbehalt",
– Festlegen einer Linie („Feuereröffnungslinie") im Gelände oder
– „Feuererlaubnis".
Der Soldat hat dazu beim Gewehr in jeder Kampfpause ein volles Magazin einzuführen, bzw. das Magazin nachzufüllen, die Waffe fertig zuladen und das Visier auf die Entfernung einzustellen, in welcher der Feind zu erwarten ist.

II. GELEITETER FEUERKAMPF

1. Wo immer möglich, **leitet der Gruppenführer den Feuerkampf.** Dazu befiehlt er **„Feuervorbehalt!"** und gibt **Feuerkommandos**. Er beobachtet die Wirkung des Feuers und befiehlt Schussverbesserungen, Zielwechsel oder neue Zielverteilung, Feuerunterbrechung oder Feuereinstellung.
Am Feuerkampf nimmt er teil, meist um das Feuer im Schwerpunkt zu verdichten oder es durch Richtungsschuss zu leiten.

2. Der geleitete Feuerkampf beginnt oft mit einem **Feuerüberfall**. Dabei muss das Feuer aller Schützen schlagartig einsetzen und den Feind überraschen. Der Gruppenführer kann das Feuer mehrerer Soldaten oder der ganzen Gruppe auf ein gefährliches Ziel (Einzelziel oder Zielgruppe) oder auch auf mehrere Ziele zusammenfassen.

3. Oft geht der geleitete Feuerkampf im Verlauf des Gefechts in den selbstständig geführten Feuerkampf über.
Der Gruppenführer kann jederzeit wieder die Leitung des Feuerkampfes übernehmen, indem er
– durch Zuruf „Feuervorbehalt!" befiehlt und dann
– ein Feuerkommando gibt oder
– das Feuer einstellen oder unterbrechen lässt.
Nach Feuereinstellung oder Feuerunterbrechung befiehlt er, Deckung. Stellungswechsel oder weitere Beobachtung.

4. Das Feuerkommando ist in der Reihenfolge und – soweit nötig – dem Inhalt nach festgelegt. Das Merkwort dafür lautet **„EREZA":**
E = **E**inheit (Anruf für Gruppe, Soldat, Waffe),
R = **R**ichtung (Schussrichtung)
E = **E**ntfernung (geschätzte Entfernung zum Ziel, Visierentfernung),
Z = **Z**iel (Zielbezeichnung, -ansprache, -wechsel),
A = **A**usführung (Feuereröffnung, wenn nötig vorher Munitionsart und -menge, Feuerart, Lichteinsatz).
Wenn immer möglich, ist das Feuerkommando auf „Z A" zu kürzen.

5. Das **verkürzte Feuerkommando** enthält nur **Z**iel und **A**usführung, wenn klar ist, wer schießen soll. Ist jeder Zweifel über das zu bekämpfende Ziel ausgeschlossen oder tritt Feind überraschend auf, genügt das Kommando **„Feuer!"**

6. Bei der Zielansprache beobachten die Schützen über die Deckung, danach treffen sie die letzten **Vorbereitungen** und melden durch Zeichen oder leisen Zuruf, wenn sie fertig sind.

7. Der Gruppenführer kann das Feuer eröffnen, indem er „Feuer!" befiehlt, pfeift, Lichtzeichen gibt oder selbst schießt.

8. Das Kommando zur **Feuerunterbrechung oder Feuereinstellung** lautet: „Stopfen!" Der Soldat sichert und zieht die Waffe in die Deckung; er beobachtet oder führt weitere Befehle aus.

9. **Beispiele für Feuerkommandos**

Feuerüberfall mit Gewehr aus teilgedeckter Stellung

Feuerkommando	Tätigkeit des Soldaten
E „Gewehrschützen – fertigmachen zum Feuerüberfall –	• Auf den Gruppenführer achten.
R halblinks –	• Gedeckt in die angegebene Richtung beobachten.
E 200–	• Visiereinstellung überprüfen. • Überprüfen, ob Waffe fertiggeladen und Magazinhalter fest eingerastet.
Z feindliche Schützen im Unterholz zwischen den beiden ersten Bäumen von links –	• Ziel auffassen, Hilfsziel geben.
A drei Schuss Einzelfeuer – auf Pfiff (oder auf Kommando – ich zähle) –	• Munitionsmenge und Feuerart einprägen. • Mit ruhigen, unauffälligen Bewegungen in Anschlag gehen, dabei entsichern und Feuerart „Einzelfeuer" einstellen, Ziel über Rohr hinweg beobachten. Fertigmeldung/Zeichen geben.
Pfiff (oder. drei – zwo – eins – Feuer)!"	• Zielen, bis zu drei Schuss schießen, sichern, Waffe absetzen, Gefechtsfeld beobachten.

Ist rasches Inanschlaggehen aus der Deckung heraus nötig, auf „drei Schuss Einzelfeuer"
• Munitionsmenge und Feuerart einprägen,
• dicht an den oberen Rand der Deckung heranschieben,
• Fertigmeldung oder Handzeichen geben und auf Pfiff oder „Feuer!"
• rasch in Anschlag gehen, entsichern und Feuerart einstellen, zielen, bis zu drei Schuss schießen, sichern, Waffe absetzen, beobachten.

Schnelle Feuereröffnung aus der Entfaltung

Feuerkommando	Tätigkeiten des Soldaten
„Feind – halblinks – 150 – Stellung – Feuer!"	• Schnell in angegebener Richtung in Stellung gehen, entsichern (Gewehrschützen stellen dabei selbständig die Feuerart „Einzelfeuer" ein), Anschlag je nach Gelände wählen und Feuer eröffnen.
„Stopfen – Deckung!"	• Feuer einstellen, Waffen sichern und Deckung nehmen.
„Gruppe Müller – Sprung in die Mulde – 30 – auf – marsch, marsch!"	• Fertigmachen zum geschlossenen Sprung, „Fertig!" melden oder Handzeichen geben. • Aufspringen, so schnell wie möglich die Mulde gewinnen.

Verkürztes Feuerkommando

Z „An Buschreihe schützen –
A Feuer!"

III. SELBSTSTÄNDIG GEFÜHRTER FEUERKAMPF

1. Der Gruppenführer befiehlt allen oder einzelnen Soldaten: **„Feuererlaubnis!"**, wenn
– er die Gruppe oder das Gelände nicht übersehen kann,
– er von der Feuereröffnung des Feindes überrascht worden ist oder
– er den Feuerkampf im Feindfeuer nicht leiten kann.
Die Soldaten wählen Ziel, Munitionsmenge und Zeitpunkt der Feuereröffnung selbstständig.
Jedem Schützen ist ein Beobachtungs- und Wirkungsbereich und, wenn nötig, eine Hauptschussrichtung zu befehlen.

2. **Aus eigenem Entschluss** führt der Soldat den Feuerkampf, wenn
– Feind ihn unmittelbar gefährdet oder
– ein Feuerkommando im Gefechtslärm nicht durchdringt oder ausbleibt (z. B. bei Ausfall des Führers).
Im selbstständig geführten Feuerkampf kämpft der Soldat so, wie Auftrag und Lage dies erfordern. Er wirkt dabei mit anderen Soldaten zusammen, vor allem durch Austausch der Beobachtungsergebnisse, und durch Absprache über Feuereröffnung und Zielverteilung.

IV. VERHALTEN DES SOLDATEN BEIM FEUERKAMPF

1. **Zielwahl**
- Der einzelne Soldat schießt nur auf **Ziele**, gegen die er Wirkung erreichen kann. Die Feuereröffnung auf vermuteten Feind wird befohlen. Muss von dieser Regel abgewichen werden, z. B. im Wald- und Ortskampf, so ist zu bedenken, dass mit der Feuereröffnung die eigene Stellung verraten werden kann.
- Aus einer **Zielgruppe** bekämpft der Soldat das ihm **gegenüberliegende** oder ihm am **gefährlichsten erscheinende Ziel.**

2. **Auswahl der Stellung**
- Auffallende Geländepunkte sind als Stellung zu meiden.
- Aus der gewählten Stellung muß Schussfeld im befohlenen Wirkungsbereich vorhanden sein.
- Es soll möglichst eine teilgedeckte oder versteckte Stellung sein, und sie soll unerkannt vom Feinde bezogen werden können.
- Kann der Soldat beim Beziehen erkannt worden sein, muss er seitwärts der erreichten Deckung zum Feuerkampf in Stellung gehen.

3. **Herrichten der Stellung**
- Das Schussfeld ist zu überprüfen und notfalls zu verbessern.
- Die Stellung tarnen.
- Die Stellung ist so herzurichten, daß Waffen und Ellenbogen fest aufliegen und der Gefechtsanschlag ohne Verkrampfung des Körpers möglich ist.
- Wenn Auftrag und Lage es zulassen, ist die Stellung zum Kampfstand auszubauen.
- Erlaubt es die Feindlage, die Stellung von der Feindseite her überprüfen.

4. Oft muss gleichzeitig mit der Stellung eine **Wechselstellung** erkundet werden.
- Sie muss gegen Sicht **gedeckt erreichbar** sein.
- Sie muss soweit entfernt liegen, dass der Soldat **vom Feuer** auf die bisherige Stellung **nicht erfasst** werden kann.
- Es darf **keine offene Stellung** sein.

Die Wechselstellung wird bezogen, wenn der Soldat aus der bisherigen Stellung seinen Auftrag nicht mehr ausführen kann, z. B. Waffenwirkung des Feindes, eingeschränkte Sicht, wenn die Wirkungsmöglichkeiten von einer anderen Stelle aus günstiger sind oder der Feind getäuscht oder überrascht werden soll.

5. **Inanschlaggehen** – Aus einer **teilgedeckten oder versteckten Stellung mit ruhigen, unauffälligen Bewegungen** so in Anschlag gehen, dass der Feind den Soldaten vor der Feuereröffnung nicht entdeckt.
Aus einer Deckung nur dann rasch in Anschlag gehen und blitzschnell das Feuer eröffnen, wenn der Soldat vom Feind wahrscheinlich sofort gesehen wird, er offensichtlich schon vorher erkannt worden ist oder die Lage dazu zwingt.
Jede Waffe ist erst beim Inanschlaggehen zu entsichern! Die Waffe muss vorher aus der Deckung/über die Bordwand eines Kfz gebracht worden sein.

6. Für den **Munitionseinsatz** ist die beabsichtigte Wirkung maßgebend.
Wenn nicht durch Feuerkommando befohlen, wählt der Soldat die Feuerart selbstständig.
- Die Feuerart „Feuerstöße" führt zu hohem Munitionsverbrauch.
  Nur dann anwenden, wenn sie der Kampfsituation entspricht.
- Lange Feuerstöße erhöhen meist nicht die Zahl der Treffer, wohl aber den Munitionsverbrauch.
- Jede Möglichkeit, den **Munitionsbestand** zu **ergänzen**, ist vom Soldaten auszunutzen. Das Magazin muss immer aufgefüllt sein, ggf auswechseln.
- Der Munitionsbestand ist so rechtzeitig zu melden, dass Ergänzung zeitgerecht möglich ist.
- **Kein Soldat darf während des Kampfes ohne Munition sein.** Dies gilt vor allem für den Kampf in Ortschaften, im Walde und um feindliche Stellungen, da stets mit Gegenstößen des Feindes gerechnet werden muss. Tritt der Fall dennoch ein, muss ggf zum Nahkampf mit der ungeladenen Waffe übergegangen werden.

7. Für den Feuerkampf mit MG auf Zweibein ist zusätzlich zu beachten:
- Der MG-Schütze wird zum Mitführen von Munition und Gerät von anderen Soldaten unterstützt.
- Er wird ferner beim Herrichten der Stellung, während des Feuerkampfes (Sicherung, Beobachtung, Beseitigung von Störungen) und beim Wechseln der Stellung unterstützt.
- Beim **Herrichten der Stellung** ist darauf zu achten, dass das Zweibein auf einer ebenen Fläche und nicht zu hoch steht. Beide Ellenbogen müssen fest aufgelegt werden können.
- Beim **Wechseln der Stellung** übernimmt ein Soldat Munition und Gerät, erkundet die neue Stellung und richtet sie her. Notfalls übernimmt er kurzzeitig das MG, wenn nach Eintreffen des MG-Schützen sofort weitergeschossen werden muss.

- Es ist immer darauf zu achten, dass das MG nicht dadurch erkannt wird, dass unterstützende Soldaten sich in unmittelbarer Nähe aufhalten.
- Sind **Störungen** während des Schießens nicht mit Durchladen zu beseitgen, MG in die Deckung zurückziehen.

8. Der Soldat **unterbricht** oder **beendet** den **Feuerkampf** auf Befehl oder selbstständig. Gründe können sein: Auftrag ist erfüllt, Feind niedergekämpft, befohlene Munitionsmenge ist verschossen.

V. FEUERKAMPF BEI EINGESCHRÄNKTER SICHT

1. Jeder Soldat muss imstande sein, bei allen Sichtverhältnissen und jeder Art von Gefechtsfeldbeleuchtung den Feuerkampf zu führen.

2. Anzustreben ist eine tiefgelegene Stellung mit **Schussfeld gegen den Horizont**. Kann die Stellung für den Feuerkampf bei Dunkelheit noch bei Helligkeit erkundet werden, so ist sie vorzubereiten, aber möglichst erst nach Einbruch der Dämmerung zu beziehen.

3. Zum Herrichten der Stellung für den Feuerkampf bei eingeschränkter Sicht gehört das **Festlegen der Waffen** (Bild 5). – Ausführung:
- Gewehr: Zwischen Feuerdämpfer und Kornhalter durch Pflock unterstützen; seitlich führen durch Nägel oder Kerbe. Griffstück festlegen und dadurch Richtung nach Höhe und Seite bestimmen.
- MG: Zweibein mit Mauerwerk, Steinen, Rasenstücken oder Brett verankern. Griffstück festlegen wie das des Gewehrs. – Das MG mit abgenommenem Zweibein wird wie ein Gewehr festgelegt.

4. **Grundsätze für den Feuerkampf bei eingeschränkter Sicht:**
– Möglichst **gezielten Einzelschuss** abgeben.
– Feuerstöße nur wie bei klarer Sicht in der Sturmabwehr, beim Deutschießen und im Nahkampf anwenden.
– Der Soldat führt den Feuerkampf meist selbstständig im Rahmen seines Auftrages, jedoch wird der Zeitpunkt der Feuereröffnung häufig befohlen, z. B. durch Lichtzeichen oder die Feuereröffnung des Gruppenführers. Vollständige Feuerkommandos sind die Ausnahme (im Flüsterton weiterzugeben).
– Nur auf eindeutig erkannte Ziele schießen. Andernfalls besteht die Gefahr, Kameraden zu gefährden oder zu verraten.

Bild 5 Möglichkeiten für das behelfsmäßige Festlagen des Gewehrs

- Die Zielansprache wird bei eingeschränkter Sicht besonders oft durch **Richtungsschüsse** mit Leuchtspurmunition erfolgen.
- **Anschluss** und **Verbindung** zu den Nachbarn halten, damit andere nicht gefährdet oder beim Feuerkampf behindert werden.
- **Vor Bewegungen Waffen sichern.** Bewegungen gradlinig durchführen, wenn eigene Flachfeuerwaffen unterstützen.

Entfalten und Einsickern

ZDv 3/11

I. ALLGEMEINES

1. **Beobachtung** durch den Feind und **Waffenwirkung** zwingen zur **Auflockerung:** die Gruppe entfaltet, je nach Lage, Auftrag und Gelände, in der Bewegung
- zur **Schützenreihe** oder
- zum **Schützenrudel**.

2. Der **Bereitschaftsgrad** (siehe entsprechendes Kapitel) ist „Klar zum Gefecht!"

II. SCHÜTZENREIHE

1. Sie ist die **schmale** und **tiefe Form** (Bild 1) und erlaubt es der Gruppe, sich dem Gelände **anzupassen** und schmale Deckungen in Bewegungsrichtung **auszunutzen**. Sie bietet von vorn nur ein **Ziel geringer Breite** und ermöglicht vor allem schnelle Feuereröffnung gegen Feind aus der Flanke. Die Schützenreihe **begünstigt Führung** und **Zusammenhalt**.

2. Die Soldaten folgen dem Gruppenführer in der befohlenen Reihenfolge. Geht er ausnahmsweise nicht voran, befiehlt er die Richtung.

Bild 1 Schützenreihe und Beobachtungsbereiche

3. Beim Vorgehen **nutzt** jeder Soldat das **Gelände** ohne feste Bindung an seinen Vordermann **selbstständig aus**. Oft zwingen das Gelände bzw. andere Umstände dazu, Vordermann zu halten, z. B. Gräben, schmaler Schatten einer Hecke, oder Spur zu gehen, z. B. tiefer Schnee.

4. **Jeder Soldat** in der Schützenreihe beobachtet ohne besonderen Befehl seinen **Beobachtungsbereich** (Bild 1) vom Boden bis zu den Baumkronen oder Hausdächern. Es beobachten:
- Der **vorderste** Soldat = nach **vorn.**
- Der **letzte** Soldat = nach **hinten.**
  (stellv. Gruppenführer)
- Die übrigen Soldaten
  mit **gerader** Nummer = nach **rechts,**
  mit **ungerader** Nummer = nach **links.**

Wird ein Luftraumspäher eingeteilt, ändern sich die Beobachtungsbereiche der anderen Soldaten nicht.

5. Es kann notwendig werden, einzelne Soldaten zur **Sicherung nach der Seite** hinauszuschieben, z. B.: bedecktes Gelände, Gruppe bewegt sich am Fuße eines Dammes. – Verhalten dieser Soldaten:
- Verbindung zum Gruppenführer halten.
- Soldaten auf einer Seite der Schützenreihe müssen sich verständigen und gegenseitig unterstützen können.
- Es ist durch Zeichen zu melden.
- Bei Feind auf nächste Entfernung: Gruppe warnen durch Feuereröffnung.
- Steht die Gruppe im Kampf, ohne Befehl wieder einordnen.

III. SCHÜTZENRUDEL

1. Es ist die **breite Form** der geöffneten Ordnung und wird vor allem angewendet, um
- quer zur Bewegungsrichtung verlaufende **offene Geländeteile** (Schneisen, Straßen) im geschlossenen Sprung **zu überwinden,**
- mit **allen Waffen** den Feuerkampf **gegen Feind von vorn** zu führen,
- querverlaufende Deckungen **auszunutzen** oder aus einer solchen herauszustürmen,
- stark bedeckte Geländeteile zu **durchkämmen.**

Führung und Zusammenhalt sind im Schützenrudel erschwert, längere Bewegungen zeitraubend und meist anstrengend.

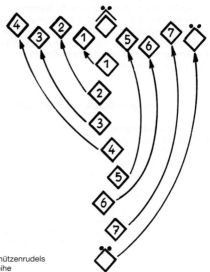

Bild 2　Einnehmen des Schützenrudels aus der Schützenreihe

2. Das Schützenrudel wird gewöhnlich aus der Schützenreihe eingenommen (Bild 2). Dazu setzt sich die **vordere Hälfte** der Gruppe **links**, die **folgende Hälfte rechts** neben den Gruppenführer. Dabei bleiben Soldaten, die gemeinsam eine Waffe bedienen, nebeneinander; das gilt auch, wenn ein Soldat Munition für das Maschinengewehr oder die Panzerfaust trägt.

3. Eine gewisse **Tiefe** entsteht **durch Ausnutzen des Geländes** von selbst. Sie darf nur so groß sein, dass sich die Soldaten im Feuerkampf oder beim Sturmschießen weder behindern noch gefährden.

4. Das Gelände oder die Lage können erfordern, das **Schützenrudel nur nach links oder rechts** zu bilden. Auf entsprechenden Befehl/Zeichen setzen sich die Soldaten in der Nummernfolge neben den Gruppenführer. Dieser verschiebt sich dann meist zur Mitte hin.

5. Im Schützenrudel beobachten die Soldaten
- des **linken** Drittels   = nach **links** und **vorn,**
- des **mittleren** Drittels = nach **vorn** und **hinten,**
- des **rechten** Drittels   = nach **rechts** und **vorn.**

Der Beobachtungsbereich ist vom Boden bis zu den Baumkronen und Hausdächern zu beobachten.

IV. VERHALTEN WÄHREND DER ENTFALTUNG

1. In der Entfaltung darf nur gesprochen werden, um zu befehlen, zu melden, Befehle oder Meldungen weiterzugeben oder den Nachbarn Hinweise zu geben. Solange wie möglich sind **Sicht- und Berührungszeichen** (siehe „Übermittlungszeichen") anzuwenden. Im Kampf sind der laute Zuruf und der Richtungsschuss zweckmäßig.

2. Die Entfaltung wird auf Kommando oder Zeichen im Schritt oder nach „Marsch, marsch!" im Laufschritt eingenommen. Wenn nötig, werden Richtung oder Ort durch Zuruf oder Hinzeigen befohlen. Nach dem Einnehmen der geöffneten Ordnung richten sich die Soldaten nach dem Beispiel, Befehl, Kommando oder Zeichen des Gruppenführers, bei vorübergehender Abwesenheit nach dem Beispiel des Schützen 1.

3. Als grober Anhalt gelten **8 Schritt** von Mann zu Mann für **Abstand in Schützenreihe** und **Zwischenraum im Schützenrudel**, die durch Zuruf oder Zeichen („Abstände vergrößern!" = Verdoppelung, „Abstände verringern!" = Halbierung) verändert werden können. Begrenzt wird die Auflockerung durch die Notwendigkeit,
- **Verbindung innerhalb der Gruppe zu halten,**
- **gemeinsam den Feuerkampf zu führen** und
- **sich gegenseitig unterstützen zu können.**

4. In loser Bindung an den befohlenen Abstand oder Zwischenraum **sucht** sich der Soldat unter Ausnutzung des Geländes seinen **Platz** und seinen **Weg selbst. – Verhalten des Soldaten:**
- Im Beobachtungsbereich **ständig beobachten.**
- Möglichst **gedeckt** oder in Nähe schnell erreichbarer Deckungen bewegen.
- **Verbindung** zum Nachbarn, möglichst auch zum Gruppenführer halten.
- Jeder Soldat ist dafür verantwortlich, dass nicht durch ihn die Verbindung innerhalb der Gruppe verlorengeht. Verbindung ohne Befehl in der Schützenreihe nach vorn, im Schützenrudel zur Mitte halten. Im unübersichtlichen

Gelände oder bei schlechter Sicht notfalls so weit **aufschließen,** dass Sichtverbindung erhalten bleibt.
- **Kommandos, Befehle und Zeichen** an den nachfolgenden Soldaten **weitergeben.** Werden sie vom Gefechtslärm übertönt oder nicht verstanden, dann so verhalten, wie der Gruppenführer oder der vorangehende Soldat. Bei der Durchgabe von Kommandos, Befehlen und Zeichen sich mit einem Blick nach hinten davon überzeugen, dass die Durchgabe verstanden worden ist.
- Darauf achten, dass bei Feindberührung Waffen und Kampfmittel ohne Gefährdung anderer gebraucht werden können.

5. Der **Gruppenführer** ist an keinen bestimmten Platz gebunden. Meist wird er von vorn, im Schützenrudel von der Mitte aus führen.

6. Der **stellvertretende Gruppenführer** geht meist am Ende der Schützenreihe oder am rechten Flügel des Schützenrudels. Er unterstützt und vertritt den Gruppenführer. Übernimmt er das Kommando, bestimmt er einen Stellvertreter.

7. **Bewegungen** werden mit einem der folgenden Kommandos **unterbrochen:**
– **„Halt!"**
– Stehenbleiben.
- Deckungen und Tarnschutz in unmittelbarer Nähe ausnutzen.
- Beobachten.
– **„Deckung!"**
- In die nächste, mit wenigen Schritten erreichbare Deckung springen; sonst an Ort und Stelle hinlegen.
- Droht keine unmittelbare Gefahr: beobachten, Verbindung halten.
– **„Stellung!"**
- So in Stellung gehen, dass in der Schützenreihe im Beobachtungsbereich, im Schützenrudel vor allem nach vorn gewirkt werden kann.
- Vorbereiten zum Feuerkampf, beobachten, Verbindung halten.
- Feuervorbehalt.
- Im Schützenrudel auch im übrigen Beobachtungsbereich beobachten.
– **„Stellung – Feuer!"** (Schnelle Feuereröffnung; Bild 3)
- Ziele im Beobachtungsbereich sofort bekämpfen, u. U. Feuerstöße.
- Wenn keine Ziele: beobachten, Verbindung halten; in drängender Lage Ziele in anderer Richtung bekämpfen.
– **„Richtung Waldecke-Stellung!"**
- Unverzüglich so in Stellung gehen, dass in der befohlenen Richtung gewirkt werden kann.

Bild 3 „Stellung – Feuer!"

Bild 4 „Richtung Waldecke – Stellung – Feuer!"

- Vorbereiten zum Feuerkampf, beobachten, Verbindung halten.
- Feuervorbehalt.
- „Richtung Waldecke – Stellung – Feuer!" (Bild 4)
- Unverzüglich so in Stellung gehen, dass in der befohlenen Richtung gewirkt werden kann.
- Feuer eröffnen, sobald Feind innerhalb der Kampfentfernung erkannt.

Auch wenn in einer bestimmten Richtung in Stellung gegangen worden ist, **auch nach der Seite und hinten beobachten!**

V. EINSICKERN

1. Vom Feind besetztes oder überwachtes Gelände überwindet die Gruppe stark aufgelockert durch – meist paarweises – **Einsickern.** Der Gruppenführer zeigt und befiehlt den **Weg** nach Geländepunkten oder anhand einer Wegeskizze und sickert normalerweise mit dem ersten Schützenpaar ein.

2. Der Gruppenführer befiehlt **Reihenfolge, Einsatz von MG und Pzf, Abstände** (in min oder m) und **Sammelpunkte.**

3. Der stellvertretende Gruppenführer regelt den Ablauf, überwacht das Einsickern und folgt als Letzter.

Überwinden von Hindernissen

ZDv 3/11; ZDv 3/703

I. ALLGEMEINES

1. Hindernisse werden unterschieden nach Geländehindernissen, Sperren, Verwüstungen und großflächigen Kontaminationen.

2. **Geländehindernisse** (Geländeformen und -bedeckungen, Gewässer) werden vom Feind häufig, **Sperren** fast immer **durch Beobachtung und Feuer überwacht. Verwüstungen** sind großflächige Zerstörungen der Geländebedeckungen durch Waffenwirkung oder Brände. **Kontaminationen** sind Verstrahlungen, Vergiftungen oder Verseuchungen von Geländeabschnitten.

3. Hindernisse sollen nach Möglichkeit umgangen, unbemerkt oder für den Feind überraschend – meist überwacht durch eigene Waffen – überwunden werden.

II. ÜBERWINDEN VON HINDERNISSEN

("Überwinden von Gewässern" siehe nächsten Abschnitt)

1. **Verhalten des Soldaten:**
- **Hecken** und **Zäune** möglichst durch- oder unterkriechen.
- **Mauern** überspringen oder überklettern. Dabei: nicht an vielen Stellen und einzeln über das Hindernis gehen, sondern günstige Stelle erkunden, Hilfsmittel, z. B. Leitern, Seile, ausnutzen, sich gegenseitig helfen, auf der anderen Seite des Hindernisses sofort sichern, Gerät übernehmen. Bewegungen erst fortsetzen, wenn alle Soldaten des Trupps/der Gruppe das Hindernis überwunden haben.
- **Sumpf und Moor** umgehen; sonst nach festen Stellen suchen (Büsche, Bäume). Mit Brettern, Leitern und Reisig die Tragfähigkeit sumpfiger Stellen verbessern.
- **Sperren** sofort dem Führer melden, dieser entscheidet über weitere Beobachtung, Öffnung, Räumung oder Umgehung der Sperre.
- Ist Umgehen nicht möglich, dann bei **Sperren aller Art** – außer Minensperren – feststellen, ob in der Sperre oder der Umgebung Minen verlegt, Ladungen angebracht oder ob sie durch Kampfstoff vergiftet sind.
- Müssen Sperren überwunden werden, nur Teile der Sperre beseitigen. Pfade und Gassen kennzeichnen.

- **Baumsperren** durch Zersägen oder Sprengen und anschließendem Wegräumen einzelner Bäume öffnen. Dazu Kraftfahrzeuge zu Hilfe nehmen und freigemachte Stämme und Kronen herausziehen.
- **Drahtsperren:** Neben Prüfung, ob Sprengladungen angebracht sind, ist immer Feststellung erforderlich, ob sie elektrisch geladen sind (Pfähle sind isoliert, Anschlussstellen der Stromzuführung zu erkennen). Zum Durchschneiden elektrisch geladener Drähte darf nur eine isolierte Drahtschere verwendet werden, deren Griffe zusätzlich an trockenen Holzstangen zu befestigen sind.

Alle übrigen Drahtsperren können wie folgt überwunden werden:
- Drahtschlingen und Drahtzäune durchschneiden. Bei letzteren untere Drähte in Nähe der Befestigungsstellen durchschneiden, freies Ende festhalten und an anderen Drähten befestigen.
- Auf breite, niedrige Drahtsperren Bretter/Reisigbündel aufwerfen.
- Flächendrahtsperren mit Ladungen sprengen.

2. **Minensperren** bestehen aus offen oder verdeckt verlegten Panzerabwehrminen, Schützenabwehrminen oder einer Mischung aus beiden bzw. aus Panzerabwehrwurfminen. Sie lassen sich öffnen durch Anlegen von Trittspuren, Minenpfade oder -gassen,

III. ÜBERWINDEN VON GEWÄSSERN

1. Ob ein Gewässer **durchschritten** werden kann, hängt ab von der **Tiefe**, der **Beschaffenheit** der **Ufer** und des **Gewässergrundes** sowie der **Stromgeschwindigkeit.**

2. **Zulässige Wassertiefe** für das Durchschreiten (Anhalt):

Stromgeschwindigkeit:	bis 1,0 m/s	bis 1,5 m/s	bis 2,0 m/s
Höchstzulässige Wassertiefe	1,20 m	1,00 m	0,80 m
Abstand von Soldat zu Soldat	1,00 m	1,00 m	2,00 m

3. Gewässer mit lockerem oder verschmutztem Grund können durchschritten werden, wenn der Soldat nicht tiefer als bis zum Knöchel einsinkt.

4. Die **Stromgeschwindigkeit** kann wie folgt annähernd gemessen werden:
- Schwimmenden Gegenstand (Holzstück, halbgefüllte Flasche) in der Hauptströmung treiben lassen.
- Zurückgelegte Entfernung, z. B. 100 m, durch die dafür benötigte Zeit, z. B. 50 s, teilen: Stromgeschwindigkeit = 2 m/s.

5. Bei Stromgeschwindigkeiten von über **0,5 m/s** und einer Wassertiefe von **mehr als 0,5 m** muss für das Durchschreiten eine Halteleine an beiden Ufern befestigt werden.

6. **Verhalten des Soldaten und Sicherheitsbestimmungen:**
- Vor dem Durchschreiten beengende Kleidungs- und Ausrüstungsstücke, z. B. Koppel, Kragen, öffnen.
- **Rückengepäck** so **lockern**, dass es abgeworfen werden kann, wenn die Gefahr besteht, dass der Soldat abtreibt.
- Falls es die Lage erlaubt: Stiefel und Strümpfe ausziehen.
- Gewässer **unterstrom der Halteleine** durchschreiten, dabei Leine festhalten. Waffe vor Nässe schützen.
- Der Einsatz des Rettungsdienstes kann bei Gefahr von jedem Soldaten mit dem Ruf **„Rettungsdienst"** ausgelöst werden. Jeder ist verpflichtet, den Ruf weiterzugeben.

7. **Uferwechsel mit Übergangsmitteln**
- Jeder Soldat muss auf dem Wasser eine **Schwimmweste** tragen.
  - Signalfarbe (orange) nach außen, wenn nicht anders befohlen.
- Das Mitführen der persönlichen Ausrüstung richtet sich nach dem Ausbildungsstand.
- Den zugewiesenen Platz einhalten; im Notfall am Übergangsmittel festhalten.

IV. ÜBERWINDEN VON HINDERNISSEN BEI EINGESCHRÄNKTER SICHT

1. **Grundsätze:**
- Lautlosigkeit geht vor Schnelligkeit.
- Hindernisse erst übersteigen, wenn sie nicht zu unterkriechen sind.
- Nach dem Überwinden eines Hindernisses Beobachtungs- und Horchhalte einlegen.

2. **Hindernisse werden wie folgt überwunden:**
- Bei Gräben erst Breite und Tiefe feststellen. Aufsprung mit einem Fuß auffangen.
- Bachläufe in gebückter Haltung durchwaten. Fuß geräuschlos in das Wasser setzen und Grund abtasten.
- An Steilhängen mit der bergseitigen Hand abstützen. In Schlangenlinie auf- und absteigen und Steinschlag vermeiden.
- Günstige Stellen zum Überwinden auf der feindwärtigen Seite markieren oder Einweiser zurücklassen.
- Bei überraschendem Auftreffen auf ein Hindernis lautlos verharren, dann erst Art und Ausdehnung des Hindernisses feststellen.

Marsch

ZDv 3/11; ZDv 42/10; ZDv 49/20

I. MARSCH MIT KRAFTFAHRZEUGEN

1. **Marschvorbereitungen** – trifft die Gruppe meist auf der Grundlage eines Vorbefehls. Einzelheiten zur **Marschbereitschaft** siehe „Bereitschaftsgrade".

2. **Verhalten des Soldaten während des Marsches:**
- Der Platz jedes Soldaten auf dem Kraftfahrzeug ist festgelegt oder wird besonders befohlen. Aus dem Platz ergibt sich der **Beobachtungsbereich**, der auch bei Halten gilt, solange nicht abgesessen wird.
- Es ist verboten, sich aus dem Fahrzeug hinauszulehnen, Arme oder Beine hinauszuhängen oder Gegenstände hinauszuhalten.
- Rauchen, Essen, Verlassen des Platzes und Marscherleichterungen (Anzug) sind ohne Erlaubnis unzulässig.
- Keine Gegenstände, z. B. Abfälle, aus dem Fahrzeug werfen.
- Bei einem **überraschenden Luftangriff** wird der Marsch nicht unterbrochen. Auf feindliche Luftfahrzeuge ist das Feuer mit dem Maschinengewehr zu eröffnen, während der Fahrt jedoch nicht mit Gewehr.
- Erhält die aufgesessene Besatzung **überraschend Feuer** aus Handwaffen auf nahe Entfernung, erwidert der Soldat in seinem Beobachtungsbereich das Feuer sofort mit kurzen Feuerstößen
- Auf Befehl, im Notfall auch selbstständig, ist unter dem Feuerschutz des Maschinengewehrs an der vom Feind abgewandten Seite vom Fahrzeug abzusitzen und der Feuerkampf fortzusetzen. Das Absitzen des MG-Schützen erfolgt unter dem Feuerschutz der Gewehrschützen.

3. **Verhalten des Soldaten in Marschpausen:**
Beim **Technischen Halt** (20 bis 30 Minuten)
- auf Befehl und zur straßenabgewandten Seite absitzen, Handwaffe, ABC-Schutzmaske und Stahlhelm am Mann,
- in der Nähe des Fahrzeugs in Deckung aufhalten,
- dem Kraftfahrer bei der Technischen Durchsicht helfen,
- vor Weitermarsch Ausrüstung vollzählig/ordnungsgemäß verladen, Platz sauber hinterlassen.

Bei **Rasten** (etwa 3 Stunden) ist in gleicher Weise zu verfahren, zusätzlich ist besonders darauf zu achten, dass der vom Gruppenführer zum Ruhen bestimmte Platz nicht ohne Auftrag oder Genehmigung verlassen wird. Bei eingeschränkter Sicht besteht sonst die Gefahr, überfahren zu werden.

4. Verhalten beim **Warnen anderer Verkehrsteilnehmer** und als **Einweiser**: Jeder Soldat kann, wenn es nicht möglich ist, ein Fahrzeug in Marschpausen von der Straße zu fahren, zum **Warnen anderer Verkehrsteilnehmer** eingestellt werden. Dazu benutzt er die **Winkerkelle**, bei eingeschränkter Sicht die **Taschenleuchte**. Von seinem Platz auf der gegenüberliegenden Straßenseite hält er Verbindung nach vorn und hinten.

Einweiser leiten Kraftfahrzeuge über schwierige Strecken des Marschwegs, weisen in die Richtung ein oder unterstützen beim Beziehen und Verlassen von Räumen.

Sie bedienen sich dabei der **Zeichen zum Einweisen von Fahrzeugen** (siehe Übermittlungszeichen).

Erfordern Situationen einen Einweiser, z. B. beim Rückwärtsfahren, Beziehen einer Stellung, soll er seitlich vom Fahrzeug stehen und Blickverbindung zum Fahrer sowie freie Sicht hinter das Fahrzeug haben.

Ein vor oder hinter dem Fahrzeug stehender Einweiser muss einen **Sicherheitsabstand von 10 m** einhalten. Wechselt er seinen Platz, läßt er das Fahrzeug anhalten, wenn durch dessen Bewegungen Personen gefährdet oder Sachen beschädigt werden können.

Bei der Einweisung eines Kraftfahrers über eine kürzere Strecke geht der Einweiser voraus und überprüft in kurzen Zeitabständen durch einen Blick nach hinten, ob sein Abstand zum Fahrzeug ausreicht und ob dieses folgt. Er darf den **Sicherheitsabstand nicht verringern** und **nicht rückwärts** gehen. Der Kraftfahrer darf nur im Schritttempo fahren.

Sieht der Kraftfahrer bei **eingeschränkter Sicht** das Lichtzeichen des Einweisers nicht mehr oder hat er Zweifel an der Bedeutung, muss er sofort anhalten.

Beim Einweisen von **Kettenfahrzeugen** sind außerdem die Vorschriften für diese Fahrzeuge zu beachten.

II. MARSCH ZU FUSS

1. Der Soldat muss in der Lage sein, bei klarer und bei eingeschränkter Sicht und bei jedem Wetter – auch abseits von Straßen und Wegen – zu marschieren.

2. Die häufigste **Marschform** ist die **Reihe.** Sie ermöglicht die Auflockerung, erleichtert die Verbindung, hält die Fahrbahn frei und erlaubt dem Soldaten die Schrittanpassung an das Gelände.

Eine Einheit oder Teileinheit marschiert oft auf beiden Seiten der Straße in Reihe, die Gruppe bleibt geschlossen auf einer Seite.

Die Lage kann es erfordern, in **Schützenreihe** zu marschieren.

In **Marschordnung** wird nur marschiert, wenn eine Auflockerung nicht nötig ist und Wege und Fahrzeugverkehr es erlauben.

3. Die **Marschgeschwindigkeit** auf gut begehbaren Straßen und Wegen ohne größere Steigungen beträgt in der Regel 4 km/h, kurze Pausen eingeschlossen.

4. **Marschvorbereitungen des Soldaten:**
- Ausreichend schlafen, soweit es der Auftrag erlaubt.
- Alkoholgenuss vermeiden – kann auch vorher verboten werden
- Pflege der Füße und des Schuhwerks.
- Möglichst frische, aber bereits gewaschene Unterwäsche und Socken anziehen.
- Unterbekleidung dem Wetter anpassen.
- Prüfen, ob Bekleidung und Ausrüstung druckfrei sitzen.
- Feldflasche mit durststillendem Getränk füllen (nicht gesüßt oder nur leicht, kein Alkohol).
- Notdurft verrichten.

5. **Verhalten des Soldaten während des Marsches:**
- Marschtempo und Abstände einhalten, gleichmäßig und zügig marschieren
- Marschdisziplin halten – Marscherleichterungen nur auf Befehl.
- Unterstützen schwächerer Kameraden durch zeitweises Übernehmen von Waffen, Gerät oder Gepäck.
- Ablösung beim Tragen von schwerem Gerät.
- Marschunfähigkeit dem Teileinheitsführer melden.

6. **Verhalten des Soldaten in Marschpausen:**
- Bewaffnung, Ausrüstung und Bekleidung in Ordnung bringen, besonders den Sitz von Schuhwerk und Socken.
- Vom Sanitätspersonal Blasen und entzündete Hautstellen (z. B. in der Gesäßfalte = „Wolf") behandeln lassen. Essen, mäßig und in kleinen Schlucken trinken (sehr kalte Getränke im Mund anwärmen).
- Ruhen – ohne Unterlage nie auf kalten oder nassen Boden oder Steine setzen.
- Platz sauber halten.

Kurze Pausen (10 bis 20 Minuten) erfolgen nach der ersten Stunde, dann alle zwei Stunden. Eine **Rast** (über 2 Stunden) wird eingelegt, wenn bei längeren Märschen der größere Teil der Marschstrecke zurückgelegt ist.

Nach dem Marsch ist vor allem Körperpflege zu betreiben, Verpflegung einzunehmen und die befohlene Ruhe einzuhalten.

7. Vorbeugende Maßnahmen gegen Hitzeschäden:
- Ausreichend schlafen, Alkohol- und Nikotinmissbrauch vermeiden.
- Kopf nicht unbedeckt der direkten Sonneneinstrahlung aussetzen.
- Kleidung darf nicht beengen; durch häufiges Abheben von der Haut für Verdunstung des Schweißes sorgen.
- Mäßig und in kleinen Schlucken trinken, dabei zu kalte und alkoholhaltige Getränke vermeiden.
- Achten auf Anzeichen eines Hitzeschadens bei sich und anderen.

Hitzeschäden entstehen vor allem bei direkter **Sonneneinstrahlung,** andauernd **hohen Temperaturen** und **Schwüle.** Jeder Vorgesetzte ist zum Verhüten von Hitzeschäden verpflichtet; auf eine detaillierte Darstellung wird hier verzichtet.

8. Marsch zu Fuß bei eingeschränkter Sicht

Fußmärsche bei eingeschränkter Sicht auf **Bundesstraßen** außerhalb geschlossener Ortschaften sind **verboten. Ausnahmen** sind nur für Teileinheiten bis Zugstärke bei unumgänglicher Notwendigkeit und nach Entscheidung des Bataillonskommandeurs unter Beachtung folgender **Sicherheitsbestimmungen** zugelassen:

- Auflösung in kleine Trupps (höchstens 8 Soldaten) mit Abständen von 30 bis 50 m.
- Marsch in Reihe auf der äußersten rechten Straßenseite.
- Leuchten, weiß (Taschenleuchte), jeweils beim ersten Soldaten.
- Verkehrssicherheitszeichen für Marschierende Abteilungen (Armmanschetten, Gefahrzeichen „Gefahrstelle").
- Blinkleuchten auf den Stahlhelmen des ersten und des letzten Soldaten jedes Trupps, bei mehr als 6 Soldaten eine weitere Blinkleuchte in der Mitte des Trupps.

Fußmärsche bei eingeschränkter Sicht auf allen anderen Straßen und Wegen außerhalb geschlossener Ortschaften und auf unbeleuchteten Straßen in geschlossenen Ortschaften sind nur bei zwingender Notwendigkeit nach Entscheidung des Kompaniechefs unter Beachtung der oben aufgeführten Sicherheitsbestimmungen erlaubt.

In geschlossenen Ortschaften ist bei besonderen Veranstaltungen der Marsch geschlossener Abteilungen ohne Anwendung der Sicherheitsbestimmungen zulässig, wenn Feldjäger oder Polizei für die Verkehrssicherheit sorgen und ausreichende Beleuchtung durch andere Lichtquellen vorhanden ist.

Sicherung und Gefechtsaufklärung

ZDv 3/11; ZDv 10/6

I. ALLGEMEINES

1. Die **Sicherung** soll die eigene Truppe vor Überraschung durch den Feind auf der Erde und aus der Luft schützen, Zeit für Gegenmaßnahmen gewinnen, dem Feind die Aufklärung erschweren und militärische und zivile Objekte sowie Räume vor feindlichem Zugriff schützen. **Alle Truppen sichern sich ständig selbst**. Dazu können Alarmposten (oft zugleich ABC Alarmposten), Luftraumspäher/-beobachter (zusätzlich nur als ABC-Alarmposten), Feldposten, Streifen und Spähtrupps eingesetzt werden (Bild 1).

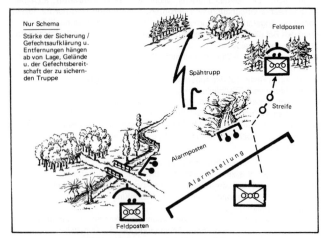

Bild 1 Sicherung und Gefechtsaufklärung

2. Die **Gefechtsaufklärung** soll schnell und vollständig ein klares Bild der Lage gewinnen durch Beobachtung des Gefechtsfeldes und Aufklärung mit Spähtrupps. Jeder Soldat hat ohne besonderen Befehl das Gefechtsfeld und den Luftraum zu beobachten und Wahrnehmungen zu melden. Läßt sich durch

Beobachtung allein kein eindeutiges Lagebild gewinnen, werden Spähtrupps angesetzt.
Mit der Gefechtsaufklärung ist stets eine **Erkundung** verbunden. Sie soll vor allem Angaben liefern über
- die Beschaffenheit des Geländes (Geländeformen, -bedeckungen, Boden, Gewässer) und deren
- Auswirkung auf Beweglichkeit, Beobachtung, Waffenwirkung, Deckung, Tarnung und Sperrmöglichkeiten sowie
- die Umweltbedingungen und ihre Auswirkung auf den Einsatz.

3. Sicherung und Gefechtsaufklärung ergänzen sich.

II. ALARMPOSTEN

1. Der Alarmposten hat die Aufgabe, die **eigene Truppe bei Gefahr zu alarmieren**. Er kann zusätzlich folgende Aufgaben übernehmen: Horchposten, ABC- Alarmposten, Einweiser, Personenkontrolle und Fahrzeugkontrolle.
Der Alarmposten besteht meist aus einem Doppelposten.

2. Der **Befehl an den Alarmposten** enthält die nötigen Informationen zur Lage und Anweisungen zum Auftrag und zur Durchführung, u. a. die Bezeichnung (mit Nummer, Decknamen oder nach Geländepunkt), Platz und besondere Ausstattung, z. B. mit Panzerabwehrhandwaffe.

3. **Der Alarmposten muss unbedingt wissen/kennen** (Bild 2):
- Wann und wo ist vermutlich mit **Feind** zu rechnen?
- Auftrag und Verhalten der **eigenen Truppe** und der **Nachbarn**.
- **Alarmstellungen** der eigenen Truppe.
- Stellungen **benachbarter Alarmposten/Feldposten**.
- Wo sind **eigene Streifen und Spähtrupps** eingesetzt, mit welchem Auftrag und auf welchen Wegen?
- Sind **Sperren** zu überwachen?
- **Beobachtungs-/Wirkungsbereich** mit linker und rechter Grenze. Wer beobachtet in **nicht einzusehende Räume?**
- Bei welchen Wahrnehmungen und wie ist zu **alarmieren?**
Feuervorbehalt? Wann Feuererlaubnis?
- Welches **Verhalten nach der Alarmierung** ist befohlen? Ausweichen? Auf welchem Wege? Bei wem melden und wo?

4. **Grundregeln für das Verhalten als Alarmposten:**
• Der Alarmposten darf seinen **Platz ohne Befehl nicht verlassen.** Stets **wachsam** sein.

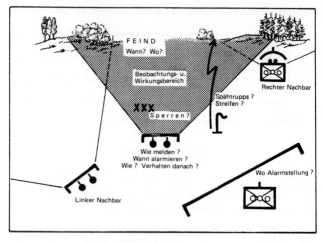

Bild 2   Was der Alarmposten wissen muss

- Jederzeit **„Klar zum Gefecht"**, Kampfmittel griffbereit halten.
- Alle Beobachtungen sorgfältig prüfen und solche von Bedeutung **melden.**
- Wichtige Meldungen eines Doppelpostens kann ein Soldat als **Melder** überbringen, wenn Übermittlung anders nicht möglich.
- Unmittelbaren **Vorgesetzten** und solchen mit besonderem Aufgabenbereich nach Aufforderung melden (Bezeichnung, Dienstgrad, Name, Beobachtungen). Dabei Platz beibehalten und beobachten.
- Unbekannte oder verdächtige Personen **überprüfen**. Dabei sichern (Anrufen durch Wachen und Posten siehe entsprechendes Kapitel).
- Droht der eigenen Truppe Gefahr, ist zu **alarmieren.**. Das weitere Verhalten richtet sich nach dem Auftrag.
- Die Stellung ist – wenn nichts anderes befohlen – zu **verteidigen.**

5. **Verhalten bei der Kontrolle, Überprüfung von Personen und Fahrzeugen (an Sperren und Einfahrten):**
- Die Soldaten müssen sich so verhalten, dass der Kontrollpunkt nicht schon von weitem erkannt werden kann: gedeckt aufstellen, nicht vorzeitig aus der Deckung heraustreten.

- Der kontrollierende Soldat muss gesichert sein. Er darf nicht im Schussfeld stehen.
- Weitere Personen und Fahrzeuge, die sich während eines Kontrollvorganges nähern, sind so weit entfernt anzuhalten, dass von ihnen kein Überfall ausgehen kann.
- Alle unbekannten Personen, auch solche in der Uniform der eigenen Truppe, der verbündeten Streitkräfte, des Bundesgrenzschutzes und der Polizei, sind zu überprüfen.
- Nur wer sich zweifelsfrei ausgewiesen hat, darf passieren. Für gesicherte Anlagen und Einrichtungen ist häufig eine zusätzliche Zutrittsberechtigung erforderlich.
- Die Fahrzeugkontrolle erstreckt sich auf die Fahrzeugpapiere, bei Militärfahrzeugen zusätzlich auf den Einsatz-Fahr-Befehl, die Innenräume und die Ladung, soweit nicht Stichproben oder nur bestimmte Kontrollen als Auftrag gegeben worden sind.
- Bei Kraftfahrzeugkolonnen wird nur der Führer oder das Spitzenfahrzeug kontrolliert. Die passierende Kolonne muss bei der Einfahrt auf mögliche „Fremdfahrzeuge" überprüft werden.
- Bei unbekannten Streifen, Spähtrupps und Teileinheiten wird ebenfalls nur der Führer kontrolliert: dazu zunächst nur den Führer zum Kontrollpunkt heranlassen.
- Personen, die sich nicht ausweisen können oder trotz gültiger Papiere verdächtig sind, werden festgehalten. Das Festhalten ist sofort dem zuständigen Führer zu melden. Die festgehaltene Person ist – soweit es die Lage erfordert und erlaubt – auf Waffen und Kampfmittel zu durchsuchen.
- Sperren dürfen erst nach Abschluss der Kontrolle geöffnet werden.
- Sind keine verschärfenden Maßnahmen befohlen, richtet sich die Anwendung Unmittelbaren Zwanges nach den Bestimmungen für den Wachdienst,
- Wird eindeutig Feind erkannt, ist er mit allen Mitteln entschlossen zu bekämpfen. Die einschränkenden Bestimmungen für den Wachdienst fallen dann weg.

6. **Verhalten bei der Ablösung:**
- Dem Alarmposten zum befohlenen Zeitpunkt und auf dem festgelegten Weg **gedeckt** und **leise** nähern; rechtzeitig bemerkbar machen.
- Wenn nicht anders befohlen, wird der bisherige Auftrag übernommen.
- Ablösung gründlich in den „Befehl für den Alarmposten" **einweisen,** auf Einzelheiten im Gelände **aufmerksam machen,** Beobachtungen **mitteilen** und Sonderausrüstung **übergeben.**
- Sind **Streifen/Spähtrupps** unterwegs, angeben, wo sie zurückerwartet werden und welche Erkennungszeichen vereinbart sind.

- Die Übergabe endet mit der Meldung **„Alarmposten richtig übergeben"** und der Bestätigung **„Alarmposten richtig übernommen".** Damit ist die Verantwortung auf den neuen Alarmposten übergegangen.
- Der abgelöste Posten meldet sich bei seinem Führer zurück.

Es ist besonders zu beachten:

Von der ununterbrochenen Wachsamkeit des Alarmpostens hängt die Sicherheit der Truppe und ihrer Einrichtungen ab – Der beste Schutz für den Alarmposten selbst sind gedecktes Beziehen der Stellung, Tarnung, unauffälliges Verhalten sowie ständige und angestrengte Aufmerksamkeit – Den Beobachtungsbereich lückenlos beobachten – Durch Personenkontrollen darf die Wahrnehmung des Auftrages nicht beeinträchtigt werden – Bedenke: unnötige Alarmierung belastet die Truppe und zwingt sie in die Alarmstellung, zu späte oder unterlassene Alarmierung gefährdet die Truppe in höchstem Maße! – Der Auftrag als Alarmposten schließt die genaue und vollständige Einweisung der Ablösung ein. Erst dann ist er beendet.

III. FELDPOSTEN

1. **Feldposten** (Bild 1) haben die Aufgabe,
- die **Truppe,** deren **Einrichtungen** oder wichtige **Objekte vor überraschenden Angriffen** auf der Erde und aus der Luft **zu schützen,**
- die Truppe zu **alarmieren** und ihr **Zeit zum Herstellen der Gefechtsbereitschaft zu geben,**
- die feindliche **Aufklärung** zu **erschweren.**

Meist besteht der Feldposten aus einer **Gruppe.**
Der Feldposten hat seine **Stellung** zu **verteidigen.**

2. Nach der Erkundung gibt der Feldpostenführer den **„Befehl an den Feldposten",** der neben Bezeichnung (Nummer, Geländepunkt, Deckname oder Name des Feldpostenführers), Lage (Feind, eigene Truppe), Auftrag, Versorgung und Personal, Führung und FmWesen insbesondere in allen **Einzelheiten** die **Durchführung** festlegt. Dies sind vor allem:
- Lage der Kampfstände mit Wirkungsbereichen und Hauptschussrichtungen;
- Ausbau und Tarnung der Stellung, Alarmvorrichtungen und Sperren;
- benachbarte Feldposten und Alarmposten, Streifen und Spähtrupps im eigenen Bereich;
- Platz und Auftrag des Alarmpostens, Alarmierung, Ablösung;
- Verhalten des Feldpostens bei Feindberührung;
- Verhalten der nicht als Alarmposten eingeteilten Soldaten.

Dazu: Platz des Feldpostenfühers.

Verhalten des Soldaten im Rahmen des Feldpostens:
- **Ausbau der Kampfstände** so, dass der Feuerkampf in den befohlenen Wirkungsbereichen geführt werden kann.
- Innerhalb der Feldpostenstellung **Verbindung** zu den Nachbarn.
- Verhalten als **Alarmposten.**
- Nicht als Alarmposten eingeteilte Soldaten können, soweit ohne anderen Auftrag, ruhen.
- Bei **unmittelbar bevorstehender Feindberührung**, unübersichtlichem Gelände oder eingeschränkter Sicht müssen zeitweise weitere oder alle Soldaten in ihren Kampfständen „Klar zum Gefecht" sein und beobachten.
- Bei **Alarmierung:** „Klar zum Gefecht" im Kampfstand, Gefechtsfeld beobachten, Blickverbindung zum Feldpostenführer, auf Feuerkommando warten.
- Hat sich der Feldpostenführer die **Feuereröffnung** nicht vorbehalten, dann wird das Feuer selbstständig entsprechend dem Auftrag eröffnet.
- Bei **Ablösung:** Einweisung der ablösenden Soldaten in Auftrag und Besonderheiten. Ablösung des Alarmpostens siehe entsprechenden Abschnitt.
- Bei **Feindangriff während der Ablösung** führt der abgelöste Feldpostenführer.

IV. ALARMPOSTEN UND FELDPOSTEN BEI EINGESCHRÄNKTER SICHT

1. Die Aufstellung von Alarmposten und Feldposten bei eingeschränkter Sicht lehnt sich meist an Straßen und Wege an.

2. IR-Geräte, Radargeräte sowie pyrotechnische Mittel erleichtern die Beobachtung, jedoch ist zu beachten, dass der Feind diese Mittel aufklären und ihr Einsatz die eigene Stellung verraten kann.

3. Für die **Durchführung** gelten folgende Grundsätze:
- Die Stellung wird gegenüber der Aufstellung bei klarer Sicht häufig gewechselt. Sie soll vor dunklem Hintergrund oder im Mondschatten und so liegen, dass gegen den Horizont beobachtet werden kann.
- Die Tarnung muss den Einsatz von IR-Geräten durch den Feind berücksichtigen.
- Bei starkem Wind ist ein windgeschützter Platz zu wählen oder der Alarmposten – als Horchposten – von der Stellung abzusetzen.
- Einfache, im Vorgelände angelegte **Alarmanlagen**, z. B. Stolperdraht mit Bodenleuchtkörper, können Feind in der Annäherung verraten.

- Die in der Sicherung eingesetzten Soldaten dürfen nicht durch eigene Gefechtsfeldbeleuchtung angeleuchtet werden.
- Einzelne Waffen sollen auf bestimmte Geländepunkte und festgelegt werden, z. B. auf Sperren, Brücken, Engen.
- Die Ablösung muss vor Übernahme die Augen an die Dunkelheit gewöhnt haben.
- Von zwei Posten wird immer nur einer im Wechsel abgelöst.
- **Pfade und Wege**, die dem Verkehr von Meldern, Ablösungen und Kontrollen dienen, sind von Hindernissen, dürren Ästen und in den Weg hineinragenden Zweigen **freizumachen**. Notfalls müssen solche Verbindungen gekennzeichnet werden.
- Die Alarmierung muss schnell, sicher und lautlos erfolgen können.

V. STREIFE

1. **Streifen** (zu Fuß, auf Fahrrädern, mit Kfz) haben vor allem die **Aufgabe**,
- **Verbindung** zu Alarmposten, Feldposten und Spähtrupps zur Sicherung **aufzunehmen**,
- **Lücken** zu **überwachen**,
- innerhalb **geschützter Objekte** deren Zustand zu **prüfen**!
- **Geländeteile, Objekte** oder **Anlagen überwachen**.

Eine Streife wird wie ein Feldposten bezeichnet.

2. Die Streife, mindestens ein Streifenführer und ein weiterer Soldat, hat vor allem zu beobachten, je nach Auftrag Personen und Vorgänge zu überprüfen, zu melden und zu alarmieren.

Sie kämpft nur, um sich zu verteidigen oder Bedrohung/Schäden von eigenen Kräften/Material/Objekten abzuwenden oder Feind am Ausweichen zu hindern.

3. Der Streifenführer befiehlt in dem **„Befehl für die Streife"** neben Lage (Feind, eigene Truppe), Auftrag, Versorgung und Personal, Führung und FmWesen (Parole oder Kennwort, Zeichen) vor allem **Einzelheiten zur Durchführung:**
- Bewaffnung, Anzug, persönliche Ausrüstung (entbehrliche Gegenstände zurücklassen, ABC-Schutzausstattung am Mann; bei Dunkelheit: Feldmütze),
- Art des Vorgehens (Vorfahrens),
- Verhalten bei Annäherung an andere eigene Sicherungen,
- Verhalten bei Feindberührung.

4. **Verhalten des Soldaten im Rahmen der Streife:**
- Bereitschaftsgrad „Klar zum Gefecht".
- Grundsätzlich: Verhalten wie im Spähtrupp.
- Während der Bewegung und aus Beobachtungshalten das Gelände beiderseits des Streifenweges sorgfältig beobachten.
- Beobachtungsbereiche wie in der Schützenreihe, für weniger als 4 Soldaten werden sie vom Streifenführer befohlen.
- Bei Annäherung an andere eigene Sicherungen so verhalten, dass Verwechslung mit Feind nicht möglich ist: gedeckt zur Feindseite rechtzeitig Deckung verlassen und zu erkennen geben; bei eingeschränkter Sicht oder in unübersichtlichem Gelände in ausreichender Entfernung anhalten und sich zu erkennen geben.

VI. SPÄHTRUPP

Spähtrupps zu Fuß, auf Fahrrädern, mit ungepanzerten Kraftfahrzeugen und gepanzerte Spähtrupps werden zur **Gefechtsaufklärung** und zur Sicherung eingesetzt. Mögliche **Aufgaben:**
- Stärke, Gliederung, Ausrüstung und Verhalten des Feindes in einem bestimmten Raum festzustellen, ggf auch durch Kampf, oder: ihn aufzuspüren und Fühlung zu halten;
- Gelände von einem befohlenen Geländepunkt aus oder größere Lücken/unübersichtliche Geländeteile zwischen eigenen Sicherungen zu überwachen;
- Verbindung aufzunehmen und zu halten;
- Objekte zu überwachen;
- Gelände zu erkunden;
- Sperren und Geländekontaminationen aufzuklären.

Spähtrupps werden wie Feldposten bezeichnet.

Spähtrupp zu Fuß

1. Sie sind zur Gefechtsaufklärung geeignet bei geringer Entfernung um Feind, in schwierigem Gelände und bei eingeschränkter Sicht und über Gewässer hinweg. Aufklärungstiefe: 4–5 km. **Stärke:** meist eine **Gruppe.**

2. **Allgemeine Regeln:**
- Spähtrupps sollen **viel sehen und hören**, ihre Beobachtungen **schnell melden** und vom Feinde **unerkannt bleiben.**

- Sie sollen den **Kampf meiden,** solange es möglich ist. In rückwärtigen Gebieten jedoch haben sie häufig die Anweisung, nicht kampflos auszuweichen.
- Jeder Spähtrupp hat den ständigen Auftrag, zugleich das **Gelände zu erkunden.**
- **Zögern und große Umwege gefährden die zeitgerechte Erfüllung des Auftrages.**
- **Meldungen** müssen **eindeutig** abgefasst werden (siehe „Melden"). Als Tatsache kann nur gemeldet werden, was der Spähtrupp gesehen oder durch Anwesenheit festgestellt hat. Die erste Feindberührung ist grundsätzlich zu melden.

3. **Vorbereitung** – Nach Erhalt seines Auftrages befiehlt der Spähtruppführer das Fertigmachen des Spähtrupps. Er gibt den Auftrag und die Abmarschzeit bekannt und bestimmt Anzug und Ausrüstung. Unter Aufsicht des Stellvertreters bereiten sich die Soldaten des Spähtrupps vor:
- Anzug, Ausrüstung (Verbandpäckchen), Waffen, Munition und Kampfmittel auf **Vollzähligkeit** und **brauchbaren Zustand** überprüfen und ergänzen.
- **Nicht benötigte Ausrüstung** und schriftliche Unterlagen verpacken kennzeichnen und beim Kraftfahrer der Gruppe oder dem Zugtrupp abgeben. ABC-Schutzausstattung und Truppenausweis bleiben am Mann.
- Verpflegen und Feldflasche füllen.
- Gesicht, Hände, Stahlhelm, Oberkörper, Waffe und Gerät **tarnen** (siehe „Tarnen und Täuschen") und Ausrüstung so herrichten, dass sie weder behindert, klappert oder verlorengehen kann.
- **Sprechfunk** überprüfen und **Sprechtafel** empfangen (Spähtrupps erhalten meist eine gesonderte Sprechtafel).

4. Der Spähtruppführer gibt – möglichst mit Blick in das Gelände – den **„Befehl an den Spähtrupp",** der außer Lage (Feind, eigene Truppe), Auftrag (Zweck des Einsatzes), Versorgung und Personal, Führung und FmWesen insbesondere **Einzelheiten zur Durchführung** enthält, z. B.
- Reihenfolge im Spähtrupp; Weg und Rückweg;
- erster Beobachtungspunkt; erster Sammelpunkt;
- Verhalten bei Erreichen bestimmter Geländeteile, bei Feindberührung, beim Zusammentreffen mit Zivilpersonen und drohender Gefangennahme.
- Parole oder Kennwort; Rückmeldeort.

Jeder Soldat muss sich möglichst **viele Einzelheiten einprägen**, so dass er selbstständig im Sinne des Auftrages mithandeln kann. Er stellt Fragen, wenn etwas unklar ist.

5. **Durchführung** – Zum besseren Verständnis werden nachfolgend das Verhalten des Spähtrupps (–) und des einzelnen Soldaten (•) zusammengefasst.

- Bereitschaftsgrad **„Klar zum Gefecht"**; Trageweise der Waffe so, dass jederzeit der Feuerkampf aufgenommen werden kann.
- Vorgehen in **Schützenreihe;** dem Beispiel und den Zeichen des Spähtruppführers folgen, wenn dorthin keine **Sichtverbindung**, nach dem Vordermann oder anderen Soldaten des Spähtrupps richten.
- Innerhalb des Spähtrupps Sichtverbindung halten; von Zeit zu Zeit überzeugen, dass der Hintermann noch Verbindung hat.
- Möglichst **geräuschlos** bewegen und Hintermann auf Stellen, die Geräusche verursachen können, aufmerksam machen.
- Sprechen nur, und dann so leise wie möglich, wenn Verständigung auf andere Weise ausgeschlossen ist.
- Innerhalb des **Beobachtungsbereiches** das Gelände ständig mit den Augen absuchen. Jede verdächtige Wahrnehmung unauffällig melden.
- Bei Sicherungen am Wege des Spähtrupps über Feindbeobachtungen unterrichten und in das Gelände einweisen lassen; Auftrag, beabsichtigte Wege und Rückkehrzeit bekanntgeben, wenn möglich, Unterstützung absprechen sowie Erkennungszeichen, vor allem bei eingeschränkter Sicht, vereinbaren.
- Abschnittsweise von **Beobachtungspunkt zu Beobachtungspunkt vorgehen** und Beobachtungshalte einlegen. In Feindnähe sind die Abschnitte kleiner als weitab vom Feinde.
- Geeignete Beobachtungspunkte werden als **Sammelpunkte** befohlen.
- Merkmale der Sammelpunkte einprägen.
- In unübersichtlichem Gelände werden einzelne Soldaten zur **Sicherung** seitlich hinausgeschoben oder bis auf Höhe des Spähtruppführers vorgezogen.
- Erkennt ein Soldat **Feind,** ohne von diesem erkannt worden zu sein, nimmt er Deckung und meldet unauffällig. Sieht er, dass ein anderer Soldat in Deckung geht, folgt er dessen Beispiel.
- **Ist mit Feindberührung zu rechnen**, pirscht sich der Spähtruppführer mit einem Teil des Spähtrupps vor. Die übrigen Soldaten unter Führung des Stellvertreters überwachen das Vorgehen, folgen auf Zeichen oder selbstständig, wenn der Spähtruppführer einen vorher festgelegten Geländeabschnitt oder -punkt erreicht hat.
- **Feindliche Spähtrupps oder Sicherungen,** auf die der Spähtrupp trifft, ohne erkannt worden zu sein, werden vorbeigelassen bzw. umgangen. Melden und den Auftrag weiter durchführen.

- Je nach Auftrag, meist jedoch auf dem Rückweg, kann es zweckmäßig sein, **Feindspähtrupps auflaufen zu lassen** oder im Hinterhalt zu überwältigen und Gefangene zu machen.
- **Ist der Spähtrupp vom Feind erkannt:** entweder angreifen oder ausweichen. Zögern bringt den Spähtrupp in höchste Gefahr!
- Wird der Spähtrupp mit Feuer **überrascht**, dann sofort Feuer eröffnen und unter gegenseitigem Feuerschutz in die nächste Deckung ausweichen.
- **Überlegenen Feind** umgehen und Spähtruppziel aus einer anderen Richtung erreichen. Ist das nicht möglich: melden, beobachten, Befehl abwarten.
- **Verwundete** versorgt der Spähtrupp zunächst im Rahmen der Selbst- und Kameradenhilfe. Können sie erst auf dem Rückweg mitgenommen werden, bleiben sie in einem Versteck, ggf unter Zurücklassung eines kampffähigen Soldaten. Bei einem Schwerverwundeten oder mehreren Verwundeten muss der Spähtruppführer entscheiden oder Entscheidung einholen, ob der Einsatz u. U. abgebrochen wird.
- **Gefangene** werden mitgenommen; es muss Vorsorge getroffen werden, dass sie den Spähtrupp nicht verraten oder fliehen. Wenn möglich, sind sie in einem Versteck unter Bewachung zurückzulassen und auf dem Rückweg aufzunehmen.
- Das Verhalten des Spähtrupps nach **Erreichen des Spähtruppzieles** richtet sich nach dem Auftrag. Stets ist zu melden. Meist kehrt der Spähtrupp zurück.
- **Meldungen** werden mit dem Funksprechgerät übermittelt. Die Entsendung von Meldern ist die Ausnahme.
- Wird dem Spähtrupp der **Rückweg verlegt**, so ist der Feind zu umgehen oder es ist durchzubrechen. Der Durchbruch muss überraschend geführt und das Feuer darf erst im letzten Augenblick eröffnet werden. Der Spähtruppführer muss den Spähtrupp straff zusammenhalten.
- Bei der **Annäherung an die eigene Truppe** ist Vorsicht geboten. Insbesondere bei eingeschränkter Sicht und wenn der Spähtrupp nicht von den Sicherungen seines Truppenteils aufgenommen wird, nähert sich der Spähtruppführer mit ein oder zwei Soldaten der eigenen Linie und gibt sich zu erkennen. Erst nach der Verbindungaufnahme des Spähtruppführers folgt der Spähtrupp.

Vom Soldaten im Spähtrupp ist besonders zu beachten:

Auftrag und Einzelheiten einprägen – Gründliche Vorbereitung der Ausrüstung, Bewaffnung und des Anzuges – Bei der Durchführung: Nach dem Spähtruppführer richten – Gelände geschickt ausnutzen – Keine Geräusche verursachen – Verbindung halten – Beobachtungsauftrag gewissenhaft ausführen – Wahrnehmungen melden – Weg/Sammelpunkte einprägen – Jederzeit mit überraschender Feindberührung rechnen: stets bereit sein zum Feuerkampf – Bei Feindangriff: sofort schießen, nächste Deckung gewinnen, Zusammenhalt im Spähtrupp wahren.

Verteidigung

ZDv 3/11

I. ALLGEMEINES

1. **Verteidigen** heißt,
- ein bestimmtes Gelände zu **halten,**
- **angreifenden Feind** durch Feuer oder im Gegenstoß zu **vernichten** oder zu **zerschlagen.**

2. Verteidigt wird aus einer **Stellung** (siehe „Feuerkampf"), die wo immer möglich, zum Kampfstand (siehe „Schanzen") ausgebaut ist. Meist ist sie Teil der Stellung seiner Gruppe.
Ohne Befehl darf der Soldat seine Stellung nicht verlassen.

3. **Aufgabe des Soldaten in der Verteldigung** ist es, im engen Zusammenwirken innerhalb der Gruppe
- die zugewiesene Stellung auszubauen oder eine ausgebaute Stellung zu übernehmen und zu verbessern und sich in dieser Stellung so einzurichten, dass er seinen Aufftrag durchführen kann,
- die ihm zufallenden Aufgaben, z. B. als Alarmposten oder Horchposten, wahrzunehmen,
- vor einem Feindangriff oder nach Alarmierung in seinem Wirkungsbereich das Gelände ständig zu beobachten,
- im feindlichen Feuer in der Stellung auszuharren,
- Angriffe, zuletzt im Sturmabwehrschießen, vor der eigenen Stellung abzuschlagen,
- eingebrochenen Feind niederzukämpfen oder im Gegenstoß zurückzuwerfen und die Stellung wieder in Besitz zu nehmen.
- Sperren mit Feuer zu überwachen.

4. Grundregel für die Auswahl der Stellung:

Jede Stellung, aus der zu Fuß kämpfende Soldaten verteidigen müssen, soll frontal weniger Schussfeld haben, als die Kampfentfernung der eingesetzten Panzerfäuste gegen fahrende Ziele beträgt. Feindpanzer können dann erst auf die eigenen Stellungen wirken, wenn sie mit Panzerfäusten bereits treffsicher zu bekämpfen sind.

II. BEZIEHEN UND AUSBAU

1. Mit dem **Auftrag** zu verteidigen, werden dem Soldaten
- der Platz des Kampfstandes, die Art des Ausbaues und mögliche Wechselstellungen, insbesondere für Panzerabwehrhandwaffen und Maschinengewehr, sowie die für den Ausbau zur Verfügung stehende Zeit,
- der Wirkungsbereich mit der Hauptschussrichtung,
- der Zeitpunkt der Feuereröffnung und
- das Anlegen von Sperren

befohlen. Häufig wird der vorrangige Ausbau der Kampfstände für Panzerabwehrhandwaffen und Maschinengewehr festgelegt.

2. **Verhalten des Soldaten:**

- Überprüfen, ob die **Durchführung des Auftrages** von der befohlenen Stelle aus möglich ist. Dabei vor allem auf Geländeteile achten, die dem Feind die Annäherung erleichtern. Wird ein geeigneterer Platz gefunden, dann ist dies zu melden.

- Innerhalb der Kampfentfernung soll der **Wirkungsbereich, insbesondere das Gelände nahe vor der Stellung, lückenlos mit Feuer beherrscht** werden können. Probeanschläge durchführen und verschiedene Geländepunkte anvisieren. Nicht einzusehende Räume melden.

- Abstimmung der **Grenzen** des Wirkungsbereiches mit den Nachbarn, so dass keine unbeobachteten Räume bleiben und festgestellt wird ob und wo gegenseitige Feuerunterstützung möglich ist.

- **Lage des Kampfstandes** dem Gelände so anpassen, dass durch richtige Platzwahl das Tarnen erleichtert wird (siehe „Tarnen und Täuschen").

- Kampfstand bauen und tarnen (siehe „Schanzen").

- **Zielskizze** anfertigen, dabei die Geländetaufe des Gruppenführers zu Grunde legen und Entfernungen zu Geländepunkten unterschiedlicher Entfernung möglichst genau ermitteln (Abschreiten).

III. DIENST IN DER STELLUNG

1. Der Dienst in der Stellung wird durch Einzelbefehle des Gruppenführers geregelt. Dazu gehören **Beobachtung und Sicherung, Vorbereitung für den Kampf bei eingeschränkter Sicht und Versorgung.**

2. Der Soldat kann eingesetzt werden als Alarmposten, Horchposten und ABC-Warnposten oder im Spähtrupp (siehe „Sicherung und Gefechtsaufklärung"), als Luftraumspäher (siehe „Fliegerabwehr (zu Lande)"), zum Transport von Versorgungsgütern oder zu Arbeiten in der Stellung.

3. Bei klarer Sicht werden nur Arbeiten ausgeführt, die der Erd-und Luftbeobachtung des Feindes entzogen werden können. Alle nicht eingeteilten Soldaten sollen möglichst ruhen.

4. **Verhalten des Soldaten:**
Selbstständig und laufend unterrichten über Lage, festgelegte Zeichen, Parole, Alarmmaßnahmen, eigene Kräfte im Vorgelände und deren Auftrag.
- **Kampfstand verbessern** und **Tarnung ergänzen** bzw. erneuern.
- **Waffen, Gerät und Ausrüstung** durchsehen und pflegen insbesondere dann, wenn die Stellung unter Feindfeuer lag.
- **Körperpflege** betreiben und persönliche Angelegenheiten erledigen.
- Zur Vorbereitung auf den Kampf bei eingeschränkter Sicht **Waffe behelfsmäßig festlegen** (siehe „Feuerkampf").

IV. KAMPF IN DER STELLUNG

1. Der **Feuerkampf** wird zunächst vom Gruppenführer **geleitet,** geht dann aber meist in einen selbstständig geführten Feuerkampf über.

2. Mit folgenden **Angriffsverfahren** ist zu rechnen:
– Es liegt **Vorbereitungsfeuer** auf der Stellung, der Feind fährt mit gepanzerten Fahrzeugen (Kampfpanzer mit aufgesessenen Schützen, Schützenpanzerwagen) bis an die Splittergrenze seines Feuers heran, sitzt ab und versucht unter gleichzeitigem Verlegen des Feuers in die Stellung einzubrechen.
– Bei **eingeschränkter Sicht** nähert sich der Feind lautlos und ohne Feuerunterstützung an oder sickert bis in die Stellung und versucht überraschend einzubrechen bzw. die Stellung aufzurollen.

3. Auch in einem Gelände, das die Panzerabwehr mit Handwaffen und Kampfmitteln begünstigt, sowie bei eingeschränkter Sicht muss mit gepanzerten Kampffahrzeugen gerechnet werden. Der Feind setzt dann zumeist seine **Kampfpanzer** im **engen Zusammenwirken** mit der **Infanterie** ein, die vom Schützenpanzer kämpft, abgesessen gleichzeitig mit den Kampfpanzern angreift oder aufgesessen auf diesen vorfährt. Folgende Grundsätze des Verhaltens feindlicher gepanzerter Kampffahrzeuge sind stets anzunehmen:

- **Es wirken immer mehrere gepanzerte Kampffahrzeuge zusammen.**
- Können gepanzerte Kampffahrzeuge abgesessen angreifender Infanterie nicht folgen, **unterstützen** sie meist aus **rückwärtigen Stellungen.**
- **Gepanzerte Spähtrupps** bestehen aus 3–5 gepanzerten Kampffahrzeugen, die raupenartig oder überschlagend von Beobachtungspunkt zu Beobachtungspunkt vorfahren und sich gegenseitig Feuerschutz geben.

4. Für den Feuerkampf des einzelnen Soldaten gelten folgende **Grundregeln:**

- Der **MG-Schütze** eröffnet das Feuer auf weiteste Kampfentfernung, jedoch fast immer **flankierend eingesetzt** und frontal gedeckt gegen abgesessene oder auf Kampffahrzeugen aufgesessene Schützen und gegen anfahrende Panzer. Zweck: Die Schützen von den Panzern trennen, die Besatzung zum Schließen der Luken zwingen.
- Mit **Gewehr** werden abgesessen angreifende Schützen und ausgebootete Panzerbesatzungen innerhalb der Kampfentfernung bekämpft. Scharfschützen bekämpfen möglichst Kommandanten von Kampfpanzern und anderes Führungspersonal.
- Gegen gepanzerte Kampffahrzeuge ist das Feuer erst dann zu eröffnen, wenn der erste Schuss mit Sicherheit ein Treffer sein kann. Besonders wirksam jedoch ist der **gemeinsame Kampf der Panzerabwehrhandwaffen** der Gruppe innerhalb der Kampfentfernung.

5. **Verhalten des Soldaten:**

- Liegt **Vorbereitungsfeuer** auf der Stellung, dann im Kampfstand oder Unterschlupf **Deckung nehmen.** Als Alarmposten: ununterbrochen das Gefechtsfeld beobachten.
- Bricht das Vorbereitungsfeuer ab oder wird es verlegt, dann **Deckung verlassen, Wirkungsbereich beobachten** und Verbindung zu den Nachbarn und dem Gruppenführer halten. Als Alarmposten: alarmieren.
- Ist die Feuerleitung durch den Gruppenführer nicht möglich, das **Feuer** selbstständig erst dann **eröffnen,** wenn sich der Feind innerhalb der **Kampfentfernung** befindet.

- Wird der Soldat selbst nicht angegriffen, dann **Nachbarn unterstützen.**
- Mit kurzen Zurufen („Geradeaus – 250 – brennender Panzer – im Busch links davon Feind!") sich gegenseitig über Ziele verständigen und **Feuer dorthin zusammenfassen.**
- Auf nächste Entfernung **stürmenden Feind** mit kurzen Feuerstößen abwehren (Sturmabwehrschießen).
- Gelingt dem Feind an einer Stelle der Einbruch, dann mit den Nachbarn in kurzen Zurufen zum **Gegenstoß** verständigen: Feuerschutz und Handgranatenwerfer einteilen, sofort nach der Detonation vorstürmen.
- **Vorbeistoßenden Feind** in Flanke und Rücken bekämpfen.
- Wird die Stellung von **Panzern überrollt,** dann kurz Deckung nehmen und Feuerkampf gegen den eingebrochenen und nachfolgenden Feind fortsetzen. **Keinesfalls den Kampfstand verlassen:** auch im Panzer ist ein Ziel in Bewegung schnell aufzufassen.
- Gegen **liegengebliebene Feindpanzer** mit anderen Soldaten – häufig aus eigenem Entschluss – vorgehen (siehe „Panzerabwehr aller Truppen") und Panzer vernichten.
- In **Kampfpausen** Verwundeten erste Hilfe leisten, Munition und Kampfmittel ergänzen, Waffe überprüfen, Kampfstand, Deckung und Sperren wieder herrichten, verpflegen und ruhen. Vorher muss das Vorgelände vom Feind gesäubert werden.

6. **Ablösung** erfolgt meist bei eingeschränkter Sicht.
Für die **Durchführung** gelten folgende Verhaltensregeln:

- **Lautlos und ohne Licht** auf die Ablösung **vorbereiten,** insbesondere die eigenen Waffen und die Ausrüstung sowie Material, das in der Stellung zurückbleibt, z. B. Schanzzeug, zusätzliche Munition, Vorrichtungen zum Festlegen der Waffen.
- Die **ablösenden Soldaten** in den Kampfstand, die Lage, den Auftrag (Wirkungsbereich, Lage und Bedienung von Alarmanlagen und Leuchtfallen) sowie in die Einzelheiten des Geländes **einweisen** und vorbereitetes **Material übergeben.**
- **Übergabe und Übernahme** dem Gruppenführer **melden,** der dazu die Stellung abgeht. Gemeinsam im Kampfstand bleiben.
- Greift der Feind während der Ablösung an, unterstehen alle Soldaten den Führern der Truppe, die abgelöst werden soll.
- Abgelöste Soldaten verlassen erst auf Befehl lautlos die Stellung und gehen zum befohlenen **Sammelpunkt.**

V. RÄUMEN DER STELLUNG

1. **Eine Stellung wird nur auf Befehl geräumt.**

2. Wenn die Stellung nicht bei eingeschränkter Sicht geräumt werden kann, wird das Räumen und Ausweichen fast immer durch das Feuer eigener schwerer Waffen überwacht und die Aufnahme vorbereitet.

3. Das Räumen wird im allgemeinen gesichert und dem Feind die bisherige Stärke der Besetzung vorgetäuscht.

4. Das Räumen und Ausweichen kann kämpfend oder in einem Zuge erfolgen.

5. **Verhalten des Soldaten:**
- Den **Sammelpunkt** und den **Weg** dorthin fest einprägen.
- Die Stellung **lautlos** und **ungesehen** vom Feinde räumen.
- **Von Deckung zu Deckung zurückarbeiten.**
- Wird kämpfend ausgewichen: gegenseitig **Feuerschutz** geben.
- Die vom Gruppenführer befohlene **Reihenfolge** einhalten.
- Nach Erreichen des Sammelpunktes in Feindrichtung **sichern** und Eintreffen der anderen Soldaten der Gruppe abwarten.
- **Neue Stellungen** von rückwärts beziehen, Stellung herrichten und „Klar zum Gefecht" herstellen.

Bereitschaftsgrade

ZDv 3/11

1. Bereitschaftsgrade erleichtern Befehle und Meldungen. Es werden folgende **allgemeine Bereitschaftsgrade** unterschieden:
- **Marschbereitschaft,**
- **Gefechtsbereitschaft,**
- **Klar zum Gefecht.**

2. Auf das Kommando: **„Marschbereitschaft herstellen!"** ist
- die Technische Durchsicht des Kraftfahrzeuges abzuschließen,
- vom Führer der Teileinheit die Vollzähligkeit der Ausstattung zu überprüfen,
- das Fahrzeug zu beladen und ausreichend zu betanken,
- allen Soldaten der Marschbefehl bekanntzugeben,
- das Fahrzeug mit Flaggen, ggf mit der Marschkreditnummer zu kennzeichnen,
- in die Lafette des Fahrzeugs das Maschinengewehr einzusetzen,
- das Fahrzeug zu enttarnen oder Marschtarnung (im Frieden nicht auf öffentlichen Straßen) anzubringen,
- aufzusitzen oder abrufbereiter Aufenthalt in der Nähe des Fahrzeugs erforderlich.

3. Auf das Kommando **„Gefechtsbereitschaft herstellen"** sind
- Waffen, Munition und Gerät zu überprüfen,
- die Handwaffen zu entölen (einschließlich der Ersatzrohe) und teilzuladen,
- die Funkgeräte zu überprüfen, die befohlenen Frequenzen zu rasten bzw. der befohlene Kanal einzustellen,
- die Panzerabwehrhandwaffen gefechtsbereit zu machen,
- die erforderlichen Tarnmaßnahmen durchzuführen oder zu überprüfen,
- die Stahlhelme aufzusetzen, soweit nichts anderes vorgeschrieben ist oder im Einzelfall befohlen wird,
- soweit möglich die Windschutzscheiben der Kraftfahrzeuge abzuklappen und zu tarnen, Führerhausverdecke und Verdecke von LKW 0,5 t herunterzuklappen und Ladeflächen der zum Mannschaftstransport eingesetzten Fahrzeuge abzuplanen, soweit der zuständige Führer nichts Abweichendes befiehlt.

4. Der Bereitschaftsgrad „Klar zum Gefecht" baut auf dem Grad „Gefechtsbereitschaft" auf. Wird sofort **„Klar zum Gefecht"** befohlen sind die Tätigkeiten der **„Gefechtsbereitschaft" nachzuholen.**

5. Auf das Kommando **„Klar zum Gefecht"**
- sind die Handwaffen fertigzuladen und zu sichern, (Handwaffen in Halterungen, z. B. die von Kraftfahrern, Funkern, Panzerbesatzungen, bleiben teilgeladen),
- bleiben die Panzerabwehrhandwaffen „Gefechtsbereit", solange der Feuerkampf mit Panzerabwehrhandwaffen nicht unmittelbar bevorsteht,

Bei **„Klar zum Gefecht"** hat sich der Soldat so zu verhalten, dass er **unverzüglich den Kampf** auch gegen überraschend auftretenden Feind **aufnehmen kann.**

6. **Jeder Soldat meldet** dem Führer seiner Teileinheit die Ausführung der ihm ständig oder durch Einzelauftrag befohlenen Tätigkeiten sowie die dabei festgestellten Mängel.

Anrufen durch Wachen und Posten (Parole)

ZDv 3/11

1. Der Gebrauch der **Parole** ist das geeignetste Verfahren zur Identifizierung unbekannter Personen, die sich einer Stellung nähern. Die Parole besteht aus **Anruf** und **Antwort.**

2. Die beiden Wörter, die eine Parole bilden, müssen zweisilbig und leicht aussprechbar sein. Sie dürfen keinen offensichtlichen Sinnzusammenhang haben, da die Antwort sonst nach einem Anruf erraten werden könnte.
Die Parole wird täglich neu befohlen.

3. Anwendung

Maßnahmen des Postens	Maßnahmen der angerufenen Person oder Gruppe
Meldet die Annäherung einer Person oder Gruppe seinem unmittelbaren Vorgesetzten und hält die Waffe auf sie gerichtet.	
Wartet, bis die Person oder Gruppe in Hörweite ist (nicht näher, damit ein überraschendes Stürmen seiner Stellung nicht möglich ist) und befiehlt: „Halt! – Hände hoch!"	Hält an, hebt die Hände.
Weist eine Person mündlich oder durch Handzeichen an, näher zu kommen, z. B.: „Einer vortreten!"	Person oder Führer der Gruppe nähert sich dem Posten.
Läßt die unbekannte Person so nahe herankommen, dass sie zu erkennen ist oder den mit leiser Stimme gegebenen Anruf der Parole verstehen kann und befiehlt: „Halt!"	Hält an.
Gibt – wenn er die Person nicht erkennt – mit leiser Stimme den Anruf der Parole, z. B. „Winter".	Gibt die Antwort, z. B. „Hamburg".
Fragt die Person nach ihrem Auftrag und der Anzahl der weiteren Personen. Lässt die angerufene Person und die weiteren Personen passieren.	Antwortet, holt die Gruppe heran und passiert mit ihr den Posten.

Übermittlungszeichen

ZDv 3/11

I. ALLGEMEINES

Zeichen dienen zum **Übermitteln** von Befehlen, Meldungen und Wahrnehmungen vor allem, wenn eine andere Art der Übermittlung nicht möglich oder nicht zweckmäßig ist.

II. BERÜHRUNGSZEICHEN UND GERÄUSCHZEICHEN

1. In unmittelbarer Feindnähe oder bei starkem Gefechtslärm sind häufig **Berührungszeichen** nötig.

Berührungszeichen	Bedeutung
– Leichter Schlag auf den Kopf	Achtung!
– Druck auf Kopf, Schulter oder Körper	Deckung nehmen!
– Aufwärtsziehen an der Uniform	Aufstehen!
– Ziehen an Koppel oder Uniform (von vorn oder von hinten)	Vorgehen! oder Zurückgehen!
– Kurzes Zurückziehen des Vordermannes	Halt!
– Leichter Stoß in den Rücken des Vordermannes	Marsch!
– Rütteln an der Waffe des anderen Soldaten und in die Richtung zeigen	Vorgehen überwachen!

2. **Geräuschzeichen,** z. B. Pfeifen, Klopfen, Klappern oder Schießen ersetzen oder ergänzen Sichtzeichen; sie sind im Einzelfall abzusprechen.

III. SICHTZEICHEN

1. **Sichtzeichen** sind als **Armzeichen** zu geben, bei eingeschränkter Sicht als **Lichtzeichen.**

Die **Geschwindigkeit beim Geben eines Zeichens** zeigt an, wie schnell oder langsam der Befehl ausgeführt werden soll.
Richtungsangaben gelten so, wie sie vom Empfänger aus gesehen werden.

2. Der **Empfänger** wiederholt die aufgenommenen Zeichen und bestätigt sie damit. Bei Armzeichen ist die Weitergabe zugleich Bestätigung. Lichtzeichen sind jedoch zunächst in Richtung des Gebenden zu bestätigen und dann erst weiterzuleiten.
Lichtzeichen in Richtung zum Feind hin sind abgedeckt zu geben. Falls eine Bestätigung nicht möglich ist, sind sie mehrmals zu wiederholen.
Militärische Verkehrsregelungszeichen und Zeichen zum Einweisen von Kraftfahrzeugen wiederholt der Empfänger nicht.

3. Übermittlungszeichen in der Entfaltung

Allgemeine Übermittlungszeichen

Arm-zeichen	Ausführung (Lichtzeichen = **L:**)	Bedeutung a) als Befehl b) als Meldung oder Mitteilung
	Ausgestreckten Arm senkrecht hochgehalten (bei Marsch mit Kraftfahrzeugen auch mit Winkerkelle). **L:** weiß, gleiche Armhaltung	a) **Achtung!, Ankündigung, Verbindungsaufnahme** b) **Verbindungsaufnahme** oder **Fertig!**
	Ausgestreckten Arm über dem Kopf mehrmals seitlich hin- und herschwenken. **L:** rot, gleiche Armbewegungen.	a) Im Anschluss an einen Befehl: **Irrung, Befehl aufgehoben!** b) **Nicht verstanden!** oder **Nicht fertig!**
	Beide Oberarme seitwärts in Schulterhöhe, Unterarm senkrecht nach oben halten.	a) **„Gefechtsbereitschaft" herstellen!**
	Ellenbogen seitwärts, Unterarme vor der Stirn kreuzen. Das Zeichen kann auch mit der Waffe in der Hand gegeben werden.	a) **„Klar zum Gefecht"**

Arm-zeichen	Ausführung (Lichtzeichen = **L:**)	Bedeutung a) als Befehl b) als Meldung oder Mitteilung
	Arm aus Schulterhöhe senkrecht hochstoßen: – einmal, – mehrmals schnell. **L:** grün, gleiche Armbewegungen.	a) **Marsch!** oder **Folgen!** a) **Marsch, Marsch!**
	Mit Arm in eine Richtung zeigen.	a) **Richtungsangabe!**
	Beide Arme ausgestreckt nach oben halten, Handflächen berühren sich. Das Zeichen kann auch mit der Waffe in der Hand gegeben werden.	a) **Schützenreihe!**
	Mit beiden seitwärts ausgestreckten Armen aus den Schultern heraus kreisen. Nur mit rechtem/linkem Arm.	a) **Schützenrudel!** a) **Schützenrudel rechts/links**

Armzeichen	Ausführung (Lichtzeichen = **L:**)	Bedeutung a) als Befehl b) als Meldung oder Mitteilung
	Oberarm seitwärts in Schulterhöhe, Unterarm nach oben halten. Unterarm mehrmals seitwärts pendeln lassen.	a) **Abstände vergrößern!** (bisherige Abstände werden verdoppelt)
	Oberarm seitwärts in Schulterhöhe halten, Unterarm nach unten hängend mehrmals seitwärts pendeln lassen.	a) **Abstände verringern!** (bisherige Abstände werden halbiert)
	Arm in Schulterhöhe mehrmals nach der Seite stoßen. **L:** grün, gleiche Armbewegungen.	a) **Bewegung nach rechts/links; weiter nach rechts/links!**
	Einen Oberarm seitwärts in Schulterhöhe heben, Unterarm nach unten abwinkeln, dann mehrmals nach unten stoßen. **L:** rot, gleiche Armbewegungen.	a) **Halten!**

Arm-zeichen	Ausführung (Lichtzeichen = **L:**)	Bedeutung a) als Befehl b) als Meldung oder Mitteilung
	Hand aus beliebiger Stellung einmal oder ruckartig nach unten schlagen.	a) **Deckung!**
	Beide Oberarme seitwärts in Schulterhöhe heben, Unterarm nach unten abwinkeln, dann mehrmals nach unten stoßen. Das Zeichen kann auch mit der Waffe in der Hand gegeben werden.	a) **Stellung!**
	Mit der Waffe in eine Richtung zeigen.	a) **Dort ist** b) **Feind!**
	Hand mit seitwärts gehaltenem Ellenbogen auf den Kopf legen, Breitseite der Hand nach vorn. **L:** rot, Blinklicht.	a) **Feuer einstellen! Stopfen!**

Armzeichen	Ausführung (Lichtzeichen = **L:**)	Bedeutung a) **als Befehl** b) **als Meldung oder Mitteilung**
	Spaten hochhalten oder auf andere Weise zeigen.	a) **Schanzen!**
	Kopfbedeckung oder Waffe senkrecht über den Kopf halten. **L:** grün, dreimal kurz blinken.	a) **Gangbar!** oder **Feindfrei!**
	Waffe oder Gerät mit beiden Händen waagerecht und quer zur Körperfront über den Kopf halten. **L:** rot, dreimal kurz blinken.	b) **Nicht gangbar!** oder **Feindbesetzt!**
	ABC-Schutzmaske aufsetzen, dann mit der Hand darauf hindeuten. (Weitere Zeichen für ABC-Alarm enthält die entsprechende Dienstvorschrift)	a) **ABC-** b) **Alarm!**

Arm-zeichen	Ausführung (Lichtzeichen = **L:**)	Bedeutung a) als Befehl b) als Meldung oder Mitteilung
	Einen Arm hochhalten, mit der gespreizten Hand wirbeln. **L:** weiß, gleiche Handbewegungen.	a) **Unterstellte Führer zu mir!**
	Beide Arme hochhalten, mit gespreizten Händen wirbeln.	a) **Melder zu mir!**
	Einen Arm hochhalten, über dem Kopf großen Kreis beschreiben. **L:** weiß, dreimal kurz blinken.	a) **Sammeln!**

4. Zeichen zum Einweisen von Fahrzeugen

Armzeichen	Ausführung (Lichtzeichen = **L:**)	Bedeutung
	Beide Hände etwa in Schulterhöhe vor dem Körper halten, Handflächen zum Körper, Winken zum Körper hin. **L:** grün, senkrecht vom Kinn zur Mitte des Körpers bewegen.	**Vorwärts fahren!**
	Beide Hände in Schulterhöhe vor dem Körper halten, Handflächen zum Fahrzeug, Winken vom Körper weg. **L:** grün, solange bis „Halt".	**Rückwärts fahren!**
	Mit der rechten/linken Hand, Handfläche zum Fahrzeug, seitlich in die Richtung stoßen, in die das Fahrzeug gelenkt werden muss. Geschwindigkeit, mit der das Zeichen gegeben wird, zeigt an, wie rasch das Fahrzeug gelenkt werden muss. **L:** grün, gleiche Armbewegungen.	**Rechts/links einschlagen!**

Armzeichen	Ausführung (Lichtzeichen = **L:**)	Bedeutung
	Beide Arme hochstrecken, Handflächen zeigen zum Fahrzeug **L:** rot, oder, wenn zuvor grünes Licht benutzt wurde – Licht aus (Absprache Einweiser/MKF).	**Halt!**
	Hände vor dem Körper, Handflächen zueinander, in dem Abstand voneinander gehalten, der angezeigt werden soll. Zusammenschlagen der Handflächen. **L:** Absprache Einweiser MKF.	**Angabe des Abstandes** / **Halt!**
	Aus der Stellung „Arme seitlich ausgestreckt" beide Hände mit den angewinkelten Ellenbogen über den Kopf bzw. den Helm führen. **L:** rot, Blinklicht.	**Motor abstellen!**

5. **Übermittlungszeichen beim Marsch mit Kraftfahrzeugen** sind nicht dargestellt.

Der Soldat im Winter

ZDv 3/11; ZDv 49/20; ZDv 49/21;
HDv 347/200

I. VORBEUGENDE MASSNAHMEN GEGEN KÄLTESCHÄDEN; ERSTE HILFE

Der **Schutz vor Kälte** verlangt zugleich auch immer den Schutz vor **Nässe**, **Schnee** und **Wind**.

1. **Kälteschäden,** z. B. Fußbrand, können unter besonderen Bedingungen, z. B. Tauwetterperiode, auch bei Temperaturen über dem Gefrierpunkt eintreten, z. B. wenn durchnässte Fußbekleidung tagelang nicht gewechselt wird.

2. **Vorbeugende Maßnahmen gegen Kälteschäden:**
- Die **einfachste Vorbeugungsmaßnahme** gegen jede Art von Kälteschäden ist **Bewegung.**
- **Zweckmäßige Bekleidung,,** d. h. passendes Schuhwerk, in dem die Zehen frei bewegt werden können, und nicht zu enge Bekleidung, die am besten wärmt, wenn sie in mehreren, lockersitzenden Schichten getragen wird.
- **Abhärtung** durch häufigen Aufenthalt im Freien und wenig beheizte Schlafräume.
- Nach körperlicher Belastung nicht unnötig der Kälte aussetzen: möglichst an **windgeschützten Stellen** rasten oder **Windschutz** aufbauen, und **nicht ohne Unterlage auf kalten oder nassen Untergrund setzen.**
- Die Füße sind durch Kälteschäden besonders gefährdet. Deshalb **regelmäßige Fußpflege:** Füße täglich kalt waschen; nasse Socken, so bald wie möglich wechseln, dabei die nackten Füße massieren und kneten.
- **Durchnäßte Unterbekleidung** alsbald wechseln oder trocknen
- **Alkohol ist als Kälteschutzmittel ungeeignet.** Er täuscht innere und äußere Erwärmung nur vor und führt zur gesteigerten Wärmeabgabe.
- **Gegenseitig auf sichtbare Kälteschäden oder Anzeichen dafür überwachen:** unnatürliche Blässe, weiße Ohren und weiße Nase deuten auf Kälteschäden hin (Reiben – **aber ohne Schnee!** – bis Hautfarbe zurückkehrt).
- **Ohren, Nase, Wangen und Kinn häufig reiben** und bei scharfem Wind das Gesicht durch vorgebundenes Tuch schützen. Das Gesicht kann durch Rumpfbeugen, Hände können durch Kneten, Reiben und Armschlagen um den Körper erwärmt werden. Gegen kalte Füße helfen Schleuder- und

Schüttelbewegungen und schnelles Laufen auf der Stelle. Die Zehen sollen im Schuh bewegt werden.
- **Bei strengem Frost dürfen Metallteile nur mit Handschuhen angefaßt** werden. Unbedeckte Körperstellen nicht mit Benzin in Berührung kommen lassen. Benzin erhöht die Gefahr von Kälteschäden erheblich.

3. **Erkennen von Erfrierungen:**
- Die betroffenen Körperteile sind weiß oder graubläulich verfärbt und werden steif.
- Anfänglich prickeln diese Stellen und können schmerzen, später werden sie taub und gefühllos.
- Leicht erfrorene Körperteile schmerzen in warmer Umgebung sehr bald heftig, bei schweren Erfrierungen bleiben die betroffenen Körperteile auch in der Wärme zunächst schmerzlos.

4. **Erste Hilfe bei Erfrierungen – Verboten ist es die erfrorenen Körperteile mit Schnee oder Eis abzureiben** und sie am Feuer oder mit warmem Wasser aufzutauen. Verboten ist ferner der Alkohol- und Nikotingenuss.
Richtig ist es,
- in leichten Fällen zunächst den ganzen Körper durch kräftige Bewegungen, in schweren Fällen durch Lagerung in einem nicht überheizten Raum zu erwärmen.
- erfrorene Körperteile unbedeckt zu lassen und unterkühlt zu halten.

Alle Erfrierungen bedürfen der baldigen ärztlichen Behandlung.

II. BEKLEIDUNG UND AUSRÜSTUNG

1. Die **Bekleidung** und die **Ausrüstung** müssen **ungehinderte Bewegungen zulassen:** Sie dürfen keine Abschnürungen und Druckstellen verursachen, z. B. zu enger Kinnriemen des Stahlhelms.

2. **Zeltbahn** und **Poncho** bieten Schutz vor Witterungsunbilden. Es lohnt sich, selbst bei kurzen Rasten die Zeltbahn freizumachen und sich einzuhüllen: die sich zwischen Körper und Zeltbahn schnell erwärmende Lufthülle ist ein wirksamer Schutz.

3. Jede Gelegenheit ist auszunutzen, nasse Bekleidung zu trocknen, zu pflegen und instand zu setzen. **Besonderer Pflege bedarf das Schuhwerk.** Zu häufiges Einfetten ist falsch. Es genügt, Schuhe wöchentlich einmal mit Leder-

fett und täglich mit Schuhkreme zu behandeln. Die Wasserfestigkeit wird erhöht, wenn in die Rille zwischen Sohle und Oberleder häufig festes Lederfett eingestrichen wird. Nach Entfernung von Eis und Schnee werden nasse Schuhe, ausgestopft mit Papier, Heu oder Stroh, in der Nähe von Wärmequellen, jedoch niemals direkt an Ofen/Heizungen oder Feuern, zum Trocknen aufgehängt.

III. VERPFLEGUNG

1. Der **Genuss von Lebensmitteln** in gefrorenem Zustand kann zu schweren Magen- und Darmverstimmungen führen. Gefrorene Lebensmittel sind erst unmittelbar vor dem Verzehr aufzutauen. **Wiederholtes Auftauen und Wiedereinfrieren ist verboten!**

2. Der unangenehme süße Geschmack leicht angefrorener Kartoffeln lässt sich dadurch beseitigen, dass diese vor dem Kochen einige Stunden in kaltes Wasser gelegt werden. Hartgefrorene Kartoffeln brauchen vor dem Kochen nicht aufgetaut zu werden.

3. **Schnee gegen Durst zu essen oder kaltes Wasser auf leeren Magen zu trinken, ist schädlich.** Bei Wassermangel darf nur sauberer Schnee geschmolzen, das Schmelzwasser abgekocht (20 Minuten) und möglichst mit Zusatz von Wasserentkeimungstabletten verwendet werden.

IV. BEHANDLUNG UND GEBRAUCH VON WAFFEN UND GERÄT

1. **Waffen** und **Gerät** können beschlagen und vereisen, wenn sie erheblichen Temperaturunterschieden in raschem Wechsel ausgesetzt sind. Die Folge sind Störungen und Rostbildung. Die **gleitenden Teile** sind deshalb **vor dem Schießen zu entölen.**

2. Zur Erhaltung der Einsatzfähigkeit sind folgende vorbeugende Maßnahmen für alle Handwaffen, Panzerabwehrhandwaffen und anderes empfindliches Gerät (im folgenden: Waffen) anzuwenden:
- Waffen möglichst unter Temperaturen aufbewahren, lagern und abstellen, unter denen sie verwendet werden, z. B. trockene, ungeheizte Räume.
- Waffen nicht in unmittelbare Nähe von Hitzequellen bringen.
- Im Freien sind Waffen durch Lagerung in Behältern, unter Überzügen und Planen zu schützen.

- Haufigeres Reinigen als sonst ist erforderlich, jedoch erst dann, wenn die Waffen die Umgebungstemperatur angenommen haben und trocken sind. Rohre unmittelbar nach dem Schießen mehrmals mit der Reinigungsbürste durchziehen. Metallteile nur leicht einölen.
- Bei Kälte unter −10° die gleitenden Teile, Patronengurte und Magazine entölen.
- Ist die Waffe warmgeschossen, sind die gleitenden Teile leicht einzuölen. In längeren Feuerpausen wieder entölen.
- Bevor eine Waffe geladen wird, sind stets einige Ladebewegungen (Verschluss zurückziehen und vorgleiten lassen) durchzuführen, um die Gängigkeit zu überprüfen.
- Sind bewegliche Teile einer Waffe festgefroren, darf nicht versucht werden, diese gewaltsam wieder beweglich zu machen. Festgefrorene Teile und Vereisung im Rohr mit angewärmtem Korrosionsschutzmittel auftauen.
- Waffen niemals unmittelbar auf Schnee legen (immer trockene Unterlage!), vor allem erhitzte Teile nehmen dabei Schaden. Heiße Rohre können sich z. B. verziehen. Eis, Schnee und Wasser im Rohr können Rohraufbauchungen oder -sprengungen bewirken.
- Patronenkästen/Munitionsbehälter, Magazintaschen, Werkzeugtaschen und -kästen sind so lange wie möglich geschlossen zu halten.

3. **Optisches Gerät,** z. B. Doppelfernrohr, Zielfernrohr, ist vor großen Temperaturschwankungen zu schützen. Es darf keinesfalls unmittelbar an Hitzequellen gelagert werden, weil sich dadurch im Innern Kondenswasser niederschlägt und die Strichplatten beschädigt sowie die Linsen getrübt werden können.

Vereiste Linsen dürfen nicht abgekratzt werden. Sie sind durch Handwärme abzutauen und mit dem Linsenreinigungstuch abzutupfen.

4. Friert an der **ABC-Schutzmaske** das Einatemventil fest und kann es durch kräftiges, ruckartiges Einatmen nicht bewegt werden, so muss der Atem angehalten, der Filter abgeschraubt und das Gummiplättchen vorsichtig mit dem Finger nach innen gedrückt werden. Ein festgefrorenes Ausatemventil taut nach wenigen Atemzügen von selbst auf. Ausatemventile dürfen weder mit dem Finger noch mit Gegenständen beweglich gemacht werden. Ventilsitz, Vorkammer und Ventilscheibe des Ausatemventils sind mit Frostschutzmittel (z. B. Glycerin) einzureiben. Das Anschlussgewinde ist dünn mit Vaseline einzustreichen, damit der Filter am Anschlussstück nicht festfrieren kann.

5. **Fernmeldegeräte** sind vor Kälte, Nässe, Schnee und Eis zu schützen. Sie sind möglichst nicht aus den Kraftfahrzeugen auszubauen, Der Ladezustand der Batterien ist besonders sorgfältig zu überwachen. Ggf sind sie vor dem Einsatz aufzuwärmen. Falls erforderlich nachladen.

V. TARNEN

1. In Mitteleuropa können im Winterhalbjahr Schneefall und Tauwetter in rascher Folge wechseln. Nur der Soldat ist wirksam getarnt, der sich diesem häufigen Wechsel schnell anpassen kann.

2. Für das **Tarnen bei Schnee** gelten hinsichtlich der Geländeausnutzung die gleichen Grundsätze wie für das Tarnen im schneefreien Gelände: häufig wird der **Erfolg der Tarnung** durch die **Platzwahl** bestimmt, d. h. in ungünstigem Gelände haben auch angestrengte Bemühungen um gute Tarnung häufig nur wenig Erfolg.

Bild 1   Getarnter Stahlhelm

Bild 2   Mit Schneegirlanden getarnter Soldat

3. **Offenes Gelände** mit geschlossener Schneedecke ist für das Tarnen ungünstig und möglichst auszusparen. **Günstig ist Schneegelände mit schneefreien Bodenbedeckungen oder mit schneefreien Teilen.**

4. Einfache Tarnmittel für den Soldaten, für Waffen und Gerät:
- **Schneetarnanzug,**
- **weiße Materialien,** z. B. Textilien, Kunststoffe, Spezialpapier, die als Überdeck- oder Garniermittel verwendet werden,

- **Schneegirlanden,** die aus einer Schnur bestehen, in die in unregelmäßigen Abständen etwa 20 cm lange Garniermittel eingeknotet sind,
- **Weißflecken,** die aus Garniermitteln in ungleichmäßige Stücke geschnitten sind und mit Bändern an Brust, Rücken und Oberschenkeln befestigt werden.

5. Anwendung der Tarnmittel

- Etwa 30 cm lange, weiße Streifen mit großen Knoten in das Stahlhelmtarnnetz einflechten, so dass der Umriss des Stahlhelms aufgelöst wird. Die Enden der Streifen sollen etwas über den Helmrand herabhängen (Bild 1).
- Weiße Garniermittel locker über das Stahlhelmtarnnetz legen und festknüpfen. Der umgeschlagene Teil der Garniermittel soll etwas über den Rand des Stahlhelms herabhängen.
- **Schneegirlanden** eignen sich zum Tarnen in jedem schneebedeckten Gelände (Bild 2). Es ist darauf zu achten, dass die an der Waffe angebrachten Garniermittel die schnelle und ungehinderte Handhabung nicht beeinträchtigen (Bild 3),
- mit **Weißflecken** tarnt sich der Soldat in Gelände mit starken Schwarz-Weiß-Gegensätzen, z. B. innerhalb von Siedlungen oder in Gelände mit schneefreien Teilen.
- **Tarnfächer, Tarnhauben** und andere behelfsmäßige Tarngeräte sind in schneebedecktem Gelände mit Weißflecken zu bedecken. Nur in offenem Gelände mit geschlossener Schneedecke dürfen diese Tarngeräte völlig mit weißen Garniermitteln bedeckt werden, die dann gleichmäßig und glatt aufzulegen sind. Runde Öffnungen für Beobachtung und Waffeneinsatz sind zu vermeiden.

Tarnfächer sind nicht senkrecht, sondern leicht geneigt zum Schützen hin aufzustellen.

Bild 3   Getarntes Gewehr

Panzerabwehr aller Truppen – Panzererkennung

Grundlagen der Panzerabwehr

ZDv 3/50

1. Auf dem Gefechtsfeld ist jederzeit mit dem Einsatz feindlicher gepanzerter Fahrzeuge zu rechnen, auch in rückwärtigen Räumen. Der **Kampf gegen gepanzerte Kräfte** ist die Aufgabe aller Truppen, besonders der Kampftruppen im Zusammenwirken mit den Kampfunterstützungstruppen und der Luftwaffe.

2. **Kampftruppen** führen den Kampf gegen Feindpanzer mit Kampf-, Jagd-Schützenpanzern, Panzerabwehrwaffen, -handwaffen und Kampfmitteln **Kampfunterstützungstruppen** unterstützen dabei mit Sperren (besonders Minensperren), Artilleriefeuer, Panzerabwehrhubschraubern und ausnahmsweise auch Fla-Kanonen im Erdeinsatz. Die **Luftwaffe** setzt dazu Jagdbomber mit Bomben, Raketen, Minen und Bordwaffen ein.
Stehen diese Kräfte nicht zur Verfügung, muss **jeder Soldat** (ausgenommen Sanitäter) im Rahmen der **Panzerabwehr aller Truppen** gepanzerte Fahrzeuge, die ihn unmittelbar bedrohen, mit Panzerabwehrhandwaffen und notfalls mit geeigneten Kampfmitteln auf nahe Entfernung vernichten können. Dazu gehören Entschlossenheit und Mut sowie die sichere Handhabung der Waffen, ihr zweckmäßiger Einsatz und der treffsichere Schuss.

3. **Gepanzerte Fahrzeuge (Rad- oder Kettenfahrzeuge) unterteilt man in Kampffahrzeuge** (Kampf-, Jagd-, Schützen-, Späh-, Artillerie-, Flugabwehr-, Luftlandepanzer) und **Spezialfahrzeuge** (Führungs-, Beobachtungs- Transport-, Räum-, Pionier-, Berge-, Brückenlegepanzer und gepanzerte Krankenkraftwagen). Sie kommen in allen Gefechtsarten zum Einsatz. Kampfpanzer wirken im Kampf meist eng mit Panzergrenadieren und auf- und abgesessener Infanterie zusammen.

4. **Stärken gepanzerter Kampffahrzeuge:**

a. **Feuerkraft**, z. B.:
– Bordkanonen gegen gepanzerte bzw. ungepanzerte Ziele bis 2500/3000 m,
– Bordmaschinenkanonen gegen leichtgepanzerte/Flug-/ungeschützte Ziele bis 1000/1200/2000 m,

- Lenkflugkörper gegen gepanzerte Ziele je nach Waffensystem bis 3800 m,
- Maschinengewehre gegen schwach gepanzerte oder ungeschützte Ziele/Flugziele bis 1200/900 m Kampfentfernung.

b. **Beweglichkeit** durch **Geländegängigkeit** und Geschwindigkeit:
Aufgrund der **Geländegängigkeit** können gepanzerte Kettenfahrzeuge
- mit ihrem geringen Bodendruck meist dort fahren, wo ein Soldat nicht tief einsinkt,
- Gräben (halbe Länge Laufwerk) mit festen Rändern überschreiten, Steigungen bis zu 70% (35°) überwinden,
- Mauern bis in Höhe der Nabe des Lauf- oder Antriebsrads überklettern, durch Gewässer ohne technische Vorbereitung waten (Höhe Kettenabdeckung), nach Vorbereitung tiefwaten (Oberkante Wanne) und unter Wasser fahren (bis 4 m Tiefe) oder schwimmen.

Die **Geschwindigkeit** gepanzerter Fahrzeuge reicht bis zu
- 75 km/h auf Straßen,
- 40 km/h im Gelände, abhängig von dessen Beschaffenheit und den Sichtverhältnissen.

c. **Panzerschutz** (Bild 1) gegen die Wirkung von Handwaffen und Geschosssplittern, z. T. von Minen, Panzerabwehrwaffen und -handwaffen, bedingt auch von ABC-Kampfmitteln. **Passive Zusatzpanzerung** (Stahl oder Keramik) erhöht den Schutz gegen Wucht- und Hohlladungsgeschosse; **reaktive Zusatzpanzerung** aus Sprengstoffpaketen verstärkt den Schutz gegen Hohlladungsgeschosse.

5. **Schwächen gepanzerter Fahrzeuge** sind das **eingeengte Sehfeld** (Zielauffassen, Geländebeurteilung, Verbindung) bei geschlossenen Luken und dadurch die **toten Räume** für Beobachtung und Waffenwirkung. **Geräusche** (Motor, Fahrwerk, Geräte) behindern die Besatzung vor allem bei geschlossenen Luken und begünstigen den Feind, besonders nachts. Durch **Bauart und Größe** sind gepanzerte Fahrzeuge auffällig und schwer zu tarnen. Die **Panzerung** ist nicht an allen Stellen **gleich stark.**

6. **Mit Feindpanzern ist stets zu rechnen;** das Gelände kann aber ihre Beweglichkeit und Feuerkraft einschränken. **Panzerhemmend** sind Wälder, Ortschaften, Hänge, Böschungen, Wälle, Gräben, Gewässer (je nach Uferbeschaffenheit, Stromgeschwindigkeit, Gewässergrund), weicher Boden (Sand, Morast). **Panzerhindernisse:** Dichte Wälder (Baumabstand 3 bis 4 m, -durchmesser über 30 cm), steile Hänge, Böschungen usw., breite Gräben, tiefe und breite Gewässer, Sümpfe und Moore. Weitere Einschränkungen ergeben **äußere Einflüsse**, z.B. Tageszeit (Sonne, Dunkelheit), Regen, Schnee, Eis, Brände, Rauch, Dunst, Staub.

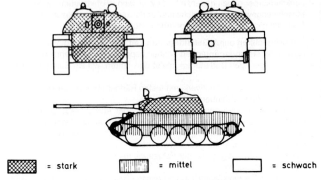

Bild 1 Unterschiedlich starke Panzerung am Kampfpanzer

Panzererkennung

ZDv 3/50

1. **Ziel der Panzererkennung ist es, eigene gepanzerte Fahrzeuge von feindlichen zu unterscheiden.** Die Verhältnisse auf dem Gefechtsfeld und die Kampfweise der Panzer erschweren es jedoch, diese immer eindeutig zu identifizieren. Darum **ist jedes Auftreten** von Panzern dem nächsten Vorgesetzten **zu melden** (Anzahl, Art, Ort, Fahrtrichtung, Verhalten). Die Bezeichnungen „links" und „rechts" sind auf die Blickrichtung des Beobachters zu beziehen.

2. Ablauf der **Gefechtsfeldbeobachtung:**
- **Entdecken** eines Fahrzeugs, indem Beobachter durch Bewegungen, Staubentwicklung, Geräusche usw. aufmerksam wird.
- **Erkennen** (z. B. gepanzertes Kampffahrzeug) durch sorgfältige Beobachtung möglichst mit optischem Beobachtungsmittel.
- **Identifizieren** (z. B. Art und Typ eines Kampfpanzers) anhand der Erkennungsmerkmale.

3. **Gepanzerte Fahrzeuge** sind zu **erkennen** durch
   - **allgemeine Merkmale** (Laufwerk, Wanne, Turm, Waffen, Aufbauten),
   - **Waffeneinsatz** (Mündungsfeuer, -knall, Treibsatzrauch) oder
   - **besondere Einrichtungen** (Räum-, Brückengerät)

   und zu **identifizieren** durch
   - **besondere Merkmale** (z. B. große Aufbauten, Einzelheiten der Bewaffnung, Ziel- und Beobachtungseinrichtungen, Anordnung der Laufrollen) ,
   - **Hoheitszeichen** (wenn nicht durch Tarnung oder Schmutz verdeckt.

4. Der **Umriss** wird bestimmt durch die Bauweise von Laufwerk, Wanne, Turm bzw. Aufbauten. Er läßt die Unterscheidung von Kampf- und Spezialfahrzeugen zu, in besonderen Fällen auch bereits die Feststellung des Typs.

5. Kann man den **Typ** nicht nach seinem Umriss bestimmen, muss das durch Beurteilung seiner **Erkennungsmerkmale** geschehen – vorwiegend am oberen Teil des Fahrzeugs, da die unteren meist verdeckt sind. Wichtig für die Panzererkennung ist auch die **Fahrtrichtung:** Zufahrt, Wegfahrt, Querfahrt oder Schrägfahrt.

6. **Besondere Erkennungsmerkmale bei Zufahrt und Wegfahrt:**
   - Art des **Laufwerks** von geringer Bedeutung; allenfalls Unterscheidung von Ketten- und Radfahrzeugen.
   - Verhältnis **Lautwerk und Wanne**.
   - **Wannenoberteil** senkrecht oder abgeschrägt (Bild 1).
   - **Turm** erscheint als Trapez, (meist oben abgeflachter) Kugelabschnitt (Beispiele Bild 2) oder als Rechteck

7. **Besondere Erkennungsmerkmale bei Querfahrt:**
   - Bei **Radfahrzeugen** die **Zahl der Achsen**, bei **Kettenfahrzeugen** die **Laufwerksart** (Bild 3).
   - Formen von **Bug und Heck:** abgeschrägt, schiffartig, spitzwinklig oder senkrecht
   - Der **Turm** erscheint als Kugelabschnitt eckig oder in Trapezform; er kann dabei vorn abgeschrägt oder abgerundet, oben abgeflacht und hinten hochgezogen sein (Bild 4); ob er vorn, in der Mitte oder hinten auf der Wanne sitzt, ist leicht zu erkennen.
   - Die **Hauptbewaffnung** unterscheidet gepanzerte Kampffahrzeuge sowohl untereinander als auch von den nur mit Maschinengewehren bewaffneten Spezialfahrzeugen.

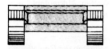
a Wanne verschwindend
Wannenoberteil senkrecht

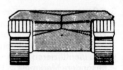
b Wanne höher als Laufwerk
Wannenoberteil abgeschrägt

Bild 1 Wanne

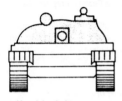
a Kugelabschnitt

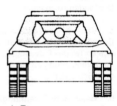
b Trapez

Bild 2 Turm

a Räderlaufwerk
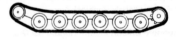

b Rollenlaufwerk
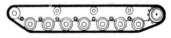

Bild 3 Laufwerk

a Kugelabschnitt

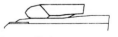
b trapezförmig

Bild 4 Turm

288

Führungsunterstützung/Führungsdienst

Fm = Fernmelde

Grundlagen

I. ALLGEMEINES

1. Erfolgreiche Führung beruht auf der rechtzeitigen und ausreichenden Verfügbarkeit von **Information**. Im Rahmen der **Führungsunterstützung** (FüUstg) der Streitkräfte gewinnen die Grundaufgaben
- **Informationsmanagement**,
- **Informationsversorgung** und
- **IT-Sicherheit**

mit Hilfe der Informationstechnik zunehmend an Bedeutung (siehe Bild 1).

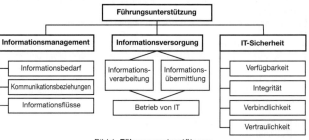

Bild 1 **Führungsunterstützung**

2. Unter **Information** ist das Wissen zu verstehen, das in einer für Übertragung, Speicherung oder Verarbeitung geeigneten Form dargestellt werden kann und kann z.B. dargestellt werden durch Zeichen, Symbole, Bilder oder Töne.

Informationstechnik (IT) ist die Gesamtheit von Vorhaben, Geräten und Verfahren, die auf der Grundlage der Mikroelektronik zur automatisierten
- Erfassung,
- Darstellung,
- Speicherung,

- Verarbeitung und
- Übermittlung

von Informationen in Form von
- Texten, Daten,
- Bildern oder
- Sprache

dienen. Sie umfasst die Bereiche
- DV-Technik,
- Kommunikationstechnik,
- Bürotechnik.

3. Das **Informationsmanagement (InfoMgmt)** dient der Regelung und Überwachung der Informationsversorgung und umfasst i.W.
- das Analysieren der Informationsbeziehungen,
- das Erfassen des Informationsbedarfs,
- das Planen, Herstellen und Aufrechterhalten der Informationsversorgung im Informationsverbund,
- das Überwachen und Steuern von Informationsflüssen,
- das Anpassen der Informationsversorgung an sich ändernde Anforderungen im Einsatz.

Es wird von der Abteilung S 6/G 6/A 6 in Stäben wahrgenommen.

4. Die **Informationsversorgung (InfoVers)** nutzt i.W. die elektronische Datenverarbeitung (EDV) im Geschäftsverkehr von Dienststellen und in der Gefechtsstandarbeit von Truppenteilen als Grundlage sowohl für den allgemeinen Schriftverkehr als auch für Befehle und Meldungen.
Dabei wird in **Informationsverarbeitung** und **Informationsübermittlung** unterschieden.

Als **Informationsverarbeitung (InfoVerb)** wird der Prozess der
- Erschließung,
- Bearbeitung (Ordnen, Vergleichen, Auswählen, Verknüpfen, Bewerten, Umformen, Verdichten),
- Speicherung,
- Bereitstellung und
- Darstellung

von auftrags- und lagebezogenen Informationen mittels vernetzter Arbeitsplatzcomputer (APC) bezeichnet.

Die **Informationsübermittlung (InfoÜmi)** dient der Übertragung von Daten (digital oder analog) über kurze, mittlere und große Entfernungen mittels verschiedener Telekommunikations-/IT-Mittel.

Dazu stehen zur Verfügung:
- Kräfte des **Truppenfernmeldeverbindungsdienstes**,
- die **Fernmeldetruppe der Teilstreitkraft (TSK) Heer** und
- die **Führungsunterstützungskräfte der Streitkräftebasis (SKB)**.

5. Der **Truppenfernmeldeverbindungsdienst (TrFmVbdgDst)** wird von ausgebildetem Personal aller Truppen- und Waffengattungen der TSK wahrgenommen und dient i.W. der Informationsübermittlung über kurze und mittlere Entfernungen auf dem Gefechtsfeld.

Er dient den Telekommunikationsdiensten Sprache, Text und Daten und nutzt die **Telekommunikationsmittel** Draht, Richtfunk und Funk (siehe auch Abschnitt „Telekommunikations-mittel").

Sofern keine eigenständige Telekommunikationsverbindungen hergestellt und betrieben werden, stützt sich der TrFmVbdgDst ab auf
- die IT-Plattform und Telekommunikationsbasis **Informations- und Kommunikationssystem der Bundeswehr (IuKSysBw)** (auch als Fernmeldesystem der Bundeswehr (FmSysBw) bezeichnet) und
- **das Automatisierte Kommunikationsnetz des Heeres (AUTOKO)**.

6. Die **Fernmeldetruppe des Heeres (FmTr H)** ist eine selbstständige Waffengattung gliedert sich in
- die **Fernmeldetruppe Fernmeldeverbindungsdienst (FmTr FmVbdgDst)** und
- die **Fernmeldetruppe Elektronische Kampfführung (FmTr EloKa)**

und dient der Einrichtung und dem Betrieb des AUTOKO mittels der Telekommunikationsmittel Draht, Richtfunk und Funk über mittlere Entfernungen.

7. Die **Führungsunterstützungskräfte der SKB (FüUstgKr SKB)** dienen der Erweiterung des IuKSysBw in die Einsatzgebiete und der Führungsunterstützung deutscher Kontingente bei Auslandseinsätzen der Bw i:R. von VN-Missionen, WEU- und NATO-Einsätzen.

Dazu stellen her und betreiben die FüUstgKr SKB
- das **Mobile Fernmeldenetz der Bundeswehr** (MobilFmNBw) (auch als Mobiles Digitales Übertragungssystem der Bundeswehr (MobilDigÜtrSysBw) bezeichnet),
- das **Mobile Kommunikationssystem** (MobilKomSys) (auch als Automatisiertes Führungsfernmeldenetz (AutoFüFmN) bezeichnet),
- das **Satellitenkommunikationssystem der Bundeswehr (SATCOMBw)**.

mit den Fernmeldebataillonen der Führungsunterstützungsregimenter.

8. Die **Sicherheit in der Informationstechnik (IT-Sicherheit)** dient dem Schutz von Informationen zum Erhalt der eigenen Führungsfähigkeit gegen

- Ausspähung und Aufklärung des eigenen Führungssystems,
- gegnerisches Eindringen in führungswichtige Fernmelde- und Informationssysteme (Intrusion) und
- nuklear-magnetische Impulse (NEMP) oder elektromagnetische Impulse (EMP).

Verfügbarkeit, Integrität, Verbindlichkeit und Vertraulichkeit von Informationen werden durch **Maßnahmen der IT-Sicherheit** im personellen, materiellen, organisatorischen und technischen Bereich gegen
- unbefugten Zugang und Zutritt,
- Missbrauch,
- Diebstahl oder Zerstörung und
- Manipulation

gewährleistet und erstrecken sich auf Verschlusssachen, personenbezogene Daten und sonstige schutzbedürftige Daten.

9. Im Einsatz dienen **Elektronische Schutzmaßnahmen (EloSM)** dem Schutz der eigenen Führung und umfassen,.
- Maßnahmen der Truppenführung,
- betriebliche und
- technische Maßnahmen.

10. Als wirkungsvollsten Schutz gegen gegnerische Fernmelde-/Elektronische Aufklärung und Elektronische Gegenmaßnahmen befiehlt die Truppenführung **Sendeverbot**, z.B. für
- Funk,
- Richtfunk,
- Radar.

11. **Betriebliche Maßnahmen** umfassen z.B.
- Abschatten von Funkstellen durch Geländeausnutzung,
- Ausnutzen der Richtwirkung von Antennen,
- **Schleiern**,
- **Authentisieren**.

12. Sofern Informationen im **Sprechverkehr** (Fernsprechen, Sprechfunk) unkryptiert oder nicht über kryptierte Übertragungswege übermittelt werden können, sind **Schleierverfahren** anzuwenden, um Mithören bzw. Auswerten i.R. der gegnerischen Fernmeldeaufklärung zumindest zu erschweren. Die gebräuchlichste Form ist die **Sprechtafel**.
Als schutzbedürftige Bestandteile einer Information sind folgend **„Vier Geheimnisse"** stets zu schleiern:

T	**Truppenbezeichnungen** (einschl. Kommandobehörden, Dienststellen, Verbände, Einheiten)	durch Decknamen
O	**Ortsangaben** (einschl. Geländeangaben, Positionen, Standorte)	mittels Numeral-Code
Z	**Zeitangaben** für eigen Vorhaben	mittels Numeral-Code
Z	**Zahlenangaben** für eigenen Bestand, Bedarf, Verlust	

Truppenbezeichnungen werden mit der **Decknamenliste** der Sprechtafel verschleiert (siehe Bild 2).

14. Panzerdivision – G3/Fm – **Sprechtafel „ROBINSON"** **der 14. Panzerdivision**		C-Stadt, Prüf-Nr .... gültig ab		
IV. Korps	**Gladiator**	**PzBrig**	**41**	**Seerose**
14. PzDiv	**Robinson**	BewBefSt/Brig	41	Nilpferd
GefStdStff/14. PzDiv	Nordlicht	PzSpähzug	410	Glücksspiel
StKp/14. PzDiv	Holztafel	PzPiKp	410	Meerbusen
ABCAbwKp14	Nelke	PzJgKp	410	Pflanzenfett
H FlgStff 14	Trompete	NschKp	410	Seebär
GeophysBeratungsstelle	Schwalbe	InstKp	410	Hartfaser
ArtRgt 14	**Arsenal**	SanKp	410	Rivale
BeobBtl 14	Kombüse	PzBtl	411	Milchstraße
RakArtBtl 141	Riviera	PzBtl	412	Schwerkraft
FArtBtl 142	Inserat	gemPzBtl	413	Romanze
PzAufklBtl 14	Sonnenuhr	PzGrenBtl	414	Epoche
PzFlakRgt 14	Seekuh	PzArtBtl	415	Kautabak
PiBtl 14	Erbhof	BrVP	41	Seeigel
FmBtl 14	Nero	HVPl	41	Nibelungen
FmKp EloKa	Honiggras	WgHPl	41	Robert
SanBtl 14	Milchmann	EinsRLogTr	41	Lerche

Bild 2 **Beispiel einer Divisionssprechtafel** (Teil Decknamenliste)

Taktische und logistische Begriffe:	
Ablauflinie Deckbuchstaben – KLAR K .... – KWP .... – KMV .... – KNU .... – LES L .... – NHD N .... – NHU .... – NHZ .... – PNM P .... – PPD	Schwerpunkt Deckbuchstaben – VUZ V .... – ADY A Reserve-Deckbuchstaben .... – CIG C .... – DRV D .... – ETM E
	Deckwörter für A-, B- und C-Warnung: A-Warnung = BACKFISCH B-Warnung = GARDINE C-Warnung = KNOLLE

Numeral-Code

	D	A	I	N	R	T	X	F	K	P	V	Z	G
C	0	1	2	3	4	5	6	7	8	9	**A**	**B**	**C**
J	**D**	0	1	2	3	4	5	6	7	8	9	**E**	**F**
O	**G**	**H**	0	1	2	3	4	5	6	7	8	9	**I**
S	**J**	**K**	**L**	0	1	2	3	4	5	6	7	8	9
M	9	**M**	**N**	**O**	0	1	2	3	4	5	6	7	8
H	8	9	**P**	**Q**	**R**	0	1	2	3	4	5	6	7
L	7	8	9	**S**	**T**	**U**	0	1	2	3	4	5	6
Q	6	7	8	9	**V**	**W**	**X**	0	1	2	3	4	5
U	5	6	7	8	9	**Y**	**Z**	**A**	0	1	2	3	4
W	4	5	6	7	8	9	**D**	**E**	**G**	0	1	2	3
E	3	4	5	6	7	8	9	**H**	**I**	**L**	0	1	2
B	2	3	4	5	6	7	8	9	**N**	**O**	**R**	0	1
Y	1	2	3	4	5	6	7	8	9	**S**	**T**	**U**	0

Authentisierungs-Code

	V	W	X	Y	Z
A	08	41	75	51	36
D	30	99	28	65	10
E	66	46	55	20	79
G	16	82	02	93	45
H	97	19	88	81	63
I	01	38	72	29	87
L	98	54	50	04	49
N	44	27	31	77	17
O	18	64	15	56	32
R	86	73	26	67	95
S	35	14	96	39	06
T	80	25	68	85	43
U	12	48	07	24	74

Vor Übermittlung verschleiern!

Bild 3 **Beispiel einer Divisionssprechtafel** (Teil Numeral-/Authentisierungs-Code)

13. Das **Authentisieren** dient dem Schutz von Informationen durch Nachweis
- der Echtheit
- einer Übermittlung,
- eines Spruchs,
- einer Fernmeldestelle oder
- eines Aufgebers

und wird insbesondere im Funkverkehr in der häufigsten Form, der **Abfrage-Antwort-Authentisierung**, angewendet z.B. bei:
- Eintreten einer unbekannten Fernmeldestelle in eine bestehende Verbindung,
- Annullierung eines quittierte Spruches durch einen Teilnehmer,
- vermutetes Täuschen,
- Wiedereintritt einer vorübergehend ausgeschiedenen Fernmeldestelle,
- Befehl zum Abschalten.

Dazu wird mit dem
- **Authentisierungs-Code**,
- **Numeral-Code** und
- **Rufnamen** oder **Rufzeichen**

der beteiligten Fernmeldestellen authentisiert. (siehe Abschnitt „Sprechtafel" und Bilder 2 u.3)

14. Zu den **technischen** Maßnahmen zählen z.B.
- kryptologische Verfahren zur Verschlüsselung von Sprache, Text und Daten,
- aufwendige Sende- und Empfangsverfahren.

II. ABWICKLUNG DES FERNMELDEBETRIEBES

a. Allgemeines

1. Der **Fernmeldebetrieb** umfasst i.W. folgende **Betriebsarten**:
- **Fernsprechen**,
- **Fernschreiben**,
- **Bildübermittlung** und
- **Datenübermittlung**.

2. Das Für schriftliche Informationen (z.B. Text) über Fernmeldeverbindungen werden **Spruchvordrucke** verwendet (siehe Bild 4). Dieser muss folgende Einzelheiten enthalten:
- Aufgeber,
- Adressat,
- Vorrangstufe,
- Datum-Zeit-Guppe (Date Time Group - DTG),
- Geheimhaltungsgrad,
- Text und
- Unterschrift des Genehmigenden.

Spruchvordruck/Message Form

Vermerke d. Fm-Stelle (CommCen Remarks)	**TgbNr** (RegNr) ★ 275/00 VS-VERTRAULICH		**StnSerNr** 4811
SchrFu (VHF) Online ■	Vorrangstufe „An"-Adressaten (Precedence Action) ● **P**	Datum/Zeit-Gruppe (Date Time Group)	**Annahmezeit** (Filing Time)
	Vorrangstufe „Nachr"-Adressaten (Precedence INFO) **R**	171213Z feb 02	0481218Z Be ■
	Spruchanweisungen (Message Instructions)		
	Listenadresse — ohne Anschriftenübermittlung (Book Msg) ☐		
	Reihenadresse — mit Anschriftenübermittlung (Multiple Address) ☐		

				aufgenommen/übermittelt (received/transmitted)		
Leitweganzeiger (Routing Indicators)	**Rufzeichen** (Callsign)	**Aufgeber/Adressaten** (Originator/Addressee)	**Ortsangabe** (Location)	**über** (via)	**Tag/Zeit** (Date/Time)	**Signum**
	■ Löwe	FROM (Von) ● 20. PzDiv – G 3 ▲ A-STADT		■	171237Z	Be
	■ Tiger	TO (An) ● 21. PzGrenDiv – G 3 ▲ B-STADT				
		● ZEN / 20. PzDiv – G 4 ▲ A-STADT				
	■ Panther	INFO (Nachr) 21. PzGrenDiv – G 4 ▲ B-STADT		■	171237Z	Be

Erläuterungen:

● =vom Verfasser auszufüllen
Eintragungen werden übermittelt
▲ =vom Verfasser auszufüllen
Eintragungen werden nicht übermittelt
■ =vom Betriebspersonal auszufüllen
★ =vom Aufgeber oder vom beauftragten Personal der Registratur auszufüllen

Präfix (Prefix)	**Einstufung** (Classification) ● VS - VERTRAULICH	**MsgNr** ★ 121
Darf nur zur Kenntnis gelangen. (EYES ONLY)	**Textseiten** ▲ 2 (Text Pages)	**Bezugspruch VS:** ja/yes ☐ (Ref. Msg. classified) nein/no
	Name des Verfassers Tel: 4711 (Drafters Name) (Ext) *Möller* Möller, OTL Dienstgrad/Amtsbezeichnung (Rank) ▲	**Unterschrift des Genehmigenden** ▲ *Meier* Meier, O i.G. u Chef des Stabes Dienstgrad/Amtsbezeichnung (Rank)
	Zutreffendes bitte ankreuzen [X] **Text nur auf Rückseite**	**freigegeben:** *Bauer* (released)

Bild 4 Spruchvordruck

Dabei ist zu beachten:
- Der Verfasser verfasst den **Spruchtext** auf der Rückseite;
- Ein **Datum** wird mit dem Tag, der Monatsabkürzung und den letzten zwei Ziffern der Jahreszahl angegeben (z.B. 04 jan 02);
- **Zeitangaben** werden 4-stellig und mit dem Zeitzonenbuchstaben geschrieben (z.B. 0435Z);
- die **Datum-Zeit-Guppe** besteht aus 12 Ziffern: der Datumsangabe, dem Zeitzonenbuchstaben, der Monatsabkürzung und der Jahreszahl (z.B. 040435Z jan 02);

3. Die Dringlichkeit der Behandlung und Übermittlung von Informationen (z.B. Sprüche) wird durch **Vorrangstufen** gesteuert. Sie werden durch den Aufgeber festgelegt.
Bezeichnungen und **Bedeutung** der Vorrangstufen (NATO-einheitlich):

Vorrangstufe	Bedeutung	Behandlung	Laufzeit eines Spruchs
Routine „R"	Sprüche, die keine höhere Vorrangstufe rechtfertigen	Behandlung nach Sprüchen mit höheren Vorrangstufen	3 Stunden bis zum nächsten Schichtbeginn
PRIORITY „P"	Sprüche, die sofort zu erledigen sind	Behandlung vor Sprüchen der Vorrangstufe „R"	1 - 6 Stunden,
IMMEDIATE „O"	operative Maßnahmen sowie für Notmeldungen und dringende Sprüche, die laufende Operationen betreffen	Unverzügliche Behandlung vor allen anderen Sprüchen. Unterbrechen die Behandlung von Sprüchen niedrigerer Vorrangstufen	30 Minuten bis 1 Stunde
FLASH „Z"	Operative Maßnahmen von außergewöhnlicher Dringlichkeit	Unverzügliche Behandlung vor allen anderen Sprüchen. Unterbrechen die Behandlung von Sprüchen niedrigerer Vorrangstufen	Bearbeitung so schnell wie möglich; < 10 Minuten

4. Zur Vermeidung der Überlastung der Fernmeldeverbindungen kann ein **Truppenführer** eine zeitlich begrenzte **Einschränkung des Fernmeldebetriebes („MINIMIZE")** auf Fernmeldeverbindungen oder in Bereichen befehlen.

5. Betriebshinweise für
- Bildübermittlung und
- Datenübermittlung

werden hier nicht behandelt.

b. Grundsätze des Fernsprechbetriebes

6. Voraussetzung für den reibungslosen **Sprechbetrieb** ist eine verständliche Sprechweise nach folgenden Regeln:
- deutlich und dialektfrei sprechen,
- normale Stimmlage und mittlere Lautstärke einhalten,
- nicht zu schnell oder zu langsam sprechen,
- Wörter in sich geschlossen und ohne Verschlucken der Endsilben aussprechen,
- Sätze unterteilen und sinngemäß betonen,
- den Handapparat dicht an den Mund halten,
- Sprechpausen einlegen,
- schwer verständliche Wörter buchstabieren.

Hinweis: Kurz und klar abgefasste Nachrichten verringern Fehler bei der Übermittlung und machen Fernmeldeverbindungen für andere frei!

7. Zur **Betriebssprache** gehört die Anwendung
- des **NATO-Buchstabieralphabets**,
- der **Sprechanleitung für Zahlen**,
- der **Betriebswörter** und
- vorgeschriebener **Sprachwendungen**.

8. Beim Buchstabieren und bei der Übermittlung einzelner Buchstaben ist das **NATO-Buchstabieralphabet** (siehe Bild 5) anzuwenden:

Buchstabe	Aussprache		Buchstabe	Aussprache
A	ALFA	**AL** - FA	N	NOVEMBER	NO - **VEM** - BER
B	BRAVO	**BRA** - VO	O	OSCAR	**OSS** - KAR
C	CHARLIE	**TSCHAR** - LIE	P	PAPA	**PA** - PA
D	DELTA	**DEL** - TA	Q	QUEBEC	**KWI** - BECK
E	ECHO	**E** - CKO	R	ROMEO	**ROH** - MI - O
F	FOXTROTT	**FOX** - TROTT	S	SIERRA	SSI - **ÄR** - RA
G	GOLF	GOLF	T	TANGO	**TÄNG** - GO
H	HOTEL	HO - **TELL**	U	UNIFORM	**JU** - NI - FORM
I	INDIA	**IN** - DI - A	V	VICTOR	**WIK** - TOR
J	JULIETT	**DSCHU** - LI - ETT	W	WHISKEY	**WIS** - KIE
K	KILO	**KI** - LO	X	XRAY	**ECKS** - RE
L	LIMA	**LI** - MA	Y	YANKEE	**JÄN** - KIE
M	MIKE	MAIK	Z	ZULU	**SUH** - LUH

Bild 5 **NATO-Buchstabieralphabet**

9. Zahlen sind nach der **Sprechanleitung für Zahlen** auszusprechen. Mehrstellige Zahlen sind in einzelnen Ziffern zu sprechen.
Beispiele:
- „44" = „vier vier",
- „136" = „eins drei sechs",
- „F-12+15" = „FOXTROT minus eins zwo plus eins fünf".

10. Im nicht automatisierten Sprechbetrieb sind festgelegte **Sprachwendungen** und **Betriebswörter** zu verwenden:

Betriebswort/Sprachwendung	Bedeutung
Bitte später rufen	Hinweis an Teilnehmer bei besetzter Verbindung
Buchstabieren Sie	Aufforderung, den Teil eines Spruches zu buchstabieren
Ende	Abschluss einer Sendung
Hier Vermittlung	Antwort bei Anruf
Ich berichtige	Berichtigung einer falschen Information
Kommen	Aufforderung, unverzüglich zu antworten oder eine Information zu quittieren
Leiten Sie weiter an	Aufforderung, die Information an ... weiter zu leiten
Trennung	Betriebswort zwischen Spruchkopf und Text
Verlangen Sie bitte weiter	Hinweis an Teilnehmer bei Weitervermittlung
Verstanden	Bestätigung, dass die Information zweifelsfrei empfangen wurde
Wie hören Sie mich	Prüfen der Verständigung
Wie lautet Authentisierung	Aufforderung zur Authentisierung
Wird noch gesprochen	Abfrage einer Verbindung vor dem Trennen

c. Fernmeldebetrieb im Automatisierten Kommunikationsnetz des Heeres

11. Im formalen **Fernsprechbetrieb** des Automatisierten Kommunikationsnetz des Heeres (AUTOKO) gelten grundsätzlich die Hinweise für das Sprechen (siehe Nr. 6-10).

Die **Bezeichnung** einer **Vermittlung** im AUTOKO ist kein fester Rufnamen, sondern eine **dreistellige Nummer**.

Teilnehmer im AUTOKO erhalten **siebenstellige Rufnummern**, die nach einem systematisch ableitbaren Rufnummernschema gebildet werden (siehe: Abschnitt VI „Rufnummernschema des AUTOKO").

12. Die **Betriebsarten**
- Fernschreibbetrieb
- Telefaxbetrieb
- Datenbetrieb

werden hier nicht behandelt.

d. Sonstiger Fernmeldebetrieb

13. Fernmeldebetrieb
- im Breitbandigen Integrierten Gefechtsstandfernmeldenetz (BIGSTAF) und
- über Satellitenverbindungen

wird hier nicht behandelt.

e. Sprechfunkbetrieb

14. Funkverbindungen dienen der Informationsübermittlung in den **Funkbetriebsarten**
- Sprechfunk,
- Schreibfunk,
- Tastfunk,
- Bildschreibfunk und
- Datenfunk.

Die Übermittlung erfolgt abhängig von den technischen Gegebenheiten der Funkgeräte in den **Funkbetriebsverfahren**
- **Festfrequenzverfahren** (FFV):
  die Funkgeräte eines Funkkreises senden und empfangen abwechselnd auf einer Frequenz,
- **automatische Frequenzwahl** (AFW) bzw. **automatischer Kanalwahl** (AKW): das Funkgerät wählt automatisch aus einem vorgegebenen Frequenzbündel eine geeigneten Frequenz aus,
- **Frequenzsprungverfahren** (FSV):

fortgesetztes Springen des Funkgerätes auf verschiedenen Frequenzen in kryptologisch gesteuerter Folge.
Und wird durch die Kreisleitstelle gesteuert.

15. Im Funkbetrieb werden folgende **Verkehrsarten** unterschieden:
- **Wechselverkehr:**

es senden und empfangen zwei oder mehrere Funkstellen abwechselnd auf der selben Frequenz,
- **Gegenverkehr:**
gleichzeitiges Senden und Empfangen möglich, wobei Sender und Empfänger auf verschiedenen Frequenzen arbeiten,
- **Richtungsverkehr:**
Informationen werden von einer Funkstelle gesendet und von einer oder mehreren Gegenstellen ohne Quittieren ausschließlich empfangen.

16. Im Funkbetrieb werden folgende **Verkehrsformen** unterschieden:
- **Kreisverkehr:**
Funkstellen eines Funkkreises senden und empfangen im Wechsel auf derselben Frequenz,
- **Netzverkehr:**
Funkstellen mit gleichem Einsatzauftrag sind in einem Funknetz zusammengefasst und können zeitgleich Informationen übermitteln,
- **Linienverkehr:**
Wechsel- oder Gegenverkehr zwischen zwei Funkstellen auf zwei Frequenzen,
- **Sternverkehr:**
nur im Schreibfunkbetrieb.

17. Die **Kreisleitstelle** leitet den Funkbetrieb im Funkkreis und ist verantwortlich für
- Verkehrseröffnung,
- Funkdisziplin,
- Vermeidung von Netzüberlastungen,
- Verbesserung der Verständigungsgüte,
- Einhaltung elektronischer Schutzmaßnahmen,
- Maßnahmen zur Abwehr feindlichen Störens und Täuschens,
- Wechsel des Funkbetriebsverfahrens, der Funkbetriebsart oder der Frequenz,
- Verwendung/Wechsel von Kryptovariablen und
- Festlegung/Änderung des Frequenzvorrates

18. Im **Sprechfunkbetrieb** werden Informationen als
- **Funkspruch** oder
- **Funkgespräch**

übermittelt.

19. In einem **Funkkreis** senden und empfangen alle beteiligten Funkstellen auf einer gemeinsamen Frequenz (siehe Bild 6).

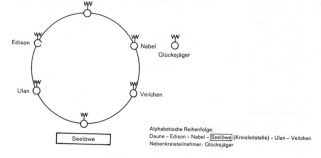

Bild 6 Funkkreis (Beispiel)

20. Es werden folgende **Verkehrsarten** unterschieden (mit Beispielen für Informationsaustausch):

Anrufarten	Anruf	Antwort	Verkürzte Antwort
Einzelruf	„Puma, hier Löwe, kommen"	„Löwe, hier Puma, kommen"	„Hier Puma, kommen"
Reihenruf	„Jaguar, Puma, hier Löwe, kommen"	„Löwe, hier Jaguar, kommen". „Löwe, hier Puma, kommen"	„Hier Jaguar, kommen". „Hier Puma, kommen"
Sammelruf	„Löwe an alle, kommen"	„Löwe, hier Jaguar, kommen". „Löwe, hier Puma, kommen". „Löwe, hier Tiger, kommen".	„Hier Jaguar, kommen". „Hier Puma, kommen". „Hier Tiger, kommen".
Sammelruf mit Ausnahme	„Löwe an alle, ausgenommen Puma, kommen"	„Löwe, hier Jaguar, kommen". „Löwe, hier Tiger, kommen".	„Hier Jaguar, kommen". „Hier Tiger, kommen".
Erweiterter Anruf (z.B. bei schlechter Verständigung)	„Puma, hier Löwe, Puma, hier Löwe, kommen, kommen"	„Löwe, hier Puma, Löwe, hier Puma, kommen, kommen"	„Hier Puma, hier Puma, kommen, kommen"

21. Die einheitliche Anwendung der **Betriebssprache** und der **formale Sprechfunkverkehr** sind Voraussetzung für eine reibungslose **Verkehrsabwicklung** (Funkdisziplin).
Dabei wird unterschieden (mit Beispielen anhand des o.a. Funkkreises):

- **Verkehrseröffnung** und Prüfen der Verständigung:

„Löwe an alle, wie hören Sie mich, kommen"	„Hier Puma, ich höre Sie gut, kommen" oder „Hier Jaguar, ich höre Sie schlecht, kommen"

- Übermitteln eines **Funkspruchs**:

„Puma, hier Löwe, ein P-Funkspruch, kommen"	„Hier Puma, kommen"
„Hier Löwe, Papa eins acht eins null vier null Zulu, Trennung, KLR und VUZ bei RL KY TA GQ, Ausführung melden, Trennung, kommen"	„Hier Puma, verstanden, Ende"

- Führen eines **Funkgesprächs**:

„Puma, hier Löwe, kommen"	„Hier Puma, kommen"
„Hier Löwe, auf angreifenden Feind Feuer frei, kommen"	„Hier Puma, verstanden, Ende"

- Verkehr bei **schlechter Verständigung**:

„Puma, hier Löwe, sprechen Sie zwomal, kommen"	„Löwe hier Puma, Löwe hier Puma, ich spreche zwomal, ein Funkspruch, ein Funkspruch ..... kommen, kommen"

- Berichtigung eines **Fehlers**:

„Puma, hier Löwe, ein Funkspruch: eins drei null fünf .... ich berichtige: eins drei eins null vier null, kommen"	

- **Rückfrage** (hier. Wiederholung eines Wortes):

„Puma, hier Löwe, wiederholen Sie Wort nach Lagebesprechung, kommen"	„Löwe hier Puma, ich wiederhole Wort nach Lagebesprechung: bei, ich buchstabiere: Bravo Echo, India, kommen"

- **Wiederholen** zum Vergleich:

„Puma, hier Löwe, wiederholen Sie zum Vergleich, kommen"	„Hier Puma, ich wiederhole zum Vergleich: (Spruch wird wiederholt), kommen"

- **Weiterleiten** eines Funkspruchs:

„Puma, hier Tiger, ein Funkspruch, leiten Sie weiter an Löwe: (Spruch), kommen"	„Löwe, hier Puma, ein Funkspruch von Tiger: (Spruch), kommen" „Hier Löwe, verstanden, Ende"

- **Annullieren** eines Funkspruchs:

„Puma, hier Löwe, ich annulliere P-Funkspruch: null vier eins vier eins fünf Zulu, kommen"	„Hier Puma, verstanden, Ende"

- **Bestätigen** der Aushändigung eines Funkspruchs:

„Tiger, hier Löwe, ich bestätige Aushändigung für Spruch: drei null eins eins eins null Zulu um eins eins eins acht, kommen"	„Hier Tiger, verstanden, Ende"

- **Anmelden** eines neuen Kreisteilnehmers:

„Löwe, hier Panther, Panther ab sofort neuer Kreisteilnehmer, kommen"	„Hier Löwe, wie lautet Authentisierung für ......, kommen"

- **Abmelden** eines Kreisteilnehmers:

„Löwe, hier Panther, ich melde mich ab, kommen"	„Hier Löwe, verstanden, Ende"

- **Zurückmelden** eines Kreisteilnehmers:

„Löwe, hier Panther, ich melde mich zurück, kommen"	„Hier Löwe, wie lautet Authentisierung für ZULU, kommen"

- Befehl zum **Abschalten**:

„Löwe an alle, schalten Sie ab, kommen"	„Hier Puma, ich schalte ab, kommen" „Hier Tiger, ich schalte ab, kommen"

- **Frequenzwechsel**:

„Frequenzwechsel auf Bravo, hier Löwe, Ende"	

- **Abfrage-Antwort-Authentisierung** (anhand der Sprechtafel (siehe Bild 3):

„Tiger, hier Löwe, wie lautet Authentisierung für YANKEE,	Tiger ermittelt Authentisierung: -aus eigenem Rufnamen wählt sie: „E"
	-Schleiern von E ergibt: „FW" -Zeile E, Spalte Y ergibt: „20" -Schleiern von 2 ergibt: „ST" oder .....
	-Schleiern von 0 ergibt: „CD" oder .....
	„Löwe, hier Tiger, Authentisierung lautet: FW, ST, CD, kommen"
Löwe prüft Authentisierung: FW= E ST=2 CD=0 Authentisierung ist richtig „Hier Löwe, verstanden, Ende"	

III. ALLGEMEINE SICHERHEITSBESTIMMUNGEN IM FERNMELDEBETRIEB

1. Die Bestimmungen der **Straßenverkehrsordnung** (StVO) einzuhalten, den Weisungen der Polizei bzw. der Feldjäger ist zu folgen.

2. Beim **Kabelbau** auf öffentlichen Straßen/Wegen ist das Baufahrzeug mit gelber Rundumkennleuchte und Warnfahnen zu kennzeichnen bzw. hat die Besatzung auffällige Warnkleidung zu tragen.

3. Vor einem **Marsch** sind **Antennen** abzubinden, um ein Berühren z.B. mit Hochspannungsleitungen von EVU oder Fahrleitungen elektrischer Bahnen auszuschließen.

4. **Aufbauplätze** sind beim Beziehen zur Vermeidung von Unfällen mit elektrischem Strom auf ober- oder unterirdisch verlaufende **Energieversorgungsleitungen** zu prüfen. Vorsicht bei eingeschränkter Sicht / Dunkelheit!

5. Zur Vermeidung von Unfällen und Schäden an Gerät sind alle Fernmeldegeräte, Kabinen, Kofferaufbauten und Blitzschutzeinrichtungen grundsätzlich vor Inbetriebnahme über Erdungsklemme, -leitung und -stab zu **erden**. Insbesondere beim Bau von Feldkabel-, Feldfernkabel-, Trägerfrequenzfeld-

fernkabel-, Anschlusskabel- und Verbindungskabelleitungen sind **Überspannungsschutzeinrichtungen** einzubauen und zu erden (Ausnahme: Lichtwellenleiterkabel).

6. Die Mitnutzung von **Gestängen/Anlagen** von Telekommunikationsdienstleistungsanbie-tern/ Energieversorgungsunternehmen, z.B. bei Verlegung von Kabel im Hochbau, ist nicht zulässig.

7. Bei Dauerbetrieb von **Geräten/Maschinensätzen/Heizungen/Klimaanlagen** in/an Fahrzeugen muss die Belüftung mit Frischluft gewährleistet sein, um eine Vergiftung der Besatzung durch Abgase auszuschließen.

8. Der Umgang mit **Stromerzeugeraggregaten** (SEA) erfordert Vorsichtsmaßnahmen hinsichtlich der Wahl des Standortes (Brandgefahr), der Verlegung der Zuführungskabel (Kurzschlussgefahr) und der Betankung (Brandgefahr)

9. Verhalten bei Herannahen von **Gewitter**:
Sind Fernmeldestellen nicht mit Überspannungsschutzmaterial ausgestattet, ist der Fernmeldebetrieb einzustellen.
Beim Verlegen von **Kabel** ist der Bau einzustellen. Bei Kabelbau mit dem Kabelspulgerät und vom Baufahrzeug aus ist die eingesetzte Trommel im Abstand von > 30 m abzulegen und zu erden. Die Besatzung sucht Schutz in Gebäuden bzw. im Fahrzeug.

IV. ERSTE HILFE BEI UNFÄLLEN DURCH ELEKTRISCHE ENERGIE

1. **Unfälle** durch elektrische Energie können entstehen durch
- Berühren stromführender Leiter oder von einem Stromleiter bei gleichzeitigem Erdschluss,
- Funkenschlag,
- elektrischen Lichtbogen oder
- Blitzschlag.

2. Die **Wirkung** der elektrische Energie auf den menschlichen Körper äußert sich als
- Verbrennungen und Verletzungen durch Zurückzucken, Stürzen und Augenverblitzungen,

- Verkrampfung oder Lähmung von Muskeln,
- Schock,
- Bewusstlosigkeit mit oder ohne Atemstillstand,
- Herzrhythmusstörungen bis Herzstillstand,
- plötzlicher Tod.

Der Helfer kann Herzstillstand oder Tod eines Verunglückten nicht feststellen, er muss in jedem Fall Erste-Hilfe-Maßnahmen durchführen.

3. Als Maßnahmen der **Ersten Hilfe** sind durchzuführen:
- **Bergen**,
- **Erste-Hilfe-Maßnahmen** nach dem Bergen und
- **Weitere Maßnahmen**.

4. Rasches **Bergen** eines unter Spannung stehenden Bewusstlosen oder eines durch Muskelkrampf „festhängenden" Verunglückten aus dem Stromkreis ist Voraussetzung für das Überleben des Betroffenen. Die Bergungsmaßnahmen hängen von der Höhe der **Stromspannung** ab.

Grundsatz:
Der Helfer darf sich nicht selbst dem elektrischen Strom aussetzen!

Maßnahmen bei Unfällen mit **Niederspannung (bis 250 Volt)**:
- Strom **abschalten** (Notausschalter, Sicherungen, Stecker),
- **Entfernen** des Stromleiters mit isoliertem Gegenstand oder
- Betroffenen von isolierten Helfern ohne Ausschalten des Stromes vom stromführenden Leiter **wegziehen**.

Helfer isolieren sich durch Unterlegen von Glas, trockener Bekleidung, trockenem Holz, Gummi, dicken Lagen trockenem Papier und Umwickeln seiner Hände mit trockener Bekleidung.

Maßnahmen bei Unfällen mit **Spannungen über 250 Volt** und bei **Hochspannung (über 1000 Volt)**:
- **Abstand** zum Stromleiter halten, da ein elektrischer Lichtbogen entstehen kann,
- den Verunglückten **nicht berühren**, bevor der Strom abgeschaltet und der Stromleiter geerdet ist,
- sofortige **Benachrichtigung** des zuständigen Energieversorgungsunternehmens (EVU), notfalls Polizei oder Feuerwehr rufen.

Eine Behelfsisolierung ist wirkungslos!
Beim **Abschalten** des Stromes löst sich der Muskelkrampf des Verunglückten. Da dieser abstürzen und sich verletzen kann, sind Maßnahmen zum Absichern bzw. Auffangen zu treffen.

5. Unverzüglich nach dem Bergen ist sofort **Erste Hilfe** gem. Merkblatt Erste Hilfe (im Besitz jedes Soldaten/jeder Soldatin) zu leisten.

6. **Weitere Maßnahmen**:
- Schutz vor Abkühlung oder Überwärmung,
- sofort nächsten Arzt und Krankentransportmittel anfordern,
- ruhig lagern und liegend in ärztliche Behandlung transportieren.

V. Telekommunikationsmittel des Truppenfernmeldeverbindungsdienstes

Die Telekommunikationsmittel des TrFmVbdgDst umfassen
- Fernsprechgerät, z.B.
- Feldfernsprecher FFOB/ZB
- Funkgerät, z.B.
- Sprechfunkgerät SEM 25/35,
- Handsprechfunkgerät SEM 52,
- Funkanlage A/VHF mit SEM 70/80/90,
- HF-Funkgerätesatz Vielkanal PRC 2200 (SA),
- HF-Funkgerät 20 W trgb,
- HF-Funkgerät 100 W,
- Funkausstattung SEM 93.

Beschreibung und Bedienung sind im Folgenden dargestellt.

Feldfernsprecher FFOB/ZB
(Bild 1)

(Ortsbatterie/Zentralbatteriebetrieb)   TDv 5805/006-14

1. **Vorbereitung zum OB-Betrieb** (alle Feldnetze): Tragegurt lösen – Deckel öffnen – Handapparat herausnehmen – Sprechtaste drücken, in die Einsprache blasen (im Hörer muss deutliches Blasgeräusch hörbar sein) – Leitungsklemmen La und Lb/E kurzschließen (mit Kabelklappmesser, Draht) – Prüftaste drücken, Induktorkurbel herausklappen und kräftig nach rechts drehen (der Wecker muss läuten) – Adern der Feldkabelleitung in die Bohrungen oder Leitungsklemmen einführen, Klemmen fest anziehen (Leitungen ohne Zug an den Feldfernsprecher heranführen, hierzu Feldkabel vorher an Baum oder Abspannleiste festlegen) – Feldkabel und Handapparateschnur auf die Schnurdurchführung legen – Deckel zuklappen (Kabel und Schnur nicht einklemmen!) – Handapparat in eine der Deckelaussparungen legen (Handapparat auflegen, sonst Abhörgefahr!) – Gegenstelle auf der Schreibtafel vermerken.

Bild 1
Feldfernsprecher OB/ZB

1 = Induktorkabel
2 = Leitungsklemmen
3 = Prüftaste
4 = Batteriebecher
5 = Schnurdurchführung

2. **Sprechverkehr bei OB-Betrieb** (siehe auch „Fernsprechbetrieb"): Gegenstelle rufen – Handapparat abheben und Meldung der Gegenstelle abwarten Sprechtaste drücken (mit dem Ringfinger betätigen) und sprechen – Sprechtaste loslassen und hören – Nach „Ende" Induktorkurbel dreimal kurz nach rechts drehen – Handapparat in eine der Deckelaussparungen legen (Abhörgefahr!).

3. **Außerbetriebnahme:** Deckel aufklappen – Anschlussleitungen abklemmen – Induktorkurbel erst nach links drehen, dann einklappen – Handapparat, mit Schnureinführung links auf dem Batteriebecher, in das Gehäuse legen – Handapparateschnur hinter dem Handapparat nach rechts ausziehen und um den Handapparat herumlegen – Deckel zuklappen (Handapparateschnur nicht einklemmen!) – Beschriftung von der Schreibtafel entfernen – Tragegurt einhaken.

4. **Technische Durchsicht und Pflege:** Deckel öffnen und Handapparat herausnehmen – Einsprache und Hörmuschel abschrauben, Sprech- und Hörkapsel entnehmen, dann Pressteile mit Pinsel und Staubtuch reinigen – Beim Zusammensetzen Einsprache mit Hörmuschel nicht verwechseln – Die vier rot umrandeten Schrauben lösen – Gerät auf den geschlossenen Deckel stellen, Gehäuseunterteil abheben und vorsichtig mit Pinsel und Staubtuch reinigen – Beim Zusammensetzen der Kurbeldichtung gut in das Gehäuseunterteil einspielen lassen; rot umrandete Schrauben fest anziehen – Betriebsfähigkeit mittels Blasprobe und Weckerprüfung (siehe Nr 1) feststellen – Notfalls nacheinander die Monozellen im Batteriebecher, die Mikrofonkapsel und Hörerkapsel auswechseln.

Funkgerätsatz SEM 25 und BV-Bediengerät
TDv 5820/045-13

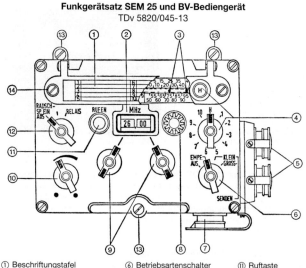

① Beschriftungstafel
② MHz-Anzeige
③ Reiter f. Kanalvoreinstellung
④ Kanalwahlschalter/-Fenster
⑤ Anschluss f. Sprechsatz
⑥ Betriebsartenschalter
⑦ Anschluss z. Grundplatte
⑧ Anzeigelampe
⑨ Frequenzwahlschalter
⑩ Lautstärkeregler
⑪ Ruftaste
⑫ Rauschsperre/Relaisschalter
⑬ Rändelschrauben
⑭ Klappe

Bild 1   S/E-Bediengerät (Frontplatte)

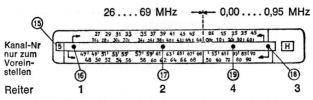

Bild 2   Voreinstellung von Sende-/Empfangsfrequenzen (Kanälen)

I. VORBEREITENDE ARBEITEN FÜR DIE INBETRIEBNAHME

Vor Inbetriebnahme ist zu prüfen (Kurzprüfung):

1. **Antennenanlage:**
- auf Vollzähligkeit,
- vorschriftsmäßige Zusammensetzung der Antennenstäbe und Kontakt zum Antennenfuß (Rost, Feuchtigkeit, Schmutz und Farbe entfernen),
- ob am Antennenabstimmgerät Masseverbindung vorhanden und das Verbindungskabel zum Antennenfuß festgeklemmt ist.

■ **Beachte:** Inbetriebnahme ohne angeschlossene Antenne verboten!

2. **Verbindungs- und Anschlusskabel:**
- auf festen und richtigen Anschluss,
- ob Kabel unbeschädigt.

3. **Stromversorgung:**
- ob Funkbatterie aufgeladen und bei Sendebetrieb die Spannung größer als 21 V ist (unter 21 V arbeitet das AGAT nicht mehr, ab 20 V fällt Rauschsperre aus),
- ob Anschluss an Funkbatterie/Stromerzeuger richtig gepolt ist (+ = rot).

4. **Sender/Empfänger:**
- auf Vollzähligkeit der Geräte und Zubehör,
- richtigen Einbau der Geräte,

■ **Beachte:** Vorsicht beim Öffnen und Schließen der Schnappverschlüsse!

- ob bei eingeschaltetem Gerät rote Kontrolllampe ⑧ aufleuchtet.
- Rauschsperre ⑫ abwechselnd ein- und ausschalten; bei „AUS" Rauschen im Kopfhörer, bei „EIN" kein Rauschen.
- Bei Einstellen einer neuen Frequenz mit Schalter ⑨ muss im AGAT das

Laufen des Antriebes zu hören sein (MHz-Anzeige im AGAT muss mit der des Bediengerätes ② übereinstimmen).
- Schalter ⑥ auf „KLEIN", Rauschsperre ⑫ auf „EIN", nach ca. 30 Sekunden Sprechtaste/R-Taste drücken; nach Loslassen muss ein Aufrauschen zu hören sein.
- Ist Handapparat am BV-Bediengerät (Bild 8) ③ angeschlossen? (Mithörton muss in allen drei Stellungen ⑤ zu hören sein).

5. **Aufbauplatz:**
- Ist gute Abstrahlung zur Gegenstelle gegeben (Geländeerhöhung wählen)?
- Ist unmittelbare Umgebung frei von Hindernissen (Bäume, Häuser usw.)?
- Beträgt der Abstand zwischen mehreren Funkstellen mindestens 25 m (sonst gegenseitiges Stören)?

II. EINSTELLEN DER SENDE-/EMPFANGSFREQUENZEN

1. **Handwahl:**
- Kanalwahlschalter ④ auf „H" (Handwahl) stellen, im Fenster ④ erscheint „H".
- Mit dem linken Schalter ⑨ die vollen MHz, mit dem rechten Schalter ⑨ die Zehntel und Hundertstel MHz einstellen.
- Eingestellte Frequenz ist im Fenster ② ersichtlich.

2. **Voreinstellen bis zu 10 Frequenzen:**
- Klappe ⑭ durch Lösen der beiden Rändelschrauben öffnen, Steckschlüssel herausnehmen.
- Kanalwahlschalter ④ so einstellen, dass die Kanalnummer, für die eine Frequenz eingestellt werden soll, in der Raste ⑮ erscheint.
- **Beachte:** Die Zahlen am Kanalwahlschalter ④ und im Fenster ④ gelten beim Voreinstellen von Frequenzen nicht. Zwischen Raststellung 10 und 1 erscheint eine Leerstellung ohne Reiter auf der Rastschiene!
- Mit dem Steckschlüssel die vollen MHz einstellen.
  dabei: Reiter 1 ⑯ auf oberen Pfeil der roten Skala =
  26 bis 46 MHz
  oder auf unteren Pfeil der blauen Skala =
  47 bis 69 MHz
  Reiter 2 ⑰ auf die befohlene MHz-Zahl
  schieben.

- Mit dem Steckschlüssel die Zehntel und Hundertstel einstellen.
  dabei: Reiter 3 ⑱ auf oberen Pfeil der gelben Skala =
  0,00 bis 0,45 MHz
  oder auf unteren Pfeil der gelben Skala =
  0,50 bis 0,95 MHz
  Reiter 4 ⑲ auf die befohlene Zehntel- und
  Hundertstel-MHz-Zahl stellen

Beispiel für Voreinstellung in Bild 7: Kanal 5 für 39,75 MHz
- Einstellung des 2. bis 10. Kanals entsprechend vornehmen.
- Jede voreingestellte Frequenz ist sofort auf der Beschriftungstafel ① mit **Bleistift** einzutragen.
- Steckschlüssel wieder in der Klappe ⑭ befestigen.
- Klappe ⑭ fest verschließen, damit Feuchtigkeit und Schmutz nicht in das Gerät eindringen können.

3. Wahl der voreingestellten Frequenzen (Kanäle)
- Stelle den Kanalwahlschalter ④ auf die befohlene Kanalnummer, die jetzt auch im Fenster ④ erscheint.

III. INBETRIEBNAHME UND BETRIEB MIT DEM SEM 25

1. Inbetriebnahme:
- Stelle den Betriebsartenschalter ⑥ des S/E-Bediengerätes
  bei Empfang auf „EMPF",
  bei Empfangen und Senden auf „KLEIN" oder „GROSS".
  Der Empfänger ist sofort, der Sender nach ca. 30 Sekunden betriebsbereit, Anzeigelampe ⑧ leuchtet rot auf.
- Regle die Lautstärke mit Laustärkeregler ⑩
  (bei Betrieb über die BV-Anlage muss der Regler ⑩ am rechten Anschlag stehen).
- Rauschsperre ⑫ einschalten, bei schwachem Empfang Schalter ⑫ auf „AUS".

2. Betrieb mit abgesetztem S/E-Bediengerät:
- Entferne das kurze Verbindungskabel von den Buchsen 16 ⑦ des S/E-Bediengerätes und der Grundplatte.
- Löse die 3 Schrauben ⑬ des S/E-Bediengerätes.
- Verbinde das S/E-Bediengerät und die S/E-Grundplatte (Buchse 16) mit dem 10 m Verbindungskabel.

3. **Relaisbetrieb mit 2 SEM 25**
- Erforderlich: 2 unterschiedliche Frequenzen
- ■ **Beachte:** Bei Relaisbetrieb oder bei Betrieb von mehreren Geräten in einem Fahrzeug muss der Frequenzabstand mindestens ±10% betragen! Siehe auch TDv 5820/045-21.
- Stelle diese Frequenzen im 1. und 2. Gerätsatz ein.
- Empfange die Gegenstellen erst normal, Rauschsperrenschalter ⑫ steht zunächst auf „EIN".
- Schalte danach den Rauschsperre-/Relaisschalter ⑫ auf „Relais".
- Überprüfe die Verbindung durch kurzes Mithören (entfällt bei Einsatz von Sprachschlüsselgeräten).
- Stelle nach Beendigung des Relaisbetriebes Schalter ⑫ wieder auf „EIN".

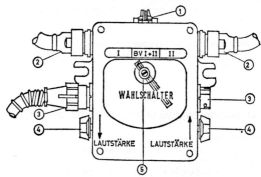

① Sendeschalter
② Anschluss zum BV-Verstärker oder zum BV-Bediengerät Buchse 9
③ Anschluss für Sprechsatz Funk und zum Außenbord-Bediengerät Buchse 41
④ Lautstärkeregler
⑤ Wahlschalter

Bild 3   BV-Bediengerät

4. **Betrieb mit BV-Bediengerät** (Bild 8)
- Wahlschalter ⑤ auf befohlenen Satz I oder II stellen.
- Sendeschalter ① auf „Senden" drücken und festlegen, nach Gesprächsende Schalter ① sofort wieder in Mittelstellung bringen.
- Lautstärke mit Lautstärkeregler ④ einstellen.
- R-Taste am Brustschaltkasten drücken und nach kurzer Pause sprechen. Bei Mittelstellung (BV I + II) kann der Funkverkehr beider Gerätsätze nur mitgehört werden, außerdem ist Bordsprechverkehr möglich.

Sprechfunkgerät SEM 35

TDv 5820/061–13

1. **Das SEM 35** (Frontplatte Bild 1) dient dem Sprechfunkbetrieb (Wechselsprechen). Es kann als **tragbares Sprechfunkgerät** (mit Ergänzungssatz 5) und als **Fahrzeugsprechfunkgerät** (mit Ergänzungssatz 3/Rüstsatz SEM 35) verwendet werden. Frequenzbereich: 26–69,95 MHz. Reichweiten (Anhalt): als Fahrzeugsprechfunkgerät 20 km (Fahrt) und 30 km (Stand), als tragbares Sprechfunkgerät bis 20 km.

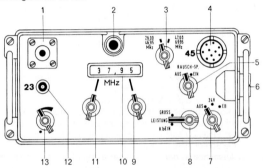

1 = Buchse für Band- oder Stabantenne; 2 = Taste zum Einschalten der Skalenlampe; 3 = Bereichsumschalter für Frequenzwahl; 4 = Buchse für Handapparat; 5 = Ein/Aus-Schalter für Rauschsperre des Empfängers; 6 = Buchse Steuerkabel; 7 = Ein/Aus-Schalter mit Wahl der Stromquelle (Fremdbatterie = 24 V, Eigenbatterie = EB); 8 = Wahl der Senderleistung; 9 = Frequenzschalter für 50-kHz-Schritte; 10 = Anzeige der eingestellten Frequenz in MHz; 11 = Frequenzschalter für MHz-Schritte; 12 = Buchse für Antenne-Fahrzeugbetrieb; 13 = Lautstärkeregler

Bild 1   Frontplatte SEM 35

Zum **Ergänzungssatz 5** gehören außer der Rückentragetasche, dem Handapparat und dem Batteriebehälter eine kurze Bandantenne und die zusammensteckbare lange Stabantenne mit je einem Antennenfuß.

2. Inbetriebnahme

- **Batterien einsetzen:** Schalter (7) auf „Aus". Gerät aus der Tragetasche nehmen, Schnappverschlüsse öffnen, Sender-Empfänger nach oben abziehen und auf die flache Seite legen. Stecker aus der Buchse des Batteriebehälters

ziehen, Batteriebehälter aus der Stromversorgung ziehen und Deckel seitlich umklappen. Zuerst die Batterien in der Mitte unterhalb, dann oberhalb der Zwischenplatte einsetzen (Richtige Polung beachten; siehe Aufdruck am Batteriebehälter). Gerät in umgekehrter Reihenfolge zusammenbauen.
- Das Gerät so in die Tragetasche setzen, dass im aufgenommenen Zustand der Anschluss für den Handapparat rechts vom Mann ist.
- **Antenne aufsetzen:** Schutzkappe vom Schraubverschluss für die Antenne abnehmen, Antenne auf den Antennenfuß schrauben und diesen bis zum Anschlag auf Buchse (1) aufschrauben.
- **Handapparat anschließen:** Schutzkappe von Buchse 45 nehmen und Handapparat anschließen.

3. **Bedienung**
- **Einschalten:** Den Schalter (7) auf EB stellen und die Taste (2) drücken, wobei die Skalenlampe aufleuchten muss.
- **Frequenzeinstellung:** Den Schalter (3) in den Bereich der zugeteilten Frequenz (26,00 bis 46,95 MHz Unterband oder 47,00 bis 69,95 Oberband) einstellen. Mit dem Frequenzschalter (11) die vollen MHz und mit dem Frequenzschalter (9) die 50-kHz-Schritte einstellen.
- **Sprechfunkbetrieb:** Die Lautstärke am Lautstärkeregler (13) einstellen. Beim Sprechen die Sprechtaste am Handapparat drücken. Die eigene Sprache muss im Hörer zu hören sein, anderenfalls liegt eine Störung vor. Zum Empfang die Sprechtaste loslassen.
- **Ein- und Ausschalten der Rauschsperre:** Den Rauschsperreschalter (5) auf „Ein" stellen. Diesen Schalter nur zum Empfang von schwachen Signalen auf „Aus" stellen.
- **Ausschalten:** Den Schalter (7) auf „Aus" stellen.

4. **Außerbetriebsetzen**
- Handapparat und Antenne abnehmen. Kurze Antenne nach der hohlen Seite hin, die lange Antenne mit der Antennenspitze beginnend zusammenlegen.
- Schutzkappen auf die Buchsen aufsetzen.

Sprechfunkgerät SEM 52

TDv 5820/107–13

1. Das SEM 52 ist ein **tragbares Sprechfunkgerät** für Sprechfunkverbindungen auf Entfernungen bis ca. 1,5 km mit sechs schaltbaren Kanälen (Frequenzen). Das Gerät ist ein **Wechselsprechgerät,** d. h., es kann nur auf

dem gleichen Kanal abwechselnd gehört (empfangen) oder gesprochen (gesendet) werden. Frequenzbereich: 47,00 bis 56,975 MHz. Lebensdauer der Trockenbatterien (6 BA-058): 15 Stunden bei 10% Sendezeit.

2. Vorbereitende Arbeiten für die Inbetriebnahme

Stromversorgung

- **Herausnehmen des Batteriebehälters:** Schnappverschlüsse öffnen, Batteriegehäusedeckel abnehmen und Batteriebehälter herausziehen.
- **Einsetzen der Batterien:** Den seitlichen Kunststoffschnapper des Batteriebehälters öffnen, sechs Trockenbatterien einsetzen. Auf richtige Polung achten!
- **Batteriebehälter** in umgekehrter Reihenfolge **zusammenbauen.**
- **Reservebatteriebehälter füllen.**
- **Batteriebehälter wieder einsetzen.** Tastpunkte müssen aneinanderliegen.

Anschlüsse und Einstellungen (Bild 1)

- Schutzkappen von der Buchse für Sprechgeschirr „5" und von der HF-Buchse „7" abnehmen.
- Gegengewicht an den Anschluss „6" anschließen.
- Bandantenne an den Antennenfuß schrauben.
- Antennenfuß mit Bandantenne bis zum Anschlag auf die HF-Buchse schrauben.
- Sprechgeschirr an die Buchse anschließen.
- Befohlenen Kanal mit Kanalwahlschalter „3" einstellen (Kanalzahl zeigt dabei auf „-Kanal").

3. Bedienung des SEM 52

Vor Inbetriebnahme sind Sprechgeschirr, Antennenfuß mit Bandantenne und Gegengewicht auf festen Anschluss zu überprüfen.

- **Inbetriebnahme** (Bild 1): Betriebsartenschalter „1" von „AUS" in Stellung „EIN" bringen. Empfangslautstärke am Lautstärkeregler „2" einstellen.
- **Senden:** Sprechtaste am Sprechgeschirr drücken (kein Mithörton!).
- **Empfang:** Sprechtaste loslassen.

Bei starkem Empfangssignal den Betriebsartenschalter auf „R-SP" stellen. Ist die Gegenstelle nun nicht mehr oder unverständlich zu hören, dann Betriebsartenschalter auf „EIN" zurückschalten.

- **Ausschalten:** Betriebsartenschalter auf „AUS" stellen.

Bei tickendem Geräusch im Sprechgeschirr: Betriebsartenschalter auf „AUS" stellen und **Batterien wechseln.**

4. **Verpacken des SEM 52**
- Betriebsartenschalter auf „AUS" stellen.
- Bandantenne und Antennenfuß abnehmen, auseinanderschrauben;
- Bandantenne falten und wegstecken; Sprechgeschirr abschrauben, in die Tragetasche stecken.
- Schutzkappen auf die Buchsen „5" und „7" aufsetzen; Vollzähligkeit überprüfen und alle Fächer der Tragetasche verschließen.

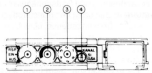

1 = Betriebsartenschalter mit den Stellungen AUS EIN R-SP
2 = Lautstärkeregler mit Schwellpfeil
3 = Kanalwahlschalter 1 ... 6

4 = Sicherung Si 0,6 A
5 = Buchse für Sprechgeschirr
6 = Anschluß für Gegengewicht
7 = HF-Buchse für Antenne

Bild 1   Oben: Bedienungsplatte SEM 52
Unten: Anschlussplatte SEM 52

Funkgerät SEM 70

TDv 5820/135 – 12 Band I

1. Das **SEM 70** ist ein **tragbares Sprechfunkgerät,** das in Handwahl (HW) mit fest eingestellter Frequenz oder in automatischer Kanalwahl (AKW) unter Verwendung eines Frequenzspeichers zu betreiben ist. **Relaisbetrieb** ist mit zwei Geräten und dem Relaisstellenzusatz RSZ 70 möglich.

1 Hauptschalter „LEISTG"
2 Kanalabstandschalter
3 Taste „ANZEIGE" (Frequenz bzw. Speicherplatz und Funkkreisnummer)
4 Frequenzwahlschalter „MHz" für 1-MHz-Schritte
5 Anzeigefeld für eingestellte Frequenz (HW) bzw. Speicherplatz und Funkkreisnummer (AKW)
6 Frequenzwahlschalter „kHz" für 25-kHz-Schritte
7 Betriebsschalter für Verwendungsarten
8 Lautstärkeschalter
9 Schalter „FUNKKREIS-NR" (für jede Ziffer einer)
10 Schalter „Speicherplatz"
11 Frequenzspeicherschacht mit Deckel
12 Antennenbuchse
13 Prüftaste
14 Anschlüsse für Gegengewicht
15 Anschlussbuchse „34" für Relaisstellenzusatz RSZ 70
16 NF-Anschlussbuchse „39"
17 NF-Anschlussbuchse „38"
18 Überwachungsanzeige, rote Leuchtdiode „FEHLER"
19 Prüfanzeige, grüne Leuchtdiode „BATT" für Batterieprüfung
20 Prüfanzeige, grüne Leuchtdiode „SENDER" für Senderprüfung

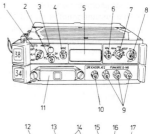
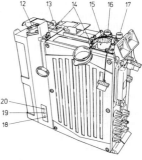

Die **Reichweite** lässt sich durch Einstellen kleiner oder großer Senderleistung und durch Verwenden einer kurzen oder langen Antenne verändern.

2. Nach Zusammenbau und Fertigmachen des Geräts zum Betrieb
- Frequenzspeicher FSP 70 einstecken bzw. auswechseln,
- Funktionsprüfung vornehmen,
- Gerät in Betrieb nehmen.
3. **Betrieb mit Handwahl (HW)** – Ausführung:
- **Hauptschalter** auf befohlene Leistung „KL" oder „GR" stellen.

- **Betriebsschalter** auf „HW" schalten.
- **Kanalabstandschalter** auf befohlene Stellung schalten (muss bei allen Geräten eines Kreises gleich sein).
- **Frequenzwahlschalter** „MHz" oder „kHz" betätigen.
- **Lautstärkeschalter** auf 4. Marke stellen.
- **Sprechtaste** drücken – **senden**
- **Sprechtaste** loslassen – **empfangen.**
- **Lautstärkeschalter** auf günstige Lautstärke stellen
- **Betriebsschalter** bei Störungen oder schwachem Empfang auf „oRSP" stellen.

4. **Betrieb mit automatischer Kanalwahl** – Ausführung:
- **Hauptschalter** auf befohlene Leistung „KL" oder „GR" stellen.
- **Betriebsschalter** auf „AKW" schalten.
- **Schalter „SPEICHERPLATZ"** auf befohlenen Wert stellen.
- **3 Schalter „FUNKKREIS-NR"** auf befohlene Nummer (3stellig) einstellen.
- **Lautstärkeschalter** auf 4. Marke stellen.
- **Sprechtaste** drücken – **Ende des Sperrtons abwarten – senden.**
- **Sprechtaste** loslassen – **empfangen.**
- **Lautstärkeschalter** auf günstige Lautstärke stellen.

Besonderheiten beim Betrieb mit AKW:
- **Kanal halten/wechseln,**
- **Sendetaste „mit Vorhalt" drücken,**
- **„Einbrechen" in eine bestehende Funkverbindung,**

werden auf Befehl des taktischen Führers angewendet.

5. **Hauptschalter** zur Außerbetriebsetzung auf „AUS" stellen.

Funkgeräte SEM 80/SEM 90

TDv 5820/135 – 12 Band II

Funkanlagen **SEM 80/SEM 90** werden überwiegend in **Fahrzeugen,** entweder in Handwahl (HW) mit fest eingestellter Frequenz oder in automatischer Kanalwahl (AKW) unter Verwendung eines Frequenzspeichers, betrieben. **Relaisbetrieb** ist möglich, mit Zusatzgeräten auch Datenübertragung sowie Sprach- und Datenverschlüsselung.
Die **Reichweite** lässt sich durch Einstellen kleiner oder großer Senderleistung verändern.

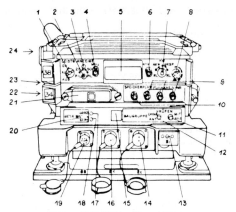

Bild 1 SEM 80/90 auf Grundplatte

1 Hauptschalter „LEISTG"
2 Kanalabstandschalter
3 Taste Anzeige (Frequenz bzw. Speicherplatz und Funkkreisnummer)
4 Frequenzwahlschalter „MHz" für 1-MHz-Schritte
5 Anzeigefeld für eingestellte Frequenz (HW) bzw. Speicherplatz und Funkkreisnummer (AKW)
6 Frequenzwahlschalter „kHz" für 25-kHz-Schritte
7 Betriebsschalter für Verwendungsarten
8 Lautstärkeschalter
9 Schalter „FUNKKREIS-NR" (für jede Ziffer einer)
10 Schalter „Speicherplatz"
11 Prüftaste für Systemprüfung mit Antenne
12 Prüftaste für Systemprüfung ohne Antenne
13 Überstromsicherung
14 24-V-Anschlussbuchse „2 c"
15 Ziffernanzeige schadhafte Baugruppe bei Systemprüfung
16 Anschluss für BV-Anlage (BV Buchse „51")
17 Fehlermeldung FuGer 2
18 Fehlermeldung FuGer 1/3
19 Anschluss für externe Prüfeinrichtung (Bu 68)
20 Betriebsspannungsüberwachung
21 Frequenzspeicherschacht mit Deckel
22 Anschluss für Datenendgerät/Schlüsselgerät (Bu 34)
23 HF-Buchse „14" für Anschluss des Antennenkabels
24 NF-Buchsen „38" und „39" für Handapparat, Sprechsatz oder Lautsprecher

I. VORBEREITENDE ARBEITEN FÜR DIE INBETRIEBNAHME

Vor Inbetriebnahme ist zu prüfen (Kurzprüfung):

1. **Antennenanlage** auf
- Vollzähligkeit,
- vorschriftsmäßige Zusammensetzung der Antennenstäbe und Kontakt zum Antennenfuß (Rost, Feuchtigkeit, Schmutz und Farbe entfernen),
- richtigen Anschluss des Massebandes und der Antennenzuleitung an den Antennenfuß.

2. **Verbindungs- und Anschlusskabel** auf
- festen und richtigen Anschluss,
- Zustand der Kabel.

3. **Stromversorgung** auf
- Ladezustand der Fernmeldebatterie, Spannung muss größer als 19 V sein,
- Anschluss des BV-Verstärkers bzw. des Schaltkastens SEM 25/35 an Buchse 2 des BV-Transientschutzes (Buchsen 2 c nicht geschützt).

4. **Sender/Empfänger** auf
- Vollständigkeit der Geräte und des Zubehörs,
- richtigen und festen Einbau der Geräte,
- ■ **Vorsicht** beim Öffnen und Schließen der Schnappverschlüsse!
- richtigen Anschluss von Handapparat, Sprechsatz und Lautsprecher,
- eingeschaltete Stromversorgung (grüne Leuchtdiode 20 leuchtet),
- Anzeige (ca. 5 s nach Einschalten) der Frequenz oder von Speicherplatz und Funkkreisnummer im Anzeigefeld 5.

Prüfzusatz PRZ 80 in der Grundplatte GP 80:
- Prüftaste 12 drücken: Fehlermeldungen (rote Leuchtdioden) 17 und 18 dürfen nicht aufleuchten, Anzeige 15 muss „0" lauten. Lüfter muss anlaufen, im Handapparat, Sprechsatz und Lautsprecher muss Rauschen zu hören sein. Antennenanlage wird nicht geprüft.
- Nur dann, wenn **nicht** „Sendeverbot" befohlen ist:
  Prüftaste 11 drücken: Anzeigen wie bei Prüftaste 12; zusätzlich wird Antennenanlage geprüft.

5. **Aufbauplatz:**
- Ist gute Abstrahlung zur Gegenstelle gegeben (Geländererhöhung wählen)?
- Ist unmittelbare Umgebung frei von Hindernissen (Bäume, Häuser usw.)?
- Beträgt der Abstand zwischen den Antennen mehrerer Funkstellen mindestens 1,5 m (sonst Gefahr von Geräteschäden)?

II. EINSTELLEN DER SENDE-/EMPFANGSFREQUENZ

1. **Handwahl (HW):**
- Betriebsschalter 7 auf „HW" oder „HW oRSP" schalten, im Anzeigefeld 5 erscheint die zuletzt eingestellte Frequenz,
- mit Frequenzwahlschalter 4 die MHz, mit Frequenzwahlschalter 6 die kHz einstellen,
- eingestellte Frequenz erscheint für ca. 5 s im Anzeigefeld 5.

2. **Automatische Kanalwahl (AKW):**
- Hauptschalter 1 auf „AUS" schalten,
- Betriebsschalter 7 auf „AKW" schalten,
- Frequenzspeicher in Frequenzspeicherschacht 21 einstecken, Deckel festschrauben,
- Hauptschalter 1 auf „KL" oder „GR" schalten,
- befohlenen Speicherplatz mit Speicherplatzschalter 10 einstellen,
- Funkkreisnummer mit Funkkreisnummerschalter 9 einstellen.

III. BETRIEB MIT DEM SEM 80/90

1. **Handwahl:**
- Betriebsschalter 7 auf „HW", bei schwachem Empfang auf „HW oRSP" stellen,
- Kanalabstandschalter 2 auf befohlene Stellung schalten.

2. **Automatische Kanalwahl:**
- Betriebsschalter 7 auf „AKW" schalten,
- Sprechtaste drücken und Sperrton (ca. 0,6 s) abwarten.

3. **Zusammenarbeit mit SEM 25/35:**
- Betriebsschalter 7 auf „HW", bei schwachem Empfang auf „HW oRSP" schalten,
- Kanalabstandschalter 2 auf „50" schalten.

4. **Relaisbetrieb** (2 SEM 80/90 auf **einer** Grundplatte):
Bei Relaisbetrieb oder bei Betrieb mehrerer Geräte in einem Fahrzeug muss der Frequenzabstand mindestens 10% der Frequenz betragen.

Relaisbetrieb HW-HW:
- Betriebsschalter 7 bei beiden Geräten auf „HW" schalten,
- Frequenzen am Gerät 1 und 2 einstellen,

- Verbindung mit beiden Gegenstellen aufnehmen,
- Betriebsschalter 7 bei beiden Geräten auf „HW-RL" schalten,
- Verbindung durch kurzes Mithören prüfen (entfällt bei Sprachschlüsselgeräten),
- nach Relaisbetrieb an beiden Geräten Betriebsschalter 7 wieder auf „HW" stellen.

Relaisbetrieb AKW-AKW:
- Betriebsschalter 7 bei beiden Geräten auf „AKW" stellen,
- befohlenen Speicherplatz mit Speicherplatzschalter 10 einstellen,
- an beiden Geräten mit Funkkreisnummerschalter 9 die gleiche Funkkreisnummer einstellen,
- Verbindung mit beiden Gegenstellen aufnehmen,
- Betriebsschalter 7 an beiden Geräten auf „AKW-RL" schalten,
- Verbindung durch kurzes Mithören prüfen (entfällt bei Sprachschlüsselgeräten),
- nach Relaisbetrieb an beiden Geräten Betriebsschalter 7 wieder auf „HW" schalten.

Relaisbetrieb AKW (Gerät 1)-HW (Gerät 2):
- am Gerät 1 Betriebsschalter 7 auf „AKW" schalten,
- befohlenen Speicherplatz und befohlene Funkkreisnummer einstellen (Schalter 10 und 9),
- Verbindung mit Gegenstelle aufnehmen,
- Betriebsschalter 7 am Gerät 1 auf „AKW-RL" und am Gerät 2 auf „HW-RL" schalten,
- Verbindung durch kurzes Mithören prüfen (entfällt bei Sprachschlüsselgeräten).

5. **Funktionsüberwachung und -prüfung:**
- Verlischt während des Betriebs die grüne Leuchtdiode 20, Stromversorgung und Überstromsicherung 13 prüfen.
- Leuchtet eine der beiden roten Leuchtdioden 17 oder 18 während des Betriebs auf, Test mit Prüftaste 11 oder 12 auslösen; die Testanzeigen haben folgende Bedeutung:
  - 0   kein Fehler,
  - 1   Grundgerät A/VFH,
  - 2   Steckrahmen ST 80,
  - 3   Leistungsverstärker LV 80 oder Grundplatte Gp 80,
  - 4   Antennenanlage,
  - 5   Antennenkoppler AK 80 oder HF-Kabel zwischen BU 14/Ger 3 und AK 80/Ger 3,
  - 6–9 vorgesehen für Zusatzgeräte.

6. **Der Betrieb mit BV-Bediengerät, Schaltkasten SEM 25/35 und NF-Verstärker** entspricht dem des Betriebs SEM 25/35.

Technische Durchsicht und Pflege der Sprechfunkgeräte

1. **Allgemeines**
- Schmutz und Feuchtigkeit von Gehäuse, Batterieteil, Antenne, Handapparat, Buchsen, Steckern und Schaltern fernhalten.
- Wartungsarbeiten nur mit dem für die Geräte vorgesehenen Werkzeug durchführen.
- Reparaturen nicht selbst ausführen und Teile, abgesehen von der Batterie, nicht selbst auswechseln.
- Nicht benutzte Buchsen mit den Schutzkappen – soweit vorgesehen – verschließen.
- Für die Reinigung Pinsel und trockene, nicht fasernde Tücher verwenden.

2. **Technische Durchsicht und Pflege im einzelnen:**
- Sprechfunkgerät und Zubehör/Ergänzungssatz auf Vollzähligkeit prüfen und, insbesondere die Buchsen, von Staub und Schmutz reinigen und Feuchtigkeitsspuren beseitigen.
- Zugängliche Teile wie Kabelstecker, Schalter, Sprechtasten, Schnappverschlüsse, Antenne und Handapparat auf gebrauchsfähigen Zustand prüfen. Sie müssen einwandfrei funktionieren.
- Batterie(n) herausnehmen. Batterieteil/Batteriebehälter auf Feuchtigkeit und Korrosionsschäden, Stecker, Buchsen und – beim PRC-6/6 – die Röhren, Röhrenhalter und Kanalquarze auf einwandfreien Zustand bzw. festen Sitz überprüfen und reinigen.
- Nach dem Zusammenbau die Betriebsfähigkeit überprüfen.

3. Pflege-Methode **A-P-A-R-E-S** führt zur **planmäßigen Pflege:**

A-btasten: Beschädigungen/Abnutzungen/Lockerungen; Feuchtigkeit

P-rüfen: Buchsen/Stecker/Kontakte/Dichtungen: Fehlen von Schrauben

A-nziehen: Lockere und lose Teile (Befestigungen/Verschlüsse/Verbindungen).

R-einigen: Materialgerechte, zweckentsprechende Mittel. Nachreiben!

E-instellen: Schalter/Regler/Einstellvorrichtung in Ein-/Aus-Stellung

S-chmieren: Schalter/Regler nicht; jedoch Scharniere, Verschlüsse, Nuten

1 Bedien-, Anschluß- und Anzeigeelemente
1.1 Funkgerät SEM 93

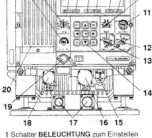
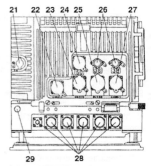

1 Schalter **BELEUCHTUNG** zum Einstellen der Display-Helligkeit

2 Schalter **ZUSTAND** mit den Stellungen
- **TEST** = Wahl und Start der Funktionsprüfung (in Verbindung mit Taste **PGM**)
- **GW** = Geschwindigkeit (Bit-Rate), Einstellung über Tastenfeld
- **REL** = Relaisstellengerät
- **LST** = Gerät mit Leitstellenfunktion
- **TLN** = Teilnehmergerät
- **EG** = Eingeben der Preset-Betriebsvorgaben
- **SP** = Sperren des Funkgerätes gegen unbefugte Benutzung
- **NL** = Notlöschen der gespeicherten Betriebsvorgaben (in Verbindung mit Schalter **LEISTUNG**)

3 Display zum Anzeigen der
- funkkreisspezifischen Betriebsvorgaben
- des Ergebnisses der Funktionsprüfung

4 LED-Anzeige **FEHLER** zur Fehlermeldung
- bei Funktionsüberwachung
- bei Funktionsprüfung

5 LED-Anzeige **ASYNCHR** zeigt Synchronstufe 1 (ECCM asynchron) an

6 LED-Anzeige **FSB** leuchtet bei Frequenzsprungbetrieb

7 LED-Anzeige **EMPFANG** leuchtet bei Empfang

8 LED-Anzeige **KRYPTO**
- leuchtet, sobald eine kryptierte Funkbetriebsart eingestellt ist
- blinkt bei Klarempfang in HW KR/KL

9 LED-Anzeige **DATEN** leuchtet bei Datenbetrieb

10 Schalter **PRESET** zum Anwählen der gespeicherten Betriebsvorgaben (in Verbindung mit Schalter **FUNKBETRIEBSART**)

11 Schalter **LAUTSTÄRKE** zum
- Einstellen der Lautstärke in 5 Stufen
- Ein- bzw. Ausschalten der Rauschsperre

12 Schalter **LEISTUNG** mit den Stellungen
- **AUS** = Gerät aus
- **EMPF** = nur Empfangsbetrieb
- **SEND** = kleine (1), mittlere (2) und große (3) Senderleistung
- **NL** = Löschen der gespeicherten Betriebsvorgaben (in Verbindung mit Schalter **ZUSTAND**)

13 Schalter **FUNKBETRIEBSART** zur Auswahl
- der Funkbetriebsarten BEM (Betriebsvorgaben-Empfang), VEM (Variablenempfang), HW KL, HW KR/KL, HW KR, AKW, ECCM
- zur Preset-Einstellung

14 Tastenfeld mit
- Pfeiltasten ◄ und ► zum Auswählen der angezeigten zu ändernden Parameter
- Pfeiltasten ▲ und ▼ zum Verändern der ausgewählten Parameter
- Taste **UHR** zur Anzeige der Systemzeit (Neueinstellung mit Pfeiltasten)
- Taste **FSB** zum Einschalten des Frequenzsprungbetriebes
- Taste **PGM** für
  + manuelle Programmierung der Presets
  + Synchronisation der Systemzeit nach Neueinstellung
  + Start der Funktionsprüfung
- Taste **LSP** zum Ein- und Ausschalten des externen Lautsprechers
- Taste **ARA** zur Annahme eines ARA-Rufes

15 Überstromsicherung **Si** (gegen willkürliches Auslösen geschützt)
16 Buchse **2c**, Anschluß Stromversorgung
17 Blinddosen zum Aufstecken unbenutzter Kabel
18 Buchse **68**, Anschluß Prüfrechner
19 Buchse **111**, Anschluß Betriebsvorgabenspeicher BSP 93 bzw. Betriebsvorgaben-Erzeugungs- und Verwaltungsgerät BEV 93
20 Batteriefach für Lithium-Blockbatterie zur Energieversorgung der Systemuhr und der Presets
21 HF-Buchse **14**, Anschluß Fahrzeugantenne FA 80 oder Standantenne STA 80
22 Buchse **87**, Anschluß Antennenkoppler AKH 80
23 Buchse **34R**, Anschluß zweites Funkgerät SEM 93 der Relaisstelle
24 Buchse **50**, Anschluß Fernbediengerät FB 93
25 Buchse **51S**, Anschluß Bediengerät Fahrzeugkommandant BGK 80
26 Buchsen **38**, Anschluß Handapparat H-55/B1 oder Lautsprecher
27 Buchse **86**, Anschluß Datenendeinrichtung
28 Blinddosen für unbenutzte Kabel
29 Anschluß für Masseband

1.2 Betriebsvorgabenspeicher BSP 93

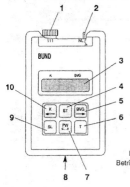

Betriebsvorgaben für Handwahl klar K L 1 A
Betriebsvorgaben für Handwahl krypto K R 1 B
Betriebsvorgaben für Handwahl krypto/klar K K ...
Betriebsvorgaben für AKW A K 4 A
Betriebsvorgaben für ECCM E C 4 B

1 Buchse **111**
2 Notlöschschalter (Zieh-Kippschalter)
3 Display
4 Taste **ST** zum Starten der Eingabe
5 Taste **BVG** zur Auswahl eines Betriebsvorgaben-Speicherplatzes (1A bis 4B)
6 Taste **T** zum Starten des Selbsttestes
7 Taste **PW** zur Paßworteingabe
8 Buchse **FSP 70** zum Anschluß eines Frequenzspeichers FSP 70
9 Taste **SL** (selektiv löschen)
 - Löschen von Fehlermeldungen
 - Löschen der Anzeige FSP 70
 - In Verbindung mit Taste ST selektives Löschen des eingestellten Speicherplatzes
10 Taste **K** zur Auswahl eines Kryptovariablen-Speicherplatzes (1 bis 20)

HINWEIS: - Der BSP 93 schaltet sich nach ca. 3 Minuten selbständig aus.
 - Belegte Kryptovariablen-Speicherplätze werden mit K gekennzeichnet.
 - Belegte Presets werden mit zwei Buchstaben gekennzeichnet.
 - Zum Sperren, Entsperren und Laden der Betriebsvorgaben ist der BSP 93 mit Kabel 111 am SEM 93, Buchse 111, anzuschließen und anschließend wieder abzunehmen.

Fliegerabwehr (zu Lande)

ZDv 3/90, ZDv 3/121, ZDv 3/12, ZDv 3/14, ZDv 3/136

Grundlagen

I. BEDROHUNG DURCH GEGNERISCHE LUFTKRIEGSMITTEL

1. **Luftkriegsmittel** sind **Luftfahrzeuge** und **Flugkörper**, die nach Art und Eigenschaften unterschieden werden und in allen Flughöhenbereichen zum Einsatz kommen.

2. Alle Kräfte sind im Gefecht der verbundenen Waffen durch **Aufklärung und Angriffe aus der Luft** bedroht. Dies gilt auch bei eigener räumlicher und zeitlicher Luftüberlegenheit sowie bei eingeschränkten Sicht- und schlechten Witterungsverhältnissen.

3. Feindliche **taktische Luftaufklärung** ist aufgrund der heute einsetzbaren technischen Möglichkeiten unter allen Sichtbedingungen sowie bei nahezu jedem Wetter möglich. Durch taktische Luftaufklärung ist die eigene Truppe ebenso gefährdet wie durch Luftangriffen, da die Aufklärungsergebnisse als Grundlage für den unmittelbar folgenden Einsatz dienen können. Dazu gehören auch **Luftangriffskräfte**.

4. **Luftfahrzeuge** werden unterschieden nach bemannten und unbemannten Luftfahrzeugen; bemannte Luftfahrzeuge werden unterteilt in Starrflügler (z.B. Jagdbomber) und Drehflügler (z.B. Transporthubschrauber).

II. LUFTANGRIFFE

1. Luftangriffe können aus mehreren Richtungen, unterschiedlichen Höhen und mit verschiedenen **Angriffsverfahren** erfolgen. **Angriffsformationen** sind hierbei die **Rotte** (2 Luftfahrzeuge) oder der **Schwarm** (4 – 8 Luftfahrzeuge).

2. **Angriffsarten** werden unterschieden in
- **vorgeplante Angriffe** (auf ortsfeste und/oder stehende Ziele, die bereits vor den Kampfhandlungen erkannt oder während der Kampfhandlungen aufgeklärt wurden) und

- **Sofortangriffe** (überwiegend auf bewegliche oder nur für kurze Zeit am Ort bleibende Ziele).

3. **Angriffsverfahren** von Luftfahrzeugen sind abhängig von
- Art, Lage, Ausdehnung und Sichtbarkeit des Zieles,
- mitgeführten Wirkmitteln sowie
- Navigations- und Angriffshilfen.

Horizontale Luftangriffe im tiefen und sehr tiefen Flughöhenbereich sind ohne besondere Flugmanöver möglich (z. B. der Einsatz von Feuerbomben, gebremsten Bomben,, Streu- und Schüttbomben).

Kampfhubschrauber nähern sich zumeist im bodennahen Konturenflug ihrem Einsatzraum. Zur Zielbekämpfung ist – abhängig vom Kampfmittel – ein Verlassen der Deckung nicht immer erforderlich.

4. Alle Truppen müssen bei Tag und Nacht - auch bei jeder Wetterlage - auf feindliche **Luftlandeoperationen** eingestellt sein. Das Landen von feindlichen luftbeweglichen Truppen durch Transporthubschrauber stellt eine besondere Gefahr dar, da luftbewegliche Kräfte in fast jedem Gelände abgesetzt werden können.

III. AUFGABEN DER FLIEGERABWEHR

1. Jede Truppe sichert sich stets gegen die Bedrohung durch feindliche Luftkriegsmittel. Die **Fliegerabwehr** umfasst sämtliche Vorbereitungen und Tätigkeiten, die hierzu zu treffen sind.
Dazu gehören:
- **Fliegerschutzmaßnahmen**,
- die **Beobachtung des Luftraumes** und
- die **Bekämpfung** sehr tief und tief fliegender feindlicher Luftfahrzeuge und feindlicher Fallschirmjäger in der Luft **mit allen dazu geeigneten Waffen**.

2. Zum Feuerkampf sind alle hierfür geeigneten Waffen einzusetzen; schwerpunktmäßig sind dies Waffen mit Fliegerabwehrvisieren sowie Gewehre. Diese werden als **Fliegerabwehrwaffen** bezeichnet.

Zur Bekämpfung von Hubschraubern sind eingeschränkt auch Bordkanonen von Kampfpanzern und Panzerabwehrlenkflugkörper geeignet.

Das zusammengefasste Feuer möglichst vieler zur Fliegerabwehr eingesetzter Waffen erzielt Wirkung, ergänzt die Flugabwehr und trägt zur Abnutzung des Luftfeindes bei.

3. Maßnahmen der Fliegerabwehr dienen nicht nur der eigenen sondern auch der **gegenseitigen Sicherung**. Wenn Lage, Auftrag und Feuerregelung

es zulassen, werden alle in der Wirkungsbereich der Fliegerabwehrwaffen einfliegende feindliche Luftfahrzeuge bekämpft, gleichgültig, ob diese direkt angreifen oder nur das Gefechtsfeld überfliegen.

IV. FLIEGERSCHUTZMASSNAHMEN

1. **Fliegerschutzmaßnahmen** erschweren die feindliche Luftaufklärung und deren unmittelbaren Folgen. Weiterhin schützen sie die Truppe vor Waffenwirkung aus der Luft.

2. In der Anwendung wird zwischen
- **ständigen Fliegerschutzmaßnahmen** und
- **besonderen Fliegerschutzmaßnahmen**
unterschieden.
Ständige Fliegerschutzmaßnahmen wie Auflockerung, Tarnung und Deckung sind selbstständig durchzuführen,
Besondere Fliegerschutzmaßnahmen wie z.B. Bau von Feldbefestigungen, Täuschmaßnahmen, Fahrverbot, Aufsuchen von Deckungen bei Fliegeralarm werden befohlen.

3. Schutzmaßnahmen gegen die Bedrohung durch gegnerische Luftkriegsmittel **und** gegen Feind auf der Erde ergänzen sich.

V. LUFTRAUMSPÄHER

1. Alle Truppenteile setzen möglichst rundum **Luftraumspäher** ein, die im befohlenen **Beobachtungsbereich**
- den Luftraum ständig **beobachten**,
- beim wahrnehmen unbekannter oder beim Erkennen feindlicher Luftfahrzeuge die Truppe zu alarmieren bzw. die Beobachtungen zu melden,
- eigene Luftfahrzeuge und andere Beobachtungen zu melden und
- den Feuerkampf aufnehmen, wenn sie eine Fliegerabwehrwaffe bedienen und die Feuerregelung eine Bekämpfung zulässt.

2. Luftraumspäher werden mit einer Geländetaufe eingewiesen und erhalten den **Befehl an den Luftraumspäher** (Lage, Auftrag, Durchführung, Beobachtungsbereich, Art der Alarmierung/Meldung, Feuerregelung), Bild 1.

3. Ihre Stellung soll sich in unmittelbarer Nähe ihrer Einheit / Teileinheit / Fliegerabwehrwaffe befinden; Abweichungen nur dann, wenn Gelände- und Sichtverhältnisse dazu zwingen und zuverlässige Fernmeldeverbindungen bestehen.

Sie dürfen keine zusätzlichen Dienste oder Aufgaben wahrnehmen. Ausnahme: **ABC-Alarmposten** oder **Bediener einer Fliegerabwehrwaffe**.
Ausrüstung: Feldmütze, Schiffchen oder Barett, Doppelfernrohr, Sonnenbrille, optische/akustische Signalmittel und ggf. Fernmeldemittel.

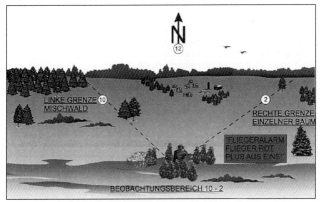

Bild 1   Beobachtungsbereich des Luftraumspähers

4. **Wahrnehmen** ist das Feststellen eines Luftfahrzeuges mit Auge und Ohr, **Erkennen** das Unterscheiden zwischen eigenen und feindlichen Luftfahrzeugen. **Erkennungsmerkmale** sind das **Aussehen** (äußere Merkmale, Baumuster), **Verhalten** (z.B. Waffeneinsatz, Absetzen von Fallschirmjägern) und **bestimmte Signale** (z.B. Blinksignale, ausgefahrenes Fahrwerk). **Hoheitszeichen** sind meist erst sehr spät zu erkennen.

5. Der Luftraumspäher **meldet**
– unbekannte oder feindliche Luftfahrzeuge, die voraussichtlich nicht in den Wirkungsbereich der eigenen Fliegerabwehrwaffen einfliegen oder die eigene Truppe angreifen (weiter beobachten),
– eigene Luftfahrzeuge, die in den Wirkungsbereich der eigenen Fliegerabwehrwaffen einfliegen und
– andere wichtige Beobachtungen

Der Luftraumspäher alarmiert
– bei unbekannten oder feindlichen Luftfahrzeugen, die voraussichtlich in den Wirkungsbereich der eigenen Fliegerabwehrwaffen einfliegen oder die eigene Truppe angreifen,

- bei feindlichem Verhalten von Luftfahrzeugen,
- wenn eigene Flugabwehrkräfte das Feuer eröffnen,
- wenn die Fliegerabwehr benachbarter Truppenteile Flugziele bekämpft und
- wenn benachbarte Einheiten Signalpatronen „Fliegeralarm" oder „Fliegerkennung" schießen.

6. Der Luftraumspäher spricht Luftfahrzeuge an mit
- **Flieger ROT** = feindliches Luftfahrzeug
- **Flieger GRÜN** = unbekanntes Luftfahrzeug
- **Flieger Blau** = eigenes Luftfahrzeug.

Bei mehreren Luftfahrzeugen wird mit **PLUS** ergänzt.

7. Auch **jeder andere Soldat** hat sofort zu alarmieren oder zu melden, wenn er ein Luftfahrzeug wahrnimmt oder erkennt.

Feuerkampf mit Fliegerabwehrwaffen

I. BEREITSCHAFTSGRADE UND FEUERREGELUNGEN

1. Zur Fliegerabwehr werden folgende Bereitschaftsgrade befohlen:
- **„Bereitschaft zur Fliegerabwehr"**

Gewährleistet das herstellen der Feuerbereitschaft in kurzer Zeit. Dazu
- die lafettierten Fliegerabwehrwaffen teilgeladen in Stellung oder auf den
- Fahrzeugen für den Feuerkampf vorbereiten,
- Fliegerabwehrvisiere hochklappen oder einstellen,
- Rohre in die Mitte des zugewiesenen Hauptbekämpfungsraumes richten und
- wo möglich Feuerpausenwerte einstellen.

Bedienungen in der **Nähe der Waffen**.

- **„Feuerbereitschaft zur Fliegerabwehr"**

Stellt unverzügliche Bekämpfung feindlicher Luftfahrzeuge sicher. Dazu
- alle lafettierten Fliegerabwehrwaffen in Stellung oder auf Fahrzeugen fertigladen und sichern,
- Rohre in vermutete Angriffsrichtung richten,
- Fliegerabwehrvisiere hochklappen oder einstellen und
- wo möglich Feuerpausenwerte einstellen.

Bedienungen sind **an den Waffen**, beobachten den Luftraum in der vermuteten Angriffsrichtung und verdichten dadurch die Beobachtung des Luftraumes.

Bei Fliegeralarm wird Feuerbereitschaft zur Fliegerabwehr ohne Befehl hergestellt.

2. Es gelten folgende Feuerregelungen:
- **„Feuerverbot"** gegen alle Luftfahrzeuge, bereits eröffnetes Feuer ist einzustellen (ständige Feuerregelung für die Fliegerabwehr).

Ausnahme: **Selbstverteidigung** zur Abwehr eines Luftangriffes, der sich unmittelbar gegen eigene Truppe oder andere Truppen, Anlagen oder Einrichtungen richtet.
- **„Bedingte Feuererlaubnis"** gegen alle Luftfahrzeuge, die als **feindlich erkannt** sind, sofern eigene dabei nicht gefährdet werden.
- **„Feuererlaubnis"** gegen alle Luftfahrzeuge, **soweit diese nicht als eigene erkannt** sind.

Feuererlaubnis sowie Bedingte Feuererlaubnis werden für die Fliegerabwehr grundsätzlich nur unter besonderen Voraussetzungen befohlen.

II. GRUNDSÄTZE FÜR DEN FEUERKAMPF

1. **Ziel des Feuerkampfes** ist, tief und sehr tief fliegende feindliche Luftfahrzeuge **abzuschießen**, zu **beschädigen** oder zur **Änderung des Flugweges oder der Flughöhe** zu zwingen und damit am gezielten Einsatz ihrer Bordkampf- oder Aufklärungsmittel zu hindern.

2. **Grundsätze für den Feuerkampf**:
- **Feuereröffnung auf Befehl** des Feuerleitenden ist die Regel, z.B. „Flieger ROT – aus 6 – 1600 – Feuer!" Selbstständige Feuereröffnung nur bei überraschendem direkten Angriff.
- Flugziele befinden sich **nur kurze Zeit im Wirkungsbereich**. Daher: **Rechtzeitige Feuereröffnung, Feuerzusammenfassung, Zielzuweisung/-wechsel, nicht „Nachschießen"**.
- Flugziele mit **gezielten Feuerstößen** bekämpfen; in Ausnahmefällen kann **Dauerfeuer** (lange Feuerstöße) befohlen werden.
- **Fallschirmjäger** bereits in der Luft bekämpfen (Maschinenkanonen und MG kurze Feuerstöße, Gewehre Einzelfeuer).
- Beim **Marsch** gilt **„Feuerbereitschaft zur Fliegerabwehr"**. Bei überraschendem Luftangriff durch einzelne Luftfahrzeuge wird der Marsch fortgesetzt, der Feuerkampf ist mit allen geeigneten Fliegerabwehrwaffen aus der Fahrt heraus zu eröffnen. Bei wiederholten Luftangriffen entscheidet der Führer der marschierenden Truppe, ob der Marsch unterbrochen wird und beiderseits der Marschstraße aufzulockern ist.

III. SCHIESSEN MIT FLIEGERABWEHRWAFFEN

1. Grundbegriffe
- Die Strecke auf dem Zielweg, die das Flugziel während der Geschossflugzeit vom **Abschusspunkt** (hier befand sich das Flugziel zum Zeitpunkt des Abfeuerns der Waffe) bis zum **Treffpunkt** (Vorhaltepunkt) zurücklegt, ist der **Vorhalt** (Bild 1).
- Beim **Anflug** fliegt das Flugziel direkt auf die Waffe zu, ein **Vorhalt entfällt** somit.
- Beim **Überflug** führt der Zielweg direkt über die Waffe hinweg; ein **Vorhalt** ist nur nach **Höhe** zu geben.
- Der **Vorbeiflug** führt seitlich **links** oder **rechts** an der Waffe vorbei; ein **Vorhalt nach Seite und Höhe** ist zu geben..
- Im **Wechselpunkt** (W) erreicht das Flugziel die kürzeste Entfernung zur Waffe, aus dem „kommenden Ziel" wird ein „gehendes Ziel", das Feuer wird eingestellt, nicht „Nachschießen".

2. Übersicht der Kampf- und Feuereröffnungsentfernungen
Gewehr

	G 3	G 36	MG 3	MK 20mm
Kampfentfernung	300 m	400 m	600 m	1200 m
Feuereröffnung bei	500 m	500 m	900 m	1600 m
max. Höhe für Flugzielbeschuss	100 m	100 m	200 m	800 m
max. Entfernung in der Kartenebene (Vorbeiflug seitlich an der Stellung)	bis 50 m	bis 50 m	bis150 m	bis 400 m

3. Mit dem **Fliegerabwehrvisier** des MG 3 ist das Flugziel über Visierscheibe und Korn (Bild 2) anzurichten. Feuereröffnung beim
- **An- und Überflug**, wenn das Flugziel mit seiner Breite – von Tragfläche zu Tragfläche- zwischen den Entfernungsleisten erscheint;
- **Vorbeiflug**, wenn das Flugziel in seiner Breite in den bogenförmigen Aussparungen links oder rechts erscheint.

Das Schießen auf Flugziele mit MG 3 erfolgt vom Dreibein, von Lafetten auf Kampf-/Radfahrzeugen sowie von Behelfslafetten (Fliegerpfahl).

4. Mit Gewehren können Flugziele im **An-, Über-** und nahen **Vorbeiflug** bekämpft werden. Gewehre weder hierzu **angelehnt** oder **aufgelegt**, freihändiger Feuerkampf ist die Ausnahme.
beim **Gewehr G 3** ist mit Visierstellung „1" (V-Kimme) und Vollkorn zu schießen. Vorhalt beim Überflug von Strahlflugzeugen 8–10 , bei Propellerflugzeugen und Hubschraubern 2–3 sichtbare Flugziellängen.
Beim Gewehr G 36 ist mit Reflexvisier zu schießen. Vorhalt beim Überflug von Strahlflugzeugen 7–9, bei Propellerflugzeugen und Hubschraubern 2–3 sichtbare Flugziellängen.

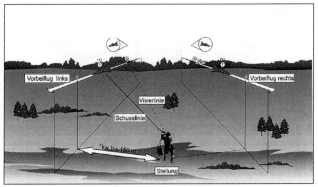

Bild 1   Vorbeiflug

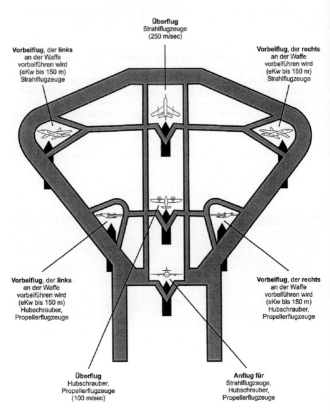

Bild 2 Fliegerabwehrvisier MG 3

ABC-Abwehr aller Truppen und Selbstschutz

ZDv 5/300; ZDv 5/400; ZDv 9/100

Wirkung von ABC-Kampfmitteln

I. ATOMSPRENGKÖRPER

1. Der sichtbare **Ablauf** einer **Atomdetonation** ist je nach **Detonationsart** verschieden; es gibt **Luft-, Boden-, Untererd- und Unterwasserdetonationen.**
Bei einer **Luftdetonation** erscheint am Detonationspunkt ein greller **Feuerball,** der sich schnell vergrößert und hochsteigt. Von ihm geht der **Lichtblitz** aus, der auch mit geschlossenen Augen wahrnehmbar ist. Durch Abkühlung des aufsteigenden Feuerballs kondensieren die verdampften Stoffe, es entsteht die **Detonationswolke,** die aufsteigt sich vergrößert und schließlich die typische Pilzhutform annimmt Der Feuerball reißt Staub, Wasser und Erde mit nach oben, dadurch entsteht der **Stamm.** Am Boden bildet die Staubentwicklung um den Nullpunkt die sichtbehindernde **Basiswolke.**
Die **Boden-** und die **Untererddetonation** erzeugt einen **Krater,** die **Unterwasserdetonation** eine **Wasserstoßwelle** (Flutwelle und Gischtwolke).

Bei der **Detonation** werden in sehr kurzer Zeit große Energien frei, die mit unterschiedlicher Dauer und Reichweite wirken (Bild 1).

2. Die **Druckwelle** wirkt durch Überdruck und einen heftigen Windstoß und trifft mit donnerähnlichem Knall ein, in umgekehrter Richtung gefolgt von der schwächeren **Sogwelle.** Der Überdruck kann bei Menschen innere Verletzungen hervorrufen. Druck- und Sogwelle können Personen wegschleudern oder durch einstürzende Gebäude, umstürzende Fahrzeuge, knickende Bäume usw. gefährden.

3. Die **thermische Strahlung** besteht aus Lichtblitz und Wärmestrahlung. Der **Lichtblitz** kann zur vorübergehenden **Blendung** führen und, blickt der Soldat zum Feuerball, bleibende **Netzhautverbrennungen** verursachen. Die unmittelbar nach dem Lichtblitz eintreffende **Wärmestrahlung** kann bei ungeschützten Soldaten Hautverbrennungen hervorrufen und kann Brände entfachen.

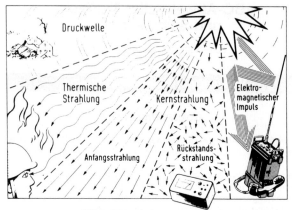

Bild 1   Wirkungen einer Atomdetonation

4. Der Teil der **Kernstrahlung**, der **innerhalb der ersten Minute** vom Feuerball und der Detonationswolke ausgeht, heißt **Anfangsstrahlung**. Sie breitet sich geradlinig aus; ein Teil wird abgelenkt und trifft als Streustrahlung die Erdoberfläche.

Die **Rückstandsstrahlung** ist der Teil der Kernstrahlung, der **nach der ersten Minute** noch vorhanden ist. Sie schwächt sich durch natürlichen Zerfall zwar ab, kann jedoch noch Monate wirksam sein.

Bei ihr kann es sich um folgende Strahlungen handeln:
- **Fallout** = Ausfall radioaktiver Teilchen aus der Detonationswolke,
- **NIGA** = Neutroneninduzierte Gammaaktivität um den Nullpunkt,
- **Durchgangsstrahlung** = radioaktive Gischtwolke.

Eine vom Menschen aufgenommene Menge an Kernstrahlung heißt Dosis, die Stärke der Kernstrahlung **Dosisleistung**. Kernstrahlung ist nur mit Messgeräten messbar.

Maßeinheit: gray (Gy) bzw. centigray (cGy = 0,01 Gy),
- Dosis in cGy (1 cGy = früher 1 rad / 0,001 cGy = 1 mrad),
- Dosisleistung in cGy/h (1 cGy/h = früher 1 rad/h / 0,001 cGy = 1 mrad/h).

Dosisleistung und Zeit bestimmen die Dosis und somit das Ausmaß der Schädigung. Dieses hängt auch davon ab, ob die Strahlung den ganzen Körper oder Teile getroffen hat und in welchem Zeitraum sie aufgenommen wurde. Eine

Dosis um 100 cGy beeinträchtigt nach 3 bis 6 h das Allgemeinbefinden (50% Erbrechen bei den Betroffenen).
500 cGy führen zu schweren Strahlenkrankheiten (50% Todesfälle).

Der Mensch wird durch Kernstrahlung gefährdet, wenn er ihr zu lange ohne ausreichenden Schutz ausgesetzt ist, z. B. bei der stärker durchdringenden Anfangsstrahlung oder bei der Rückstandstrahlung durch
– Aufenthalt im verstrahlten Gelände oder Benutzung verstrahlten Materials,
– Ablagerung strahlender Teilchen auf der Haut oder Bekleidung,
– Eindringen strahlender Teilchen in den Körper durch Nase, Mund oder Wunden.

5. **Elektromagnetische Wirkungen** einer Atomdetonation können zu vorübergehenden Betriebsstörungen elektrischer und elektronischer Geräte und Anlagen führen aber auch bleibende Schäden an Bauelementen verursachen und Geräte zerstören. Bei Funk- und Radargeräten kann der Empfang beeinträchtigt werden.

II. BIOLOGISCHE KAMPFSTOFFE

1. Für den militärischen Einsatz geeignete **biologische Kampfstoffe** können den Menschen kampf- bzw. arbeitsunfähig machen oder töten und Nutztiere oder Nutzpflanzen schädigen oder vernichten. Man kann sie mit den Sinnesorganen nicht erkennen. Ihre Lebens- und Wirkungsdauer hängt kaum von den Umweltbedingungen ab. Durch sie geschädigte Menschen und Tiere sind **krank**.

2. Die starke Ausbreitung einer übedragbaren Krankheit nennt man Seuche. **Verseucht** sind Menschen, Tiere, Pflanzen, Lebensmittel, Material usw., wenn biologische Kampfstoffe auf ihnen haften oder in sie eingedrungen sind.

3. Als **Krankheitserreger** eignen sich Viren, Bakterien und Schimmelpilze für den Einsatz. **Toxine** sind natürliche Giftstoffe von Krankheitserregern, Pflanzen und Tieren, z. T. auch künstlich hergestellt.

4. Die Zeit zwischen der **Infektion** (Ansteckung) bzw. Aufnahme in den Körper und der **Erkrankung** ist die **Inkubationszeit**, sie kann bei Krankheitserregern Stunden bis Monate dauern, bei Toxinen Minuten bis wenige Stunden. Die Aufnahme geschieht durch die Atemwege, den Speiseweg oder die Haut; auch durch die Schleimhäute der Augen und der Geschlechtsorgane ist eine Infektion möglich.

III. CHEMISCHE KAMPFSTOFFE

1. **Chemische Kampfstoffe** sind für den militärischen Einsatz vorgesehene chemische Substanzen, die das Leistungsvermögen der Truppe durch vorübergehende, nachhaltige oder tödliche Wirkung schwächen. Man kann sie mit den Sinnesorganen kaum erkennen und nur mit **Spür- und Nachweismitteln** feststellen.
Zu den chemischen Kampfstoffen zählen auch Reizstoffe.

2. **Vergiftet** sind Menschen, Tiere, Pflanzen, Material- und Geländeteile, an denen chemische Kampfstoffe haften oder in die diese eingedrungen sind. Der Zeitpunkt von Ausfällen bei der Truppe hängt ab von der Art des Kampfstoffs, der aufgenommenen Menge, dem Aufnahmeweg in den Körper und der körperlichen Verfassung der Betroffenen.

3. Chemische Kampfstoffe in **flüchtiger Form** überraschen die Truppe, lassen ihr wenig Zeit für Schutzmaßnahmen und zwingen sie bei längerem Einsatz anhaltend unter ABC-Schutz. Sie dringen über die Atemwege und die Schleimhäute (besonders der Augen) in den Körper ein, z. T. auch, selbst durch Textilien, über die Haut.
Kampfstoffe in dieser Form werden als Gase, Dämpfe oder Schwebstoffe in der Luft ausgebracht und bilden eine zusammenhängende, zunächst oft sichtbare, später unsichtbare **Kampfstoffwolke**, die, vom Wind fortgetragen, über **große Geländeräume** wirken kann. Sie können sich an windgeschützten Stellen und in Geländevertiefungen zum Teil mehrere Stunden oder Tage halten.

4. Chemische Kampfstoffe in **sesshafter Form** erschweren besonders die Nutzung von Material und Gelände. Sie werden in flüssigem bis zähflüssigem Zustand im Gelände ausgebracht und wirken vor allem nach Berührung über die Haut. Sie können auch poröse Stoffe, wie Textilien, Schuhe, Holz und nach längerer Zeit Gummi durchdringen. Verdunstet wirken sie auch über die Atemwege. Je nach Kampfstoffart ist eine Wirksamkeit im Gelände von wenigen Stunden bis mehreren Wochen möglich.

5. Es gibt die **Kampfstoffgruppen** Nervenkampfstoffe, Hautkampfstoffe, Lungenkampfstoffe, Blutkampfstoffe und Psychokampfstoffe. Auch **Kampfstoffgemische** aus verschiedenen Gruppen können zum Einsatz kommen.

Ständige Schutzvorkehrungen

Der Soldat muss sich und sein Material ständig gegen die Wirkungen von ABC-Kampfmitteln schützen.

I. SCHUTZ GEGEN DIE WIRKUNGEN VON ATOMSPRENGKÖRPERN UND CHEMISCHEN KAMPFSTOFFEN

1. Der Soldat schützt sich gegen die Wirkung dieser Kampfmittel, soweit Lage und Auftrag es zulassen, ständig durch Ausnutzen von Schutzbauten und Kellern, gepanzerten Fahrzeugen, Kampfständen und Deckungen sowie Geländeformen.

2. Die persönliche ABC-Schutzausstattung hält der Soldat stets griffbereit. Die Bekleidung ist geschlossen, die Feldflasche gefüllt. Schutzbelüftungen und Alarmierungsmittel müssen sofort benutzbar sein.

II. SCHUTZ GEGEN DIE WIRKUNGEN VON BIOLOGISCHEN KAMPFSTOFFEN

1. Ständige Schutzvorkehrungen des Soldaten gegen die Wirkungen biologischer Kampfstoffe:
- Sorgfältige Körperpflege (besonders Händewaschen nach dem Stuhlgang bzw. Wasserlassen und vor dem Essen).
- Abdecken kleinerer Verletzungen.
- Aufbewahren von Verpflegung nur in staubdichten Behältern.
- Trinken von Wasser nur, wenn es vom Truppenarzt freigegeben, wenigstens jedoch 15 Minuten gekocht worden ist.
- Grashalme und Blätter nicht in den Mund nehmen.
- Abfälle verbrennen oder vergraben.
- Schutzimpfungen des Sanitätsdienstes wahrnehmen.

Persönliche ABC-Schutzausstattung

Die **persönliche ABC-Schutzausstattung** schützt vor bestimmten Wirkungen von ABC-Kampfmitteln nur, wenn der Soldat sie stets **griffbereit** hat, ihren Gebrauch in jeder Lage beherrscht und daran gewöhnt ist, seinen Auftrag mehrere Stunden unter ABC-Schutz auszuführen.

I. ABC-SCHUTZMASKE 65

1. Die **ABC-Schutzmaske 65** verhindert das Eindringen chemischer und biologischer Kampfstoffe sowie strahlender Teilchen über Mund, Atemwege und Augen in den Körper. Sie besteht aus Maskenkörper, Filtereinsatz und Zubehör.

2. Einzelteile des **Maskenkörpers** siehe Bild 2. An den 5 oberen der 7 Bandlappen sind die Kopfbänder befestigt. Die Bandlappen sind in die Schnallen einzustecken, damit sich die Kopfbänder nicht lockern. Die geriffelten Bandenden sind von 1 bis 8 verstellbar.

Die in den Maskenkörper gasdicht eingekrampften **Augenscheiben** aus Plexiglas gewähren etwa 90% des normalen Blickfelds.

Der **Filtereinsatz** hält Kampfstoff in Form von Gasen, Dämpfen oder Schwebstoffen zurück Er erfüllt seinen Zweck nur bei ausreichendem Sauerstoffgehalt der Luft, nicht aber in Schächten, Brunnen oder sonstigen geschlossenen Räumen, wenn die Gefahr besteht, dass der Sauerstoffgehalt der Luft unzureichend ist. Der Filtereinsatz schützt auch nicht gegen Kohlenmonoxid und nitrose Gase.

Der Filtereinsatz ist unbrauchbar, wenn er verbeult ist, beim Schütteln Rasselgeräusche von sich gibt Aktivkohlepartikel freisetzt oder durchlässig geworden ist, ebenfalls, wenn sich der Siebeinsatz gelockert hat, oder das Einatmen behindert wird (z. B. durch Nässe) oder wenn der Soldat nach längerem Tragen verdächtigen Geruch, Reizung der Augen oder der Schleimhäute verspürt.

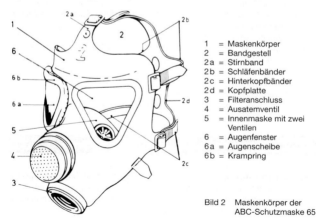

1 = Maskenkörper
2 = Bandgestell
2a = Stirnband
2b = Schläfenbänder
2c = Hinterkopfbänder
2d = Kopfplatte
3 = Filteranschluss
4 = Ausatemventil
5 = Innenmaske mit zwei Ventilen
6 = Augenfenster
6a = Augenscheibe
6b = Krampring

Bild 2 Maskenkörper der ABC-Schutzmaske 65

Das **Zubehör**, bestehend aus Klarsichttüchern, Poliertuch und Pflegemittel, ist mit der Maske in der Tragetasche untergebracht.

3. Beim **Verpassen der ABC-Schutzmaske** ist zu beachten: **Gasdichter** und **schmerzfreier Sitz**, richtige **Augenhöhe**.

4. **Handhabung der ABC-Schutzmaske** (Sie wird stets mit festgeschraubtem Filtereinsatz in der Tragetasche mitgeführt):

Aufsetzen:
- Atem anhalten, Augen schließen.
- Lasche der Tragetasche mit linker Hand aufreißen.
- Maske mit rechter Hand unterhalb der Fenster fassen, dabei mit linker Hand die Lasche festhalten, dann Maske entnehmen.
- Mit beiden Händen Hinterkopfbänder auseinanderziehen (Bild 3).
- Kinnteil der Maske unter vorgestrecktes Kinn setzen und Kopfbänder über den Kopf nach hinten ziehen (Bild 4).
- Vorkammersieb mit flacher Hand schließen und tief ausatmen (um im Innenraum vorhandene kampfstoffhaltige Luft am Dichtrahmen vorbei auszublasen), dann erst Augen öffnen.
- Kopfbänder und Dichtrahmen auf richtigen Sitz abtasten und zurechtrücken (Bild 5)
- Tragetasche schließen.

Bild 3 Auseinanderziehen der Hinterkopfbänder

Bild 4 Aufsetzen der ABC-Schutzmaske

Bild 5 Abtasten der Kopfbänder

Absetzen der kontaminierten ABC-Schutzmaske:
- Mit beiden Daumen unter die Hinterkopfbänder greifen und die Maske vorsichtig nach vorne abstreifen (Bild 6).
- Filter und Maskenkörper nicht berühren,
- Maskenbrille darf nicht hängen bleiben.
- Mit Zeigefinger der rechten Hand unteren Rand der Innenmaske nach unten biegen, Kondenswasser und Schweiß ablaufen lassen.

Bild 6   Absetzen der kontaminierten ABC-Schutzmaske

Absetzen der nicht kontaminierten ABC-Schutzrnaske:
- Filtereinsatz mit linker Hand von hinten umfassen und Maske nach oben über den Kopf hinweg abheben (Bild 7)

Bild 7   Absetzen der nicht kontaminierten ABC-Schutzmaske

Verpacken der nicht kontaminierten ABC-Schutzmaske:
- Maske mit rechter Hand unter den Augenfenstern zusammendrücken, Kondenswasser und Schweiß aus dem Maskeninnern laufen lassen.
- Tragetasche mit linker Hand an den Körper pressen, Maske mit rechter Hand – dabei Filtereinsatz nach oben – in die Tragetasche schieben.
- Tragetasche mit beiden Händen an den Seiten zusammendrücken; Verschluss zusammenfalten und Tragetasche schließen.

Filterwechsel:
- Vom neuen Filtereinsatz Schutzkappe und Verschlussstopfen entfernen; Filtereinsatz unter dem Arm oder zwischen den Schenkeln festklemmen.
- Tief einatmen, Augen schließen, Luft anhalten.
- Mit einer Hand Anschlussstück erfassen, mit der anderen den alten Filtereinsatz abschrauben, ablegen, dann den neuen ergreifen und einschrauben.
- Tief ausatmen, dabei Vorkammersieb mit einer Hand verschließen.

5. **Einzelziele der Ausbildung mit der ABC-Schutzmaske:**
- Aufsetzen in höchstens 7 Sekunden (Vom Öffnen der Tragetasche bis zum öffnen der Augen).
- Ausblasen der im Innenraum vorhandenen kampfstoffhaltigen Luft.
- Tragezeit mindestens 4 Stunden

6. **Aufbewahrung** – Die einmal verpasste ABC-Schutzmaske bleibt während der Dienstzeit beim Soldaten. Es ist **verboten**, eine fremde ABC-Schutzmaske aufzusetzen.
Die Maske wird mit **angeschraubtem Filtereinsatz** in der **geöffneten Tragetasche** aufbewahrt; wird sie eine Woche lang nicht benötigt, hat der Soldat sie der Tasche zu entnehmen und ohne Filtereinsatz, mit der Außenseite nach oben, liegend aufzubewahren oder am Bandgestell auszuhängen. Sie ist aber stets vor Staub und Wärme zu schützen.

7. **Pflege** – Vor dem Verpacken muss die ABC-Schutzmaske trocken sein (mit Reinigungslappen auswischen, ausgenommen Augenscheiben). **Nach jedem Gebrauch** ist die Maske zu **reinigen**; eine **gründliche Säuberung** erfolgt halbjährlich.

II. PERSÖNLICHE ABC-SCHUTZBEKLEIDUNG

1. Die **persönliche ABC-Schutzbekleidung** (Bild 8) schützt – in Verbindung mit der ABC-Schutzmaske – gegen alle über die Haut wirkenden chemischen Kampfstoffe in flüchtiger und sesshafter Form, ist jedoch luftdurchlässig. Kampfstofftröpfchen zerfließen auf ihrer Oberfläche und verdunsten dadurch schneller; große Kampfstofftropfen können sie aber nach einiger Zeit durchdringen.

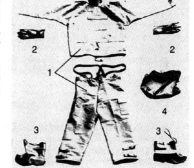

1 = Zweiteiliger Schutzanzug
2 = Schutzhandschuhe
3 = Überschuhe
4 = Tragetasche

Bild 8 Persönliche ABC-Schutzbekleidung

Bild 9　　　　　　　　　Bild 10　Soldat mit angelegter persönlicher ABC-Schutzbekleidung

2. Der zweiteilige Schutzanzug mit angearbeiteter Kopfhaube besteht aus einem wasserabweisenden, imprägnierten Oberstoff und einer darunterliegenden, mit Aktivkohle angereicherten Schaumstoffschicht Die Schutzhandschuhe aus Gummi haben eine textile Beschichtung auf der Innenseite, die Gummi-Oberschuhe eine rutschfeste Profilsohle.

3. **Trageweise:**
- Über dem Kampfanzug oder über langer Unterwäsche (Bild 9 und 10).
- Übergangsstellen von einem Teil der Bekleidung (Hosenbeine, Hüftpartie, Kapuze) zum anderen dicht geschlossen halten.
- Tragetasche am Koppel, am Tragegurt der Tragetasche zur ABC-Schutzmaske oder an der großen Kampftasche befestigen.

III. ABC-PONCHO

1. Der **ABC-Poncho** (Bild 11 und 12) schützt den Soldaten gegen Nässe und – zusammen mit der ABC-Schutzmaske und der persönlichen ABC-Schutzbekleidung – gegen alle über die Haut wirkenden chemischen Kampfstoffe, hält radioaktive Stoffe von der Bekleidung fern und kann auch kurzfristig gegen Brandkampfstoffe schützen. Er besteht aus einem beidseitig gummierten Gewebe.

Bild 11

Bild 12

Angelegter Schutzumhang

2. Handhabung:

- Aufbewahrung zusammengerollt in der Tragetasche der ABC-Schutzmaske oder mit 2 Riemen an den Ösen der Tragelasche fixiert.
- Anlegen spätestens bei ABC-Alarm über der persönlichen ABC-Schutzbekleidung und der ABC-Schutzmaske.
- Ablegen mit dem Rücken zum Wind. Kontaminierte Außenseite nicht berühren, notfalls auf die unvergiftete Innenseite treten.

Der angelegte ABC-Poncho ist beim Umgang mit elektrischen Zündvorrichtungen, in Gefahrenbereichen brennbarer Flüssigkeiten (z. B. beim Betanken), in anderen explosionsgefährdeten Bereichen (z. B. Batterieladeräume, bei großflächigen Klebearbeiten usw.) stets mit Wasser zu benetzen und feucht zu halten: **Explosionsgefahr** infolge elektrostatischer Aufladung.

IV. ABC-SELBSTHILFEAUSSTATTUNG UND SANITÄTSMATERIAL

Die Ausstattung dient zur **Selbst- und Kameradenhilfe** nach Angriffen mit chemischen und biologischen Kampfstoffen und bei Fallout:

1. ABC-SELBSTHILFEAUSSTATTUNG:

- **Entgiftungspuder** macht flüssige chemische Kampfstoffe unwirksam.

- **Schmierseife** dient zur Hygiene sowie zum Abwaschen radioaktiven Staubs und des Entgiftungspuders von der Körperoberfläche.
- **ABC-Tupfer** stehen zum Abtupfen des Kampfstoffs von der Hautoberfläche oder von Ausrüstungsteilen zur Verfügung.
- **ABC-Schutzverband** schützt vor dem Eindringen von chemischen und biologischen Kampfstoffen und von strahlenden Teilchen in kleine Hautverletzungen.
- **Ohrpfropfen** verhindern bei Trommelfellverletzungen, dass strahlende Teilchen oder biologische oder chemische Kampfstoffe in das innere Ohr eindringen.

2. **Handhabung des Entgiftungspuders:**
Unmittelbar nach einer Vergiftung

- unbedeckte Hautstellen mit Entgiftungspuder stark einpudern, 1 min wirken lassen, dabei erkennbare Kampfstoffspritzer mit ABC-Tupfer abtupfen und erneut stark einpudern;
- Puder gründlich entfernen (Abschütteln oder mit ABC-Tupfer abtupfen oder abheben), gesamten Vorgang bei Bedarf wiederholen;
- behandelte Hautstellen mit Schmierseife abwaschen.

Bei Kampfstoffspritzern auf der **ABC-Schutzmaske** und auf **Schuhwerk** ist sinngemäß zu verfahren; ebenso bei **Handwaffen** und **Kleingerät**.

- Entgiftungspuder darf nicht in Augen, Nase, Mund oder offene Wunden kommen oder eingeatmet werden.
- Gelangt **Entgiftungspuder** doch in die **Augen**, sind sie sofort 30 s lang mit Wasser (im Notfall auch mit anderem Feldflascheninhalt) in Richtung Wange gründlich auszuspülen. Treten Beschwerden (z.B. Rötung, Schwellung) trotzdem auf, sind die Augen mit Verbandstoff abzudecken.
- In der **Ausbildung** Entgiftungspuder **nicht** auf der Haut anwenden.
- Bei allen Unfällen mit Entgiftungspuder ist Behandlung durch den Truppenarzt nötig.

Ist **Kampfstoff** in die **Augen** gelangt, sind sie in Kameradenhilfe sofort mit Wasser in Richtung Wange gründlich auszuspülen; dabei atmet der Behandelte durch den abgeschraubten Filter der ABC-Schutzmaske. Er nimmt dazu den Gewindeanschluss in den Mund und hält sich die Nase zu.

3. Die ABC-Selbsthilfeausstattung ist in der Tragetasche der ABC-Schutzmaske 65 in der Rolltasche mitzuführen; das gilt auch für Kampfstoffspürpapier.

4. **Sanitätsmaterial** ergänzt die persönliche ABC-Schutzausstattung:
- **Autoinjektoren** (1 Kombinations-Autoinjektor/2 Atropin-Autoinjektoren) verwendet man als erste Gegenmaßnahme bei Vergiftung mit Nervenkampfstoffen – siehe „Angriff mit chemischen Kampfstoffen".
- **Pyridostigmin-Tabletten** werden auf besonderen Befehl vorbeugend vor einem vermuteten Einsatz von Nervenkampfstoffen eingenommen.
- 1 **Verbandpäckchen.**
- 1 **Verbandpäckchen, Brandwunden.**

Aufbewahrung siehe „Grundlagen des Gefechtsdienstes – Ausstattung des Soldaten".

V. KAMPFSTOFFSPÜRPAPIER

Kampfstoffspürpapier dient dem Nachweis sesshafter Nerven- und Hautkampfstoffe in flüssiger Form. Es ist im Block geheftet und zum leichteren Abreißen am Rand mit einer Perforation versehen. Auf den Deckblättern sind die farbige Auswertetafel und die Gebrauchsanweisung innen aufgedruckt.

Warnung und Alarm

Eigene Kräfte, die durch ABC-Kampfmittel gefährdet sind, sind zu **warnen**. Liegt eine unmittelbare Gefährdung von Teileinheiten vor, sind sie zu **alarmieren**.

I. DER ABC-ALARMPOSTEN

1. Der **ABC-Alarmposten meldet** oder **alarmiert**, wenn er in seinem Beobachtungsbereich feststellt oder vermutet, dass der Feind **ABC-Kampfmittel** einsetzt. Er betreibt überwiegend **Augenbeobachtung**,
- löst ABC-Alarm aus, wenn er den Einsatz eines chemischen Kampfstoffs oder das Eintreffen einer Kampfstoffwolke beobachtet oder nachgewiesen hat,
- meldet das Eintreffen von Fallout,
- meldet sofort alle Wahrnehmungen, die auf den Einsatz von ABC-Kampfmitteln schließen lassen, und
- achtet auf ABC-Alarmsignale sowie Sirenensignale.

2. Bei **A-Warnung vor Fallout** stellt der ABC-Alarmposten das Strahlenspür- und Verstrahlungsmessgerät (SVG) auf die niedrigste Warnschwelle und beobachtet es. Warnt das Gerät, meldet er das **Eintreffen des Fallout** alarmiert jedoch nur auf Befehl.

3. Über eine beobachtete **Atomdetonation** sind auf dem befohlenen Meldeweg folgende Angaben zu melden:
- Eigener Standort,
- Uhrzeit der Detonation,
- Richtung zur Detonation,
- Knallzeit (Sekunden vom Lichtblitz bis Eintreffen des Knalls),
- Detonationsart (Stamm, Färbung),
- Breite der Detonationswolke (Strich oder Grad) nach 5 Minuten,
- Höhe der oberen oder unteren Grenze der Detonationswolke 10 min nach der Detonation (Strich oder Grad).

Nach der Meldung stellt der ABC-Alarmposten mit dem SVG fest, ob sein Standort verstrahlt ist und meldet die Messergebnisse.

4. Bei **C-Warnung** schaltet der ABC-Alarmposten das Alarmgerät für Nervenkampfstoffe/Kampfstoffalarmgerät ein, stellt ABC-Schutz her und befestigt Kampfstoffspürpapier im Freien. Er löst ABC-Alarm aus, wenn
– das Gerät alarmiert,
– das Kampfstoffspürpapier einen Farbumschlag zeigt,
– der Einsatz oder das Vorhandensein chemischer Kampfstoffe durch andere Anzeichen wahrzunehmen ist,

und meldet dies sofort.

5. Nach Angriffen mit **chemischen Kampfstoffen in sesshafter Form** meldet der ABC-Alarmposten die mit dem Kampfstoffspürpapier festgestellten Kampfstoffe bzw. die Kampfstoffgruppe, möglichst auch Angriffszeit, -gebiet und Einsatzmittel.

6. Bei Einsatz der **Signalpatrone ABC-Alarm** durch Nachbareinheiten schützt er sich selbst und meldet. Er schießt eine eigene Patrone erst, wenn er für seinen Beobachtungsbereich das Vorhandensein von chemischen Kampfstoffen selbst festgestellt oder beobachtet hat.

II. SCHUTZVORKEHRUNGEN BEI WARNUNG UND ALARM

1. **Warnungen** enthalten Angaben über den Einsatz von ABC-Kampfmitteln bzw. über den voraussichtlichen Beginn einer Gefährdung, Anweisungen für den Schutz und ggf. Regelungen für die Durchführung des Auftrags.

Der **Alarm** erfolgt bei unmittelbarer Gefahr und erfordert sofortige Reaktion. Nachfolgend sind die **Schutzvorkehrungen** des einzelnen Soldaten bei Warnung und Alarm dargestellt.

2. A-Warnung vor Einsatz von Atomsprengkörpern durch die NATO:

- Halstuch umbinden, Kampfanzug schließen, möglichst Feldparka anziehen, Kapuze aufsetzen, Handschuhe anziehen;
- persönliche ABC-Schutzausstattung griffbereit halten;
- Ohrpfropfen (bei Trommelfellverletzungen) einführen;
- kleine Wunden mit ABC-Schutzverband abdecken.

Die folgenden **Schutzzustände** werden je nach Lage befohlen,

EMP-Schutz (EMP = Elektromagnetischer Impuls):
– EMP-Schutzmaßnahmen für nicht EMP-feste Geräte entsprechend Bedienungsvorschrift.

Blendschutz:
- Fahrzeuge und Räume verdunkeln, dort oder in Deckung aufhalten, Gesicht gegen die Wand drücken.
- Soldaten, die nicht im Feuerkampf stehen, beide Augen verbinden.

Mindestschutz – neben dem Blendschutz:
- Schutz in Feldbefestigungen, gepanzerten Fahrzeugen, Schutzbauten usw. suchen, in Räumen Fenster öffnen.
- Im Freien ABC-Poncho anlegen.
- Ungepanzerte Fahrzeuge in Deckung fahren, Windschutzscheiben herunterklappen, Seitenfenster versenken. Versorgungsgüter abladen und geschützt lagern. Brennbares Material im Freien feucht abdecken.

Vollschutz – neben dem Blendschutz Mindestschutz mit folgenden Änderungen:
- Aufenthalt in Feldbefestigungen mit Abdeckung, in geschlossenen gepanzerten Fahrzeugen oder in Schutzbauten.
- Abstellen von ungepanzerten Fahrzeugen und Lagern von Material möglichst in Feldbefestigungen mit erhöhtem Schutz oder in Schutzbauten.

Sind **Schutzvorkehrungen gegen Fallout** befohlen, ist wie bei A-Warnung vor Fallout zu verfahren.

Bei **A-Warnung vor dem Einsatz eines feindlichen Atomsprengkörpers** werden auch die zu treffenden Schutzvorkehrungen befohlen.

3. **Atomalarm** kommt 3 Minuten vor der Detonationszeit oder, wenn die Zeit für Atomwarnung nicht ausreicht:
- Soldaten im Feuerkampf kämpfen weiter und nehmen im Augenblick der Detonation volle Deckung.
- Andere Soldaten nehmen Deckung und schützen das Gesicht, besonders die Augen.

4. **A-Warnung vor Fallout** und **C-Warnung / B-Warnung:**
- essen, trinken, Feldflasche auffüllen, offene Verpflegung staubdicht (z. B. im Kochgeschirr) verschließen;
- Notdurft verrichten;
- kleine Wunden mit ABC-Schutzverband abdecken;
- Maskenbrille mit Klarsichttuch einreiben und aufsetzen;
- Ohrpfropfen (bei Trommelfellverletzungen) einführen.

Zusätzlich bei A-Warnung
- Halstuch umbinden, Kampfanzug schließen, möglichst Feldparka anziehen, Kapuze aufsetzen, Handschuhe anziehen;
- persönliche ABC-Schutzausstattung griffbereit halten; vorbeugend können Maßnahmen des ABC-Schutzes (siehe ABC-Alarm) befohlen werden.

Zusätzlich bei C-Warnung
- Teilschutz herstellen (auch in Fahrzeugen mit Belüftungs- und ABC-Schutzanlage und in schutzbelüfteten Räumen);
- auf besonderen Befehl Pyridostigmin-Tabletten einnehmen.

Zusätzlich bei B-Warnung
- Teilschutz herstellen (auch in Fahrzeugen mit Belüftungs- und ABC-Schutzanlage und in schutzbelüfteten Räumen);
- auf Befehl Mückenschleier tragen, unbedeckte Haut mit insektenabweisenden Mitteln einreiben.

Teilschutz ist wie folgt herzustellen:
- Jacke, Hose und Überschuhe der persönlichen ABC-Schutzbekleidung anlegen, Kapuze heruntergeschlagen.
- ABC-Schutzmaske und Schutzhandschuhe griffbereit halten, restliche ABC-Schutzausstattung am Mann.

Soldaten ohne persönliche ABC-Schutzbekleidung:
- Halstuch umbinden, Kampfanzug schließen;
- ABC-Schutzmaske griffbereit halten, restliche ABC-Schutzausstattung und Handschuhe am Mann.
- im Freien zusätzlich ABC-Poncho anlegen, Kapuze heruntergeschlagen.

Für einen Teil der Soldaten kann ABC-Schutz befohlen werden.

5. **ABC-Alarm** – Fallout, chemischer oder biologischer Kampfstoff wird vermutet, ist erkannt oder in den nächsten Sekunden zu erwarten.

Für alle Soldaten besteht **Lebensgefahr** – sie müssen blitzschnell handeln und sofort **ABC-Schutz** herstellen:

- ABC-Schutzmaske aufsetzen, persönliche ABC-Schutzbekleidung vollständig anziehen;
- im Freien zusätzlich ABC-Poncho anlegen, Kapuze hochschlagen;
- Schutzhandschuhe anziehen;

Soldaten ohne persönliche ABC-Schutzbekleidung:

- ABC-Schutzmaske aufsetzen, Kapuze des Feldparka schließen, Handschuhe anziehen;
- im Freien zusätzlich ABC-Poncho anlegen, Kapuze hochschlagen.

In nicht schutzbelüfteten Fahrzeugen und Räumen:

- Belüftungsanlage abschalten, Zugänge und Öffnungen / Türen und Fenster schließen;
- mit persönlicher ABC-Schutzausstattung ABC-Schutz herstellen.

In Fahrzeugen mit Belüftungs- und ABC-Schutzanlage sowie in entsprechenden Schutzbauten Schutzbelüftung einschalten.

Abweichung während des **Niedergangs von Fallout** oder bei **Gefahr der Staubentwicklung**: Im Freien nur

- ABC-Schutzmaske aufsetzen,
- ABC-Poncho anlegen und
- Handschuhe anziehen.

ABC-Alarm wird nicht ausgelöst wenn kontaminiertes Gelände betreten oder befahren werden soll.

Verhalten bei und nach dem Einsatz von ABC-Kampfmitteln

I. ATOMDETONATION

1. **Verhalten des Soldaten beim Lichtblitz:**
- im Freien sofort flach hinwerfen, Augen schließen, Gesicht an den Boden oder die Deckungswand pressen, Hände unter den Körper;
- in Kampfständen/Deckungen so nahe wie möglich am Boden kauern, Augen schließen, Gesicht nach unten;
- im Fahrzeug sofort anhalten, tief abducken/flach hinwerfen oder in eine Deckung abrollen;

- im geschlossenen Raum unter das Fenster oder hinter Einrichtungsgegenstände werfen;
- an Oberdeck eines Schiffes Schutz von Aufbauten/Oberbauten nutzen, Augen schließen, Hände schützen.

2. **Nach dem Lichtblitz** bleibt der Soldat in Deckung, bis Druck-und Sogwelle über ihn hinweggegangen sind; danach leistet er Kameradenhilfe, löscht Brände und nimmt Verbindung auf.

II. KAMPFSTOFFANGRIFF

1. Beim Angriff mit **chemischen Kampfstoffen** stellt der Soldat **unverzüglich ABC-Schutz** her und alarmiert seine Umgebung. Bei Vergiftungen entscheidet meist die **sofortige Selbst- und Kameradenhilfe** über Leben und Gesundheit.

2. Bei **Vergiftung durch Nervenkampfstoffe**, eindeutige Merkmale sind
- Pupillenverengung und Sehstörungen,
- starker Speichel-und Tränenfluss, starkes Nasenlaufen,
- rasselnde Atmung,

ist zuerst der (größere) **Kombinations-Autoinjektor** nach Entfernen der Sicherheitskappe auf die **Mitte der Oberschenkelaußenseite** aufzusetzen und durch Druckanwenden auszulösen.
Bessern sich die Vergiftungsanzeichen nicht oder werden sie stärker, sind im Abstand von jeweils 10 Minuten die beiden (kleineren) **Atropin-Autoinjektoren** zu verabreichen.
Beim Auftreten von schwerer Atemnot, Arm- und Beinkrämpfen oder Bewusstlosigkeit sind dem Vergifteten in Kameradenhilfe unverzüglich alle seine drei Autoinjektoren hintereinander zu verabreichen; mehr dürfen in der Selbst- und Kameradenhilfe nicht gegeben werden.
Der Truppensanitätsdienst übernimmt die Versorgung aller Soldaten, die mit Autoinjektoren behandelt worden sind.
Nervenkampfstoffvergiftete dürfen **keine Pyriclostigmintabletten** einnehmen.

3. Jeder Soldat ist auf Kampfstoffspritzer zu untersuchen, auch wenn keine Vergiftungserscheinungen aufgetreten sind. Kampfstoffspritzer sind zu entfernen bzw. mit Entgiftungspuder unwirksam zu machen.

Verhalten bei Kontamination

I. SCHUTZVORKEHRUNGEN

1. Die Lage kann dazu zwingen, Aufträge in **kontaminiertem** Gelände auszuführen. Für **begrenzte** Zeit sind Soldaten unter **ABC-Schutz** dazu in der Lage. Über einen längeren Zeitraum bieten Sammelschutzeinrichtungen, z. B. gepanzerte Fahrzeuge mit Schutzbelüftung, einen guten Schutz.

2. Die Soldaten können die ständige **Gefahr** in kontaminierter Umgebung **verringern,** indem sie
- Kampfstoff und radioaktives Material möglichst nicht berühren oder in kontaminationsfreies Gelände (auch Räume) **verschleppen;**
- **behelfsmäßig** entstrahlen, entseuchen und entwesen oder entgiften, vor allem beim Verlassen des kontaminierten Gebiets.

Die **völlige Beseitigung** einer Kontamination lässt sich aber nur durch **gründliche** Entstrahlung, Entseuchung und Entwesung oder Entgiftung erreichen.

3. Kontaminiertes **Gelände** ist jeweils an der Grenze, wenn möglich an wichtigen Geländepunkten, mit einem Schild, z. B. mit Markierfolie, ggf. auch mit gelbem Trassierband und Behelfsmitteln wie folgt gekennzeichnet:
- **Verstahltes** Gelände, dessen Verstrahlung bereits gemessen ist, mit weißer Folie, Vorderseite schwarzer Aufdruck **ATOM,** Rückseite beschriftet mit Datum- Uhrzeit-Gruppe und gemessener Dosisleistung.
- Vermutlich oder tatsächlich **verseuchtes** Gelände mit blauer Folie, Vorderseite roter Aufdruck **BIO,** Rückseite nur beschriftet mit Datum-Uhrzeit-Gruppe.
- **Vergiftetes** Gelände mit gelber Folie, Vorderseite roter Aufdruck **GAS,** Rückseite beschriftet mit Datum-Uhrzeit-Gruppe und, falls bekannt Kampfstoff oder Kampfstoffgruppe (G oder V = Nerven-, H = Hautkampfstoffe, XX = unbekannte Kampfstoffe).

Verstrahlte oder vergiftete **Fahrzeuge** und **Geräte** sind ebenfalls in dieser Weise kenntlich gemacht z. B. durch Markierfolie oder Beschriftung mit Kreide.

4. Vor dem Betreten **verstrahlten Geländes** selbstständig
- kleine Hautverletzungen mit ABC-Schutzverband abdecken,
- Ohrpfropfen (bei Trommelfellverletzungen) einführen,
- Verpflegung vor Staub geschützt verpacken,
- Halstuch umbinden, Kampfanzug schließen, Handschuhe anziehen.

Besteht die **Gefahr der Staubentwicklung**,
- ABC-Schutzmaske aufsetzen, ABC-Poncho anlegen, Kapuze hochschlagen und schließen (durch ungeschützte Soldaten),
- Belüftungs- und ABC-Schutzanlage einschalten,
- bei nicht schutzbelüfteten Fahrzeugen Belüftungsanlage abschalten, Luken und andere Öffnungen schließen,
- Fahrzeuge aufplanen und
- Gelände mit vergrößerten Abständen zwischen den Fahrzeugen zügig durchfahren.

Bei **längerem Aufenthalt** außerhalb von Sammelschutzeinrichtungen den Schutz von abgedeckten Feldbefestigungen, Kellern usw. suchen, vorher behelfsmäßig entstrahlen.

Muss **ausnahmsweise** im verstrahlten Gelände **verpflegt** werden, ist vorher eine behelfsmäßige Entstrahlung des Soldaten und der Lebensmittelbehälter nötig. Der Soldat darf nur **verpackte Verpflegung** in einem nicht verstrahlten Unterstand, Gebäude oder Fahrzeug essen und nur aus der Feldflasche trinken. Beim Öffnen und danach ist jede Berührung des Inhalts mit verstrahlter Umgebung zu vermeiden, das gilt auch für das Mundstück der Feldflasche.

Nur nach **Freigabe durch den Truppenarzt** darf **offene Verpflegung** und **offenes Trinkwasser** eingenommen werden.

5. **Vor dem Betreten von verseuchtem oder vergiftetem Gelände ist ABC-Schutz herzustellen.**

Das **Durchfahren** des Geländes geschieht zügig mit vergrößerten Abständen zwischen den Fahrzeugen.

Verwundete sind bis zum Abtransport an hochgelegenen, möglichst kampfstofffreien Stellen zu lagern; der ABC-Poncho oder die Zeltbahn ist unter ihren Körper zu legen. Befindet sich Kampfstoff in der Kleidung, sollen sie nicht zugedeckt werden; lässt es die Lage zu, sind sie behelfsmäßig zu dekontaminieren.

II. BEHELFSENTSTRAHLUNG

1. **Entstrahlen** heißt radioaktive Teilchen beseitigen. Sie bleiben auch nach der Entfernung radioaktiv. Durch Anfangsstrahlung radioaktiv gewordenes Material kann nicht entstrahlt werden.

2. Die **Behelfsentstrahlung** – nach Möglichkeit in unverstrahlter Umgebung – nimmt der einzelne Soldat und die Teileinheit mit Behelfsmitteln oder in Ausnahmefällen mit Entstrahlungsmitteln vor. Sie ist beendet, wenn die Strahlung

– 0,1 cGy/h (0,1 rad/h) am bekleideten Soldaten, an seiner persönlichen Ausrüstung und an Kleingerät und

– 1 cGy/h (1 rad/h) an anderem Material

nicht mehr überschreitet. Bei Fahrzeugen darf die Dosisleistung an Außenflächen auch höher sein, wenn sie im Innenraum unter 0,1 cGy/h liegt.

Lassen sich die genannten Werte nicht erreichen, beantragt der Teileinheitsführer die gründliche Entstrahlung, die in einer Dekontaminierungseinrichtung stattfindet.

3. Der Soldat entstrahlt behelfsmäßig in der Reihenfolge: Waffe/Ausrüstung, Kfz/Gerät, Bekleidung, ABC-Schutzmaske, Hände/Gesicht/ganzer Körper (Bild 13–15).

Waffe und Ausrüstung: ABC-Schutzmaske, ABC-Poncho und Handschuhe tragen und so vorgehen:
- Stets von oben nach unten und mit dem Wind arbeiten.
- Waffe trocken mit Putzwolle oder Lappen abtupfen, Staub abheben, nicht in Ritzen wischen; Kfz und Gerät abbürsten, abfegen, abwischen (bei Fahrzeugen darf kein Staub ins Innere dringen) danach Waffe mit feuchtem Lappen (Seifenwasser) abwischen, Kfz waschen.
- Fettige Oberfläche mit Benzin oder Seifenwasser (Schmierseife) abwischen.

ABC-Poncho und Bekleidung:
- Abklopfen, abbürsten und ausschütteln (nicht nass behandeln).
- Handschuhe ausziehen, ABC-Schutzmaske absetzen und beides entstrahlen; Außenseite der Maske erst trocken, dann feucht abwischen, das Innere muss frei von Verstrahlung bleiben. Nasse Bekleidung lässt sich nicht behelfsmäßig entstrahlen.

Danach entstrahlt der **Soldat sich selbst** behelfsmäßig:
- Haare ausschütteln und kämmen oder ausbürsten.
- Gesicht und Hände mit feuchtem Lappen abwischen; keinen Staub in Augen, Nase Mund oder Ohren wischen; am besten gründlich mit Seife waschen.
- Ist ein Gewässer für die Entstrahlung freigegeben, ganzen Körper waschen.

Muss eine Teileinheit in stark verstrahltem Gelände bleiben, (z. B. in Kampfständen), kann sie durch **Abtragen der obersten Erdschicht** (Bild 16) um ca. 10 cm die Verstrahlung des Geländes verringern. Die Erde ist mehrere Meter entfernt abzulagern.

Bild 13 Behelfsentstrahlung der Waffe

Bild 14 Behelfsentstrahlung der Bekleidung

Bild 15 Behelfsentstrahlung des ganzen Körpers im fließenden Gewässer

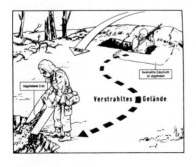

Bild 16 Behelfsentstrahlung eines Kampfstandes durch Abtragen von Erdreich

III. BEHELFSENTSEUCHUNG UND -ENTWESUNG

1. **Entseuchen** heißt Krankheitserreger und Toxine unschädlich machen. **Entwesen** heißt das Unschädlichmachen oder Beseitigen von tierischen Krankheitsüberträgern.

2. Die **Behelfsentseuchung oder -entwesung** ist die Beseitigung biologischer Kampfstoffe oder tierischer Krankheitsüberträger durch jeden Soldaten und durch die Teileinheit.

3. Der Soldat entseucht oder entwest seine **Bekleidung und Ausrüstung** behelfsmäßig durch
- Waschen oder Abwaschen in Seifenwasser (Schmierseife),
- Kochen (mindestens 1 Stunde).

Zur behelfsmäßigen Entseuchung und Entwesung des **Körpers**
- mit viel Schmierseife gründlich waschen (Nagelbürste),
- mit Entwesungspuder behandeln,
- Entseuchungsmittel nach ärztlicher Anordnung anwenden.

IV. BEHELFSENTGIFTUNG

1. **Entgiften** heißt das Vernichten oder Entfernen von Kampfstoffen in seßhafter Form. **Entgiftungsmittel** verändern den Kampfstoff chemisch und machen ihn dadurch unwirksam. Mit Behelfsmitteln können chemische Kampfstoffe dagegen nur entfernt werden.

2. Die **Behelfsentgiftung** geschieht durch
- den einzelnen Soldaten in Selbst- und Kameradenhilfe auf Haut, Bekleidung und persönlicher Ausrüstung mit den Mitteln der ABC-Selbsthilfeausstattung, ggf. mit Behelfsmitteln;
- Fahrer/Bediener an Fahrzeugen und Großgerät mit der Dekontaminierungsausstattung für Fahrzeuge oder mit Behelfsmitteln und im Ausnahmefall durch
- ABC-Abwehrpersonal mit der Dekontaminierungsausstattung Einheit/Dekontaminierungsausstattung ABCAbwTrp.

3. Nach einer Vergiftung entgiftet jeder Soldat sofort sich selbst, beginnend mit den Schutzhandschuhen, seine Handwaffe und Kleingerät behelfsmäßig mit **Entgiftungspuder**, Handhabung siehe „ABC-Selbsthilfeausstattung und Sanitätsmaterial". Anschließend folgt die Entgiftung von Fahrzeugen/Großgerät an den Stellen, die bei der Bedienung oder Benutzung berührt werden müssen; ggf. unterstützt der ABC-Abwehrtrupp.

Sind Entgiftungsmittel nicht vorhanden, muss man mit **Behelfsmitteln** die Gefährdung verringern und den Kampfstoff damit
- mechanisch entfernen (Lappen, Putzwolle usw.),
- ablösen (Benzin, Dieselöl, Lösungsmittel u. a.) oder
- abdecken (Planen, Folien, Karton, Stroh usw.).

Außerdem beschleunigt Erwärmung die natürliche Verdunstung.

Brandschutz

I. WIRKUNGEN VON BRANDKAMPFSTOFFEN

1. Brandkampfstoffe wirken **unmittelbar** durch große Hitzeentwicklung beim Abbrennen des Brandstoffs, **mittelbar** durch Folgebrände. Sie töten oder verwunden Menschen, vernichten aber vor allem Material und zerstören Gebäude, Industrie- und Versorgungsanlagen.

2. Metallische Brandstoffe, z. B. Thermit, verbrennen mit sehr hohen Temperaturen (2000–3000 °C), einige auch unter Luftabschluss und sind an ihrer grellen Lichtwirkung zu erkennen.

3. Nichtmetallische Brandstoffe, wie Flammöle, Phosphor und Napalm, entzünden sich unter starker Qualm- und Nebelwirkung und gefährden Lebewesen auch noch in unmittelbarer Nähe der Brandfläche durch Strahlungshitze, unter Umständen auch durch Sauerstoffmangel. Napalm brennt 15 min.

II. STÄNDIGER UND VORBEUGENDER SCHUTZ

Vorkehrungen zum Schutz gegen die Wirkung von Brandkampfstoffen:
- **Platz- und Wegewahl** unter Ausnutzen der Geländeformen und -bedeckungen.
- Große Marsch- und **Fahrzeugabstände.**
- **Feuerlöschmittel** bereithalten.
- Gefährdetes Material **abdecken.**
- **Feldbefestigungen** nach oben und nach der Seite **abdecken** und mit **Ablaufrinnen** versehen.

III. VERHALTEN NACH DEM ANGRIFF MIT BRANDKAMPFSTOFFEN

Nach dem Angriff mit Brandkampfstoffen:
- Atem anhalten und **gegen den Wind** aus dem Flammenbereich laufen.
- Brennende Bekleidung sofort **abwerfen** oder sich auf dem Boden **wälzen** und Feuer ersticken, dabei **Kameradenhilfe**.
- **Brandwunden** mit Verbandmaterial oder Tüchern abdecken. Siehe auch „Sanitätsdienst aller Truppen".
- **Brandverletzten** durch Fächeln oder Atemspende Sauerstoff zuführen, Schockbekämpfung vornehmen.
- **Verletzte** in Sicherheit bringen, Gerät bergen.

IV. BRANDSCHUTZDIENST IM SELBSTSCHUTZ

Der Brandschutzdienst im Selbstschutz hat nach Ausbruch eines **Brandes in Anlagen und Einrichtungen**
- Menschen und Nutzvieh aus brandgefährdeten Bereichen zu retten,
- Selbstschutzrettungskräften den Zugang zu Eingeschlossenen in brennenden Gebäuden freizumachen,
- Brände im Entstehen zu bekämpfen und ihre Ausbreitung zu verhindern,
- Material und Ausrüstung aus brennenden oder bedrohten Bereichen zu bergen.

Pionierdienst

Handhabung von Werkzeug

ZDv 3/709

1. **Werkzeug** muss
- in rostfreiem, scharfem und sauberem Zustand sein,
- bei Arbeiten auf Bäumen, Gebäuden oder Gerüsten gesichert werden.

Bild 1 Trageweise und Handhabung von Werkzeugen (Beispiele)

2. **Trageweise und Handhabung** von einigen Werkzeugen (Bild 1):
- Beim Tragen der Säge ist der Rücken des Sägeblatts in die hohle Hand zu nehmen; zum Sägen muss das Holz fest liegen.
- Stiele von Kreuzhacken, Äxten und Schlegeln müssen fest sitzen, **Rundschlag ist verboten!**
- Holz muss vor Bearbeitung metallfrei sein (Vorsicht: Nägel!)

Sicherungsminensperren

ZDv 3/701

1. **Alle Truppen** legen Sicherungsminensperren an, um
– das Gelände vor und zwischen den eigenen Stellungen zu verstärken (Bild 2),
– Durchfahrten, Engen und Hangstraßen zu sperren (Bild 3),
– Objekte zu schützen.

Die **Sicherungsminensperre** besteht aus höchstens 30 Panzerabwehrverlegeminen, die offen verlegt und nur so getarnt werden dürfen, dass sie von freundwärts noch erkennbar bleiben. Sie muss von der Stellung der sie sichernden Kräfte so weit entfernt sein, dass
– eine Gefährdung durch explodierende Minen ausgeschlossen ist (mindestens 15 Schritt) und,
– sie innerhalb der Kampfentfernung der Handwaffen und Panzerabwehrhandwaffen liegt (Bild 2).

Die Minen dürfen nicht gegen Aufnehmen gesichert werden; Einbauen von versteckten Ladungen, Sprengfallen und anderen Vorrichtungen ist verboten; Minengassen und -pfade sind nicht vorzusehen.

Die Sicherungsminensperre ist stets nachzuweisen.

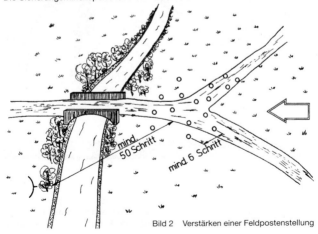

Bild 2 Verstärken einer Feldpostenstellung

2. Zum Sperren von Durchfahrten, Engen und Hangstraßen (Bild 3) dürfen die Minen ohne Abstand mit einem Zwischenraum von etwa einer Minenbreite als Reihe verlegt werden. Je nach Lage und Gelände können auch mehrere Reihen mit einem Abstand von mindestens 15 Schritt voneinander als eine Sicherungsminensperre verlegt werden. Beim Auslösen einer Mine detonieren im Regelfall auch die anderen Minen dieser Reihe.

Bild 3 Sperren einer Hangstraße

Drahtsperren

ZDv 3/701

1. **Drahtsperren** werden zum Verstärken eigener Stellungen und beim Schutz von Objekten angelegt. Sie wirken gegen abgesessenen Feind und gegen gepanzerte Aufklärung in stark durchschnittenem Gelände, Wäldern,

Häusern, Ortschaften und deren unterirdischen Ver- und Entsorgungsanlagen. In ausreichender Tiefe können sie auch Rad- und Kettenfahrzeuge zum Stehen bringen. Vom feindwärtigen Rand der Drahtsperren darf ein Handgranatenwurf in die eigene Stellung nicht möglich sein.

2. Man unterscheidet **Stolperdrahtsperre, S-Rollensperre, Spanischer Reiter, Verdrahtung, Flandernzaun** und **Flächendrahtsperre** sowie **S-Rollensperre** in unterirdischer Anlage.

Die Truppe kann diese verschiedenen Arten verändern und miteinander kombinieren, als Sperrmittel verwendet sie im allgemeinen Bandstacheldraht oder S-Rollen. Die Wirkung von Drahtsperren erhöht sich durch Ausnutzen der Bodenbewachsung z. B. Hecken, Buschreihen und Einbauen versteckter Ladungen und von Bodenleuchtkörpern.

■ **Bei jedem Umgang mit Bandstacheldraht und S-Rollen sind Schutzhandschuhe zu tragen!**

3. **Bandstacheldraht** ist ausschließlich mit der **Verlegevorrichtung** (Bild 4) auszubringen. **Einlegen der Bandtrommeln:**
- Rollenkopf am Verlegegerät nach links drehen (Bügel wird freigegeben) und Verlegegerät öffnen.
- Bandtrommel auf Abspulachse aufsetzen (Ablaufrichtung ist nicht zu beachten).
- Rollenkopf so weit nach rechts drehen, bis beide Rollenpaare parallel zueinander stehen. Klammer der Bandsicherung lösen und Bandanfang etwa 25 cm lang durch Rollenkopf führen. **Schutzhandschuhe!**
- Rollenkopf bis zum federnden Anschlag wieder nach links drehen. Das eingeführte Band wird dabei in die neue Richtung mitgenommen.
- Bügel so schließen, dass er einrastet.
- Enden lassen sich außerhalb des Verlegegerätes aneinanderfügen: Ende eines Bandes in Verbindungsöse des anderen einführen, drehen und umbiegen.
- Wird nur ein Teil des Bandes benötigt, ist es 25 cm vor dem Rollenkopf zu trennen.

Bild 4   Verlegegerät mit eingelegter Bandtrommel

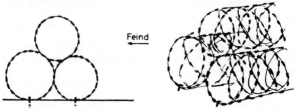

Bild 5   S-Rollenzaun (untere S-Rolle verankert)

Verlegen des Bandstacheldrahts:
- An Holzpfählen usw. durch einfaches Umschlingen befestigen.
- Nicht zu straff spannen.

4. **S-Rollen**, 8–10 m lang, verlegt die Truppe in mehreren Reihen hintereinander, am besten jeweils als 3fache S-Rolle (Bild 5).

Sprengen

ZDv 3/701

I. SPRENGMITTEL

1. **Sprengmittel** sind: Anzündmittel, Zündmittel, Sprengkörper und Sprengzubehör:
- **Anzündmittel** enthalten nicht detonationsgefährliche jedoch abbrennbare Explosivstoffe, die das Anzünden einer Zündkette einleiten und steuern, z. B. Anzündschnüre und Anzünder (Anzündschnuranzünder, elektrische Zünder).
- **Zündmittel** enthalten detonationsgefährliche Explosivstoffe, die das Zünden von Sprengladungen einleiten und steuern: Sprengschnüre, -kapseln, Zündverstärker, Zünder.
- **Sprengkörper** sind oder enthalten Wirkladungen aus Sprengstoffen. Es gibt verschiedene Formen und Massen – im Pionierdienst aller Truppen: feste und formbare Sprengkörper sowie -rohre (Bild 6).
- **Sprengzubehör** enthält keine Explosivstoffe; dazu zählen: Zündgerätesätze (Zündmaschinen, Ohmmeter, Zündkabel), Ladezubehör (Sprengwerkzeug).

2. **Explosivstoffe** werden unterteilt in Sprengstoffe, Treibstoffe, Zündstoffe, Anzündstoffe und pyrotechnische Stoffe.

Sprengkörper 100 g
Länge: 100 mm
Durchmesser: 30 mm
Farbe: gelb

Sprengrohr
Länge: 550 mm
Durchmesser: 40 mm
Gewicht eines Rohres: ca. 1,5 kg
Farbe: olivgrün
Mit Bajonettverschluss kann man Sprengrohre zusammenkoppeln. Am vorderen Ende kann der Rundkopf aufgeschoben werden, um ein Festhaken in der Sperre zu vermeiden.

Übungssprengkörper 200 g
Abmessungen wie Sprengkörper 200 g.
Farbe: hellblau
Auf beiden Seiten des Zündkanals befindet sich je ein Rauchabzugsloch. Keine Detonation, sondern gut sichtbare Rauchentwicklung.

Formbarer Sprengkörper 500 g/2500 g
in Polyäthylenbeutel; Farbe: DM 42 gelborange, DM 32 grauschwarz. Kann zerschnitten oder mit der Hand geformt werden. Ist haftfähig; lässt sich bündig an unebenen Flächen anbringen.

Bild 6   Sprengkörper

Sicherheitsbestimmung:
Der nicht verpackte Sprengstoff darf grundsätzlich nur mit Gummihandschuhen angefasst werden. Sollte es dennoch zu Hautberührungen kommen, sind die betroffenen Körperstellen gründlich mit Wasser und Seife zu reinigen.

Bei geeigneter Zündung (Initiierung) setzen sich Explosivstoffe mit hoher Detonationsgeschwindigkeit um. Durch die schnelle Energieabgabe wirken sie auf ihre Umgebung zerstörerisch. Militärische Sprengstoffe besitzen eine hohe **Brisanz**.

II. SPRENGLADUNGEN

1. Sprengladungsformen

- **Geballte Ladung:** Zu Paket zusammengeschnürt oder in Behälter verpackt, zerstört Anlagen oder Sperren. Etwa gleiche Längen- und Breitenabmessungen bzw. Durchmesser, deren äußere Abmessung das Verhältnis 4 zu 1 nicht übersteigt.
- **Gestreckte Ladung:** Aneinandergereihte Sprengkörper, frei angelegt aber auch bündig oder tief eingelassen. Zusammengesteckte Sprengrohre eignen sich zum Sprengen von Gassen in Drahtsperren. Länge mindestens viermal so groß wie die größte Breite bzw. Dicke oder der größte Durchmesser.
- **Hohlladung:** Auf der dem Sprengobjekt zugewandten Seite kegel- oder halbkugelförmig ausgehöhlt, innen meist mit Metall belegt. Diese besondere Form (auch behelfsmäßig angefertigt) steigert die Sprengwirkung erheblich und bewirkt einen bohrlochartigen Ein- oder Durchschlag.
- **Schneidladung:** „Gestreckte" Hohlladung, konzentriert die Wirkung auf eine Linie und bewirkt Einschnitte und Durchtrennungen (nur Pioniere!).

2. Sprengladungsarten

- **Planladung:** Berechnete Sprengstoffmenge, die Pioniere an den sprengtechnisch richtigen und sperrgünstigen Stellen des Sprengobjekts anbringen,
- **Schnellladung:** Geballte oder gestreckte Ladung, z. B. volle Sprengkörperkiste.

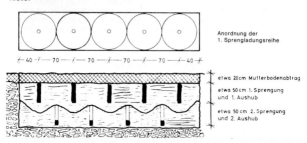

Bild 7   Erschütterungsladungen zum Bau eines Kampfstandes

- **Schlagladung:** Sprengladung von 1000 g angelegt oder aufgelegt zum Räumen von Minen, Beseitigen von Versagern, Vernichten von Sprengmitteln und Minen.
- **Erschütterungsladung:** Tief eingelassen, zum Auflockern festen oder gefrorenen Bodens beim Bau von Feldbefestigungen (Bild 7).

3. **Sprengladungen**, die **tief eingelassen** oder **unter Wasser** angebracht sind oder eng am Sprengobjekt anliegen, haben die größte Wirkung. **Verdämmung** erhöht die Wirkung, am besten eignen sich dafür feuchte Erde, Lehm, Ton, Wasser, gefüllte Sandsäcke.

III. LEITFEUERZÜNDUNG

1. Im **Pionierdienst aller Truppen** erfolgt die Zündung als Leitfeuerzündung oder gemischte Zündung; behandelt wird hier nur die **Leitfeuerzündung**.

2. Die **einfache Zündleitung** ist der (vorgefertigte) **Sprengkapselzünder** (Bild 8). Zur Anwendung:
- Sprengkapsel mit Sprengkapselhalter in Sprengkörper einschrauben oder
- Sprengkapsel in formbaren Sprengkörper in ein (mit Bleistift) eingedrücktes Loch einsetzen und gegen Herausfallen und Herausziehen sichern,
- Abziehknopf nach rechts abschrauben (Linksgewinde), abziehen (Bild 9) und Deckung nehmen.

Zündverstärker
metallfarben (Kupfer). Hat eine Verstärkungsladung, keine Sprengkapsel, handhabungssicher, unempfindlich gegen Schlag, Stoß, Druck. Verstärkt die Detonationswirkung der Sprengschnur. In Verbindung mit der Anzündschnur unwirksam.

Sprengkapselzünder
Fabrikmäßig hergestellte Zündleitung: Anzündschnuranzünder (braun), Anzündschnur (braun) 0,15 m, 0,50 m oder 1 m, Sprengkapsel mit Kapselhalter (oliv-grün) und abschraubbarer Schutzkappe (gelb).

Sprengschnur
(25 m auf Verpack. Rolle) Querschnitt: quadratisch. Farbe: grün. Detonationsgeschw.: 8000 m/s. Wird durch Sprengkapsel zur Detonation gebracht. Dient zum gleichzeitigen Zünden mehrer Sprengladungen.

Bild 8 Anzündmittel und Zündmittel für die Leitfeuerzündung

3. Die **einfache Sprengschnurleitung** aus einfacher Zündleitung, Sprengschnur und Zündverstärker überbrückt Entfernungen zwischen Zündstelle und Sprengobjekt. Herstellung:

- Sprengschur (Bild 8) senkrecht und glatt abschneiden, ein Ende abdichten (Schutzkappe oder Isolierband).
- Anderes Ende durch Sprengkapselhalter führen, Zündverstärker anbringen, in festen Sprengkörper einschrauben.
- Abgedichtetes Ende so an Sprengkapsel des Sprengkapselanzünders festbinden, dass Anzündschnur, Sprengkapsel und Sprengschnur fortlaufenden Strang bilden.

Bild 9 Anzünden des Sprengkapselzünders

4. Die **Sprengschnurhauptleitung mit-nebenleitungen** (Bild 10) lässt mehrere getrennte Sprengladungen gleichzeitig detonieren.

Bild 10 Sprengschnurhauptleitung mit -nebenleitungen

IV. ALLGEMEINE SICHERHEITSBESTIMMUNGEN

- **In Gebäuden** ist die Ausbildung an „scharfen" Sprengkörpern und Zündmitteln, Minen und deren Zündern sowie des Zünden von Übungssprengkörpern mit Rauchladung **verboten**.
- **Rauchen, offenes Licht oder Feuer** ist beim Umgang mit Sprengmitteln **verboten**.
- Beim Herrichten von Sprengladungen und Zündverbindungen mit „scharfen" Sprengkörpern und Zündmitteln sowie beim Vorbereiten und Auslösen von Sprengungen t**ragen alle Soldaten im Gefahrenbereich den Gefechtshelm.**

Sanitätsdienst aller Truppen

ZDv 49/20

Erste Hilfe sind alle Hilfeleistungen für Verwundete, Verletzte, Kranke und ABC-Geschädigte, die bis zur ärztlichen Versorgung durchgeführt werden.
Selbst- und Kameradenhilfe ist jede Maßnahme der ersten Hilfe, die nicht durch Sanitätspersonal geleistet wird. Sie beschränkt sich im allgemeinen auf die notwendigsten Hilfeleistungen.
Jeder Soldat ist zur Selbst- und Kameradenhilfe verpflichtet. Aber auch als Staatsbürger hat er die Pflicht zu helfen, wenn dies ohne erhebliche eigene Gefahr und ohne Verletzung anderer wichtiger Pflichten möglich ist. Zweckmäßige Hilfeleistung setzt **gründliche Kenntnisse** und **besonnenes Handeln** voraus.

I. GRUNDREGELN DER ERSTEN HILFE

1. **Ruhe bewahren!** Den eigenen **Schreck überwinden!**

2. **Selbst helfen**, aber **erst denken** und **dann handeln!**

3. **Lage des Verletzten** nicht eher ändern, bis Klarheit darüber besteht, welche Verletzung vorliegen kann und welche Maßnahmen erforderlich sind.

4. Zuerst an **schwere Blutung, Atemstillstand** oder **Verletzung der Atemwege, Vergiftung** und **Schock** denken und in gleicher Reihenfolge versorgen. Danach erst nach Wunden und zuletzt nach Knochenbrüchen suchen und versorgen.

5. Verletzte **bequem und flach lagern**, unter den Kopf ein dünnes Polster schieben. – Ausnahmen von dieser Regel siehe Bild 1. – Richtiges Lagern wirkt oft lebensrettend.

6. Verletzte **warm halten** (ohne Anwärmen!), beengende Kleidungsstücke lösen, vor Wind und Nässe schützen.

7. Den **Verletzten schluckweise** mit Kaffee, Tee oder Wasser (keinen Alkohol!) **laben.** Brust- oder Bauchverletzten sowie Bewusstlosen nichts zu trinken geben.

8. Verletzten schonend und in **richtiger Lagerung abtransportieren.** Möglichst Krankenkraftwagen abwarten.

9. **Muss ein Verletzter allein gelassen werden**, so ist er in die **Seitenlage zu wenden.** Die Stelle, wo der Verletzte liegt, ist zu kennzeichnen.

10. Der Verletzte braucht Hoffnung und Vertrauen zum Helfer. Deshalb **rücksichtsvoll**, aber **beherzt** und **sicher auftreten**.

Anzeichen/Zustand	Lagerung
Kopf rot	Kopf hoch, Beine tief
Bleiches Gesicht; nicht bei Kopfverletzungen anwenden	Kopf tief, Beine hoch (Schocklage)
Erbrechen, Blutung aus dem Mund; Bewusstlosigkeit; Schädelverletzung	Seitenlage
Bauchverletzungen: Leibschmerzen	Rückenlage, dicke Rolle unter die Knie
Lungen- und Brustverletzung; Atemnot	Rückenlage mit erhöhtem Oberkörper; entweder auf verletzte Seite oder auf den Rücken lagern

Bild 1   Lagerung von Verletzten

II. ERSTE HILFE BEI WUNDEN

Durch die Wunde drohen Blutung, Schock und Wundinfektion. Es ist deshalb folgende Grundregel zu beachten:
Die Blutung stillen, die Wunde bedecken, den Schock bekämpfen.

Der Wundverband

1. Wichtigstes Hilfsmittel ist das **Verbandpäckchen** und **Brandwundenverbandpäckchen**. Sie müssen unversehrt und damit keimfrei sein.
Beim **Anlegen eines Wundverbandes** ist wie folgt zu verfahren:
- Wunde freilegen und nicht mit den Fingern berühren.
- Wunde nicht mit keimhaltigen Gegenständen in Berührung kommen lassen, nicht auswaschen und nicht behandeln. Nur bei Säure- oder Laugenverätzung die Wunde vor dem Verbinden reichlich mit Wasser spülen.
- Die Wunde mit dem Verbandpäckchen bedecken (Bild 2). Damit werden auch die meisten Blutungen gestillt.
- Zuerst das Verbandpäckchen des Verletzten benutzen.
- Beim Verbinden den Verletzten sitzen oder liegen lassen.
- Über das Verbandpäckchen mit dem Halstuch einen Schutzverband legen.

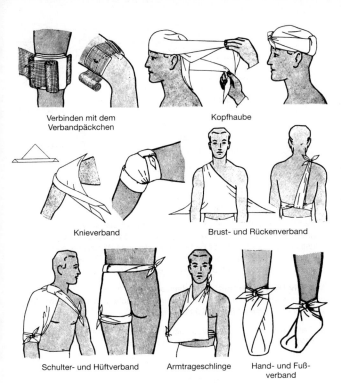

Bild 2 Verbinden mit Verbandpäckchen
Schutzverbände mit dem Halstuch

2. **Verbinden mit dem Verbandpäckchen** – Ausführung:
- Stoff- und Papierumhüllung entfernen, ohne den ungefärbten Verbandstoff zu berühren.
- Mullbinde mit beiden Händen an den durch schwarze Punkte gekennzeichneten Stellen anfassen, auseinanderziehen und feste Wundauflage auf die Wunde legen.

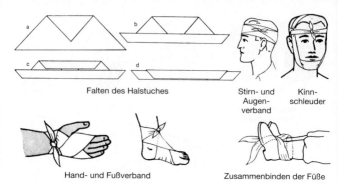

Falten des Halstuches — Stirn- und Augenverband — Kinnschleuder

Hand- und Fußverband — Zusammenbinden der Füße

Bild 3   Schutzverbände mit der Krawatte des Halstuches

- Zweite Wundauflage bei einfachen Wunden auf die erste zurückschlagen oder bei Durchschüssen und großen Wunden so auf der Binde verschieben, dass sie die zweite Wunde bedeckt oder die erste Wundauflage ergänzt.
- Die Binde muss am Körper gut anliegen, aber die Bindenränder dürfen weder Schmerzen noch Blutstauung verursachen.

3. **Schutzverbände mit dem Halstuch** (Bild 2 und 3) – Von Schutzverbänden ist vor allem im Winter Gebrauch zu machen. Das Halstuch ist nicht keimfrei und darf die Wunde nicht berühren.

4. Weiteres keimfreies Verbandmaterial und andere Verbandmittel stehen im Kfz-Verbandkasten zur Verfügung, mit dem jedes Bw-Kraftfahrzeug ausgerüstet ist.

Die Blutstillung

5. Jede **starke Blutung gefährdet das Leben** des Verletzten, denn der Blutverlust erhöht die Schockgefahr.

6. Tropfende Blutungen werden durch einfachen keimfreien Verband gestillt.

7. Eine rinnende Blutung lässt sich durch gleichmäßigen, einige Minuten dauernden Druck auf die bedeckte Wunde stillen. Diese Maßnahme kann unterstützt werden, wenn das verletzte Glied hochgehalten oder hochgelagert wird (nicht bei ungeschienten Knochenbrüchen!).

8. **Druckverband** – Blutet der Verband durch, ist ein zweiter darüberzubinden, und bei erneuter Blutung ist ein Druckverband anzulegen: dickes Druckpolster, z. B. ungeöffnetes Verbandpäckchen, mit dem Halstuch fest auf die Wundauflage binden. Stauung vermeiden!

9. **Abdrücken** – Schwere Blutungen können abgedrückt werden. Abdrückstellen siehe Bild 4. Zugleich ist ein Druckverband anzulegen. Abdrückstelle 5–7 Minuten nach Anlegen des Druckverbandes versuchsweise loslassen. Steht die Blutung, genügt der Druckverband, wenn der Verletzte unter Aufsicht bleibt.
Notfalls kann das Abdrücken auch mit dem Verbandpäckchen direkt in der Wunde erfolgen.

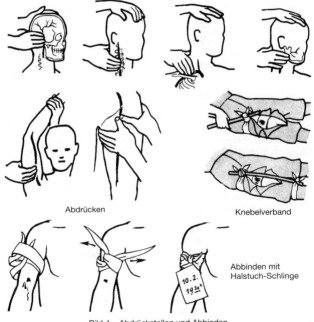

Abdrücken   Knebelverband

Abbinden mit Halstuch-Schlinge

Bild 4   Abdrückstellen und Abbinden

10. **Abbinden ist gefährlich**, kann den Verlust des abgebundenen Gliedes zur Folge haben und ist **nur in Notfällen** erlaubt, wenn
- der Verletzte eine **starke, spritzende Blutung** am Oberarm oder Oberschenkel hat,
- längeres Abdrücken und Druckverband erfolglos waren,
- ein **Glied abgerissen oder abgequetscht** ist,
- der Verletzte mit einer schweren Blutung allein gelassen werden muss,
- es vorübergehend zur raschen Blutstillung, bei Zeitnot oder Gefahr unerlässlich ist.

Ausführung:
- Mit dem Halstuch über der Bekleidung handbreit herzwärts der Wunde abbinden, jedoch nicht im unteren Drittel des Oberarmes, in der Nähe von Ellenbogen oder Kniegelenk oder über Knochenbrüchen.
- Kein einschneidendes Material, z. B. Bindfaden, verwenden.
- Am Arm und Unterschenkel mit einer Schlinge (Bild 4), am Oberschenkel mit dem Knebelverband (Bild 4) abbinden.
- Abbindung auffällig kenntlichmachen und Uhrzeit vermerken.
- Für schnellen Abtransport zur ärztlichen Behandlung sorgen. Die Abbindung muss spätestens nach $1^1/_2$ Stunden durch einen Arzt gelöst werden.

Die Schockbekämpfung

11. Neben der Blutung ist der **Schock** die häufigste Todesursache bei Verletzungen. Er entsteht durch Versagen der normalen Körperfunktionen und des Blutkreislaufes, insbesondere durch großen Blutverlust. Je früher dem Schock begegnet, er erkannt und bekämpft wird, um so größer sind die Erfolgsaussichten.

Die wichtigsten **Kennzeichen** eines Schocks sind:
- Bleiche bis fahlgraue Gesichtsfarbe.
- Feuchtkalte Haut, Schweiß auf der Stirn, Frösteln.
- Puls: zunächst normal, dann beschleunigt und schwach, schließlich sehr schnell und kaum fühlbar.
- Bewusstseinstrübung mit abwesendem Blick.

Es ist besonders auf den **Puls** zu achten: er schlägt **normal** 60- bis 80-mal in der Minute, **bei schwerem Schock** meistens über 120-mal.

Bei der **Schockbekämpfung** ist wie folgt zu verfahren:
- Blutung stillen.
- Verletzten flach lagern, Kopf tief, Beine hoch, jedoch nicht bei Schädelverletzungen oder Atemnot. Bewusstlose in Seitenlage legen.
- Schmerzen lindern (Schienung, richtige Lagerung).
- Keine unnötige Bewegung, keine Muskelarbeit, sondern Ruhe.

- Warm halten, aber nicht anwärmen.
- Laben mit kleinen Flüssigkeitsmengen, jedoch nicht bei Brust- oder Bauchverletzungen, bei Brechreiz und Bewusstlosigkeit.
- Es dem Verletzten bequem machen, beengende Kleidung lösen, frische Luft zufächeln.
- Den Verletzten ermutigen, nicht die Wunden zeigen.
- In richtiger Lage schonend (langsam) transportieren.
- Bei schwerem Schock (Puls!) alle Hilfeleistungen unterlassen, die nicht zur Rettung des Lebens oder zur Bekämpfung des Schocks, z. B. Blutstillung, Wiederbelebung, erforderlich sind.

III. ERSTE HILFE BEI BESONDEREN VERLETZUNGEN

Nachfolgende Verletzungen und Erkrankungen erfordern bestimmte Erste-Hilfe-Maßnahmen.

1. **Offene Brustverletzungen – Kennzeichen:** Pfeifende, schlürfende Geräusche, Luftblasen in der Wunde, flache Atmung, oft Atemnot.
Erste Hilfe:
- Keimfreie Wundauflage und Wunde durch Druckverband luftdicht verschließen.
- Große Brustwunden durch feuchte Kompressen luftdicht verschließen.
- Mit erhöhtem Oberkörper auf die verletzte Seite lagern (Bild 1).
- Rauch- und Trinkverbot!

2. **Lungenverletzungen – Kennzeichen:** Aushusten von hellrotem, schaumigem Blut, starke Atemnot.
Erste Hilfe:
- Mit erhöhtem Oberkörper lagern (siehe Bild 1).
- Zum ruhigen Durchatmen zwischen den Hustenstößen anleiten.
- Verletzten beruhigend zusprechen, aber Rauch- und Trinkverbot.

3. **Bauchverletzungen – Kennzeichen:** Wunden mit Darmvorfall oder geringere äußere Verletzungen mit zunehmenden Leibschmerzen. Es besteht die Gefahr der inneren Blutung.
Erste Hilfe:
- Rolle unter das Knie zur Entspannung der Bauchdecke (Bild 1).
- Bei offenen Wunden austretenden Darm nicht zurückstopfen, sondern keimfrei verbinden, auch mit Brandwundenverbandpäckchen.
- Ess-, Trink- und Rauchverbot!

4. **Schädel- und Gehirnverletzungen – Kennzeichen:** Oft Bewusstlosigkeit oder Benommenheit, Übelkeit, Erbrechen, Verlust der Erinnerung. Aus-

treten von Hirnmasse, Blutungen aus Ohr und Nase. Lähmungen, Hirndruckgefahr: zu erkennen am Langsamwerden des Pulses.

Erste Hilfe:
- Seitenlage, Kopf flach, aber nicht tief (siehe Bild 1).
- Hirnmasse nicht zurückdrücken, sondern keimfrei mit Polsterung verbinden.
- Mund und Atemwege durch Beugung des Kopfes in den Nacken freihalten, besonders bei Bewusstlosen.
- Unruhige beaufsichtigen. Auf Atmung achten!

5. **Kiefer- und Rachenverletzungen – Kennzeichen:** Blutungen aus dem Mund oder der Nase. Schmerzen beim Sprechen und Schlucken.

Erste Hilfe (Bild 5):
- Kiefer durch Kinnverband ruhigstellen.
- Für Blutanfluss aus Mund und Rachen sorgen.
- Verletzten sitzend mit nach vorn geneigtem Kopf transportieren, solange kein schwerer Schock oder Bewusstlosigkeit besteht; dann Seitenlage.

6. **Augenverletzungen – Erste Hilfe:**
- Keimfrei und ohne Druck verbinden.
- Fremdkörper, die im Auge stecken, niemals entfernen.
- Möglichst beide Augen verbinden, wenn der Verletzte nicht allein gelassen werden muss.

Bild 5
Erste Hilfe bei Kiefer- und Rachenverletzungen

7. **Bissverletzungen** bedürfen wegen der Gefahr einer Entzündung, des Wundstarrkrampfes und der Tollwut baldiger ärztlicher Behandlung. Keimfrei verbinden und bei Giftschlangenbissen handbreit herzwärts der Bissstelle abbinden. Liegend in ärztliche Behandlung transportieren.

8. **Säure- und Laugenverätzungen** reichlich mit Wasser abspülen. Blasen nicht öffnen und sichtbare Hautschäden keimfrei verbinden.

IV. ERSTE HILFE BEI KNOCHENBRÜCHEN, VERRENKUNGEN UND VERSTAUCHUNGEN

Geschlossene Brüche sind unblutig. Bei **offenen Knochenbrüche** besteht eine Wunde, die mit dem Bruch in Verbindung steht, z.B Schussbruch. Bei unsachgemäßer Behandlung, z. B. Durchspießen von Knochensplittern, kann aus einem geschlossenen ein offener Bruch werden.
Offene Knochenbrüche vor der Ruhigstellung keimfrei verbinden!

1. **Kennzeichen** eines Knochenbruches sind Schmerz und Schwellung, unnatürliche Lage und Form des Gliedes und Gebrauchsunfähigkeit. Im Zweifelsfalle ist wie bei einem Knochenbruch zu handeln.

Erste Hilfe zur Ruhigstellung (Lagern, Verbinden oder Schienen):
- In der für den Verletzten angenehmsten Lage ruhigstellen.
- Die Schiene muss sich nach der Stellung des Bruches richten.
- Benachbarte Gelenke sind ebenfalls ruhigzustellen. Ausnahme: Fuß- und Handgelenk.
- Es ist über Bekleidung und Schuhwerk zu schienen und gut zu polstern.
- Enge Stellen der Kleidung am gebrochenen Glied öffnen oder aufschneiden, und bei Hand- und Fingerbrüchen Ringe entfernen.

2. **Ruhigstellen von Knochenbrüchen am Arm** – Ausführung:
- Durch gesunden Arm und Brustwand abstützen oder
- durch Armtragetuch (Bild 2) ruhigstellen oder
- Rock/Hemdzipfel hochbinden.
- Bei Oberarm- und Schlüsselbeinbrüchen Armtragetuch anwenden.
- Behelfsschiene bei Unterarmbruch anlegen. Länge: Fingerspitzen bis Ellenbogen.

3. **Ruhigstellen von Knochenbrüchen am Bein – Ausführung des Bergens:**

Bild 6 Bergen eines Verletzten mit Knochenbruch am Bein

- Verletzten an den Schultern fassen, in gerader Linie nach rückwärts ziehen.
- Vorher möglichst Beine und Füße zusammenbinden (Bild 3).
- Den Verletzten nicht seitwärts bewegen oder rollen.
- Dann in Ruhe schienen.

Ausführung des Schienens:
- Zunächst das notwendige **Material vorbereiten**: passende Behelfsschienen, z. B. Latten, Äste, Polstermaterial, z. B. Gras, Papier, Bekleidungsstücke, und Befestigungsmaterial, z. B. Halstücher, Tuchstreifen, Riemen.
- Die Schienen müssen folgende Längen haben: bei Fußgelenkbrüchen innen und außen von der Fußsohle bis zum Knie, bei Unterschenkelbrüchen innen und außen von der Fußsohle bis zur Schritthöhe, bei Oberschenkelbrüchen innen von der Fußsohle bis Schritthöhe, außen von der Fußsohle bis zur Achselhöhe.
- Befestigungsmaterial mit dünnem Stock unter dem verletzten Glied und der Schiene durchschieben.
- Schienen so fest binden, dass Bruchenden sich nicht mehr bewegen können.

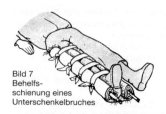

Bild 7
Behelfsschienung eines Unterschenkelbruches

Bild 8 Lagerung eines Wirbelsäulenverletzten

4. **Lagerung von Wirbelsäulenverletzten** (Bild 8) – **Kennzeichen:** Schmerzen im Bereich der Wirbelsäule. Häufig Lähmung von Gliedmaßen.
Erste Hilfe:
- Harte, flache Unterlage und Polster für Kreuz und Nacken vorbereiten; es müssen mindestens drei Helfer zur Verfügung stehen.
- Verletzten langsam und nur so heben, lagern und transportieren, dass die Wirbelsäule nicht gestaucht und nicht gebogen wird.
- Die Helfer müssen alle Bewegungen gleichzeitig ausführen.

V. HITZE- UND KÄLTESCHÄDEN

Kälteschäden siehe „Der Soldat im Winter".

1. **Verbrennungen** – Für die erste Hilfe ist der Grad der Verbrennung unerheblich. – Es ist **verboten**,
- Brandwunden zu berühren,
- Kleiderfetzen aus der Brandwunde abzureißen,
- Brandblasen zu öffnen,
- Brandwunden mit Mehl, Öl, Puder oder dergleichen zu behandeln.

Erste Hilfe:
- In Brand geratene Kleidung schnell entfernen oder die Flammen ersticken mit Decken oder Bekleidungsstücken, die eng anliegen müssen, durch Hinwerfen und langsames Wälzen und Löschen mit Wasser. Nicht mit brennender Bekleidung laufen.
- Brandwunden nur keimfrei mit Verbandpäckchen, Brandwundenverbandpäckchen oder Brandwundenverbandtuch verbinden.
- Bei großen Brandwunden ist die Schockbekämpfung besonders wichtig (Laben!).
- Brandstoffe, z. B. Napalm, Phosphor, mit Wasser löschen, mit dem Messerrücken von der Haut oder Bekleidung abkratzen, danach tropfnass verbinden und Verband feuchthalten.
- Bei Verbrennungen immer Schmerzmittel geben lassen.

2. **Hitzeerschöpfung – Kennzeichen:** Bleiche Gesichtsfarbe, Schwäche und Übelkeit, Erbrechen, unter Umständen Hitzekrämpfe, in schweren Fällen Bewusstlosigkeit mit Kreislaufversagen (schockähnlich)
Erste Hilfe:
- Im Schatten flach lagern, beengende Kleidung lösen.
- Ansprechbaren reichlich zu trinken geben, wenn möglich mit Kochsalzzusatz (1 Teelöffel auf 1 Liter Wasser).
- Bewußtlose auf die Seite lagern und ärztliche Hilfe holen.

3. **Hitzschlag – Kennzeichen:** Hochrote, trockene, heiße Haut, stark erhöhte Körpertemperatur, Bewusstlosigkeit oder Verwirrungszustand, schneller Puls.
Erste Hilfe:
- Möglichst schon vor Beginn der Bewusstlosigkeit mit erhöhtem Kopf im Schatten lagern.
- Bekleidung entfernen, mit kühlem Wasser übergießen oder besprengen sowie frische Luft zufächeln und dadurch die Körpertemperatur senken, solange die Haut rot ist.
- Bei Atemstillstand künstliche Beatmung beginnen.
- Schnellstens liegend in ärztliche Behandlung transportieren.

VI. ATEMSTILLSTAND UND KÜNSTLICHE BEATMUNG

Bewußtlose, bei denen keine Zeichen der Atemtätigkeit erkennbar sind, bedürfen der dringenden Zufuhr des Luftsauerstoffes, da sonst der Tod durch Ersticken eintritt.
Die wirksamste Methode ist die **Atemspende**, d. h. das Einblasen der eigenen Atmungsluft in die Lunge des Bewusstlosen.

Grundregel: Scheu überwinden! Keine Zeit verlieren! Sofort beginnen!

Die **Atemspende Mund-zu-Nase** ist wie folgt auszuführen
- Atemwege freimachen; Erde, Schlamm, Speisereste, Erbrochenes, Gebiss usw. aus dem Mund entfernen.
- Bei Ertrunkenen Wasser aus den Atemwegen und dem Magen auslaufen lassen. Hierbei jedoch keine kostbare Zeit verlieren. Etwas Wasser in den Atemwegen ist für die Atemspende nicht hinderlich.
- Kopf des Verunglückten weit in den Nacken bringen. Unterkiefer nach vorn schieben und damit gleichzeitig den Mund zuhalten. Mit der anderen Hand durch Druck gegen die Stirn den Kopf rückwärts gebeugt halten (Bild 9).
- Sofort mit der Atemspende beginnen. Über die Nase des Verunglückten kann ein Taschentuch gelegt werden, durch das die Luft eingeblasen wird.

- Eigenen Mund um die Nase des Verunglückten legen und sofort Luft in die Nase blasen. Dabei mit den Lippen um die Nase herum abdichten. Danach sofort mit den eigenen Kopf zurückgehen, die eingeblasene Luft entweicht von selbst (Bild 9).

Bild 9   Atemspende

- 15–20-mal in der Minute die Einblasung (tiefe Atemzüge) vornehmen.
- Brustkorb des Verunglückten muss sich beim Einblasen sichtbar heben.
- Atemspende leisten, bis der Verunglückte wieder selbst atmet.
- Lässt sich die Atemspende nicht gut vornehmen, Kopflage korrigieren.
- Bei Schwindelgefühl kleine Pausen einlegen.

VII. BERGEN UND TRANSPORT VON VERLETZTEN UND KRANKEN

1. **Bergen und Transport gehören zur Kameradenhilfe**, jedoch darf der Soldat ohne Befehl oder Erlaubnis seine Teileinheit nicht zum Verwundetentransport verlassen. In der Gefahrenzone sind nur lebensrettende Maßnahmen durchzuführen; weitere Hilfe nur in Deckung oder an einem sicheren Ort. Die Kameradschaft gebietet es, einen verwundeten Kameraden beim Ausweichen vor dem Feind nicht liegen zu lassen.

2. Geborgene Verwundete sind an geschützter Stelle in einem **Verwundetennest** zu sammeln. Es muss gegen Feindsicht direkten Beschuss und

a. **Bergegriffe** (Bild 10 a–d)

a   Ziehen mit Koppel oder gefalteter Zeltbahn

b   Seitenschleiftrick

c   Rückenschleiftrick

d   Nackenschleiftrick

Bild 10   Bergegriffe

andere Gefahren schützen, z.B. brennende Fahrzeuge/Explosionsgefahr. Es ist so zu kennzeichnen, dass es gegen Überrollen durch Fahrzeuge gesichert ist und vom Sanitätspersonal schnell aufzufinden ist.

3. Bergen und Transport erfordern Kraft, Geschick und Behutsamkeit. Beispiele für die nötigen Griffe zeigen die Bilder 10–13 ohne weitere Erläuterung.

b. **Armtragegriff (Rauteck)** = Bild 11:

Bild 11 Armtragegriff in 3 Phasen

c. **Transportgriffe** (Bild 12 a–e):

a Tragen auf den Armen
b Tragen in Hüftsitz
c Schultertragegriff
d Anfertigen eines Tragerings
e Tragen mit Tragering

Bild 12 Transportgriffe

d. Transport auf **Behelfstragen** (Bild 13 a und b):

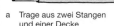

a Trage aus zwei Stangen und einer Decke

b liegender Transport in Hängematte (Zeltbahn, Halstuch, Koppel)

Kraftfahrdienst

ZDv 43/1; ZDv 43/2

I. ALLGEMEINES

Der **Kraftfahrer** der Bw muss zum Fahren mit einem Dienst-Kfz
- die betreffende Klasse der Fahrerlaubnis Bw und, wenn vorgeschrieben, den entsprechenden Berechtigungsschein besitzen,
- das Fahrzeug ordnungsgemäß übernommen haben,
- in dieses ausreichend eingewiesen und überprüft worden sein,
- jederzeit in der Lage sein, es bei Tag und Nacht sowie allen Straßen-, Marsch-, Gelände- und Wetterverhältnissen unter schonender Behandlung des Materials zu führen,
- wissen, dass von seinem **Verantwortungsbewusstsein** und seiner **Fahrfertigkeit** Leben und Gesundheit mitfahrender Kameraden und anderer Verkehrsteilnehmer sowie die Einsatzbereitschaft und Kampfkraft seiner Einheit abhängen.

II. BETRIEB UND VERKEHR VON DIENSTKRAFTFAHRZEUGEN

1. Die **Fahrerlaubnis der Bundeswehr** (Bild 1)
- ist die behördliche Erlaubnis zum Führen eines Kfz auf öffentlichen Straßen; der Nachweis ist der **Führerschein**;
- gilt auch für Privatfahrzeuge (Klasse C nur ab vollendetem 21. Lebensjahr); dem Inhaber stellt der DiszVorges auf Antrag eine Bescheinigung zur Vorlage bei der zivilen Verwaltungsbehörde aus, die auf Antrag eine entsprechende allgemeine Fahrerlaubnis ohne nochmalige Prüfung erteilen kann (Bild 2);
- kann auf Dauer entzogen werden, wenn sich der Inhaber als ungeeignet zum Führen von Kfz erwiesen hat; der Bw-Führerschein kann auch vorübergehend abgenommen werden.

| A | **Krafträder (Zweiräder, auch mit Beiwagen)** mit einem Hubraum von mehr als 50 cm³ oder mit einer durch die Bauart bestimmten Höchstgeschwindigkeit von mehr als 45 km/h. |

| AY | **Krafträder der Klasse A** mit einem Hubraum von nicht mehr als 200 cm³ und einer Nennleistung von nicht mehr als 15 kW. |

| A1 | **Krafträder der Klasse A** mit einem Hubraum von nicht mehr als 125 cm³ und einer Nennleistung von nicht mehr als 11 kW (Leichtkrafträder). |

B   **Kraftfahrzeuge** – ausgenommen Krafträder – mit einer zulässigen Gesamtmasse von nicht mehr als 3.500 kg und mit nicht mehr als acht Sitzplätzen außer dem Führersitz (auch mit Anhänger mit einer zulässigen Gesamtmasse von nicht mehr als 750 kg oder mit einer zulässigen Gesamtmasse bis zur Höhe der Leermasse des Zugfahrzeugs, sofern die zulässige Gesamtmasse der Kombination 3.500 kg nicht übersteigt): bei der Leermasse von Kraftfahrzeugen mit elektrischem Antrieb wird die Masse der Batterien nicht berücksichtigt.

C   **Kraftfahrzeuge** – ausgenommen Krafträder – mit einer zulässigen Gesamtmasse von mehr als 3.500 kg und mit nicht mehr als acht Sitzplätzen außer dem Führersitz sowie zusätzlich mit nicht mehr als acht Personen auf besonders zugelassenen Plätzen (auch mit Anhängern mit einer zulässigen Gesamtmasse von nicht mehr als 750 kg).

C1   **Kraftfahrzeuge** – ausgenommen Krafträder – mit einer zulässigen Gesamtmasse von mehr als 3.500 kg aber nicht mehr als 7.500 kg und mit nicht mehr als acht Sitzplätzen außer dem Führersitz sowie zusätzlich mit nicht mehr als acht Personen auf besonders zugelassenen Plätzen (auch mit Anhängern mit einer zulässigen Gesamtmasse von nicht mehr als 750 kg).

D   **Kraftfahrzeuge** – ausgenommen Krafträder – zur Personenbeförderung mit mehr als acht Sitzplätzen außer dem Führersitz (auch mit Anhängern mit einer zulässigen Gesamtmasse von nicht mehr als 750 kg).

D1   **Kraftfahrzeuge** – ausgenommen Krafträder – zur Personenbeförderung mit mehr als acht und nicht mehr als 16 Sitzplätzen außer dem Führersitz (auch mit Anhängern mit einer zulässigen Gesamtmasse von nicht mehr als 750 kg).

E   (in Verbindung mit den Klassen B, C, C1, D, D1 oder G: Kraftfahrzeuge der Klassen B, C, C1, D, D1 oder G mit Anhängern mit einer zulässigen Gesamtmasse von mehr als 750 kg (ausgenommen die in Klasse B fallenden Fahrzeugkombinationen); bei der Klasse D1E dürfen die zulässige Gesamtmasse der Kombination 12.000 kg und die zulässige Gesamtmasse des Anhängers die Leermasse des Zugfahrzeuges nicht übersteigen sowie die Anhänger nicht zur Personenbeförderung verwendet werden.

F   **Voll- und Halbkettenfahrzeuge** (auch mit Anhängern).

G   **Gepanzerte Radfahrzeuge** (Sonderkraftfahrzeuge) (auch mit Anhängern mit einer zulässigen Gesamtmasse von nicht mehr als 750 kg).

P   **Kraftfahrzeuge** der Klasse C oder C1 zur Mitnahme von mehr als acht jedoch nicht mehr als 16 Personen auf besonders zugelassenen Plätzen, soweit der Fahrzeugführer im Besitz der Klasse C oder C1 ist.

L, M, und T   gemäß § 6 Abs. 1 Fahrerlaubnis - Verordnung

Bild 1   Die Klassen der Fahrerlaubnis der Bundeswehr

2. Grundsätzlich schließt eine Klasse der Fahrerlaubnis Bw eine andere nicht ein; Ausnahmen:
- Klassen A-D: Kfz der Klassen 4 und 5,
- Klasse A: Kfz der Klasse A1,
- Klasse A1: Kfz der Klasse A2,
- Klasse C: Kfz der Klasse C1,
- Klasse 4: Kfz der Klasse 5.

Weiterhin berechtigt jede Klasse der Fahrerlaubnis Bw den Inhaber zum Führen von Mofas.

Die Klassen der allgemeinen Fahrerlaubnis sind denen der Fahrerlaubnis Bw wie folgt zuzuordnen:

Allgemeine Klasse	Bw-Klasse
1	A
1 a	A1
1 b	A2
3	B
3	BC1
2	BCE

Bild 2 Vergleich Allgemeine Fahrerlaubnis/Fahrerlaubnis Bw

3. **Allgemeine Bestimmungen** für den Kfz-Betrieb-Dienst-Kfz dürfen nur zu **Dienstfahrten** benutzt, Personen nur zu **dienstlichen Zwecken** mitgenommen werden. Jede Fahrt erfordert einen **Fahrauftrag**.

4. Dem Kraftfahrer ist **verboten**,
- mit einem Dienst-Kfz zu fahren oder es auch nur in Betrieb zu setzen, wenn er unter Wirkung **alkoholischer Getränke** oder anderer **berauschender Mittel** steht,
- während des **Fahrdienstes oder in Fahrpausen** alkoholhaltige Getränke zu sich zu nehmen,
- alkoholhaltige Getränke zu sich zu nehmen, wenn er als **Kraftfahrer vom Dienst** oder zu einer **Fahrbereitschaft** eingeteilt ist.

5. **Geschwindigkeitsbegrenzungen** für Dienstkraftfahrzeuge der Bw:
- Die besonderen Geschwindigkeitsbegrenzungen (Bild 3) gelten zusätzlich zu den in der StVO vorgeschriebenen oder durch Verkehrszeichen festgesetzten Höchstgeschwindigkeiten.
- Bei Zulassungen für geringere Geschwindigkeiten gilt die im **Kfz-Brief** und **Kfz-Schein** angegebene Geschwindigkeit als Höchstgeschwindigkeit.

- **Diese Geschwindigkeitsbegrenzungen gelten auch dort**, wo höhere Geschwindigkeiten innerhalb geschlossener Ortschaften zugelassen sind oder als Mindestgeschwindigkeit außerhalb geschlossener Ortschaften vorgeschrieben sind.

Kraftfahrzeugart	Zulässige Höchstgeschwindigkeit auf:	
	Autobahnen	allen anderen Straßen
– Pkw und andere handelsübliche Kfz mit einem zulässigen Gesamtgewicht bis 2,8 t	130 km/h[1]	100 km/h
– Lkw 0,5 t tmil gl	100 km/h[1]	80 km/h
– Lkw 0,25 t gl – Krafträder mit Geländereifen	80 km/h	80 km/h
– Kettenfahrzeuge mit Ausnahme von Fahrzeugtypen, für die eine geringere Höchstgeschwindigkeit besonders befohlen ist	50 km/h	50 km/h

[1] und Straßen gemäß § 3 Abs. 3 Nr. 2 Buchstabe c StVO.

Bild 3   Besondere Geschwindigkeitsbegrenzungen für Dienst-Kfz

NOTIZEN

Anhang

Symbole der Bundesrepublik Deutschland und der Bundeswehr

Die Bundesflagge
„Schwarz-Rot-Gold":
- 1848 durch Gesetz erstmals gemeinsames deutsches Symbol, dass sich aber nicht durchsetzte;
- 1919 Reichsverfassung, Artikel 3: „Die Reichsfarben sind Schwarz-Rot-Gold";
- 1933 durch die Hakenkreuzfahne der Nationalsozialisten ersetzt;
- 1949 Grundgesetz, Artikel 22: „Die Bundesflagge ist Schwarz-Rot-Gold".

Der Bundesadler
- Ab 1921 Adlerbild in der damaligen Reichsflagge;
- als Bundesadler in der heutigen Bundesdienstflagge; Bundeswappen auf Amtsschildern der Bundesbehörden; in Sechseckform auf Dienstsiegeln.

Das Eiserne Kreuz
- 1813 zu Beginn der Freiheitskriege nach dem Vorbild des Deutschordenskreuzes (um 1200) erstmals als Orden gestiftet;
- 1870, 1914 und 1939 Erneuerung der Stiftung;
- Seit 1914 in unterschiedlicher Form nationales Erkennungszeichen für gepanzerte Fahrzeuge und Flugzeuge.

Die Truppenfahnen der Bundeswehr
- 1964 vom Bundespräsidenten den Bataillonen und entsprechenden Verbänden der Bundeswehr „als äußeres Zeichen gemeinsamer Pflichterfüllung für Volk und Staat" gestiftet.

Flaggen der NATO-Staaten

NATO — Belgien — Bulgarien — Dänemark

Bundesrepublik Deutschland — Estland — Frankreich — Griechenland

Großbritannien — Island — Italien — Kanada

Lettland — Litauen — Luxemburg — Niederlande

Norwegen — Polen — Portugal — Rumänien

Slowakei — Slowenien — Spanien — Tschechien

Türkei

Ungarn

Vereinigte Staaten von Amerika

Kommando- und Erkennungszeichen

Kommandozeichen: Stander am Dienst-Kfz von Kommandeuren und Chefs.
Erkennungszeichen kennzeichnen Befehlsstellen und Gefechtsstände.
Grundfarbe ist jeweils die Waffenfarbe (gemäß Kragenspiegel).
Zeichen für die Flotte siehe „Dienst an Bord".

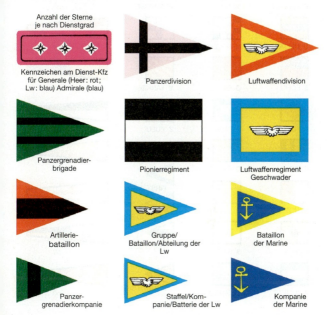

Anzahl der Sterne je nach Dienstgrad
Kennzeichen am Dienst-Kfz für Generale (Heer: rot; Lw: blau) Admirale (blau)

Panzerdivision

Luftwaffendivision

Panzergrenadierbrigade

Pionierregiment

Luftwaffenregiment Geschwader

Artilleriebataillon

Gruppe/Bataillon/Abteilung der Lw

Bataillon der Marine

Panzergrenadierkompanie

Staffel/Kompanie/Batterie der Lw

Kompanie der Marine

Signalflaggen, Stander und Wimpel

Alphabetflaggen

- **A** ALFA
- **B** BRAVO
- **C** CHARLIE
- **D** DELTA
- **E** ECHO
- **F** FOXTROTT
- **G** GOLF
- **H** HOTEL
- **I** INDIA
- **J** JULIETT
- **K** KILO
- **L** LIMA
- **M** MIKE
- **N** NOVEMBER
- **O** OSKAR
- **P** PAPA
- **Q** QUEBEC
- **R** ROMEO
- **S** SIERRA
- **T** TANGO
- **U** UNIFORM
- **V** VICTOR
- **W** WHISKEY
- **X** XRAY
- **Y** YANKEE
- **Z** ZULU

Hilfsstander/Substitute

- 1st FIRST SUB
- 2nd SECOND SUB
- 3rd THIRD SUB
- 4th FOURTH SUB

Zahlenwimpel/Numeral Pennants

p1, p2, p3, p4, p5, p6, p7, p8, p9, p0

Zahlenflaggen/NATO NATO-Sonderflaggen
NUMERAL-FLAGS

Dienstgradgruppen und -bezeichnungen, Dienstgradabzeichen und Luftbahnabzeichen der Bundeswehr

ZDv 37/10

Abkürzungen sowie weitere Abzeichen/Kennzeichen siehe Teil A.
Jäger, Schützen, Flieger, Matrosen usw. tragen keine Dienstgradabzeichen.
Portepee = Quaste, die Offiziere und Unteroffiziere vom Feldwebel an aufwärts früher an Degen, Säbel oder Dolch getragen haben. Daher: Unteroffizier mit/ohne Portepee.

Heer und Luftwaffe

Bei der Darstellung der Schulterklappen von Heer und Luftwaffe wechselt die Reihenfolge. Beim Heer wird dabei nur die Waffenfarbe der Infanterie für die Paspelierung benutzt, welche sonst der Kragenspiegelfarbe der Truppengattung entspricht.

Mannschaften

Gefreiter	Gefreiter (UA)	Gefreiter (OA)	Obergefreiter	Hauptgefreiter	Stabsgefreiter	Oberstabsgefreiter

Unteroffiziere ohne Portepee / Unteroffiziere mit Portepee

Unteroffizier — Fahnenjunker — Stabsunteroffizier — Feldwebel — Fähnrich — Oberfeldwebel — Hauptfeldwebel

Unteroffiziere mit Portepee / Leutnante

Oberfähnrich — Stabsfeldwebel — Oberstabsfeldwebel — Leutnant — Oberleutnant

Hauptleute

Stabsoffiziere

| Hauptmann Stabsarzt Stabsapotheker Stabsveterinär | Stabshauptmann | Major Oberstabsarzt Oberstabsapotheker Oberstabsveterinär | Oberstleutnant Oberfeldarzt Oberfeldapotheker Oberfeldveterinär | Oberst Oberstarzt Oberstapotheker Oberstveterinär |

Generale

| Brigadegeneral Generalarzt Generalapotheker | Generalmajor Generalstabsarzt | Generalleutnant Generaloberstabsarzt | General |

Zusatzabzeichen für Sanitätsoffiziere

Kennzeichnung ehemaliger Soldaten

| Arzt | Zahnarzt | Apotheker | Veterinär | Hauptfeldwebel d. R./a.D./a.D.d.R. | Major d. R./ a.D./ a.D.d.R. |

Identitätsabzeichen für den Zentralen Sanitätsdienst der Bundeswehr

Dieses Abzeichen wird an der rechten Kragenspitze des Diensthemdes getragen. Es ist für das Heer und Luftwaffe silberfarbig und für die Marine goldfarbig.

Heer/Luftwaffe   Marine

Marine

Zum Dienstgradabzeichen tragen Offiziere und Offiziersanwärter das entsprechende Laufbahnabzeichen, Unteroffiziere und Mannschaften das Verwendungsabzeichen.

Mannschaften

| Gefreiter | Gefreiter (UA) | Gefreiter (OA) | Obergefreiter | Hauptgefreiter | Stabsgefreiter | Oberstabsgefreiter |

Unteroffiziere ohne Portepee

Maat — Seekadett — Obermaat

Unteroffiziere mit Portepee

Bootsmann — Fähnrich zur See

Unteroffiziere mit Portepee

Oberbootsmann — Hauptbootsmann — Oberfähnrich zur See — Stabsbootsmann — Oberstabsbootsmann

Leutnante

Leutnant zur See

Leutnante

Oberleutnant zur See

Hauptleute

Kapitänleutnant Stabsarzt Stabsapotheker — Stabskapitänleutnant

Stabsoffiziere

Korvettenkapitän Oberstabsarzt Oberstabsapotheker — Fregattenkapitän Flottillenarzt Flottillenapotheker — Kapitän zur See Flottenarzt Flottenapotheker

Admirale

Flottillenadmiral Admiralarzt — Konteradmiral Admiralstabsarzt — Vizeadmiral Admiraloberstabsarzt — Admiral

Kennzeichnung ehemaliger Soldaten

Gefreiter d.R. — Kapitänleutnant d. R./ a.D./ aD d.R.

Laufbahnabzeichen

Arzt — Zahnarzt — Apotheker — Offiziere und Offiziersanwärter des Truppendienstes/ Militärfachlichen Dienstes — Militärmusik — Militärgeografischer Dienst

Kragenspiegel Heer und Luftwaffe

ZDv 37/10

Generale

Luftwaffe

Offiziere im Generalstabsdienst

Infanterie

Panzertruppe
Panzerjägertruppe

Panzeraufklärungstruppe
Fernspähtruppe/FNTr

Artillerietruppe
Topografietruppe

Heeresflugabwehrtruppe

Pioniertruppe

Fernmeldetruppe

ABC-Abwehrtruppe

Feldjägertruppe

Heeresfliegertruppe

Sanitätstruppe

Technische Truppen

Militärmusik

Verbandsabzeichen des Heeres

ZDv 37/10

BMVg (Umrandung gold-schwarz), Einsatzführungskommando mit zusätzlicher roter Umrandung

Streitkräftebasis: Kommandos, Ämter, Zentren und nachgeordnete Truppenteile und Dienststellen. Die WBK werden durch zusätzliche römische Ziffern gekennzeichnet. Streitkräfteamt mit roter Umrandung

Heeresführungskommando

Heeresamt

Heerestruppenkommando. Die unterstellten Brigaden werden durch Umrandung in der jeweiligen Truppengattungsfarbe gekennzeichnet.

Division Luftbewegliche Operationen

DtAnteil I. D/NL Korps

II. DE/US-Korps

Division Spezielle Operationen

1. Panzerdivision

7. Panzerdivision

10. Panzerdivision

13. Panzergrenadierdivision | 14. Panzergrenadierdivision | Luftmechanisierte Brigade 1 | Heeresfliegerbrigade 3

Panzerbrigade 14 | Gebirgsjägerbrigade 23 | DE/FR-Brigade | Panzerbrigade 12

Panzerbrigade 18 | Panzergrenadierbrigade 41 | Offizierschule / Unteroffizierschule des Heeres

In den Lehrtruppenteilen der Truppenschulen wird das Verbandsabzeichen der Schule mit einem „L", an Stelle des „S" getragen.

Logistikzentrum des Heeres | Stammdienststelle des Heeres | Sanitätsamt der Bundeswehr

Panzerbrigade 8 (nicht aktiv)   Panzergrenadierbrigade 38 (nicht aktiv)   Panzergrenadierbrigade 40 (nicht aktiv)

Stammdienststellen des Heeres   Schulen des Heeres

Ausländische, bi- und multinationale Verbands- und Dienststellenabzeichen

(Beispiele)

SHAPE   AFCENT   EUROKORPS   CENTAG

Ace Mobile Force   Multinational Corps Northeast   Allied Command Europe Rapid Reaction Corps   V. (US) Korps

Barettabzeichen

ZDv 37/10

Die Bildunterschrift gibt die Truppengattung und (in Klammern) die TSK an, die Unterfarbe die Farbe des Baretts.

Panzertruppe (H)

Panzeraufklärungstruppe
Feldnachrichtentruppe (H)

Panzergrenadiertruppe (H)

Jägertruppe (H)

Fallschirmjägertruppe (H)

Kommando
Spezialkräfte (H)

Fernspähtruppe (H)

Artillerietruppe (H)

Topografietruppe
(H)

Heeresflugabwehr-
truppe (H)

Fernmeldetruppe (H)

Pioniertruppe (H)

Heeresfliegertruppe (H)

ABC-Abwehrtruppe (H)

Fernmeldetruppe
Operative
Information (H)

Instandsetzungs
truppe (H)

Nachschubtruppe (H)

Sanitätstruppe (H)

Feldjägertruppe
(H)

Militärmusikdienst
(H Barettfarbe entsprechend Unterstellung)

Wachbattaillon BMVg,
Anteil Heer (H)

Deutsch-französische
Brigade (H)

Marinesicherungstruppe
(M)

Tätigkeitsabzeichen

ZDv 37/10

ABC-Abw-/Se-Personal

Militärluftfahrzeugführer

Fliegerarzt

ständiger Luftfahrzeugbesatzungs-
angehöriger

Flugsicherungskontrollpersonal

Führungsdienstpersonal

Kompaniefeldwebel/Schiffswachtmeister
und Vorgesetzte in vergleichbarer
Dienststellung

Militärgeografisches Personal

Militärmusikpersonal

Personal Fernmeldetruppe
Operative Information

Technisches Personal (H/M) Versorgungspersonal (L)

Sanitätspersonal

Personal der Sicherungstruppe

Sicherungspersonal (alt: H/M)
dürfen Inhaber bis Dienstzeitende
weiter tragen

Raketen- und Flugkörperpersonal

Personal im allgemeinen Heeresdienst (H)

Feldjäger (H)

Kraftfahrpersonal (H/M)

Rohrwaffenpersonal (H)

Taucher (H) Schiffstaucher AHG (M)

Taucherarzt

Versorgungs-/Nachschubpersonal (H/M)

Personal im Stabsdienst (L)

Kampfbeobachter (L/M)
(Waffensystemoffizier)

Radarleitpersonal (L)

Personal im allgemeinen Marinedienst (M)

Kampfschwimmer (M)

Minentaucher (M)

Schwimmtaucher (M)

Überwasserwaffenpersonal

Unterwasserwaffenpersonal

Trageweise: über der rechten Brusttasche

Amtsbezeichnungen – Schulterstücke/Ärmelstreifen – Effekten im Bundesgrenzschutz

Ärmelabzeichen Polizeivollzugsdienst im BGS (ohne BGS Amt See)

Inspekteur des BGS

Präsident eines BGSP

Abt.-Präsident im BGS

Polizeidirektor im BGS

Polizeirat im BGS

Erster Polizeihauptkommissar im BGS

Polizeihauptkommissar im BGS

Polizeikommissar im BGS

Polizeihauptmeister im BGS

Polizeiobermeister im BGS

Grenzpolizeiliche Unterstützungskraft im BGS

Leiter Ärztl. Dienst BGSP (VB)

Arzt im BGS (VB)

Medizinaldirektor im BGS

Medizinaloberrat im BGS

Medizinalrat im BGS

Direktor im BGS Direktor der Grenzschutzdirektion

Leitender Polizeidirektor im BGS

Polizeioberrat im BGS

Polizeiratanwärter im BGS

Die Schulterstücke für PVB des gPVD werden mit Beginn der Aufstiegsausbildung für den hPVD zusätzlich mit einer goldenen Litze versehen.

Polizeioberkommissar im BGS

Polizeikommissaranwärter im BGS

Die Schulterstücke für PVB des mPVD werden mit Beginn der Aufstiegsausbildung für den gPVD zusätzlich mit einer silbernen Litze versehen.

Polizeimeister im BGS

Polizeimeisteranwärter im BGS

Polizeivollzugsdienst BGS Amt See

Polizeidirektor im BGS Amt See

Polizeioberrat im BGS Amt See

Polizeirat im BGS Amt See

Medizinaldirektor Sanitätsdienst beim BGS Amt See

Medizinaloberrat Sanitätsdienst beim BGS Amt See

Medizinalrat Sanitätsdienst beim BGS Amt See

Arzt im BGS (VB) Sanitätsdienst beim BGS Amt See

Leiter Musikkorps des BGS

Angestellter Musikkorps des BGS

Erster Polizeihauptkommissar im BGS Amt See

Polizeihauptkommissar im BGS Amt See

Polizeikommissar im BGS Amt See

Polizeihauptmeister im BGS Amt See

Polizeiobermeister im BGS Amt See

Polizeiratanwärter im BGS Amt See

Die Schulterstücke für PVB des gPVD werden mit Beginn der Aufstiegsausbildung für den hPVD mit einer zusätzlichen kürzeren goldenen Litze versehen.

Polizeioberkommissar im BGS Amt See

Polizeioberkommissaranwärter im BGS Amt See

Die Schulterstücke für PVB des mPVD werden mit Beginn der Aufstiegsausbildung für den gPVD mit einer zusätzlichen kürzeren goldenen Litze versehen.

Polizeimeister im BGS Amt See

Dienstgradabzeichen der NATO-Staaten

Belgien: Heer

 General

 Stabsoffizier

 übrige Offiziere

 Portepee-Unteroffizier

 Unteroffizier/Mannschaften

 Lieutenant Général

 Lieutenant Général

 Général Major

 Général de Brigade

 Colonel

 Lieutenant Colonel

 Major

 Capitaine Commandant

 Capitaine

 Lieutenant

 Sous-Lieutenant

 Adjudant Chef

 1er Adjudant

 Adjudant

 1er Sergent Major

 1er Sergent

 Sergent

 Caporal Chef

 Caporal

Belgien: Luftwaffe

 Oberst

 Oberstleutnant und Major

 Hauptleute und Leutnant

 Portepee-Unteroffizier

 Unteroffizier / Mannschaft

General

General

Lieutenant Général

Général Major

Général de Brigade

Colonel

Lieutenant Colonel

Major

Capitaine Commandant

Capitaine

Lieutenant

Sous-Lieutenant

Adjudant Chef

Adjudant

1er Sergent Major

1er Sergent

Sergent

Caporal Chef

Caporal

Belgien: Marine

Admiral

Kapitän z.S./ Fregattenkapitän

Korvettenkapitän

Jüngere Offiziere

Portepee-Unteroffizier

Unteroffizier/ Mannschaft

Vice Amiral

Amiral de Division

Commodore

Capitaine de Vaisseau

Capitaine de Frégate

Capitaine de Corvette

Lieutenant de Vaisseau de 1ère Classe

Lieutenant de Vaisseau

Enseigne de Vaisseau

Enseigne de Vaisseau de 2ème Classe

Maître Principal

1er Maître Chef

1er Maître

Maître

Second Maître

Quartier Maître

Quartier Maître

1er Matelot

Bulgarien: Heer

 General

 Lieutenant General

 Major General

 Brigadier General

 Colonel

 Lieutenant Colonel

 Major

 Capitain

 Senior Lieutenant

 Lieutenant

 Junior Lieutenant

 Sergeant Major

 Senior Sergeant

 Sergeant

 Junior Sergeant

 Corporal

 Private

Bulgarien: Luftwaffe

General I | Lieutenant General | Major General | Brigadier General | Colonel

Lieutenant Colonel combat dress | Major | Capitain | Senior Lieutenant | Lieutenant

Junior Lieutenant flight suit | Sergeant Major | Senior Sergeant | Sergeant | Junior Sergeant

Corporal | Private

Bulgarien: Marine

 Admiral

 Vice Admiral

 Rear Admiral

 Commodore

 Captain

 Commander

 Lieutenant Commander

 Lieutenant Commander

 Lieutenant

 Lieutenant Junior Grade

 Ensign

 Master Chief Petty Officer

 Chief Petty Officer

 Petty Officer 1st Class

 Seaman Recruit

 Seaman

 Petty Officer 3rd Class

Dänemark: Heer

General

Alle Dienstgrade, außer Generale

| General | General-løjtnant | General-major | Brigade-general | Oberst | Oberst-løjtnant | Major |

| Kaptajn | Premier-løjtnant | Løjtnant | Second-løjtnant | Seniorsergent af 1. Grad | Seniorsergent af 2. Grad |

| Seniorsergent af 2. Grad | Over-sergent | Sergent | Sergent (wehrpflichtig) | Korporal |

| Korporal (wehrpflichtig) | Over-konstabel af 1. Grad | Over-konstabel af 2. Grad | Konstabel |

Dänemark: Luftwaffe

General — Alle übrigen Offiziere — Unteroffizier und Mannschaft

General — Generalløjtnant — Generalmajor — Oberst — Oberstløjtnant — Major — Kaptajn

Kaptajn — Premierløjtnant — Løjtnant — Secondløjtnant — Seniorsergent af 1. Grad — Seniorsergent af 2. Grad

Oversergent — Sergent — Sergent (wehrpflichtig) — Korporal — Korporal (wehrpflichtig)

Overkonstabel af 1. Grad — Overkonstabel af 2. Grad — Konstabel

Dänemark: Marine

 Admiral
 Stabsoffizier Kapitänleutnant und Leutnant z.S.

 Portepee-Unteroffizier
 Unteroffizier
 Mannschaft

 Admiral
 Viceadmiral
 Kontreadmiral
 Kommandør
 Kommandørkaptajn
 Orlogskaptajn
 Kaptajnløjtnant

 Premierløjtnant
 Løjtnant
 Sekondløjtnant
 Seniorsergent 1. Grad
 Seniorsergent 2. Grad
 Oversergent

 Sergent
 Sergent (wehrpflichtig)
 Korporal
 Korporal (wehrpflichtig)
 Overkonstabel 1. Grad
 Overkonstabel 2. Grad

 Konstabel
 Konstabeleleve
 VPL Befaren

Estland: Marine

 Admiral
 Vice Admiral
 Konteradmiral
 Commodore
 Captain

 Commander
 Lieutenant Commander
 Lieutenant Senior Grade
 Lieutenant
 Lieutenant Junior Grade

 Ensign
 Superior Sergeant
 Staff Sergeant
 Sergeant Major
 First Sergeant

 Master Sergeant
 Senior Mate
 Mate
 Junior Mate
 Senior Sailor

 Senior Mate
 Mate
 Junior Mate
 Senior Sailor
 Sailor

Frankreich: Heer

| General | General-leutnant | General-major | Brigade-general | Oberst | Oberst-leutnant |

Général d'Armée | Général de Corps d'Armée | Général de Division | Général de Brigade | Colonel | Lieutenant Colonel

Chef de Bataillon | Hauptmann | Oberleutnant | Leutnant, Offizieranwärter, Portepee-Unteroffizier

Chef de Bataillon, Chef d'Escadron | Capitaine | Lieutenant | Sous-Lieutenant | Aspirant | Major | Adjudant Chef

Portepee-Unteroffizier | Unteroffizier | Mannschaft

Adjudant

Sergent Chef, Maréchal de Logis Chef

Sergent, Maréchal de Logis A.D.L.

Sergent, Maréchal de Logis P.D.L.

Caporal, Chef Brigadier Chef

Brigadier, Caporal

Soldat 1ère Classe

Frankreich: Luftwaffe

| General | General-leutnant | General-major | Brigade-general | Oberst |

| Général d'Armée Aérienne | Général de Corps Aérien | Général de Division Aérienne | Général de Brigade Aérienne | Colonel |

| Oberst-leutnant | Major | Haupt-mann | Ober-leutnant | Leutnant, Oberfähnrich |

| Lieutenant Colonel | Commandant | Capitaine | Lieutenant | Sous-Lieutenant | Aspirant |

Portepee-Unteroffizier / Unteroffizier

| Major | Adjudant Chef | Adjudant | Sergent Chef | Sergent A.D.L. | Sergent P.D.L. |

Frankreich: Luftwaffe (Fortsetzung)

| Caporal Chef | Caporal Chef | Caporal | Caporal | Soldat 1ére Classe | Soldat 1ére Classe |

Frankreich: Marine

Admiral | Vize-admiral | Konter-admiral | Flottillen-admiral | Kapitän zur See

Amiral | Vice Amiral d'Escadre | Vice Amiral | Contre Amiral | Capitaine de Vaisseau

Fregatten-kapitän | Korvetten-kapitän | Kapitän-leutnant | Oberleutnant zur See | Leutnant zur See

Capitaine de Frégate (Médecine) | Capitaine de Corvette | Lieutenant de Vaisseau | Enseigne de Vaisseau de 1ére Classe | Enseigne de Vaisseau de 2ème Classe

Oberfähnrich zur See | Portepee-Unteroffizier | Unteroffizier

Aspirant | Major | Maître Principal | Premier Maître | Maître | Second Maître A.D.L. | Second Maître P.D.L.

Frankreich: Marine (Fortsetzung)

 Mannschaft

 Quartier Maître de 1ére Classe

 Quartier Maître de 2ème Classe

 Maître Brevet

Griechenland: Heer

General

Stabsoffizier

Hauptleute, Leutnant, Unteroffizier

Fallschirmjäger

General

General

Lieutenant General

Major General

Brigade General

Oberst

Oberst Lieutenant

Major

Captain

First Lieutenant

Lieutenant

Sergeant Major Army

Sergeant Major

Staff Sergeant

Sergeant

Corporal

2nd Corporal

Griechenland: Luftwaffe

General

Stabsoffizier

Hauptleute, Leutnant

Stabsfeldwebel

General

Lieutenant General

Major General

Brigade General

Oberst

Oberst Lieutenant

Major

Captain

First Lieutenant

Lieutenant

Sergeant Major Air Force

Sergeant Major

Staff Sergeant

Sergeant

Corporal

2nd Corporal

Griechenland: Marine

 Stabsoffizier

 Kapitänleutnant, Leutnant z.S. Stabsbootsmann
Admiral
 Hauptbootsmann bis Maat
 Mannschaft
 Kapitän z.S. abwärts

Admiral

Vice Admiral

Vice Admiral

Rear Admiral

Commodore

Captain

Commander (Medical)

Commander JG

Lieutenant Commander

Lieutenant SG

Lieutenant

Sergeant Major

Staff Sergeant

Sergeant

Corporal

2nd Corporal

Großbritannien: Heer

 Feldmarschall
 General
 Brigadegeneral, Obrist
 Oberstleutnant, Major
 Oberst (abwärts)

 Feldmarschall, General
 Field Marshal
 General
 Lieutenant General
 Major General
 Brigadegeneral, Obrist
 Brigadier
 Colonel

 Lieutenant Colonel
 Major
 Captain
 Lieutenant
 Second Lieutenant
 Conductor
 Warrant Officer Class I

 Quartermaster Sergeant
 Warrant Officer Class II
 Staff Sergeant
 Sergeant
 Corporal
 Lance Corporal

Großbritannien: Luftwaffe

 General
 Oberst
 Offiziere (übrige)
 Oberstabsfeldwebel
 Unteroffizier, Mannschaft

 Marshal
 Air Chief Marshal
 Air Marshal
 Air Vice Marshal
 Air Commodore
 Group Captain
 Wing Commander

 Squadron Leader
 Flight Lieutenant
 Flying Officer
 Pilot Officer
 Warrant Officer
 Master Aircrew

 Flight Sergeant
 Flight Sergeant Aircrew
 Chief Technician
 Sergeant
 Sergeant Aircrew
 Corporal

 Junior Technician
 Senior Aircraftsman
 Leading Aircraftsman

Großbritannien: Marine

 Admiral
 Commodore, Kapitän
 Offiziere (übrige)
 Oberstabsbootsmann / Hauptbootsmann
 Bootsmann
Maat, Mannschaft

 Admiral of the Fleet
 Admiral
 Vice Admiral
 Vice Admiral
 Rear Admiral
 Commodore
 Captain

 Commander
 Lieutenant Commander
Lieutenant
 Sub-Lieutenant
 Midshipman
 Midshipman
 Warrant Officer

 Chief Petty Officer
 Chief Petty Officer
 Petty Officer
 Petty Officer
 Leading Rate
 Leading Rate

Großbritannien: Marineinfanterie

 General

 Brigadegeneral, Obrist

 Oberstleutnant, Major

 Offiziere (übrige)

 Stabs-, Hauptfeldwebel

 Unteroffizier, Mannschaft

 General

 General

 Lieutenant General

 Major General

 Brigadegeneral, Obrist

 Brigadier

 Colonel

 Lieutenant Colonel

 Major

 Captain

 Lieutenant

 Second Lieutenant

 Warrant Officer Class I / Regimental Sergeant Major

 Warrant Officer Class II

 Staff Sergeant

 Sergeant

 Corporal

 Lance Corporal

Italien: Heer

 General
 Brigadegeneral
 Stabsoffizier
 Hauptleute, Leutnant
 Stabsfeldwebel
Feldwebel

 Generale di Corpo d'Armata
 Generale di Corpo d'Armata
 Generale di Divisione
 Generale di Divisione
 Generale di Brigata
 Generale di Brigata
 Colonnello

 Colonnello Comandante di Corpo
 Colonnello
 Tenente Colonnello
 Tenente Colonnello
 Tenente Colonnello
 Maggiore
 Primo Capitano

 Capitano
 Tenente
 Sottotenente
 Aiutante di Battaglia
 Maresciallo Aiutante
 Maresciallo Maggiore
 Maresciallo Capo
Maresciallo Ordinario

Italien: Heer (Fortsetzung)

Sergente Maggiore · Sergente Maggiore · Sergente · Sergente

Caporale Maggiore · Caporale Maggiore · Caporale · Caporale

Italien: Luftwaffe

General   General   Stabsoffizier   Hauptleute, Leutnant   Aiutante di Battaglia   Portepee-Unteroffizier   Unteroffizier

Stabsoffizier   Hauptleute, Leutnant   Unteroffizier, Mannschaften

Generale di Squadra Aerea   Generale di Squadra Aerea   Generale di Divisione Aerea   Generale di Divisione Aerea   Generale di Brigata Aerea   Colonnello   Colonnello

Tenente Colonnello   Maggiore   Capitano   Tenente   Sottotenente   Maresciallo di 1ª Classe Scelto   Maresciallo di 1ª Classe

Maresciallo di 2ª Classe   Maresciallo di 3ª Classe   Sergente Maggiore   Sergente   1ª Aviere   Aviere Scelto

Italien: Marine

 Admiral
Stabsoffizier
Kapitänleutnant, Leutnant z.S.
 Bootsmann
 Maat
Mannschaft

Ammiraglio di Squadra

Ammiraglio di Squadra

Ammiraglio di Divisione

Contrammiraglio

Capitano di Vascello

Capitano di Fregata

Capitano di Fregata

Capitano di Corvetta

Tenente di Vascello

Sottotenente di Vascello

Guardiamarina

Aspirante

Capo di 1ª Classe Scelto

Capo di 1ª Classe

Capo di 2ª Classe

Capo di 3ª Classe

Secondo Capo

Sergente

Sottocapo

Commune di 1ª Classe

Kanada: Streitkräfte

 General

 Stabsoffizier

 Hauptleute, Leutnant

 Offizieranwärter

 alle Dienstgrade

 General

 General, Admiral

 General, Vice Admiral, Lieutenant General

 Major General, Rear Admiral

 Brigadier General, Commodore

 Colonel, Captain

 Lieutenant Colonel, Commander

 Major, Lieutenant Commander

 Captain, Lieutenant

 Lieutenant, Sub-Lieutenant

 Second Lieutenant, Acting Sub-Lieutenant

 Officer Cadet

 Command Warrant Officer, Command Chief Petty Officer 1

 Base Warrant Officer, Base Chief Petty Officer 1

 Chief Warrant Officer, Chief Petty Officer 1st Class

 Master Warrant Officer, Chief Petty Officer 2nd Class

 Warrant Officer, Petty Officer 1st Class

 Sergeant, Petty Officer 2nd Class

 Master Corporal, Master Seaman

 Corporal, Leading Seaman

 Trained Private, Able Seaman

Lettland: Heer

General

Colonel

Lieutenant Colonel

Major

Captain

1st Lieutenant

2nd Lieutenant

Warrant Officer

Master Sergeant

Sergeant

Corporal

Private 1st Class

Private

Lettland: Marine

Admiral

Captain

Commander Senior Grade

Commander Junior Grade

Lieutenant Commander

Lieutenant

Lieutenant Junior Grade

Warrant Officer

Chief Petty Officer

Petty Officer 1st Class

Petty Officer 3rd Class

Seaman 1st Class

Seaman

Litauen: Heer

 Lieutenant General

 Major General

 Brigadier General

 Colonel

 Lieutenant Colonel

 Major

 Captain

 1st Lieutenant

 2nd Lieutenant

 Cadet

 Senior Warrant Officer

 Warrant Officer

 Junior Warrant Officer

 Master Sergeant

 Senior Sergeant

 Sergeant

 Junior Sergeant

 Corporal

 Private

Litauen: Luftwaffe

 Lieutenant General

 Major General

 Brigadier General

 Colonel

 Lieutenant Colonel

 Major

 Captain

 1st Lieutenant

 2nd Lieutenant

 Senior Warrant Officer

 Warrant Officer / Junior Warrant Officer

 Master Sergeant

 Senior Sergeant

 Sergeant

 Junior Sergeant

 Corporal

 Private

Litauen: Marine

Vice Admiral

Rear Admiral

Commodore

Captain

Commander

Lieutenant Commander

Lieutenant

Lieutenant Junior Grade

Ensign

Senior Warrant Officer

Warrant Officer

Junior Warrant Officer

Chief Petty Officer

Petty Officer 1st Class

Petty Officer 2nd Class

Petty Officer 3rd Class

Seaman 1st Class

Seaman

Luxemburg: Heer

 Kommandeur

 Offiziere (übrige)

 Unteroffizier

 Mannschaft

 Commandant de l'Armée

 Oberst

 Commandant de l'Armée, Oberst

 Lieutenant Colonel

 Major

 Capitaine

 Premier Lieutenant

 Lieutenant

 Aspirant

 Adjudant de Corps, Adjudant Major

 Adjudant Major

 Adjudant Chef

 Adjudant

 Sergent Chef

 Premier Sergent

 Sergent

 Caporal Chef

 Caporal

 Soldat de Premiere Classe

Niederlande: Heer

 General

 Offiziere (übrige)

 Portepee-Unteroffizier

 Unteroffizier, Mannschaft

 Generaal

 Luitenant Generaal

 Generaal Majoor

 Brigade Generaal

 Kolonel

 Luitenant Kolonel

Majoor

Kapitein, Ritmeester

 Eerste Luitenant

 Tweede Luitenant

 Kappelmeester

 Technisch Opzichter

 Adjudant Onderofficier, Vaandrig, Kornet

 Komp. Sergeant Majoor

 Komp. Sergeant Majoor

 Sergeant Majoor, Opperwachtmeester

 Sergeant 1e Klasse, Wachtmeester 1e Klasse

 Sergeant, Wachtmeester

 Korporaal 1e Klasse

 Korporaal

 Soldaat 1e Klasse

Niederlande: Luftwaffe

 General
 Oberst
 Oberstleutnant, Major
 Offiziere (übrige), Offizieranwärter
 Unteroffizier, Mannschaft

 Generaal
 Generaal
 Luitenant Generaal
 Generaal Majoor
 Commodore
 Kolonel
 Luitenant Kolonel

 Majoor
 Kapitein
 Eerste Luitenant
 Tweede Luitenant
 Tweede Luitenant
 Adjudant Onderofficier, Vaandrig
 Adjudant Onderofficier, Vaandrig

 Sergeant Majoor
 Sergeant 1e Klasse
 Sergeant
 Korporaal 1e Klasse
 Korporaal
 Soldaat 1e Klasse

Niederlande: Marine

 Admiral
 Kapitän / Offiziere (übrige)
 Bootsmann, Maat / Hauptgefreiter
Gefreiter
 Mannschaft (übrige)

Admiraal

Admiraal

Luitenant Admiraal

Vice Admiraal

Rear Admiral (U)

Rear Admiral (L)

Kapitein ter Zee

Kapitein Luitenant ter Zee

Luitenant ter Zee 1e Klasse

Luitenant ter Zee 2e Klasse

Luitenant ter Zee 2e Klasse

Luitenant ter Zee 2e Klasse

Luitenant ter Zee 3e Klasse

Adjudant Onderofficier

Sergeant Majoor

Sergeant

Korporaal

Matroos 1e Klasse

Matroos 2e Klasse

Niederlande: Marineinfanterie

 General
 Stabsoffizier / Offiziere (übrige)
 Stabsfeldwebel / Unteroffiziere (übrige)
 Mannschaft

 alle Dienstgrade

 Generaal
 Generaal
 Luitenant Generaal
 Generaal Majoor
 Brigade Generaal
 Kolonel
 Luitenant Kolonel

 Luitenant Kolonel
 Majoor
 Kapitein
 Eerste Luitenant
 Eerste Luitenant
 Tweede Luitenant
 Adjudant Onderofficier

 Sergeant Majoor
 Sergeant
 Korporaal
 Marinier 1e Klasse
 Marinier 2e Klasse

Norwegen: Heer

 General, Obrist

 Offiziere (übrige)

 Unteroffizier, Mannschaft

 alle Dienstgrade

 alle Dienstgrade

 General

 Generalløytnant

 Generalmajor

 Oberst I

 Oberst II

 Oberstløytnant

 Major

 Kaptein

 Løytnant

 Fenrik

 Sersjant

 Korporal

 Visekorporal

 Menig

Norwegen: Luftwaffe

General — Oberst — Offiziere (übrige) — Portepee-Unteroffizier

General — Offiziere (übrige) — Portepee-Unteroffizier — Unteroffizier, Mannschaft

General — Generalløytnant — Generalmajor — Oberst I — Oberst II — Oberstløytnant — Major

Kaptein — Løytnant — Fenrik — Sersjant — Sersjant — Korporal — Vingsoldat

Norwegen: Marine

 Admiral
 Stabsoffizier
 Offizier, Offizieranwärter
 Unteroffizier / Gefreiter
 Matrose

 Admiral
 Vise-admiral
 Kontre-admiral
 Kommandør
 Kommandør Kaptein
 Orlogskaptein
 Kapteinløytnant

 Løytnant
 Fenrik
 Ustskrevet
 Kadett II Klasse
 Flaggkvartermester, Kvartermester
 Kvartermester I Klasse
 Kvartermester

 Kvartermester
 Ledende Menig
 Menig 1 Saerklasse
 Menig

Polen: Heer

 Marshal of Poland
 General
 Lieutenant General
 Major General
 Colonel

 Lieutenant-Colonel
 Major
 Captain
 Lieutenant
 2nd Lieutenant

 Chief Warrant Officer Class I
 Chief Warrant Officer Class II
 Chief Warrant Officer Class III
 Warrant Officer Class I
 Warrant Officer Class II

 Junior Warrant Officer
 Staff Sergeant Class I
 Staff Sergeant Class II
 Sergeant Class I
 Sergeant Class II

 Chief Master Corporal
 Master Corporal
 Chief Corporal
 Corporal
 Lance-Corporal
 Private

Polen: Luftwaffe

 General

 Lieutenant General

 Major General

 Colonel

 Lieutenant-Colonel

 Major

 Captain

 Lieutenant

 2nd Lieutenant

 Chief Warrant Officer Class I

 Chief Warrant Officer Class II

 Chief Warrant Officer Class III

 Warrant Officer Class I

 Warrant Officer Class II

 Junior Warrant Officer

 Staff Sergeant Class I

 Staff Sergeant Class II

 Sergeant Class I

 Sergeant Class II

 Chief Master Corporal

 Master Corporal

 Chief Corporal

 Corporal

 Lance-Corporal

 Private

Polen: Marine

 Admiral
 Vice Admiral
 Rear Admiral
 Captain
 Commander

 Lieutenant Commander
 Lieutenant
 Sub-Lieutenant
 Acting Sub-Lieutenant
 Chief Warrant Officer Class I

 Chief Warrant Officer Class II
 Chief Warrant Officer Class III
 Warrant Officer Class I
 Warrant Officer Class II
 Junior Warrant Officer

 Chief Petty Officer Class I
 Chief Petty Officer Class II
 Petty Officer Class I
 Petty Officer Class II
 Chief Master Seaman

 Master Seaman
 Chief Leading Seaman
 Leading Seaman
 Able Seaman
 Ordinary Seaman

Portugal: Heer

 General

 Obrist

 Offiziere (übrige), Portepee-Unteroffizier

 Oberstleutnant, Major

 Unteroffizier

 alle Dienstgrade

 General

 General

 General

 Brigadeiro

 Coronel

 Tenente Coronel

 Major

 Capitao

 Tenente

 Alferes

 Sargento Mor

 Sargento Chefe

 Sargento Adjudante

 Primeiro Sargento

 Segundo Sargento

 Furriel

 Segundo Furriel

 Primeiro Cabo

 Segundo Cabo

Portugal: Luftwaffe

 General
 Stabsoffizier
 Hauptleute, Oberleutnant
Leutnant
 Unteroffizier
 Mannschaft

 Marechal
 General
 General
 Brigadeiro
 Coronel
 Tentente Coronel
 Major

 Capitao
 Tenente
 Alferes
 Sargento Mor
 Sargento Chefe
 Sargento Adjudante

 Primeiro Sargento
 Segundo Sargento
 Furriel
 Segundo Furriel
 Primeiro Cabo
 Segundo Cabo

Portugal: Marine

 Admiral

Kapitän, Fregattenkapitän

Korvettenkapitän

Offiziere (übrige)

Bootsmann, Maat

Mannschaft

Fuzileiro Especial

 Almirante de Armada

 Almirante

 Vice Almirante

 Contra Almirante

 Capitao de Mar e Guerra

 Capitao de Fragata (Flottillenarzt)

 Capitao Tenente

 Primeiro Tenente

 Segundo Tenente

 Guarda Marinha

 Sargento Mor

 Sargento Chefe

 Sargento Adjudante

 Primeiro Sargento

 Segundo Sargento

 Sub-Sargento

 Cabo

 Marinheiro

Rumänien: Heer

 Army General

 Army Corps General

 Division General

 Brigadier General

 Colonel

 Lieutenant Colonel

 Major

 Captain

 Lieutenant

 Second Lieutenant

 Chief Warrant Officer

 Warrant Officer 1st Class

 Warrant Officer 2th Class

 Warrant Officer 3th Class

 Warrant Officer 4th Class

 Command Sergeant Major

 Sergeant Major

 Master Sergeant

 Sergeant 1st Class

 Staff Sergeant

 Career Sergeant

 Sergeant

 Corporal

 Private First Class

Rumänien: Luftwaffe

 Army General

 Army Corps General

 Division General

 Brigadier General

 Colonel

 Lieutenant Colonel

 Major

 Captain

 Lieutenant

 Second Lieutenant

 Chief Warrant Officer

 Warrant Officer 1st Class

 Warrant Officer 2nd Class

 Warrant Officer 3th Class

 Warrant Officer 4th Class

 Command Sergeant Major

 Sergeant Major

 Master Sergeant

 Sergeant First Class

 Staff Sergeant

 Career Sergeant

 Sergeant

 Corporal

 Private First Class

Rumänien: Marine

| Admiral | Vice Admiral | Rear Admiral | Commodore | Captain |

| Commander | Lieutenant Commander | Lieutenant | Lieutenant Junior Grade | Ensign |

| Chief Warrant Officer | Warrant Officer 1st class | Warrant Officer 2th class | Warrant Officer 3th class | Warrant Officer 4th class |

| Petty Officer 3rd class | Seaman 1st class | Seaman |

Slowakei: Heer

General	Lieutenant General	Major General	Brigadier General	Colonel
Lieutenant Colonel	Major	Captain	1st Lieutenant	Lieutenant
Master Warrant Officer	Chief Warrant Officer	Warrant Officer	Staff Sergeant	First Sergeant
Master Sergeant	Sergeant First Class	Sergeant	Corporal	Private First Class
Private	Sergeant	Corporal	Private First Class	Private

Slowakei: Luftwaffe

 General

 Lieutenant General

 Major General

 Brigadier General

 Colonel

 Lieutenant Colonel

 Major

 Captain

 1st Lieutenant

 Lieutenant

 Master Warrant Officer

 Chief Warrant Officer

 Warrant Officer

 Staff Sergeant

 First Sergeant

 Master Sergeant

 Sergeant First Class

 Sergeant

 Corporal

 Private First Class

 Private

 Sergeant

 Corporal

 Private First Class

 Private

Slowenien: Heer

General | Lieutenant General | Major General | Brigadier General | Colonel

Lieutenant Colonel | Major | Captain | 1st Lieutenant | 2nd Lieutenant

Chief Warrant Officer | Staff Warrant Officer | Warrant Officer 1 | Warrant Officer 2 | Staff Senior Sergeant

Senior Sergeant | Staff Sergeant | Sergeant | First Corporal | Corporal

Lance Corporal

Slowenien: Luftwaffe

Colonel General

Major General

Brigadier General

Colonel

Lieutenant Colonel

Major

Captain

1st Lieutenant

2nd Lieutenant

First Sergeant

Senior Sergeant

Staff Sergeant

Sergeant

Corporal

Lance Corporal

Slowenien: Marine

 Admiral

 Vice Admiral

 Rear Admiral

 Captain

 Commander

 Commander JG

 Lieutenant Commander

 Lieutenant SG

 Lieutenant

 Sub-Lieutenant

Spanien: Heer

 General

 Stabsoffizier

 Hauptleute, Leutnant

 Portepee-Unteroffizier

 Mannschaft

 Capitan General

 General

 Teniente General

 General de Division

 General de Brigada

 Coronel

 Teniente Coronel

 Commandante

 Capitan

 Teniente

 Alferez

 Subteniente

 Brigada

 Sargento Primero

 Sargento

 Cabo Primero

 Cabo

 Soldado Primero

Spanien: Luftwaffe

 General
 Stabsoffizier
 Offiziere (übrige)
 Unteroffizier
 Mannschaft

 Capitan General
 Capitan General
 Teniente General
 General de Division
 General de Brigada
 Coronel
 Teniente Coronel

 Commandante
 Commandante
 Capitan
 Teniente
 Alferez
 Subteniente
 Brigada

 Sargento Primero
 Sargento Primero
 Sargento
 Cabo Primero
 Cabo
 Soldado Primero
 Soldado Primero

Spanien: Marine

Admiral | Kapitän | Offiziere (übrige) | Bootsmann, Maat | Matrose

Capitan General | Capitan General | Almirante | Vice Almirante | Contra Almirante | Capitan de Navio | Capitan de Fragata

Capitan de Corbeta | Capitan | Capitan | Capitan | Alferez de Navio | Alferez de Fragata | Sub-teniente

Brigada | Sargento Primero | Sargento | Cabo Primero | Cabo Segundo Especialista | Cabo Segundo | Marinero Distinguido Especialista

Spanien: Marineinfanterie

 General
 Stabsoffizier / Offiziere (übrige)
 Unteroffizier / Mannschaft
 ausgebildete Dienstgrade
 Matrose

 General de Division

 General de Division

 General de Brigada

 Coronel

 Teniente Coronel

 Teniente Coronel

 Commandante

 Capitan

 Teniente

 Alferez

 Subteniente

 Guardia Marina

 Brigada

 Brigada

 Sargento Primero

 Sargento

 Cabo Primero

 Cabo Segundo Especialista

 Cabo

 Cabo Segundo

Soldado

Tschechien: Heer

General | Generalleutnant | Generalmajor | Brigadegeneral | Oberst | Oberstleutnant

Major | Kapitän | Erster Leutnant | Zweiter Leutnant | Zweiter Leutnant

Sergeant Major of the Army | Command Sergeant Major | Sergeant Major | Master Sergeant | Sergeant 1st Class

Staff Sergeant | Sergeant | Corporal | Private 1st Class

Tschechien: Luftwaffe

 General

 Generalleutnant

 Generalmajor

 Brigadegeneral

 Oberst

 Oberstleutnant

 Major

 Kapitän

 Erster Leutnant

 Zweiter Leutnant

 Zweiter Leutnant

 Sergeant Major of the Air Force

 Command Sergeant Major

 Sergeant Major

 Master Sergeant

 Sergeant 1st Class

 Staff Sergeant

 Sergeant

 Corporal

 Private 1st Class

Türkei: Heer

General

Stabsoffizier

Offiziere (übrige)

Unteroffizier, Mannschaft

General

General of the Army

General

Lieutenant General

Major General

Brigade General

Colonel

Lieutenant Colonel

Major

Captain

1st Lieutenant

Lieutenant

2nd Lieutenant

Sergeant Major of the Army

Sergeant Major 1 SG

Sergeant Major

Command Sergeant Major

Sergeant 1 SG

Sergeant

Corporal

2nd Corporal

Türkei: Luftwaffe

General

Stabsoffizier

Offiziere (übrige)

Unteroffizier, Mannschaft

General

General of the Air Force

General

Lieutenant General

Major General

Brigade General

Oberst

Lieutenant Colonel

Major

Captain

1st Lieutenant

Lieutenant

2nd Lieutenant

Sergeant Major of the Air Force

Sergeant Major 1 SG

Sergeant Major

Command Sergeant Major

Sergeant 1 SG

Sergeant

Corporal

2nd Corporal

Türkei: Marine

 Admiral
 Stabsoffizier
 Offiziere (übrige)
 Unteroffizier
 Mannschaft

 Fleet Admiral
 Fleet Admiral
 Admiral
 Vice Admiral
 Vice Admiral
 Rear Admiral SG
 Rear Admiral SG
 Captain

 Commander
 Lieutenant Commander
 Lieutenant
 Lieutenant JG
 Ensign SG
 Ensign
 Master Chief Petty Officer

 Fleet Forces Master Chief
 Master Chief Petty Officer
 Senior Chief Petty Officer
 Chief Petty Officer
 Petty Officer

 Petty Officer 2nd
 Petty Officer 3rd

Ungarn: Heer und Luftwaffe

 General

 Generalleutnant

 Generalmajor

 Brigadegeneral

 Oberst

 Oberstleutnant

 Major

 Captain

 First-Lieutenant

 Second-Lieutenant

 Chief Warrant Officer

 Senior Warrant Officer

 Warrant Officer

 Sergeant First Class

 Staff Sergeant

 Sergeant

USA: Heer

 General, Stabsoffizier

 Offiziere (übrige)

 Unterleutnant

 Unteroffizier, Mannschaft

 General

 General

 Lieutenant General

 Major General

 Brigadier General

 Colonel

 Lieutenant Colonel

 Major

 Captain

 First Lieutenant

 Second Lieutenant

 Chief Warrant Officer W-4

 Chief Warrant Officer W-3

 Chief Warrant Officer W-2

 Warrant Officer W-1

 Sergeant Major

 Command Sergeant Major

 Sergeant Major

 First Sergeant

Master Sergeant

USA: Heer (Fortsetzung)

Sergeant 1st Class

Staff Sergeant

Sergeant

Corporal

Private 1st Class

Private E-2

Specialist 6

Specialist 5

Specialist 4

USA: Luftwaffe

 General

 Obrist

 Offiziere (übrige), Unterleutnante

 Oberstabsfeldwebel

 Unteroffiziere (übrige), Mannschaft

 General of the Air Force

 General

 Lieutenant General

 Major General

 Brigadier General

 Colonel

 Lieutenant Colonel

 Major

 Captain

 First Lieutenant

 Second Lieutenant

 Chief Warrant Officer W-4

 Chief Warrant Officer W-3

 Chief Warrant Officer W-2

 Warrant Officer W-1

 Chief Master Sergeant

 Chief Master Sergeant

 Senior Master Sergeant

 Master Sergeant

 Technical Sergeant

 Staff Sergeant

 Sergeant

 Senior Airman

 Airman First Class

 Airman

USA: Marine

 Admiral

 Flottillenadmiral, Kapitän z.S.

 Offiziere (übrige), Unterleutnant

 Unterleutnat W-1

 Midshipman

 Master Chief Petty Officer

 Master Chief Petty Officer

 Senior Chief Petty Officer

 Chief Petty Officer

 Unteroffiziere (übrige), Mannschaft

 Petty Officer 1st Claas

 Petty Officer 2nd Class

 Petty Officer 3rd Class

 Fleet Admiral

 Fleet Admiral

 Admiral

 Vice Admiral

 Rear Admiral

 Commodore

 Captain

 Commander

 Lieutenant Commander

 Lieutenant

 Lieutenant, Junior Grade

 Ensign

 Commissioned Warrant Officer W-4

 Commissioned Warrant Officer W-3

Commissioned Warrant Officer W-2

Warrant Officer W-1

USA: Marine (Fortsetzung)

Master Chief Petty Officer

Fleet Forces Master Chief

Master Chief Petty Officer

Senior Chief Petty Officer

Chief Petty Officer

Petty Officer 1st Class

Petty Officer 2nd Class

Petty Officer 3rd Class

Seaman

Seaman/Fire Apprentice

Fleet Admiral

Admiral

Vice Admiral

Rear Admiral

Commodore

Captain

Commander

Lieutenant Commander

Lieutenant

Lieutenant, Junior Grade

Ensign

Commissioned Warrant Officer W-4

Commissioned Warrant Officer W-3

USA: Marine (Fortsetzung)

| Commis-sioned Warrant Officer W-2 | Warrant Officer W-1 | Master Chief Petty Officer | Fleet Force Master Chief | Master Chief Petty Officer | Senior Petty Officer |

USA: Marineinfanterie

 General
 Stabsoffizier
 Offiziere (übrige)
 alle Dienstgrade
 Offizier, Unterleutnant
 Unteroffizier, Mannschaft

 General
 Lieutenant General
 Major General
 Brigadier General
 Colonel
 Lieutenant Colonel
 Major

 Captain
 First Lieutenant
 Second Lieutenant
 Chief Warrant Officer 4
 Chief Warrant Officer 3
 Chief Warrant Officer 2
 Warrant Officer First Class

 Sergeant Major
 Sergeant Major
 Master Gunnary Sergeant
 First Sergeant
 Master Sergeant

USA: Marineinfanterie (Fortsetzung)

| Gunnery Sergeant | Staff Sergeant | Sergeant | Corporal | Lance Corporal | Private First Class |

Kartenzeichen 1 : 50 000 und 1 : 250 000

1 : 50 000

Verkehrsnetz

Autobahn; im Bau; Parkplatz

Autostraße; zweibahnig mit und ohne Grünstreifen

Fernverkehrsstraße 6–9 m (Bundesstraße mit Nummer)

Hauptstraße (I A), 6 m (Landstraße I. O.)

Nebenstraße (I B), 4–6 m (Landstraße II. O.)

Fahrweg (II A), befestigt, unterhalten

Fahrweg (II B)

Feld- und Waldweg (III A; III B)

Fußweg, Pfad

Tunnel

Vollspurige Bahn, mehrgleisig

Vollspurige Bahn, eingleisig

Schmalspurige Bahn

Straßen- oder Wirtschaftsbahn

Zahnrad-; Seil- oder Schwebebahn

Abkürzungen

A, A	Alm, Alpe	NSG	Naturschutzgebiet
AT	Aussichtsturm	Ndr	Nieder-
... b, B; Bf	Bach; Bahnhof	Ob	Ober-
... b, B	Berg	PW	Pumpwerk
... bge, Bge	Berge	... qu, Qu	Quelle
ehem	ehemalig	Rhs; R	Rasthaus; Ruine
EW	Elektrizitätswerk	St; ... scht,Scht	Sankt; Schacht
... geb, Geb; Gde	Gebirge; Gemeinde	Sch	Scheune, Schuppen, Stall
Gr; Grb	Groß-; Grube (Bergwerk)	Schl; ... s, S	Schloss; See
Hp; Hst	Haltepunkt; Haltestelle	... sp, Sp	Spitze, Spitz
Hbf	Hauptbahnhof	... st, St	Stein
Hs; H	Haus; Hütte	StOÜbPl	Standortübungsplatz
... j, J; JH	Joch; Jugendherberge	... t, T	Teich
... kp, Kp; Kl	Kapelle; Klein-	TrÜbPl	Truppenübungsplatz
Krhs	Krankenhaus	UW; Unt	Umspannwerk; Unter-
... kr, Kr	Kreuz	VW	Vorwerk
KD	Kulturgesch. Denkmal	WT	Wasserturm
Mittl; Mttr	Mittel-; Mitter-	... whr, Whr	Weiher
... m, M	Mühle	Wft	Werft
ND	Naturdenkmal	Whs	Wirtshaus

95

Topografische Einzelzeichen

Damm, Deich; befahrbar; nicht befahrbar
Einschnitt; Bäume entlang von Straßen
Hochspannungsleitung über 100 kV
Kirche, eintürmig; zweitürmig; als Trig.Punkt
Friedhof; Kapelle; Bildstock, Gipfelkreuz
Denkmal; Leuchtturm
Wasser-; Schiffs-; Windmühle; Windrad
Höhle; Brunnen; Wasserbehälter
Mauerreste; Ruine; Tankstelle
Funkturm; Turm; als Trig.Punkt
Schornstein, frei; im Gebäude; als Trig.Punkt
Bergwerk in Betrieb; außer Betrieb
Bruchfeld
Försterei; Kilometerstein
Mauer, Zaun
Hecke; Steinriegel
Kleiner Wall mit Hecke (Knick); ohne Hecke
Hervorragender Baum
Steinbruch; Grube
Zeltplatz; Sprungschanze; Sportplatz
Trig.Punkt mit Höhenzahl; Höhenpunkt

Grenzen

Staatsgrenze
Landesgrenze
Regierungsbezirksgrenze
Stadt- bzw. Landkreisgrenze
Truppenübungsplatzgrenze

Boden-bewachsung		*Brücken und Gewässer*
	Laubwald	Eisen-, Stein- oder Betonbrücke
	Nadelwald	Hebe- oder Drehbrücke
	Mischwald	Holzbrücke
		Steg
	Bäume und Gebüsch	Einsenbahnfähre
		Wagenfähre
	Park	Personenfähre
		Furt
	Weingarten	Landungsbrücke
		Talsperre
	Hopfenanpflanzung	Schiffsschleuse
		Siel
	Wiese, Weide	Wehr
		Wasserfall
	Heide	Kanal: bis 5 m; über 5 m
		Graben; trock. Graben
	Sumpf, Moor	Quelle und Bach
		Watt
	Torfstich	Sand
	Garten	Geländeformen Höhenlinien (in Metern)
		Flachland
	Obstbaumgut	Hügelland und Mittelgebirge
		Hochgebirge
	Baumschule	Böschung, Steilrand
		Fels

1 : 250000

WOHNPLÄTZE

MÜNCHEN über 500000 Einwohner

AUGSBURG 100000–500000

WETZLAR 25000–100000

Oberkochen 5000–25000

Steinberg unter 5000 Einwohner

Stauffenburg Stadt- bzw. Ortsteile

Wohnplätze über 25000 Einwohner

o Wohnplätze unter 25000 Einwohner
° Streusiedlungen, Einzelgehöfte

EISENBAHNEN
Vollspurige Bahn, mehrgleisig; Bahnhof
Vollspurige Bahn, eingleisig; Güterbahnhof
Schmalspurige Bahn, mehrgleisig; Haltepunkt
Schmalspurige Bahn, eingleisig
Bergbahn

STRASSEN UND WEGE
Autobahn; im Bau
Fernverkehrsstraße mit Nummer
Allwetterstraße (I A), starke Fahrbahndecke, 5,5 m breit
Allwetterstraße (I B), weniger starke Fahrbahndecke, 4–5,5 m brei
Unterhaltener Fahrweg (II A), befestigt
Wege (II B und III), nicht befestigt
Karrenweg; Fußweg

Entfernungsangaben in km:

17 kurze Strecken *86* Fernstrecken

GRENZEN
Staatsgrenze (Reichsgrenze 1937)
Landesgrenze
Regierungsbezirksgrenze
Kreisgrenze

△ .221 Markanter Punkt, weithin sichtbar
Trigonometrischer Punkt; Höhenpunkt in Metern
Damm, Deich mit Siel

Sumpf oder Moor

Wald, Buschwerk, Pflanzung

Taktische Zeichen

ZDv 1/11

Taktische Zeichen stellen Kräfte, Mittel, Einrichtungen, Aufgaben, Tätigkeiten, Raum und Zeit in Informationssystemen, auf Karten und Skizzen symbolisch dar. Folgende Auswahl taktischer Zeichen ist NATO-standardisiert bzw. -gebräuchlich.

I. GRUNDZEICHEN

- TrTeil, DstStelle, OrgElem.
- Kdo, Stab
- FmGer, Feuerraum, Sperre
- Einricht., Anlage, Sperre, Obj
- Koordinierungs-Pkt
- Beobachtungsstelle
- Kampfpanzer
- Kfz, gepanzert
- Kfz, ungepanzert
- Flugzeug
- Hubschr allgem. (Heer)
- Hubschr allgem. (Lw)
- Munition
- Raum
- Führungslinie
- Bewegung Richtung

II. ZUSATZZEICHEN

1. Allgemeine:

- Heer
- Luftwaffe
- Marine
- Feind
- Stabs...
- Versorgungs...
- Gekadert/teilaktiv
- Geräteeinheit/nichtakt.

2. Dienstzweige, Aufgabengebiete, Einrichtungen:

- ABC-Abw
- Amphibien...
- Artillerie...
- Beobachtungs...
- Fallschirm...
- Feldjäger/MP...
- Fernmelde...
- Flugabwehr...
- Gebirgs...
- Heeresflieger...
- Inst/MatErh
- Jäger...
- Landeplatz allgemein
- Lazarett
- Luftlande...
- Panzer...

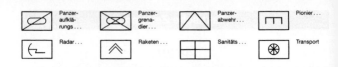

3. Größenordnungszeichen:

• Trupp	| Kp/Bttr/Stff	X Brigade	XXXX Armee
•• Gruppe	|| Bataillon	XX Division	XXXXX Heeresgruppe
••• Zug/Schwarm	||| Regiment	XXX Korps	XXXXXX Oberkommando

4. Personen (nicht NATO-standardisiert):

5. Waffen:

6. Fahrzeuge:

7. Einsatz zu Lande:

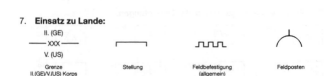

8. Beispiele Kommandos, Stäbe, Ämter von Heer, Luftwaffe, Marine:

Schulferien 2004

Land	Weihnachten 2003/2004	Winter 2004	Ostern/ Frühjahr 2004	Himmelfahrt/ Pfingsten 2004	Sommer 2004	Herbst 2004	Weihnachten 2004/2005
Baden-Württemberg	22.12.–05.01	–	08.04./ 13.04.–16.04.	24.05.–05.06.	29.07.–11.09.	02.11.–06.11.	23.12.–08.01.
Bayern	24.12.–07.01.	23.02.–27.02.	05.04.–17.04.	01.06.–12.06.	02.08.–13.09.	02.11.–06.11.	24.12.–04.01.
Berlin	22.12.–02.01.	02.02.–07.02.	05.04.–16.04.	21.05.	24.06.–07.08.	04.10.–16.10.	23.12.–31.12.
Brandenburg	22.12.–02.01.	02.02.–07.02.	07.04.–16.04.	21.05.	24.06.–07.08.	04.10.–16.10.	23.12.–31.12.
Bremen	22.12.–06.01.	02.02.–03.02.	29.03.–14.04.	01.06.	08.07.–18.08.	11.10.–23.10.	23.12.–08.01.
Hamburg	22.12.–03.01./30.01	–	08.03.–20.03.	17.05.–22.05.	24.06.–04.08.	04.10.–16.10.	22.12.–31.12.
Hessen	22.12.–10.01.	–	05.04.–17.04.	–	19.07.–27.08.	18.10.–30.10.	23.12.–11.01.
Mecklenburg-Vorpommern	22.12.–03.01.	02.02.–13.02.	05.04.–14.04	28.05.–01.06.	26.06.–06.08.	18.10.–23.10.	22.12.–03.01.
Niedersachsen	22.12.–06.01.	02.02.–03.02.	29.03.–14.04.	21.05./01.06.	08.07.–18.08.	11.10.–23.10.	23.12.–07.01.
Nordrhein-Westfalen	22.12.–06.01.	–	05.04.–17.04.	–	22.07.–04.09.	18.10.–30.10.	24.12.–07.01.
Rheinland-Pfalz	22.12.–07.01.	23.02.+24.02.	01.04.–16.04.	21.05./11.06.	19.07.–27.08.	18.10.–29.10.	22.12.–07.01.
Saarland	22.12.–06.01.	23.02.+24.02.	05.04.–20.04.	21.05./11.06.	19.07.–28.08.	11.10.–23.10.	23.12.–04.01.
Sachsen	22.12.–03.01.	09.02.–20.02.	08.04.–16.04.	–	10.07.–20.08.	11.10.–23.10.	23.12.–01.01.
Sachsen-Anhalt	22.12.–05.01.	12.02.–21.02.	05.04.–08.04.	21.05./28.05.	08.07.–18.08.	18.10.–23.10.	22.12.–31.12.
Schleswig-Holstein	22.12.–03.01.	–	15.03.–27.03.	–	28.06.–07.08.	04.10.–16.10.	23.12.–05.01.
Thüringen	22.12.–03.01.	09.02.–21.02	05.04.–16.04.	28.05.–01.06.	08.07.–18.08.	11.10.–23.10.	22.12.–31.12.

Stichwortverzeichnis

Die Großbuchstaben nach den Stichwörtern bezeichnen jeweils den Teil des Handbuchs, die nachfolgenden Zahlen die Nummern der entsprechenden Seiten, z. B. A 145; Teil A, Seite 145; die Abkürzung „Anh." verweist auf den Anhang.
Mit Rücksicht auf die Übersichtlichkeit enthält das Stichwortverzeichnis nur die wichtigsten Stichwörter.

A
ABC
- Abwehr C 337
- Abwehrtruppe B 42
- Alarm C 349
- Kampfmittel C 337
- Poncho C 346
- Schutz C 341
- Schutzausstattung, persönlich C 341
- Schutzbekleidung, persönlich C 345
- Schutzmaske 65 C 342
- Selbsthilfeausstattung C 347

Abkommen (Schießausbildung) C 100
Abkürzungen A 169
Ablösung A 67
Abzeichen
- Ausländische Abzeichen, Anh.
- Bundesgrenzschutz Anh.
- Dienstgradabzeichen Anh.
- H/Lw/Mar A 152, Anh.
- Verbandsabzeichen (H u. ausländ.) Anh.
- Wachdienst A 64

Alarmierung C 249, 253
Alarmposten C 249, 253
Amtsbezeichnungen BGS Anh.
Anerkennungen A 110
Anrede A 62
Anrufen durch Wachen und Posten A 69, 70, C 266
Anschläge
- Granatpistole C 96
- Handwaffen C 108, 114, 116, 117
- Leuchtbüchse C 148
- Panzerabwehrhandwaffen C 127, 142

Anzugarten A 152
Arbeitsgemeinschaften für Soldatenbetreuung A 191
Artillerietruppe B 38
Ärztliche Versorgung A 17, 91, 177
Atomalarm C 349
Atomdetonation C 337
Aufgabenbereiche (Heer) B 33

Aufklärung(s) B 33
- flugzeug B 58, 61, 62
- truppen B 37

Auftrag/Aufgabe
- Begriffsbestimmung A 49
- Bundeswehr A 8, 9
- Heer B 26
- Luftwaffe B 52
- Marine B 85
- Soldat C 153
- Wachdienst A 64

Aufschießen von Leinen B 106
Ausbildung
- Allgemeine Grundausbildung A 47
- Allgemeinmilitär. Ausbildung B 76
- Allgemeinmilitär. Weiterbildung B 76
- Militärfachliche Ausbildung B 79
- zum Maat B 116
- zum Offz B 51, 77, 122
- zum Uffz B 49, 78, 81, 117

Ausgangsbeschränkung A 117
Ausgangsregelung A 82
Aushang A 84
Ausrüstung, persönliche C 153
Ausweichen C 264
Authentisierung C 294, 295

B
BahnCard A 178
Bandstacheldraht B 365
Befehl A 23
- Ausführen A 53
- Befehlsbefugnis A 51
- Begriffsbestimmung A 49

Befehlshaber B 23
Beförderungsbestimmungen A 142
Beibootsordnung B 98
Bekleidung/persönliche Ausrüstung
- Pflege A 94
- Trageweise A 149, C 153

Belegen von Leinen B 101
Beobachtung C 217

103

Beobachtungsstand C 200
Bereitschaftsgrade C 265
– Fliegerabwehr C 328
Berufsförderung A 181, 182
Berührungszeichen C 268
Beschwerde A 34, 37
Besoldung A 181
Betreuung A 17, 25
Bettenbau A 87
Bewegungen C 181
Bildverstärkergeräte C 212
Biologische Kampfstoffe C 339
Bordförmlichkeiten B 91
Brandschutz C 351
Brigade B 28, 32
Buchstabieralphabet C 298
Bundespräsident A 131
Bundesrat A 130
Bundesregierung A 131
Bundesrepublik Deutschland
– (im) Bündnis B 6, 11, 13, 17
– Grundordnung A 120, 124
– Nationalhymne A 3
– Symbole Anh.
Bundestag A 130
Bundeswehr-Sozialwerk A 190

C
Chef B 24
Chemische Kampfstoffe C 340

D
Daumenbreite C 225
Deutscher Bundeswehr-Verband A 190
Deutscher Marinebund e. V. A 194
Deutschießen C 107
Dienst an Bord B 94
Dienstbefreiung A 141
Dienstfreie Werktage A 143
Dienstgestaltung A 18, 24
Dienstgrad
– Abkürzungen A 169
– abzeichen Bw Anh.
– abzeichen der NATO-Staaten Anh.
– Angabe des Dienstgrades A 146
– bezeichnungen A 170, Anh.
– gruppen Bw Anh.
Dienstvergehen A 33
Dienstzeitausgleich A 95
Dienstzeitversorgung A 179
Disziplin(ar) A 22
– arrest A 117
– buße A 115
– maßnahme A 115
Division B 25, 27, 31

Drahtsperren C 364
Drall C 98
Durchsuchung A 73, 78

E
Ehrenzeichen A 156
Eingeschränkte Sicht C 105, 207
Einheit B 23
Einnorden der Karte C 168
Einsatzausbildung B 47
Einsatzunterstützung B 33
Einsickern C 235
Einweisen von Kfz C 276
Einzelfeuer C 107
Elektronische Kampfführung B 44
Entfalten C 235
Entfernungsermittlung C 221
Entgiften C 348
Entlassungsgeld A 179
Entseuchen/Entwesen C 359
Entstrahlen C 356
Erholungsurlaub A 141
Erkennungsmarke A 164
Erkennungszeichen Anh.
Erkrankung im Urlaub A 91, 177
Erste Hilfe C 371
Erzieherische Maßnahmen A 109
Euro-Atlantischer Partnerschaftsrat B 10
Europäische Union B 11

F
Fahrerlaubnisklassen C 384
Fahrkarten
– Familienheimfahrt A 180
Fahrlässigkeit A 33
Fallschirmjägertruppe B 37
Feld
– befestigungen C 196
– fernsprecher C 308
– jägertruppe B 44
– nachrichtentruppe B 37
– posten C 252, 253
– unterkünfte C 202
Fernmelde
– gerät C 308
– regiment B 71
– truppe B 44
– bindungsdienst B 44
Fernmelde- u. elektronische Aufklärung B 44, 72, C 308
Fernspähtruppe B 38
Fernsprechbetrieb C 308
Festhalten (Wachdienst) A 70
Festlegen der Waffen C 233
Festmacherleinen B 107

Feuerarten C 107
Feuerkampf C 225
– Fliegerabwehrwaffen C 332
Feuerkommando C 229
Feuerstellen (Biwak) C 205
Feuerstöße C 107
Feuertätigkeit siehe Feuerkampf
Feuerüberfall C 229
Fieren B 109
Flaggen der NATO-Staaten Anh.
Flaggenparade B 97
FlaRakSystem B 64, 65, 66
Fliegerabwehr (zu Lande) C 328
– Bereitschaftsgrade C 332
– Feuerkampf C 333
– Feuerregelung C 332
– visier C 334, 336
– waffen C 334
Fliegeralarm C 331
Fliegerschutzmaßnahmen C 330
Flottenkommando B 86
Flugbereitschaft BMVg B 58, 68
Flugzielbeschuss C 335
Formaldienst C 4
Frauen A 141
Frühwarnsystem B 67
Führung(s) B 33
– dienste der Lw B 72
– unterstützung B 33
Funkgerätesatz
– SEM 25 C 310
– SEM 35 C 315
– SEM 52 C 316
– SEM 70 C 318
– SEM 80 C 320
– SEM 90 C 320
– SEM 93 C 326
Funkgespräch C 306
Funkkreis C 301
Fürsorge A 17, 47, 177

G

Gebirgsjägertruppe B 36
Gebrauchsknoten C 101
Gefahr im Verzug A 65
Gefechts
– dienst aller Truppen (zu Lande) C 153
– aufklärung C 248, 255
– bereitschaft C 265
– feldbeleuchtung C 145, 147, 210
– feldradargeräte C 213
Gegenstoß C 263
Geheimhaltung A 146
Gehorsam A 23, 29, 53
Geländeausnutzung C 160

Geländebeurteilung C 160
Geländekunde C 155
Geld- und Sachbezüge A 177
Geräuschzeichen C 268
Geschäftsverkehr A 165
Geschossknall C 99
Geschwindigkeitsbegrenzungen C 386
Gesunderhaltung A 89
Gewaltenteilung A 126
Gliederung(s)
– BMVg B 18
– Bundeswehr B 19
– Flottenkommando B 86
– formen B 20
– Geschwader B 63
– Heer B 29
– Lufttransportkommando B 68
– Luftwaffe B 52
– Luftwaffenamt B 55, 57
– Luftwaffenführungskommando B 53
– Luftwaffenversorgungsregiment B 74
– Marine B 85
– Marineamt B 86
– NATO B 7, 8, 9, Anh.
– Brigade B 27
Granatpistole C 92
Großverband B 21
Grundausbildung B 47
Grundgesetz A 26, 122, 125
Grundpflicht des Soldaten A 11, 22, 28
Grundrechte A 26
Grundstellung C 4
Gruß
– Ausführung C 7, 17
– Grundsätze A 61

H

Haar- und Barttracht A 97
Haltepunkte
– Dunkelheit C 105
– Flugzielbeschuss C 335
– Handwaffen C 100
Handbreite C 224
Handflammpatrone C 88
Handgranaten C 83
Handwaffen C 20, 97
Heer B 26
– amt B 27
– fliegertruppe B 43
– flugabwehrtruppe B 40
– führungskommando B 27
– musiktruppe B 50
– truppenkommando B 28
Heissen B 108
Hilfsziel C 224

Himmelsrichtungen C 166
Hitzeschäden C 360, 380
Holen B 108
Humanitäres Völkerrecht A 132
Hygiene A 89

I
Infanterie B 35
Informationsarbeit A 20
Infrarotgeräte C 211
Innendienst A 81
Innere Führung A 8
– Anwendung A 13
– Grundlagen A 8
– Leitsätze A 13
– Ziele/Grundsätze A 13
Instandsetzungstruppe B 45
Interessenvertretungen A 185

J
Jagdbomber B 58, 61, 62
Jagdflugzeug B 58, 60, 61
Jägertruppe B 35

K
Kälteschäden C 278, 380
Kameradschaft A 23, 30
Kampf
– fahrzeuge, gepanzerte C 284
– graben C 197
– methoden A 134
– mittel A 134, C 214
– panzer B 34, C 284
– stand C 197
– stoffspürpapier C 349
– truppen, gepanzerte B 33
– unterstützung B 33
Kampfentfernung
– Fliegerabwehr C 328
– Handwaffen C 97
– leichte Panzerfaust C 132
– Leuchtbüchse C 145, 147,
– Panzerfaust 3 C 121
Kartenzeichen Anh.
Kasernenkommandant A 66
Kennbuchstaben, nationale A 171
Klar zum Gefecht C 266
Kommandant B 24
Kommandeur B 23
Kommandierender General B 23
Kommandobehörde B 21
Kommandozeichen B 99, Anh.
Körperpflege A 89, C 201, 278

Korps B 28
Kraftfahrdienst C 384
Kragenspiegel Anh.
Kriegsvölkerrecht A 132
Krisenreaktionskräfte B 26, 48

L
Laufbahnabzeichen Anh.
Laufbahnen A 142
Laufbahngruppen A 142
Leben
– im Felde C 201
– in der militärischen Gemeinschaft A 80
Lebenslauf A 168
Leistungsabzeichen A 157
Logistik Luftwaffe B 74
Luftangriffe C 328
Luftraumspähdienst C 330
Lufttransport B 68
Luftverteidigung B 66
Luftwaffe(n) B 52
– amt B 55,57
– ausbildungsregiment B 78
– führungskommando B 53, 55

M
MAD A 146
Marine B 85
– amt B 86
– fliegergeschwader B 88
Marsch
– bereitschaft C 265
– Fuß- C 7, 11, 245
– Kfz- C 244
– kompaß C 170
– richtungspunkt C 172
Melden/Meldungen
– Borddienst B 94
– Gefechtsdienst C 178
– Verhalten bei M. A 64, C 9, 17
Melder C 179
Menschenführung A 14
Militärische(r)
– Abschirmdienst (MAD) A 146
– Bereich A 65
– Flugsicherung B 72
– Grundorganisation B 20, 27
– Sicherheit A 144
– Sicherheitsbereich A 65
Militärseelsorge A 18, 25
Minenstreitkräfte B 90
Morsealphabet B 99
Mündungsfeuer C 99
Mündungsknall C 99

N
Nachrichtengewinnung B 33
Nachschubtruppe B 45
Nachtsehgeräte C 211
Nationale Kennbuchstaben A 171
Nationalhymne A 3
NATO (–) B 7
– Buchstabieralphabet C 298
– Euro-Atlantischer Partnerschaftsrat B 10
– Flaggen, Sonderflaggen, Zahlenflaggen, Anh.

O
Operative Information B 44
Orden A 157
OSZE B 4
OvWa A 66

P
Panzer
– aufklärungstruppe B 37
– grenadiertruppe B 35
– Kampfweise B 34, C 284
– Stärken/Schwächen C 285
– truppe(n) B 34
Panzerabwehr
– Grundlagen C 284
– handwaffen C 121, 132
– Panzererkennung C 286
Parole C 266
Partnerschaft für den Frieden B 10
Personalführung A 15, 25
Personenüberprüfung A 71, C 250, 266
Pflege
– Ausrüstung/Waffen im Winter C 279, 280
– Bekleidung/Ausrüstung A 94
– Fernmeldegeräte C 310
– Granatpistole C 96
– Handwaffen C 80
– leichte Panzerfaust C 143
– Leuchtbüchse C 152
– Panzerfaust 3 C 130
Pflichten des
– Soldaten A 26
– Staatsbürgers A 122
– Vorgesetzten A 46
Pionierdienst C 362
Pionierpanzer B 41
Pioniertruppe B 41
Polarstern C 167
Politische
– Betätigung A 31
– Bildung A 19, 24
Portepee Anh.
Posten A 67

Präsentieren C 18
Präzisionsschuss C 107

Q
Quartalausgleichstage A 145

R
Radarführungsdienst B 72
Rahmendienstzeit A 95
Recht(e) A 16, 23
– des Soldaten A 26
– des Staatsbürgers A 122
Rechtsstaat A 126
Reinigungsgerät C 22
Reisen ins Ausland A 148
Reservisten A 119, B 19
Reservistenleistungsabzeichen A 158
Rettungsinsel B 115
Rückstoß C 99

S
Sabotage A 144
Sandsackwall C 200
Sanitätsdienst der Bundeswehr B 131
Sanitätsdienst aller Truppen C 371
Sanitätstruppe B 46, 68
Schanzen C 196
Schieß
– arten C 107
– lehre C 97
– rhythmus C 105
– technik C 96, 105
Schleiern C 289
Schnellbootflottille B 87, 90
Schnellschuss C 107
Schricken B 110
Schriftverkehr A 166
Schulen der Luftwaffe B 78
Schulferien Anh.
Schusswaffengebrauch (Wachdienst) A 73, 75
Schützenpanzer B 35
Schützenreihe C 235
Schützenrudel C 236
Seenot B 113
Segelschulschiff B 93
SEM 25, 35, 52, 70, 80, 90, 93
 C 310, 315, 316, 318, 320, 326
Sicherheitsbestimmungen
– Fernmeldebetrieb C 305
– Gewehr C 28, 34, 35, 44
– Granatpistole C 93
– Handgranaten C 85, 88
– Handwaffen C 20
– leichte Panzerfaust C 137

107

- Leuchtbüchse C 152
- Manöverpatronengeräte C 25, 34, 44, 58, 82
- Marsch zu Fuß bei eingeschränkter Sicht C 247
- Maschinengewehr C 55, 58
- Maschinenpistole C 78, 82
- Panzerfaust 3 C 127, 129, 130
- Pistole C 62, 70
- Schulschießen C 118
- Sprengen C 366
- Überwinden von Gewässern C 242, 243
- Übungspatrone 7,62 mm x 51 C 35, 57
- Wachdienst A 73
- Waffen/Munition (Umgang) A 92, 93, C 20

Sicherheitspolitik B 3
Sicherung C 248, 255
Sichtzeichen C 268
Signaldienst B 99
Signalflaggen Anh.
Skizzen C 174
Soldatenbetreuung (Heime)
- ev. Arbeitsgemeinschaft A 191
- kath. Arbeitsgemeinschaft A 192

Soldatengesetz A 27
Soldatenhilfswerk der Bw A 185
Sonderdienste A 83
Sonderurlaub A 145
Sozialberatung A 179
Spähtrupp C 255
Sperren C 363, 364
Spezialgrundausbildung B 47
Spindordnung A 88
Spionage A 146
Sportunfälle A 177
Sprechfunkbetrieb C 300
Sprechfunkgeräte C 310–326
Sprechfunktafel C 293
Sprengen C 366
Spruchdruck C 296
S-Rolle C 366
Staat(s)
- Bundes- A 125
- bürger A 122
- demokratischer A 125
- oberhaupt A 130
- Rechts- A 129
- sozialer A 129

Stab B 22
Stander Anh.
Stellungen C 226
Stopfen C 230
Streifen A 66, C 248, 254
Streitkräftebasis B 15, 16, 21, 23, 129

Stube A 86
Stubengemeinschaft A 86
Stubenordnung A 86
Sturmabwehrschießen C 107
Sturmschießen C 107
Such- und Rettungsdienst B 68, 113

T
Taktische Zeichen Anh.
Tarnen C 189
Tarnmittel C 190
Taschenkarte für Posten und Streifen A 69
Tätigkeitsabzeichen Anh.
Täuschen C 195
Technische Durchsicht C 22, 311
Teileinheit B 20
Teilschutz C 338
Topographietruppe B 44
Tradition A 21
Transportflugzeuge B 68, 69
Truppenausbildung B 47
Truppenausweis A 164
Truppengattungen B 33
Truppensanitätsdienst B 46

U
Übergabemeldung
- Handwaffen C 20, 62, 71
- Leuchtbüchse C 148
- Panzerabwehrhandwaffen C 137

Übergangsbeihilfe A 184
Übergangsgebührnisse A 184
Übermittlungszeichen C 268
U-Bootflottille B 87, 91
Übungs-/Ausbildungsgerät
- Übungsgerät-MG C 58
- Übungsverschluss G3 C 35

Übungspatrone 7,62 mm x 51 C 35, 58
Umgangsformen A 63
Unmittelbarer Zwang A 74
Unterkunftsordnung A 85
Unterscheidungszeichen B 99
Unterschlupf C 198
Unterstand C 198
Urlaub A 142
UvD A 84

V
Verband B 21
Verband der Reservisten der Deutschen Bundeswehr A 188
Verbandsabzeichen Anh.
Vereinte Nationen B 3
Verfassung A 120, 122
Vergatterung A 66

Verhalten des Soldaten
- außer Dienst u. in der Öffentlichkeit A 25, 32, 97
- unter Feindfeuer C 215
- beim Feuerkampf C 231
- bei Kontamination C 353
- als Reservist A 119
- in verstrahltem Gelände C 355
- im Winter C 278
- gegenüber der Zivilbevölkerung A 137

Verkehrsregelung auf Kriegsschiffen B 98
Verpflegungsgeld A 179
Verteidigung C 259
Vertrauensperson A 102
Verweis A 115
Verwendungsbereiche B 118, 121
Verwendungsreihen B 118
Volksbund Deutsche Kriegsgräberfürsorge A 193
Vorgesetzter A 43
Vorläufige Festnahme A 65, 114

W

Wachanweisung A 66
Wachbereich A 65
Wachdienst A 65
- Aufgaben A 66
- Kennzeichnung A 161
Wachverfehlungen A 66
Wachvorbereitungen A 67
Wachvorgesetzte A 66
Wahlen A 128
Warnschuss A 70
Warnungen
- A-Warnung C 349, 350
- B-Warnung C 350
- C-Warnung C 350

Wechselstellung C 231, 233
Wehrbeauftragter A 41
Wehrbeschwerdeordnung A 37
Wehrdienstbeschädigung A 177
Wehrdisziplinarordnung A 113
Wehrsold/Weihnachtszuwendung A 180
Wehrstrafgesetz A 118
Wendungen C 5
Westeuropäische Union B 11
Wimpel Anh.
Winter
- Bekleidung/Ausrüstung C 279
- Kälteschäden C 278
- Tarnen C 283
- Verpflegung C 280
- Waffen/Gerät C 280
Wurfleine B 112
Wurftechnik (HGr) C 86

Z

Zahlenflaggen Anh.
Zersetzung A 146
Zerstörerflottille B 87, 89
Zielansprache C 223
Zielauffassen C 221
Zieleinrichtung C 99, 123, 146, 151
Zielen C 100, 105
Zielfehler C 102, 103
Zugehörigkeitsabzeichen Anh.
Zurechtfinden im Gelände C 165
Zusammenhängender Dienst A 96
Zweimannzelt C 203

Spurensuche...

Die Gefechte auf den Vogesenhöhen im Ersten Weltkrieg ergänzt um zeitgenössische Zeugnisse, Kurzbiographien sowie Wegweiser zu kriegsgeschichtlichen Museen und Soldatenfriedhöfen.

2. Aufl., 208 Seiten
24 s/w- und 51 Farb-Abb.
ISBN 3-8132-0763-3

www.koehler-mittler.de